高等财经教材

金 融 学

（第三版）

王松奇 编著

中国金融出版社

责任编辑：张　驰
责任校对：潘　洁
责任印制：丁淮宾

图书在版编目（CIP）数据

金融学（Jinrongxue）/王松奇编著．—3版．—北京：中国金融出版社，2012.2
ISBN 978－7－5049－6160－0

Ⅰ．金…　Ⅱ．①王…　Ⅲ．①金融学—研究生—教材
Ⅳ．①F830

中国版本图书馆CIP数据核字（2011）第228196号

出版发行　中国金融出版社
社址　北京市丰台区益泽路2号
市场开发部　（010）63266347，63805472，63439533（传真）
网上书店　http：//www.chinafph.com
（010）63286832，63365686（传真）
读者服务部　（010）66070833，62568380
邮编　100071
经销　新华书店
印刷　保利达印务有限公司
尺寸　185毫米×260毫米
印张　38
字数　750千
版次　1998年7月第1版　2003年1月第2版
印次　2012年2月第1次印刷
印数　1—5100
定价　58.00元
ISBN 978－7－5049－6160－0/F.5720

第三版前言

自2000年《金融学》（第二版）问世后，我因个人身体健康原因，一直未对其进行修订，2008年，全球经济遭遇了美国次贷危机引发的全球金融海啸，时至今日，美国经济仍然回升乏力，欧债危机依然深重，欧元前景模糊，可以说，我们在过去几十年形成的一些经济学理念、金融学原理已经在本轮危机中发生动摇，世界的经济金融版图正处于新的调整和变动时期，金融业务、金融机构、金融监管、国际资本流动、全球货币体系都出现了许多新变化。本版《金融学》正是适应这些新情况，对第二版《金融学》内容进行了大幅修订增删，体系设计的总体思路虽未发生变化，但相关内容更新后已同国内同类教科书有明显不同。这一点，请读者在阅读时慢慢体味。

在第二版内容的基础上，本版《金融学》的工作分工为

王松奇——全书体系设计及通编定稿；

谢群松——撰写第十四章　中央银行与现代支付体系；

钱学宁——撰写第十九章　国际金融关系，第二十一章　通货膨胀与通货紧缩 第五节 通货紧缩，修订第二十一章　通货膨胀与通货紧缩，第二十三章　国际收支调节；

高广春——撰写第九章　结构金融，修订第十一章　金融创新，第十二章　商业银行的作用；

刘明彦——修订第十五章　金融监管，第十六章　财政收支与货币供给，第十七章　公司金融，第十八章　家庭部门：收支、储蓄与理财；

王光宇——修订第七章　期货交易，第八章　金融衍生品市场，第二十二章　货币政策，第二十五章　金融风险与国际金融危机；

郭敏欣——修订第四章　资本市场：股票市场，第六章　货币市场，第十章　外汇市场；

郭江山——修订第二章　信用、金融工具与利率，第三章　金融机构，第二十章　货币需求，第二十四章　金融发展与金融改革；

王大威——修订第一章　货币与货币制度，第五章　资本市场：债券市场，第十三章　中央银行与货币运行，第十四章　中央银行与现代支付体系；

刘华——撰写第十三章第四节　中国人民银行的特色金融监管。

特别需要说明的是，中国金融出版社第一图书编辑部主任张驰女士对本版《金融学》贡献尤大。她对第二版《金融学》需要修订更新之处提出了许多准确精到的意见，在这里，我要向她特别致谢。

第二版《金融学》已近70万字，本版《金融学》虽然删去了第二版中的一些内容，但由于更新增添的新内容较多，较第二版又增加了100多页。选用本书财经类院校的教

师在教学过程中再根据课时情况自行决定讲授内容的选取。在我看来，体系的完整性、内容的建属关系更重要，应该写进书里的就应该充分展现，即便有些学校课时安排不够，但学生有书在手还可以进行课余阅读。

本版《金融学》肯定还存在很多不足之处，欢迎各位教育界同仁及读者批评指正。

王松奇于北京
2012 年 1 月 15 日

再版前言

国务院学位委员会于1997年8月对我国教育学科目录进行了调整，并将原“货币银行学”、“国际金融”及“保险学”合并为一个新的二级学科——“金融学”，本书的第一版（1997年10月）正是为适应新的教学需要所编写的国内第一本《金融学》。两年多的时间过去了，无论国内国外金融理论和实践都出现了一些新的情况，第一版《金融学》的不足之处也渐次被发现，在中国金融出版社的支持下，通过修订和增删，产生了这本第二版《金融学》。

第二版《金融学》主要增添了如下一些内容：（1）二板股票市场；（2）商业银行表外业务的简略介绍；（3）国际货币体系与欧元、美元化问题；（4）通货紧缩；（5）货币政策传导机制理论的新进展；（6）世界金融改革的基本趋向与中国金融改革的理想目标问题；（7）国际金融危机；（8）中国的金融风险与金融安全。除增补外，部分内容还进行了删除、替换及资料更新，在基本体系方面，则依然保持了原来的风格。

对金融类或货币银行学类基本教材体系进行过比较研究的朋友都会发现，本《金融学》的体系设计同国内外同类书籍全然不同，本书的责任编辑毛春明同志要我一定在这个前言中说说“为什么要这样设计”的问题。

国内外金融教科书不管在内容上、写法上有何差别，但在体系上都可称之为“纵向排列式”，即一块一块国内国际、实践理论地顺着写下来，多少年来无人打破这一传统。我在设计这本《金融学》时，试图采用一种新的体系设计方案，姑且称之为“横向重叠式”，按照存在—运行—调节的三段式法则，我将本书分为三篇：

上篇——“金融体系”，目的在于介绍关于现实经济生活中的金融有些什么？它们是什么？

中篇——“金融运行”，通过商业银行、中央银行、财政及国际金融活动，揭示几个重要机构和部门在金融运行中的地位、作用、关系和影响。

下篇——“金融调节”，侧重从理论、政策、改革及发展等方面介绍金融调控知识并提出编著者的一些看法。

从这样三个层面向学生讲述金融问题，我想，学生的印象可能会更深一些。当然，这样的体系设计既算不得发明，也很难说是进步，仅仅是探索而已。

中国的许多高等院校在编写教材时都有根据教学课时设计教材容量的习惯，这本《金融学》没有沿袭这一做法。中国的老师站在中国的课堂上，总是力争把中国的情况讲清楚、努力把应介绍的国外情况都介绍出来，本教材的编撰也只好“行于所当行，止乎其不可不止”，而不管其篇幅大小、字数多少，在具体教学时，根据情况选讲，给学生留点自学的余地就是了。

本书的初始编写目的是为中国社会科学院研究生院财经类硕士研究生及研究生课程班提供一本内容全面、通俗易懂的教材。为照顾未在本科阶段学过金融课程的学生，本教材也用相当大的篇幅进行了金融基本知识、基本概念、基本理论的介绍，因此，本书的适用范围很宽，除供财经类研究生使用外还可供本科生及接受金融培训的人员使用。

本书的写作分工如下：

王松奇——第1、2、11、12、15、16、17、19、21章，第4章第5节，第9、14、18章的部分内容，以及全书的通编定稿；

谢平——第16章第5节。第17章第3节部分内容；

高培勇、李文——第13章；

苑德军——第6章；

陈列江——第5章第5节；

吴畏、陈岗——第7、8章；

徐进前——第10章；

李世银、徐义国、李德光——第3、4、5章；

刘振亚、王一林——第9、14、18章的部分内容；

李新——第20章。

李扬、王国刚博士曾对第一版《金融学》体系构架提供过重要意见。

中国金融出版社的毛春明同志对本书的出版和再版贡献极大，他不仅在技术问题上尽职尽责，而且在内容方面也提出了不少建设性意见；张驰、李萍同志也对本书提供了很多支持和帮助；我的助手徐义国、刘砺同志则在校改、资料、打字等方面付出了相当多的劳动。在此一并致谢。

这本书肯定还存在许多缺点和不足，诚恳希望金融界的前辈、同仁及读者提出批评意见。

王松奇

1999年11月

目　　录

上篇　金融体系

中篇 金融运行

下篇 金融调节

上篇

金融体系

第一章　货币与货币制度

第一节　货币与经济活动

一、货币的重要性

现代商品经济的实质是货币经济，是金融经济，金融活动的背后还是一个货币运行的问题，因此，我们完全有理由用货币经济来概括我们所处的经济时代。

在日常生活中，与菜篮子有关物品的价格行情是家庭主妇们交流频率最高的话题；

在企业界的聚会上，厂长和经理们经常在为“三角债”给他们造成的窘境发牢骚；

在最令人牵肠挂肚的证券市场上，股民们最重视的就是银行存贷款利率变动的消息；

在素以沉闷著称的金融理论研究中，近年来也因为金融话题增多和大量学者积极参与而显得热闹非凡。

总而言之，无论在微观层面还是宏观层面上，人们都发现了货币的异常重要性。为什么会出现这种情况？用最简洁的语言来解释，即这是一种制度现象。

过去，在传统计划经济体制中，货币的作用仅限于作为衡量经济产品和劳务的筹码，货币在经济中的作用实际上是外在的，人们没兴趣，同时也没必要探讨货币与经济的联系。但现在我们却明显地感觉到货币问题已与我们每个人息息相关。到目前为止，我们已经经历了由于货币不足而造成的经济肌体的窒息，也饱尝了由于货币发行过多而造成通货膨胀的痛苦。现实的经济生活使我们认识到商品经济就是货币经济，货币无疑在经济运行中起着举足轻重的作用。货币的变动和经济的实际产出率、价格水平、资源的充分利用，等等，存在着某种相互作用、互为因果的关系。探讨这种因果关系将是本书的中心议题，这些议题是：

（1）货币在经济中的基本职能是什么？又是如何执行这些职能的？

（2）银行作为经营货币的特殊企业是如何创造、收缩和融通货币为现代经济的正常运行提供润滑剂的？

（3）货币对经济发生影响的传递机制是什么？

（4）经济上的波动在多大程度上是由货币和货币政策方面引起的？货币和货币政策会在多大程度上把那些由非货币因素引起的波动扩大和扩散到经济中去？

（5）一国的货币当局如何选择货币政策去促进适合一国经济发展的目标的实现？

(6) 在我国的经济转型时期，如何运用货币政策去促进经济的稳定增长，维持人民币的购买力稳定以及国际收支的均衡?

(7) 在社会主义市场经济这一体制目标模式设定后，如何改革货币金融制度以加速总体经济制度和经济增长方式的转变? 等等。

二、货币收支循环

人类社会的生产活动是一个物质变换过程，人类社会不断地从自然界获取资源，然后通过借助一定生产工具的人类劳动，使元素形态的自然物质适应人类生存、享受和发展自身的需要，这一物质变换过程通过生产、交换、分配、消费，形成了川流不息、周而复始的物资流。而自从人类社会采用商品形式来交换相互间的劳动以来，这种周而复始的物资流又表现为货币流。一方面，从货币流动的方向看，它形成了货币的支出流，可称为货币的需求；另一方面，从物资流动的方向看，它形成了用货币标价的商品供给。两方面能够大体均衡以及双方在需求与供给的结构上大体相适应，这将是本书贯穿始终的研究课题。为了方便研究问题，我们首先考察货币流方面，在周而复始的货币循环过程中，货币实际上通过不同类型的货币收支部门表现为一收一支，因此，我们将此称为货币的收支循环。在考察之前，我们先假定两个前提：(1) 货币流与商品流之间的结构是相适应的。(2) 货币流与物资流在总量上是适应的，保持着大体的均衡。这样，我们能将注意力集中在这样几个问题上：(1) 什么是货币收支循环的整体构造? (2) 维持货币收支循环正常运行的基本条件是什么? 当这些基本条件不存在时，货币收支循环会出现哪些问题? (3) 开放型的货币收支模型和它的一些特征。

(一) 货币收支循环的整体构造

我们所设计的货币收支循环模型，是一个高度简化的模型，在该模型上仅描绘几个最基本的货币收支关系（见图1－1）。

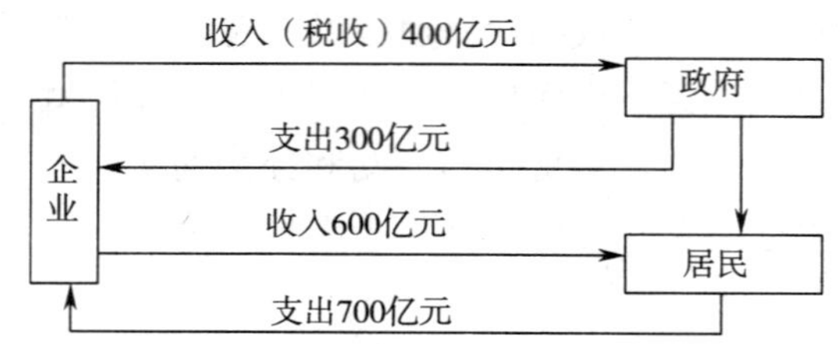

图1－1

图1－1所展示的是三个不同类型的货币收支单位的货币收支循环流量图。这三个不同类型的货币收支单位分别是企业、政府和居民，我们简称它为三部门货币收支循环流量图。

粗略地观察一下，我们可以看出，图1－1主要是由两个货币收支循环组成，一个是企业与政府之间的，另一个是企业和居民之间的。实际上，政府与居民之间也有双向的收支关系，但为了突出重点，我们只标出了政府对居民的转移支付。在一般的经济学书中谈到货币收支循环时，最基本的模型往往是两部门的，或者说只有两个基本的货币收支单位。但由于我们描述的是我国的货币收支循环情况，而政府或者国家在我们的模型中是不可或缺的，政府的活动是与社会再生产过程紧密相关的，它的收入与支出在货币收支循环流量中占很大的比重。因此，我们最基本的货币收支循环模型是包括政府在内的三个货币收支部门。

在企业和政府的货币收支循环中，政府的收入来自企业，支出分为两部分：一部分是流向企业的支出，另一部分是流向居民的转移支出。政府的收入和支出在经济体制改革的前后有一些重大的变化。中国改革开放前，实行的是高度集中的计划管理体制，企业扣除成本以外剩余的绝大部分作为政府的收入，并且折旧也上缴。这样，政府的收入主要有三部分：（1）上缴利润；（2）税收；（3）折旧。政府的支出除去行政管理等费用外，大部分作为投资流向企业，用于企业新建、改建和扩建。政府收支占整个货币收支的比重是很大的。中国改革开放后，政府的收入主要是税收，政府职能也正从直接生产投资领域向公用事业方面转移，但其中也有相当一部分形成企业收入。

在企业和居民的货币收支循环中，居民主要指工人、农民和政府职员等，这种划分仅是大致分类。这样，居民的收入有企业支付的工资、政府支付的薪水等。农民现在的收支情况特殊些，承包以后，农民本身既是独立的生产经营者，又是消费者。但我们为了简化起见，仍将农民列入居民类中。居民的支出主要是购买企业生产的商品和劳务，作为消费之用。

图 1－1 的货币收支循环以及两个系统的分别循环，构成川流不息的货币流，承担着商品的交换、分配、消费，使社会再生产不断地进行下去。如果上述的循环没有货币漏出或注入，那么货币收支的循环将按此规模不断地重复进行下去。用具体数字来说明一下。假设，政府收入 400 亿元，对企业的支出 300 亿元，转移支出 100 亿元；居民的收入来自企业 600 亿元，来自政府转移收入 100 亿元，共计 700 亿元，支出 700 亿元。除去转移收支，整个货币收支循环中的货币净收入是 1 000 亿元，如果没有货币漏出或额外的注入，整个货币收支循环将按此规模不断地重复下去。

（二）维持货币收支正常运行的基本条件

如果我们假设，上述例子中的货币收支水平，就是能保证整个社会资源得到最充分利用的水平，那么，从上面的分析不难得出第一个基本条件，即在货币收支循环中没有货币漏出或额外的注入。第二个基本条件的确需要我们作一些分析才能得出。在图 1－1 中的各货币收支部门，其收支都是相等的。政府收入 400 亿元，支出 400 亿元（其中包括转移支出 100 亿元）；居民收入 700 亿元（其中包括转移收入 100 亿元），支出也是 700 亿元；企业的收入是 1 000 亿元，支出也是 1 000 亿元，政府、企业和居民部门的各自收支均平衡。因此，第二个基本条件就是各个收支部门的货币收支必须相等。

上述两个基本条件实际上只是适用于短期的货币收支状况，因为在长期中，由于生产规模的扩大所增加的商品流量肯定要求注入更多的货币来满足货币收支循环需要，同时，各个货币收支部门虽然在支出货币时要考虑以收入为限度，但这不是绝对的。收支不平衡倒是经常存在的现象，这就需要研究在不断变化的条件下，如何去寻求维持货币收支循环正常运行的途径。

我们先考虑在某个货币收支部门收入和支出不平衡的情况下对货币收支循环的影响。假如，仍是在上例中，居民的收入是 700 亿元，但支出是 600 亿元，所余的 100 亿元作为居民的储蓄，我们也可以把这部分储蓄视为货币的漏出。如果这部分货币漏出没有相应的货币注入来补足，那么，企业的收入将不再是原来的 1 000 亿元，而是 900 亿元，其中，政府支出仍是 400 亿元，居民支出则是 600 亿元，比原来减少 100 亿元。这样，整个货币收支循环在低于以前的水平上运行。结果会造成企业存货增加，销售困难，社会再生产只能在较之原来萎缩的情况下进行。

我们再考虑另一类情况，与上述货币漏出的情况相反，是货币的过多注入。假如，政府收入仍是 400 亿元，其中，支出中的转移支出 100 亿元不变，但对企业的支出由原来的 300 亿元增加到 500 亿元。与此同时，居民的收支规模不变，仍是 700 亿元。那么，在生产资源已充分利用的情况下，这多注入的 200 亿元，只能引起经济中的物价水平上涨，而实际上商品流量仍然不变，这种上涨的结果使经济遭受到通货膨胀的压力。

上述分析使我们了解到，各个货币收支部门的收支平衡是很少见的，为了促使货币收支循环的正常运行，只能通过调剂各个部门之间的余缺来解决货币的漏出和额外注入问题。为了解决这个问题，我们在上述的货币收支循环中再引进一个部门来考虑货币是如何注入与调剂的（见图 1－2）。

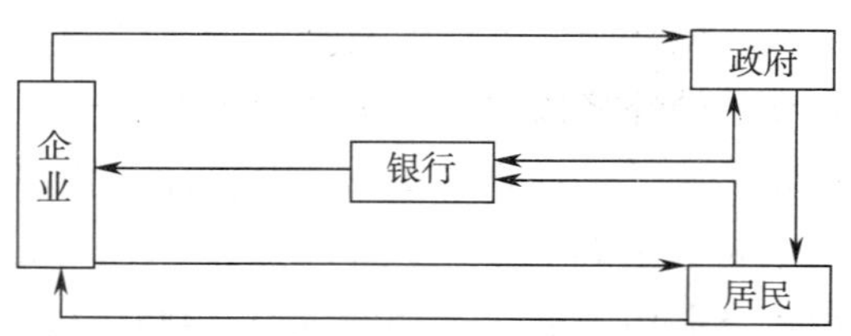

图 1－2

银行作为一个新加入的货币收支部门，其作用不同于其他三个货币收支部门，它的主要作用是融通不同货币收支单位间的收支余缺。

现代的银行制度是经济中不可或缺的组成部分。从技术的角度看，它具有无限创造货币的能力，同时，也能够收缩货币循环中的货币数量。由于具备了这种能力，银行犹如货币收支循环中的总闸门，人们可以通过控制这个闸门来调节货币流通渠道中的货币数量，从而达到调节货币总供求的目的。

银行融通各货币收支部门之间的余缺，实质上是调节货币流通在各部门之间的时间和空间的不平衡。在企业部门和居民部门的货币收支循环中，银行作为货币融通的一个中介部门，能够将居民的储蓄，即货币的漏出重新纳入货币收支循环之中，使货币收支循环水平保持稳定。银行在企业部门和政府部门的货币收支循环中的中介作用有些复杂。从图1－2中可以看出，银行部门和政府部门的连接箭头是双向的，它表示，一方面，银行部门可以将政府部门的结余货币重新纳入货币收支循环之中；另一方面，银行部门也可以将其融通货币导入政府部门和企业部门的货币收支循环之中。银行将货币导入政府部门往往是由于弥补政府的财政赤字。利用银行部门弥补政府的财政赤字是现代经济的一个重要现象，其动机一般有两种，一种是纯粹为了解决政府支大于收的财政困境；另一种是将政府的赤字作为调节经济的一种工具。银行弥补政府财政赤字主要有两条渠道：（1）将其他部门流入银行的货币导入政府部门。例如，银行将居民的储蓄导入政府部门来解决赤字。（2）银行通过创造货币来弥补财政赤字，这种方式有直接方式和间接方式两种，但实质都是相同的。直接方式是财政向银行直接借入货币，间接方式是政府通过发行债券，让中央银行购买来供应货币。通过上述两种不同渠道来弥补政府的财政赤字对货币收支循环的影响是大不相同的。

（三）开放型货币收支循环

前面我们所构造的货币收支循环模型，无论是三部门收支模型还是包括银行的四部门的收支模型都属于封闭型的货币收支模型。它们的一个共同特征是各货币收支部门的货币收支仅限于各部门之间，在此基础上形成了货币收支的循环。目前，各国都是不同程度的对外开放经济，把各自的货币收支循环延伸到国外，用于服务各国之间的经济、技术等交流，使本国经济得到较快的发展。下面我们提出开放型货币收支循环模型并阐述其特征（见图1－3）。

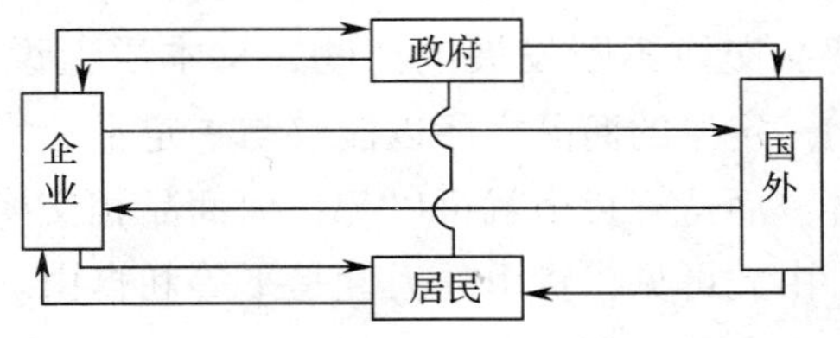

图1－3　开放型货币收支循环模型

这个货币收支循环模型是在三部门模型的基础上加进一个国外部门构成的。国外部门是个概括的提法，它本身就包括了众多的货币收支部门，并形成多种形式的货币收支循环。把它作为一个部门是为了理论分析的方便。

仍以我国的开放型货币收支循环为例来讨论问题。可以看出，模型中有四条与国外部门相联系的货币收支渠道。在政府部门和国外部门的收支中，只标出政府对国外的支出。实际上政府也有来自国外的收入，例如，国外的捐赠等收入。但与支出比，是微不足道的，因此可以从图中略去。居民部门和国外部门的收支也只有国外收入这一条渠道。这一表示法与我国居民有一定量的侨汇收入而支出很少相一致。企业部门和国外部门的货币收支在整个货币收支循环中占有重要的地位。企业通过进口原材料、机器设备等支出货币，通过出口多种商品收入货币，因此在图中标出企业部门的货币收支为双向的货币流。应当注意的是，上述的模型略去了一个影响货币收支循环的重要因素，即国际汇兑，各国都有各自独立的货币制度，一国的货币并不能直接支付给另一国，而是通过国际汇兑，这种方式不仅对货币收支循环有着重要影响，而且是一国调节收支流量的手段。但为分析问题的方便，我们暂时略去这一因素，留在以后章节讨论。在这里，我们所应注意的是，当一国跨越国界对外支出和收入时，其货币的流量是要经过两种货币的转换的。

三、“消极货币”与市场压抑

我们还可以将制度分析引入货币作用问题的研究。

匈牙利著名经济学家科尔奈曾提出一个“消极货币”的概念。他曾给出一个定义——所谓“消极货币”，就是指在一定的制度背景下，货币供给（money supply，通常也称为货币供应量）只能被动地适应货币需求（money demand，通常也称为货币需求量）那样一种情况。他提出的“消极货币”概念，与他的“企业软预算约束”命题也有密切的联系。科尔奈认为，由于社会主义国家的国营企业是由上级主管部门领导的，企业与上级主管部门之间存在着一种类似于父子的关系，企业总是千方百计地追求生产扩张，对货币有不可遏止的无限需求。对于这种需求，银行又总是不得不用发放贷款的办法给予满足。这种条件下的货币，就成为“消极货币”。实际上，可以把“消极货币”简单理解为对经济运行起不到积极调节作用的货币。这样，我们就能从“消极货币”概念的提出中看到经济体制改革前社会主义国家计划管理体制的一个通病——市场压抑。

大家知道，货币是商品交换不断发展的产物，从本质上说，也就是市场活动的产物。在市场供求关系中，一定量的商品之所以能够与一定量的货币相交换，原因在于这种交换体现了价值的平等。而持有货币就可以与任何商品相交换。这说明，在货币面前没有任何非经济的特权。由此可见，货币的天性是平等和自由。但是，在社会主义传统计划体制下，几乎所有社会主义国家都存在限制市场发展的现象。这些国家在建立它们的社会主义经济模式之初，就抱定了这样一种观念：社会主义制度是比资本主义更先进的社会经济制度，社会主义制度的基本优越性就体现在它的公有制、按劳分配和计划统帅一切上，市场的力量是一种同计划管理不相容的自发力量，因而必须加以限制。在实践中，劳动力的统一管理、统一分配、“铁饭碗”制度，使劳动力市场自行消失；国营企业商品统购包销、农民出售剩余农产品的自由受到严格限制，使得商品市场活动以一种压抑的、扭曲的形式进行；国营企业资金采取国家财政或银行包下来供应的办法，平等的、自主交易的货币资金市场也无法形成。

社会生产的发展，从微观的意义上说，就是靠不断提高资源配置效率来实现。市场评价和货币评价在本质上是相同的，即它们能够从供求实现过程中，以货币收入的多寡对微观主体的短期或长期经营结果作出肯定或否定，或者，准确地说，是对它们的经营水准作出量化的判断。如果货币或市场的机能受到极大压抑，而国家实际上又根本无法准确地模拟市场、有效地替代市场，那么，在各种失真的经营成果判断中，全社会的资源配置效率就无法尽快提高，甚至在一定条件下还会出现相反的情况。世界上绝大多数社会主义国家都认识到了改革的必要性和重要性，并选择了各自的制度模式。这种改革，从某种意义上也可以说，就是要改变传统计划体制下市场压抑和货币机能压抑的情况，通过发挥市场机制和货币机制的作用，提高资源配置效率。

四、货币调节的覆盖范围：广义与狭义

为了把货币的作用谈透，似乎还可以从另一个角度对货币机能进行分析，即从宏观调控的主体国家运用货币手段对经济运行调节的方面进行分析。

谈到货币调节，首先遇到的就是如何下定义的问题。因为，我们也常常可以看到这样的提法：财政调节。从宏观调控工具差别的角度，如果硬是进行这样的划分——将运用货币政策进行的调节称为货币调节，将运用财政政策进行的调节称为财政调节，似乎也不无道理。当提出运用货币政策对经济运行实施调节时，我们很容易想到货币供给增长率控制和利率水平调节；当提出运用财政政策对经济运行实施调节时，我们则会想到税收调节和财政调节。显而易见，如果将货币调节和财政调节严加区别，这种区别的前提就是两种调节的实施，是借助很不相同的政策工具进行的。

有一点必须指出，尽管财政调节和货币调节是借助不同政策工具进行的，但它们的调节对象却是同一个，即社会总需求。社会总需求是由货币支出构成的，因而，也可以从一定意义上说财政调节与货币调节实际上都是以货币作为调节对象的。这样，我们似乎又可从概念上对货币调节作这样的区分：一种是狭义货币调节，一种是广义货币调节。狭义货币调节是指从货币政策工具运用的角度上特指货币政策的调节，广义货币调节则是指从调节对象上概括一切以货币存量或货币分布方向为调节内容的宏观调控活动。从这样的定义出发，有时也可以把收入政策作为广义货币调节的一个内容。

第二节　货币的种类

从上节的研究中，我们初步地了解了货币在经济体系中所起的重要作用。我们上节所谈的货币主要是指货币在现阶段所呈现在人们面前的形态。事实上，货币绝不是一开始便是这样的，它也是随着商品生产和商品交换的发展，随着人们对货币在经济中所起作用认识的深化，货币不断地从自发地演化其形态到有了更多人为的管理和控制因素。纵观货币的发展历史，并从中概括出具有不同特征的货币类型，是一个非常重要的问题。这能使我们把握住货币在其社会经济关系中本质的东西，恰当地选取能适应现代商品经济所要求的货币类型，在控制货币供给、货币购买力进而在调节整个经济产出水平上居于更多的主动地位。

在确定货币的类型时，存在一个划分依据的问题。当拿起一份充当过货币的物品的

目录时，我们将会看到这是一份十分庞杂的目录：在古代，充当过货币的有牲畜、盐、茶叶、皮革、酒，铜、铁、贝壳、银、金等也充当过货币，而到现代，充当货币的是我们所熟悉的纸币、辅币和存款账户的数字符号。上述的观察至少能对我们有一点启示：最早作为货币的物品与该物品作为非货币的用途都具有同等的价值，后来发展到用替代物，最后则演变成目前的信用货币形态。依据这样一条线索，我们将货币分为三种类型，这三种类型：（1）实物货币；（2）代用货币；（3）信用货币。

一、实物货币

对于实物货币我们可以这样来描述：如果作为非货币用途的价值与作为货币用途的价值相等，那么，则称这种货币为实物货币。在人类经济史上，许多商品都做过货币，如上文所提到的。但许多实物货币都有缺点，如：许多实物货币笨重，不能分割为较小的单位，因此，价值小，数量却往往很大，携带运送极不方便，无法充当理想的交换媒介。同时许多实物货币质地不一，有的易腐烂，有的易遭受损失，也不适合作为价值的尺度和贮藏的手段。在长期的交换活动中，逐渐认识到，能充当理想的交换媒介必须具备下述条件或特征：（1）普遍接受性；（2）价值稳定；（3）价值均质可分性；（4）轻便和易携带性。显然，金属一般都具有这样的特性。所以，在实物货币的类型中，金属货币最具有典型的特征。

在近代的货币历史中，一国往往把贵金属定为法定的货币，并相应规定了一套办法，以保证这种货币制度的有效性和稳定性。

各国究竟用何种金属作为法定货币，这往往依据该国的矿产资源情况、商品交换的规模、习俗等因素而定。大致而论，有用铜、银、金作为本位币的，其中又以金为典型。以金为本位币的则称为金本位，同时金本位币制又有许多变化形态。

二、代用货币

顾名思义，代用货币是作为实物货币的替代物。它通常作为可流通的金属货币的收据，一般是纸质的，凭此可换取实物的金属货币或金属条块。就实质特征而论，它的本身价值就是所替代货币的价值。

这种纸质的代用货币之所以能在市面上流通，被人们普遍接受，皆因为它们都有十足的金、银等贵金属作保证，可以自由地用纸币向发行机构（者）兑换成实物货币，如金、银等。这类货币较之实物货币有明显的优点：（1）印刷纸币的成本较铸造金属低，这是显而易见的；（2）避免了金属货币在流通中所造成的磨损，甚至有意磨削，这是对金铸币的节约；（3）减少了运送的成本与风险。代表同样价值的纸币显然比同样价值的金属货币在体积上、重量上小得多。

代用货币尽管有一定的缺陷，如易伪造、易损坏等，但显然较之实物货币有十分明显的优越之处，这种货币类型在近代的货币历史上持续了很长时间，它既较之金属货币轻便，又因和金属货币有十足的联系，使人们对之充满信心。但这类货币毕竟成为历史了，尽管许多经济学者回想起来仍有些眷念。这种类型的货币之所以被历史遗弃，并不在于它上述的缺陷。而在于它是以黄金作为保证或准备的。这种兑换上的联系，使得这种供应货币的方式缺乏适应不断扩大的商品生产和交换需要的弹性，因为交易量越来越大，而金银则有限，随着商品生产迅速发展，这些缺陷表现得越来越明显。虽然在这一过程中对代用货币曾进行过变化和改良，由原来的全额准备方式，即有十足的贵金属作为发行纸币的准备，变为部分准备方式（对所发行的纸币只有部分的准备），但仍满足不了商品生产和交换的需要，最后只好让其和黄金脱钩了。

纸币的发行彻底地从制度上、名义上摆脱金的束缚只是近20多年来的事情。1973年，国际货币基金组织正式宣布黄金非货币化，这也许可以是货币史上的一个里程碑。因为以往人们以纸币作为普通的交换媒介，是建立在它和黄金相联系的基础之上。同黄金脱钩后，这种货币从某种意义上说是建立在人们信心的基础之上。因此可以说，这种货币的出现是对人类心理承受力的一次考验，从20多年来这种货币在经济中运行的效能上看，确有优越之处。

三、信用货币

从上面的分析中，我们不难得出信用货币的定义。信用货币不但本身的价值远远低于其货币价值，而且也和代用货币不同，不再代表任何贵金属。信用货币是货币进一步发展的产物，目前世界上几乎所有的国家都采用这一货币形态。从历史的观点看，信用货币是金属货币制崩溃的直接后果。20世纪30年代，由于世界性的经济危机接踵而至，各主要经济体先后被迫脱离金本位和银本位，所发行的纸币不能再兑换金属货币。因此，信用货币便应运而生。

一般来说，信用货币作为一般的交换媒介必须具备两个条件：一是人们对此货币的信心；二是货币发行的立法保障。两个条件缺一不可。例如，在一国的恶性通货膨胀时期，人们往往拒绝接受纸币。但如果只有信心，没有立法保障，这种货币也会由于缺乏有效的监督管理，造成交换使用中的混乱。

据经验所得，只要一国政府或金融管理机构能将货币发行量控制在适应经济发展的需要之内，仍会使公众对纸币保持信心。大略观察一下，一般大多数采用信用货币制度的国家，虽然在中央银行的资产负债表中有黄金一项作为准备金，但那往往是名义上的。信用货币的发行，既不受黄金数量的制约，同时信用货币也不能兑换黄金。

目前人们所熟悉的信用货币，如果更详细地加以区别的话，又可以分为以下几种主要形态：

（1）辅币——其主要功能是担任小额或零星交易中的媒介手段。多以贱金属制造，如铜、镍、铝等，我国的辅币是以主要含铝等成分的金属制造。目前，世界各国的铸币权几乎毫无例外地完全由政府独占。我国是由中国人民银行下属的铸币厂专门铸造。

（2）现金或纸币——其主要功能是担任人们在日常生活中的购买手段。一般为具有流通手段的纸币，其发行权为政府或金融机构所专有。发行机构因各国的货币信用管理体制的不同而不同，多数为各国的中央银行、财政部或政府专门成立的货币管理机构。

（3）银行存款——目前的银行制度产生了多种多样的存款，但作为货币执行一般媒介手段的主要是以银行活期存款形式存在的。这些银行活期存款实质上是存款人提出要求即可支付的银行债券，是存款人对银行的债权，所以，这种货币又可称为债务货币，存款人可借助支票或其他支付指示，将本人的存款支付给他人，作为商品交换的媒介。这种存款人对银行的债权，或者说银行对存款人的负债，在经济交易中已被人们普遍接受，用于偿还债务和支付商品与劳务。在整个交易中，用银行存款作为支付手段的比重几乎占绝大部分，目前在小额的交易中也开始广泛使用这种货币，如顾客对零售商的支付、工人的工资或薪水等。

这里我们应该注意分清作为支付指示的支票本身与银行存款的区别。支票只是一种票据，起着存款人向银行发出支付指示的作用，本身并不是货币，银行的活期存款才是真正的交易媒介和支付手段。所以，在交易双方并不互相熟识的情况下，支票未必能为对方所接受。不过在信用制度高度发达的社会中，这些技术上的困难已被种种信用工具（如保付支票、银行支票、旅行支票、信用卡等）所克服。

四、电子货币与虚拟货币

计算机的广泛应用对传统货币交易和支付方式提出了挑战，一些发达国家对电子货币的试验就是最有影响的例证之一。

电子货币通常是指利用电脑或储值卡所进行的金融活动。持有这种储值卡就像持有现金一样，每次消费支出可以从卡片的存储金额里予以扣除，如通过 POS 机进行支付的借记卡、具有透支功能的信用卡等。而一些国家新出现的电子钱包则是由金融机构发行的金融卡。金融卡不仅可以在自动提款机上提取现金、完成转账，而且还能从银行账户内的存款金额中拨出部分金额转入随身的卡片上储存。当电子钱包中的现金余额全部用完时，可以随时从上网的电脑、自动柜员机或用电话来对货币存储额进行补充。在日常使用中，消费者只要将卡片插入小型的读卡机中就可以得知卡片的现金余额。

随着计算机和信息网络技术的发展，作为一种新的交易和支付媒介，人们可以方便地使用电子货币进行各类金融活动。但严格地说，电子货币本质上仍然可以视为信用货币的一种特殊存在形式，只不过电子货币已没有了以前货币通常具有的实体形式。电子货币的使用对货币的发行和流通必然会产生一些影响，这使中央银行在进行货币政策操作时面临新的问题。

目前，使用电子货币的消费者在产生方便感之余，总有一些担心，如如何防范电子货币被盗、如何对个人资信情况保密等。电子货币无论有何优点，但与人们传统使用的现金手段相比，其某些竞争上的缺陷和劣势依然十分明显。因此，全面应用电子货币恐怕还需要相当长一段时间，需要有一个科技进步成果的积累和保障措施完善的过程。

20世纪以来互联网的飞速发展，货币形式也在不断演进，虚拟货币作为一种新的货币种类和现象出现在了人们面前。目前国内对虚拟货币的定义尚无定论，但从电子货币的定义来看，虚拟货币的性质大体可以涵盖在电子货币中，即消费者向虚拟货币的发行者支付传统货币，而发行者则把这些传统货币的相等价值，以电子、磁力或光学形式存储在消费者持有的科技电子设备中，用于购买主要基于网络上的产品和服务。虚拟货币具有巨大的市场潜力，这一市场正以每年20%以上的速度快速增长，并从各个方面影响着商务活动和金融活动。虚拟货币是否会导致传统意义上的货币颠覆，从而引发金融体系的一次小革命呢？虚拟货币是否会对现实中的货币（如纸币等）产生干扰和冲击？有人认为，虚拟货币并不是金融学概念中的“货币”，它只是一个产品，或者说是一种“储值卡”和“账户”，购买者仅仅是将人民币存储在他们的账户里面进行消费而已。不过，虚拟货币的出现和传播已经引起了业界和监管部门的注意，相信未来虚拟货币的角色、作用可以得到充分的发挥。

第三节　货币的职能

对于由商品内在矛盾而引起的货币产生和演化的过程，马克思作了详尽、深刻的分析，本节不予复述。本节仅从货币便利商品交换、促进专业化以及与之相伴随的生产率增长等方面来论述货币的职能。货币在现代经济中所起的作用以及它所表现出的优越之处只能和没有货币情况下的商品生产和交换相对照才能显现出来。在原始的商品交换中，人们是没有货币作为交换媒介的。在这种情况下，人们只能进行物物交换。这种交易方式是非常浪费时间和精力的，但也是当时唯一可行的交换方式。随着商品生产的发展和扩大，人们在商品交换上越来越要求在时间上和空间上的灵活和扩展，物物交换方式显然不能满足和适应商品生产和交换的扩大。货币的出现克服了对商品生产和交换所施加的限制，货币在现代经济中一般被认为具有四种职能。这些职能：（1）价值尺度；（2）流通手段；（3）支付手段；（4）贮藏手段。前两个职能是货币最基本的职能。

一、价值尺度

在没有货币的物物交换条件下，首先碰到的一个困难是在不同所有者的不同商品的交换中，缺少一个可以衡量商品价值的共同的单位，或者说是价值尺度。我们知道，在物物交换的情形下，商品的价值是通过相对价值形态表现出来的。或者说，一个商品的价值是通过它所能交换到商品数量来相对地表示出来。在这种情况下，市场上的一件商品的价值不能够用一个共同的商品和固定的单位来表现与衡量，而是必须用市场上许多商品来表示。很显然，如果一个人想在市场上交换多种商品，那么他就必须记住不同商品之间的交换比例，并且要经过许多复杂的、需要耐心的换算，才能确定他所要交换的商品的数量。如果市场规模较小，商品的品种不多，并且质量的差别不大，那么这种交易也许可以进行，但随着商品数量、品种的增加，市场规模的扩大，这种物物交易方式根本不能适应普遍的商品交换的需要。货币的出现则克服了物物交换中没有一个共同的衡量商品价值尺度的缺陷。

在现代经济社会中，任何一个国家都采用一种货币单位作为衡量与表现商品价值的共同尺度。比如，我国采用人民币作为货币的名称，单位为元。美国用的是美元，日本是日元。虽然各国货币的名称不同，所代表的价值有差异，但它们在本国的货币制度中，都担负着同一责任，即衡量各种商品的价值。当一个国家有了货币作为商品价值的尺度后，商品之间的交换便容易多了。一件商品所能交换到的货币数量就是该商品的价格。在现实生活中，所有的商品都用同一货币单位表示其价格，从而商品生产者之间能够彼此了解对方商品的价格，为商品的交换提供方便。

货币作为商品价值尺度只需有观念上的货币就可以了，即在商品上贴上价格的标签。

货币作为价值尺度不像实物的度量尺度那样是不变的，比如像计量长度的单位米、尺、寸等，计量重量的单位吨、公斤、克，以及计量体积的单位公升、毫升等。这些实物计量单位的不变性给人们在生产与生活的实践中带来了极大的方便。但是货币作为经济生活中最重要的计量单位，它的价值或者说购买力会经常发生变动。货币的购买力或者说一定的货币单位所能支配的商品数量是许许多多商品和劳务的平均价格水平的倒数，而价格水平又是用消费价格指数、批发价格指数或社会总产品中包括的所有商品和劳务的价格指数来衡量的。例如，如果消费价格指数上涨一倍，购买同样数量的同一种商品，则要比以前多花一倍的人民币，则 1 元人民币的购买力或价值就降低 50%；但是，如果消费价格指数下降 50%，就是说购买原来商品的人民币数量现在只要以前的一半，那么，1 元人民币的价值或购买力就提高一倍。

货币的价值或购买力的经常变动会给社会带来很多的麻烦与混乱。作为消费者本身，他也许希望商店里所卖的商品越便宜越好，或者说，1 元人民币的购买力越大越好，但对供应商品与劳务的生产者来说，这样一来也许是件灾难性的事情。如果 1 元人民币购买的商品比以前要多，货币升值会引起商品的出口竞争力下降。相反，如果消费者手中的货币购买的商品比以前减少，或者说货币的购买力价值降低，那么对消费者本身也会产生不良的影响。如果他的名义收入不变，其生活水平与以前相比就下降了。

无论发生上述的哪一种情况，都会给经济带来不利的影响，所以，保持货币单位价值的稳定是货币管理当局的一项十分重要的任务。本书的以后章节将详尽地讨论引起货币购买力变动的原因、对经济的影响以及如何消除这种经济病态。

二、流通手段

货币流通手段的职能仍然是作为克服物物交换的局限性而产生的。在物物交换的情况下，双方要达成商品交换的协议需要一些条件：双方都需要对方的产品，而且在数量的比例上都一致，称为“需求双重巧合”。比如说，有人想用一件瓷器去换得一件衣服，能够成交的条件不仅是想用瓷器换取衣服的需求超过对其他商品的需求，而且还必须是有衣服的人正好也想换取瓷器而不想换取任何别的商品，这显然是件麻烦事；即便找到了这位需要瓷器甚于任何其他商品的交换者，那么就交换的数量达成协议又是一个费时、费精力的过程；若是双方商品不能任意分割，而双方要求交换的数量又不相符，交易很可能仍达不成。

货币作为流通手段的出现，或者说货币作为交换媒介的出现，使上述交易变得十分简单。需要用瓷器交换衣服的人，只需要将瓷器交换成货币，然后再用货币购买衣服。货币作为交换媒介，是人们普遍承认、愿意接受的东西。因此，它能克服上述物物交换的困难。

所以说，货币作为交换媒介最根本的要求是人们一般愿意接受它以交换商品和劳务。作为交换媒介的货币，必须是现实的货币而不能是观念的货币。究竟什么东西能够充当货币，这是人们在长期的交换实践中自发地形成的。早先人们只接受这样的东西充当交换媒介，即它作为货币和作为商品具有同样的价值。人们曾用过谷物、衣服、牲畜作为交换的媒介，后来发现以贵金属作为货币具有天然的优越性。到19世纪时，各国的货币大多用各种不同种类的贵金属。目前我们很少见用贵金属做的货币了，它们只是作为一种收藏爱好品被保存下来，商店里的贵金属货币也只是作为纪念币来出售的，不被用做交换媒介。我们现在使用的货币，大都是纸币、硬辅币和银行里的活期存款。这种货币较之金属货币更具有优越性。当然人们并没有满足这种交换媒介的形态。电子计算机的出现，将把人们带入电子货币的时代。到那时，传统的货币形象消失了，能够起到交换媒介作用的，只是储存在计算机中的信息。

纵观货币形态的发展与演变，起码能使我们受到两点启发：（1）商品生产和交换的发展是货币形态演化的根本原因，或者说，能否取得货币的资格，取决于能否满足商品生产与商品交换不断扩大的需要。比如说，黄金曾是世界上流行的主要货币，但是它不能满足不断扩大的商品生产与商品交换的需要，最终退出了货币历史舞台。（2）货币形态的演变还反映了人们对货币在经济中所起作用的认识有一个不断深化的过程，以及在此过程中人们有一种通过控制货币从而控制经济的不断增长的愿望。具有现代经济观念的人们很难理解早先人们为什么要用笨重的、不方便的实物作为交换媒介，这种难以理解的心情对早先的人们来说也是同样的，他们肯定不会相信一张小纸片能具有支配比它的价值大几十倍甚至上千倍的权力。这是和他们当时所处的商品生产与商品交换的规模以及在此过程中所形成的社会关系的深度相适应的。在自然经济中，人们的交换仅是维持生存过程与方式的一个补充，商品交换不是经常性的，在这个阶段的市场交换中，人们自然不会放心地接受现代人的纸币，而只有握住具有实在感的实物，人们的心里才会踏实。

随着人们对商品生产与商品交换的熟知，他们对货币在交换中的作用的认识也逐渐深入。货币在作为流通手段时，只是交换中转瞬即逝的媒介，人们获得货币只是为了用它购买商品，人们一旦愿意接受它，就逐渐忘却了它是作为具有特定使用价值的实物，而只关心它在交换中是否能具有稳定的购买力。基于这种认识，人们开始在商品生产与交换不断扩大的推动下，力求摆脱自然界对货币产生的数量上的限制。现代货币制度的产生、中央银行的建立标志着人们利用货币调节经济活动已经达到了一个新的水平。

货币作为被人们普遍接受的交换媒介，它实际上已取得了作为一般购买力，即能够交换任何商品的权力。这种权力使原来作为一个过程的商品交换变成两个独立步骤：一个是卖，取得货币；一个是买，用货币换得商品。这两个环节的出现使货币与商品交换的脱节成为可能。

三、支付手段

当货币被普遍用做价值的尺度和流通手段时，它就必然成为支付手段，从而用做表示延期支付或未来支付的单位和工具。在现代经济制度中，由于生产的多样化和复杂化，各种商品生产时间不一致，销售时间也不一致，并且许多商品的产销带有季节性，这使得一些商品进入市场的时候，另一些商品还没有销售出去。那些未实现商品销售的商品生产者，手中没有足够的货币购进生产资料，这就使以信用方式完成买卖行为成为可能。货币执行支付手段的职能可以促使签订某些合同，通过合同规定交易在某一日期成交，而付款则在以后的一个日期进行。这样一来，商品的生产和销售就变得容易多了，因为商品可以通过商业信用来提供，生产者也可以通过商业信用获得劳动力和原材料。

在高度通货膨胀的时期，货币的这一职能的执行受到了抑制。延期付款使债务人获益，而使债权人蒙受损失，因为债务人在付款前的那个阶段中货币的购买力会下降。在这种情况下，延期付款的期限可能缩短，同时也限制了利用这种方式的交易，这样的后果无疑会对正常的经济生产过程产生干扰。

货币不仅在偿付以信用方式购买商品的货款方面被当做支付手段，而且在偿还货币贷款、缴纳税金、支付利息、支付工资等时，也执行着支付手段的职能。

由此可见，作为流通手段与支付手段的货币是不同的：(1) 在货币执行流通手段的职能时，售卖自己的商品先于购买别人的商品；当货币作为支付手段时，购买别人的商品（以信用方式）先于售卖自己的商品。(2) 作为流通手段的货币在商品交换中是转瞬即逝的交换媒介，而作为支付手段的货币则是交换过程中最后完成的环节，并且是作为商品价值的独立体现而出现的。

作为支付手段的货币职能潜藏着使社会再生产过程发生中断的可能性。在正常条件下企业间由于信用方式而引起的大部分支付是可以相互抵消的。在这里，货币并不是现实的，而只是观念的——以价值尺度和计算货币的资格出现。然而不能以相互抵消方式偿还的那部分支付，必须以货币的形态进行实际支付。货币这种从观念到现实的转化，远不是任何时候都能顺利进行的。当没有按照自己预计的价值出售商品或商品滞销时，商品生产者就没有能力支付，于是债务链条中的一个环节的脱节就会引起整个链条的中断，使正常的经济运行受到干扰。如何避免这种干扰，已成为货币金融机构研究的重要问题。

四、贮藏手段

自商品流通发生以来，货币就成了财富的一般代表。货币贮藏的增加也就是财富的增加。货币持有者事实上是一般购买力的持有者，他可以在认为适当的时候将持有的货币购买最需要的东西。因此，货币是一个良好的价值贮藏的手段，可用于急需，尤其可以用以支付按货币量规定的债务。当然要想使货币作为一个稳定的和完全令人满意的价值贮藏手段，还必须具备这样的条件，即货币的购买力保持稳定。

随着商品生产的发展，货币的贮藏职能成了商品生产本身得以顺利进行的必要条件。我们知道，商品生产者需要不断地购买别人的商品，但是他自己的商品的售卖又是偶然的。因此，为了维持生产，解决滞销期间引起的困难，要能买而不卖就必须曾经是卖而不买，换句话说，就需要货币贮藏。

货币的贮藏也在商品经济中起到调节货币流通量的作用。由于流通中的商品量、商品价格及货币的流通速度是经常变动的，这必然引起流通中所需的货币量也不断增加或减少，这就需要储藏货币作为调节货币流通量的手段，使实际流通中的货币量不断适应流通领域中由于商品生产变动而引起的货币需要量的变动。当商品流通需要的货币量较以前减少时，一部分货币就离开流通领域转入贮藏。反之，贮藏中的货币就进入流通领域。这样，货币贮藏就像个蓄水池，它使货币的流通适应于商品流通的需要。在现代的经济生活中，货币的贮藏职能已有了新形式。银行成了贮藏货币的贮存所。贮藏手段在金属货币制度下作为“蓄水池”的自动功能已被现代的信用制度部分地取代了。

货币作为贮藏手段具有完全流动性的特征，使人们在选择这种贮藏方式时对经济有着十分重要的影响。因为，在现代人的观念中，货币并非是唯一的价值贮藏手段。任何有价值的资产都可以执行贮藏手段的职能。可供人们选择的贮藏手段，在现代经济社会中是多种多样的，并且在不断增加，如债券、股票、珠宝钻石、艺术品、房产或其他任何有价值的东西。用上述这些资产作为价值贮藏手段的主要优点在于：与货币有所不同，这些形式的资产通常会以利息、利润、租金的方式产生一笔收入，或是具有一定的用途，如房屋具有可居住的使用价值，而且它们以货币计算的价值有时会提高；但在另一方面，它们作为价值的贮藏手段也有一定的缺陷，如：（1）贮藏时要支付一定的代价；（2）它们以货币计算的价值可能跌落；（3）它们存在不同程度的流动性缺欠。因此，上述这些资产不像货币那样被人们所普遍接受，同时，有时候人们为把这些贮藏的手段迅速变成具有完全流动性的货币，也不得不承受一定的损失。

随着我国金融体制的改革，为了融通资金，必将会出现越来越多的各种可供人们选择的金融商品。人们将依据各种资产的收入、流动性和安全性标准来自由地决定以货币形式还是各种非货币形式所持有的比例，使之达到最有利的组合。

五、世界货币

在中国传统的货币银行学教科书中，都在讲货币有五个职能，其第五个职能就是世界货币。实际上，这种理论解说只是在金本位制下才有意义。金本位制结束后，目前已很难找到一种可与黄金相提并论进而被普遍接受的世界货币了。而黄金曾被称为世界货币，是因为它能够跨越一国国界在世界范围内执行一般购买手段和支付手段的职能，但“世界货币”并不是货币的一个单独的职能，它只不过是货币的诸项职能在一国国界外的延伸。黄金作为世界货币一般负有三项使命，即当做一般支付手段、一般购买手段和社会财富的一般体现物。它在偿还国际债务和国际收支差额时，作为一般的支付手段；它在购买外国货物时，作为一般的购买手段；它在支付战争赔款、货币补贴、借款、货币资本输出等形式由甲国转移到乙国时，是社会财富的一般体现物。在这三项使命中，充当一般支付手段以支付国际收支差额的职责最为重要。

在现代货币制度中，黄金作为货币已经退出各国货币流通，作为世界货币的那三项职能也已经退化了。尽管各国以黄金作为自己国际储备的一部分，但此时的黄金只被看成是一种商品。在现代的国际经济交往中，人们已经通过一种国际汇兑的方式来转移各国间的购买力。国际汇兑，简单地说，是这样一种安排：如果一国出口获得了收入，那么在出口的合同中就拟定收入一笔他国的货币，他国货币出口商当然不能在本国国内支付。但他可以将他国货币卖给银行换得本国货币，用于国内的支付。当本国需要从他国进口商品时，进口商再用本国货币兑换成他国货币，在他国购买需要进口的商品。这种安排，通过银行来兑换两国间的货币，使一国的购买力可以在国际间转移。在目前的国际经济交易中，由于美元可以自由兑换成任何其他国家的货币，并且为大多数国家所接受，美元在国际间的大部分交易中被用做计价结算的手段，不仅在外国与美国之间，而且在其他各国之间也普遍使用。能在国际间取得这样地位的货币，被称为自由兑换货币或国际货币。目前在国际经济交往中人们较经常使用的货币还有英镑、日元等。

通过国际汇兑的安排以及由此而产生的所谓“国际货币”，虽然为国际间的经济交往提供了便利，但同时，也带来了许多不稳定因素。首先要碰到国际清偿能力的问题。由于美元作为国际间较为普遍使用的清偿手段，即作为一般购买力和支付手段，实质上美元确实部分地取得了“国际货币”的地位，但为国际流通提供的美元数量大小仅仅取决于美国的货币金融政策。事实上，美元只是美国的货币，这就产生了美国的货币政策应与整个国际经济状况协调的问题。但至今对于这个问题仍未找到一个妥善的解决办法。在国际经济交往中，具有同样重要地位的另一个问题就是汇率问题，它涉及一国货币兑换另一国货币的比率。而货币间兑换比率是稳定还是经常变动对购买力在国际间的顺利转移，国际收支的差额，以至对该国货币流转、价格水平等问题都有着因果的关系。这些令人感兴趣的问题，我们将在以后章节讨论。

第四节　货币的计量

一、货币的现实定义

当我们从教科书得到这样的解释——“货币是充当一般等价物的特殊商品”时，许多人恐怕还存有迷茫的感觉。因为当问到老百姓“什么是货币”时，他们将不假思索地回答“货币就是钱”，或者有人更具体化一些说“货币就是现金加存款”。应该说，这些回答都是不错的。说“货币是一般等价物”那是一种高度凝练化的理论概括，而当我们从理论的高空回到现实的大地上来的时候，我们就必须面对一个如何给货币下定义的问题，这是进行货币计量和货币分析的前提。

中国目前在金融统计中的实际做法是：货币供应量的统计范围是除国家开发银行、中国进出口银行、证券公司、保险公司以外的金融机构，具体将货币划分为 M_0（现钞）、M_1（狭义货币）和 M_2（广义货币）三个层次：

M_0 = 流通中现钞

M_1 = M_0 + 企业单位活期存款 + 农村存款 + 机关、团体、部队存款 + 个人持有的信用卡类存款

M_2 = M_1 + 企业单位定期存款 + 自筹基本建设存款 + 个人储蓄存款 + 证券公司的客户保证金存款 + 其他存款

应当说明的是，在货币定义这一问题上，世界各国货币当局都根据本国情况给出了界定。例如，人们根据统计范围的大小把货币分为狭义货币和广义货币，但在实际度量工作中，连狭义货币——通常包括通货与可转让存款——的统计口径也存在分歧。因为在许多国家中，由于金融创新的作用，连可转让存款与不可转让存款之间的界限也不是稳定不变的。而在广义货币的总量统计中，世界各国之间的差异则更大，不少国家甚至将较具流动性的短期证券也收入货币的统计范围之内。

二、货币存量和货币流量

在对货币金融活动进行实证分析中，从概念上区分货币流量与货币存量是十分必要的。从统计分析角度说，流量和存量都是变量的不同表现形式，所谓流量是指一定时期内的变动量，而存量则是指一定时点上的静态指标。

一个最易于说明流量和存量关系的例子就是水库。假若一座水库每天的流入量是1 000吨，又以每天800 吨的速率流出，这样，以24 小时为计算单位的该水库的流量吨

指标就是流入量 1 000 吨和流出量 800 吨。同时，在水的流动速率绝对均匀的假设条件下，我们截取任意一个时点都会获得一个存量指标和一个净变动指标。假如水库原来存水量达100 000吨，那么，我们在观察的第 24 小时所获取的存量指标和净增量指标则分别为 100 200 吨和 200 吨。将流量和存量应用于货币分析具有十分重要的现实意义。近年来，中国的商业银行都在加强内部管理，在各商业银行所实施的办法中很重要的一条就是上级行按季或按月对下级行的吸收存款情况进行考核。因为无论按季考核还是按月考核，上级行作为考评依据的总是下级行的月底余额指标，也就是存量指标，因此，我们常常看到的就是这样一种情况：无论基层行处的职员还是领导，许多人在向企业做拉存款工作时都一再强调："你们企业的钱只要在我们行的户头上呆两三天就行，月初马上打走!"因为商业银行资产负债比例管理的实施，一个行存款增加得多，它的贷款比例就可以增大，也就是，基层行处领导的贷款审批权限可以增大，但在那些只在月底存款数额大增，而平时资金来源仍感紧缺的基层行处里，这自然会产生一些矛盾，甚至会出现一些危机。可见流量与存量间是相互制约的。

上面的例子自然会引出流量和存量之间关系的话题。

第一，存量的变动必须以流量的变动为基础。

第二，只要流量在一定时期内呈匀速运动并且不打破存量均衡，那么，就可以称这一时期的流量变动为短期均衡。

第三，只有在流量均衡和存量均衡同时实现时，才可称做长期均衡。

第四，在通常情况下，是流量的变动导致存量变动，但到了一定时候，存量的变化也会对流量产生影响。

三、货币流通速度

在一个封闭的经济运行体系中，分析货币流通速度首先要假定有两堆东西相对应地摆放在那里，一堆是货币，一堆是商品。为了使分析简化，我们将货币只定义为现金，而将商品只简单地定义为那些具有内在价值和使用价值的实物商品。这样，货币流通速度就可以简明地定义为：在一定时期内货币媒介商品的运转速度。

这种传统的、经典的货币流通速度分析方法近年来遇到了一些挑战。

首先，货币的定义由于金融工具的创新趋势而变得越来越难以统一，这使得经济学家很难在货币流通速度分析中得出"放之四海而皆准"的结论。

其次，商品的内涵和外延拓展使得商品与货币的对流变得极不规律、极不稳定。例如，有现代商品范畴中，商品不仅包括生活消费品，而且还囊括了实物资本品、金融商品、劳务、技术、信息，直至环境、权力等。各种门类的商品价格纷呈，变化莫测，它们与货币的置换各有其不同的特点和规律。

货币定义和商品定义的新变化既给宏观经济分析带来了一定的困难，同时也给许多擅长微观分析的经济学家带来了不少机遇。近年来，货币分析中的微观化趋势明显增强这一点就说明了这一问题。但是，不管怎样变化，各国的宏观经济学家在分析货币流通速度时大都有自己的一套删繁就简办法，例如，在分析某国一定时期的货币流通速度时，他们干脆应用如下极端简化的公式：

货币流通速度 = GNP（或 GDP）/一定口径的货币量

运用这一公式对某国一定历史时期的货币流通速度进行各阶段的纵向分析并进行比较时，假设出现了较大程度的速度差异，经济学家们就要对公式右端分子或分母项分别进行检查，看它们在各个历史阶段中到底发生了哪些变化。

应当指出，金融工具创新和商品范畴扩大趋势并没有降低货币流通速度分析的重要程度。从某种意义上说，这种分析的重要程度是提高了。假如某国货币当局的决策者的头脑里只想着下面这一简单规则：

货币供给增长率 = 实际经济增长率 + 通货膨胀率

那么，主要以中短期宏观经济调节为目的的货币政策调节无论在制定上还是在执行上都会遇到许多困难。关于这一点，我们在以后有关章节中还要详细讲述。

四、货币的时间价值

在市场经济中，货币的时间价值是客观存在的。货币的时间价值就是指一定量货币在不同时点上价值量的差额。它反映了由于时间因素的作用而使当前所持有的一定量货币比未来获得的等量货币具有更高的价值，或者货币随时间推移所具有的增值能力。从经济学的角度而言，现在的一单位货币与未来的一单位货币的购买力之所以不同，是因为要节省现在的一单位货币不消费而改在未来消费，则在未来消费时必须有大于一单位的货币可供消费，作为弥补延迟消费的贴水。

由于货币存在时间价值，现在的 10 000 元和一年后的 10 000 元是不等值的。今天将 10 000 元存入银行，假定每年的利息率为 3.60%，则一年以后总值为 10 360 元，多出的 360 元利息就是 10 000 元货币资金在一年时间内投资所增加了的价值，即货币的时间价值。

货币具有时间价值，主要有三个方面的原因：(1) 现在持有的货币可用于投资，获得红利和利息，从而在将来拥有更多的货币量；(2) 由于通货膨胀的影响，货币的购买力会随着时间的推移而改变；(3) 一般来说，未来的预期收入具有不确定性。

由于不同时间的货币价值不同，所以，在进行价值大小对比时，必须将不同时间的货币折算为同一时间后才能进行大小的比较。

(一) 单利与复利

为了计算货币时间价值量，一般用现值（PV）和终值（FV）两个概念表示不同时期的货币时间价值。现值，又称本金，指的是未来某一时点上的一定金额的货币折合为现在的价值，终值指的是现在的一定金额的货币在未来某个时间点的价值。终值与现值的计算涉及利息计算方式的选择。目前的利息计算方式有两种，即单利和复利。

1. 单利

单利是指在计算利息时仅以本金的金额为计算基准，并不计入其他应计利息，即“本生利”。

单利利息（I）的计算公式：$I = P \cdot i \cdot n$

式中，P 为原始金额（$t = 0$）；i 为利率；n 为期数。

单利终值（FV）计算公式：$F = P(1 + i \cdot n)$

单利现值（PV）计算公式：$P = F/(1 + i \cdot n)$

2. 复利

复利指将本金与到期利息相加，合并一起作为下次本金，重新计算利息，即“利滚利”。

复利利息（S）计算公式：$S = P[(1 + i)^n - 1]$

式中，P 为原始金额（$t = 0$）；i 为利率；n 为期数。

复利终值（F）计算公式：$F = P(1 + i)^n$

复利现值（P）计算公式：$P = F/(1 + i)^n$

$= F \cdot (1 + i)^{-n}$

式中，$(1 + i)^{-n}$ 称为1元钱的现值，或复利现值系数，记做（$P/F,i,n$）。该系数可以通过计算器计算，也可通过年金现值系数表查得。

（二）普通年金与即付年金

年金是指一定时期内每次等额收付的系列款项，通常记做A。年金的成立须同时满足两个条件：一是系列性，指在决策期间内每期都要发生，中间缺失任何一期就不能叫年金；二是等额性，指在决策期间内每期金额必须相等，否则也不能叫年金。年金在现实生活中普遍存在，如保险金、养老金、抵押贷款、零存整取、等额分期收付款以及或整存零取等都涉及年金问题。

年金按其每次收付发生的时点不同，可分为普通年金、即付年金、递延年金、永续年金等几种。

1. 普通年金

普通年金是指从第一期起在一定时期内每期期末等额发生的系列收付款项，也称后付年金。

普通年金终值是指其最后一次支付的本利和，它是每次支付的复利终值之和。普通年金终值的计算公式为

$$F = A \cdot \frac{(1 + i)^n - 1}{i}$$

式中，$\frac{(1 + i)^n - 1}{i}$ 称为“年金终值系数”，记做（$F/A,i,n$）。该系数可以通过计算器计算，也可通过年金现值系数表查得。

普通年金现值是指为在每期期末取得相等金额的款项，现在需要投入的金额。普通

年金现值的计算公式为

$$P = A \cdot \frac{1-(1+i)^{-n}}{i}$$

式中，$\frac{1-(1+i)^{-n}}{i}$称为“年金现值系数”，记做（$P/A,i,n$）。该系数也可通过查年金现值系数表获得。

2. 即付年金

即付年金是指在某一特定期间中，发生在每期期初的收支款项，又称为先付年金。普通年金与即付年金的现金流量和次数相同，但发生的时间不同，因而二者终值和现值的计算不同。

即付年金终值是指一定时期内每期期初等额收付款项的复利终值之和。即付年金现值指一定时期内每期期初等额收付款项的复利现值之和。即付年金和普通年金就终值计算而言，前者比后者多计算一期利息；而就现值计算来看，前者又恰好比后者少贴现一期利息。

因此，即付年金终值的计算公式为

$$F = A \cdot \frac{(1+i)^{n}-1}{i} \cdot (1+i) = A \cdot [\ (1+i)(n+1) - 1/i - 1]$$

即付年金的现值计算公式为

$$\begin{aligned} P &= A \cdot \frac{1-(1+i)^{-n}}{i} \cdot (1+i) \\ &= A \cdot [1 - \frac{(1+i)^{(1-n)}}{i} + 1] \\ &= A \cdot [\ (P/A,i,n-1) + 1] \end{aligned}$$

3. 递延年金

递延年金是指收入或支出在第一期期末以后的某一时间的年金，其最初的现金流不是发生在当前，而是发生在若干期后。递延年金的终值与递延期无关，所以其终值计算与普通年金的终值一样，但现值的计算有所差别。在递延年金收付形式中，一般用 m 表示递延期数，后面若干期连续收付的期数用 n 表示。递延年金现值的计算方法有两种：

（1）先计算出从第 1 年到第（$m+n$）年的普通年金现值（相当于多计算了从第 1 年到第 m 年的普通年金现值），然后减去 m 期的普通年金现值。

（2）先计算出从第 m 年到第（$m+n$）年的普通年金现值，再将结果贴现至第 1 年年初。

4. 永续年金

永续年金（也称终身年金）是指无限期支付的年金。永续年金无终值，其现值可由普通年金现值计算公式推导而来，即 $P+A/i$。

（三）非等额现金流量的终值与现值

现金流量的测算与分析是预测经营活动或投资效益的基本方法，现金流量表主要由两部分组成，分别反映在经营活动、投资活动和筹资活动中产生的现金流量。在许多情况下，现金流是以一段时期内一系列金额变化的形式发生的。由于每次收付的款项不等，所以就不能直接按年金终值和年金现值计算。这种非等额现金流量的终值或现值是一系列不等额现金流量的终值或现值之和。具体来说，非等额现金流量在计算终值时将每期的现金流量分别折算到终期，然后加总求和；在计算现值时将每期的现金流量分别折算到现期，然后加总求和。

第五节 货币制度

一、货币制度的演进过程

货币是人类社会的生产和交换发展到一定阶段的产物，货币现象是一种经济制度现象，它经历了一个不断发展和演进的历史过程。

概括地讲，货币制度可分为两类：（1）金属本位，即以贵金属作为本位货币；（2）信用货币本位，又称纸币本位或不兑现本位，是指不是以有价值的商品作为本位货币的货币制度。在金属本位中又可划分为三类典型的货币制度，它们是金本位、银本位和复本位。

（一）金本位制

金本位制又可分为金铸币本位、金块本位和金汇兑本位三种不同的形态。其中以金铸币为最典型的金本位制。从英国在 1813 年首先确立金本位一直到 1930 年左右，世界上大多数国家都先后实行过金本位制。这种货币制度之所以能够广泛确立，主要是人们普遍认为只有货币和黄金的稳定联系才能使价格水平稳定，因为黄金贮藏手段的功能能够自动调节流通中的货币量以适应商品生产与交换的需要。

为了发挥黄金的这一职能，人们从实践中为这种以金为基础的金本位归纳了几个运行规则，它们也成为典型的金本位——金铸币本位能够确立的前提条件。

（1）首先为一国货币单位确定一个含金量，或者规定每一单位黄金的价格。一国可以在两种办法中择一实行，但都是一回事。

（2）纸币（法偿货币）可以自由地按票面额兑换成黄金。这一规定可保障货币与黄金的固定联系。在典型的金本位制下，在流通中往往是金铸币与银行券并存。因此，只有纸质的银行券保证能按持券人的要求自由地兑换成黄金，人们对证券的信心才能建立起来。

（3）金币可以在黄金持有人的申请下自由地被铸造出来，同时人们也可自由地将金币铸成金块。金币的自由铸造保证了黄金的市场价格，不会低于货币的价值，也不会高于货币的价值。

（4）黄金可以在国际间自由地输出和输入，而不加限制。这是能使金本位制确立的一条关键原则。但正是这条原则，使人们对一国能否拥有足够的黄金储量来维持金本位发生怀疑。

黄金的自由输出和输入，能使黄金的国内价格与国外价格维持同等水平。

上述的四个条件中，后三个可看做是金本位制建立的前提，它们可以简单地被概括为：自由兑换、自由铸造和自由输出入。三者缺一不可，称为典型的金本位制。金本位制在实践中虽有一定的优点，但却存在着致命的缺陷。人们相信金本位制下黄金的自由输出和输入能起到这样一种作用：使一国国际收支自动平衡。这种作用机制被称为“现金物价流动机制”。其运行原理是，当一国国际收支逆差时，黄金流出，在以金为货币发行基础的金本位制下，就会使国内货币量收缩，这会引起物价的下跌，该国的商品在国外有了新的竞争力，逐渐扭转国际收支逆差变为国际收支顺差。若是国际收支顺差，则使一国黄金流入，货币量增加，物价上涨，商品会缺乏竞争力，国际收支顺差逐渐转变成逆差。这样，黄金在国际间的自由输出和输入，不仅是平衡国际收支的需要（起码在理论上是这样），而且在黄金作为主要的国际结算手段时，若想进行国际间的交换，也不得不允许黄金的流动。一国为了维护这种自动的平衡机制，就会承受着国内经济过分衰退或膨胀的压力。如在国际收支逆差时，黄金的流出会使一国的国内货币供应减少，物价下跌，造成国民收入的收缩。如在国际收支顺差时，则由于黄金流入，货币供应增加，国内物价上涨。无论是国际收支逆差还是国际收支顺差都要经过一定时间的调节，一国能够承受住其一定的压力，就会维持金本位制的存在。但事实上，一国往往不愿牺牲国内的利益来维持国际收支的平衡，而是用各种手段来限制黄金的输出和输入。若是各国都采取这种对策，就会使黄金在各国之间分布不均。一些国家无法实行金本位制，最后必然导致金本位制在世界范围的消失。

在金本位制实施中，人们为了弥补其缺陷，曾实行过一些改良的方法。这些采取某些补救措施以区别于纯正的金本位制的货币制度被称为金块本位制和金汇兑本位制。

金块本位制与金铸币本位制的主要区别是，在金块本位制下，黄金只是在有限的范围之内才允许兑换，同时不铸造金币，金币也不流通。人们兑换黄金的条件是要求兑换的金量达到一定的最低数量，方能按照货币的含金量兑换到金块。这个数量往往规定得很高，使小额的货币量不能兑换。这可使在流通中的金量得以缩减，节约黄金的使用。这种变形的金本位制对于一国缓解国际支付手段的缺乏有一定的作用，但这种货币运行制度仍然是以黄金为基础的。从上述的一些分析中，我们可以看出金本位货币制度的双重矛盾作用：一方面是作为货币制度的基础，会使人们树立起信心；另一方面正是由于货币的发行受制于金，实际上受制于金的流出流入和金的自然开采，使得这种货币制度不能满足商品生产与交换不断扩大的需要。可以说，这是这种金本位制衰落的最根本原因。

一国能实行金铸币本位的一个很重要的条件是本国有较充裕的黄金来源或能够通过进出口积聚大量的黄金。但有些国家并不具备这样的条件，所以选择了金本位制的另一种变形——金汇兑本位制。金汇兑本位制较之金块本位制是一种间接兑换黄金的货币制度。在这种货币制度下虽然一国为货币单位规定含金量，但其货币并不能兑换黄金。这种货币可以自由地兑换成外币，这种外币也可以直接兑换黄金。其关系见图1－4。

图1－4 间接的挂钩

实行这种制度的优点之一就是，实行这种制度的国家货币准备金可以不必是黄金，而是外币债权。这种债权往往是以外国有价证券或银行存款方式持有的，能够获得一定的利息收入。实行金汇兑本位制的国家，同时也承担一定的风险，如果它持有外币的国家，放弃金本位或者实行货币贬值，即减少单位货币的含金量，或者出于某种原因拒绝用其货币兑换黄金，那么，实行金汇兑制的国家就可能会经济受损和货币运行混乱。实行金汇兑本位制的国家大多数是一些小国，并且经济和政治上往往依附于与之挂钩的国家。

第二次世界大战以后，在各国之间曾广泛地实行一种类似金汇兑本位制的货币制度，被称为布雷顿森林体制。这种制度是在战后美国拥有世界黄金大部分储量，并且经济上属于支配地位的背景下建立的。它的安排是，美国实行一种条件更为苛刻的金块本位，即国内不流通金币，也不允许居民兑换与持有黄金，只是允许持有美元债权的外国政府按重新规定的美元含金量来兑换黄金。各国政府将本币与美元挂钩制定兑换比率，这样使各国货币与黄金间接挂钩。在这种安排中，美元居于一种等价于黄金的关键地位。所以，这种制度又称为以美元为中心的国际货币制度。

这种制度从1948年至1971年只运行了二十多年，虽然对国际经济的有效交往起到过广泛的影响，但由于内在的缺陷，最后崩溃了。

（二）银本位制

银本位制从运行的原理上看，类似于金本位制，只是采用的是银而不是金。所以，对银本位、银块本位及银汇兑的运行这里不再论及。银曾在货币流通中占主要地位，但后被金所取代。事实上，各种银本位并不十分流行，主要是在一些经济不发达国家，如近代的中国。其最大缺点是价格的不稳定性，原因在于银的矿藏分布较金多而广，开采成本较低。随着技术的改革，其产量变动很大，形成对货币流通的冲击。

（三）复本位制

如果一国同时规定金和银同为本位币金属的话，这种货币制度就称为复本位制。在复本位制下，金和银都如在金本位制或银本位制下一样，可以自由买卖、自由铸造和自由输出输入，实际上就是同时实行金本位制与银本位制。

主张复本位制的人认为，这种货币制度除了能使本位货币金属有更充足的来源外，复本位的货币价值比单一实行金本位或银本位更加稳定一些。因为复本位制下货币是以两种金属价值为基础的，金和银的价值波动会使之平均化。

在银和金同为本位货币的情况下，一国要为金银之间规定价值比率，并按照这一比率无限制地自由买卖金银，金币和银币可以同时流通。但从各国实行复本位制的实际来说，复本位制下金币与银币并不能并行流通，而是在某一时期通行的是金本位，另一时期则是银本位。究其原因，虽然一国为金和银两种货币规定了兑换的比率，并按此比率允许金与银之间自由兑换，但金和银本身的价值是变动的，这种金属货币本身价值的变动与两者兑换比率相对保持不变产生了“劣币驱逐良币”的现象，使复本位制无法实现。比如说，当金和银的兑换比率是1:15，当银由于银的开采成本降低而使得其价值降低时，人们就按上述比率用银兑换金，将其贮藏，最后使银充斥于货币流通，排斥了金。相反，人们就会用金按上述比例兑换银，将银贮藏，流通中就只会是金币。这一现象，又称为“格雷欣法则”。

（四）信用本位制

目前各国实行的均是信用本位制，或称管理纸币本位。这种货币制度的广泛实行是20世纪30年代经济危机和货币危机的结果之一。20世纪30年代后，曾在世界广泛实行的金本位制先后崩溃，继而各国转向实行信用本位制。

这种制度的主要特征是，在流通中执行货币职能的是纸币和银行存款。各国货币有规定含金量，但也仅是名义的，并不能按此单位兑换金。有的国家甚至并不规定含金量。其中最重要的特征是黄金不再是一国货币发行的准备。当然，在目前的货币制度下，各国一般均保持一定的黄金贮存量，但并不是以此作为货币发行准备用的。此时的黄金主要作为国际间的一般支付手段的准备。目前这种准备实际是将黄金作为一种特殊的商品，在黄金市场上按当时的价格来抛卖，换得需要对某一国支付的货币，黄金并不起事实上的支付手段作用。

在信用本位制下，一国的货币供应量并不像金属本位制下取决于该国的金属的贮存量，而是取决于一国政府对经济发展或其他因素的判断而制定的货币政策。根据“分权制约原则”，一些国家货币发行的权力独立于政府，当然也可另设一个专门的机构行使货币发行权，如各国的中央银行或其他名称的机构。但实际上，各国的货币发行都要受政府的控制，其差别只是程度不同而已。

在这种发行制度下，货币创造过程是轻而易举的，成本费用微不足道，并且受政府不同程度的控制。所以，自实行之日起，对这种制度就存在着不同的争论。一些人表示担心，害怕政府会滥用发行货币的职能，造成通货膨胀，以后章节我们将看到这种担心并不是没有理由的。他们认为只有使货币能兑换为黄金，才能从物质保证上限制政府的草率行为，使政府当局了解他们负有的以黄金兑换纸币的责任，促使他们更加谨慎从事。赞同信用本位制的人则认为，在当今的经济社会中，货币供应量的变化对经济的影响十分广泛，作用很大。通过改变货币供应量，来使经济达到政府预定的经济目标，已成为政府经济政策不可或缺的组成部分。而在金本位制下，那种认为黄金自动调节货币流通并保持货币稳定的功能早已成为过时的观念，不适合目前已经高度专业化与整体化的经济社会。

许多著名的经济学家不仅从理论上论证了与黄金相联系的货币制度的不合理性，而且也从感情上表达了对这种制度的愤慨。凯恩斯早在20世纪20年代就把金本位看成是“野蛮的痕迹”。而美国的特里芬教授则认为，把天涯海角的黄金从地里挖出来，仅仅是为了立即运送并把它重新埋在别的深洞里，这是对人力资源的愚蠢的浪费。

信用本位制仅有很短的历史，就其本身而言，仍有许多不完善之处，许多问题没有解决，但这种制度毕竟适应着商品生产与交换的发展，因而有其生命力。

二、货币制度的构成要素

货币制度是现代商品经济体系中一个十分重要的构成部分，通过上面所做的对货币制度历史演进过程的介绍，我们大体可对货币制度的构成要素做如下的理论抽象：

（1）任何货币制度都要以国家政权的强力机器为依托。货币及货币制度的发展并不是一个类似生物进化的自然演进过程，而是一个与人类社会的生产关系和交换关系紧密相连的制度现象，是一种以国家强力为后盾的契约安排。在历史上，出现过有政权存在而货币混乱的现象，但绝不会出现没有政权而货币制度统一而稳定的情况。

（2）作为某种货币制度的基础条件之一，它要有确定的币材。对于这种选定的币材，不仅有材料种类的要求，而且还要有内在质量的要求。例如，在金本位制下，不仅选定了黄金做币材，而且还要规定黄金的成色。

（3）货币单位也是货币制度的构成要素之一。在不同的政权背景下，货币单位又表现为国家规定的货币名称。

（4）货币发行基础。在金属本位制下，货币流通量常常与货币金属的产量、进口量及运输等因素相联系。在信用货币制度下，通货的数量一般受制于一定时期以一定价格为标度的商品流通量。

（5）铸造权或发行权规定。在金属货币本位条件下，国家对货币统一铸造和允许私人铸造这两种情形都存在过。一般来说，统一铸造权对国家稳定货币流通有好处，国家也可以通过铸币取得相当的财政收入。但历史上曾出现过的自由铸造制度——如金本位下的自由铸造制度——也有不少成功的范例，其原因就在于货币具有价值贮藏手段职能，当流通中的货币量超过需要时，就会有相当的货币被熔化成金块而自然退出流通。

（6）本位币和辅币。为了方便流通，以一定名称出现的单一本位币还要以一定的辅币制度与之相配合。例如，中国在银本位时期除以“两”为基本单位之外，作为辅币的铜铸币还有以“文”等计量的；现代中国本位币人民币的“元”以下还有以“角”和“分”计量的辅币。总之，辅币只是代表了主币的一定比例。

三、货币制度的稳定条件

货币制度是经济制度的重要组成部分之一。总结历史，我们不难发现，货币制度的发达程度是衡量商品生产、商品交换发达程度的最终标准。无论在哪个时代，如果没有一个相对发达的货币制度与之相适应，这一时代的商品生产和商品交换的深度和广度肯定会受影响；同样地，一个经济体系中的商品生产和商品交换要想有秩序地向前发展，也需要货币制度具有相对的稳定性。

那么，货币制度的稳定条件有哪些呢？如果我们进行的不是高度抽象分析，而是具体对每一时期的特定货币制度进行分析，那么显然：

第一，一定的货币制度必须有一个稳定的政权来支撑。如果一个朝代的政权总是处于风雨飘摇和频繁更迭之中，那么统治者中也会产生利用货币制度获取超额收入的所谓“短期行为”。历史上，政府利用强权铸造不足值货币以增加国家财政收入的例子不胜枚举。

第二，从根本上说，任何时代货币制度的稳定基础都是流通中的货币要与生产和交换的实际需要相适应，这是一个长久起作用的规律。这一点，以后我们还要进行详尽的分析。

四、中国的人民币制度

中国的人民币制度的建立是以1948年12月1日的人民币发行为标志的。当时，由于中国大陆还没获得彻底解放，仍然有国民党政府发行的货币和中国共产党领导的各解放区的各种货币在流通，而在当时的广东，则以港元占主导地位。

人民币地位的确立是与共产党政权取代国民党政权相伴而行的。对于国民党政府发行的法币、金圆券和银圆券，当时采取了按某一比价迅速收兑的方针；同时对共产党领导的各解放区发行的货币，如“西北农民银行币”、“北海银行币”、“中州农民银行币”、“华中银行币”、“东北银行币”、“关东银行币”、“内蒙银行币”、“长城银行币”、“晋察冀边区银行币”和“辽东银行币”等也采取了逐步收兑，逐步统一的措施；另外，还将广东地区流行的港元及金银外币等排斥出流通领域。通过以上种种措施，实现了当时提出的建立起人民的、统一的、独立自主的新货币制度——人民币制度——的目标。

人民币制度是一种不兑现银行券制度。人民币既不与金银挂钩，也不依附于任何一种外国的货币。在发行之初，人民币最小面额是50元券，最大面额是5万元券，随着严重通货膨胀的有效治理和经济形势的好转，中国人民银行于1955年3月1日发行新版人民币，按1∶10 000的比例对旧版人民币进行了无限制、无差别的收兑，并建立起相应的辅币制度。

在改革开放过程中，尽管在不同的时期和阶段出现过较严重的通货膨胀，但中国的人民币制度已具有相当稳定的经济基础和社会基础，在与中国接壤的一些国家中，人民币已被当做“硬通货”。1996年，中国宣布了人民币在国际收支经常项目下可兑换，表明了中国经济的开放度和人民币制度具有雄厚的经济力量做后盾。

五、经济一体化和货币一体化

经济一体化，起步于20世纪50年代后期，并于60年代遍及欧洲、非洲、拉丁美洲及世界其他地区，70年代则进入了一个缓和时期。经济一体化中的成员国通过协商并缔结经济条约或协议，实施统一的经济政策和措施，致力于消除商品、要素、金融等市场的人为分割和限制，力求把各国或各地区的经济融合起来形成一个区域性经济联合体。20世纪80年代中叶以来，尤其是以欧洲区域性经济一体化为标志的各个经济体组织的建立，为经济一体化进程注入了令人瞩目的新动力，经济一体化进程走到了一个新的起点。当前真正意义上的经济一体化主要是在区域层面形成，如欧盟、东盟等区域性组织。由于全球经济关联度越来越大，经济一体化，特别是区域性经济一体化，作为当今世界经济一个极为突出的体制特征，对各国的经济发展产生了日趋重要的影响。

随着经济一体化程度的不断深化，客观上要求各成员国加强货币金融领域的合作与协商，以巩固已取得的成果，并借此增强在国际市场上的竞争力。在经济竞争日益全球化、区域化、集团化的大趋势中，统一货币也是最有力的武器之一。同时，作为货币制度演进和国际货币体系改革的重要内容和组成部分，货币一体化是经济一体化发展到一定阶段的产物。它指一定地区内的有关国家和地区在货币金融领域实行协调与结合，形成一个统一体，最终实现统一的货币体系。

货币一体化是在战后国际金融权力日益分散化、国际货币关系趋向区域化的背景下，一定地区的国家为建立相对稳定的货币区域而进行的货币协调与合作，其最终目标是组建一个由统一的货币管理机构发行单一货币、执行单一货币政策的紧密的区域性货币联盟。货币一体化一般要经历两个阶段：在较低的阶段，各成员国仍保持独立的本国货币，但相互之间的货币采用固定的比率进行自由兑换；在较高阶段，区域内实行单一的货币。同时，设立一个中央银行为成员国发行共同使用的货币和制定统一的货币政策和金融政策。

货币一体化是当今经济国际化和金融全球化的必然产物。20世纪60年代后，一些地域相邻的欠发达国家首先建立了货币联盟，并在货币联盟内成立了由各参加国共同组建的中央银行，为成员国发行共同使用的货币和制定统一的货币政策和金融政策。20世纪70年代末，欧洲开始了货币一体化进程。目前，实行区域性货币一体化的国家主要在非洲、东加勒比海地区和欧洲。迄今为止，世界上出现的真正意义上的区域性单一货币共有四个，即西非货币联盟8国统一使用的西非法郎，中非货币联盟6国统一使用的中非法郎，东加勒比海货币联盟6国使用的东加勒比元以及欧盟货币联盟成员国统一使用的欧元。

自欧元诞生以来，其国际影响力正在不断地增强，且在继续“东扩”。此外，美元作为世界上最大的国际结算货币和国际储备货币，它的势力范围具有得天独厚的优势，美元化已成为一股不可小视的势力，在美洲及美洲以外的地区正在影响着越来越多的国家。亚元的构想便是在这样一种区域货币一体化的氛围之中催生的。1997 年东亚金融危机过后，为了稳定亚洲的货币环境，一些国家和地区开始提出了在东亚建立“亚元”货币区的构想。近年来，在东盟及“10 + 3”机制框架内，为达成这一目标，亚洲包括中国在内的各成员国一直在进行着不懈的努力。

本章小结

现代经济实质是货币金融经济，货币关系是将市场经济各行为主体联系起来的纽带，货币形态经历了由实物货币、代用货币到信用货币的发展过程。目前，电子货币的应用正在兴起。货币具有价值尺度、流通手段、支付手段和贮藏手段的职能。在统计分析中，人们将货币划分为不同的层次及存量和流量指标，并提出了不同的货币流通速度测算标准，以便于货币调节的实施。在市场经济中，货币的时间价值是客观存在的，它反映了一定量货币在不同时点上价值量的差额。货币现象是一种经济制度现象，它经历了一个不断发展和演进的历史过程，区域经济一体化一般都会逐渐演变成为货币一体化。

思考题

1. 为什么说货币重要？
2. 货币四项职能之间的区别及内在联系有哪些？
3. 简述货币制度的构成要素。
4. 货币层次划分的依据是什么？
5. 如何测算货币流通速度？
6. 什么是货币的时间价值？
7. 货币制度的历史演进过程说明了什么？
8. 经济一体化为什么会演进为货币一体化？

第二章 信用、金融工具与利率

第一节 信用的性质与职能

一、什么是信用

信用是货币银行学中一个十分重要的范畴。现在，许多国外出版的货币银行学教科书中都不开列信用内容。国内也有些学者认为，现代货币银行学中已没有必要讲信用专题，因为所有的信用概念都可以用“金融”一词来代替。我们认为，这种观点是武断的。

无论从历史还是从逻辑角度说，信用不仅是由货币通往现代金融关系中的一个必要过渡，而且也是金融运行的实质内容。

从根本上说，信用是和商品生产、货币经济相联系的范畴，是在商品货币关系的基础上产生的。在商品货币关系存在的条件下，信用是价值运动的一种特殊形式。其形式的特点是，贷者将货币借给借者，约期归还，借款到期后除归还本金外，还需支付一定的利息。在这一信用关系中，贷款者在贷出一笔款项的同时获得了一种权利，即可以要求借款人以后偿还一笔款项的权利，又称债权。借款人则承担以后偿还一笔款项的义务，又称债务。因为在现代经济中货币被广泛地作为支付手段，所以这种债务偿还通常是用支付一定的货币金额来完成的。

信用关系产生于商品货币关系，但我们将信用关系与商品通过货币媒介进行的交换关系相比较，两者显然有区别。在交换关系中，“一手交钱，一手交货”，双方是对等的交换，当这一行为完成时，双方不存在任何经济上的权利与义务。在信用关系中，贷者将货币支付给借款人，但贷款人当时并没有得到对等的价值，而是获得了要求借款者在一定日期后偿还本金、利息的权利。因此，当贷款者将货币支付给借款人的时候，并不像交换关系那样意味着两者关系的结束，而是两者关系的开始，只有当本息得到偿还后，才能说是两者关系的结束。为什么会出现借贷关系或者说信用关系呢？从借贷者的动机来说，可以有消费和投资的需求，由于仅靠个人的收入在当时达不到理想的水平，所以需要借款。但从根本上说，却是起源于商品经济条件下人们具有的相对独立的经济利益。货币的余缺调剂必须通过借贷方式，是因为有多余货币的人与手中货币不足的人是不同的所有者，都有各自的经济利益。在商品经济下，人们是不会将自己的收入无缘无故地、白白地送给别人的（这里我们不考虑出于道义或某种义务的捐赠)。解决货币的余缺，信用方式是最适当的选择。在这里，它既照顾到借款人对货币的需要，又考虑到贷款人的独立的经济利益。从这一点看，这正是信用关系的要义所在。

曾经有人将信用定义为信任，这种定义虽突出了市场经济关系中的毁约风险，但还没有说出信用的实质。其实，所谓信用，就是用契约关系保障本金回流和增值的价值运动。

二、信用的职能

信用关系的存在，解决了不同货币所有者之间货币余缺的矛盾，克服了货币收入(循环)在社会中不同类型货币收支单位存在的时间与空间上的不平衡。所以说，信用最根本的职能就是调剂，是一种以借贷形式出现的调剂。

有人认为，信用在商品经济中的职能是分配，是国家有计划分配货币的工具。这一结论是来源于高度计划经济的管理方式。在经济体制改革以前，我们虽然也承认信用关系的存在，但那仅是形式问题，或者说那只是附属于财政分配的。这种信用关系实际成了财政分配的补充，并不是真正的信用关系。从国有企业对货币借贷几乎未感到应及时偿还的压力这种现象，我们可以得出这样的结论。

信用还发挥着提供和创造流通手段和支付手段的职能。我们现在所有的货币，包括纸币和银行的活期存款，都是由各种类型债务所组成，它们也都以某种方式取得了在支付中被普遍接受的身份。例如，我们的纸币可以被看成是中国人民银行发行的债务凭证，银行的活期存款则是受存银行的短期债务。

通过上一章货币循环的分析，我们可以看出，在任何一个时期，不同单位的货币收支并不可能都完全相等。为了分析的方便，我们将不同货币收支类型按其收入与支出的使用状况划分为三类：(1)收入 > 支出，即结余型；(2)收入 < 支出，即负债型；(3)收入 = 支出，即无债务型。按照我国传统的习惯，在收入上奉行量入为出的准则，略有节余。就是说，我们把收入使用限制在(1)、(3)型之中。但随着我们的分析，读者也许发现，从商品经济的角度看，负债型并不如我们所想像的那么可怕，它也许是我们在收入的使用上能获得更大满足的途径之一。而传统的(1)、(3)型，在我们现在这个蓬勃发展的市场经济中，也许对企业来说将带来灾难。因为随着各种消费品，特别是耐用消费品的大量增加，如果没有用户去购买的话，企业将被迫停产，通过连锁反应，也许会影响到整个经济正常的运转。

从经济学的角度来看，消费者在使用个人的可支配收入时，其最大的目标是得到最大的满足。如果上述三种收支类型都能使家庭得到最大满足的话，在(1)、(3)型之间就存在信用发挥作用的余地。不同的家庭为不同的所有者，只能通过信用方式将(1)型的货币“余”，调剂给(2)型的“缺”，才能使各自的消费得到满足。那么，为什么有的家庭需要“余”，有的需要“缺”呢？有的家庭现时有很大的需要，而未来需要则少些？比如，新建立的家庭需要购置生活用品，这是一笔巨大的开支，很难一下子筹集，而有的家庭现时没有这些需要，但在未来由于子女的长大而会产生这样的需要。信用的出现可以使现在消费与未来消费相交换，使得大家感到境况更好些，提高整体的满足程度。这实质上是每个家庭按时间的先后安排他们的消费问题，信用的出现克服了货币收入在时间上的不平衡性。

在我国经济体制改革之前，企业本身的积累与整个国家的积累，绝大多数是由政府决定的。政府每年通过基本建设的投资计划将这一切安排好。信用在增进国家积累方面的作用极为有限，其活动范围也被限制在狭小的满足企业流动资金需要的范围之内。中国经济改革的基本任务之一就是要把企业推向市场，不仅推向商品市场，而且也推向资本市场，让企业利用信用手段自主地解决资金来源，自担投资风险，从而在市场竞争和风险制约环境下，形成投资自我约束机制，逐步消除传统计划体制下企业普遍流行的投资饥渴症，提高微观经济运行质量。改革近二十年来，企业的信用观念普遍提高了，这是因为银行信用已成了企业外部融资的基本渠道，许多国有企业的负债率已高达80%左右。

三、信用关系的发展过程

从出现货币经营开始，人类社会的信用关系就出现了。而信用关系在其自身发展中一直是循着两条轨迹进行的：一条轨迹是正常的信用轨迹，另一条轨迹是高利贷活动。

如何区分正常的信用关系和高利贷活动，这是一个颇为复杂的问题。马克思在对高利贷作定性分析时曾提出两个标准，即高利贷活动的两个特征：一是高利贷的借用货币资金总是要投向非生产领域；二是高利贷者在贷出货币资金时提出的资本增值要求往往违反社会平均利润分配规律。在马克思所处的历史条件下，这种定性分析无疑是十分正常的。但是，从现代经济发展的历史实际来说，目前有许多情况都需要重新进行研究，不论现代的信用关系已发展到何等发达程度，不论目前的金融服务在许多市场经济国家里有多么周到，高利贷活动却总是禁而不绝的。而且，就是正常的信用活动早已渗透到社会生活的方方面面——包括生活领域，而高利贷者的放款也进入了生产、流通等各种经济活动之中。因此，以货币资金的投向作为划分高利贷活动与正常信用活动的标准已很难自圆其说了。

看来，高利贷和正常的信用关系的划分标准只能是利息率的高低，至于以多高的利率作为划分标准，在实际经济分析中也很难统一界定，似乎只能由经济学家们根据各国的具体情况来下定义。

从实物借贷到货币借贷，从简单的货币借贷活动到现代信用关系，这是历史向我们展示的信用发展过程。而从古至今始终存在的高利贷活动，应当说也是一种信用关系，只不过从其存在方式和经济后果来说具有扭曲的特性而已。

那么，现代信用形式主要有哪些呢？以创造主体来划分，大致有以下四种：

1. 企业信用

企业信用是企业在资本运营、资金筹集及商品生产流通中所进行的信用活动。企业信用可划分为两类：一类是商业信用；另一类是融资信用。商业信用的物质内容一般是商品的赊销，信用工具形式则是商业票据。商业票据是一种受到法律保护的债务文书，早在19世纪中叶，这种信用形式就达到了相当的发展规模。而在现代经济中，企业融资信用则具有更广阔的市场，如企业债券、可转换债券及其他各种创新性金融工具等。

2. 银行信用

以货币资金借贷为运营内容和以银行及某些非银行金融中介机构为行为主体的信用关系可统称为银行信用。银行信用与商业信用和企业融资信用比，具有以下差异：(1)作为银行信用载体的货币，其自身没有质的差别，因此它的来源和运用没有方向限制；(2) 由于金融中介的规模一般都比较大，因此银行信用较之企业信用更容易发展。除了上述两点差异，还应当说明的是，在现代经济生活中，银行信用与企业信用相辅相成的作用愈来愈突出。一方面，企业信用为银行信用提供了现实活动基础；另一方面，银行信用也为企业信用的扩张发展创造了更大的空间和可能性。

3. 政府信用

在许多教科书中都把"国家信用"当做政府运用债务工具融通资金的典型概念，从现代经济运行的实际来说，似乎用"政府信用"一词更合适些。因为政府划分是有等级的，例如，中央政府可以代表国家，地方政府就不能代表国家。而无论是中央政府还是地方政府，它们事实上都在程度不同地利用信用手段进行融资活动，以平衡财政收支。即使在国际间的信用活动中，目前也常使用政府贷款、政府借款等词汇，如果用"国家"一词取代"政府"一词，则会给人一种行为主体概念模糊的感觉。在信用经济的链条中，政府信用是极其重要的一环。政府不仅运用信用手段筹集资金为社会提供公共产品和承担风险较大的投资项目，而且政府信用所创造的金融工具也为中央银行调节流通中货币供应量提供了操作基础，这一点我们在后面还要详尽介绍。

4. 民间信用

这是指上述三种规范信用活动之外企业与企业、企业与个人及个人与个人之间所发生的信用关系。民间信用的基本特征是没有正规的金融工具做交易媒体，在活动中带有自发性，利率较正规信用高，风险也非常大。一般情况下，民间信用的活跃程度同一个国家、一个地区的金融服务发达状况成反比。如在中国，民间信用在农村比在城市活跃，在落后地区比在发达地区活跃。

各种信用关系存在的目的都是在融资活动中盈利，而各种融资活动的总和就构成金融市场。

四、直接融资与间接融资

直接融资方式是货币盈余者和货币不足者之间直接发生的信用关系。双方以直接协商或在公开市场上由贷者直接购入债券或股票，通常的情况是，由作为中间人的经纪人或证券商来安排这类交易。

直接融资的主要特征是，借款者直接发行债务凭证给贷款者，中间人的作用仅是牵线、搭桥，并收取佣金。

间接融资方式指贷者与借者之间的货币借贷是通过各种金融中介来进行的，如商业银行、储蓄银行、投资公司等。金融中介机构发行各式金融凭证给贷者，获得货币后，再以贷款或投资的形式购入借者所发行的债券凭证，来融通贷者与借者之间的资金余缺。

间接融资的主要特征是，金融中介本身发行间接债务凭证，将贷者的货币引导向借者。

根据直接融资方式和间接融资方式的特点，可以将金融工具也分为直接凭证和间接凭证两类。直接凭证是指非金融机构发行的，如工商企业或政府及个人所发行的公债、国库券、债券、股票、抵押契约、借款合同和其他各种形式的借据。间接凭证是指金融机构所发行的钞票、存款、可转让存单、人寿保险单和其他各种形式的借据。

从表面上来看，既然直接融资方式简捷、方便，但为什么间接融资方式还能存在，并且不断发展和多样化呢？一般认为，这是因为直接融资方式在使用范围上有局限性，并且融资的效率低，成本高，还存在一定的风险。

（1）在直接融资方式中，购买债券者在选择时会发现他们对发行债券者的财务和业务状况缺乏必要的资料。要想收集这方面的情报和资料，可能要花很多的时间和精力，并付出一定的代价，结果使一些债券购买者望而却步。间接融资方式中的金融机构是专业化的机构，既有收集资料的专门知识，又有良好的条件，可方便、迅速、低廉地获得必要的情报。

（2）在直接融资方式中，债券购买者往往由于购买数量有限，在购买、持有和转让时，需要高昂的花费。经纪人佣金和买卖债券的其他费用大多有一个固定的最低数额，交易额越大，则费用按比例递减，金融机构可以将零散资金聚集成大额资金，在买卖债券时所付出的单位成本反而更低，享受到大规模交易的好处。

（3）在直接融资方式中，由于债券购买者的资金有限，不可能投资于各种不同的证券以达到分散投资、减少风险的目的。金融机构由于能聚集许多货币盈余者的剩余资金，可以将资金投资于各种不同债券上，将风险降至较小的限度之内。

（4）直接融资方式中的证券，其流动性比金融机构所发行的间接证券要低。大多数债券持有者希望持有一些流动资产，以应付意料中或意料之外的支出，这样人们愿意将资金投在间接债券上，尽管间接债券的收益率一般低于直接债券，但由于流动性较高，风险相对较低，则可以满足许多谨慎投资者的需要。

五、金融市场的类型

金融市场从最广的定义来说，它是借者与贷者相互接触和金融工具或债务凭证交易的场所。金融市场按不同的依据可划分为不同类型的市场，下面介绍几种较为重要的市场。

1. 按融资方式划分

在上面我们讨论了间接融资方式和直接融资方式，相应地，金融市场可划分为两类市场：直接融资市场和间接融资市场。

2. 按债务的偿还期划分

货币市场属于短期，一般指一年内。属于短期的金融工具有国库券、商业票据、可转让存单和同业拆借款。资本市场属长期，一般指一年以上。属于中长期的金融工具有公债、股票、债券等。资本市场由两个重要部分组成，一是中长期金融工具，二是这些工具的发行与流通的组织机构。

3. 按融资工具的新旧来划分

这是针对资本市场而言，可分为初级市场和二级市场。

初级市场是对新发行的股票、债券进行交易的市场，新证券的发行一般包括下列的程序：调查、包销、批发分配、零售分配。

二级市场是对已发行的证券进行买卖的市场，又被称为旧货市场。二级市场的交易量只代表现存证券的所有权转移，并不代表社会资本存量的增加，但它与初级市场关系密切。如果二级市场交易旺盛，筹资企业则愿意发行新证券，同时购买者也会积极踊跃购买新证券。

4. 按地理范围划分

可分为地方性市场、国内市场和国际金融市场。

国际金融市场是从事各种国际间资金融通的场所，实际它是一套市场参与者能够相互了解与接触的设施和安排，并不一定有具体场所。

国际金融市场可分为国际性金融市场与真正的国际金融市场，前者是国内为主兼办国际业务，后者是专门从事国际业务的市场，又称境外市场或离岸市场。

国际金融市场是个复杂的肌体，它们之间是相互联系与影响的，外汇市场是国际间不同货币转移的设置，是将一国货币购买力导入另一货币制度国家的桥梁。同时，它的业务，尤其是汇率变化，将影响货币资本在国际间的运动。黄金市场可看做是国际市场行情的“晴雨表”。

5. 按金融工具与融资活动的关联程度划分

可分为基础性金融工具市场和衍生性金融工具市场。基础性金融工具是金融机构在特定金融活动中直接创造的金融商品；衍生性金融工具则是针对基础性金融工具所做的非即期兑付交易合约，因为它由基础性工具衍生而来，不能独立产生和存在，所以叫衍生性金融工具。衍生性金融工具市场是近 20 年来发展最为迅速的市场，以小博大的杠杆操作规则使这一市场高收益、高风险的特征尤为突出。

第二节 利 息

一、利息的实质

如果把经济社会高度抽象为实体部门和货币金融部门，那么，显然社会财富的增加从本源上说就是实体部门扩张和效益增进的结果。但在商品货币经济中，两部门之间必然要发生种种联系，货币资金在向实体经济部门注入时总是有条件的注入。这里面最基本的条件有两个：一是按时回流，二是要带有一个增值额。这个增值额就是利息。

在马克思之前，一些经济学家就探讨了利息与实体经济部门中利润的关系。马克思则透彻地分析了借贷资本和产业资本的关系、资本所有权和使用权之间的关系、货币资本家和职能资本家的关系，指出利息是剩余价值的转化形式，是利润的一种分割。从本源上回答了利息的性质问题。

资产阶级经济学家中也有许多人探讨了利息性质的问题，但他们大多是从某个侧面入手来观察利息、解释利息的性质。例如，资本生产力论认为资本具有像自然力一样的生产力，这两种生产力常常结合在一起共同推动社会生产的发展；节欲论侧重从资本来源于储蓄、储蓄来源于节欲的思路上去分析利息的本质，把利息看做是节欲的应得报酬；时差利息论则将时间因素导入利息分析，认为同一种类和数量物品的现在价值和未来价值之间存在差别，由于时间的推移，这些物品的边际效用也显著不同，因而出现了利息。对于利息性质的学说还有许多，我们在此不一一介绍。应当说明的是，对任何一种学说来说，只要它在观点、方法上有可取之处，我们就不应以虚无的态度对待。

二、利息的作用

利息作为资金的使用价格在市场经济运行中起着十分重要的作用。

在商品货币经济中，货币为商品运动提供了一个无差别的衡量尺度，生产维持和扩张，流通及消费的进行，都可以用货币尺度进行检验。这样，无论实物资源还是货币资金的使用，只有引进利息观念并发挥其积极作用，才能达到最经济、最有效率的目标。在中国传统计划经济体制下，市场受到极大限制，货币的积极作用也被压制到最低点。在国家与企业、中央与地方以及微观经济主体之间的资金关系上，无偿调拨和占用资金为主导形式，利息的经济核算、价值补偿等功能都没有充分发挥出来，整体经济的运行效率十分低下。中国实行改革开放政策后，经过20多年的实践，市场经济体系已具轮廓，微观经济基础与改革开放前相比已发生了根本性的变化，利息在经济生活中的作用越来越大。

第一，利息作为企业的资金占用成本已直接影响企业经济效益水平的高低。企业为降低成本、提高效益，就要千方百计减少资金占压量，同时，在筹资过程中对各种资金筹集方式进行成本比较。全社会的企业若将利息支出的节约作为一种普遍的行为模式，那么，经济成长的效率也肯定会提高。

第二，在中国居民实际收入水平不断提高、储蓄占收入比率日益加大的条件下，大多出现了资产选择行为，金融工具的增多为居民的资产选择行为提供了客观基础，而利息收入则是居民资产选择行为的主要诱因。居民部门重视利息收入并自发地产生资产选择行为无论对宏观经济调控还是对微观基础的重新构造都产生了不容忽视的影响。从中国目前的情况看，高储蓄率已成为中国经济的一大特征，这为经济高速增长提供了坚实的资金基础，而居民在利息收入诱因下作出的种种资产选择行为又为宏观紧缩调控中的"软着陆"、资本市场发育以及中小型国有企业民营化作出了积极的贡献。

第三，由于利息收入对全社会的赤字部门和盈余部门的经济利益息息相关，因此，政府也能将其作为重要的经济杠杆对经济运行实施调节。例如，中央银行若采取降低利率的措施，货币就会更多地流向资本市场，当采取相反措施提高利率时，货币就会从资本市场流出。如果政府用信用手段筹集资金，它也可以用高于银行同期限存款利率的利率来发行国债，将民间的货币资金吸收到政府手中，用于各项财政支出。

三、利率的决定

（一）马克思对利率决定问题的分析

马克思认为，利息就是作为借款人的职能资本家支付给货币资金所有者或贷出者的一部分利润，是剩余价值的一种分割。而利息率就是借贷双方同意的作为一年内或任意一个或长或短的时期内利用一个定额货币资本的代价来接受借款或贷款的比例金额，利润是利息的来源。因此，马克思认为："利息是由利润调节的，确切地说，是由一般利润率调节的。""不管怎样，必须把平均利润率看成是利息的有最后决定作用的最高界限。"① 以单纯取得利息收入为目的、用于贷放的货币资本即为生息资本。生息资本的运动形态同生产资本不同，生产资本的现实运动不是在流通过程中，而是在生产过程中，在剥削劳动力的过程中，才作为资本存在。生息资本则不是这样，它的运动只是一种有偿让渡运动，也就是说，它既不是被付出，也不是被卖出，而只是被贷出，是在这样的条件下被转让：第一，经过一定时期它要流回到自己原来的起点；第二，它必须带有一个增值的货币额即利息回流。因此，利息率的最低限度应该大于零。

马克思认为，在经济周期的不同阶段，利息率水平也会发生变化。在对现代工业运动周期——沉寂状态、逐渐活跃、繁荣、生产过剩、崩溃、停滞、沉寂状态等——进行考察时可以发现，"低利息率多数与繁荣时期或有额外利润的时期相适应，利息的提高与繁荣到周期的下一阶段的过渡相适应，而达到高利贷极限程度的最高利息则与危机相

① 马克思：《资本论》，第3卷，第403页，北京，人民出版社，1975。

适应。”[①] 马克思使用平均利息率和市场利息率两个概念，对利息率进行了分析，认为：“一个国家占统治地位的平均利息率——不同于不断变动的市场利息率——不能由任何规律决定。在这个领域中，像经济学家所说的自然利润率和自然工资率那样的自然利息率是没有的。”[②] “没有任何理由可以说明，为什么中等的竞争条件，贷出者和借入者之间的均衡，会使贷出者得到他的资本 3%、4%、5% 等的利息率，或得到总利润的一定的百分比部分，例如 20% 或 50%。当竞争本身在这里起决定作用时，这种决定本身就是偶然的，纯粹经验的，只有自命博学或想入非非的人，才会试图把这种偶然性说成必然的东西。”[③] 马克思认为，平均利息率应该根据利息率在大工业周期中发生变动的平均数和那些资本贷出时间较长的投资部门中的利息率来计算。而市场利息率则完全由供求关系直接地、不通过任何媒介决定。当平均利润率提高时，资本家投资动机会变得强烈起来。营业的扩展自然增加对货币的需求，当货币供给量一定时，货币需求增加，利息率就要提高；在相反的情况下，即平均利润率下降，资本家投资动机减弱，货币需求下降时，利息率也要随之下降。但是，英格兰银行政策也可以对利息率发生影响。例如，1844 年，英国银行的“比尔条例”规定，英格兰银行发行银行券不得超过 1 400 万英镑，这部分信用无须黄金准备。从 1844 年 8 月 31 日起，英格兰银行划分为发行部和银行部，银行部和普通银行一样经营业务，在货币过剩时压低利息率，在货币紧缺时抬高利息率。这些政策手段就可以对市场利率产生影响。

总的来说，马克思的利率理论分析了自由竞争时期资本主义条件下市场利率决定和变动的一般规律以及利率变动的影响因素。因为当时资本主义国家在对经济运行调节方面还没有进入角色，所以，马克思受这种客观条件下的局限，也不可能把利率提高到对经济运行控制和调节的高度来分析利率决定和职能等问题，这是我们不应该苛求马克思的。

（二）现代西方经济学家对利率决定的分析

利率决定问题是市场经济发展中的一个十分重要的理论课题。因为发达的商品货币经济实质就是信用经济，货币信用活动是市场体系运转的基本驱动力量。而利率则是货币信用活动的调节器，是货币传导机制的枢纽。任何信用活动的最终目标都是为了取得利息收入，那么，利息水平的高低自然也是每一个参与货币信用活动的主体所集中关注的问题。西方经济学家们对利息率的决定问题进行了大量的研究工作。

费雪从资金的供求两方面来分析利率的形成和决定问题。他认为，自愿储蓄或自愿推迟消费的倾向是资金供应的决定性因素。储蓄或自愿推迟消费倾向的强弱取决于“时间偏好程度”，即偏好目前享受的程度而定。对资金的需求来说，起决定性作用的因素是投资机会，即资本的边际生产率。利率水平的高低取决于储蓄和投资的交互作用，这

---

① 马克思：《资本论》，第 3 卷，第 404 页，北京，人民出版社，1975。

② 马克思：《资本论》，第 3 卷，第 406 页，北京，人民出版社，1975。

③ 马克思：《资本论》，第 3 卷，第 407 页，北京，人民出版社，1975。

种关系可以用图 2－1 表示。

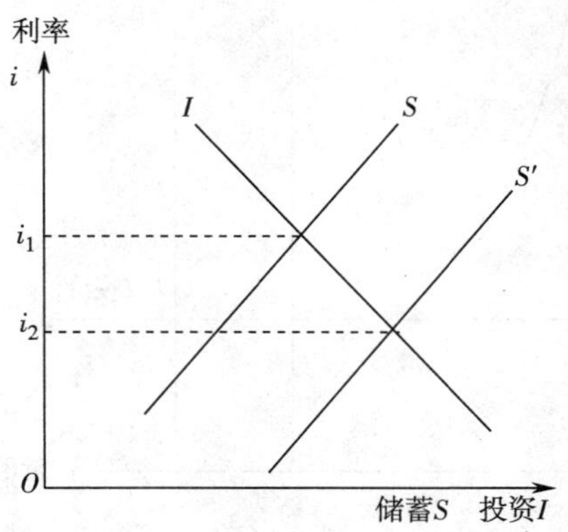

图 2－1　费雪的利率决定曲线

在图 2－1 中，I 为投资曲线，该曲线向下倾斜，表示投资量与利率水平呈负相关关系，利率上升则投资量下降，利率下降则投资规模扩张；S 为储蓄曲线，该曲线向上倾斜，表示储蓄量同利率水平呈正相关关系，利率提高则储蓄增加，利率下跌则储蓄减少。储蓄曲线与投资曲线的相交点决定均衡利率水平 i_1。假定投资曲线不变而储蓄增加使该曲线右移至 S'，则均衡利率亦随之下降到 i_2。可见，费雪并不考虑货币数量和流通速度等因素，而认为由时间偏好决定的储蓄曲线和由资本的边际生产率决定的投资曲线的交点决定均衡利率水平。

凯恩斯特别重视货币因素在利率决定中的作用。凯恩斯认为，利率决定于货币数量和一般人的流动性偏好两个因素。假如一般人的流动性偏好强，愿意保有货币的数量大于货币的供给量，利率就上升；反之，如果一般人的流动性偏好较弱，愿意保有货币的数量小于货币供给量，利率就下降。因此，利率决定于流动性偏好与货币数量的均衡水平。如图 2－2 所示。

已知流动性偏好曲线 $L = L_1 + L_2$ 和货币供给曲线 $M = \overline{M}$（由货币当局决定）后，利率即由货币供给量与流动性偏好共同决定，如果货币供应曲线与货币需求曲线的平行部分相交，利率将不受任何影响，即无论怎样增加货币供给，货币都将被储藏起来而不形成对利率有推进作用的因素。

凯恩斯“流动性偏好”和货币数量决定利率水平的理论在 20 世纪 30 年代后期遭到了瑞典学派的俄林和凯恩斯早年在剑桥大学任教时的学生罗伯逊的批评，俄林和罗伯逊提出了“可贷资金论”。一方面反对以费雪为代表的古典学派忽视货币因素，仅以储蓄投资来分析利率决定问题的片面性，另一方面也抨击凯恩斯完全否定非货币因素（如节欲和资本边际生产力）在利率决定中的作用的观点。罗伯逊认为利率水平由可贷资金的供求关系决定。可贷资金的供给来源于四个方面：（1）当前储蓄；（2）固定投资的出售所得；（3）窖藏现金的再运用；（4）银行体系所创造的新增货币量。需求则由三个方面

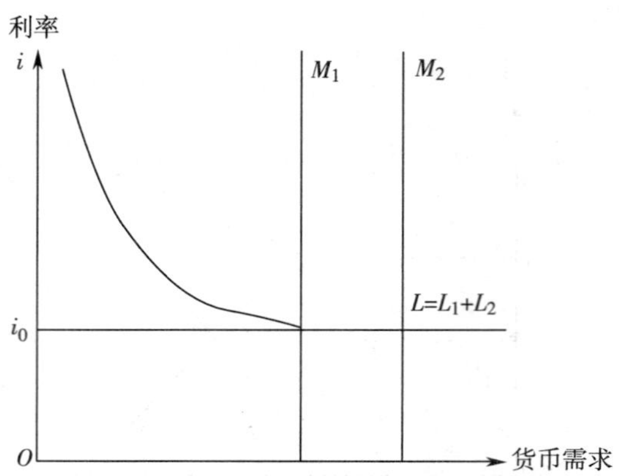

图 2－2 凯恩斯的利率决定曲线

构成：（1）当前投资；（2）固定资本的重置以及折旧与报废的补偿；（3）现金的新增累积和窖藏。利率则由可贷资金的供求曲线相交点决定。这种理论的优点是兼顾了实质因素储蓄和投资，又同时运用了流量和存量分析方法。如图 2－3 所示。

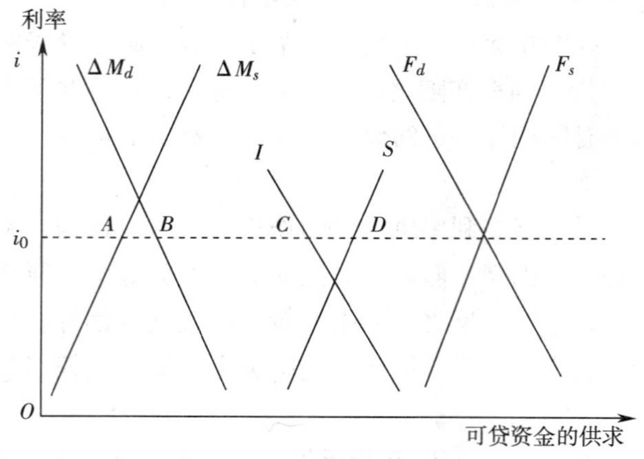

图 2－3 俄林—罗伯逊可贷资金供求决定利率的曲线

设 F_d为可贷资金的总需求，I 为当前投资与固定资本重置和补偿的总和，ΔM_d 为现金新增累积和窖藏量。根据定义，$F_d = I + \Delta M_d$ 。F_s为可贷资金总供应，S 为当前储蓄和过去储蓄的总和，ΔM_s为银行体系所创造的新增货币，则 $F_s = S + M_s$ 。F_d 和 F_s 相交点的利率水平 i_0，虽然表面为可贷资金供求均衡所决定的利率，但这并不表示一定是 $I = S$ 和 $\Delta M = \Delta M_s$ 。如图 2－3 所示，$\Delta M_d > \Delta Ms$ ，其差额为 AB；$S > I$ ，其差额为 CD，但由于 $AB = CD$，故 $Fd = Fs$，但在货币市场和商品市场中，如果求大于供（$M_d > Ms$）或供大于求（$S > I$），那么很明显，对国民所得和国民经济活动就会产生收缩性的压力，在这种情况下，利率也不会保持稳定。只有将所得与国民经济活动调整至货币供求和实物供求同时平衡时，一个稳定的均衡利率才能建立。

由希克斯首创，后经汉森进一步阐发的 IS—LM 模型分析，是同时考察实物市场与货币供求均衡条件下利率和所得组合的理论，这一理论在考察利率决定问题时，兼顾了货币因素和非货币因素，并考察了利率水平与所得水平的对应关系。

IS 曲线是使投资和储蓄恰巧相等的不同的利率和所得组合的轨迹。*IS* 曲线的形成如图 2 –4 所示。

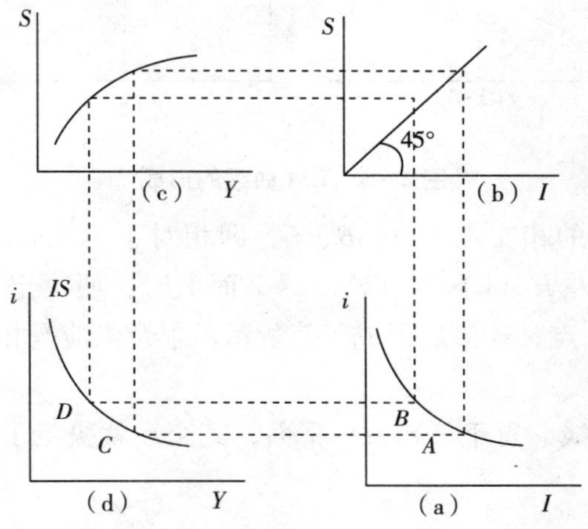

图 2 –4　*IS* 曲线的形成

图 2 –4 分四部分：（a）纵轴代表利率，横轴代表投资。由于投资和利率是负相关关系，因此投资曲线是一条向下倾斜的曲线。（b）纵轴代表储蓄，横轴代表投资，该图自坐标轴原点引出的45°角的直线表明，在这一直线上的任何一点，都表示储蓄量和投资量相等。（c）纵轴代表储蓄量，横轴代表国民收入，储蓄与国民收入为正相关关系，即国民收入越多，储蓄量越大。储蓄曲线因此向上倾斜。（d）纵轴代表利率，横轴代表国民收入，在开始时，这个（Y，i）平面是空白的，*IS* 曲线在该平面上的轨迹由其他三部分共同决定。先从（a）投资曲线上选取任何一点 A，自 A 向上绘出一条与纵轴平行的直线，与（b）45°线相交，又自 A 点画一条与横轴平行的直线与（c）中储蓄曲线相交，再自 A 点画一条与纵轴平行的直线与（d）中自 A 向左方延伸与横轴平行的直线相交，相交点为 C。依同样方法，再在（a）中投资曲线上任选一点 B 绘成另一个矩形（在（d）中决定新点 D），不断重复进行选点即可形成 *IS* 曲线。

LM 曲线的形成过程如图 2 –5 所示。

在图 2 –5 中，（a）纵轴代表利率 i，横轴代表货币供给 M 及货币需求 L，货币需求量与利率呈负相关关系，所以货币需求曲线向下倾斜，货币需求又与收入呈正相关关系，即收入水平越高，货币需求量越大，收入自 Y_1 增至 Y_2、Y_3 时，对应于不同收入水平的货币需求曲线 L（Y_1）、L（Y_2）、L（Y_3）便向上或向右推移。（a）中货币供给 M 为一垂直线，这表明货币供给是由货币当局决定，不受利率影响的外生变量，这条垂直线

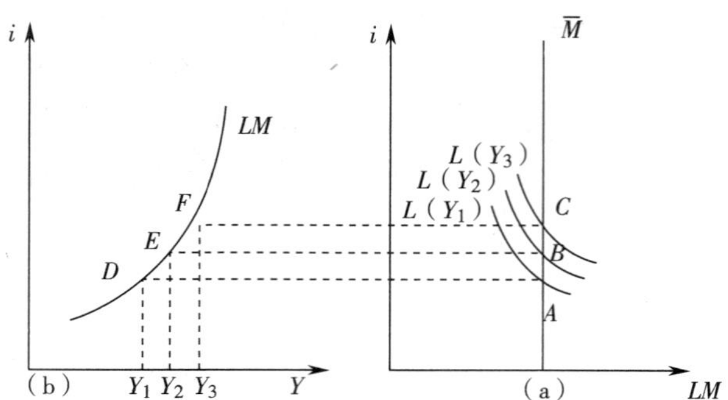

图 2-5 LM 曲线的形成

与一系列货币需求曲线的相交点为 A、B、C，即相对于不同收入水平的货币供求均衡点。这些均衡点反射在左方（b）的（Y，i）平面上时，便决定了相对于 Y_1、Y_2、Y_3 不同收入水平 D、E、F 各点，连接后形成了使货币需求及供应量相等的利率和收入不同组合的轨迹。

将 IS 和 LM 两条曲线共置于（Y，i）平面，其交点就决定了均衡利率 i_0 和均衡所得 Y_0。如图 2-6 所示。

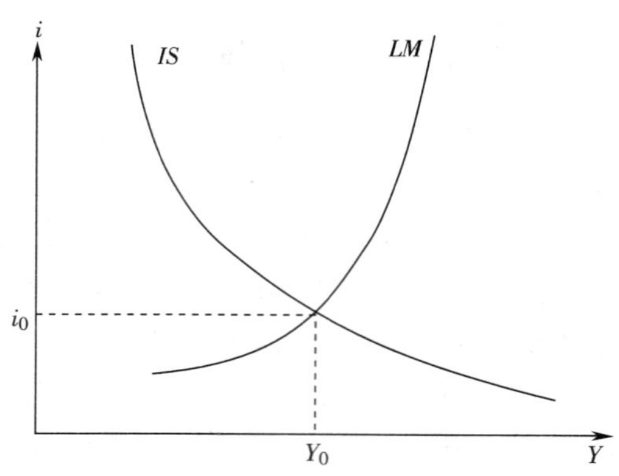

图 2-6 IS—LM 曲线

IS—LM 曲线表明的各项函数关系为

投资函数：$I = I(i), I'(i) < 0$ (1)

储蓄函数：$S = S(Y), S'(Y) > 0$ (2)

货币需求函数：$L = L(Y, i), L'(i) < 0, L'(Y) > 0$ (3)

货币供应量：$M = \overline{M}$ (4)

均衡条件：$I = S$ (5)

$L = M$ (6)

将式（1）和式（2）代入式（5），式（3）代入式（6），有

$$I(i) = S(Y) \tag{7}$$

$$L(Y,i) = M \tag{8}$$

式中，$I'(i)$、$S'(Y)$、$L'(i)$、$L'(Y)$ 等为相关关系的导数。

图2-6及上述函数关系式表明：*IS* 曲线向下倾斜，假定收入增加，则储蓄必随之增加，为使储蓄和投资相等，利率必须下降；*LM* 曲线向上倾斜，假定收入增加，则货币需求量也会随之增加，因此，为使货币供求相等，利率就必须提高，以减少社会对剩余货币或闲散资金的需求。

以上介绍了现代西方的几种较有代表性的利率决定理论。从这些理论分析可以看出，一百多年来，西方经济学家在利率决定问题上主要是围绕非货币因素（或称实质因素）和货币因素对利率决定的作用进行考察的。赞同非货币因素起决定性作用的经济学家的观点所具有的暗含政策意义为国家对利率决定不应进行干预，因为利率是由资本边际生产率和社会大众的流动性偏好等非货币因素决定的，国家对于货币供给量有能力进行干预，而对这些非货币的实质性因素则无能为力。主张货币因素在利率决定中起关键作用的经济学家的观点之政策含义则为：既然利率由货币因素决定，货币供给量由货币当局决定，那么，由国家干预经济形成的政策变数就是利率决定的基本因素。希克斯首创的IS—LM分析之所以至今仍然被西方经济学界推崇，主要原因之一就是它综合了货币因素和实质因素分析，并把利率决定和国民收入的均衡水平决定分析联系起来，换句话说，就是IS—LM分析既重视非政策性变数，又重视政策性变数，具有全面、综合的特点。

四、利息与价格的关系

在一个信用占主导地位的经济里，利息会渗透到生活的方方面面。一个企业即使不借入资金而完全靠自有资金进行生产经营活动，它也要将利息作为机会成本进行效益核算。根据替代原理，这类没有负债的企业即使不将资金投向自身预定的经济活动，而是简单地把这些资金贷放出去，它们也能得到与市场平均利息率大体相当的收益。因此，货币资金在一定的时间内注定要获得一定的利息，利息作为一个具有广泛影响的经济变量也必然与许多经济变量发生关系。

利息作为货币资金的价格首先要与一般商品的价格发生关系。从微观角度看，任何商品生产者参与经济活动的目的都是追逐利润，在价格水平一定的情况下，如果商品的全部成本低于销售价格，那么，这种商品就是可盈利商品。由于利息是计入成本的，在其他条件不变时，如果利息水平提高了，那么，随着商品总成本的提高，利润就会减少，如果利息增加比重较大，利润还常常变为负数。假若任何商品生产都在追求平均利润率，那么，只要利息水平提高，商品生产者为保证利润预期目标的实现也要相应提高商品的价格。当利息水平降低时，商品生产者在确保一定利润水平的前提下为提高商品的竞争力，一般也会相应降低商品销售的价格。由此可见，从微观上说，利息水平与一般商品的价格是正相关关系。那么，从宏观角度看利息和商品价格变动是否也是正相关关系呢？大多数经济学家都持这样一种观点：在一个储蓄的利率弹性和投资的利率弹性都比较充分的经济体系中，如果货币当局运用提高利率的手段来调节经济，那么总需求特别是投资需求就会因为资金成本的提高而减少，社会总需求减少了，而商品供给在短时期内却未见减少，自然，商品的价格水平就会下降；在相反的利率变动背景下也会出现相反的情况。从这种宏观调节意义上考察，利息率的变动与价格总水平的变动似乎又有一种负相关关系。在货币理论史上，有一个与上述推论相反的统计分析结论，J. M. 凯恩斯将这一统计分析结论称为“吉布逊谜团”。英国经济学家吉布逊对英国 1791 年至 1928 年长达 137 年的名义利率（以长期公债收益率为代表）和物价（以批发物价指数为代表）关系的研究，发现名义利率和物价指数保持着一种正相关关系，显然，这一统计现象对利率与物价具有负相关关系的传统理论推论是一种严峻挑战。为什么会出现这种正相关现象？许多经济学家都提出了自己的假说，对这些假说，我们在这里不一一介绍。我们只要注意一点：利息与物价是两个有紧密关系的经济变量，它们之间的相互关系依一定的经济条件和时间条件呈现可能不同的变动规律。

第三节 利 率

利率是金融学中一个十分重要的范畴，利率政策也是货币当局的重要调控手段之一。一般来说，在一个经济体系中，市场越发达、金融资产越丰富、微观经济主体的独立权益越受保护，利率发挥作用的余地就越大。有关利率及其调节作用的内容我们在以后的有关章节中还会谈到，在这一节我们只介绍有关利率的一些基本知识。

一、利率的表现形式

利率是一个十分复杂的经济变量系统。它之所以复杂，一方面是由于金融资产的多样化，另一方面还由于人们可以从不同的角度考察利率，使其具有各种各样的表现形式。

（一）名义利率与实际利率

在现实经济生活中，一般商品的物价水平总是处于不断变动的状态。物价变了，意味着货币购买力在不同的物价水平下会出现差异。货币和商品的对流和依存关系，使得人们不仅要用货币去衡量商品的市场价值，也时常用可交换商品量去重新评价货币的价值。利息作为货币资金使用权的回报，在不同的价格水平下它究竟能代表多少价值，这也是人们普遍关心的一个问题，为了回答这个问题，就必须引入名义利率与实际利率的概念。

所谓名义利率就是一定时点上对物价变动率因素未做剔除的利率；而实际利率就是在一定时点上已对物价变动率因素进行剔除后的利率。设 r 为名义利率，i 为实际利率，

$\dot{P}$ 为物价变动率，则有

$$r = i + \dot{P} \text{ 或者 } i = r - \dot{P}$$

在市场经济运行中，由于物价水平要随商品供求及货币供求关系变动不断发生变化，因此，即使名义利率水平相对稳定，但实际利率水平也会不断发生变化。实际利率是资金使用或占用的真实成本，它的变化势必会对货币资金的供求关系及人们的资产选择行为发生影响，这一点，我们在以后的有关章节还会讲到。

(二) 官定利率与市场利率

所谓官定利率是指由货币当局规定的利率。这里所说的货币当局，可以是中央银行，也可以是具有实际金融管理职能的政府部门。我国在改革开放政策实施前，利率基本上是官定利率。之后随着资金分配和融资格局的变化，市场利率在利率体系中的比例已逐渐加大。利率管制是否严格，这是衡量一国金融自由度的一个重要标志。计划经济国家，其利率管制都是极其严格的。而在发达的市场经济国家，虽然中央银行也时常运用利率手段调节宏观经济，但由市场资金供求及其他状况决定利率特别是融资活动及金融零售业利率的水平是一种主导形式，由货币当局制定的利率常常起到指导性调节作用。

在通常情况下，由资金供求关系和风险收益关系等因素决定的市场利率是资金价格的真实表现，而官定利率同市场利率在水平上总存在一定差距。在计划经济体制国家和发展中国家，由于存在经常性的资金短缺，因此，官定利率总是低于市场利率，这种资金价格差距的存在自然会滋生特权阶层的寻租和腐败行为。

官定利率和市场利率是从资金价格决定权的角度来分析利率形式的。实际上，在统一的官定利率背景下，由融资形式多样性、一国经济发展不平衡、市场分割等因素所决定，市场利率也会有多种表现。如在中国，经济较发达的沿海地区和经济发展较为落后的中西部地区，其市场利率水平也有相当的差距。

(三) 固定利率与浮动利率

固定利率与浮动利率是以货币资金借贷关系持续期间内利率水平是否变动来划分的。

固定利率在稳定的物价背景下便于借贷双方进行经济核算，能为微观经济主体提供较为确定的融资成本预期。但在存在严重通货膨胀条件下，固定利率有利于借款人而不利于贷款人。浮动利率即指数化意义的可变动利率，是指借贷双方在签订协议时规定利率随物价或其他因素相应调整的条款，可避免固定利率的某些弊端，但同时也带来计算依据选定困难、手续繁杂等问题。

中国曾一度实行过的对中长期储蓄存款实行保值贴补，这种保值贴补就是浮动利率的一种形式。

(四) 一般利率与优惠利率

所谓一般利率是指金融机构按一般标准发放贷款或吸收存款所执行的利率。而优惠利率则是指低于一般标准的贷款利率和高于一般存款利率的利率。

贷款优惠利率的执行对象一般都是国家政策扶持的地区、行业、企业或项目。例如，中国对老、少、边、穷地区的某些贷款，对企业技术改造、重点行业的基本建设、出口贸易、黄金生产、农业项目等的贷款，都有相当的利率乃至期限上的优惠。

在国际借贷市场上，一般以伦敦同业拆借利率为衡量标准，低于该标准的可被称为优惠利率。

在存款利率方面，我国曾对侨汇外币存款执行的利率超过普通居民的外币存款利率。显然，前者即为优惠存款利率。

（五）长期利率与短期利率

长期利率与短期利率的区分标准是信用工具或信用行为持续时间的长短情况，一年以内的信用称为短期信用，一年以上的信用为长期信用；而利率的长期或短期也依此来划分。

（六）单利与复利

单利与复利是以信用活动持续期间内利息计算的不同方法来划分的，具体内容请参照本书第一章第四节的内容。

二、基准利率

基准利率就是在整个利率结构中起主导作用的利率，它是利率体系的核心，是其他利率决定的参照，通过基准利率可以判断利率真实的市场水平。

一般来说，作为货币政策中介目标的基准利率应当具备以下条件：

（1）市场参与程度高，能够客观反映市场供求关系，与其他利率有较强的关联性。基准利率不仅应当反映当前整个经济中的资金供求情况，还应当能反映未来经济条件的变化对资金供求的影响，反映市场的预期价格。

（2）可控性强，便于中央银行适时进行调节以体现其政策意图。中央银行可以运用货币政策工具影响货币市场上的基准利率，进而影响商业银行的存贷款利率以及资本市场的利率，控制货币流量的变化，最终引导总需求的变化，实现货币政策目标。

（3）稳定性好，风险较小，这是基准利率成立的一个必要条件。因为其他金融资产的风险收益率都是基准利率基础之上的风险溢价。因此，基准利率首先要求应该是没有信用风险。但是，如果流动性风险和利率风险过大，即使没有信用风险，也不一定能作为基准利率。在利率市场化国家，大都以长期国债收益为基准线形成利率期限结构，因为国债几乎没有信用风险，流动性风险和利率风险也较低，而且由于流动性充足和充分的套利，国债收益率曲线更能反映经济周期的变化。

基准利率的特征是市场化利率、基础性利率、传导性利率。如何选择、选择哪种利率作为基准利率都将直接影响市场最终的预期收益率。在发达市场经济国家，利率是市场化的，但是美联储规定商业银行向中央银行借款的利率（即联邦基金利率）为基准利率，其他利率都以基准利率为基础依据市场供求情况自行确定。欧洲中央银行也决定其基准利率。

在我国，目前尚没有形成一个以市场化基准利率为基准的利率体系，我国目前利率体系是由中国人民银行参考同业拆借市场利率制定基准利率，资本市场利率围绕货币市场利率变动。中国人民银行确定市场基准利率的做法是以一年期定期存款利率为准，其他各种利率与此挂钩浮动一个差额。为了构建中国自己的基准利率体系，中国人民银行于2006年10月开始在全国银行间同业拆借市场试运行上海银行间同业拆借利率（SHIBOR），并于2007年1月正式运行。上海银行间同业拆借利率的推出，对构建中国成熟稳定的基准利率体系具有重要的意义。

三、利率的风险结构和期限结构

在现实的经济生活中，市场上存在的利率是千差万别的。各种不同种类和期限的债券，利率往往各不相同，进一步认识和分析利率的结构是有必要的。

（一）利率的风险结构

在金融市场上，期限相同的不同债券利率一般是不同的，而且相互之间的利差也不稳定，例如，同样是5年期的国债利率往往高过同期的公司债券利率。其中的原因在于利率具有风险结构。期限相同的债券等金融资产因为风险不同而产生的利率差异，称为利率的风险结构。这里涉及的风险主要是指违约风险、流动性风险和税收因素引起的风险。

1. 违约风险

违约风险是债券发行者不能支付利息和到期不能偿还本金的风险。债券发行者的收入会因为经营状况和外部环境等的变化而发生波动，因此，不同发行者债券本息的偿还能力是不同的，存在着不确定性。一般来说，公司发行的债券或多或少都存在一定的违约风险，而中央政府的国债则通常没有违约风险。

违约风险与债券的利率有着密切的关系。违约风险低的债券利率也低，相应地，违约风险高的债券利率一般较高。中央政府发行的债券因为基本不存在违约风险，被认为是无风险债券，因为中央政府总是可以借助于税收，甚至以发行货币等方式来保证债券本息的偿付。当然，如果政局动荡影响到政权的安全，中央政府债券的持有者仍然可能遭受损失。债券利率与无风险债券的利率之差为风险溢价，它反映了持有风险债券得到的可能违约的补偿。有违约风险的债券其风险溢价必须为正，违约风险越大，风险溢价越高。

2. 流动性风险

流动性的差异也是导致相同期限的不同债券之间利率不同的又一重要原因。流动性风险主要指资产的变现速度过慢和交易成本过高而遭受的损失。假定在最初某公司的债券与中央政府的债券流动性相同，利率也相同。如果该公司的债券流动性下降，难以寻找买主，交易成本上升，这将引起对该公司债券的需求下降，利率上升。而政府债券则因为良好的流动性，交易活跃，容易变现，利率会低于公司债券。因此，在其他条件相同的情况下，流动性越高的债券，其利率就相应越低，反之则相反。

3. 税收因素

税收因素也与利率的差异存在关系。这是因为，在购买债券时，债券持有人更为关心的是税后的实际回报，而不是税前的回报。因此，如果债券利息收入的税收待遇不同，债券持有人的实际收入则不同，对债券的需求也自然不同。这必然要反映到税前利率上来。税率越高的债券，一般要求其税前利率也应该比税率低的债券高。

相同期限的不同债券之间的利率差异除了上面提到的与违约风险、流动性和税收因素关系密切外，还与其他一些因素有关，如债券的可赎回与可转换条款等。

（二）利率的期限结构

人们经常观察到这样一种现象：具有相同风险、流动性和税收因素的债券，其利率随到期日的时间长短而不同，这种差异就是利率的期限结构。相对于利率的风险结构，利率期限结构更为复杂、更为重要。因为市场经济中的利率是不断变化的，所以利率的期限结构总是某年、某月、某日的期限结构，同一种类不同期限的利率构成该种类的利率期限结构。

更确切地说，利率的期限结构是指证券到期时的利息或收益与到期期间二者的关系。此关系可有三种不同情况：（1）短期利率高于长期利率；（2）长短期利率波动一致；（3）短期利率低于长期利率。在利率与期限关系的三种情形中，其中一种情形最常见，即利率随期限的延长而增加。利率的期限结构可以形象地以收益率曲线表示出来。如果以横轴表示距离到期日的时间，纵轴表示利率，将不同期限的利率连接起来，就会形成一条收益率曲线。如果收益率曲线向上方倾斜，表明长期利率大于短期利率。收益率曲线向下方倾斜，表明短期利率大于长期利率。如果收益率曲线是水平的，则说明长短期利率相同。

西方经济学在解释利率的期限结构的两个现象——各种期限证券的利率往往是同向波动的、长期证券的利率往往高于短期证券时，主要有三种理论：预期理论、分割市场理论、偏好理论。

（1）预期理论。预期理论假定整个证券市场是统一的，不同期限的证券之间具有完全的替代性，也就是说，证券购买者在不同期限的证券之间没有任何特殊的偏好。同时，预期理论认为长期债券的利率等于长期债券到期前预期利率的平均值。在此基础上，预期理论断言，利率的期限结构是由人们对未来短期利率的预期决定的。当人们预期未来的短期利率将上升时，长期利率就高于短期利率，即收益曲线向上倾斜；反之，若人们预期未来的短期利率将下降，则长期利率低于短期利率，即收益曲线向下倾斜；只有当人们预期未来的短期利率将保持不变时，收益曲线才是水平的。

预期理论将不同期限的证券视为一个密切联系的统一体，从而为证券市场上不同期限证券利率的同向波动提供了很好的解释。但是，预期理论也面临着一个重要的经验事实的挑战，那就是市场上长期证券的利率一般要高于短期证券，这是否就意味着人们总是倾向于相信未来的利率会高于现在呢？这显然是没有道理的，因为人们预期的利率变化方向不可能是不变的。针对这一矛盾，有的经济学家提出了利率期限结构的分割市场理论。

（2）分割市场理论。分割市场理论假定各种期限的证券之间毫无替代性，它们的市场是相互分割、彼此独立的，因而每种证券的利率只受自身状况的影响，仅仅取决于该种债券的供给和需求。分割市场理论认为，无论是投资者还是发行者都有期限偏好。该理论对收益曲线通常向上倾斜，即长期利率高于短期利率的经验事实提供了一种直截了当的解释，那就是人们一般更愿意持有短期证券，而不愿意持有长期证券，因而短期利率相对较低。但是由于这种理论将不同期限的证券市场看成是分割的，所以它无法解释为什么不同期限的证券利率往往是同向波动的，因此这一理论也有局限性。

（3）偏好理论。偏好理论可以被看成是上面两种期限结构理论的综合，是预期理论和分割市场理论的折中。它接受了预期理论关于未来收益预期对债券的收益率曲线存在影响的说法，但又考虑到了投资者对不同证券期限的偏好，认为不同期限的债券收益和相对风险程度是影响收益率曲线的一个很重要的因素。它认为市场可能更偏好某些期限的债券，不同期限的债券之间在一定程度上可以相互替代，投资者有一个优先的偏好，但是它认为这种偏好并不是绝对的。由于不同期限的债券存在利率风险上的差异，投资者的风险偏好属性存在差异。当不同期限的债券之间预期收益率达到一定临界值后，投资者就可能放弃他所偏好的那种证券，转而投资于预期收益率较高的证券。也就是说，由于投资者偏好的存在，不同期限的债券之间不可能是完全相互替代的，因而各种证券的预期收益率不会完全相等；但是当这种不相等达到一定程度时，替代就会发生。从风险的角度考虑，短期债券的利率风险较低，流动性较高，而长期债券的利率风险较高，流动性也显得不足，为鼓励投资者持有长期债券，必须给其支付正值的升水，因此长期债券利率高于短期债券。

偏好理论的假定较预期理论的完全替代性和市场分割理论的完全分割假定更为现实。能够较好地解释为什么长期利率通常高于短期利率，也同样能够解释为什么不同期限的证券利率会同向波动。它是一种最流行的利率期限结构理论。

四、利率与金融资产价格

在现代市场经济中，利率作为重要的经济杠杆，在金融市场上发挥着重要的作用。利率的变动间接地影响着资本市场上股票和债券等金融资产的市场价格。一方面，利率时刻影响着家庭和个人对金融资产的投资，从这个意义上来说，利率基本上可以看做是其他所有金融投资产品的无风险替代产品，也就是持有其他金融资产的机会成本。利率上升代表其他金融资产投资的机会成本增加，相应地，要求的投资回报率增加，最终导致金融资产价格下降。在金融产品日趋多样化的今天，人们将货币转化为金融资产持有，主要考虑后者的安全性、流动性和收益性几个方面。在安全性和流动性一定的情况下，主要由利率决定的收益率的高低往往是选择金融资产时的有效依据。通过调整利率，可以引导人们选择不同的金融资产，并借此影响金融资产的供求关系，从而影响其价格。

另一方面，通过利率的调整，企业的资金成本受到影响，生产成本相比以前相对增加，还会在一定程度上影响企业的未来投资决策，这将对企业的未来现金流和盈利水平产生影响，并间接影响金融资产持有者的预期，最终导致金融资产的价格发生变动。

在金融市场上，合理发挥利率的功能和作用需要一些外部的环境和条件。成熟市场经济国家利率体系成熟、利率结构完整，金融市场化程度高，金融资产对利率调整的反应敏感。同时市场通过有效预期经济金融运行，能够逐步自主地对利率水平进行调整。一定程度上顺应市场要求，两者相辅相成。在此当中，推行利率市场化，使利率的水平及其风险结构和期限结构由市场决定；同时，在多样化的利率体系中培育适当的基准利率，发挥基准利率在金融市场中的基准参照作用是比较重要的两个命题，这将是我国今后一段时期业界和监管层的奋斗目标。

五、中国利率政策的粗略回顾

除个别时期以外，在1979年以前我国的利率政策在动员社会闲散资金、促进企业加强经营管理这种低层次的目标下，对国民经济运行发挥着极小的影响作用。当然，在旧的以产品经济为基础的指令性计划经济体制下，利率这种对国民经济活动进行间接调节的经济手段也不可能发挥很大的作用。在总体经济指令化调节的气氛下，我国自1953年开始一直实行低利率的政策，到1955年，利率水平已降至相当低的程度。

1955年以后，我国的利率开始处于长期稳定和档次逐渐简化的状态，到1971年以前的16年内，除手工业贷款，合营企业贷款和农业贷款先后于1958年和1959年调整为月息6‰，集体农业和个体农业于1961年5月调整为月息4.8‰。国营工业贷款于1960年6月提高到月息6‰外，其他贷款的利率均未改变。

这一期间，国营企业存款利率一直未变，银行同信用社往来的利率在1959年1月降为月息4.2‰。1965年6月又降为3.9‰。储蓄存款利率在1956年、1959年和1965年降低三次，到1965年6月活期储蓄月息降为1.8‰。定期6个月的月息降为2.7‰。定期1年的降为月息3.3‰。华侨储蓄存款利率在1960年把定期3年的降为年息6.5%，定期5年的降为年息7%。

“文化大革命”开始后，一些人受“左”倾思想影响，认为利率越低越能体现社会主义优越性，于是在1971年又一次大幅度降低了利率。

1971年调整后的利率水平一直维持到1979年。因此，可以认为，1979年以前的二十多年时间里，是我国不重视利率杠杆对经济的调节作用的时期。我们在前面已经指出，不重视利率的调节作用并不是一个孤立的、偶然的现象，它是不重视商品经济规律的旧经济体制弊病的表现之一。在那种环境条件下，即使利息率水平提高了，也只能在增加储蓄存款方面发挥一些影响作用，而对社会总支出水平中起决定作用的投资水平是根本起不到制约作用的，因为在当时的背景下，国营企业固定资产投资是由财政无偿拨付的。在这种投资体制下，很少有人真正关心国有资金及与国有资金配套的国有银行贷款的使用效率。用产值规模指标考核干部政绩的做法又助长了各地方、各部门及企业领导人用种种手段去争取资金以求把盘子做大，而不顾及资金的占用成本是高还是低。

1979 年以后，我国经济进入体制改革的新阶段，利率等反映商品货币经济规律的各种经济调节手段受到了重视。从 1979 年 4 月到 1986 年 9 月，中国人民银行先后 5 次调高了存款利率和再贷款利率水平，增加了一些利率新档次，调整了利率结构，在浮动利率范围内给予专业银行以一定的利率定价权限，并实行了逾期贷款的罚息制度等。

1988 年，由于流通中货币过多和“价格改革闯关”的舆论导向，全国出现了物价猛涨和抢购风潮，中国人民银行及时出台了三年及三年以上储蓄存款实行保值贴补的办法，在稳定居民储蓄存款和抑制物价过度上涨方面起到了积极的作用。其后，随着宏观经济形势的变化，又发生过若干次存贷款利率的调整。值得提及的是 1996 年，在物价控制目标得到实现情况下，中国人民银行曾两次调低利率，同时取消了三年及三年以上期限存款的保值贴补率。1997 年亚洲金融危机，消费物价指数连续下降，为扩张内需刺激经济，中国人民银行又连续多次采取了降息措施，这一系列利率手段的运用都对经济运行产生了积极的影响。

2008 年发源于美国次级房贷的全球金融危机，对世界各国的经济和金融产生了巨大的冲击。为了应对此次金融危机，中国人民银行采取了超常规的利率政策，2008 年 9 月 16 日至 2008 年 11 月 27 日，先后 4 次下调人民币存贷款利率。其中，11 月 27 日存贷款基准利率 1.08 个百分点调整力度之重，为中国人民银行近年来货币政策调控历史上所罕见。这一系列利率政策、措施有效地保障了中国经济的复苏。但当前存在的一个问题是，目前的利率水平大大低于有形投资、房地产、土地和股票的预期回报率，低利率加剧了资产领域过度投资和投机等问题，如何确定一个与经济发展相适应的利率政策是政府需要考虑的问题。

第四节　金融工具与金融资产

一、信用关系与金融工具

最原始的信用方式曾经是只用口头来进行的。某甲贷给某乙一笔钱，只要口头上承认就可以了。这种信用显然只适用双方比较熟悉，并且距离较近的贷款者与借款者。如果双方不熟悉，并且距离较远，又不了解对方的信用情况，那么，他们之间的借贷肯定不会建立的。后来人们通过书面证明来确认双方的信用关系，这就方便得多、保险得多了。这种书面证明就成为金融工具，它不仅是借贷双方债权和债务关系的证明，而且还能够流通转让。这一新的特性，使债权人与债务人都能在适当的时候来选择债权与债务，使自己的现时消费的安排与未来消费的安排更适当地分开。

靠书面证明来建立的信用关系融通了贷者与借者之间货币的余缺。这种金融工具的最基本要素为支付金额与支付条件。金融工具可以按许多标准来分类。比如按金融工具的付款方式、可否转让、期限的长短来分类。但我们在这里仅按它的流动性来划分。金融工具的流动性可以被解释为不付代价或没有任何麻烦而被人们普遍接受的特性。按此分类，我们可以将金融工具分为两大类：（1）具有完全流动性的金融工具，这是指现代的信用货币。现代信用货币有两种形式：纸币和银行活期存款。它们可被看做是银行的负债，已经在公众之中取得普遍接受的资格，其转让是不会发生任何麻烦的。这种完全的流动性可看做金融工具的一个极端。（2）具有有限流动性的金融工具。这些金融工具也具备流通、转让和被人接受的特性，但附有一定的条件，包括存款凭证、商业票据、股票、债券等。它们被接受的程度取决于这种金融工具的性质，包括偿还性、流动性、安全性和收益性。

二、金融工具的特征

人们概括金融工具有四个特性：偿还期、流动性、安全性、收益性。

（1）偿还期。贷款人贷出货币的方式也许是一次将所签订的贷款全部付出，也许是采取全部款项分笔付出。相对应，借款人还款的方式也许是一次全部偿清，或是按部分陆续还清。偿还期是指借款人拿到借款开始，不论是一笔借入还是分笔借入，到借款全部偿还清为止所经历的时间。我们知道金融工具是可以转让的，它也许在你拿到手之前已经转让了几次。因此，偿还期的计算，只有相对于目前来考虑才有实际意义。例如，政府在1980年发行一种2000年到期的公债，从发行到偿还是20年的偿还期，但从1986年来说只有14年的偿还期。各种金融工具在发行时一般都具有不同的偿还期，从长期来说，有10年、20年、50年，还有一种永久性债务，这种公债借款人同意以后无限期地支付利息，但始终不偿还本金，这是长期的一个极端。另一个极端，银行活期存款随时可以兑现。因此，其偿还期实际等于零。

偿还期限的长短对贷款人与借款人有着不同的意义。从债权人的角度来看，选择长短期取决于债权人对现时消费与未来消费的估计，同时还取决于债权人将能得到的收益率与对未来货币价值涨落的预期。这些因素从客观与主观上对债权人有着不同的影响。如果在收益率一定的情况下，债权人都趋向于持有期限比较短的金融工具。这主要是为了防止意外的情况，期限短从而具有更多的灵活性。从债务人的角度看，通常希望偿还的期限长些，这有利于债务人有更多的时间来安排债务的偿还。如果债务人想得到这样的允诺的话，也许他不得不牺牲一些他的利益，比如给债权人更高的报酬。

（2）流动性。这是指金融资产在即刻转换货币时，其价值不会蒙受损失的能力。除货币以外，各种金融资产都存在着不同程度的不完全流动性。其他的金融资产在没有到期之前要想转换货币的话，或者打一定的折扣，或者花一定的交易费用，一般来说，金融工具如果具备下述两个特点，就可能具有较高的流动性。第一，发行金融资产的债务人信誉高，在以往的债务偿还中能及时、全部履行其义务。第二，债务的期限短，这样它受市场利率的影响很小，变现时所遭受亏损的可能性就很小。或者我们可以这样表述它们之间的关系：流动性与偿还期成反比，即偿还期越长，流动性越小；而与债务人的信用成正比，即债务人信誉越高，流动性越大。当然这种关系只是近似反映它们之间关系的大致趋势。

（3）安全性。这是指投资于金融工具的本金是否会遭受损失的风险。风险可分为两类：一是债务人不履行债务的风险，债务人不能按约定的数额偿还债务，或不能及时地偿还债务。对债权人来说，这是最致命的风险。这种风险的大小主要取决于债务人的信誉以及债务人的社会地位。一国政府也可能不履行偿还的义务，但其可能性显然要比企业或者个人小得多。就某一特定的债务人而论，他所发行的债券也有不同的风险之分，因为不同债券对同一债务人的资产或收入的要求权也有先后之分。如某一有限股份公司因遭破产而清算，则其剩余资产或收入应先偿还债券持有人，其次为优先股票的持有人，最后为普通股票持有人。另一类风险是市场的风险，这是金融资产的市场价格随市场利率的上升而跌落的风险。当利率上升时，金融证券的市场价格就下跌；当利率下跌时，则金融证券的市场价格就上涨。证券的偿还期越长，则其价格受利率变动的影响越大。此间的关系与影响的途径在下面将详细谈到。一般来说，本金安全性与偿还期成反比，即偿还期越长，其风险越大，安全性越小。本金安全性与流动性成正比，与债务人的信誉也成正比。

（4）收益性。这是指金融工具能定期或不定期给持有人带来收益的特性。金融工具收益性的大小是通过收益率来衡量的，其具体指标有名义收益率、实际收益率、平均收益率等。关于金融工具中的债券、股票的收益率的计算，在本书后面的章节专门介绍。

三、什么是金融资产

在上面的分析中，我们是把金融工具与金融资产两个概念交替使用的。在许多经济学家看来，金融工具是金融资产在市场交易中的表现形式，而金融资产则是从财富、存量角度对金融工具的考虑结果。还有的经济学家则认为，金融工具与金融资产二者不可等同，有些金融工具并不构成金融资产，有些金融资产本身也不表现为金融工具。①

实际上，对金融资产进行考察，确实需要对理论意义上的金融资产与统计意义上的金融资产进行说明。

---

① 张志平：《金融市场实务与理论研究》，北京，中国金融出版社，1991。

按照通常的定义，资产是一种具有明确归属关系、可给所有者带来远期收益的财产或权利。资产通常可划分为生产资产、非生产资产和金融资产三类。

生产资产是能为其所有者产生服务流量的财产，它包含固定资产、存货和珍贵物品三个部分。非生产资产是由物质形态和非物质形态构成的权利，它由有形非生产资产（如土地、地下资源和其他自然资产）和无形非生产资产构成（如专利、商誉等）。

金融资产是一切可以在有组织的金融市场上进行交易、具有现实价格和未来估价的金融工具的总称。金融资产的最大特征是能够在市场交易中为其所有者提供即期或远期的货币收入流量。

在现实生活中，交易行为无孔不入。因此，上面所说的各种资产之间经常会出现相互间的转换，当然，转换目的在于提高其拥有资产的相对价值。

四、国民经济核算体系中的金融资产

在1993年最新公布的国民经济核算体系（SNA）中，从统计目的出发，对金融资产作以下分类：（1）货币黄金和特别提款权；（2）通货和存款；（3）股票以外的证券（包括衍生性金融工具）；（4）贷款；（5）股票和其他权益；（6）保险专门准备金；（7）其他应收/应付账款。

SNA中的金融资产，实际是按国民经济各个部门的资产负债表记录了这些统计对象所有金融资产和负债。对每一部门来说，资产负债表显示的是该部门为筹集资金发生的金融负债和该部门已经获得的金融资产，它提供了有关一个部门金融手段运用程度及该部门在债权、债务关系中所处地位的双维图景。

本章小结

信用是具有增值和回流特性的价值形式运动，是经济体系中的赤字部门与盈余部门的关联纽带。企业信用、银行信用、政府信用及民间信用是信用活动的基本形态，直接融资与间接融资活动的总和构成广义金融市场。利息是金融活动的最终目标，利率则是资金供求价格，利率的决定是许多经济学家争论不休的一个问题。在现实经济运行中，基准利率是在利率市场化条件下，中央银行可以用货币政策工具施加影响的导向性利率。而利率的期限结构理论则是由各种分析长短期利率差异产生原因假说的总称。金融工具和金融资产是金融活动的物质载体。

思考题

1. 信用的本质和职能是什么？
2. 为什么银行信用会成为主导信用形式？
3. 直接融资与间接融资的划分标准是什么？
4. 简述金融市场的划分角度。

5. 决定利率水平的主要因素有哪些?
6. 什么是基准利率?
7. 各种利率期限结构假说的着眼点是什么?
8. 说说 SNA 中的金融资产定义。

第三章　金融机构

第一节　金融机构的类别及功能

一、金融机构的分类

各国对银行与非银行金融机构的分类有不同的标准。目前，我国的金融机构划分为这样几类：

（1）中央银行职能的执行者（中国人民银行）；（2）金融监督管理部门；（3）政策性银行；（4）商业银行，包括国有商业银行、全国性股份制商业银行、中国邮政储蓄银行、城市商业银行、农村商业银行、外资银行等；（5）合作金融机构；（6）农村地区新型银行业金融机构；（7）非银行金融机构，包括保险公司、证券公司、基金管理公司、信托投资公司、金融租赁公司、资产管理公司、中国外汇投资公司等；（8）外资金融机构、侨资金融机构、中外合资金融机构。

从以上八类金融机构的划分上我们可以看出，这种划分只是出于方便统计工作需要。一个需要说明的问题是，我国的金融监管当局目前呈分业管理状态，即同时存在与中国人民银行并行的三个监管机构：中国银行业监督管理委员会、中国证券监督管理委员会和中国保险监督管理委员会。

改革开放以来，我国的金融业是经济体系中发展最迅速、最兴旺的一个行业。随着各类机构和各种组织的出现以及金融业务活动的多样化，在我国就产生了对金融机构进行分类的问题。这种分类不仅会有助于我们系统地认识和了解各种金融中介机构，而且也会为我们深入地分析各种金融机构在整个金融体系中的地位、作用以及它们对整个经济发展的影响奠定基础。

在西方发达国家中，对金融中介机构的分类可以根据需要采用多种方法。例如，按各种金融机构在金融体系中的地位、作用及业务性质划分为中央银行、商业银行、专业银行、其他金融机构；按金融机构创造货币、创造交换媒介和支付手段的能力划分为银行金融中介机构和非银行金融中介机构；按受雇人员的数量、资本和营业额的大小划分为大、中、小型金融机构；按金融中介机构的资产和负债性质划分为主要银行部门、次要银行部门、其他吸收存款的机构、其他金融中介机构等。

划分金融中介机构的各种方法不是绝对的。因为在混业经营条件下，许多金融机构实行交叉式多元化金融服务，业务特点也不明显，很难绝对地用某种方法把它们划为某一类。包括以下我们将要采用的分类方法也是尝试性的。究竟对金融机构怎样分类才能适合我国具体情况，这是一个需要探讨的课题。

二、银行金融中介机构与非银行金融中介机构

多年来，西方国家一直存在着一种争论，它涉及两类金融中介机构之间的差别或者被认为的差别。这两类机构通常称为“银行金融中介机构”和“非银行金融中介机构”。

争论的一个重要方面是关于金融中介机构负债的精确性质以及可能的用途。大家知道，所有的金融中介机构通过它们的中介作用，创造了对它们自己来说是负债，而对持有这些负债的最后贷款人来说是资产的金融工具。有些经济学家认为，区别银行金融中介机构和非银行金融中介机构的关键在于银行金融中介机构所创造的负债本身是“可用做支付”的，而且这一点是银行金融中介机构所独有的。换言之，商业银行的负债可被存款的持有人当做货币使用，而房屋互助协会的负债就不能这样使用。

争论的另一方面强调了银行金融中介机构活动的创造方面和非银行金融中介机构活动的传递方面。有人认为，银行金融中介机构的活动能够凭借它们增添现存信用量的能力，从而增加国民经济的支出总量；非银行金融中介机构则仅仅是个传递资金的“纯正的经纪人”，这种被传递的资金却是其他部门（即银行系统）所创造的。因此，从根本上说，这个论点认为，银行金融中介机构能够增添信用存量而非银行金融中介机构则不能。

但也有人不同意这个说法，他们认为，非银行金融中介机构也能扩大信用量而使国民经济的支出总量增加。假设只有一家商业银行和一家非银行金融中介机构（房屋贷款协会）。商业银行的负债由活期存款和支付利息的储蓄存款两个部分组成。现在，假设房屋互助协会给投资者提高了利率，这就导致商业银行的一些客户将部分储蓄存款转移到房屋互助协会。房屋互助协会在收到以商业银行为付款人的支票后，再将支票存入自己在存款银行的账户中。存款银行的存款总数仍未变动——但其性质已起变化，储蓄存款减少了而活期存款增加了。房屋互助协会现在获得了增加的资金，它就能增添房产抵押贷款。在支付时，只要提取在商业银行中增加的活期存款就行了。这个例子显示出，房屋互助协会也已扩大了信用量，并使（在购房上的）花费也增加了。因此，把银行金融中介机构和非银行金融中介机构截然区分似乎并不合理，因为这两种金融中介机构都能扩大信用量而使花费的增加得以发生。

目前，比较一般的说法是，银行金融中介机构和非银行金融中介机构有着共同的基本特点，即它们两者都执行着金融中介的职能，起着金融中介的基本作用，它们之间的区别是程度上的不同而不是类别上的差异。特别是银行金融中介机构和非银行金融中介机构为最后贷款人创造的各类金融资产（如商业银行的银行存款和房屋互助协会的房屋互助会存款）具有共同的性质，不过在程度上不同而已——流动性、便利性以及存在的风险等。这是任何金融资产都具有的，但各自在这些性质的组合上有所不同，这些差异

取决于这些金融资产的不同来源。必须承认，商业银行的负债，的确具有可被当做货币——支付手段和交换媒介——使用的特性，而其他金融中介机构创造的其他金融资产则不然。

尽管对银行金融中介机构和非银行金融中介机构这样的分类方法有很大争议，但西方许多国家还一直沿用这种分类方法。如在英国，银行金融中介机构包括伦敦清算银行、苏格兰清算银行、北爱尔兰银行、信托储蓄银行等；非银行金融中介机构包括房屋互助协会、财务公司、保险公司和养老基金组织、投资信托和单位信托等。在美国，非银行金融中介机构包括储蓄信贷协会、互助储蓄银行、信贷公会、保险公司、公众和私人退休基金、金融公司、不动产投资信托公司、无控股投资公司、货币市场互助基金和证券经纪人及交易商等。

对金融机构的分类有多种方法，在这里采用银行金融中介机构与非银行金融中介机构这种分法有两个原因：

第一，金融机构是货币运行的枢纽和关键性载体，而银行金融机构和非银行金融机构对货币运行的影响程度又存在着较大的差别。一般地，银行对货币运行的影响要远较非银行金融机构大，但绝不能因此就忽视非银行金融机构的作用，既然我们要考察的是总体货币运行过程，那么，总体货币运行的全部金融机构主体就都应该成为我们的分析对象。

第二，这有利于现实经济生活中对两类金融机构进行不同的管理。银行金融中介机构的活动直接影响货币供给量，影响总供给与总需求的平衡，影响物价水平，因此，一般都对这类金融机构严格管理，政策规定和限制较多。非银行金融中介机构则不然，如在美国，保险公司可以不受州立法限制设置分支机构，开展业务活动。

三、国外发达市场经济国家的金融机构

在国外发达的市场经济国家中，各国实行的金融制度不同，金融体系的构成也因此存在差异。现仅以几个较有特色的国家为例，说明国外发达市场经济国家的金融机构设置概况。

（一）美国的金融机构

美国联邦储备系统是由联邦储备委员会、联邦储备银行以及会员银行三级金融机构组成的。美国商业银行注册制度实行双轨制，即美国商业银行可以任意选择是向联邦政府或是向各州政府注册，向前者注册的是国民银行，向后者注册的是州立银行。作为美国联邦储备系统的一级构成，国民银行必须参加会员银行组织，州立银行可以自行决定参加或退出。

除了商业银行以外，美国还有一些其他金融机构。包括：（1）私人服务的金融机构，主要指储蓄信贷机构，如储蓄贷款协会、互助储蓄银行、信用联合社及人寿保险公司等；（2）企业服务的金融机构，如销售金融公司、商业金融公司、商业票据所以及证

券交易所等；（3）政府专业信贷机构；等等。

（二）日本的金融机构

日本实行的是典型的“专业化”金融制度，表现为长短期金融业务相分离以及一般性业务与专业性业务相分离等特点。在这种金融制度下，日本金融机构主要由三方面组成。

（1）日本的中央银行，即日本银行，成立于1882年，由大藏省管辖，但在货币政策的制定和执行上仍具有相当的独立性。

（2）民间金融机构，主要指日本的商业银行以及专业性金融机构。其中商业银行分为城市银行（全国性）和地方银行（地方性）。专业性金融机构大致分为外汇、长期信用、中小企业、农林渔业以及各种保险公司和证券公司五类。

（3）政府金融机构，主要指两家银行和十家公库，即日本输出入银行、日本开发银行、国民金融公库、中小企业金融公库等。

除以上所列金融机构外，日本还有一些诸如海外经济合作基金、贷款特别会等名目的金融机构，在日本的金融体制中所起的作用也很重要。

（三）德国的金融机构

德国实行的是全能银行制度（综合化银行制度），这与日本等国实行的专业化银行制度形成鲜明的对照。在这种制度下，商业银行可以从事各种金融业务，既可以从事长短期的资金融通，也可以从事证券投资与信托等业务，德国的金融机构组成主要有以下两个特点：

（1）德国的中央银行制度比较健全，德意志联邦银行与联邦信贷监督局共同对整个金融体系进行严格的监督与管理。

（2）三大银行与两大中心在金融体系中占主导地位。三大银行指德意志银行、德累斯顿银行和德国商业银行，在此层次以下还有地方银行和私人银行等。两大中心之一指储蓄系统的中央机构，即德意志汇划中心，负责全国储蓄系统的资金调节；两大中心之二指德国信用合作银行系统的地区信用合作银行中心，这类信用合作银行具有互助合作性质，在社员中开展存放款业务，也对中小企业发放贷款。

除此之外，德国的金融机构中还包括抵押银行、消费信贷银行、复兴信贷银行、保险公司等。

第二节　我国现行的金融调控与监督体系

一、中国人民银行

《中华人民共和国中国人民银行法》明确中国人民银行是我国的中央银行，中国人民银行在国务院领导下，制定和执行货币政策，防范和化解金融风险，维护金融稳定。

(一) 中国人民银行的架构

中国人民银行设行长一人，副行长若干人。行长的人选，根据国务院总理提名，由全国人民代表大会决定；副行长由国务院总理任免。中国人民银行实行行长负责制，行长领导中国人民银行的工作，副行长协助行长工作。

中国人民银行根据履行职责的需要设立分支机构，作为中央银行的派出机构，并实行集中统一领导和管理。目前，中国人民银行的分支机构按经济区在沈阳、天津、上海、南京、济南、武汉、广州、成都、西安设置九大行和北京、重庆两家直属总行的营业管理部；在地区和一些城市设置中心支行；市辖区设办事处；县设支行。这些分支机构在辖区内履行中央银行的有关职责。

(二) 中国人民银行履行的职责

(1) 起草有关法律和行政法规；完善有关金融机构运行规则；发布与履行职责有关的命令和规章。

(2) 依法制定和执行货币政策。

(3) 监督管理银行间同业拆借市场和银行间债券市场、外汇市场、黄金市场。

(4) 防范和化解系统性金融风险，维护国家金融稳定。

(5) 确定人民币汇率政策；维护合理的人民币汇率水平；实施外汇管理；持有、管理和经营国家外汇储备和黄金储备。

(6) 发行人民币，管理人民币流通。

(7) 经理国库。

(8) 会同有关部门制定支付结算规则，维护支付、清算系统的正常运行。

(9) 制定和组织实施金融业综合统计制度，负责数据汇总和宏观经济分析与预测。

(10) 组织协调国家反洗钱工作，指导、部署金融业反洗钱工作，承担反洗钱的资金监测职责。

(11) 管理信贷征信业，推动建立社会信用体系。

(12) 作为国家的中央银行，从事有关国际金融活动。

(13) 按照有关规定从事金融业务活动。

(14) 承办国务院交办的其他事项。

(三) 中国人民银行的货币政策目标

中国人民银行的货币政策目标是保持货币币值的稳定，并以此促进经济增长。为执行货币政策，中国人民银行可以运用的货币政策工具主要有：(1) 要求银行业金融机构按照规定的比例缴存存款准备金；(2) 确定中央银行基准利率；(3) 为在中国人民银行开立账户的金融机构办理再贴现；(4) 向商业银行提供贷款；(5) 在公开市场上买卖国债、其他政府债券和金融债券及外汇；(6) 国务院确定的其他货币政策工具。

(四) 中国人民银行的调控工具

中央银行的传统调控工具有三种：法定存款准备金率、贴现政策和公开市场操作。

实际上，各国不同时期并非三者并存，即使三者同时存在，重要性也绝不相同。这些均视各国不同时期的不同条件而变化。

此外，像我国曾长期使用的规模控制工具，不仅不少发展中国家使用，甚至许多发达国家也并不排除采用。过去，我国中央银行进行宏观调控的最主要的手段之一是规模控制。长期实施的中央银行对商业银行的“窗口指导”就是规模控制的一种形式。法国就曾经在很长时间采用信贷总规模直接控制的方式。再如，美国1965年有一个自愿对外信贷限制计划，硬性规定商业银行对外国居民的贷款限额以历史最高水平为限，这实际上也是一种规模控制。

规模的含义一般很少有人给予比较确切的界定，可以大体表述为由中央银行或分别对所有商业银行规定扩大贷放业务的总的最高限额；或分别对所有商业银行的某一种或某几种信贷业务规定最高限额；或掌握一个总的增长限额并在限额范围内逐月分配对各商业银行的支持额度；等等。总之，凡对商业银行遵循法定经营规则扩大资产规模或根据法定经营规则从中央银行取得资金支持等方面附加行政性限制的，都可称为规模控制。

随着中央银行宏观调控能力的提高和对金融监管力度的加强，中国已于1998年1月1日起全面取消了对商业银行的信贷规模控制，中央银行每年年初只提出供参考的指导性信贷计划，间接调控已完全取代了直接控制。

1. 存款准备金制度

存款准备金是指金融机构为保证客户提取存款和资金清算需要而准备的在中央银行的存款，金融机构按照规定向中央银行缴纳的存款准备金占其存款总额的比例就是法定存款准备金率。存款准备金制度的初始意义在于保证商业银行的支付和清算，之后逐渐演变成中央银行影响金融机构的信贷资金供给能力，从而调控货币供应量的政策工具。随着我国经济的快速发展，存款准备金制度的内涵和意义也发生了很大变化，其发展过程可以分为以下三个阶段。

(1) 1984年，中国人民银行开始建立存款准备金制度，中国人民银行按存款种类核定存款准备金比例，即企业存款为20%，储蓄存款为40%，农村存款为25%。此时其主要功能不是调控货币总量，而是集中资金用于中央银行再贷款。这期间共发生了四次调整。第一次调整在1985年，针对当时存款准备金率偏高的情况，为促进国有商业银行资金供求平衡，中央银行改变了按存款种类核定存款准备金率的做法，一律调整为10%。第二次调整是在1987年，中央银行为适当集中资金，支持重点产业和项目的资金需要，又将存款准备金率从10%调至12%。第三次调整是在1988年。1988年9月我国进一步上调存款准备金率至13%，对于抑制当时经济过热、物价上涨过快和货币投放过多的状况起到了积极作用。第四次调整是在1989年，中央银行对金融机构备付金率作了具体规定，要求备付金率保持在5%~7%。这一时期存款准备金制度特点：一是由于中央银行对存款准备金需要支付较高利息，商业银行贷款动力不足；二是法定存款准备金不能用于支付和清算，商业银行需要建立备付金账户进行清算；三是实际存款准备金率高，尤其是在1998年后，法定存款准备金率与备付金之和约为20%。

（2）1998年3月21日，中国人民银行将各金融机构在中国人民银行的准备金存款和备付金存款两个账户合并，称为“准备金存款”账户，法定存款准备金率从13%下调至8%，准备金存款账户的超额部分由各金融机构自行确定。1999年11月21日，中国人民银行对存款准备金率做了第六次调整，这次法定存款准备金率下调2个百分点，即由8%下调至6%。进入21世纪，中国人民银行将存款准备金作为宏观经济调控重要手段的思路的日趋明显，但在初期仍相对谨慎。

（3）为减少总量准备金政策的负面影响，2004年4月25日，中国人民银行开始实施差别存款准备金率，总体思路是金融机构适用的存款准备金率与其资本充足率、资产质量状况等指标挂钩。金融机构资本充足率越低、不良贷款比率越高，适用的存款准备金率就越高；反之，金融机构资本充足率越高、不良贷款比率越低，适用的存款准备金率就越低。如对涉农金融机构（尤其是中西部地区涉农金融机构）或发生重大自然灾害地区的金融机构实行较低的存款准备金率制度。

2008年国际金融领域的一个重大事件是美国次贷危机，此次危机迅速扩散到世界各地，并造成了巨大的负面影响。我国受到全球金融危机的影响，出口大幅下滑，经济增长势头放缓。受此影响，我国政府在货币政策领域实行了适度宽松的政策基调，以此刺激经济的复苏。在实施宽松的货币政策背景下，银行放贷意愿较强。如何抑制资产质量较差、资本充足率较低的金融机构盲目扩张贷款，防止金融宏观调控中出现“一刀切”呢？从2004年起就广泛讨论的差别存款准备金率制度终于摆上了台面，对大小金融机构的存款准备金率实施差别化调整。2008年9月25日，中国人民银行将工行、农行、中行、建行、交行和中国邮政储蓄银行排除在外，单独下调了中小型金融机构存款准备金率1个百分点。截至2011年6月20日，除部分灾区地方金融机构和部分农村信用社外，六大银行和一般中小商业银行的存款准备金率已经继续拉大至3.5个百分点。

存款准备金率历次调整情况可以参考中国人民银行网站。

2. 利率

利率本质是资金使用权的价格。利率虽然已被列为我国中央银行宏观调控手段，但作用相当有限。现在事实上存在着利率的双轨制：官定利率和市场利率。只要存在双轨制，也就必然在双轨之间存在着极其多样的利率水平。更为复杂的是，官定利率与市场利率并非是在两个界限分明的市场——国有经济市场和非国有经济市场——分别运行。事实上两者相互交错，难以划分。在这种情况下，要运用官定基准利率杠杆进行宏观调控，其作用无疑极其有限。当然，利率形成机制本身的改革是发挥利率作用的必要条件，但还有赖于国有经济改革的成功。只有当国有企业的经营机制能够对利率的变动有灵敏反应时，利率作为宏观调控工具的作用才能真正发挥。我国作为利率管制的发展中国家也正在稳步推进利率市场化改革，利率市场化改革进程已经取得了可喜的成就。

1993 年，《关于社会主义市场经济体制改革若干问题的决定》和《国务院关于金融体制改革的决定》两个文件最早提出利率市场化改革的基本设想，在 1995 年，《中国人民银行关于“九五”时期深化利率改革的方案》文件初步提出利率市场化改革的基本思路。

1996 年，我国利率市场化开始从货币市场起步。1996 年 6 月 1 日，中国人民银行首先放开银行间同业拆借市场利率的上限控制，同业拆借利率实现完全的市场化。1997 年 6 月银行间债券市场正式启动，债券回购利率和现券买卖价格完全由交易双方自行决定。1998 年 3 月改革再贴现利率及利率的生成机制。1998 年 9 月放开了政策性银行金融债券市场化发行利率。1999 年 9 月国债在银行间债券市场利率招标发行。至此我国债券市场的主导市场——银行间债券市场的债券发行利率都已经实现了市场化。我国货币市场和债券市场的市场化利率体系基本形成，这为利率市场化的进一步改革提供了基础。1998 年将金融机构对中小企业的贷款利率浮动幅度由 10% 扩大到 20%，农村信用社的贷款利率最高上浮幅度由 40% 扩大到 50% 。1999 年允许县以下金融机构贷款利率最高可上浮 30%。1999 年 10 月允许商业银行试办对保险公司大额定期协议存款，这是进行大额长期存款利率市场化尝试。这一系列措施都为进一步放开存贷款利率做了必要的准备。

2000 年初，中国人民银行明确提出了“先外币后本币，先贷款后存款，先长期大额，后短期小额”的利率市场化改革思路。从 2000 年 9 月 21 日起正式实施我国外币利率管理体制改革，放开外币贷款利率、单笔 300 万美元（含 300 万美元）以上或等值其他 6 种主要外币的大额外币定期存款利率、以上 7 种主要外币以外的外币存款利率（不分金额）以及金融机构间的所有外币利率，由金融机构与客户协商确定；7 种主要外币的小额存款利率由中国银行业协会统一制定，各金融机构统一执行。2002 年 3 月，将境内外金融机构对中国居民的小额外币存款，纳入人民银行现行小额外币存款利率管理范围，实现中外资金融机构在外币利率政策的公平待遇，统一中外资外币利率管理政策。

2003 年之前，银行定价权浮动范围只限 30% 以内。从 2004 年开始扩大银行的贷款定价权和存款定价权。2004 年贷款上浮范围扩大到基准利率的 1.7 倍。2004 年 10 月，贷款上浮取消封顶；下浮的幅度为基准利率的 0.9 倍，还没有完全放开。与此同时，允许银行的存款利率都可以下浮，下不设底。扩大商业性个人住房贷款的利率浮动范围。2006 年 8 月，浮动范围扩大至基准利率的 0.85 倍；2008 年 5 月汶川特大地震发生后，为支持灾后重建，人民银行于当年 10 月进一步提升了金融机构住房抵押贷款的自主定价权，将商业性个人住房贷款利率下限扩大到基准利率的 0.7 倍。

我国利率市场化改革自 1996 年正式启动以来取得了很大成果：一是基本实现了货币市场利率的市场化，包括银行间同业拆借利率、债券回购利率、国债与政策性金融债券的发行利率及二级市场利率等的市场化。二是外币利率的市场化管理，中、外资金融机构在外币利率政策上享受同等待遇。三是贷款利率实现下限管理，上限基本上完全放开，商业银行可以根据贷款风险自主实行差别化定价策略，使得风险与收益相匹配，这可以有效缓解根深蒂固的中小企业贷款难问题。四是部分大额长期存款利率由双方协商确定，并建立了人民币存款利率下浮制度。目前我国在扩大商业银行自主定价空间、更大程度地发挥市场在利率决定中的作用方面，还有许多事情要做。目前，中央银行出于对风险严格控制的目的，保持贷款下限和存款上限的管制，一方面对贷款利率进行下限管理，以防商业银行进行恶性竞争；另一方面对存款利率进行上限管理，以避免银行竞相高息揽储。

3. 公开市场操作

公开市场操作是指中央银行在公开市场上通过买进或卖出有价证券，吞吐基础货币，影响银行准备金，以此调节货币供应量的一种政策工具。与一般金融机构所从事的有价证券买卖不同，中央银行买卖有价证券的目的不是为了盈利，而是为了调节货币供应量。当中央银行认为需要减少货币供应量时，便卖出有价证券，收回一部分基础货币，从而减少金融机构可用资金的数量；反之，当中央银行认为需要扩大货币供应量时，便买进有价证券，投放基础货币，直接增加金融机构可用资金的数量。公开市场业务与其他货币政策工具相比，具有主动性、灵活性和快速性等特点。目前，越来越多的市场经济发达国家的中央银行将公开市场业务作为其主要的货币政策工具。

1994 年，伴随着外汇体制改革，中国人民银行开始在外汇市场进行公开操作。1996 年 4 月 9 日进行了首次以短期国债为对象的人民币公开市场业务操作，中国人民银行首次向 14 家商业银行总行买进了 2.9 亿元的国库券，表明我国利用国债市场进行的公开市场操作的正式启动。1997 年，由于多种原因导致公开市场操作暂停。1998 年，在贷款规模控制取消以后，根据宏观经济调控和货币政策需要，中国人民银行于 1998 年 5 月 26 日恢复了公开市场业务操作，并逐渐丰富交易工具，将政策性金融债也作为公开市场业务操作工具与商业银行开展回购交易。交易方式呈现多样化趋势，既有利率招标，又有价格招标和固定利率数量招标。

此外，作为我国中央银行重要的公开市场业务工具，中央银行票据已在公开市场操作中扮演重要角色。中央银行票据是中国人民银行面向全国银行间债券市场成员发行的债务工具，目的是在公开市场业务操作中，充当货币回笼的手段。在中国经济进入新一轮增长周期而全球处于流动性充裕的背景下，我国外汇占款从 2002 年开始逐月增加，且增速越来越快，而持续进行的正回购操作使得可用债券不足，这对货币政策操作的压力越来越大。在此情况下，为对冲外汇占款大量增长而被动投放的基础货币，中国人民银行从 2003 年 4 月 22 日起正式发行中央银行票据，以中央银行票据作为公开市场主要对冲操作工具。作为目前金融机构流动性管理的主要工具，中央银行票据丰富了人民银行公开市场业务的操作手段，在一定程度上也提高了公开市场业务的操作效率。目前中央银行票据已成为银行间债券市场的第二大债券品种。

总之，通过十七年的探索与实践，我国已初步建立起有中国特色的公开市场操作制度。目前公开市场交易商已达 50 家，除商业银行外，还包括保险公司、证券公司和基金公司等。交易方式有数量招标和利率招标。交易工具有国债、专项国债、中央银行票据和外汇等。交易品种有回购交易和现券买卖。

二、中国银行业监督管理委员会

2003 年以前，中国对银行业和信托业的监管由中国人民银行来执行。1997 年的东南亚金融危机后，为了使人民银行更好地制定和执行货币政策，保障金融稳定，同时也为了健全金融监管体系，加强对银行业的监管，确保金融机构安全、稳健和高效运行，提高防范和化解金融风险的能力，2003 年十届人大审议通过《中华人民共和国银行业监督管理法》，这意味着我国金融监管体制开始进行重大改革。即把中国人民银行的监管职能分离出来，单独设立中国银行业监督管理委员会（以下简称中国银监会），专事国内银行业金融机构的监督和管理，统一监管银行、资产管理公司、信托投资公司、金融租赁公司等存款类金融机构和非银行金融机构。

中国银监会的主要职责：

（1）依照法律、行政法规制定并发布对银行业金融机构及其业务活动监督管理的规章、制度；

（2）依照法律、行政法规规定的条件和程序，审查批准银行业金融机构的设立、变更、终止以及业务范围；

（3）对银行业金融机构的董事和高级管理人员实行任职资格管理；

（4）依照法律、行政法规制定银行业金融机构的审慎经营规则；

（5）对银行业金融机构的业务活动及其风险状况进行非现场监管，建立银行业金融机构监督管理信息系统，分析、评价银行业金融机构的风险状况；

（6）对银行业金融机构的业务活动及其风险状况进行现场检查，制定现场检查程序，规范现场检查行为；

（7）对银行业金融机构实行监督管理；

（8）会同有关部门建立银行业突发事件处置制度，制定银行业突发事件处置预案，明确处置机构和人员及其职责、处置措施和处置程序，及时、有效地处置银行业突发事件；

（9）负责统一编制全国银行业金融机构的统计数据、报表，并按照国家有关规定予以公布；

（10）对银行业自律组织的活动进行指导和监督；

（11）开展与银行业监督管理有关的国际交流、合作活动；

（12）对已经或者可能发生信用危机，严重影响存款人和其他客户合法权益的银行业金融机构实行接管或者促成机构重组；

（13）对有违法经营、经营管理不善等情形的银行业金融机构予以撤销；

（14）对涉嫌金融违法的银行业金融机构及其工作人员以及关联行为人的账户予以

查询，对涉嫌转移或者隐匿违法资金的申请司法机关予以冻结；

（15）对擅自设立银行业金融机构或非法从事银行业金融机构业务活动予以取缔；

（16）负责国有重点银行业金融机构监事会的日常管理工作；

（17）承办国务院交办的其他事项。

中国银监会在成立之初，就明确了监管理念，即

（1）“管法人”，即坚持法人监管，重视对每个银行业金融机构总体金融风险的把握、防范和化解；

（2）“管风险”，即坚持以风险为核心的监管内容，通过对银行业金融机构的现场检查和非现场监管，对风险进行预警分析，争取在第一时间对发现风险和控制风险；

（3）“管内控”，即坚持促进银行内控机制建立与完善，构建严格的风险内部防线；

（4）“提高透明度”，对监管机构和银行业金融机构加强信息披露和透明度建设，提高银行业金融机构经营和监管工作的透明度。

中国银监会的监管目标是通过审慎有效的监管，保护广大存款人和消费者的利益；通过审慎有效的监管，增进市场信心；通过宣传教育工作和相关信息披露，增进公众对现代金融的了解；努力减少金融犯罪。其监管工作标准是要促进金融稳定和金融创新共同发展；要努力提升我国金融业在国际金融服务中的竞争力；对各类监管设限要科学、合理，有所为，有所不为，减少一切不必要的限制；鼓励公平竞争、反对无序竞争；对监管者和被监管者都要实施严格、明确的问责制；要高效、节约地使用一切监管资源。

三、中国证券监督管理委员会

中国证券监督管理委员会（以下简称中国证监会）为国务院直属正部级事业单位，依照法律、法规和国务院授权，统一监督、管理全国证券期货市场，维护证券期货市场秩序，保障其合法运行。

中国证监会设在北京，现设主席 1 名，副主席 4 名，纪委书记 1 名（副部级），主席助理 3 名；会机关内设 18 个职能部门，1 个稽查总队，3 个中心；根据《中华人民共和国证券法》规定，中国证监会还设有股票发行审核委员会，委员由中国证监会专业人员和所聘请的会外有关专家担任。中国证监会在省、自治区、直辖市和计划单列市设立 36 个证券监管局，以及上海、深圳证券监管专员办事处。

中国证监会的主要职责：

（1）研究和拟订证券期货市场的方针政策、发展规划；起草证券期货市场的有关法律、法规，提出制定和修改的建议；制定有关证券期货市场监管的规章、规则和办法。

（2）垂直领导全国证券期货监管机构，对证券期货市场实行集中统一监管；管理有关证券公司的领导班子和领导成员。

（3）监管股票、可转换债券、证券公司债券和国务院确定由证监会负责的债券及其他证券的发行、上市、交易、托管和结算；监管证券投资基金活动；批准企业债券的上

市；监管上市国债和企业债券的交易活动。

（4）监管上市公司及其按法律法规必须履行有关义务的股东的证券市场行为。

（5）监管境内期货合约的上市、交易和结算；按规定监管境内机构从事境外期货业务。

（6）管理证券期货交易所；按规定管理证券期货交易所的高级管理人员；归口管理证券业、期货业协会。

（7）监管证券期货经营机构、证券投资基金管理公司、证券登记结算公司、期货结算机构、证券期货投资咨询机构、证券资信评级机构；审批基金托管机构的资格并监管其基金托管业务；制定有关机构高级管理人员任职资格的管理办法并组织实施；指导中国证券业、期货业协会开展证券期货从业人员资格管理工作。

（8）监管境内企业直接或间接到境外发行股票、上市以及在境外上市的公司到境外发行可转换债券；监管境内证券、期货经营机构到境外设立证券、期货机构；监管境外机构到境内设立证券、期货机构，从事证券、期货业务。

（9）监管证券期货信息传播活动，负责证券期货市场的统计与信息资源管理。

（10）会同有关部门审批会计师事务所、资产评估机构及其成员从事证券期货中介业务的资格，并监管律师事务所、律师及有资格的会计师事务所、资产评估机构及其成员从事证券期货相关业务的活动。

（11）依法对证券期货违法违规行为进行调查、处罚。

（12）归口管理证券期货行业的对外交往和国际合作事务。

（13）承办国务院交办的其他事项。

四、中国保险监督管理委员会

1997年7月东南亚金融危机爆发后，党中央、国务院及时召开了全国金融工作会议，作出了加快金融体制改革、防范和化解金融风险的一系列重大决策，会后专门下发文件，提出要加强对保险业的监管。1998年11月成立中国保险监督管理委员会（以下简称中国保监会）。

中国保监会的主要职责：

（1）拟定保险业发展的方针政策，制定行业发展战略和规划；起草保险业监管的法律、法规；制定业内规章。

（2）审批保险公司及其分支机构、保险集团公司、保险控股公司的设立；会同有关部门审批保险资产管理公司的设立；审批境外保险机构代表处的设立；审批保险代理公司、保险经纪公司、保险公估公司等保险中介机构及其分支机构的设立；审批境内保险机构和非保险机构在境外设立保险机构；审批保险机构的合并、分立、变更、解散，决定接管和指定接受；参与、组织保险公司的破产、清算。

（3）审查、认定各类保险机构高级管理人员的任职资格；制定保险从业人员的基本资格标准。

（4）审批关系社会公众利益的保险险种、依法实行强制保险的险种和新开发的人寿保险险种等的保险条款和保险费率，对其他保险险种的保险条款和保险费率实施备案管理。

（5）依法监管保险公司的偿付能力和市场行为；负责保险保障基金的管理，监管保险保证金；根据法律和国家对保险资金的运用政策，制定有关规章制度，依法对保险公司的资金运用进行监管。

（6）对政策性保险和强制保险进行业务监管；对专属自保、相互保险等组织形式和业务活动进行监管。归口管理保险行业协会、保险学会等行业社团组织。

（7）依法对保险机构和保险从业人员的不正当竞争等违法、违规行为以及对非保险机构经营或变相经营保险业务进行调查、处罚。

（8）依法对境内保险及非保险机构在境外设立的保险机构进行监管。

（9）制定保险行业信息化标准；建立保险风险评价、预警和监控体系，跟踪分析、监测、预测保险市场运行状况，负责统一编制全国保险业的数据、报表，并按照国家有关规定予以发布。

（10）承办国务院交办的其他事项。

中国保监会监管目标包括以下四个方面：保护被保险人的合法权益；促进保险业持续健康协调发展；维护正常的保险市场秩序；防范和化解保险经营风险。近年来，保险监管的手段不断丰富和完善，主要有现场检查、非现场检查和分类监管。目前我国已经初步建立了市场行为监管、偿付能力和公司治理结构三大支柱的现代保险监管框架。

第三节　我国现行的银行类金融机构

一、政策性银行

在我国现行的金融体制下，已基本实现了政策性业务与经营性（商业性）业务的分离。所谓的政策性业务，就是指根据国家经济政策，对某些行业、企业发放低息贷款，其业务特点与商业银行的一般性业务相对而言，主要是为了保证社会经济结构、产业结构的平衡和国家经济政策贯彻的需要。如农业，季节性很强，生产周期、资金周转速度限制很多，尤其受自然因素制约很大，因此，国家须从政策上予以扶持，在资金方面提供一些必要的政策优惠。再如对外贸易，涉及国际间的竞争，关系到本国产品的国际市场占有率问题，对此，在资金方面有必要给予出口企业一定的优惠政策。这类职能便是由国家设立政策性银行来完成的。具体地讲，我国的政策性银行始建于1994年，目前包括国家开发银行、中国农业发展银行、中国进出口银行三家。

国家开发银行的主要任务是，建立长期稳定的资金来源，筹集和引导社会资金用于国家重点建设，投资项目不留缺口，从资金来源上对固定资产投资总量及结构进行控制和调节，按照社会主义市场经济的原则，逐步建立投资约束和风险责任机制，提高经济效益，促进国民经济持续、快速、健康发展。国家开发银行的资金来源渠道主要有资本金、中央银行的短期贷款、发行金融债券、向国外筹资等。其中，发行金融债券是其主要资金来源渠道。

中国农业发展银行的历史使命，一是支持我国农业实现现代化，二是扶持农民走向富裕的小康之路。中国农业发展银行主要承担国家收购粮、棉、油以及扶贫等政策性金融业务。其具体业务主要有提供优惠利率的农业贷款，提供国家农副产品收购贷款，国家扶持的农业生产性投资贷款，因特定环境和特殊因素而发放的贷款。中国农业发展银行的资金来源渠道主要有以下几种：财政拨款，向商业性金融机构发行债券，向中央银行再贴现商业票据以解决部分季节性、临时性资金需要；吸引外资。

成立中国进出口银行的主要目的在于促进我国对外贸易，通过提供优惠出口信贷增强我国商品的出口竞争能力。其资金的运用不以盈利为目的，资金来源主要通过发行债券筹资，其次包括财政拨款、向中央银行的借款、向国外金融机构借款等。

政策性银行是银行而非财政性机构，政策性银行的行为是金融行为而非财政行为。政策性银行所运用的资金与财政资金不同，财政资金是无偿的，而政策性银行的资金是有偿的。为支持政策性项目，政策性银行可以向其提供低息至无息贷款，但至少要收回本金，对部分项目往往还要收取利息，因为需要向资金提供部门支付利息。政策性银行不追求利润，但必须保本经营，必须按银行规矩办事，只有这样，经营才能不断运行下去。

目前，政策性银行开展了很多商业性业务，许多原有的政策性业务也逐步成为商业性业务。应加快推进政策性银行改革，逐步改革政策性金融的运作机制和方式，促进政策性金融长期健康发展。按照四大国有商业银行的改革思路，按照分类指导、“一行一策”的原则推进政策性银行改革，国家开发银行、中国进出口银行、中国农业发展银行三家政策性银行将根据各自条件进行商业化改革，实现自主经营、自负盈亏、自担风险。经国务院批准，国家开发银行已于2008年12月11日整体改制为国家开发银行股份有限公司，商业化转型取得突破性进展。中国进出口银行和中国农业发展银行也在积极深化内部改革，为进行全面改革创造条件。

二、国有商业银行

目前我国的国有商业银行主要是中国工商银行、中国农业银行、中国银行、中国建设银行和交通银行五家。它们基本上由原来的国家专业银行转化而来，目前均全面经营银行业务。

国有商业银行在国内银行金融机构中扮演着重要的角色，自成立以来一直是我国经济活动中重要的融资来源。作为国家掌握国民经济中核心金融资源的载体，国有商业银行的改革和发展一直备受关注。近年来，国有商业银行在国家注资、进行财务重组和引进境外战略投资者后，纷纷走上了股份制改造的道路，目前，先后成功重组为国家控股的国有股份制商业银行，并实现了在香港和内地的上市。

三、全国性股份制商业银行

除了国有商业银行外，我国境内还有全国性股份制商业银行，这些银行大多是在20世纪80年代末90年代初陆续设立的。全国性股份制商业银行获准在全国范围内从事商业银行业务，其股权多由地方政府、国有企业、民营企业和其他投资者持有。

全国性股份制商业银行的共同特点：(1）初步建立了自主经营、自负盈亏、自担风险、自求平衡、自我约束、自我发展的经营机制；(2）有了明晰的产权关系，实行董事会领导下的行长负责制，为建立有效的资产保障安全体系提供了条件；(3）明确了以盈利为目的的经营目标，项目选择有较多的自主权；(4）共同面临竞争压力，促使这些银行不断提高服务质量和水平；(5）不同于国有商业银行，一般不承担对国有企业的资金供应义务。

目前，多家全国性股份制商业银行经过股份制改制后，成功在资本市场上市。全国性股份制商业银行的建立和发展，推动了我国金融体系向多元化格局的转变，促进了金融业的合理竞争，是我国银行业走向国际化、现代化的有益尝试。

四、城市商业银行

在国有专业银行向商业银行转变的同时，中国人民银行还在整顿现有非银行金融机构和规范信用社的基础上组建了城市商业银行。

自从1993年底提出组建城市合作银行的方案以后，经过一年多的内部理论政策研讨和利益调整，到1995年春，决策层首先确定了城市合作银行的试点方案，并且开始试点工作。其内容为将符合条件的城市信用社组建成地方性股份制商业银行。城市合作银行虽仍带有“合作”两字，但性质已不属合作金融机构，而是地区性股份制商业银行。1998年城市合作银行改为城市商业银行。这类银行主要由地方政府、城市企业和居民投资入股组建，一般实行一级法人、多级核算经营体制，主要定位于为地方经济发展和中小企业服务。

五、中国邮政储蓄银行

中国邮政储蓄银行的前身是国家邮政局邮政储汇局，通过遍布城乡的邮政网点吸收储蓄存款和开展邮政金融业务。世界各国几乎都设有邮政储蓄机构，邮政机构办理储蓄已有几百年的历史，邮政储蓄机构的发展是对商业银行等金融机构服务盲区的一种补充。2004年以前，邮政储蓄吸收的存款全部缴存人民银行统一使用，从2004年起，邮政储蓄新增存款由邮政储蓄机构自主使用。按照2005年国务院《邮政体制改革方案》

的方针，国家组建专门的邮政储蓄银行，并按照金融体制改革的方向，实行市场化经营管理，自负盈亏。

中国邮政储蓄银行由中国邮政集团总公司以全资方式出资组建，于2007年3月正式挂牌成立。目前网点主要分布在县及县以下农村地区，是我国营业网点最多的金融机构。以存款余额来衡量，中国邮政储蓄银行的存款规模位列国内第五。中国邮政储蓄银行将继续依托邮政网络经营，按照《中华人民共和国商业银行法》的要求，中国邮政储蓄银行可以全面办理商业银行业务。根据中国银监会的部署，目前中国邮政储蓄银行的市场定位是主要面向城市社区和农村居民提供基础金融服务，以零售业务和中间业务为主。

六、合作金融机构

我国现行的合作金融机构主要是农村信用社和城市合作信用社。

农村信用社是20世纪50年代中期在我国农村普遍组建起来的。早期在计划经济体制下组建的农村信用社被定性为农村集体合作金融组织，其主要业务活动是经营农村个人储蓄以及向农户提供贷款等。但随着农村经济社会制度的演变，农村信用社的合作性质被淡化，逐渐转化为国家专业银行的基层机构。中国农业银行成立后，农村信用社长期作为其在农村的基层机构，基本丧失了合作的本来面目。1996年，农村信用社与中国农业银行脱离行政隶属关系，并开始按照合作制原则重新规范和运作，这一改革对加快农村信用社的发展起到了巨大的推动作用。

农村信用社改革从2003年开始。根据各地不同情况，对农村信用社分别进行股份制、股份合作制、合作制等产权制度的改革，并按以省为单位组建农村信用社的省级联社行政管理模式，在管理体制上将农村信用社的管理权由中国银行业监督管理委员会转移到省级政府，但对这一改革路径以及出现的问题存在着一些争论。长期以来，从规范的合作金融标准来看，我国农村信用社存在性质不清、地位不明等问题。农村信用社虽然名义上为合作社，但它们仍主要按国有银行的规定进行经营和管理，对农村经济和农村金融发展的支持力度受到制约。目前农村信用社的改革仍在继续，可以预期，改革到位后的农村信用社在银行金融机构中必将扮演重要的角色。

城市信用合作社是在城市一定社区范围内，由城市居民和法人等入股建立的合作金融机构。城市信用合作社为城市集体企业、私营企业、社区居民等提供金融服务，实行独立核算、自主经营、自负盈亏、民主管理，是城市合作金融的基础组织，具有独立的法人地位。但是，在实践中，许多城市合作信用社的合作性质并不明确，从建立初期的市场定位上就没有遵循合作金融的性质，实际上是按照股份制商业银行的模式发展起来的，在发展过程中也出现了许多问题。随着改革开放的深入，国家对城市信用合作社进行了改制，在其基础上先是组建了大量的城市合作银行，后又过渡到城市商业银行，但目前仍有一些独立的城市信用合作社存在。

七、农村地区新型银行业金融机构

这类机构目前主要是村镇银行、贷款公司和农村资金互助社三类银行业金融机构。解决我国一些农村地区银行业金融机构网点覆盖率、金融供给不足和竞争不充分问题，中国银行业监督管理委员会于2006年12月放宽了农村地区银行业金融机构的准入政策，允许和引导各类资本到农村地区投资设立村镇银行、贷款公司和农村资金互助社等新型农村金融机构。政策发布初期，中国银监会先在6个省进行了试点，2007年，又将试点工作推至全国31个省（自治区、直辖市），这一工作在2008年后得到继续深化。

在新型农村银行业金融机构中，村镇银行不同于普通商业银行的分支机构，是一级法人机构，且其业务范围不受限制，可以经营和代理多项银行业务。贷款公司专门发放贷款，不吸收存款。农村资金互助社作为由当地农民或农村中小企业自愿入股组成的社区互助性银行业金融机构，按照“入股获利、用款付息”的原则，仅面向社员提供金融服务，主要为本社社员提供存款、贷款和结算服务。可以预料，这三类新型农村银行业金融机构必将在中国的金融市场，特别是农村金融领域发挥重要作用。

八、外资银行

中国银行业市场上一抹亮色是大量外资银行业金融机构的存在。外资银行在20世纪80年代初进入中国，在此后20多年的时间里，外资银行在国内有了很快的发展，服务对象和从业地域不断扩大，从业机构数量、业务品种和业务规模也不断发展。在我国境内设置的外资银行长期以来有两类：一是外资银行设立的营业性分支机构，包括外资独资银行、外资银行分行和中外合资银行等；另一类是外资银行在中国国内设立的代表处。

2006年12月11日，中国银行业结束了加入世界贸易组织（WTO）后承诺的五年过渡期，中国银监会此前也发布了《外资银行管理条例》，以顺应于开放的态势。按照该条例的规定，对外资银行实行法人导向和国民待遇原则。鼓励外资银行将其在中国内地的分支机构转制为在当地注册的法人银行，允许其不受限制地全面经营外汇业务和人民币业务。外国银行分行则主要从事全面外汇业务以及对公司和机构客户的人民币业务。外资银行可以按照自愿原则和商业原则，根据自身业务发展定位，自主选择在中国的商业存在形式。该条例发布和实施后，得到了许多外资银行的积极回应，在中国的业务规模位居前列的外资银行都在积极筹备改制，中国银监会已经批准成立了多家外资银行内地法人银行。中国银行业市场的多元化格局必将因为外资银行的参与而更加缤纷多彩。

第四节 我国现有的主要非银行金融机构

1978年以来，金融部门的多元化改革打破了“单一银行”体系，非银行金融机构获得了生存的空间和发展的机会。非银行金融机构增长迅速，对金融领域乃至全社会都产生了越来越广泛的影响。

考虑到目前尚缺乏对非银行金融机构的总量统计，对非银行金融机构的范围也无确切的界定，我们这里的分析只能对各种非银行金融机构进行分类逐项讨论。

一、保险公司

保险公司是经营保险业务的经济组织。西方国家的保险业十分发达，各类保险公司是各国最重要的非银行金融机构。在西方国家，几乎是无人不保险、无物不保险、无事不保险。西方各国按保险种类分别建有形式多样的保险公司，如财产保险公司、人寿保险公司、火灾和事故保险公司、老年和伤残保险公司、信贷保险公司、存款保险公司等。其中人寿保险公司的规模最大。人寿保险公司兼有储蓄银行的性质。实际上，保险费的缴纳相当于储蓄，人寿保险公司是一种特殊形式的储蓄机构。

保险是一种经济补偿制度。保险公司是靠投保人缴纳保险费和发行人寿保险单等方式集聚资金，对发生意外灾害和事故的投保人予以经济补偿，是一种信用补偿方式。保险公司获取的保险费收入，除支付赔偿款和业务开支外，剩余款可以形成一笔基金，以备有巨额赔款的支付需要。但这些资金在未作赔款使用前可以用做投资或放款，而这些资金往往比银行存款更为稳定，运用起来更加可靠安全，这部分资金是西方国家金融机构体系中长期资本的重要来源。保险公司的资金运用业务，主要是长期证券投资，如投资于公司股票和债券、市政债券、政府公债，或者发放不动产抵押贷款、保单贷款等。

西方国家保险公司的组织形式：（1）国营保险公司，主要办理国家强制保险或某种特殊保险；（2）私营保险公司，一般以股份公司的形式出现，这也是西方国家中经营保险业务的主要组织形式；（3）合作保险，是指社会上需要保险的人或单位采取合作组织形式，以满足其成员对保险保障的要求；（4）个人保险公司，即以个人名义承保业务，目前只有英国盛行；（5）自保保险公司，是一些大企业或托拉斯组织，为了节省保费，避免税负负担而成立的专门为本系统服务的保险公司。

中国改革开放之初，全国的保费收入只有4.6亿元，2008年，保险业实现保费收入9 784.1亿元，而2010年则达到1.45万亿元，保险业已经成为我国发展最快的行业之一。到2010年末，我国保险公司总资产达到5.04万亿元，是2002年的8倍多，资本金超过4 000亿元，是2002年的12倍。保费收入的国际排名上升到世界第6位，比2000年上升10位。截至2008年末，我国共有保险法人机构130家，其中，寿险公司56家，财险公司47家，再保险公司9家，保险资产管理公司10家，保险集团和控股公司8家。

二、证券机构

证券机构是专门经营证券业务，具有独立企业法人地位的金融机构。其主要业务：（1）代理证券发行业务；（2）自营或代理证券买卖业务；（3）代理证券还本付息和红利的支付；（4）代理证券的保管和签证；（5）接受委托办理证券的登证和过户；（6）提供证券投资咨询等。证券公司可以通过代理发行，承购或包销各类有价证券，使发行者能方便和迅速地筹措到长期资金。证券公司通过派驻证券交易所的代表，代理买卖和自营买卖各类有价证券，从而使各类证券能按公平的市场价格在投资者之间自由转移。

三、金融信托机构

1979 年 10 月，经国务院批准成立了中华人民共和国成立后第一家信托投资机构——中国国际信托投资公司。从此，金融信托业在全国范围内迅猛发展起来。首先是各家银行纷纷设立信托机构开办信托业务，接着以省为代表的各级政府，各类经济主管部门以及一部分国有大中型企业为推动改革开放，扩大招商引资，拓展融资渠道，以筹集资金支持地方建设，相继设立了信托投资公司。

信托投资公司主要办理委托、租赁、鉴证、担保、咨询等业务。

四、投资基金

投资基金也称共同信托基金（mutual trust fund）或共同基金，是经金融监管当局批准，由若干具有法人资格的非银行金融机构（或其他机构）发起设立，以发行基金受益凭证的方式募集资金后建立的组织形式。它以营利性投资为目的，并具有不同的运用模式和种类。在发达市场经济国家，共同基金是非专业投资者参与投资活动的一种普遍形式，它的优势在于专家管理、运作规范、信息较充分，可以避免个体分散或单独投资的种种弊端。

人们通常都把基金看成是金融工具，而把具有一定组织制度框架的基金组织看成是金融机构。在中国，由于金融机构仅仅是指金融监管当局批准设立的拥有金融营业许可证的组织。因此，在投资基金这类金融机构中，我们仅仅把基金管理公司作为金融机构。在运作方面，中国的做法是，设立基金管理公司和基金须国务院证券监督管理机构批准或核准，基金募集成功后交某一金融机构托管，而基金管理公司则按募集基金总额的一定比例（通常是 1.5% 左右）提取管理费并负责基金的运作。

从集资方式上说，投资基金可分为公募基金和私募基金两种；从运营选择上看，投资基金又可分为开放型基金和封闭型基金两种；从产权组织方式上划分，投资基金又可划分为公司制和有限合伙制，等等。在投资基金中，受托人接受投资者的委托，并用契约的形式明确双方的权责利关系，是一种介于国家投资、银行投资、企业投资和个人投资之间的一种投资组织形式。

五、资产管理公司

我国资产管理公司成立于 1999 年，设立的初衷主要是接受和经营国有商业银行的不良贷款。目前我国共有中国信达资产管理公司、中国华融资产管理公司、中国长城资产管理公司和中国东方资产管理公司四家资产管理公司。从其使命来看，中国的资产管理公司具有典型的政策性金融机构特征。资产管理公司通过技术操作，对国有商业银行剥离出的不良资产进行处置。

根据国务院《金融资产管理公司条例》规定，金融资产管理公司可收购国有银行不良贷款，管理和处置因收购不良贷款形成的资产。金融资产管理公司以最大限度地保全资产、减少损失为主要经营目标。在管理和处置资产时，可以从事追偿债务、资产租赁或者以其他形式转让、重组等活动。金融资产管理公司应当按照公开、竞争、择优的原则管理和处置资产，在转让资产时，主要采取招标、拍卖、竞价等方式。与其他机构相比，四大资产管理公司具有比较特殊的法律地位和专业地位。在大规模处置不良资产工作完成后，四大资产管理公司会面临转型的问题。

六、主权财富基金：中国投资有限责任公司

中国投资有限责任公司于2007年9月29日成立，是依据《中华人民共和国公司法》设立的国有独资公司，普遍认为是中国真正意义上的第一只主权财富基金。中国投资公司注册资本金为2 000亿美元，来源于此前财政部发行的1.55万亿元特别国债。由于我国外汇储备规模长期大量攀升，此前由中央银行持有全部外汇的做法既不经济也不安全，还为货币政策的操作带来难题。中国投资公司的成立是我国外汇管理体制改革、探索外汇投资渠道、提高外汇投资经营收益的标志性事件，也是我国参考国际模式，对超过合理规模的外汇储备进行积极管理的一项重大举措。

作为专门从事外汇资金投资业务的国有投资公司，中国投资公司实行政企分开、自主经营、商业化运作，将主要对境外资产和金融组合产品进行投资，但不排除将逐渐承担更多国家战略的使命。中国投资公司下设全资子公司——中央汇金有限责任公司，中央汇金有限责任公司是根据国务院授权，代表国家依法对国有重点金融企业行使出资人权利和履行出资人义务的国有独资公司。目前，该公司直接控股参股的金融机构包括大型商业银行、证券公司、保险公司等。

七、财务公司

与西方的财务公司不同，我国的财务公司基本上立足于企业集团内部，专门办理企业集团内部金融业务。它在业务内容和服务范围等方面都较其他非银行金融机构逊色，但在投资决策、促进企业集团产业结构调整和科技进步等方面又令其他非银行金融机构乃至商业银行望尘莫及。在企业集团内部，财务公司可以发挥商业银行、投资银行、租赁公司、信托投资公司等金融机构多方面的功能，提供多种形式的综合性金融服务。

自1987年我国第一家财务公司——南京中山（电子）集团财务公司成立以来，企业集团财务公司稳步发展。财务公司利用自己的特殊地位和多功能的服务，在推动企业集团的技术进步，加强成员单位之间协作，优化企业集团内部资金配置等方面起到了很

大的作用。尤其是，财务公司利用企业集团内部成员单位资金运动的时间差、空间差和生产环节差，及时调度，使有限的资金得到了比较充分的利用。因此，对财务公司所发挥的作用应给予充分肯定。但是财务公司在发展过程中还存在一些问题，资金来源狭窄、负债经营，超负荷运转、缺乏适当的管理和明确的政策指导等。因此，展望今后财务公司的发展，不容乐观。当然，财务公司本身若能在扩大资金来源，通过其他机构参股来增加资本金等方面有所突破，也会有所作为。

除了上述几类非银行金融机构外，我国非银行金融机构还包括典当行、租赁公司等一些形式。

本章小结

金融机构是金融活动最重要的行为主体，它可划分为银行和非银行金融机构。目前，中国的银行业金融机构是以中央银行即中国人民银行为核心、中国银行业监督管理委员会为行业监管部门，以国有商业银行为主导力量、以股份制商业银行及各类非银行金融机构为辅助力量构成的组织体系。

思考题

1. 银行与非银行金融机构的根本区别是什么？
2. 我国中央银行的职责有哪些？
3. 政策性银行的设立理由有哪些？
4. 投资银行的职能是什么？

第四章 资本市场：股票市场

作为多层次资本市场的重要组成部分，我国股票市场自诞生以来取得飞速的发展，仅用短短二十几年的时间就走过了发达市场上百年的历程。随着我国股票市场在广度、深度上的拓展，以股票市场为首的直接融资已经成为我国企业筹资的重要渠道，并通过证券价格引导资本的流动从而实现资本的合理配置。

第一节 股票的特征与类型

一、股票的含义

作为一种有价证券，股票是指股份有限公司签发的证明股东所持股份的凭证。

一般而言，股份有限公司将其资本划分为若干份金额相等的股份，并采取股票的形式发行。同种类的每一股份具有同等权利。股票一经发行，购买股票的投资者即成为公司的股东。股东可以凭借股票获得公司日后经营所派发的股息和红利，而且也可以参加股东大会并行使自己的权利，但同时也需承担相应的责任与风险。

股票作为一种所有权凭证，有其相应的格式。但纵观股票的发展历程，最初的股票票面并不统一，而且也不规范，基本由各发行公司自主决定。随着股份制度的发展与完善，许多国家对股票票面格式进行规范，提出票面应载明的事项及具体的要求。以我国为例，《中华人民共和国公司法》规定，股票采用纸面形式或国务院证券监督管理机构规定的其他形式。股票应载明的事项主要有：公司名称、公司成立的日期、股票种类、票面金额及代表的股份数、股票的编号等。

二、股票的特征

一般而言，股票具有以下几方面的特征：

（1）风险性与收益性。认购股票后，投资者凭所持有的股票，有权从公司领取股息与分享公司的经营红利。投资者领取股息及红利的大小取决于公司的经营状况和盈利水平。理论上，公司的经营状况越好，盈利水平越高，投资者所领取的股息及红利越多。此外，股票持有者还可以利用股票获取差价收益或进行保值，前者指的是股票持有者在股票降价时买进，而在股票涨价时卖出，通过低进高出赚取差价收益；后者则是指当货币贬值的时候，股票会随着公司的资产增值而升值，或以低于市价的价格或无偿获取公司配发的新股而使股票得到保值。

然而，认购股票后，投资者也承担了一定的风险。这是因为，股票的盈利具有一定的不确定性，它会受公司的经营状况和盈利水平的影响，受股票交易市场行情的影响。一般而言，公司经营得越好，股票持有者获取的股息和红利就越多，股票的市场表现将越好；但如果公司经营不佳，股票持有者所分享到的股息或红利将减少，而且股票的市场价格也会下跌。如果公司破产，则股票持有者连本金都保不住。由此可见，股票的收益性与风险性是并存的。可以说，股东的收益在很大程度上是对其所承担风险的补偿。一般来讲，股票收益的大小与其面临风险的大小成正比。

（2）参与性。股票持有者作为公司的股东，有权出席股东大会，选举公司的董事会，参与公司的经营决策。股东参与经营决策的权利大小取决于其持有的股票数量。当股东持有的股票数量达到决策所需的实际多数时，就能实质性地影响公司的经营方针。

（3）永久性。永久性是指股票所载有权利的有效性是始终不变的，因为它是一种无期限的法律凭证。股票的有效期与股份公司的存续期间相联系，两者是并存的关系。股票代表着股东的永久性投资，当然股票持有者可以出售股票而转让其股东身份，但对于公司而言，因为股东不能要求退股，所以通过发行股票募集到的资金，在公司存续期间是一笔稳定的自有资本。

（4）流动性。股票可以在股票交易市场上作为买卖对象或抵押品随时转让。所以，股票是流动性很高的证券。股票的流动性是商品交换的特殊形式，持有股票与持有现钞差不多，随时可以视股票交易市场的交易价格予以变现。

（5）波动性。股票的波动性是指股票价格经常与股票票面价值不一致。因为，与其他商品一样，股票具有自己的市场行情和交易价格（股票价格）。股票的交易价格不仅与公司的经营状况和盈利水平直接相关，同时，它还受到国内外经济、政治、社会、心理等因素的影响。因此，股票价格一般围绕着股票票面价值上下波动。

（6）拆细与合并。由董事会决议，公司可以进行股份的拆细，即将原来的 1 股拆分为若干股，再按股东的持股比例加以分配。股份拆细并没有改变资本总额，只是增加了股份总量和股票总数。一般是在公司的利润增多或股票价格上涨后，投资者的单位购入金额增大，变得难以销售。这时，采取分割股份的方式来降低单位股票价格，以争取更多的投资者，扩大市场销售量。

股份合并是股份拆细的反面，即将若干股股票合并成较少的几股或 1 股，并发行新股。再按股东的持股比例进行分配。如 2 股合并为 1 股，5 股合并为 3 股等。股份合并一般是在股票面额价格过低时采用。通常股份公司实行股份合并出于下述原因：公司资本减少；公司合并；股票市价由于供应减少而回升。

三、股票的类型

在股票市场上，发行公司一般会根据不同投资者的投资心理和各种需要，发行各种不同的股票。所以，股票的种类很多，名称各异，它们所代表的股东地位和股东权利内容也不尽相同。按照不同的标准，股票可分为如下基本类别：

（1）普通股与优先股。按股票所代表的股东权益划分，股票可分为普通股与优先股。普通股股票是指具有相同份额的股东享有平等的权利，不加以特别限制，并随着公司利润的大小而分取相应股息的股票。优先股股票是相对于普通股股票而言的，它是指优先于普通股股票分取公司收益和剩余资产的股票。优先股股票一般是在票面上注明"优先股"字样。具体的优先条件，必须由公司章程加以明确规定。一般而言，优先股股票的股息率是固定的。

（2）记名股与无记名股。以股票的票面是否记载股东姓名划分，可以将股票分为记名股与无记名股。记名股是将股东姓名记载于股票票面和股东名册的股票。投资者认购记名股票，不仅要在股票票面上记载其姓名，还必须把姓名和住址记入发行该股票的股份有限公司的股东名册。无记名股票是指股票票面不记载股东姓名的股票。此类股票与记名股票相比较，在股东权益内容上没有差别，只是股票记载方式不同。

（3）有面额股票和无面额股票。按是否在股票票面上标明金额，股票可以分为有面额股票和无面额股票。有面额股票是指在股票票面上记载一定金额的股票。这一记载的金额也称为票面金额、票面价值或股票面值。无面额股票是指在股票上不记载股票面额，只注明它在公司总股本中所占比例的股票。无面额股票也称为比例股票或份额股票。20世纪早期，美国纽约州最先通过法律，允许发行无面额股票，以后美国其他州和其他一些国家也相继效仿。但目前世界上很多国家（包括中国）的公司法规定不允许发行这种股票。

四、我国的股票类型

（一）按投资主体的性质分类

按股东的权利和义务关系，国外一般将股票分为普通股和优先股。在我国，按投资主体的不同性质，可以将股票划分为国家股、法人股、社会公众股和外资股等不同类型。

（1）国家股。国家股是指有权代表国家投资的部门或机构以国有资产向公司投资形成的股份，包括公司现有国有资产折算成的股份。

（2）法人股。法人股是指企业法人或具有法人资格的事业单位和社会团队以其依法可支配的资产投入公司形成的股份。法人持股所形成的也是一种所有权关系，是法人经营自身财产的一种投资行为。法人股股票以法人记名。

（3）社会公众股。社会公众股是指社会公众依法以其拥有的财产投入公司时形成的可上市流通的股份。在社会募集方式下，股份公司发行的股份，除了由发起人认购一部分之外，其他部分应该向社会公众公开发行。

（4）外资股。外资股是指股份公司向外国和我国香港、澳门、台湾地区投资者发行的股票。其可分为境内上市外资股和境外上市外资股。境内上市外资股原来是指股份有限公司向境外投资者募集并在我国境内上市的股份，投资限于外国的自然人、法人和其他组织，我国香港、澳门、台湾地区的自然人、法人与其他组织，定居在国外的中国公民等。这类股票称为 B 股。但从 2001 年 2 月对境内居民个人开放 B 股市场后，境内投资者逐渐成为 B 股市场的重要投资主体，B 股的外资股性质发生了变化。境外上市外资股是指股份有限公司向境外投资者募集并在境外上市的股份。它也采取记名股票形式，以人民币标明面值，以外币认购。境外上市外资股主要由 H 股、N 股、S 股等构成。

（二）按流通受限与否分类

（1）已完成股权分置改革的公司，按股份流通受限与否可分为有限售条件的股份与无限售条件股份。有限售条件股份是指股份持有人依照法律、法规规定或按承诺有转让限制的股份，包括因股权分置改革暂时锁定的股份，内部职工股，董事、监事、高级管理人员持有的股份等。无限售条件股份是指流通转让不受限制的股份。具体包括人民币普通股、境内上市外资股、境外上市外资股及其他。

（2）未完成股权分置改革的公司，按股份流通受限与否可分为未上市流通股份和已上市流通股份。未上市流通股份是指尚未在证券交易所上市交易的股份，具体包括发起人股份、募集法人股份、内部职工股、优先股或其他。已上市流通股份是指已在证券交易所上市交易的股份，具体包括境内上市人民币普通股、境内上市外资股、境外上市外资股及其他。

第二节　股票的价值与价格

一、股票的价值

从本质上讲，股票自身并没有价值，因而也就是没有价格。它仅仅是用以证明持有人具有的财产权利的法律凭证。然而，在实际生活中，股票却存在着价值，因为它代表着持有者获取收益的权利，能够给持有人带来股息和红利收入。所以，股票的价值就是用货币来衡量的作为获利手段的价值。作为一种虚拟资本，股票价值有票面价值、账面价值、清算价值、内在价值四种形式。

（1）股票的票面价值。股票的票面价值又称面值，即在股票票面上标明的金额。股票的票面价值在初次发行时有一定的参考意义。但是，公司的净资产会随着时间的推移发行变化，股票面值与每股净资产会逐渐背离。因此，股票的票面价值与股票的投资价值之间也没有必然的联系。尽管如此，票面价值在确定股东权益时仍有一定的意义。

（2）股票的账面价值。股票的账面价值又称股票净值或每股净资产，在没有优先股的条件下，每股账面价值等于公司净资产除以发行在外的普通股股数。从会计角度来说，公司净资产等于股东权益价值。股票账面价值的高低，对股票交易价格有重要影响，但是，在通常情况下，并不等于股票价格。

（3）股票的清算价值。股票的清算价值是公司在清算时每一股份所代表的实际价值。从理论上说，股票的清算价值应与账面价值一致，实际上并非如此。在公司清算时，由于其资产往往只能压低价格出售，再加之扣除必要的清算费用，所以，在一般情况下，公司的实际清算价值低于其账面价值。

（4）股票的内在价值。股票的内在价值即理论价值，即股票未来收益的现值。从理论上讲，股票的内在价值决定股票的市场价格，股票的市场价格总是围绕其内在价值上下波动。在实际中，经济形势的走向、宏观经济政策的调整、供求关系的变化等都会影响公司的收益，从而引起内在价值的变化。

二、股票的价格

（1）股票的理论价格。从持有者来看，股票的直接经济利益表现为股息、红利收入。而所谓的股票理论价格，就是为获得这种股息、红利收入而付出的代价（机会成本），是股息资本化的表现。一般而言，股票及其他有价证券的理论价格是根据现值理论而来的。现值理论认为，人们之所以愿意购买股票和其他证券，是因为它能够为持有人带来预期收益，因此，它的价值取决于未来收益的大小。股票及其他有价证券的理论价格就是以一定的必要收益率（贴现率）折算未来各期收入的现值总和。因此，股票的理论价格并不等于股票的市场价格（实际交易价格），甚至两者有相当大的差距。但是，它对于预测股票市场价格的变动趋势，提供了重要依据。同时，它也是股票市场价格形成的基础。

（2）股票的市场价格。股票的市场价格一般是指股票在二级市场上交易的价格。股票的市场价格由股票的价值决定，但同时受诸多其他因素的影响。按实际成交时间的不同，股票的市场价格分为开盘价格、收盘价格、最高价格、最低价格、平均价格等。开盘价格是指证券交易所每个营业日开市后交易所第一笔成交的价格。收盘价格是指证券交易所每个营业日闭市前最后一笔成交的价格。最高价格和最低价格，分别是指证券交易所每个营业日成交的最高价格和最低价格，而平均价格则是最高价格与最低价格的简单平均。股票市场价格的最大特点表现于其事先的不确定性，表现于它总是处在不断变动之中，而且这种变动是连续性的、非间断性的。股票市场价格处于何种水平上，一般不受其发行价格的制约，也不受公司的直接支配，而是取决于股票市场的供求关系。这与普通商品的市场价格受其市场供求关系的影响一样。股票市场价格的高低，不直接影响发行公司的资本额，只影响交易双方的经济利益。

三、股息和红利

股息是指股票持有者依据股票定期从公司分取的盈利。红利是股东在公司按规定的股息率分派股息之后所分取的利润。股息和红利有时统称为股利。股利的来源是公司的净利润。所谓净利润，就是将公司的营业收入作各项扣除以后的利润部分。有些国家规定了法定公积金，可用于弥补公司亏损，也可转化为公司资本，但不能用于分配股息和红利。公司不能从其资本中支付股息和红利，以防止公司的核定资本减少。

无盈利就无分配是股息和红利的分配原则。但是，建业股息（又称“建设股息”）是这种原则的例外。建业股息是指经营某些特定行业，如开发经营铁路、港口建设、运河、水电的股份有限公司，因其建设周期长，在公司登记以后仍需两年以上的准备才能开业，从而没有营业所得的净利润用于股息分配的，依法可以从其已筹集的资本中提取一部分向股东分配股息。

股利的分配额度受许多因素影响，如股份有限公司的盈利水平、股息政策、债权债务状况、国家税收政策以及金融资本控制等。

股利分派程序是首先由公司董事会根据公司盈利水平和股息政策，确定股息和红利的分派方案，然后提交股东大会审议通过方能生效。这时董事会即可依股利分配方案向股东们宣布，并在规定的付息日派发股利。分派程序涉及几个主要的日期，包括宣布日、股权登记日、除息日、派息日等。

公司对于分派股利的会计处理：首先，预期股利应在宣布日按准备分派的金额在账目上建立一项负债，在付息日予以冲转。如果公司用持有的其他公司的有价证券分派股利时，应将按成本记账的证券账面价值调整为市价，再按市价计算应付股利。最后，将账户上的留存收益转做公司资本（股本）。

四、影响股价变动的基本因素

宏观经济和证券市场运行状况、行业前景及公司经营状况是影响投资者对将来股价预期，从而影响当前买卖决策并最终导致当前股价变化的最主要原因。

（一）公司自身经营状况

股份公司的经营现状和未来发展是影响股票价格的核心因素。从理论上说，公司经营状况与股票价格正相关，公司经营状况好，股价上升；反之，股价下跌。公司经营状况的好坏，可以从以下各项来分析：

（1）公司治理水平与管理层质量。公司治理包括决定公司经营的若干制度性因素，良好的公司治理结构与治理实践对公司的长期稳定经营具有至关重要的作用。对于公司治理情况的分析主要包括公司股东、管理层、员工及其他外部利益相关者之间的关系及其制衡状况，公司董事会、监事会构成及运作等因素。

（2）公司竞争力。在任何时期、任何行业，具有竞争力的公司股票通常更容易得到投资者的认可；反之，缺乏竞争力的公司股票价格会下跌。

（3）财务状况。会计报表是描述公司经营状况的一种相对客观的工具，分析公司财务状况，重点在于研究的盈利性、安全性和流动性。

（4）公司改组或合并。公司改组或合并一般总会引起股价剧烈波动，但要分析此举对公司的长期发展是否有利，改组或合并后是否能够改善公司的经营状况，这是决定股价变动方向的重要因素。

（二）行业与部门因素

在股票市场中，我们经常观察到某一行业或板块的股票在特定时期中表现出齐涨共跌的特征，这表明，在这些股票中，存在某种行业性或产业性的共同影响因素，对这些因素的分析称为行业/部门分析。在进行该分析时，主要考虑以下因素：行业或产业竞争结构、行业的可持续性、行业抗外部冲击的能力、行业的监管及税收待遇、劳资关系、财务与融资问题及行业的估值水平。

此外，还应考虑行业生命周期因素。根据产业周期理论，任何产业或行业通常都要经历幼稚期、成长期、成熟期、稳定期四个阶段。处于不同生命周期阶段的行业，其所属股票价格通常也会呈现相同的特征。

（三）宏观经济与政策因素

宏观经济发展水平和状况是影响股票价格的重要因素。宏观经济影响股票价格的特点是波及范围广、干扰程度深、作用机制复杂和股价波动幅度较大。

（1）经济增长。一般来讲，股票价格是与经济增长同方向运动的，对经济增长的预期，也是对经济景气的预期，在一定程度上也是对社会需求的预期。经济增长加速，社会需求将日益旺盛，从而会推动股票价格的上涨。

（2）经济周期或经济景气循环。其是指经济从萧条、回升到高涨的过程。当预期经济不久将走出低谷并开始回升时，企业会补充存货，生产者利润将增加，从而投资也会相应增加，工资、就业及货币收入水平也将随之增加，此时，利率仍然处于较低水平，由此将增加股票的价值，股票价格因此上涨，并持续到经济回升或扩张的中期。

只有当经济扩张达到相当高的水平并出现过热的特征时，人们将预期经济不久会回落，进而将滑落到低谷，从而经营者利润将下降，工资及就业水平也将下降，股息及红利也会减少，而此时利率仍然很高，由此，将推动股票价格下跌。当然，股票价格变动与经济周期并不完全同步，一般来讲，股价变动要先于经济周期，因为从预期到实现还有一段时间间隔。

（3）利率。利率上升时，对企业而言，将增加借款成本，进而减少利润，使得股票价格下跌。对市场而言，利率上升将导致资金从股票市场流入银行存款市场，减少对股票的需求，使得股票价格跌落。另外，利率上升也会使投资者评价股票价值所用的折现率上升，从而使得股票价格下降。而当利率下降时，则会出现与上述相反的变化。

（4）货币供应量。它是一国货币政策的主要调控指标，也是影响利率、投资、消费及社会总需求的重要因素。当中央银行放松银根，增加货币供应量时，会使更多的货币追逐股票，因而股价会上涨；另外，货币供应量增加，也会使利率下降进而刺激投资和消费需求，使企业利润增加，这些因素都会促使股票价格上涨。反之，当中央银行紧缩银根，减少货币供应量时，就会产生相反的结果。

（5）财政收支。主要是指增加或减少支出，增加或降低税收，对股价产生的影响。

一般来讲，财政支出增加，社会总需求也会相应增加，会促进经济扩张，进而推动股价上涨。反之，如果削减财政支出，则使股价下跌。当然，也存在着量的界限，以及短期与长期影响之区分的问题。如果财政支出大幅度且持续上升并出现较大财政赤字时，从短期来讲，可能会推动股价上涨，但从长远来看，则会引发严重的通货膨胀进而损害经济的健康、可持续增长，最后会使股价出现大幅跌落。

（6）通货膨胀。通货膨胀对股票价格的影响较为复杂，它既有刺激股票市场的作用，又有抑制股票市场的作用。在通货膨胀初期，公司会因产品价格的提升和存货的增值而增加利润，从而增加可以分派的股息，并使股票价格上涨。但是当通货膨胀严重、物价居高不下时，企业因原材料、工资、费用、利息等各项支出增加，使得利润减少，引起股价下降。同时，严重的通货膨胀也会使得政府采用治理通货膨胀的紧缩政策和相应的措施，此时对股票价格的负面影响更大。

（7）国际收支状况。一般来讲，国际收支出现持续顺差，外汇储备增加，本币投放增加，由此会刺激投资和经济增长，同时也有利于形成促使汇价和股价上升的心理预期，推动股价的上涨。反之，当国际收支出现严重逆差，外汇储备减少时，会影响人们的心理预期，减少对股票的需求，从而促使股价下跌。

（8）汇率变化。与国际收支状况相联系的汇率变化，也是影响股价变动的重要因素。特别是在开放的经济中，以及货币可自由兑换或相对自由兑换的环境下，汇率变化将对股价形成直接冲击。当预期本币贬值、外币升值时，人们会进入外汇市场，资金从本币证券市场流向外汇市场，股票市场需求减弱进而导致股价下跌。当预期本币将升值、外币将贬值时，股价将上升。

（四）其他因素

（1）政治及其他不可抗力的影响。政治因素对股票价格的影响很大，往往很难预料，主要有战争、政权更迭或领袖更替等政治事件，国际社会政治经济的变化，政府重大经济政策的出台或社会经济发展规划的制定等以及因发生不可预料和不可抵抗的自然灾害或不幸事件。

（2）心理因素。心理因素是指投资者心理状况对股票价格的影响。当投资者对股市抱乐观态度时，往往会夸大市场有利因素的影响，并忽视一些潜在的不利因素。当投资者对股市抱悲观态度时，会对潜在的有利因素视而不见。影响人们心理状况的因素很多，其中有些是客观的，有些是主观的，特别是当投机者不甚了解事实真相或缺乏预期判断能力时，心理上的波动很大，往往容易跟在一些大投资者后面，出现急于抛出或买进的状况，形成抢购风潮或抛售风潮，对股价影响很大。甚至某些传闻或谣言也会使投资者人心惶惶，盲目抢购或抛售股票，引起股价的猛涨或猛跌。例如，1986 年 9 月 11 日，由于美国传闻里根总统心脏病发作和利率要上涨，人们产生了恐惧心理，纽约股票交易所内一片叫卖声，由此引起了股市混乱，造成股价暴跌。

（3）稳定市场的政策与制度安排。为了保证证券市场的稳定，各国的证券监管机构和证券交易所会制定相应的政策措施和作出一定的制度安排。比如，当股票市场投机过度或出现严重违法行为时，证券监督管理机构会临时采取一定的措施以平抑股价波动。

（4）人为操纵因素。人为操纵往往会引起股票价格短期的剧烈波动。因大多数投资者不明真相，操纵者趁机浑水摸鱼，非法牟利。人为操纵会影响股票市场的健康发展，违背公开、公平、公正的原则，一旦查明，操纵者会受到行政处罚或法律制裁。

第三节 股票的发行市场

一、股票发行市场概述

（一）股票发行市场的含义

股票发行市场，又称一级市场、初级市场，是发行人向投资者出售股票的市场，是发行人以发行股票的方式筹集资金的场所。股票发行市场通常无固定场所，是一个无形的市场。股票发行市场的作用主要有：为资金需求者提供筹措资金的渠道；为资金供应者提供投资的机会，实现储蓄向投资转化；形成资金流动的收益导向机制，促进资源配置的不断优化。

（二）股票发行市场的构成

股票发行市场由股票发行人、股票投资者和证券中介机构三部分组成。股票发行人是资金的需求者和股票的供应者，股票投资者是资金的供应者和股票的需求者，证券中介机构则是联系发行人和投资者的专业性中介服务组织。

（1）股票发行人。在市场经济条件下，资金需求者筹集外部资金主要通过两条途径：向银行借款和发行证券，即间接融资与直接融资。随着市场经济的发展，发行股票已成为资金需求者最基本的筹资手段。股票发行人主要是企业、金融机构。

（2）股票投资者。股票投资者是指以取得利息、股息或资本收益为目的而买入股票的机构和个人。股票发行市场上的投资者包括个人投资者和机构投资者，后者主要是证券公司、商业银行、保险公司、社保基金、证券投资基金、信托投资公司、企业和事业法人及社会团体等。

（3）证券中介机构。在股票发行市场上，中介机构主要包括证券公司、证券登记结算公司、会计师事务所、律师事务所、资信评级机构、资产评估事务所等为股票发行与投资服务的中立机构。它们是股票发行人和投资者之间的中介，在股票发行市场上占有重要的地位。

（三）股票发行的基本原则

世界各国在股票发行中都遵循一些基本原则，以保证股票发行市场的健康发展。以我国为例，发行股票时遵循的基本原则有

（1）自愿性原则。股票发行时，不许摊派和阻拦或附加其他条件，应该是自愿购

买，多少自决。

（2）核准性原则。股票发行必须经过主管部门或授权机关的审查批准，取得发行许可证。

（3）平等性原则。无论是国有企业还是集体企业，无论是新办企业，还是原有企业，都有权申请发行股票。

（4）广泛性原则。股票一经发行，就可随意购买，不受地区、城乡、集体或个人的限制。国有、集体企业之间可相互参股。个人可以自己认购。

（5）规范性原则。股票发行时，所递交的材料或文件等应符合监管当局的统一格式。

（四）股票的发行制度

一般而言，可将目前国际主要的股票发行监管制度分为审批制、核准制与注册制三种。审批制是完全由政府主导，新股发行的规模、节奏由监管当局严格控制的新股发行监管制度；核准制则是介于审批制与注册制之间的中间过渡形式，它既不像审批制下新股发行由监管当局牢牢掌控，也不像注册制下由市场自由主导；注册制是目前成熟市场普遍采纳的新股发行监管制度，新股发行由市场“看不见的手”自由主导，监管机构仅对注册材料进行规范性审查。

（1）审批制指发行人在发行股票时，需向监管当局申报与发行股票相关的、符合一系列实质性条件的文件（或信息），然后监管当局依据法律法规或国家政策导向等对发行人的财务数据、经营状况、发展前景、证券发行数量等进行实质性审核以便决定是否批准发行人的股票发行申请。

因此，在采用审批制的证券市场，发行人申报的材料能否通过证券监管机构的审批就成为其能否发行新股的首要先决条件。甚至在某些时候，对于有些即使符合法律规定条件的申请，证券监管机构也可以不予批准。因此，在这种新股审批制度下，监管机构不仅对股票发行的实质性内容进行审核，也对股票发行过程的实际操作进行监管。从全球来看，审批制多为证券市场不发达或者证券市场处于发展初期的国家、地区所采纳。

（2）核准制指在发行股票时，发行人（拟上市公司）不仅要公开披露与发行股票相关的任何信息，而且还需符合相关法规中所规定的诸多实质性条件，同时要求发行人递交申请（材料）至监管当局进行核准的新股发行审核制度。

证券监管机构在审核发行人的申请材料时，除了确认发行人的发行条件及报送材料的真实性之外，还将依据一些具体的审核标准（比如国家产业政策导向等）对发行人的申请进行审核。对于那些不符合实质性条件的申请，监管机构有权予以否决。从目前来看，核准制为大陆法系国家和一些证券市场不够成熟的国家、地区所广泛采纳。

（3）注册制是指在发行股票时，发行人必须按照相应的法定程序向监管机构提交各种所要求提交的资料及信息，并对提交的资料的真实性与完整性负责。与审批制、核准制不同的是，在注册制下，证券监管机构仅仅对申报人申报的材料进行形式审查，并不对这些材料进行实质性审核或价值判断。在注册制下，遵循“买者、卖者自行小心”的市场原则，强调市场对股票发行的决定权。因此，注册制比较适合于处于成熟阶段的证券市场。例如，美国、英国、日本及我国香港地区等。

除以上三种新股发行监管制度外，还有一些国家（地区）根据自身市场的特点及发展阶段实施两种并存的审核制度。例如，我国台湾地区于1995年正式实施核准制与注册制并存的审核制度，而德国则采取对不同的公司选用不同的审核方式。

我国的股票发行实行核准制。发行申请需由保荐人推荐和辅导，由发行审核委员会审核，中国证监会核准。

（五）股票的定价方式

从世界主要股票市场的新股定价方式来看，不同股票市场的新股定价方式有很大的差异，而且同一股票市场在不同时期其股票的定价方式也有所不同。一般而言，各国证券监管机构会依据本国证券市场的实际情况，规定采用其中的一种或几种新股定价方式。

到目前为止，固定价格机制、拍卖机制及累计投标询价制三种定价方式在新股定价过程中使用最为广泛。但20世纪90年代后期美式累计投标询价制在全球范围内日益流行，拍卖机制、固定价格机制则日益萎缩。此外，有些国家或地区结合本国（地区）市场的特点，在新股发行时采用混合发行定价机制。

（1）固定价格机制是指承销商、发行人对公司进行合理估值，并结合影响新股定价的其他因素确定一个价格发行区间，最后依据投资者的需求状况确定最终的发行价格，而后以该价格发售股票。

根据承销商是否拥有股票分配权，可将固定价格机制分为允许配售的固定价格机制与公开发售的固定价格机制。允许配售的固定价格机制的代表为美国的尽力承销（best efforts）方式，其主要为规模比较小、投机性比较强的新股发行所采纳。公开发售的固定价格机制是指针对全体投资者公开的且不实行配售的新股发行方式，欧洲、亚洲的许多国家使用（或曾经使用）的固定价格机制基本属于这种方式。

固定价格机制在世界范围内使用一直较为广泛。许多欠发达市场或新兴股票市场的初期均采用固定价格机制，如我国香港地区（1995年以前）、泰国、马来西亚、非洲国家等。

（2）拍卖机制是指发行人、承销商依据投资者（竞标者）对新股的竞标结果来确定新股的最后发行价格。在拍卖过程中，参与投标的投资者在规定的时间内以不低于承销商（或发行人）事先规定的底价申报各自的申购价格与申购数量。拍卖结束后，主承销商、发行人对所有投资者的有效申购按价格从高到低的排列方式（或者从低到高）对申购数量进行累计，当累计申购数量达到新股发行数量（一般都事先确定）时所对应的价位就是有效价位，申购价位在有效价位之上的所有申报都中标。

在实践当中，拍卖定价演化出两种形式：统一价格拍卖机制（uniform price auction)、差别价格拍卖机制（discriminatory price auction），其区别在于：在统一价格拍卖机制下，所有的中标者都按有效价位成交，而不按中标者的实际出价成交。在差别价格拍卖机制下，各中标者的成交价格就是投资者申购时的申报价（虽然中标者的成交价格均不同，但都高于或等于有效价位）。

除以上两种基本类型之外，各国还依据自身市场的特点衍生出各种形式的拍卖机制。比如，在法国、比利时、英国等应用较广泛的“肮脏”拍卖（dirty auction），智利使用类似于英式拍卖方法的机制，以色列和新加坡则使用不同的两阶段统一价格拍卖等。

（3）累计投标询价制（以下简称询价制）指承销商首先对拟上市公司合理估值后并拟定新股的询价区间，而且也不确定股票具体的发行数量，之后通过路演等推介形式向投资者（机构投资者）展示拟上市公司的各种更为详细的相关信息，与此同时，主承销商也将建立相关账簿用于收集、记录投资者关于新股价格及需求量的相关信息，最后依据所收集到的申购报价及申购数量等信息确定新股的最终发行价格与发行数量并对股票进行相应的分配。

在询价制下，主承销商通过收集机构投资者关于新股价格及该价位下所对应的市场需求等信息以缓解发行人、投资者之间的信息不对称，有助于掌握市场对新股的真实需求，而且通过路演推介以增强投资者对发行人的了解并进而培育新股的需求，这样可以大大降低新股发行失败的风险并提高新股定价效率。为鼓励投资者披露其真实的新股需求信息，承销商通常会利用其拥有的股票分配权给予这些披露真实信息的投资者一些回报，比如，分配股票时向这些投资者倾斜或以更低的价格向这些投资者配售新股。

（4）混合发行定价机制是将以上两种或两种以上的定价机制组合而形成的定价机制。根据不同定价机制组合可以分为固定价格—拍卖混合机制、累计投标询价—固定价格混合机制、累计投标询价—拍卖混合机制三种。其中又以累计投标询价—固定价格混合机制使用最为广泛。在累计投标询价—固定价格混合机制下，询价制用于确定新股的发行价格，并向本地的机构投资者及外国投资者配售部分股票，剩下的股票则以固定价格发售给当地的中、小投资者（他们并不参与新股的价格形成过程）。

由于累计投标询价—固定价格混合机制由询价制与固定价格机制相结合而成，因此，其不仅充分发挥了机构投资者在新股定价过程中的主导作用并使得新股的定价充分反映了市场需求，而且又保证了中、小投资者在新股认购中的利益。所以，该定价方式非常适合于国际化程度越来越高且机构投资者力量较强，但中小投资者比重仍然较高的证券市场。该机制的典型代表是香港证券市场。

（六）股票的发行方式

（1）私募和公募。按募集对象划分，股票发行可分为私募和公募两种。私募（private placement）是指只向少数特定的投资者发行。私募的对象主要有两类：一是个人投资者，如使用发行公司产品的用户或本公司的职工；二是机构投资者，如大的金融机构或与发行者有密切业务往来关系的公司。采用私募发行方式可节省发行费用，且通常不必向证券管理机关办理发行注册或审核手续，从而可以节省发行时间或注册费用，有确定的投资者因而不必担心发行失败等优点。但私募发行通常需向投资者提供高于市场平均条件的特殊优厚条件，发行者的经营管理易受干预，股票难以转让。公募（public placement）是指面向市场上大量的非特定投资者发售股票。公募发行的筹资潜力大，无须提供特殊优厚的条件，发行人具有较大的经营管理独立性，而且股票可在二级市场转让。但公募工作量大，难度也大，通常需要承销商协助。发行人必须向证券管理机关办理发行注册或审核手续，必须在发行说明书中如实公布企业相关的真实完整的信息以供投资者作出正确的投资决策。虽然公募发行较麻烦，费用也较高，但公募可以扩大股票的发行量，而且只有采取公募方式发行的股票才可以上市交易，从而提高发行人的知名度和提高证券的流动性。因此，多数筹资者大多愿意选择公募发行方式。

（2）直接发行和间接发行。按销售人划分，股票发行可分为直接发行和间接发行两种。直接发行是指发行人直接向投资者销售股票，一般以少数关系密切的单位或个人为发行对象，不通过股票发行中介机构。直接发行手续简单，发行费用较低，但发行数额一般不大。私募发行的股票通常都采用直接发行方式。间接发行是指通过股票发行中介机构（即承销商）向社会发行股票。除金融机构公募外，绝大多数公募发行都采取间接发行方式，间接发行具有发行面广、推销易、知名度高的优点，但承销费用较高，手续较复杂。

按发行风险的承担，所筹资金的划拨及手续费高低等因素划分，间接发行又可分为全额包销、余额包销和代销三种。全额包销是指由承销者先将股票全部认购下来，马上向发行人支付全部股票款项，然后再按市场条件转售给投资者。全额包销的承销者承担全部发行风险，因此手续费很高。这种发行方式可以保证发行人及时得到所需资金。按承销者的构成划分，全额包销又可以分为协议包销、俱乐部包销和银团包销三种。协议包销是指由一家承销商包销发行人待发行的全部股票，其发行风险和发行手续费全部归该承销公司。俱乐部包销是指由若干包销商合作包销，每家承销商包销的份额、所承担的风险及所获手续费均平均分摊。银团包销是指一家承销商牵头，若干承销商参与包销，通过竞争方式确定各自的包销额，并按各自的包销额承担发行风险和分配手续费。银团包销是目前国际上最常见的包销方式。余额包销是指由承销者按照规定的发行额和发行条件，在约定期限内向社会推销，到销售截止日，未售出的余额由承销商负责认购，承销商要按约定时间向发行人支付全部股票款项。余额包销的承销者要承担部分发行风险，因此手续费也较高。这种发行方式可以保证发行人筹资计划的顺利实现。代销是指发行人与承销者签订协议，由承销者代为办理发行业务，承销者不负责承购剩余数额的责任，发行风险由发行人自己承担。代销的承销费较低，但发行人不能保证其筹资计划顺利实现。

（3）溢价发行、折价发行和平价发行。按发行价格划分，股票发行方式可分为溢价发行、折价发行和平价发行三种。溢价发行就是按超过票面的价格发行。折价发行就是按低于票面金额发行。溢价发行又可分为时价发行和中间价发行。时价发行即按发行时的市场供求状况决定发行价格。中间价发行价格则介于时价和平价之间。世界上许多国家不允许折价发行。如英国的公司法原则上不准折价发行，特殊情况除外。美国很多州也规定折价发行股票为非法，但是在有些州则合法。《中华人民共和国公司法》规定，股票发行价格可以为票面金额，也可以超过票面金额。以前由于人们对股票认识不足，我国股票多采取平价发行。近年来，随着股票市场的发展，我国股票发行皆采取了溢价发行方式。

二、股票发行的条件与程序

（一）股票发行的条件

由于股票涉及所有权关系，发行后的转让、分配和剩余资产清偿也与债券不同，所以，各国对股票发行条件的规定也更具体、严格。

1. 股票发行的一般条件

股份公司不论出于何种目的，采取何种发行方式，在发行股票前都必须先向证券主管机关和有关银行或金融机构呈交申请文件。

（1）股份公司章程。股份公司章程的主要内容包括公司名称、地址、法定代表人、业务经营范围、资本总额、单位股金额、股权结构、公司管理体制和体系、公司经济效益、收益分配以及其他需要说明的问题等。

（2）发行股票申请书。除股份公司章程的基本内容以外，还应包括拟发行股票的名称、种类、数量、总额、单位股金额、发行对象及其范围，工商注册登记情况，发行股票的目的及其所筹资金的用途、经济效益、分配方式及预计分配比例，上级主管部门和有关金融机构的初审意见等。

（3）招股说明书。具体说明公司名称、地址、法定代表人、经营范围、资本构成，现有公司近 3 年来经营和负债情况，发行股票的目的、用途及经济效益预测，公司的发展前景，发行股票的种类、数量、价格及面额，公司的董事会构成及其成员情况，发行人的控股股东及其实际控制人的基本情况，股东的权利和义务，股票发售的起止日期，其他需说明的问题。

（4）股票承销合同。公开向社会发行股票需有发行公司与承揽承销业务的证券公司或其他有权承销证券业务的金融机构签订承销合同。其内容包括股票承销当事人的名称、地址、法定代表人，承销金额，承销机构及组织系统，承销方式及当事人的权利和义务，承销费用，承销起止日期，承销剩余部分的处理，承销款项的划付日期及方式，违约的责任及赔偿，其他约定内容等。

（5）会计师事务所或审计师事务所及律师事务所、公证处审核的资产报表、财务报表、经营状况的有关文件。发行股票的公司及有关当事人提供的上述文件的内容必须完全齐备、真实可靠，禁止有虚假欺诈等使他人误信的行为。这有利于公司合法经营、提高社会信誉，有利于保护投资者的利益，使投资者进行正确的分析和选择。

2. 我国股票发行的条件

在股票发行实行核准制的情况下，一国的法律法规对股票发行规定若干实质性的条件，这些条件因股票发行的类型不同而有所区别。《中华人民共和国公司法》、《中华人民共和国证券法》和相关的法规对首次公开发行股票、上市公司配股、增发、发行可转换债券、公开发行股票、非公开发行股票，以及首次公开发行股票并在创业板上市的条件分别作出了规定。

（1）在主板上市公司首次公开发行股票的条件。《中华人民共和国证券法》规定，公司公开发行新股，应当具备健全且运行良好的组织机构，具有持续盈利能力，财务状况良好，最近三年财务会计文件无虚假记载，无其他重大违法行为以及经国务院批准的国务院证券监督管理机构规定的其他条件。

2006 年 5 月 17 日，中国证监会公布了《首次公开发行股票并上市管理办法》，对在中国境内首次公开发行股票并上市的从发行条件、发行程序、信息披露、监管和处罚等方面作了明确的规定。

（2）在创业板上市公司首次公开发行股票的条件。2009 年 3 月 31 日，中国证监会发布《首次公开发行股票并在创业板上市管理暂行办法》，该办法对在中国境内首次公开发行股票并在创业板上市的从发行条件、发行程序、信息披露、监督管理和法律责任等方面作出了明确的规定。

（3）上市公司公开发行证券的条件。为规范上市公司证券发行行为，中国证监会于 2006 年 5 月 6 日制定并发布《上市公司证券发行管理办法》，该办法包括四章，分别对上市公司公开发行证券的条件、非公开发行股票的条件以及发行程序作出了规定。

（二）公募股票的发行程序

股票的发行可按股份公司发行股票的经历分为设立发行和发行新股两类。设立发行是指股份公司在成立过程中募集资本所进行的股票发行，这是股份公司的首次发行；发行新股是指股份公司成立后因增加资本、扩大经营的需要而进行的股票发行，这是股份公司在首次发行即设立发行以后的各次发行。由于设立发行较为简单，所以，此处着重分析的是发行新股的基本程序和步骤。

（1）制定新股发行计划。为了保证新股发行的顺利进行，发行公司需要认真制定新股发行计划。发行计划的主要内容有确定发行目标、对发行目标进行可行性研究、拟定股票种类和发行价格等。

（2）形成新股发行决议。董事会依据资本授权制度和新股发行计划作出发行新股的决议，内容包括新股的种类和数量、新股的发行目的、新股的发行价格、认购新股的申请期限和股款缴纳日期、办理申请和股款缴纳的机构、零股和失权股的处理方法。

董事会开会时必须有 2/3 以上的董事出席，其决议才具有法律效力。

（3）股票发行申请与审核。一是编制股票发行申请书；二是股票发行的审查与核准。

（4）制作股票募集书。发行公司在股票发行的实施阶段首先着手的一项工作是制作股票募集书。股票募集书应载明公司的沿革，经营情况，财务状况，负责人，新股发行种类、数量及金额，还要载明核准的各款事项及股款缴纳日期，并加记政府主管部门及证券管理机关核准文号与日期。股票募集书的作用是公众阅览，使投资者能全面了解公司的有关情况，作为认购股票的参考。

（5）冻结股东名簿。股东名簿是公司记载股东和股票事宜的账簿。股东名簿一般记载股东的姓名、地址，股东所持有的股票种类、数量，股票的号码和股票的认购日期。

股票买卖成交而易手后，股东就发生相应变化，就需变更股东名簿。无记名股票无须股东名簿。

（6）确定委托代理。一是选择代理发行机构。发行公司公开募集股份时，多采用委托投资银行或其他金融机构代理方式募集。发行公司通常先列出一些可能同意委托的投资银行名单，从中加以选择。二是签订委托代理发行合同。

（7）招认股份。前述准备工作完成后，即开始招认股份，确定认股人和办理股款缴纳与股票交割事务。

第一，董事会通知原有股东行使优先认股权。发行公司在向特定他人或公众开始募集前，董事会应公开通告原有股东并专函通告原有记名股股东，按照原有股比例优先以优惠条件分认，并声明逾期不认购者视为弃权。第二，原有股东认领股份。原有股东在接到董事会认购通知后，应在规定期限内认购相应比例的股份。认股时应在认股书上填写所认股份的数量、金额及认股人的住所，并签名盖章。股东可以以公司经营所需要的财产折价出资。股东以财产出资时，还应在认股书上加载其姓名及其财产的种类、数量、价格或估价的标准、公司核给的股数。认股人填写认股书后，有依照认股书缴纳股款的义务。第三，公众认购。发行公司计划新股发行额与原有股东认购额之间的差额即为向第三者公开招股额，发行公司或其他代理机构一般用广告或书面通知等方法招股。认购者认购时，需要在发行公司制作的认股书上填写认购股数、金额、认购者住址，并签名盖章。第四，认股人缴纳股款。认股人应在规定期限内向认股书所指定的代收股款的银行或代理机构足额缴纳股款。不论股票有无面额，也不论股票面额大小，股款一律按发行价格一次缴纳。认股人应在交付股款的同时，交付认股书。第五，交割股票。认股人在承诺认购后，必须在规定的期限内缴纳所认股份的股款，才能领取所买进的股票。同样，发行公司出售股票也必须在成交后的规定日期交付所售出的股票。否则，发行公司应负失约责任，发行公司依法制作的股票一般应有 3 名以上董事签名盖章，并经政府管理部门和证券管理机关签证后才能发放。

（8）改选董事、监事。发行公司在其股份募集结束后，应立即召开股东大会改选董事、监事。需要指出的是，这时所谓的改选是指增额性改选，即由公司股份增加、股份比例结构变动所引起的改选，而不是原有董事、监事任期届满或由于其他原因的正常改选。

(9) 发行结果登记。发行公司在按预定计划发行股票结束后一定期限内，需向政府主管部门和证券管理机关报告发行结果，申请发行结束的登记。登记事项主要包括本次实际发行新股的数量与总额，新股募集期、股款收足日期和新股交割日期，发行新股后已经变更的股东名簿，经改选的公司董事和监事名单，发行特殊股的种类、总额及每股金额以及登记机关所需其他事项。至此，股份公司发行股票全过程即告结束。

三、我国股票的定价方式与发行方式变迁

（一）我国股票定价方式的变迁

1. 固定价格定价时期（1991 年至 1995 年）

1992 年以前，由于我国股票市场容量整体偏小且未形成全国统一的发行监管体制及市场，新股的定价大多偏低且多以行政摊派方式进行销售，而且多数股票还带有最低收益保证承诺。这一时期，大部分股票均按照面值发行，定价基本无章可循。1992 年，国务院证券委及中国证监会的成立标志着我国集中、统一的市场监管体系得以初步确立。此后，基于服务宏观经济需要的理念，中国证监会采用审批制及“总额控制”办法管理全国股票的发行工作，并控制新股发行规模及节奏、各地域或行业上市指标的分配与股票定价方式等，计划经济特征十分明显。1994 年，为了对新股发行定价方式加以改革，我国曾在一段时间内实行竞价发行方式。由于当时证券市场容量较小且股票供需极不平衡，再加上普通投资者（中小投资者）缺乏对股票合理、正确的估值能力，因此极易在市场高涨时出现非理性的竞价从而大幅推高股票价格，进而使得最后竞价成功的投资者面临巨大的投资风险。

2. 相对固定市盈率定价时期（1996 年至 1999 年 6 月）

1996 年至 1999 年 6 月，我国在新股定价时采用相对固定市盈率定价法。新股的发行价格等于拟上市企业的每股税后收益与相对固定市盈率的乘积。其中，市盈率水平一般为 12 ~ 15 倍，并以 15 倍为上限。但由于监管当局在该时期对新股定价采取市盈率管制，因而割裂了一、二级市场之间的联系，新股首发市盈率与二级市场的平均市盈率严重脱节。这一时期，一级市场新股发行的平均市盈率为 14.4 倍左右，而当时二级市场的平均市盈率却已经超过 40 倍。因此，新股在一、二级市场间的巨大利差导致新股上市首日往往动辄百分之几十至百分之几百的涨幅不等。

3. 累计投标定价时期（1999 年 7 月至 2001 年 11 月）

1999 年 7 月 1 日施行的《中华人民共和国证券法》规定，新股的发行价格由承销商、发行人协商后确定，这意味着我国在新股定价方式上向市场化方向迈出了重要一步。而在 1997 年 7 月 28 日颁布的《关于进一步完善股票发行方式的通知》则进一步细

化了新股定价的方法与步骤。2000 年 4 月 30 日，中国证监会颁布了《上市公司向社会公开募集股份操作指引（试行）》，其中首次明确了累计投标询价制的新股定价方式。

从此之后，主承销商、拟发行公司在路演过程中采取"总额一定，不定发行量，价格设底价而不设上限"方式向机构投资者询价，进而使得新股的定价开始纷纷突破传统市盈率限制。1999 年至 2001 年的新股发行平均市盈率分别为 19.37 倍、31.77 倍、33.89 倍。在累计投标定价时期，流入一级市场的资金越来越多，导致新股的中签率也越来越低，申购新股所冻结的资金纪录也不断刷新。

4. 控制市盈率定价时期（2001 年 11 月至 2004 年）

2001 年下半年，由国有股减持所引发的股市重挫使得几乎所有的新股都跌破了上市首日的收盘价或发行价，二级市场的投资者情绪极度低迷并传导至新股发行市场。于是从 2001 年 11 月上市的华联综超开始，新股发行重新采用控制市盈率的定价方式。与相对市盈率定价方式相比，控制市盈率定价方式作了一定的调整：（1）新股发行价格区间的上下幅度约为 10%；（2）新股首发市盈率只能在 20 倍及 20 倍以下，不得超过 20 倍。因此，承销商（发行人）只能在监管当局限定的市盈率区间内确定新股的发行价格（通过累计投标询价），因此该时期也被称为"半市场化"时期。

5. 询价制时期（2005 年至今）

2004 年 12 月 11 日，中国证监会正式发布了《关于首次公开发行股票试行询价制度若干问题的通知》，并于 12 月 13 日发布配套文件《股票发行审核标准备忘录第 18 号》，其中规定自 2005 年 1 月 1 日开始，我国新股发行试行询价制。至此，我国新股定价机制在向市场化方向演变过程中迈出最为重要的一步。2006 年 9 月 11 日，中国证监会颁布了《证券发行与承销管理办法》并规定自 2006 年 9 月 19 日正式施行。该文件在询价与定价、证券发售、证券承销、信息披露、监管和处罚等方面作出了详细的规定，完善了询价制度。2009 年 6 月 10 日，中国证监会正式发布《关于进一步改革和完善新股发行体制的指导意见》，明确分两阶段从四大方面推进新股发行体制改革，其主要措施有完善询价、申购、配售的约束机制，扩大询价对象的范围以充实网下机构投资者，优化网上发行机制，对网上单个申购账户设定上限等。

（二）新股发行方式的变迁

自证券市场成立以来，我国新股发行方式经历了多次改革。从早期的类似私募和推销的方式，到自办发行、公开发行、限量发售认购证、无限量发售认购证、与储蓄存款挂钩、全额预缴比例配售、上网竞价、上网定价，再到上网定价与法人配售、上网定价与向二级市场配售、100% 向二级市场配售、网下询价与向二级市场配售，最后到网下询价与上网定价的发行方式。从新股发行方式的推出时机来看，每次新股发行方式的推出都有其深刻的背景。总体来看，我国新股发行方式正一步步向着市场化方向迈进。

1. 1999 年以前的新股发行方式

从我国新股的发行情况来看，剔除历史遗留问题上市股票后，1999 年之前我国新股发行方式采取过多种形式，但总体而言，主要包括网下发行与网上发行两大类。

（1）网下发行。网下发行大致包括自办发行、发售认购证方式、与储蓄存款挂钩方式以及全额预缴款、比例配售等方式。

①自办发行。从20世纪80年代中期到20世纪90年代初期，由于没有形成全国统一的市场，我国新股发行主要采取自办发行方式。在新股的发行过程中，没有承销商的参与，甚至也很少有中介机构的参与；新股的发行对象（投资者）大多为发行企业的内部员工或当地（企业所在地）的居民；发行面值也不统一，从几十元至几百元不等。②有限量发售认购证。1991～1992年，我国在新股发行时采用有限量发售认购证方式。鉴于当时股票的供需关系极度失衡，因此，运用该方式发行新股在一定程度上体现了申购过程中的公平。但随之而来的问题在于，由于认购证表数量有限，因此极易出现投资者抢购认购证表的现象及黑市的盛行，再加之部分拟发行公司的内部员工私自截留认购证申请表，使得一级市场中新股发行秩序较为混乱。随着“原野事件”及深圳“8·10”事件[①]的爆发，这种发行方式遭到弃用。③无限量发售认购证。由于有限量发售认购证弊端尽显，因此，上海于1992年率先采用无限量发售认购证摇号中签方式发售新股[②]，于1992年12月17日颁布的《国务院关于进一步加强证券市场宏观管理的通知》对该种发行方式也予以确认。在该发行方式下，有效克服了有限量发售认购证方式的弊病，但却会出现投资者因利益的驱使而大量购买认购证申请表进而导致新股中签率极低的现象。在通常情况下，仅通过发售认购证表，发行公司及承销商就可以获得不菲的收益。因此，由于采用无限量发售认购证发行方式时，新股的发行成本较高，该方式于1995年后不再采用。④与银行储蓄存款挂钩方式。1993年，上海证券交易所采用与储蓄存款挂钩的新股发行方式（定额定期定息专用存单）。该存单在规定的有效期内无限量发行且随附相应的号码，在有效期截止后，发行人与主承销商将根据拟发行的股票数量及存单数量以确定新股的中签率及中签号码。在实践中，还出现了特种存款、存单抽签和特种存款、摇号抽签两种衍生形式，但只有少数新股采取这两种方式。总体而言，在与银行储蓄存款挂钩方式下，新股发行时可以节约投资者购买认购表的支出进而可降低新股的发行成本，而且还可以吸引更多的资金入市。但在这种发行方式下，会引致居民储蓄转战股市；而且由于机构和大户资金雄厚，其中签的可能性更高，因而对中小投资者不公平。因此，该方法于1998年停止使用。⑤全额预缴款、比例配售。本质上讲，该方法是与银行储蓄存款挂钩方式的延续，其主要形式有“全额预缴款、比例配售、余款即退”、

---

① 1992年，“原野事件”爆发。原野公司由于财务报表中多处严重违规严重损害了投资者的利益而成为我国证券市场上第一只被停牌的股票。其后又发生了深圳“8·10”事件，由于在新股认购发售组织工作中出现重大失误，许多网点在当年8月10日的认购中出现舞弊现象，导致认购工作陷入混乱（投资者集结抗议），市政府最后加售500万张新表平息事件。

② 其流程为：投资者先购买新股认购表，该表在有效期内无限量发售，当有效申购数量大于股票发行数量时，发行人与主承销商将有效的认购申请表进行排号并通过抽签方式产生中签号码，然后投资者通过中签的申请表认购新股。

“全额预缴款、比例配售、余款转存”两种。“全额预缴款、比例配售，余款即退”是指投资者在新股申购时将申购资金存入主承销商在银行开设的专门账户，申购日期截止后，主承销商对资金予以冻结，在对账户资金验资及确定有效申购之后，根据申购总量及新股的发行数量计算配售比例并进行股票配售工作，余款退还给投资者的新股发行方式。“全额预缴款、比例配售、余款转存”与“全额预缴款、比例配售、余款即退”方式基本相同，不同之处仅在于，在该方式下，申购新股的余款并不立即退还给投资者，而是转成存款，且该存款不得提前支取，其利息按同期银行存款利率计算。全额预缴款、比例配售方式的优点在于申购过程的绝对公平，即所有参与申购的投资者（有效申购）都能按配售比例获得股票，而且大多投资者均为发行地居民，因此也能培育发行地的投资者，但该方式的弊端在于由于申购资金被冻结时间较长，因而新股发行成本也相对较高。

（2）网上发行

①上网竞价[①]。由于上网竞价法完全按市场化方式确定新股的发行价格，因此，新股的发行价格能充分反映市场的需求状况，是效率最高的价格发现机制，但其优势得以充分发挥的前提是该市场必须为高度成熟、理性的市场。而我国当时正处于证券市场的初期，因此，在投资者不够成熟、专业、理性的情况下极易出现竞相高价申报的局面而使得中标的投资者面临较大的风险。②上网定价。上网定价发行是指发行人与主承销商确定新股发行价格后并将所有应在网上发行的新股数量输入主承销商在交易所的股票专用账户，投资者在有效期内以固定的价格进行申购。申购期截止后，主承销商与发行人通过摇号、抽签方式确定最终的申购成功者。从本质上讲，该发行方式是“全额预缴款、比例配售、余款即退”方式的网上反映。由于上网定价发行方式充分利用了先进的交易系统与现代化的通讯手段，与之前各种发行方式相比，更为安全和有效。

在上述所有的新股发行方式中，自办发行、有限量及无限量发售认购证方式、与储蓄存款挂钩方式和全额预缴款方式均属于网下发行方式，这些发行方式在新股发行中普遍存在工作量大、认购成本高、效率低下等缺点。因此，随着电子交易技术的日益普及与进步，网下发行方式逐步被淘汰，取而代之的上网定价方式由于更加简便、快捷、有效而成为新股发行方式的主流。

2. 1999 年后的新股发行方式

1999 年 3 月《股票发行定价分析报告指引（试行）》及 1999 年 7 月《中华人民共和国证券法》的实施标志着新股定价方式开始摆脱行政干预并迈向市场化进程。与此相对应，在这一阶段，我国也积极探索各种符合我国国情的新股发行方式。

（1）网下配售与上网定价。1999 年 7 月 28 日，中国证监会发布的《关于进一步完

① 上网竞价发行是指主承销商和发行人事先拟定一个底价，而后投资者在指定的时间内竞价申购，申购结束后，由交易所的竞价系统按申购价格从高到低排列并累计相应的申购数量，从而产生有效价位。

善股票发行方式的通知》规定，股本在4亿元以下的公司，在股票发行时仍采用上网定价、与储蓄存款挂钩或全额预缴款的方式；股本在4亿元以上的公司，在股票发行时可采用对法人配售和对一般投资者上网发行相结合的方式（2000年4月以后，改为任何股本的公司在发行股票时均可以向法人配售）。该通知同时也规定，配售数量不得低于本次公开发行数量的25%且不得高于75%，每个配售对象的配售数量应不少于50万股但不得超过公司发行在外的普通股总数的5%。

实际操作中可用以下两种定价方式：一是承销期开始前不确定新股的上网发行数量，对配售对象配售股票结束后才开始上网发行；二是承销期开始前确定新股的上网发行数量，配售发行和上网发行分别进行。

（2）上网定价和向二级市场配售。为解决新股高溢价造成一级市场滞留资金过多的问题，中国证监会于2000年2月13日颁布了《关于向二级市场投资者配售新股有关问题的通知》，该文件规定，将在新股发行时采用向二级市场投资者配售的办法。

2000年末，中国证监会放弃了向二级市场投资者配售的办法，同时也取消了基金认购新股的特权。在此之后，新股的发行方式主要采用上网定价发行，网下询价、上网定价发行和网上网下累计询价发行三种，但上网定价方式仍是这一时期的主流方式，并一直沿用至2001年9月底。

（3）上网询价。由于从2001年11月29日华联综超上市开始，我国新股定价采用控制市盈率定价方式，新股在限定的市盈率区间内实行网上累计投标发行方式（又称“上网询价”①）。在这一制度下，发行人与主承销商事先会确定一个询价区间，投资者在该价格区间内进行竞价申购，申购结束后，发行人与主承销商依据相应的规则来确定新股的最终发行价。

从我国的实际情况来看，在我国新股供需失衡仍未改观的情况下，询价区间和拍卖过程几乎形同虚设，新股的定价一律定在价格区间的上限。因此，随着最后一只采用该方式发行的卧龙电气于2002年6月上市，该发行方法退出历史舞台。

（4）100%向二级市场配售。2001年下半年，国有股的减持重挫股市并持续低迷至2002年1月，因此监管当局再次引入市值配售法，期望吸引长期囤积于一级市场的资金流入二级市场，以恢复二级市场投资者的信心。2002年5月20日，中国证监会颁布了《关于向二级市场投资者配售新股有关问题的补充通知》，标志着向二级市场配售新股的办法重新启动。与之前不同的是，此次新股的配售比例为100%，即只有二级市场的投资者才能成为新股发行时的一级市场投资者。这一政策彰显了管理层护持二级市场的强烈意图。

从2002年6月13日上市的精伦电子（＊ST精伦，第一只采用100%向二级市场配售方式）到2004年9月9日上市的双鹭药业（最后一只采用100%向二级市场配售方

---

① 这一阶段也有极少数公司采用网上网下累计投标方式发行。

式，之后新股发行暂停3个月），共计210只股票采用该发行方式。而从实际情况来看，该发行方式并没有取得监管当局预期的效果，长期囤积在一级市场的资金并没有大举流入二级市场，反而是二级市场的资金持续流出，导致二级市场总市值大幅下降。

（5）网下询价与上网定价。随着2004年下半年新股屡屡跌破发行价进而导致更多的资金流出二级市场，市值配售方式已不合时宜。在新股发行暂停3个月后，中国证监会于2004年12月11日正式发布了《关于首次公开发行股票试行询价制度若干问题的通知》，规定自2005年1月1日开始新股发行实行询价制。该文件的发布标志着我国新股发行制度进入一个全新的阶段，新股市场化定价已经不可逆转。

由于询价制体系还不完善，因此，于2005年2月3日上市华电国际（询价制下的第一单）仍然采用定向配售、网下配售与向二级市场配售的发行方式，其后上市的黔源电力（2005-03-03）直至三花股份（2005-06-07）共计13只股票采用网下询价与向二级市场配售的发行方式。之后，随着股权分置改革的开启，新股发行暂停一年。

2006年6月19日，中工国际上市正式采用网下询价与上网定价的发行方式，之后，所有的股票发行都采用这种方式。而2009年的新股发行制度改革在优化网上发行机制（网上、网下申购参与对象分开）、对网上单个申购账户设定上限两方面提出具体措施，进一步完善了网下询价与网上定价的发行方式。

第四节 股票的交易市场

证券交易市场是为已经公开发行的证券提供流通转让机会的市场。证券交易市场通常分为证券交易所市场和场外交易市场。

一、证券交易所

（一）证券交易所的定义

股票交易所通常是包括在证券交易所之内的。这里，我们着重介绍证券交易所的有关内容。

证券交易所是证券买卖双方公开交易的场所，是一个高度组织化、集中进行证券交易的市场，是整个证券市场的核心。证券交易所本身并不买卖证券，也不决定证券价格，而是为证券交易提供一定的场所和设施，配备必要的管理和服务人员，并对证券交易进行周密的组织和严格的管理，为证券交易顺利进行提供一个稳定、公开、高效的市场。

证券交易所是伴随大规模证券交易的实际需要而最早出现于西方国家的。但是，即使在目前证券交易最为发达的西方国家，立法也没有明确规定证券交易所的含义，学者同样极少赋予证券交易所以明确的定义，按照我国国内学者的通常观点，证券交易所是固定地进行证券交易的场所。显然，该定义只揭示了证券交易所的经济属性，即为证券交易提供所需的物质条件，而没有反映证券交易所的其他重要属性，如法律属性。因此，这一定义不全面、不严谨。

我们认为，正是由于证券交易所是法律主体，它才可能媒介证券交易各方的经济活动，才可能在相当程度上起到调整证券交易关系的实际作用。简言之，证券交易所是有组织地进行证券交易的固定场所，同时具有经济学和法学上的双重性质。

（二）证券交易所的组织形式

世界各国证券交易所的组织形式大致可分为两类：

（1）公司制证券交易所。公司制证券交易所是由银行、证券公司、投资信托机构及各类民营公司等共同投资入股建立起来的公司法人。公司制证券交易所对在本所内的证券交易员有担保责任，因此通常设有赔偿基金或向国库交纳营业保证金，以赔偿因该所成员违约而遭受损失的投资者。公司制证券交易所通常规定，证券商及其股东或经理人不得担任证券交易所的董事、监事或经理，以保证交易所经营者与交易参加者的分离。目前，世界上实行公司制证券交易所的国家和地区主要有加拿大、澳大利亚、日本、中国香港、马来西亚、新加坡、印度、阿根廷、智利、哥伦比亚等。瑞士的日内瓦证券交易所、美国的纽约证券交易所也实行公司制。中国台湾省的“证券交易法”虽然规定证券交易所分公司制和会员制两种，但当初设立台湾证券交易所时规定，为管理方便，采用公司制，等将来视情形再改为会员制。公司制证券交易所大多是营利性组织，但加拿大、日本的证券交易所，美国的纽约证券交易所以及印度的一些证券交易所则是非营利性的。

（2）会员制证券交易所。会员制证券交易所是以会员协会形式成立的不以盈利为目的的组织，主要由券商组成。只有会员及享有特许权的经纪人才有资格在交易所进行证券交易，会员对证券交易所的责任仅以其交纳的会费为限。会员制证券交易所通常属于社团法人，但也有一些会员制证券交易所不是法人组织，其原因主要是为了避免司法部门对它的内部规定进行干预，法人证券交易所的会员可包括法人会员和自然人会员两种，而非法人证券交易所的会员仅限于自然人。目前，美国、欧洲大多数国家以及巴西、泰国、印度尼西亚、南非等国的证券交易所均实行会员制，中国上海、深圳的证券交易所也属于会员制。

（三）证券交易所的管理体制

对开设证券交易所的管理，国际上主要有三种做法。

（1）注册制。注册制以美国为代表。美国的相关证券交易法规定，除交易量过少，经证券交易委员会豁免的以外，有相当交易量的全国性证券交易所需向证券交易委员会注册，经批准后方能经营。经批准注册后的证券交易所必须服从证券交易委员会的领导、检查和监督。

注册制把证券交易所完全置身于市场竞争之中，由于证券交易所在证券市场中起着举足轻重的作用，它的牵涉面广，万一证券交易所因经营不善或竞争激烈而倒闭，则会出现较大的社会问题。因此，实行这种体制的国家并不多。

（2）特许制或许可制。这种体制以日本为代表。日本的证券交易法规定，设立证券交易所须经大藏省特许，特许后经复查，不符合条件者可以根据一定理由撤销其特许。大藏省对证券交易所的规章制度有核批权，若认为不当，有权令其修改。许可制由于有主管机关把关，可防止管理不善、缺乏竞争力的证券交易所开业，并防止证券交易所数量过多，因此世界各国大多实行此制度。中国证券交易所的设置实行许可制。

（3）认可制。认可制的代表是英国。由于英国证券交易所成立于有关法律颁布之前，再加上英国对证券交易所的管理以“自律”为原则，因此对证券交易所的管理实行认可制，经认可的证券交易所在业务经营上较为自由。英国的认可制情况较特殊，属于事后追认性质，实行的国家也很少。

（四）证券交易所的交易办法

各国证券交易所股票交易的交易办法主要有：

（1）唱名交易制。唱名交易制是较古老的一种交易类型。它是指在交易时间内，由证券交易所职员按顺序每隔一段时间唱出一种或一组证券的名称，当他唱出一种或一组证券的名称时，交易所会员方可对之竞价买卖，其他证券则不得买卖。唱名交易制的优点在于可克服分散交易的弊端，实现集中交易，买卖双方可聚集在一起进行双边竞价，从而较有利于证券价格的公平、合理，以及证券供求的平衡。其缺点在于每种证券的交易时间过短，无法实现各种证券的全天候连续交易。特别是对于上市证券种类较多的证券交易所来说，有的证券只能交易几分钟。因此这种交易方法只适用于上市证券种类较少、较清淡的证券交易所使用。

（2）交易站交易制。交易站交易制属于连续交易制，它是运用最广的交易方法。交易站交易制是指证券交易所划分成若干交易站（trading post），每个交易站交易若干上市证券，由于一个交易站内证券种类较少，而且较为集中，这样就可进行连续交易。实行交易站交易制的各国，具体做法也有很大不同，如委内瑞拉等国由于上市证券种类较少，因此未细分交易站，各种证券可同时在交易厅连续交易。有些国家的证券交易所则把交易站又划分为若干交易台，如加拿大多伦多证券交易所的 3 万平方英尺交易厅被分成 9 个交易站，其中 5 个用于股票交易，2 个用于上市期权的交易，2 个用于期货交易。每个股票交易站又被分成 12 个交易台，每个交易台可供 20 种上市股票交易。

（3）电子计算机交易制。电子计算机交易制是现代证券交易方法的标志和趋向，它是指由经纪人把证券买卖的价格和数量输入电子计算机终端，证券交易所的电子计算机主机则按顺序自动配对成交，这种交易方法迅速、准确、公平、集中，因此各国证券交易所纷纷采用电子计算机制。许多证券交易所还在电子计算机交易制的基础上实现了无纸化交易，无纸化交易制为证券市场的全球一体化打下了坚实的基础。

（4）拍卖和标购。以上三种交易方法都属于公开竞价法，买卖双方都有众多的竞争者，而在拍卖中，卖者只有一个，买者有很多竞争者。拍卖和标购通常是在大批交易中使用。例如，上海证券交易所规定，在下列情况下可使用拍卖或标购形式进行买卖：债券发售及其整批买卖；股票上市前整批发售；情形特殊而不宜依通常规定办理的有价证券买卖。同时规定，参加拍卖（标购）的应买（卖）证券商，其报价方式采用申报单方式公开表明买（卖）价及数量。参加应买的券商所报的买入价在拍卖底价以上时，其中出最高买入价的券商即为拍定人。拍定人有两人以上，而其申报应买的数量超过拍卖数量时，则按各拍定人申报数量的比例拍定，如应买证券所报买价在拍卖底价以下时，均为无效。同样，凡参加应卖的券商所报的卖价在标购底价以下时，以卖价最低者为标定人。标定人有两人以上，而所申报应卖的数量超过标购数量时，按各标定人申报买卖数量的比例标定。

（五）股票交易方式与交易程序

（1）股票交易方式。以股票流转买卖的时间差异，即股票交易的双方当事人从订约到履约期限长短作为标准，股票交易方式可以划分为现货交易、期货交易、信用交易等多种。这里，我们只介绍现货交易和信用交易两种方式，其他各方式我们将专章介绍。

现货交易是指股票交易的买卖双方当事人在达成协议之后即时进行钱款和股票的清算交割。"即时"可以指协议成交的当天，也可以是证券交易所规定的，或交易厅上的指定日期。中国的股票交易只限于现货交易。

信用交易，又叫保证金交易或垫头交易，是指股票交易者按照确定的比例将一部分价款或一定数量的股票交付给经纪人，其不足部分由该经纪人向银行贷款垫付的一种交易方式。建立股票保证金信用制度的目的在于把投资者的临时性供求——没有资金保证的需求及没有股票保证的供给引进市场来助长投机，以此来提高股票交易市场的效率。信用交易的负面影响也应重视，信用交易规模过大对证券市场的稳定性有很大影响。

（2）股票交易程序。以交易场所的不同来划分，可以将股票交易分为交易所交易（场内交易）和场外交易两类。

交易所交易程序大致是：选择证券经纪商；开户，与经纪商签订买卖股票的契约；着手股票买卖，投资者可随时通知受托经纪商办理股票买卖；经纪商接到委托通知后，即与派驻在交易大厅的代表人联系，代为完成交易，并将"成交通知单"送达客户；买卖成交后，投资者应在规定时间完成交割；过户，即办理变更股东名簿记载。

（六）我国证券交易所简介

《中华人民共和国证券法》规定，证券交易所的设立和解散由国务院决定。设立证券交易所必须制定章程，证券交易所章程的制定和修改，必须经国务院证券监督管理机构批准。

我国内地有两家证券交易所——上海证券交易所和深圳证券交易所。上海证券交易所于 1990 年 12 月 19 日正式营业；深圳证券交易所于 1991 年 7 月 3 日正式营业。两家证券交易所均按会员制方式组成，是非营利性的事业法人。组织机构由会员大会、理事会、监察委员会和其他专门委员会、总经理及其他职能部门组成。

（1）上海证券交易所。上海证券交易所成立于 1990 年 11 月 26 日，同年 12 月 19 日开业，归属中国证监会直接管理。其主要职能包括提供证券交易的场所和设施；制定证券交易所的业务规则；接受上市申请，安排证券上市；组织、监督证券交易；对会员、上市公司进行监管；管理和公布市场信息。

上海证券交易所市场交易采用电子竞价交易方式，所有上市交易证券的买卖均须通过电脑主机进行公开申报竞价，由主机按照价格优先、时间优先的原则自动撮合成交。

经过多年的持续发展，上海证券市场已成为中国内地首屈一指的市场，上市公司数、上市股票数、市价总值、流通市值、证券成交总额、股票成交金额和国债成交金额等各项指标均居首位。截至 2010 年末，上海证券交易拥有 894 家上市公司，上市股票数 938 只，股票市价总值179 007. 24亿元。2010 年股票筹资总额 5 532. 14 亿元，位列全球第四。

（2）深圳证券交易所。深圳证券交易所成立于 1990 年 12 月 1 日，是为证券集中交易提供场所和设施，组织和监督证券交易，履行国家有关法律、法规、规章、政策规定的职责，实行自律管理的法人，由中国证监会监督管理。深圳证券交易所的主要职能包括提供证券交易的场所和设施；制定业务规则；接受上市申请、安排证券上市；组织、监督证券交易；对会员进行监管；对上市公司进行监管；管理和公布市场信息；中国证监会许可的其他职能。

深圳证券交易所以建设中国多层次资本市场体系为使命，全力支持中国中小企业发展，推进自主创新国家战略实施。2004 年 5 月，中小企业板正式推出；2006 年 1 月，中关村科技园区非上市公司股份报价转让开始试点；2009 年 10 月，创业板正式启动，深圳证券交易所主板、中小企业板、创业板以及非上市公司股份报价转让系统协调发展的多层次资本市场体系架构基本确立。截至 2010 年 6 月 30 日，深圳证券交易所共有上市公司 1 012 家，其中主板 485 家，中小企业板 437 家，创业板 90 家，市价总值为 56 073 亿元。此外，69 家中关村科技园区非上市公司进入股份报价转让系统。2010 年上半年，深圳证券交易所首次公开发行总筹资额为 1 543 亿元，总成交金额为 97 297 亿元。多层次资本市场结构日趋完善，服务实体经济发展和转变增长方式的功能日益显现。

二、场外交易市场

（一）基本情况

1. 概念

场外交易是指在证券交易所交易大厅以外进行的各种证券交易活动的总称。场外交易的英文原词是“over the counter”（OTC），直译为“店头交易”或“柜台交易”等。场外交易是意译。作为场内交易即证券交易所交易的对称，场外交易包括柜台交易和其他多种形式的场外交易。

与场内交易相比，场外交易在市场的组织形式、管理结构、交易方式、证券种类等诸多方面，都有自身的某些鲜明特点。

2. 发展概况

场外交易市场是历史上最早出现的证券交易场所，场外交易曾经是证券交易的唯一方式。世界上最早正式印制的股票是1602年成立的荷兰东印度公司发行的股票，世界上最早成立的证券交易所是1680年的荷兰阿姆斯特丹证券交易所。在该证券交易所产生以前，股票和债券就被当做特殊商品而加以转让，并形成一个无形的证券交易市场。在当时，由于没有证券交易所交易大厅内的证券交易，没有现代意义上的场内交易，相应地，也就无所谓“场外交易”，整个交易活动都是在证券交易的无形市场中进行的。

从各国证券交易市场的产生和形成历史来看，场外交易同样是各国证券交易市场的最早和唯一的交易形式。以美国为例，独立战争结束后的美国政府为了信守战争期间作出的“赎买大陆券”，开始发行“公债券”计划。公债券实际上是一种期票，政府不但要在借贷期限内按规定付息，而且在借贷期限届满后还要偿还借贷本金。对于大多数公债券持有人来说，除非所持有债券能够随时变现，接受公债券或向政府借贷资金是难以想象的。这就为华尔街上的投机拍卖商经手办理公债交易提供了机会，他们可以借此获取每次公债转让额的一定比例作为收入。此后，许多人开始追随华尔街的投机拍卖商，建立自己的机构办理证券交易。为了垄断证券交易这一新兴行业，24名拍卖商于1792年5月17日相聚在离现在的纽约证券交易所不远处的一棵梧桐树下，成立了该著名证券交易所的前身——纽约证券交易协会，并于1793年移入汤梯恩咖啡馆，开创了证券室内交易。纽约证券交易所从准备到成立的时间虽然短促，但却开创了“场外交易”这种最早的证券交易形式。

3. 特征

场外交易市场一般有以下几个特征：

（1）场外交易市场是一个分散的无形市场。它没有固定的、集中的交易场所，而是由许多各自独立经营的证券经营机构分别进行交易，并且主要是依靠电话、电报、电传和计算机网络联系成交的。（2）场外交易市场的组织方式大多采取做市商制。场外交易市场与证券交易所的区别在于不采取经纪制，投资者直接与证券商进行交易。证券交易通常在证券经营机构之间或是证券经营机构与投资者之间直接进行，不需要中介人。（3）场外交易市场是一个拥有众多证券种类和证券经营机构的市场，以未能或无须在证券交易所批准上市的股票和债券为主。在证券市场发达的国家，由于证券种类繁多，每家证券经营机构只固定地经营若干种证券。（4）场外交易市场是一个以议价方式进行证券交易的市场。在场外交易市场上，证券买卖采取一对一的交易方式，对同一种证券的买卖不可能同时出现众多的买方与卖方，也就不存在公开的竞价机制。（5）场外交易市场的管理比证券交易所宽松。由于场外交易市场分散，缺乏统一的组织和章程，因此不易管理和监督，其交易效率也不及证券交易所。

（二）场外交易的市场类型

场外交易市场通常仅指“店头交易市场”。但有些国家则在店头交易市场以外，又形成了其他形式的场外交易市场，不同的场外交易市场具有不同的特点和功能。多种形式的场外交易市场在美国最为典型。

（1）店头交易市场。店头交易市场又称证券商柜台市场，是指在证券公司开设的柜台上进行交易活动。美国的店头交易市场始于1792年。在店头交易市场交易的证券主要是依照相关证券交易法公开发行但未在证券交易所上市的证券，证券交易价格依照议价制方式确定，而且交易方式仅限于现货交易，不能进行包括期货交易和期权交易在内的其他交易活动。

美国的店头交易分布广泛，由数以千计的证券商为中心联结组成，证券商大多数同时具有经纪商和自营商的双重身份，并使店头交易市场发挥做市商功能和经纪商功能。做市商功能是指证券商直接买卖证券，维持证券存量，赚取交易利润和承担交易风险。由于这种功能是证券商以交易商身份参加交易活动而产生的，故也称交易商功能。经纪商功能是指证券商代理证券投资者买进或卖出证券，并赚取证券交易的佣金，与证券交易所中的证券经纪商功能相同。

（2）第三市场。第三市场是指在证券商柜台上从事已在证券交易所上市证券的交易。第三市场原属店头交易市场的组成部分，但因近年来发展迅速，交易量日益增大，地位日益提高，许多人认为应当把它作为一种独立的市场类型来对待。在美国，第三市场具有鲜明的特点。这种市场所容纳的主要是各种公债、保险公司债券等，交易主体则是拥有巨额资金的机构投资者，每笔交易额数目庞大，其最主要的特点则是所交易的证券为证券交易所已获准上市的证券。所以有人称为第三市场是“上市证券的场外交易市场”。

第三市场的出现是与证券交易所采取的固定佣金制度相联系的，由于证券交易所对在交易大厅内交易的证券规定了固定比率的佣金，证券大量买进卖出的交易成本就变得很高，对巨额资本拥有者来说，小笔交易和大笔交易在本质上无特别之处，故收取高额佣金就变得难以接受了，而场外交易主要采取自营制方式，证券自营商为吸引更多的交易活动，也愿意适当减少交易差价，即使是证券经纪商也不采取固定佣金制，从而可减少证券投资者的交易成本，这样就构成了以大额上市证券为主要对象的第三市场。

（3）第四市场。第四市场是通过与电子计算机网络相联系的证券投资者直接接洽成交的场所，这种场外市场具有完全不同于其他证券交易市场的如下特点：一是证券交易活动完全脱离证券商的参与，由证券的买方和卖方直接进行交易；二是证券交易活动借助计算机联网方式直接获得证券价格信息并完成证券的买进和卖出，买卖双方亦无须当面接洽；三是证券交易的数额往往比较庞大。第四市场目前主要在美国开放，其他国家多停留于试验阶段。

在美国，证券交易的第四市场日益繁荣，这个市场被简称为NASDAQ，事实已成了美国场外交易市场的代表形式，这方面情况将在下面作专门的介绍。

（三）场外交易的方法

（1）自营买卖。自营买卖是指证券商替自己的账户进行证券的买卖，也即证券商是为自己的利益并以自己的名义买进或卖出证券。交易对方既可以是其他证券商（包括自营商和经营商），也可以是证券投资者本人。

证券自营商被称为“做市商”，这是因为证券自营商大量买进和卖出证券，既能够满足人们的投资要求，又能够加快证券交易的不断进行。

（2）代理买卖。代理买卖是指证券商代理客户（多指证券投资者）买进或卖出证券的交易活动。

代理买卖是自营买卖的对称，两者之间的主要区别是，代理买卖中的证券属证券经纪商，买卖证券的活动是由证券经纪商以委托人的名义进行的。因此，证券商通常要尽可能为委托人按照最好的交易价格成交。并依据交易额的多寡收取一定比率的佣金。在我国，佣金亦称手续费，一般不超过成交证券面额的1%。由于代理买卖是以证券投资者的名义进行的，证券商从事代理买卖基本上无风险可言。

代理买卖与证券交易所交易中采取的经纪制交易方法，在本质上是相同的。两者的区别主要表现在，场外交易中代理买卖的程序比较简单，没有场内交易那样严格；代理买卖的成交价格的确定采用议价制方式，而不是竞价方式成交。

（四）对场外交易的评价

1. 场外交易的优点

场外交易虽然是从证券交易市场的古老的形式流传下来的，但在证券交易日益完善的今天，它仍然是一种非常活跃的二级市场，并逐渐发展和完善。其原因在于：

（1）证券交易所的证券交易容量有限。由于证券交易所往往都规定了严格的证券上市标准，许多证券不能进入交易所内买卖，但这些证券本身仍具有流通性，客观上需要可供买卖的交易场所，这就要求场外交易市场这种最古老的交易市场成为证券交易所的补充形式，以满足非上市证券的流通需求。

（2）场外交易的程序简单，交易成本低。由于证券场外交易以证券自营制为主，证券投资者可以直接与证券商接洽成交，无须填写规范的委托书，也无须采取场内交易的严格程序，投资者甚至无须向证券商支付佣金，从而使场外交易简单易行，成本低廉，满足了投资者的需求。

（3）场外交易的交易率很高。场外交易最早的形式是柜台交易，在柜台交易过程中，证券投资者可根据证券公司公布的证券买入价和卖出价，及时决定证券交易，无须借助证券公司或驻场人员的行为买卖证券。场外交易形式在高科技不断发展并广泛通过计算机联网形式进行的今天，其信息传播速度和成交效率足以与证券交易所交易相媲美。

总之，场外交易是证券交易的最早形式，甚至曾是其唯一形式。在现代证券交易市场中，场外交易作为证券交易所交易的补充形式，仍然在发挥着愈来愈大的作用。

2. 场外交易的不足

（1）容易引发证券交易中的偏误行为。与场内交易相比较，场外交易没有集中的证券交易市场，直接经营证券买卖的证券商分散于各地。他们独立地进行证券买卖，国家的证券主管机关和证券商自律组织无法全面监督管理场外交易的日常活动。这就为某些证券投机者和证券商从事不正当交易提供了某些机会。

（2）不利于提高证券发行公司的知名度。由于经营证券买卖的证券商过于分散，也由于场外交易的证券往往是小型证券发行公司的证券，社会公众对证券商和证券发行公司的知晓程度比较低，远不如证券交易所交易形式的社会影响能力。因此，场外交易的证券竞争能力和销售能力较低，不利于大规模的社会公众投资。

（3）不利于形成有充分竞争性的证券交易价格。如前所述，场内交易的证券价格是以竞价方式确定的。同一项证券报价卖出时，会有众多的买方报价买进；同一项证券的报价买进时，又会有众多的证券卖方争相报价卖出。这种竞价方式显然会确定该类证券相对准确的正常市场价格。但场外交易采用议价制方式，往往形成买卖双方的“一对一”局面。普通投资者不可能逐个了解证券商的报价，以决定是否成交；证券经纪商亦无法全面了解其他证券商或投资者的报价，为委托人确定最佳价格。实践中，证券商代理买卖时，只可能向几家证券公司了解交易信息。所得到的信息依照证券商了解信息的宽窄程度而有差别，从而无法形成真正具有竞争性的证券交易价格。

应该说，场外交易方式的优劣并存，其优点仍是主导性的。随着场外交易中日益广泛地采用计算机网络以及报价系统的开通，场外交易与场内交易的联系日趋紧密，传统场外交易的弱点已有所克服。但无论场外交易发展的未来如何变化，作为证券交易所交易的有益补充，它将越来越大地发挥其积极作用。

三、二板市场

二板市场（second board）是相对于主板市场（main board）而言，为创新型中小企业服务的股票市场。世界上最著名的二板市场是美国的纳斯达克（National Association of Securities Dealers Automated Quotation，NASDAQ），其次是欧洲的 EASDAQ。除此之外，不少国家或地区都有自己的创新板块即二板市场，香港地区创业板市场也于1999年第四季度开业。2009 年 10 月 30 日，28 只创业板新股在深圳证券交易所同日上市，标志着我国创业板大幕的正式拉开。

（一）美国的纳斯达克（NASDAQ）市场

美国场外交易市场——纳斯达克市场成立于1971 年，是世界上第一个电子化股票市场，也是美国成长最快的市场，上市公司数量为美国所有股票交易市场之最。

1. 上市公司对象

纳斯达克市场可分为两个层次：全国市场和小型资本市场。一般来说，资本规模较大的公司的证券在全国市场上市交易；资本规模较小的新兴公司的证券则在小型资本市场上交易，因为该市场的上市规则不如全国市场那么严格，但美国证券交易委员会对这两个市场的监管范围并无区别。

纳斯达克市场是美国最主要的支持高新技术公司发展壮大和支持创业资本“撤出”的市场。这一市场由于规模巨大、做市商支持、上市标准较低和服务良好，而成为美国高新技术公司上市的首选之地。

从产业结构来看，在纳斯达克市场中，计算机、生物科技、电子通讯、医药等上市公司的股票市值占绝大比重。在行业结构方面，NASDAQ上市公司大部分为高成长行业，如信息技术、电讯、医药生物技术、金融、保险等。

2. 上市标准

纳斯达克市场的上市标准较低，对于开发高新技术的公司，只要有1 800万美元净资产，即使亏损也能上市，而小型资本市场的上市标准更为宽松，但都必须是根据美国的证券交易法注册的公司。

3. 市场监管

全美证券商协会规则对在纳斯达克市场上市的公司还作出了如下规定：

（1）纳斯达克全国市场的上市公司必须向股东提交年度报告、季度报告和其他中期报告。（2）在纳斯达克全国市场上市的公司，其董事会至少要有两名独立董事。独立董事的明确含义是，特别排除公司的高级职员和雇员，以及董事会认为其关系会影响他执行董事职责时运用独立判断力的人。（3）在纳斯达克全国市场上市的公司，必须设置审计委员会，其中多数成员必须是独立董事。（4）在纳斯达克全国市场上市的公司，每年必须举行股东大会，并通报全国证券交易商协会；公司召开普通股股东大会时，其法定人数拥有的股票不得低于发行股的三分之一，或公司章程所定的高限；应允许股东委派代表出席，委派代表的委任书副本必须提交全国证券交易商协会存档。（5）在纳斯达克全国市场上市的公司，应对所有相关人员的交易进行适当的审查；审计委员会或同类组织将视有关情况，审查各种可能出现的利益冲突。（6）在纳斯达克全国市场上市的公司，应执行全国证券交易商协会规定的上市协议。（7）如果有关规则与发行公司注册国家的法律或商业惯例有所抵触，全国证券交易商协会可以豁免。

（二）伦敦证券交易所的二板市场

为满足小型企业、新兴企业和成长型企业进入公开资本市场的需要，1995年6月，伦敦证券交易所设立了二板市场（Alternative Investment Market，AIM）。该二板市场最主要的特点是上市标准较低。二板市场的公司资本规模通常在200万英镑到2 000万英镑，同时也接受低于200万英镑资本的公司。此外，该市场交易的品种主要是普通股，但也接受优先股和企业债券等证券品种的交易。

该二板市场附属于伦敦证券交易所，但它有其独立的运作规则和管理机构，交易所主要是提供各种“硬件”设施。

1. 伦敦二板市场的上市条件

在伦敦证券交易所二板市场上市，公司必须符合英国1995年颁布的《证券公司发行条例》的有关规定，同时，还必须符合伦敦证券交易所对在二板市场上市的附加条件。

此外，新兴公司申请在二板市场上市时，如果其主营业务盈利的记录不到两年，那么，拥有1%或更多股份的董事和雇员们，必须承诺至少在公司上市后的一年内，不出售任何股份。

2. 伦敦二板市场的规模及结构

伦敦AIM二板市场自1995年创立至今，从最初的10家上市公司、8 220万英镑市值，发展到2007年时的1 600多家上市公司，其中中国企业60家。AIM日成交量达到6.75亿股，700多亿英镑市值，成为目前全球领先的创业板市场，也是全球第六大证券市场。目前AIM市场包括39个行业板块，104个分板块，如信息技术、生物、采矿、零售等。

（三）欧洲新市场（EuroNM）

欧洲新市场成立于1996年，是由德国、法国、比利时、荷兰、意大利五国证券交易所的新市场所组成的，专为高成长公司设计的各个股市间的联网交易系统。创立欧洲新市场的宗旨是，为具有创新精神的高成长的中小企业提供上市融资机会，并为投资者提供买卖这些股票的交易场所。作为连接这些成员的网络，欧洲新市场为成员国的高成长型中小企业提供了融资窗口，使它们能够接触到欧洲范围甚至更广范围的投资者。欧洲新市场每个成员的运作都附设于交易所，采用单独的规则和监管标准。公司上市必须有券商推荐，上市后都建立了"做市商"制度，但在具体上市标准、持续性信息披露、持股要求上有些差别。

1. 法国新市场（Le Nouveau Marche）

Le Nouveau Marche是法国证券交易所开设的新市场，成立于1996年2月14日，同年3月20日开始交易。

（1）上市公司对象。法国新市场主要面向下述各类公司：年轻、管理良好的中小公司，其已有的融资安排不能满足发展需要，但又不能出具业绩记录；公司拥有前沿技术或在某个创新推动的领域内工作，初创成本较高；拥有高增长潜力的公司；作为创办人的董事和合伙人或者创业投资公司控制着公司的资本，而他们希望寻找新的合伙人；准备进入发展新阶段的公司。

（2）上市条件。法国新市场不正式要求公司提交过去的财务报表，也不对销售或收入作出要求。但它在股东权益、公众拥有的股票数量、公众持有的资本、发行融资金额、公司增资、企业领导人作为股东的股份转让和招股（上市）说明书等方面都有具体的要求。

（3）市场组织和交易。法国新市场是一个自治的市场，由法国新市场理事会的独立公司来管理和运作。法国新市场理事会负责市场监管、会员批准、上市许可和撤销上市以及交易系统的运作。

法国新市场拥有一个顾问委员会，该委员会有10名永久会员，这些会员在科技和工业领域的素养为社会所认可。顾问委员会协助新市场理事会来推介市场，鼓励公司提出上市申请。

法国新市场的交易采取集中订单与做市商相结合的制度。法国新市场作为一个电子市场，其技术、网络和专业知识均建立在巴黎证券交易所的平台上。

2. 德国新市场（Neuer Markt）

Neuer Markt 是位于法兰克福的德国证券交易所开设的新市场，设立于 1997 年 3 月 10 日。最早的两家上市公司分别为移动电话公司和动力引擎公司。

（1）上市公司对象。德国新市场主要吸收高成长的、具有创新精神的中小公司。在产业分布上，这些公司主要属于电讯、多媒体、遗传工程、生物科技和环境工程等新兴产业。对于传统产业公司，如果它们能够提供新产品或新服务，或者使用创新的生产流程，也可以向德国新市场申请上市。无论申请公司属于哪个产业，它们均须具有高成长潜力。

在发展阶段上，在德国新市场募集资本的公司必须已度过以创立资金和种子资金来支持的初创阶段，并在市场上已经站稳脚跟。

（2）上市条件。申请进入德国新市场，公司必须满足以下条件：公司存续时间不得低于一年；发行的股份必须为普通股；股票发行金额不少于 500 万欧元，上市流通的股票不少于 20%（建议 25%）；在公开招股时，增加的股本必须是现金存款，至少 50% 的增加额代表将要发行的股份；至少有 15% 的股票不集中在少数人手中；发行公司必须提出至少一名做市商，由其保证证券上市后必要的流动性，并辅导发行公司遵循新市场的交易规则；发行公司和其目前的股东必须同意，在上市之后一段规定的时间内，不转让他们持有的股份，这一锁定期限不得低于 6 个月；发行公司遵守德国证券交易所专家委员会制定的收购规则。

（3）信息披露与监管。德国新市场认为，中小上市公司更需要执行严格的信息披露，以建立投资者的信心和德国新市场的声誉，吸引更多的投资者和发行公司加入市场。为此，它要求上市公司保持高度的透明，提供诸如年度财务报告、季度报告，现金流、影响股票价格的事实等方面的详细和及时的信息。

在信息编制方面，德国新市场要求上市公司使用国际标准。除了按照德国商法来披露财务数据之外，上市公司还要按照国际会计准则或美国通行会计准则编制报表。

（四）亚洲二板市场

1. 新加坡的二板市场——SASDAQ

根据 1986 年修订的《证券业法》，新加坡开始发展市场交易的程序自动化，新加坡证券交易所的交易自动报价系统（SASDAQ）于 1987 年 12 月 18 日正式启动，从而形成了新加坡证券交易所的第二证券市场。该市场类似于美国的 NASDAQ 市场，是一种通过电子计算机屏幕进行交易的系统，由一些注册的做市商通过双向报价负责维持该市场。

SASDAQ 市场主要是为那些尚不能符合主交易板市场上市要求而设立的市场。在该市场上市的公司可以在经交易所认为已符合主交易板的要求并同意之后移至主交易板上市。

（1）SASDAQ 市场的上市要求。在 SASDAQ 市场上市的公司无须任何最小盈利或股本要求。在评估公司是否适合在 SADAQ 市场上市时，交易所分别对几个因素进行考虑，包括管理层和对股东控制方面的全面性、公司业务的前景、是否存在利益冲突等。

交易所制定的上市要求并非永远不变，交易所可在适当的时候增加额外的上市指引和要求。其上市要求可以参考新加坡证券交易所的网站。

（2）从 SASDAQ 市场转入主交易板的若干条件。新加坡证券交易所定期对 SASDAQ 市场向主交易板的转移作考察。已符合主交易板上市资格的 SASDAQ 公司需向交易所递交书面申请，在符合新加坡证券交易所规定的要求之后即可转至主交易板上市。

2. 中国香港特别行政区的创业板市场

香港的创业板（二板）股票市场是于 1999 年第四季度开业的为创新型中小企业服务的新兴股票市场。从表 4－1 中，我们将其与香港联交所的主板市场加以对比，列表陈述创业板市场的特征。

表 4－1　香港主板市场与二板市场的比较

	主板市场	二板市场
市场目的	目的众多，包括为较大型及基础较佳的公司筹集资金、为股票持有者提供出售股票的机会、提升企业的知名度等	为较小型及新兴公司筹集资金
接受的公司注册地	香港、百慕大、开曼群岛以及中华人民共和国（以 H 股形式上市）	所有司法地区
接受的投资者类别	各类散户及机构投资者	只接受熟悉投资技巧的投资者
业务记录	最近一年的股东盈利不得少于 2 000 万港元，前两年累计的股东应占盈利不得低于 3 000 万港元	不设最低盈利要求，但须显示公司有两年从事“活跃业务活动”的记录
最低市值	上市时市值须达 1 亿港元	无明文规定
最低公众持股量	25%（如发行人的市值超过 40 亿港元，则可降低为 10%）	3 000 万港元或已发行股本的 35%（以较高者为准）
主要股东的最低持股量	不设主要股东最低持股量的规定，控股股东是指合计控制 35% 或以上投票权的人士，此等股东在出售股票方面受到限制	管理层股东及财政股东在上市时至少须合计持有已发行股本的 35%，两者在出售股票方面均受到限制
联交所在上市过程中的角色	联交所上市科将审核每宗上市申请，并审阅有关的上市文件，其后再向上市委员会建议批准或否决有关申请	二板市场上市委员会审阅上市初步通知，监察及调查小组则审阅上市文件，以确保符合有关规定

续表

	主板市场	二板市场
披露责任	招股章程须刊登下列事项的详情：发行人、顾问寻求上市的证券、发行人的资本、集团业务活动、财务资料及前景、公司管理层、募集资金的用途、重大合约或文件、一般鼓励公司作出盈利预测	招股章程须涵盖的资料范围与主板市场的规定相似，但须同时提供两项额外陈述：活跃业务活动陈述，业务目标陈述，须详细列出募集资金用途，无须作出盈利预测
持续披露责任	半年及年度报告规定	与主板市场相同，但发行人须编制季度财务报表，半年或年度报告内须刊登实际业务发展和业务目标的比较
监管及执行	由上市科负责： 审阅上市公司、信息发布及年报、半年报告 调查不寻常的股价或成交变动、市场传闻及可能违反《证券上市规则》的行为	由独立的专责小组——“监察及调查小组”负责： 以抽样形式审阅已刊发的上市文件是否符合二板市场上市规则，审阅信息发布及年报或半年报告，调查不寻常的股价或成交变动、市场传闻及可能违反二板市场上市规则的行为
交易系统	买卖盘驱动	以公告板形式显示买卖意向
对投资者风险警告	无	有

3. 中国台湾的报备市场

完整的证券市场体系，除包括集中交易市场（场内市场）及店头市场（OTC）之外，还应具有已公开发行公司有价证券的交易场所，这对中小企业较多的国家或地区很有必要。为此，台湾拟开设报备市场，它和柜台市场都是场外市场的组成部分。

如果把 OTC 看做是集中市场的预备市场或后备市场，那么报备市场就可看做是 OTC 的预备市场或后备市场。报备市场的低门槛设计，对有意朝上柜或上市发展的公开发行公司提供了一个很好的练习场所。

（1）开设报备市场的意义。

①扩大资本市场规模，充分利用社会有限资金资源。

②解决“公司法”强制公开发行股票所带来的负面效果。台湾“公司法”规定资本总额达 2 亿元（新台币）的公司必须公开发行股票，但公开发行并不表示一定可以上市（或上柜），上市（柜）须满足一定的条件。报备市场可弥补这一缺口，为已公开发行股票但未能上市（柜）的公司提供股票交易场所，由此消除强制公开发行却又无法实现股票流通交易的负面效果。

③增加市场的活跃度。报备市场通过推荐券商的活动将公开发行公司的信息公开，为投资者提供公平公正的交易机会，增强投资者的意愿，增加市场的活跃度。

④为具有创新性及前瞻性的中小企业提供筹资场所。

报备市场可对公开发行并具有上市（柜）意愿的中小企业提供筹资渠道，其低门槛的设计使这些公司很容易进入这一市场。此外，对具有上市（柜）意愿却因主客观因素暂时无法申请的公司，报备市场提供了一个无风险的练习场所。

（2）报备股票与上柜股票、上市股票相关条件的比较（见表4－2）。

表4－2　　报备股票与上柜股票、上市股票相关条件的比较

项目	报备	柜台	上市
设立年限	无	设立满3年	设立满5年
资本额	按“公司法”规定，股份有限公司最低股本为100万元（新台币）	实收资本额在5 000万元（新台币）以上	一般类股：3亿元（新台币）以上，科技类股：2亿元（新台币）以上
获利能力	无	营业利润及税前利润占实收资本比例符合下列条件之一者：最近年度达4%以上，最近一年无累积亏损者；最近两年均达2%以上者；最近两年平均达2%以上，且最近一年的获利较上一年好	营业利润及税前利润占实收资本比例符合下列条件之一，且最近一年无累积亏损者：最近两年均达6%以上者，或最近两年平均达6%以上，且最近一年的获利较上一年好；最近五年均达3%以上者
股权分散	无	持有股份1 000～50 000股的记名股东人数不少于300人，且其所持股份总额合计占发行股份总额10%以上或超过500万股	记名股东1 000元（新台币）以上，小股东（1 000～50 000股）500人以上，且小股东持有股份总额占20%以上或超过1 000万股
推荐券商家数	由两家以上资本总额超20亿元（新台币）的综合券商推荐	经两家以上证券商书面推荐	1家主办承销商，1家主协办承销商，数家协办承销商
辅导期限	无	公开发行后推荐券商至少辅导一年	公开发行后至少辅导两年
提出公开承销及证券商包销	无	发行公司资本额承销商应提出的公开承销比率 5亿元（新台币）以下　20% 5亿～10亿元（新台币）　10% 10亿元（新台币）以上　4%	发行公司资本额承销商应提出的公开承销比率 10亿元（新台币）以下　20% 10亿～20亿元（新台币）　15% 20亿～50亿元（新台币）　10% 50亿～100亿元（新台币）　5% 100亿元（新台币）以上　2%
财务报表披露要求	年报	年报，中报，季报，月报，临时报告（重大事件）	年报，中报，季报，月报，临时报告（重大事件）

（3）报备股票与上柜股票市场交易比较（见表4－3）。

表4－3　报备股票与上柜股票市场交易比较

项目	报备	柜台
交易地点	任何经纪商	任何经纪商
涨跌幅限制	无	7%
交易方式	初期是人工撮合议价	集合议价，以最合理价成交
报价方式	确定报价，允许采用单边或双边报价，对双边报价采取5%的价差限制	
价格形成	由推荐券商彼此报价，竞价产生	
撮合时间	未定	30秒/次
交易撮合	由推荐券商执行	
做市商	无	
存在问题	交割问题，报备市场与柜台市场、集中商场的衔接问题等	

（五）我国创业板市场

2009年10月30日，28家创业板公司在深圳证券交易所公开上市，开启了我国创业板市场的大幕。2009年3月发布的《首次公开发行股票并在创业板上市管理暂行办法》对登陆创业板市场的公司主体作出了详细的规定（见表4－4）。

表4－4　我国创业板上市条件与主板的对比

条件	创业板	主板（中小板）
主体资格	依法设立且持续经营三年以上的股份有限公司，定位服务成长性创业企业；支持有自主创新的企业	依法设立且合法存续的股份有限公司
股本要求	发行前净资产不少于2 000万元，发行后的股本总额不少于3 000万元	发行前股本总额不少于3 000万元，发行后不少于5 000万元
盈利要求	（1）最近两年连续盈利，最近两年净利润累计不少于1 000万元，且持续增长；或者最近一年盈利，且净利润不少于500万元，最近一年营业收入不少于5 000万元，最近两年营业收入增长率均不低于30%； （2）净利润以扣除非经常性损益前后孰低者为计算依据 （注：上述要求为选择性标准，符合其中一条即可）	（1）最近三个会计年度净利润均为正数且累计超过3 000万元人民币，净利润以扣除非经常性损益前后较低者为计算依据； （2）最近三个会计年度经营活动产生的现金流量净额累计超过5 000万元人民币；或者最近三个会计年度营业收入累计超过3亿元人民币； （3）最近一期不存在未弥补亏损
资产要求	最近一期末净资产不少于2 000万元	最近一期末无形资产（扣除土地使用权、水面养殖权和采矿权等后）占净资产的比例不高于20%

续表

条件	创业板	主板（中小板）
主营业务要求	发行人应当主营一种业务，且最近两年内未发生变更	最近三年内主营业务没有发生重大变化
董事、管理层和实际控制人	发行人最近两年内主营业务和董事、高级管理人员均未发生重大变化，实际控制人未发生变更。高管不能最近三年内受到中国证监会行政处罚，或者最近一年内受到证券交易所公开谴责	发行人最近三年内董事、高级管理人员没有发生重大变化，实际控制人未发生变更。高管不能最近36个月内受到中国证监会行政处罚，或者最近12个月内受到证券交易所公开谴责
同业竞争和关联交易	发行人的业务与控股股东、实际控制人及其控制的其他企业间不存在同业竞争，以及影响独立性或者显失公允的关联交易	除创业板标准外，还需募集投资项目实施后，不会产生同业竞争或者对发行人的独立性产生不利影响

第五节 股票价格指数

在证券交易所上市的股票价格几乎每天都在变化，从股票价格行情表上大致可以知道每种股票价格的涨跌。但对整个股市或某一行业的股票来说，有些股票的价格上涨，有些下跌，要判断整个股市或某一行业股价的涨跌，就需要参考股票价格指数。

一、概念及简况

股票价格指数是指用以表示多种股票平均价格水平及其变动并衡量股市行情的指标。由于经济、技术、市场、政治等各种因素的影响，股票价格经常处于变动之中。为了能够反映这种变化，世界各大金融市场都编制股票价格指数，将一定时点上成千上万种此起彼伏的股票价格表现为一个综合指标，以反映该股票市场的价格水平和变动情况。

股票价格指数是一个广义的概念，用来反映不同时点上股价变动情况的相对指标。通常是报告期的股票价格与选定的基期价格相比，并将二者的比值再乘以基期的指数值即为该报告期的股票价格指数。人们通过观察股票价格指数的变化，可以衡量出报告期股价与基期相比的变动方向及其幅度。它除了包括“股价指数”指标外，还包括“股价平均指数”指标。

通过观察股票价格指数，不仅可以了解股票市场涨跌幅度及变动，投资者通过比较、分析，对股市作出合理的预期和投资选择，同时还可以提供整个国民经济运行及发展趋向的信息，为政府各宏观经济管理部门提供决策参考。在股市比较发达的国家，股价指数已成为衡量一国经济的“晴雨表”和“温度计”。目前世界上著名的股票价格指数有道琼斯股票价格平均指数、标准普尔股票价格指数、伦敦金融时报100指数、日经

225股价指数、恒生指数等。

二、股票价格指数的计算方法

世界各地的股票市场都有自己的股票价格指标，甚至在一个国家内也可以有多种股票价格指标。不同的股票价格指标，其计算对象、计算基数、计算方法等也有所不同。目前，世界上股票价格指数的计算方法主要有以下几种：

（一）算术股价指数法

算术股价指数法是以某交易日为基期，将采样股票数的倒数乘以各采样股票报告期价格与基期价格的比之和，再乘以基期的指数值。计算公式为

$$\text{算术股价指数} = \frac{1}{\text{采样股票数}} \times \sum \frac{\text{报告期价格}}{\text{基期价格}} \times \text{基期指数值}$$

（二）算术平均法

采用算术平均法计算股价指数就是求得这一股价指数中所有组成样本的算术平均值。计算公式为

$$I = \frac{\sum_{i=1}^{n} \frac{P_m}{P_0}}{n} \times I_0$$

式中，I 为股票价格指数；P_m 为第 m 报告期股票价格；P_0 为基期股票价格；I_0 为基期股票价格指数；n 为组成股票指数的股票种类数。

（三）加权平均法

在利用加权平均法计算股价指数时，赋予每种股票一定的权数。通常权数是根据每种股票当时交易的市场总价值或上市总股数来分配，权数就是分发“选票”的依据。其计算公式为

$$I = \frac{\sum_{i=1}^{n} P_i \cdot W_i}{\sum_{i=1}^{n} P_0 \cdot W_0} \times I_0$$

式中，I 为股票价格指数；P_i 为组成股价指数的各种股票报告期价格；P_0 为组成股价指数的各种股票基期价格；n 为组成股价指数的各种股票种类数；W_i 为组成股价指数的各种股票的上市总量或其市场总值，即权数；I_0 为基期股票价格指数。

世界上大多数国家的股票交易所的股价指数是采用加权平均法计算的，比较著名的有美国标准普尔指数、巴黎证券交易所指数、德国商业银行指数、意大利商业银行股票价格指数、多伦多300种股票价格指数以及东京股票交易所指数等。

（四）除数修正法

除数修正法，又称道式修正法，是美国道琼斯公司为克服单纯平均法的不足，在1928年发明的一种计算股票价格平均数的方法。此方法的核心是求出一个常数除数，去

修正因有偿增资、股票分割等因素造成的股价总额的变化，以便如实反映平均股价水平。具体方法是，以发生上述情况变化后的新股价总额为分子，旧的股价平均数为分母，计算出一个除数，然后去除报告期的股价总额，所得出的股价平均数称为道式修正平均股价。其计算公式为

$$\text{道式除数} = \frac{\text{变动后新的股价总额}}{\text{旧的股价平均数}}$$

$$\text{道式修正平均股价} = \frac{\text{报告期股价总额}}{\text{道式除数}}$$

（五）基数修正法

此法修正的对象为基期的数值。由于发生有偿增资、新股上市或上市废止等情况后，将引起上市股数改变并导致时价总额的变动，为了使报告期与基期的统计口径基本一致而具有较好的可比性，必须对基期的时价作相应的调整。方法是求出上市股数改变前后的时价总额之比，将原基期时价总额乘以这个比率即为基期修正值。其公式为

$$\text{基期修正值} = \text{原基期时价总额} \times \frac{\text{上市股数改变后时价总额}}{\text{上市股数改变前时价总额}}$$

三、国际主要股票市场及其价格指数

（一）道琼斯股票价格平均指数

道琼斯股票价格平均指数是世界上最早、最负盛誉和最有影响的股票价格平均数，由美国道琼斯公司编制，并在《华尔街日报》上公布。道琼斯股票价格平均指数实际上是一组股价平均指数，包括5组指标。

1. 道琼斯工业股价平均指数，以美国埃克森石油公司、通用汽车公司和美国钢铁公司等30家著名大工商业公司股票为编制对象，能灵敏反映经济发展水平和变化趋势。平时所说的道琼斯指数就是指道琼斯工业股价平均指数。

2. 道琼斯运输业股价平均指数，以美国泛美航空公司、环球航空公司、国际联动公司等20家具有代表性的运输业公司股票为编制对象。

3. 道琼斯公用事业股价平均指数，以美国电力公司、煤气公司等15种具有代表性的公用事业大公司股票为编制对象。

4. 道琼斯股价综合平均指数，以上述65家公司股票为编制对象。

5. 道琼斯公正市价指数，以700种不同规模或实力的公司股票作为编制对象，于1988年10月首次发表。由于该指数所选的股票不但考虑了广泛的行业公布，而且兼顾了公司的不同规模和实力，因而具有相当的代表性。

道琼斯股票价格平均指数以1928年10月1日为基期，基期指数为100。其编制方法原为简单算术平均法，由于这一方法的不足，从1928年起采用除数修正的简单平均法，使平均数能连续、真实地反映股价变动情况。

（二）伦敦金融时报 100 指数（FTSE100 指数）

伦敦金融时报 100 指数（也被译为“富时指数”）是英国最具权威性的股价指数，原由英国《金融时报》编制和公布，现由英国《金融时报》和伦敦证券交易所共同拥有的富时集团编制。这一指数包括三种：一是金融时报工业股票指数，又称 30 种股票指数，涵盖了 30 种最优良的工业股票价格，由于这 30 家公司股票的市值在股市中占的比重大，具有一定的代表性，是反映伦敦证券市场股票行情变化的重要尺度。它以 1935 年 7 月 1 日为基期，基期指数为 100。二是 100 种股票交易指数，又称“FT－100 指数”，该指数自 1984 年 1 月 3 日起编制并公布。这一指数挑选了 100 家有代表性的大公司股票，又因为它通过伦敦股票市场自动报价电脑系统，可随时得出股票市价，并每分钟计算一次，因此能迅速反映股市行情的每一变动，自公布以来就受到广泛重视。为了便于期货交易和期权交易，该指数基值定为 1 000。三是综合精算股票指数。该指数从伦敦股市上精选 700 多种股票作为样本股加以计算。它自 1962 年 4 月 10 日起编制和公布，并以这一天为基期，令基期为 100。这一指数的特点是统计面宽、范围广，能较为全面地反映整个股市状况。

（三）日经 225 股价指数

日经 225 股价指数是日本经济新闻社编制和公布的反映日本股票市场价格变动的股价指数。该指数从 1950 年 9 月开始编制。现在日经股价指数分成两组：一是日经 225 种股价指数。这一指数以在东京证券交易所第一市场上市的 225 种股票为样本股，包括 150 家制造业、15 家金融业、14 家运输业和 46 家其他行业。样本股原则上固定不变，以 1950 年算出的平均股价 176.21 元为基数。由于该指数从 1950 年起连续编制，具有较好的可比性，成为反映和分析日本股票市场价格长期变动趋势最常用和最可靠的指标。二是日经 500 种股价指数。该指数从 1982 年 1 月 4 日起开始编制，样本股扩大到 500 种，约占东京证券交易所第一市场上市股票的一半，因而更具代表性。该指数的特点是采样不固定，每年根据各公司前 3 个结算年度的经营状况、股票成交量、成交金额等情况对样本股票进行更换。因此该指数不仅能较全面地反映日本股市的行情变化，还能如实反映日本产业结构变化和市场变化情况。

（四）NASDAQ 市场及其指数

NASDAQ 的中文全称是全美证券交易商自动报价系统，于 1971 年正式启用。它利用现代电子计算机技术，将美国 6 000 多个证券商网点连接在一起，形成一个全美统一的场外二级市场。1975 年又通过立法确定这一系统在证券二级市场中的合法地位。NASDAQ 市场设立了 13 种指数，其中以 NASDAQ 综合指数最负盛名。

NASDAQ 综合指数是以在 NASDAQ 市场上市的、所有本国和外国的上市公司的普通股为基础计算的。该指数按每个公司的市场价值来设权重，这意味着每个公司对指数的影响是由其市场价值来决定的。市场总价是所有已公开发行的股票在每个交易日的卖出价总和。现在 NASDAQ 综合指数包括 3 300 多家公司，远远超过其他市场指数。正因为有如此大的计算范围，使得该指数成为 NASDAQ 的主要市场指数。该指数是在 1971 年 2 月 5 日启用的，基准点为 100 点。

四、我国主要的股票价格指数

由于我国股票价格指数众多，本部分主要就上证综合指数、深证成分股指数、恒生指数、台湾证券交易所发行量加权股价指数作简单的介绍。

（1）上证综合指数。上海证券交易所从 1991 年 7 月 15 日起编制并公布上海证券交易所股价指数，它以 1990 年 12 月 19 日为基期，以全部上市股票为样本，以股票发行量为权数，按加权平均法计算。遇到新股上市、退市或上市公司增资扩股时，采用除数修正法修正原固定除数，以保证指数的连续性。2007 年 1 月上海证券交易所宣布，新股于上市第 11 个交易日开始计入上证综指、新综指及相应上证 A 股、上证 B 股、上证分类指数，从而进一步完善指数编制规则，使指数更真实地反映市场的平均收益水平。

（2）深证成分股指数。深证成分股指数由深圳证券交易所编制，通过对所有在深圳证券交易所上市的公司进行考察，按一定标准选出 40 家具有代表性的上市公司作为成分股，以成分股的可流通股数为权数，采用加权平均法编制而成。成分股指数以 1994 年 7 月 20 日为基日，基日指数为 1 000 点，起始计算日为 1995 年 1 月 23 日。深圳证券交易所选取成分股的一般原则是：有一定的上市交易时间；有一定的上市规模，以每家公司一段时期内的平均可流通股市值和平均总市值作为衡量标准；交易活跃，以每家公司一段时期内的总成交金额和换手率作为衡量标准。根据以上标准，再结合下列各项因素评选出成分股：公司股票在一段时间内的平均市盈率，公司的行业代表性及所属行业的发展前景，公司近年来的财务状况、盈利记录、发展前景及管理素质、板块代表性等。

（3）恒生指数。恒生指数是由香港恒生银行于 1969 年 11 月 24 日起编制公布、系统反映香港股票市场行情变动最有代表性和影响最大的指数。它挑选了 33 种有代表性的上市股票为成分股，用加权平均法计算。33 种成分股中包括金融业 4 种、公用事业 6 种、地产业 9 种、其他工商业 14 种。这些股票公布在香港主要行业，都是最具代表性和实力雄厚的大公司。恒生指数的成分股并不固定，自 1969 年以来，已经作了 10 多次调整，从而使成分股更具有代表性，使恒生指数更能准确地反映市场变动状况。

恒生指数最初以股市交易较正常的 1964 年 7 月 31 日为基期，令基值为 100，后来因为恒生指数按行业增设了 4 个分类指数，将基期改为 1984 年 1 月 13 日，并将该日收市指数的 975. 47 点定为新基期指数。由于恒生指数具有基期选择恰当、成分股代表性强、计算频率高、指数连续性等特点，因此一直是反映和衡量香港股市变动趋势的主要指标。香港恒生指数成分股编制规则沿用了 37 年，于 2006 年 2 月提出改制，首次将 H 股纳入恒生指数成分股。

（4）台湾证券交易所发行量加权股价指数。我国台湾证券交易所目前发布的股价指数中，以发行股数加权计算的有 26 种，包括发行量加权股价指数（未含金融股发行量加权股价指数和电子股发行量加权股价指数)；还有 22 种产业分类股价指数、与英国富时（FTSE）共同编制的台湾 50 指数以及以算术平均法计算的综合股价平均数和工业指数平均数。其中最有代表性的是台湾证券交易所行量加权股价指数。

本章小结

股票是最重要的金融工具之一，发行股票是股份有限公司筹集永久性运营资本的手段。股票价格受公司自身经营状况、行业或部门因素、宏观经济等多种因素的影响。股票发行市场，又称一级市场、初级市场，是发行人以向投资者出售股票的市场，是发行人以发行股票的方式筹集资金的场所。证券交易市场是为已经公开发行的证券提供流通转让机会的市场。证券交易市场通常分为证券交易所市场和场外交易市场。股票价格指数是一国经济发展状况的“晴雨表”。

思考题

1. 股票有哪些特性？
2. 普通股与优先股的区别是什么？
3. 影响股票价格波动的因素有哪些？
4. 股价指数的编制方法有哪些？
5. 为什么股票场外交易能获得较大发展？
6. 中国加速培育和发展股票市场有何重大意义？
7. 二级市场的基本特征有哪些？

第五章 资本市场：债券市场

第一节 债券的性质和种类

债券是一种有价证券，是筹资者（债务人）向投资者（债权人）出具的承诺在一定时期支付约定利息和到期偿还本金的债务凭证。它有两个特点：一是通过券面载明的财产内容，表明财产权；二是权利义务的变更和债券的转让同时发生。权利的享有和转移，以出示和转让证券为前提。

从法律上讲，债券是债的证明书。债是按照合同的约定或者依照法律的规定，在当事人之间产生的特定的权利和义务关系。在这种权利和义务关系中，享有权利的人称为债权人；对债务负有义务的人称为债务人。债权人所享有的要求债务人履行义务的权利，就是债权；债务人按照合同的约定或者依照法律的规定应该履行的义务，就是债务。债权人与债务人之间的这种权利义务关系，通常称为债。但并不是所有表明债的证明书都是债券。

债券不是一般的资金借用证书。它与一般资金借用证书的区别是：（1）债券总额可以分成很多单位，在同一时间，以同一条件，从众多的投资者那里筹措资金；（2）债券可以以与当时的平均收益率相适应的价格向第三者转卖。

最早的债券是以公债的形式存在的。公债的历史可以追溯到罗马时代。据史料记载，公元前4世纪，希腊和罗马就有过国家向商人、高利贷者和寺院借债的情况。

债券的种类是在债券市场发展的过程中不断分化和形成的，债券种类的增加同时也是债券市场金融工具的发展，是市场发达的标志。债券的种类可以按不同的方式划分。

一、债券的分类标准

1. 按照债券的发行主体划分

（1）国债，它是由中央政府直接发行的债券；（2）政府机构债，它是由中央政府机构发行的债券；（3）地方债，它是由地方政府和地方政府机构发行的债券；（4）公司债，它是由股份公司发行的债券，通常也泛指企业发行的债券，我国一部分发债的企业不是股份公司，一般把这类债券叫企业债；（5）金融债，它是由银行和金融机构发行的债券；（6）外国债，它是由外国政府、外国法人或国际机构发行的债券。

2. 按付息形式划分

（1）付息债券。付息债券是按照票面载明的利率或票面载明的方式支付利息的债券，分为固定利率债券和浮动利率债券。固定利率的付息债券通常在券面上附有息票，在规定的时期内以息票兑换方式支付利息。浮动利率的付息债券是指利率随着市场利率浮动的债券。欧洲发行浮动利率债券的情况较多。(2) 贴现国债。券面上不附息票，发行时按低于面额的价格发行，而在兑付时按照面额兑付的债券称为贴现国债。美国的短期国库券和日本的贴现国债都属于这种形式的国债。(3) 可转换公司债。它是在一定条件下可以转换成该发行公司股票的一种公司债券。如果不希望转换成股票时，也可以继续作为附息债券持有。(4) 附新股认购权公司债。它是在一定条件下该公司债券的持有者可以按所规定的价格向发行公司请求认购新股票的一种公司债券。债券持有人即使行使了认购新股票的权利，其债券仍可以作为普通公司债券。

我国目前发行的基本上是付息、固定利率、到期一次支付本息的国债。

3. 按照有无抵押划分

(1) 信用债券，也称无担保债券。它是仅凭债券发行者的信用而发行的，没有抵押品作担保的债券，一般包括政府债券和金融债券。(2) 担保债券。它指以抵押财产为担保而发行的债券。

4. 按照募集方式分

(1) 公募债券。以不特定的多数投资者为对象的广泛募集的债券叫公募债券。(2) 私募债券。仅向与发行人有特定关系的投资者募集的债券叫私募债券。

二、国家债券

国库券是国家债券的主体部分和主要表现形式，也是历史最为悠久的一种国债。

(一) 国库券的概念

国库券，也称库券，是最为规范的国家债券。它指的是中央政府为调节国库短期收支差额，弥补政府正常财政收入不足而由国家财政部门发行的一种短期或中短期政府债券。

在财政收入不足、存在赤字的情况下，中央政府一般可以通过增税、透支（增发通货）和发行国债这三条途径来平衡其财政收支。在不影响经济正常发展的前提下，增税固然是一个较好的途径，但税赋毕竟存在一个限度。如果税赋过重，超过企业和个人的承受能力，就会挫伤企业和劳动者的积极性，从而影响经济的正常发展，使未来的财政收入失去坚实的经济基础。用透支的方法来平衡财政收支，虽然最为简便，但副作用最大，通常会引发严重的通货膨胀，带来社会和经济两方面的负效应。在增税有困难、又不能透支的情况下，采用发行国库券的办法来弥补财政赤字，是一项可行的措施。

用发行国库券的办法来平衡政府财政收支，其实质是通过国家信用方式改变收支的主体结构，实现收入和支出在主体之间的暂时转移。它不会改变国民经济收支总量。这与增税和透支有着明显的不同。增税虽然也不改变国民经济收支总量，改变的也只是收支的主体结构，但这种结构的改变是以国家职能或国家权力为基础的，具有强制性、无偿性和永久性的特点。透支则会明显地增加国民经济系统中的货币收支总量，但这种增加与实际经济增值是相脱离的。这就是为什么用发行国库券的办法比用增税和透支来弥补财政赤字，更能有利于经济增长的原因所在。

（二）国库券的基本特征

作为债权债务证书，国库券的债权人是投资者，债务人是国家，其本息偿还保证是国家后续的财政收入。所以，国库券几乎不存在信用违约风险，是证券市场上风险最小的一种债券。

国库券的偿还期限，各国规定不一。西方国家的国库券，分为 3 个月期、6 个月期、9 个月期和 1 年期 4 种，是一种短期政府债券。我国的国库券有 3 年期、5 年期和 10 年期，是一种中长期政府债券。

国库券的发行价格和利率确定，各国也有差别。在西方国家，国库券发行通常采用贴现方式，即发行价格低于国库券面值，券面不标明利率，国库券到期时，由国家财政按面额偿还，发行价格与面额之差即为利息，发行价格采用招标方法，由投标者公开竞争而定，所以，国库券利率代表了合理的市场利率，灵敏地反映出资金市场的供求状况。我国的国库券发行采用的都是平价发行，券面上标明利率，到期一次或分次还本付息。利率则是在参考同期银行存款利率的基础上事先予以确定的，基本上不反映资金市场的供求状况，不代表市场利率。

在世界各国，国库券一般都是不记名的、可抵押、可上市转让。由于国库券风险小、发行量大、发行时间具有连续性，因而，流通性也比其他形式的债券要强。

三、地方政府债券

地方政府债券是由市、县、镇等地方公共机关发行的债券，其目的在于筹集当地开发公共设施建设（如电站、住宅、交通、教育、医院和污水处理系统等）所需资金。

一般地，地方政府债券划分为一般责任债券和收益债券。一般责任债券是由州、市、镇或县发行，以发行者的征税能力作保证，投资者基本能够按期收取本息。发行此种债券往往为了修建高速公路、机场、公园以及市政设施等。收益债券由地方有关机构、委员会或当局发行，以所建项目本身的收益来偿还债务，多用于修建桥梁、道路、医院、大学宿舍、下水道、电厂和港口等。

与其他信用工具相比，地方政府债券具有：利率固定，收益率高，免缴所得税；本金安全，收入有保证；流动性强，抵押价值高；期限灵活等特点。

四、企业债券

企业发行债券的目的是多方面的。一是筹集长期稳定的资金。发行长期债券所筹集的资金使用期限长，可用于扩大设备投资和用于长期流动资金。企业发行债券可以降低筹资成本。债券的收益比较稳定，市场价格的波动小，到期可以收回本金。企业在确定债券发行条件时，可以把债券利息定在低于股息的水平上，从而降低成本。二是可以灵活地运用资金。企业发行股票所筹集的资金是一种永久性资本，企业长期使用，有利于企业稳定经营。但是当企业调整经营规模需要减少企业内部产生的过剩资金时，这就需要减少企业的资本，但是这样可能受到减资的不利影响。根据债券的偿还性，企业可以根据对于市场动态的预测，灵活地确定债券的期限，使资金的使用时间和债券的期限一致，避免出现过剩资金。三是可以转移通货膨胀的风险。当企业采取发行债券的方式筹集资金时，因利息是固定的，可以把通货膨胀的风险转移给债券持有人。

所谓公司债券，指的是由股份公司发行并承诺在一定时期内还本付息的债权债务凭证。在西方国家，公司债券的期限大多在10～30年，是筹措长期资金的重要手段，属于长期债券。

五、金融债券

金融债券是银行和非银行金融机构发行的债券，一般具有信用度较高、期限较长、市场交易活跃以及利率较一般公司债略低的特点。

由于金融机构的资金来源一般为吸收存款、同业拆借和发行金融债券，而资金来源方面，同业拆借为短期型融资，吸收存款也多为短期性，一旦经济出现波动，易出现市场挤兑情况。在资金运用方面则以发放贷款为主，而贷款一般为长期性放款，特别是一些公益性、建筑性放款等多为长期性。因此，金融机构多存在资金期限不匹配的问题。而发行金融债券期限灵活，且多为长期性融资，各国均存在较完善的二级市场，且金融机构较之其他机构有较高信用级别。因此，金融债券的发行有利于金融机构优化资产结构，合理化资金匹配。

六、国际债券

国际债券是指由外国、外国法人或国际组织、机构发行的债券，通常在国际金融市场上发行。按照面值货币与发行债券市场所在国的关系，国际债券主要分为两类：一类是外国债券，是指在某个国家的债券市场上，由外国的政府、企业、银行等法人单位在其国内发行的债券，该债券的面值货币是债券发行市场所在国的货币。另一类是欧洲债券，是指专门在债券面值货币国家之外的境外市场上发行的债券。发行国、面值货币国家和发行市场所在国是三个或三个以上不同的国家，债券发行国所吸收的资金全部是面值货币国家境外所流通的，所有权并非一定属于面值货币国家本国所拥有的境外货币。

国际债券比国内债券在筹措资金方面有更多的优势，主要表现在：（1）资金来源广泛，面向更多的筹资对象；（2）和一般的国际贷款相比，可以更合理地分散资金风险，该债券只要为国际金融市场接受并站稳脚跟后，便可连续发行，在筹资的同时，可以减少或分散由于利率、汇率和其他因素的变化而造成的损益活动给投资者造成的影响；（3）利率和期限固定，偿还期一般在10年，最长者达25年以上，可以减轻或稳定将来还本付息的负担，有利于将资金投入到中长期资本市场上去；（4）有一定的政治保障，通常一个主权国家要以普通责任能力或“付款承诺”向国际债券市场作出保证，这就使得其安全性要优于国内资本市场或银团贷款。

第二节 债券发行

一、债券发行的目的

一般来说，政府发行公债的目的，主要是为了弥补财政赤字和扩大公共投资。金融机构发行债券的目的，主要是为了扩大信贷基金。企业或公司发行债券和股票的目的则比较复杂，而且，股份公司发行债券和股票的目的也各有特点。

从普遍意义来讲，企业债券发行的目的有五个。

（1）扩大资金来源。在公司经营发展需要增加资金来源时，既可以向银行借款，也可以向社会发行股票，但这两种筹资方式的共同缺陷是渠道都有一定限制。前者受到银行贷款能力及其意愿的限制，因为筹资对象只是一家或数家银行，后者则受到股票投资主体范围的限制。而发行债券却不受这些因素的限制，发行对象最为广泛，不仅任何企业、个人可以认购，而且政府也可充当投资者，这就为债券筹资提供了大量的投资来源。

（2）灵活地运用资金。发行股票虽然可以长期永久地运用所筹资金，但作为一种永久性资金也存在某些不能灵活调整的缺点。因为，股票一经发行一般就无法退股，此后如果公司资金过剩也就无法减少资本。即使在特定条件下可以退股，也要受到法律上的限制，并招致股东的不满，从而影响企业的声誉。而在发行债券时就可以根据对市场发展动态的判断和资金需求的具体情况，通过灵活确定债券期限，使资金的使用时间与债券的期限相一致，避免出现过剩资金，即使判断失误，也可通过再次发行新债加以调整。因此，发行债券比发行股票的灵活性要大，许多企业都愿意采用这种方法筹集资金。

（3）维持对公司的控制权。公司债券不像股票那样对公司拥有所有权和投票权，债券持有人与公司之间只存在债权、债务关系，债权人无权参与公司决策，无论发行多少债券，无论债权人集中掌握多少债券，都不会改变公司资本的所有关系，不会出现企业被他人控制的局面。

（4）转移通货膨胀风险。在发生通货膨胀时，任何经济主体都会或多或少地遭受到预期收入贬值的风险。在发生严重且持续的通货膨胀时，企业采用发行股票的方式筹集资金，会给企业带来不利影响，因为公司在派发股利时必须保证股东的实际收入有所提高或至少不下降，否则，就会引起股东不满，形成对企业的压力。所以，企业不得不大幅度提高股利的分配水平，这无疑会加重公司的股利负担。如果企业采用发行债券的方式筹措资金，因利息是事先固定的，而且按券面金额偿还本金，一旦通货膨胀发生，公司也不会增加任何压力和负担。所以，发行债券对发行人来说就等于把通货膨胀的风险转移给了债券持有人。

（5）减少税收支出。在有些西方国家，因税收目的而计算应税收入时，可将企业的债券利息支出从总收入中扣除，而股票的股利收入作为公司的利润分配是不能从总收入中扣除的。因此，与发行股票相比，公司发行债券可以获得税收方面的好处。

二、债券发行的条件

（一）债券发行的四大要素

债券的投资价值是由面值、利率、偿还期限和发行价格这四方面决定的，这四个要素也称为债券的发行条件。面值、利率和偿还期是债券发行的基本因素，这三个要素决定债券的基本投资价值。由于市场利率水平经常变动，为使发行条件的决定具有一定弹性，故保留发行价格这一要素，可以根据发行时的市场利率水平进行微调，通过市场决定债券的发行价格。若以发行价格为面值时，称做平价发行，发行价格在面值以下的被称做折价发行，发行价格在面值以上的被称做溢价发行。

（1）面值。债券的票面价值，它载明债券面值的单位、数额和币种。面值有三个含义：对于付息债券表明债券偿还本金时数额的依据；对于贴现国债表明到期偿还额；对于二手债券，面值是计算收益率的主要依据。

（2）利率。年利息额对票面金额的比率。大多数债券都是固定利率债券。固定利率债券在整个债券期限内不变。因此，利率的确定应该根据市场情况及发展趋势全面考虑。

（3）偿还期。从发行到兑付的期间称为偿还期。债券期限分为长期、中期和短期三种情况。通常短期为1年以内，中期为1~5年，长期为5年以上。有的国家还有超长期国债，超长期国债是指10年以上的国债。

（4）价格。债券的价格是债券价值的表现形式。发行价格可以分为四种情况：第一种情况是票面价发行，以票面价格发行债券；第二种情况是折价发行，以低于票面额的价格发行债券；第三种情况是溢价发行，以高于票面额的价格发行债券；第四种情况是贴现发行，从票面金额中扣除贴现额后发行。

（二）不同种类债券发行条件的差异

在同一市场条件下，发行人的信用度决定发行条件。信用度是通过信用等级来判断的。信用等级是表示债券发行主体信用程度的指标，信用等级制度是从美国发展起来的。美国著名的评级公司——标准普尔的评级具有权威性。对于公司债券的评级有六个基准，即资本、纯资产、纯资产比率、自有资本比率、股息实绩和使用总资本企业盈利。以此作为基准评出信用等级。为了防止发行人因举债过多而影响其财务的健全性、安全性，防止债权者蒙受意外损失，各国对债务发行人的条件都有一定的规定。因为国债和金融债的资信较好，一般无违约风险，所以，对国债和金融债的发行限制较少。公司债则不然，各国对公司债发行的条件规定较为具体，如无担保公司债的发行总额不得超过公司现有全部资产减去全部负债及无形资产余额的二分之一。无论有无担保，公司债的发行总额都不得超过公司现有全部资产减去全部负债及无形资产后的余额。对于以前发行的公司债或其他债务，曾有违约或迟延支付本息情况的公司，事情虽已了结，也不得发行无担保公司债。如果违约或不履约事实仍在继续之中，则既不能发行无担保公司债，也不能发行担保公司债。无论发行何种债务，发行人都必须有足够的偿债能力的证明及其偿债措施。

三、债券的发行方式

债券的发行方式分为直接发行和间接发行两种。直接发行就是发行体自身完成发行手续，进行募集的方式。直接发行又可以分为直接募集和出售发行两种情况。所谓直接募集就是发行体不通过认购公司或受托公司，而自己承担募集事务的方式。出售发行是预先不规定发行数额，由发行体在确定的时间内向公众出售债券，该期限内出售的债券总额即为发行总额。间接发行是发行体通过中介人进行债券的发行事务。间接发行的优点是可以通过了解金融知识的专业人员，使债券发行迅速而稳定，可以保证按期有效地完成发行任务。

现代债券发行，特别是国债发行大部分是采取间接发行的方式。发行方式包括集团认购、招标发行、非招标发行和私募等。

（1）集团认购。集团认购是指由若干家银行、证券公司或养老保险基金等组成承销团包销全部债券。发行人和承销团之间的权利义务关系由承销合同确定。合同中确定发行条件、划款时间和违约责任等。一旦债券由承销团承销，债券发行即告结束。债券的分销由承销团进行，如果分销不出去，就由承销团的成员自己认购。

德国和日本很长时间以来一直采取集团认购的方式发行国债。我国从 1991 年以来采取的通过承购包销的形式发行国债的方式也属于集团认购的方式。

（2）招标发行。招标发行是债券发行者通过招标的方式来决定债券的投资者和债券的发行条件的发行方法，一般只适用于债券。招标发行是公开进行的，属于公募性质，故亦称“公募招标”。它是承购人通过投标竞买债券的方式。招标方式的优点是以竞争的方式确定符合市场情况的利率或价格。发行人可以通过招标方式降低成本。承购人可以通过投标表示自己所能够接受的条件。

招标发行基本包括债券发行人为公开招标做准备工作；承销商参加投标；发行人开标并决定承销所发行债券的承销商三个步骤。

美国和大多数欧洲国家发行国债和其他债券基本上都是采取招标的方式。日本从 1978 年 6 月开始在发行中期附息国债时采取了公募招标的方式。之后从 1989 年 4 月对超长期国债、长期附息国债也全部或部分采取招标发行的方式。

目前各国采取的招标方式主要有以下几种情况：

一是以价格竞争的常规招标方式。按照常规方式发行时，发行人预定息票利率，接受投标人提出买价投标，按投标人所报买价自高向低的顺序中标，直至满足预定发行额为止。实际上，中标人是按照自己所报的价格买到债券的，这样投标技术的高低将直接影响到中标的成本。二是以收益率竞争的荷兰投标方式。按照这种方式招标时，发行人事先不通告票面利率，由投标人以收益率投标，按照投标人所报的收益率从低至高中标，直至满足预定发行额为止。如果对某一收益率的投标人的认购额全部满足会突破预定发行额时，则只能满足其一部分并按比例计算其中标额。与常规方式不同，其息票利率及发行价格是以中标人中最高收益率为准来确定的，所有中标人都按照同样的发行条件购买债券，实际购买与中标人投标时所报的收益率无关。三是定率公募方式。这种方式是按已确定的票面利率及发行价格，以希望认购额投标，再按其比例将预定发行额分摊给各投标人。英国发行国债时也采取定率公募方式。从1982年起，日本为了完善中期附息国债的竞争招标方式也采取过这种方式。1987年11月到1989年3月，日本对于长期附息国债的发行也部分地采取了这种方式。

（3）非招标发行（又称协商议价发行）。非招标发行是债券发行人与债券承销商或投资银行直接协商发行条件，以便最适合发行人的需要和现行市场状况发行。

（4）私募。私募是指向特定的少数投资者发行债券。这类投资者包括个人投资者，如使用发行单位产品的用户或发行单位自己的职工；机构投资者，如大的金融机构或与发行人有密切业务往来关系的企业、公司等。

四、债券的发行程序

（一）公司债券发行程序

（1）制定发行计划和发行章程。公司在发行债券之前首要一项工作是制定发行计划和发行章程，即对本次债券发行的目的、可行性和实施内容进行统筹规划和具体部署。

（2）董事会决议。公司债发行计划和发行章程须经公司董事会决议通过才算有效，而且也须由2/3以上董事出席，并获得超过半数出席董事的赞成通过，才能付诸实施。

（3）评定信用等级。债券的信用评级指的是证券评级机构根据对债券发行人的基本经营状况分析，从本利支付可靠度和信用度两个方面对发行者的债券评定等级。债券信用等级是投资者衡量债券投资风险的重要指标，也是债券管理机构对债券进行管理的重要依据。

（4）提出发行申请。各国发行债券都须经国家证券主管机关审查核准，未经批准不得擅自发行。为此，公司董事会就债券发行事宜作出决议后需向证券管理机关提出发行申请。申请审核的事项主要有：公司名称，公司债的总额和面额，公司债的利率、发行价格、偿还方式和偿还期限，用资和还款计划，以前所募集公司债的偿还情况，公司现有资产减去全部负债及无形资产后的余额，最近三年的营业报告书、资产负债表和其他财务报表，公司营业执照以及其他文件。

（5）签订委托代理协议。公开间接发行债券时，发行公司需与承销商就本次债券的发行承销问题举行谈判，就本次债券的发行总额、发行方式、承销方式、发行价格、发行时间等有关事宜进行磋商，并规定承销商所承担的责任和义务、承销商的报酬和承销商缴款的日期，以上内容通过签订协议的方式确定下来。

（6）签订信托合同。在发行抵押公司债券时，发行公司必须与受托公司签订信托合同。在信托合同中主要规定受托人的权利和义务，根据信托合同，受托公司取得抵押资产的留置权。

（7）发布发行公告。在上述发行准备工作业已完成后，发行公司应以公告形式公布发行内容，主要包括公司经营管理简况、公司财务状况、发行计划、发行债券的目的、债券总金额、发行条件、还本付息方式、募集时间等。

（8）认购人应募交割。在募集期间，应募人填写认购申请书，在规定的时间认购人缴纳债券价款，发行公司则交割认购人的债券，进行钱券两清的了结。

（9）发行总结。债券募集期结束后，由发行公司进行债券发行总结，将本次债券发行的成败及其原因进行汇总分析，并在一定时间内向政府主管机关呈报。

（二）政府债券发行程序

与公司债券相比，其主要特征是发行量大、信誉高、发行次数多，常采用公募招标方式，各国政府债券发行程序方面的规定都有所区别。以美国国库券为例，其程序大致如下：认购者索取投标单；联邦储备银行接受投标单；决定中标者及中标价格；由财政部宣布投标结果；财政部正式发行国库券。

五、债券发行的成本与价格

（一）债券发行成本

与股票发行成本一起，在此对证券发行成本作一简单的归纳。

（1）证券印制费。证券印制费是指证券在印刷制作过程中支出的费用。证券作为一种书面权益凭证，首先需要一定质量的纸张，并印有证券类别、名称、面额、发行数量、编号、公司董事签名等内容以及其他一些注意事项。有些证券为了防止伪造还要印上各种特殊标志和图案。因此，证券印刷费中包括纸张费、设计费、制版费、油墨费、人工费等。目前，中国证券市场的发行采用记账式的无纸化操作，则不含此项成本。

（2）发行手续费。发行手续费是指发行人因委托金融中介机构代理发行证券所支付的费用。决定和影响证券发行手续费高低的因素主要有发行总量、发行总金额、证券发行人的信誉等。

（3）宣传广告费。为了扩大证券发行人自身的社会影响和在商界的知名度，使广大社会公众更多更充分更全面地了解发行人，加深社会公众对发行公司的印象，就必须做大量的宣传、广告工作，这无疑需要支出一定的费用。宣传广告费用因发行人的社会知名度、宣传广告的形式和范围，以及证券发行量不同而不同。

(4) 发行价格与票面面额的差额。发行价格与票面面额是两个不同的证券价值表现形式。发行价格是发行证券时出售给投资者所收取的价格，而证券票面面额则是印刷在票面上的金额。在一般情况下，发行价格低于票面面额，这时，发行价格低于票面面额的差额也是构成证券发行成本的一个要素。当然，如果发行价格高于证券票面面额，高出部分可以抵销发行成本。如果两种价格相同，则对证券发行成本没有什么影响。

(5) 律师费。在发行证券过程中需涉及许多法律问题，因此，在发行证券时需支付因聘请律师处理有关法律问题的费用。

(6) 担保抵押费用。如果企业发行的债券为保证债券，此时就需第三者以自己的财产提供担保。由于担保人承担了发行人到期如果无力偿还债券时由其偿付本息的责任，因此，发行债券的企业就需要根据担保额支付一定比例的担保费用。

(7) 信用评级和资产重估费用。企业在发行证券，尤其是在发行债券时，一般都会自动向信用评级机构申请评定信用等级，以利于证券的发行，无疑证券发行人也需为此而支付一定的费用。信用评级费用一般与发行额无关，通常按评定次数计算。在非股份制企业进行股份化改组时，通常需要对原有企业资产进行价值重估，企业也需为此支付一定的费用。

(8) 其他发行费用。为了便利证券发行，扩大证券销路，证券发行人除了在上述各方面支付必不可少的费用外，还给投资者提供其他实惠，如免费或优惠提供商品、赠送纪念品、免费旅游、有奖销售等，因此而支付的费用也是证券发行成本的构成部分之一。

在发行证券时，都或多或少会发生上述各项费用，对具体发行人来说，由于发行人本身的状况、发行方式、发行规模、发行时机、证券印制质量要求等各不相同，各项费用的实际支出水平也会存在较大差异。因此，只有综合考虑到各种因素，合理地测算各项费用后，才能准确地确定证券的发行成本，从而为证券发行决策或证券发行的成本核算提供依据。

(二) 债券发行价格

影响债券发行价格的因素主要有：

(1) 债券票面金额。债券票面金额是发行价格的决定因素。因为债券到期是要偿还本金的，本金的偿还是按票面的金额进行的，而发行价格是投资者投入的本金额，所以，从理论上讲，债券的发行价格应与票面的金额一致。但在实际操作中，债券的发行价格与票面金额也经常出现偏离现象，但这种偏离总是以票面金额为中心，且偏离的幅度不大。

(2) 债券票面利率。债券的发行价格与票面金额的关系有三种情况：平价发行、折价发行和溢价发行。在平价发行情况下，发行价格与票面金额一致；在折价发行和溢价发行情况下，发行价格分别低于和高于票面金额。

出现折价发行和溢价发行的主要原因是债券票面利率与市场实际利率水平的偏离。债券票面利率又称债券的名义利率，是发行者每年向投资者支付的利息占票面金额的比率，举债人在确定债券发行条件时，通常按市场收益率来确定债券的票面利率。但是，在债券市场上，由于债券从决定发行到实际发行要经过一套发行程序，必然有时间间隔，而资金市场上的收益率水平是在不断变化的，其结果就可能出现票面利率与市场实际收益率水平的差异，从而影响债券的发行。此时，如果要重新调整已经印好的债券票面利率已不可能，所以只好调整发行价格。通过发行价格与偿还金额（票面额）的差异来弥补上述的利率差异。当票面利率高于发行时的市场收益率水平时，就提高发行价格，以避免发债成本过大，从而出现溢价发行；当票面利率低于发行时的市场收益率水平时，就降低发行价格，以避免收益过低而无人问津，从而出现折价发行；只有发行时的市场收益率与票面利率大体相等时，发债人才会按票面金额作为发行价格。

（3）债券有效期限。对投资者来讲，投资对象的收益与风险是否均衡是一定要权衡的问题。一般来讲，债券的有效期限越长，其不可预测的市场风险越大，这种风险一般用较高的票面利率来弥补，有时也用较低的债券发行价格来弥补。

（4）债券的信用级别。债券信用级别是债券评级机构通过对债券发行公司的综合考察所评定的质量级别，它标明了债券按期还本付息的保证程度的大小。信用级别低，则风险较高，如果不在较高的利率上弥补或弥补不足，发行价格就必须降低；反之，如果信用级别很高，风险极小，其售价也可能比较高。

（5）新发债的发行量。债券发行的市场价格也同样受供求关系的影响。在某一段时期内，如果各种债券的发行数量很小，不能满足投资者购买新发债券的需求，其发行价格就可以高一些；反之，如果各种债券的发行数量相当大，超过投资者的需求，为保证筹集到资金，发债人就可能会降低发行价格以吸引投资者。

第三节 债券的市场价及收益率

一、债券的等级

债券的等级是指由专门的信用评级机构根据发行者提供的信息材料，并通过调查、预测等手段，运用科学的分析方法，对发行的债券质量、信用、风险进行公正客观的评价测定的级别。进入证券市场，取得信用等级对于保护投资者权益和为发行者提供参考依据是很有帮助的。下面以美国标准普尔公司评定公司债券的等级为例来说明（见表5-1）。

表 5－1　美国标准普尔公司评定公司债券的等级情况

级别	内容	利息支付能力与本金偿还能力
AAA	最高级	还本付息实力非常雄厚
AA	高级	还本付息能力很强，与 AAA 级只有些微小差别
A	中上	还本付息能力强，比 AAA 级与 AA 级易受环境和经济条件变化等不利影响
BBB	中级	有充足的还本付息能力，但不利的经济条件或环境改变会削弱这一能力
BB B CCC CC	中下投机级	具有很强的投机因素，BB 级表示最低程度的投机，CC 级表示最高程度的投机，一旦出现不利条件，便有重大风险
C		这一等级仅适用于不付息的收益债券
DDD DD D	不履行债务	违约债券，还本付息已拖欠

二、债券的期值与现值

任何一种债券都可根据利率计算出在未来的某一时点上将会是一个怎样的金额，这个金额就是通常所说的本利和，也称终值或期值。一般计算方法为

$$S = P(1 + r)^n$$

式中，S 为期值；P 为现值（本金）；r 为利率；n 为年限。

中国过去流行过一种倒扣息的放债方法，如契约上名义是借 100 还 100，半年还清，在月息 3 分的情况下，不计复利，贷者付给借者的只是 82 元。银行的贴现业务中，其购买价格就是根据票据金额和利率倒算出来的现值，现值也称贴现值。

三、债券的付息与还本

债券按付息方式可分为不记名债券和记名债券。

（1）不记名债券，指券面不注明债权人姓名，也不在公司账簿上登记姓名的债券，有贴现债券（又称贴息或贴水债券）和附息债券。贴现债券券面不标利率，以低于面额价格发行，到期以面额价还本，发行价与面额之差即为利息。附息债券一般按面额发行，发行后按一定时间间隔分期付息，并以面额还本，附息债券附有息票，记录付息日期和金额，持券人凭此取息。

（2）记名债券，指在券面上注明姓名并在发行公司账簿登记的债券，转让时须在券面背书和更换公司账簿所登姓名。记名债券一般以支票方式付息。

债券作为一种债权凭证，除永久性债券外，到期必须还本，其偿还方式大致可分为三种：到期偿还，按发行债券时所规定的还本期限，到期时一次全部偿还；期中偿还，

是在最终偿还期之前部分或全部偿还本金；延期偿还，债券发行时可设置延期售回条款，债券持有者可在债券到期后按原定利率持有债券直至一个指定日期或几个指定日期中的一个日期。这一条款对债权人债务人都有利，筹资者在需要继续发债和投资者愿意继续购买时，可省去新发债券的麻烦，持券人也可灵活调整资产组合。

四、债券的收益率计算

债券收益率是债券投资收益同投资额的比率，通常用年率表示。决定债券收益率的因素主要有利率、期限、面值和购买价格。债券收益率包括到期收益率（年收入额/平均投资额×100%）和现实名义收益率（票面利息/投资本金×100%）。另外，有几个常用公式：

$$\text{债券购买者的收益率}=\frac{(\text{到期本息和}-\text{买入价格})}{\text{剩余年限买入价格}}\times 100\%$$

$$\text{债券出售者的收益率}=\frac{(\text{卖出价格}-\text{发行价格})}{\text{持有年限发行价格}}\times 100\%$$

$$\text{债券持有期间的收益率}=\frac{(\text{卖出价格}-\text{买入价格})}{\text{持有年限买入价格}}\times 100\%$$

第四节 债券交易

一、债券交易市场

债券交易市场是指债券买卖、转让、流通的场所，又称流通市场或二级市场。与债券发行市场的本质区别在于债券交易市场上买卖流通的债券，只代表现有债券债权的转移，债券所有权和资金的易位与原发行者无关，并不创造新的实际资产或金融资产，也不代表社会总资本存量的增加。

债券交易市场的功能：（1）促进短期闲散资金转化成长期建设资金；（2）通过市场竞价，维持债券的合理价格；（3）通过债市行情变动，调节资金供求，引导资金流向，保证社会资金的最佳使用；（4）为国家宏观经济政策的制定提供依据。

债券交易市场类型有：（1）证券交易所。证券交易所是指可交易债券，也可以交易股票以及金融期货、期权等。交易地点固定在交易厅，交易人员为证券交易所会员（分为证券经纪人、自营商和专业会员）。（2）场外交易市场。场外交易市场又称店头交易市场或柜台交易市场。债券交易不在交易所，而是在证券中介机构如证券公司进行，设有专门的证券柜台为买卖证券提供服务。（3）第三市场。第三市场是指在柜台市场上从事已在交易所挂牌上市的证券交易。严格地讲，第三市场既是场外交易市场的一部分，又是交易所市场的一部分，即“正上市证券的场外交易市场”。（4）第四市场。第四市场是指各种机构投资者和很富有的个人投资者完全绕开通常的证券商，相互间直接进行的债券交易。目前只在美国有所发展。

二、债券上市

债券上市是指证券交易所承认并接纳某种债券在交易所市场上交易，债券上市必须符合证券交易所和政府有关部门制定的上市制度。债券上市程序大致为发行公司提出上市申请；证券交易所初审；证券管理委员会核定；订立上市契约；发行公司缴纳上市费用；确定上市日期；挂牌买卖。在债券上市后，证券交易所一旦发现该上市债券违背基准规定，有权停止该债券上市，该债券必须转为“整顿阶段”一定时间后完全停止上市。

债券上市可以促进发行者加强管理，提高经济效益和公司知名度，债券上市为投资者提供便利的买卖条件，价格合理，信息迅速，减少投资风险。

三、债券交易程序

证券交易所与柜台交易市场的债券交易程序是有区别的。

第一，证券交易所债券交易的一般程序：(1) 投资者委托证券商买卖债券，签订开户契约，填写开户有关内容，明确经纪商与委托人之间的权利和义务。(2) 证券商通过它在证券交易所内的代表人或代理人，按照委托条件实施债券买卖业务。(3) 办理成交后的手续。成交后，经纪人应于成交的当日，填制买卖报告书，通知委托人（投资者）按时将交割的款项或交割的债券交付委托经纪商。(4) 经纪商核对交易记录办理清算交割手续。委托经纪商于营业终了时，按债券类别与交易所记录核对无误后，就受托成交的同种债券买卖双方数额进行抵销，抵销后的差额与证券交易所办理清算交割手续。随后受托经纪商再与委托人办理交割，债券过户。

第二，柜台交易市场的交易分为自营买卖和代理买卖两种业务，其中自营买卖所占比重较大。(1) 自营买卖指证券公司作为交易商为自己买卖债券，赚取价差。基本程序是证券公司以批发价格从其他证券公司买进债券，然后再以零售价格将债券出售给客户。或者，证券公司以零售价格向客户买进债券，然后再以较高的价格批发给其他证券公司。(2) 代理买卖指证券公司作为经纪人，根据客户的委托，代理客户买卖债券，赚取佣金，即手续费。其程序与交易所交易委托类似，只是没有后者严格。

四、债券交易方式

目前世界各国常用的交易方式有现货交易、期货交易、期权交易、信用交易等。

(1) 现货交易。现货交易是指交易双方在成交后立即交割，或在极短的期限内交割的交易方式。现货交易是实物交易，买方交割时须支付现款，是买方的投资行为。

(2) 期货交易。期货交易是指交易双方在成交后按照期货协议规定条件远期交割的交易方式，其交易过程分为预约成交和定期交割两个步骤。期货交易对冲交易多，实物交割少，采取有形市场形式，实行保证金制度，市场表现活跃，流动性好。期货交易的主要作用在于保值和投机。通过对未来行市涨跌的预测，交易者做多头或空头交易是期货交易中最常用的两个交易方法。

（3）期权交易。期权交易又称选择权交易，是投资者在给付一定的期权费后，取得一种可按约定价格在规定期限内买进或卖出一定数量的金融资产或商品的权利，买卖这一权利的交易即为期权交易。期权交易中对期权划分为买进期权（看涨期权）和卖出期权（看跌期权）两种。与期货交易相比较，期权交易的交割期是不固定的，只要在契约到期前，期权交易的权利主要在买方，义务主要在卖方，而期货交易的权利和义务是对等的。期权交易可以为买方控制风险损失，以较少的投资获取较多的收益，可以为卖方赚取期权费，利用期权增值。

（4）信用交易。信用交易又称垫头交易，是指交易人凭自己的信誉，通过交纳一定数额的保证金取得经纪人信任，进行债券买卖的交易方式。信用交易可分为保证金买长和保证金卖短两种。保证金买长是指当某种证券行市看涨时交易人通过交纳一定数额的保证金，由经纪人垫款代其购入证券的交易方式。保证金卖短是指当某种证券行市看跌时，交易人通过交纳一定数额的保证金，由经纪人贷券向市场抛售的交易方式。信用交易可以扩大证券交易量、活跃资本市场，具有较大的杠杆功能，但也能加剧证券交易的波动和危机。对信用交易的管理，各国都非常重视，通常措施包括调整保证金比率、控制信用交易量、规定最低保证金限额、限制保证金的使用。实行抵押品制度等。信用交易的期限一般为 6 个月，期间可以对冲结算，期满则须实物结算。

另外，还有一种交易方式是在卖出（或买入）债券的时候，事先约定到一定期间后按规定的价格再买回（或卖出）同一名称的债券，在美国称回购协议交易，在日本称现先交易，其实质与同业拆借一样是一种短期资金的借贷交易，债券在此充当担保。

第五节 我国的债券市场

一、国债市场

自 1981 年恢复国债发行以来，我国国债市场得到了迅速发展。经过多年的努力，国债的投资价值被广大读者认可，国债不再是强行摊派的滞销产品，而成为投资者踊跃购买的金融工具，国债真正成为了信誉高、变现能力强的“金边债券”。我国自 1981 年恢复发行国债之初，主要是采取行政摊派方式，国债发行市场从行政摊派到投资者主动购买的重要转折点是 1996 年。1996 年，国债发行市场化方面取得了重要的进步：1996 年，为保证国债的顺利发行，国债发行市场采取了一系列的重要改革，主要包括引进竞标拍卖机制；一年中分多次发行，共发行了 10 次；国债期限多样化，共发行了 7 个期限各异的债券，最短的 3 个月，最长的 10 年；付息方式多样化，采用了附息券；86% 的国债可以上市流通。但也是在1996年，享有信息、资金优势的商业银行、证券公司及其他金融机构大量持有国债并参与二级市场肆意炒作，其结果是，一方面引起了监管部门对银行资金流入股市的担忧，另一方面也引起了其他机构及个人在降息后从发行市场上买不到国债的抱怨，从而导致了1997年、1998年国债发行方式发生了重大逆转，即所有的国债均通过商业银行发行，发行对象主要是个人投资者，国债均不上市流通。

1996年，国债发行市场的革新带动了国债二级市场的发展，表现在二级市场的容量陡增，国债流动性提高，国债收益率曲线初步显现，人民币基准利率逐步形成。与一级市场相同的原因，国债二级市场在1996年的火爆之后，也出现了一些重大改变，导致了国债二级市场出现了相互分割——沪、深证券交易所国债市场和银行间债券市场并存的现象：原先证券交易所市场一直是国债二级市场的主体，是国债交易的主要场所，商业银行一直参与证券交易所国债市场，并凭借其强大的资金实力成为市场资金的主要供给方和国债现券的主要投资者。1997年6月，中国人民银行下令所有商业银行退出证券交易所市场，并组建了银行间债券市场，市场参与者主要为国有商业银行、股份制商业银行、城市合作银行、保险公司及中央银行。银行间债券市场正式运转之后，国债的交易逐渐由交易所市场转向了银行间债券市场，并逐渐成为了国债交易的主要场所。截至2009年末，银行间市场国债托管量在全部国债存量中的份额达到91.1%，而交易所市场国债托管量的份额则降低到1.6%。

此外，伴随着我国利率市场化步伐的加快，商业银行柜台债券市场于2002年6月推出，同年10月，中国人民银行发布了有关商业银行开办债券结算代理业务的通知，允许企业和个人通过结算代理买卖商业银行持有的债券，目的是弥补国债场外交易市场中小投资者这一重要交易主体缺乏的缺陷，使国债交易覆盖面更广。目前，我国国债市场呈现银行间市场、交易所市场和柜台市场三个市场并列的局面，各市场国债的存量分布情况见表5－2。

表5－2　　2006年和2009年债券市场国债托管量的市场分布　　单位：亿元

	2009年					2006年				
	总计	银行间	交易所	柜台	其他	总计	银行间	交易所	柜台	其他
国债	57 411	53 140	2 113	1 354	804	29 048	25 407	3 132	509	0.5
记账式国债	53 327	51 140	2 113	73	0.5	28 648	25 407	3 132	109	0.5
储蓄国债（凭证式）	0	0	0	0	0	0	0	0	0	0
储蓄国债（电子式）	2 084	0	0	1 281	803	400	0	0	400	0
地方政府债券	2 000	2 000	0.02	0	0	0	0	0	0	0

资料来源：中央国债登记结算公司。

我国国债市场品种在初期主要为凭证式国债和记账式国债。凭证式国债通过部分商业银行网点，面向城乡居民个人和其他投资者发行。凭证式国债为记名国债，个人购买实行实名制，可挂失，但不能流通转让。记账式国债主要利用账户通过电脑系统完成国债发行、交易及兑付，记账式国债可以记名、挂失，发行效率高，交易手续简便。

在我国国债市场迅速发展的同时，其产品创新和相应的市场制度建设也得以同时推进。财政部在总结凭证式国债实践经验的基础上，于2006年7月选择部分商业银行作为试点，推出了仅面向境内个人投资者发行的储蓄式国债（电子式）。2006年末共发行了二期，发行量共计400亿元，2009年，这一数字迅速攀升到2 084亿元。2009年，中央政府为应对全球金融危机，恢复了20世纪80年代末90年代初实行的地方政府债券发行的做法，全年中央代理地方政府发行2 000亿元。在目前我国的体制下，地方政府债券实际上是一种特殊的、带有国债意义的品种。电子式储蓄国债和地方政府债券的发行，使国债市场的交易品种进一步丰富。在市场制度建设方面，国债的发行余额管理制度在2006年取得实质性进展。2006年，全国人大常委会决定开始对国债实行预约管理，适时实行国债预发行制度，国债发行制度改革开始深入推进。

二、企业债券市场

我国企业债券市场萌芽于1984年，表现为一些企业自发向社会或内部发行不同形式的有价证券进行集资。从1987年国务院颁布《企业债券管理暂行条例》起，政府开始对企业债券市场进行统一管理。经过几十年的发展，企业债券市场在拓宽企业融资渠道、满足投资者投资需求、培养投资者的金融意识、支持国民经济发展等方面都作出了积极的贡献。市场本身的建设方面也取得了很大的进展，我国企业债券市场的总体框架基本建立，市场规模呈现出稳步增长的趋势。

表5－3和表5－4列举了2005～2009年我国股票市场、信贷市场、国债市场、企业债券市场的融资规模和融资结构。从表中可以清楚地看出，以银行信贷为主的间接融资一直在我国金融体系中占有主导地位。同时，企业债券市场的发行规模也在持续增长。2005～2007年发行规模在2 000亿元左右，但在2008年迅速攀升到6 078亿元，2009年超过1万亿元。目前，企业债券融资额在社会融资总额中的比例达9%～10%，已经成为企业仅次于银行贷款的第二大融资来源。

表5－3　我国国内非金融部门直接融资与间接融资规模　单位：亿元

科目	2009年	2008年	2007年	2006年	2005年
融资总量	130 747	60 486	49 817	39 874	31 507
贷款	105 225	49 854	39 205	32 687	24 617
国债	8 182	1 027	1 790	2 675	2 996
企业债	12 320	6 078	2 290	2 266	2 010
股票	5 020	3 527	6 532	2 246	1 884

资料来源：中国人民银行。

表 5－4　我国国内非金融部门直接融资与间接融资结构　单位：%

科目	2009 年	2008 年	2007 年	2006 年	2005 年
融资总量	100	100	100	100	100
贷款	80.5	82.4	78.7	82.0	87.8
国债	6.3	1.7	3.6	6.7	5.5
企业债	9.4	10.1	4.6	6.7	1.7
股票	3.8	5.8	13.1	5.6	5.0

资料来源：中国人民银行。

（一）企业债券发行市场

企业债券市场最基本的功能是融资功能，而这一功能是由企业债券发行市场来完成的，从这个意义上来讲，企业债券发行市场是整个企业债券市场发展的基石。企业债券发行市场的规模和效率在很大程度上决定着整个企业债券市场的规模和效率。从规模来看，企业债券发行市场代表了发行人的融资总量，体现企业债券市场对实体经济的支持程度和在整个国民经济中的影响和地位，同时也决定了企业债券二级市场可供交易的企业债券总量。从效率来看，企业债券的风险评估和定价要在发行市场上完成，发行市场效率影响着发行人的融资效率和投资者对企业债券的需求，亦关系到企业债券一二级市场的有效衔接和整个企业债券市场的总体效率。

以下分别从市场监管、市场参与主体、债券结构以及信用评级等各个环节对我国的企业债券发行市场进行考察，力求提供一个较为全面的市场概况和研究框架。

1. 市场监管环境

（1）监管主体。我国债券市场目前包括企业债券、公司债券、中期票据和短期融资券等市场，长期以来债券市场的监管按照行政职能由不同部门实施，如根据1993 年颁布的《企业债券管理条例》的有关规定，从1999 年起，企业债券发行市场由国家发展和改革委员会、中国人民银行和中国证监会共同管理。其中，国家发展和改革委员会主要负责额度管理和监管发行，包括拟订年度发行计划和每个发行人的具体发行规模；中国人民银行则主要负责债券的利率管理，中国证监会和证券交易所负责企业债的上市审批。但从2007 年起，公司债券市场的发行监管权从国家发展和改革委员会转移到中国证监会。

（2）监管的法律依据。现行的规范企业债券发行市场的法律法规主要是《企业债券管理条例》和《中华人民共和国公司法》。依我们的理解，作为同时并存的两个规范企业债券市场的主要法规，《企业债券管理条例》和《中华人民共和国公司法》的主要区别在于其所规范的发行主体性质不同。《中华人民共和国公司法》颁布以前，《企业债券管理条例》是规范企业债券市场的唯一法律依据。《中华人民共和国公司法》颁布后，基于新法优于旧法的原则，公司制企业发行企业（公司）债券适用《中华人民共和国公司法》，而非公司制企业或其他发行体发行企业债券则仍适用《企业债券管理条例》。

（3）监管环境的影响。与股票市场上实行相对宽松的核准制不同，企业发行债券实行严格的审批制度。监管层对企业债券市场的严格管理使得市场的力量被人为压缩，这不利于市场的有效发展。目前，国家发展和改革委员会是“综合研究拟订经济和社会发展政策，进行总量平衡，指导总体经济体制改革的宏观调控部门”，企业债券的审批部门并非企业债券市场的监管机关。在资金运作中，它更多的是考虑政府资金的安排、使用和协调，并将这种思维带入企业债券的审核批准全过程，视企业债券募集的资金为政府部门的可控资金。

在市场经济中，公司债券的发行通常实行登记注册制。债券市场监管机关要求，严格债券的信用评级和发债主体的信息披露，特别重视发债后的市场监管工作。但我国企业债券的发行中，发债由国家发展和改革委员会与国务院审批，由于担心国有企业发债引致相关信用风险和社会问题，所以，在申请发债的相关资料中，不仅要求发债企业的债券余额不得超过净资产的40%，而且要求有银行予以担保，以达到防控风险的目的。一旦债券发行，审批部门就不再对发债主体的信息披露和市场行为进行监管了。这种“只管生、不管行”的现象，说明了企业债券目前的管制机制并不符合市场机制的内在要求。

值得注意的是，中国人民银行2005年12月19日发布了《企业债券进入银行间债券市场交易流通的有关事项公告》，依据该公告，公司债券（含企业债）在银行间市场的流通由原先的审批制改为核准制，并允许包括商业银行在内的所有银行间市场参与者从事公司债券（含企业债）的投资。这或许可以解读为监管环境正在逐渐改善的一个信号。

2. 市场主体

除监管机关外，发行人、承销商和投资者是发行市场最基本的参与主体，他们的行为直接影响着发行市场的形成和发展，因此，有必要对他们的结构及行为进行分别剖析。

（1）发行人。发行人进入发行市场的目的是筹集资金，发行人的构成代表了发行市场资金流向的分布，发行人的素质和治理结构决定了企业债券市场的兑付风险程度，以及发行募集资金的运用效率的高低。

①发行人的法定资格。《企业债券管理条例》和2005年修改后的《中华人民共和国公司法》以及《中华人民共和国证券法》，分别对企业债券发行人和公司债券发行的条件作了规定。但从实际执行情况来看，以上两个法律/法规中规定的发行人条件既不是发行企业债券的充分条件，也不是必要条件。换句话说，符合以上法定条件的企业并不意味着就可以进入企业债券发行市场，不符合以上法定条件的也不一定不能进入企业债券市场。由于实行的是审批制而不是核准制，企业债券立法不具备很强的可操作性，监管层在审批企业债券发行过程中并没有严格依法进行，实行的是一种弹性审批制。典型的例子如铁道债券，铁道部不是企业法人，更不是营利性企业法人，但同样可以进入企

业债券发行市场募集资金。

②发行人的结构。从我国企业债券发行人的所有制性质来看，监管层在企业债券的发行审批方面存在严重的“所有制歧视”倾向，绝大多数的发行人为国有独资企业和国有控股企业，非国有企业所占比重极小，真正的民营企业或股权比较分散的股份公司几乎不可能通过发行企业债券获得中长期资金。可以说，发行市场只是在国有经济中形成和发展起来的。这与非国有经济在GDP中所占比重及对经济增长的贡献率相比是极不对称的。同时也从一个侧面说明了我国企业债券发行市场资金配置机制的低效率。

从企业制度看，长期以来企业债发行中非公司制（化）企业占大多数，而运作较为规范的公司制企业所占比重一直较小。这一状况正在得到改变，管理部门的思路是在未来加快发展公司债市场。2007年以来，公司债市场建设得到高度重视，年初的全国金融工作会议上指出，要扩大企业债券发行规模，大力发展公司债券。2007年8月14日，中国证监会正式颁布实施《公司债券发行试点办法》。9月24日，中国首只公司债——长江电力公司债成功发行。我国未来极有可能呈现企业债和公司债并行发展的格局。

③募集资金用途。在我国的企业债券中，发债资金的用途主要限制在固定资产投资和技术革新改造方面，并与政府部门的审批项目直接相关联。我国目前所发行的企业债券，最主要的目的是为筹措国家重点规划的基本建设项目和少数重点骨干企业的生产扩建与技改，企业发债募资的用途几乎全部投入政府部门已经批准的固定资产投资建设项目。根据规定，企业债券的募集资金只能投向审批机关指定的与本企业生产经营相关的用途，不得用于房地产买卖、股票买卖、期货交易等风险性投资，亦不得用于弥补亏损和非生产性支出。

但在长江电力公司债发行中，债券发行募集资金可以用于偿还借款、补充流动资金或股权（资产）收购，范围较广，相比较企业债对募集资金用途的限制有了一定的放松。

④硬约束还是软约束：所谓软约束或硬约束，是指20世纪80年代以来中国金融运行中出现的话题，其焦点是国有企业银行贷款问题。而一般认为，国有企业向国有银行借款可以赖账不还，因为银行与企业都是国家的，而企业向社会发行债券则不同，企业借的钱是老百姓的，到时必须偿还。在这种推论下，比较而言，银行信贷约束机制是软的，而企业债券约束是硬的。

但从实践结果来看，现实情况与理论假设并不完全一致。由于发债企业经营机制没有发生根本转变，发行人将政府批准发行的企业债券额度看成是政府给予的一种类似银行贷款的“好处”或优惠。在发行人眼中，企业债券融资和银行贷款的性质是一样的，首要考虑的是如何获取资金，偿还问题则被放在了很次要的地位。此外，由于投资者的风险意识不强和政府出于力保社会稳定的考虑，使企业债券兑付成为了政治任务，在某种程度上政府比发行人和投资者更关注企业债券的兑付问题，国家发展和改革委员会对企业债发行要求强制担保制度的做法体现了政府对发债企业的这种担心。企业债券对发行人而言，还很难构成硬约束，“重集资，轻还债”是目前企业债券市场的一种客观存在。

我国企业债券市场约束机制的进一步“硬化”还有赖于发行人经营机制的根本性转变和降低政府在企业债发行中的信用支持，以及相关制度（如破产、清算）的建立和实施等。

（2）投资者。

①投资资格界定。根据《企业债券管理条例》的规定，财政预算拨款、银行贷款、办理储蓄业务的机构所吸收的储蓄存款、国家规定不得用于购买企业债券的其他资金不得用于购买企业债券。

在企业债券投资者的主体资格中，《企业债券管理条例》要求保险公司投资具有担保的固定收益品种，严禁商业银行将所吸收的存款用于投资债券，这与国际惯例相违背。这一条例是在信贷资金紧张、对商业银行进行信贷规模管理的背景下拟定的，但在当前流动性过剩，银行越来越注重资产管理的情况下，这一规定已经不合时宜。在企业债券市场比较发达的国家，商业银行、保险公司和各类基金等机构是企业债券的重要投资者。我国目前规定社保基金投资企业债券必须通过基金管理人，这实际上增加了社保基金投资债券的成本，影响了其投资的积极性。目前虽然对商业银行和保险公司购买企业债券的约束条件相比以前已经大为放松，但仍然存在一些限制。

由于我国企业债券市场的投资方市场上依然缺乏一个公平的市场准入环境，政府的种种限制在短期内难以消除，这使得企业债券的市场流动性降低，市场的发展受到一些不利影响。

②投资者的构成。我国企业债券的投资者可以大致划分为个人和机构两类。目前企业债券的分销集中在银行间市场，而且呈现逐年递增的趋势，未来企业债的销售必然越来越依赖于这一市场。根据对2009年销售的记账式企业债券的不完全统计，机构投资者的认购比重已经超过80%，这一数据反映出目前中国企业债券发行市场投资群体已经是以机构投资者为主，这与英、美等主要工业国家债券投资群体以机构为主的情况吻合，也反映出我国企业债市场的发展迈入相对良性的轨道。

机构投资者中以保险公司、基金、商业银行、信用联社、生产性企业为主，从2003年以来，保险机构一直是企业债券市场的最大投资者，但随着中国人民银行2005年12月《企业债券进入银行间债券市场交易流通的有关事项公告》的发布，未来商业银行将与保险公司共同成为企业债券的投资主体。

③投资者偏好。个人投资者对企业债券的选择主要是作为储蓄存款的一种替代品，储蓄倾向较强，对流动性的要求不高，这也是以前存单式企业债券发行并不太困难的一个主要原因。机构投资者购买企业债券也主要是在没有更好的投资渠道条件下运用较长期的闲置资金购买，其对企业债券的流动性要求也不是太高，而相对看中企业债券较高的投资收益，并没有把企业债券当做一个管理资金头寸的理财工具，事实上，正如后面

关于流通市场的论述中，可以看到，目前的企业债券并不具备机构投资者理财工具所必备的本质特征——流动性。

由于风险偏好、收入水平和投资习惯等方面的原因，华东和华北等地区的投资者对企业债券的需求量要比华南等其他地区要大。

在期限上，由于企业债券流动性缺乏，投资者偏好中短期企业债券。在风险和收益的对称考虑方面，由于风险意识较弱，投资者更注重投资收益的大小，对风险的关注程度则相对较小。

④税收。根据《企业债券管理条例》和《中华人民共和国个人所得税法》的有关规定，企业债券利息收入是应税的个人收入，实行比率税率20%，但从近几年的实践情况来看，发行人在企业债券发行公告中既没有说明发行利率是否含税，投资者也认为债券发行公告中的发行利率即为其认购企业债券的净投资收益，企业债券利息的个人利息所得税一直是发行人和投资者都在回避的问题。政府主管部门也一直没有积极敦促发行人履行代扣代缴的责任。因此可以说，尽管《中华人民共和国个人所得税法》对企业债券利息应缴纳个人所得税有明确规定，但由于种种原因，事实上是“名存实亡”的。而机构投资者购买企业债券的投资收益小于企业债券票面利息，这是因为企业债券的利息收入要纳入机构投资者的所得额中计征所得税。

（3）承销商。目前企业债券的承销商有三类：证券公司、信托投资公司和政策性银行，但基本上被证券公司所垄断。如在2005年全年发行的37只企业债中，证券公司共承销了32只。监管层对上述机构的承销资格并没有明文的限定，只是在《中国人民银行关于1998年企业债券发行审批的通知》里规定了承销商的净资产额必须与企业债券承销的数量上限相对应，如净资产在1亿元以上、2亿元以下的承销商，其单只企业债券的包销上限为5 000万元。

由于在原先承销资格上没有过多的限制，加上地方保护主义的普遍存在所造成的市场分割，企业债券发行市场项目的竞争秩序显得较为混乱。券商之间的竞争取胜往往靠的是公关能力，而不是在企业债券融资方面的专业水平和实力。

随着《中华人民共和国证券法》的实施和企业债券承销风险的逐渐显现，估计未来发行市场这种竞争结构会有很大改变。根据《中华人民共和国证券法》的规定，信托、证券分业后只有综合性的证券公司才具备承销企业债券的资格，因此，未来发行市场的竞争环境将变得相对宽松，竞争秩序有望得到改善，发行人对承销商的选择行为将更趋向于市场化。

3. 强制担保制度

发行人主要采取的担保形式有保证人担保、财产抵押担保和权利质押担保等。保证人担保就是指保证人和债权人约定，当债务人不能履行债务时，保证人按照约定履行债务或承担责任的行为。国际上通行做法一般是由发行人根据自身的具体需要确定是否提供债券担保，债券担保被作为一种信用增强、降低筹资成本的方法。在我国，虽然《中华人民共和国证券法》、《中华人民共和国公司法》以及《企业债券管理条例》等法律、法规都没有对发债人在发行债券时必须进行担保的明文规定，但保证人担保的形式以前在企业债券的发行中被广泛采用，其中的一个原因就是保证人和发债人一般不是同属同一利益集团就是业务上的合作伙伴，有时还会出现互相担保的情况。在这种情况下，保证人一般不会严格地审查发行人的财务、经营状况，在有的地方债担保中，保证人甚至在不十分了解发债人的业务状况的情况下就被指定签署担保合同。可想而知，这样的担保仅仅是在履行一种秩序，它并不能真正对投资者利益起到保护作用。基于这样一种情况，国家发展和改革委员会要求发债企业提供银行的不可撤销连带责任担保才能进行债券的发行，商业银行和政策性银行作为担保方这一模式已成为现行企业债发行担保的主流形式。如在 2005 年全年发行的 37 只企业债中有 34 只由银行担保，在 2006 年全年发行的 49 只企业债中由银行担保的达到 39 只，占达 80%；由非金融机构担保的为 9 只，占 18%；无担保发行的仅为 1 只。

财产抵押担保是指债务人将财产作为债权的担保，当债务人不履行债务时，债权人有权依法以该财产折价或者拍卖、变卖该财产的价款优先收偿。在 2005 年发行的铁道建设债券中有 1 只就是以铁路建设基金作为担保。权利质押担保是债务人将其某些动产权利移交债权人，将这些权利作为债权的担保。

由银行提供担保实质上是将政府信用引入到企业债券的发行中，虽然在一定程度上有效地分担了投资者的风险，但却可能造成发债企业的道德风险，发债企业将自身风险转移到银行，影响金融体系的稳定，同时也导致市场不能有效根据企业的信用状况来确定债券的风险定价，债券市场难以产生真正的信用风险价差，从长期来看并不符合市场规律。为了促进我国企业债券市场的发展，使企业债券市场真正成为企业融资的一个重要渠道，必须大力促进无担保类企业债券的发行，把企业债券市场培育成一个多层次的市场，使各类企业债券都能够在这里找到自己的空间。这要求主管部门加强信息的披露和监管，在投资者购买企业债券时则需要向投资者强调风险自担、买卖者自负的原则。2006 年 5 月，中国三峡总公司 30 亿元无担保企业债券的公开发行，使企业债券真正回归其本来面目，这可以看做是企业债券发行市场化程度加深的一个尝试和预演。

4. 债券利率

《企业债券管理条例》明确规定，企业债券的利率不得高于同期银行储蓄存款利率的 40%。在此基础上，企业债券发行利率由中国人民银行总行或各级分行审批决定。企业债券利率既不直接反映债券市场资金供求关系和发行人信用程度的差别，也未能与国债利率形成稳定的基准依存关系。这种行政定价方法没有考虑风险溢价，无论企业信用的好坏、偿还能力的强弱以及投资者承担风险的大小，债券发行的价格都相差不大。从企业债券的发行利率看，我国企业债券市场上的定价效率还是相当低的，风险定价机制完全没有发挥作用，个别年份甚至出现了企业债券发行利率低于国债利率的倒挂现象。

2007 年 9 月 24 日，中国证监会《公司债券发行试点办法》颁布后的首只公司债——长江电力公司债发行中初步引进了市场化定价的方法。本次债券发行的票面利率由发行人和保荐人（主承销商）通过市场询价协商确定。通过市场机制发现了债券发行人的信用价值，为今后企业债券的科学和规范定价提供了参考。

5. 券种

1998 年以前，企业债券一律为无记名实物券。从 1998 年开始，实名记账式债券替代无记名实物券成为企业债券的主流。记账式债券是以记账的形式记录债权，实行两级托管体制。目前，我国企业债券市场根据企业债券是否上市分别在中央国债登记结算公司和中国证券登记结算公司的深圳、上海分公司进行登记托管。企业发行债券时须先在中央国债登记公司进行登记托管，如果有转让行为发生，则由中央国债登记公司进行结算，并采取了集中托管和分散托管相结合的方式。对于经常进行大额批发业务的机构投资者进行中央统一托管结算，而对于零售业务的个人投资者在采用由各分销商分散托管结算的方式。如果企业债券能够上市，则由中央托管转为分公司进行托管，同样采取集中托管和分散托管相结合。一级托管人，负责办理金融证券机构和基金认购的债券登记托管；企业债券的承销商为二级托管人，负责办理其他机构和个人认购的债券登记托管。这种托管模式同时考虑了安全与效率，有其科学性，但是在目前券商管理机制不健全的环境下，赋予其托管资格就增加了债券被挪用的风险。

采用记账式券种是我国企业债券发行的一个重要变革，对维护企业债券发行秩序以及债券市场的发展具有十分重要的作用：一是降低了发行成本。二是有助于加强企业债券的发行管理。监管部门可以通过托管凭证的不同种类和编号，方便地识别金融机构投资者、其他机构投资者和个人投资者，及时了解市场信息。同时由中央国债登记公司统一托管，对投资者的债券进行管理和权益监护具有重要意义。三是为培育具有统一托管、结算系统的企业债券交易市场提供了条件，为多元化企业债券二级市场的发展奠定了基础。

1998 年以来，发行的企业债券大部分都以这种记账式方式发行，从发行情况来看，这种发行方式受到了投资者的普遍认可，在利率一定的情况下，购买记账式债券比购买实物券更方便、更安全，受到投资者尤其是机构投资者的欢迎。

（二）企业债券流通市场

在过去的十多年里，中国企业债券发行市场的发展虽非突飞猛进，但却逐步成熟，而流通市场的发展则不尽如人意，主要表现在上市企业债券规模小，品种少。同时银行间市场占据主导地位，交易所债券市场的企业债交易规模狭小，流通市场流动性不足。2006 年，交易所债券市场的交易处于非常低的水平，全年成交仅为 126. 4 亿元。绝大部分的企业债券发行结束后都没有上市挂牌交易，即使是上市的企业债券交易量也很小，经常是有行无市，企业债券缺乏作为一个金融工具的本质特性——流动性，其优越性无法体现出来。从交易所市场企业债的交易情况看，现券交易极少，主要是回购交易。显然，这种交易特点决定了企业债二级市场的行情并不能真实反映其供求状况以及相对于国债的信用风险溢价。从企业债券收益率变动的角度看，收益率曲线在年末比年初相对扁平。二级市场的上述滞后发展和反应，必然会反过来影响到一级市场的发行，从而制约了整个企业债券市场的总体发展。

本章小结

债券市场是资本市场的重要构成部分，债券以其到期偿还等特性弥补了股票的某些缺陷，成为乐于为筹资人和投资者接受的金融工具。中国的债券市场还处于初期发展阶段，无论是国债、金融债券还是公司债券都有着巨大的发展潜力。

思考题

1. 债券有哪些种类？
2. 债券的发行程序和发行方式有哪些？
3. 如何确定债券发行价格？
4. 怎样分析债券收益率？
5. 什么是债券的信用交易方式？

第六章 货币市场

货币市场是指融资期限在一年以下的金融交易市场，是金融市场的重要组成部分。由于该市场所容纳的金融工具主要是政府、银行及工商企业发行的短期信用工具，具有期限短、流动性强和风险小的特点，在货币供应量层次划分上被置于现金货币和存款货币之后，称为“准货币”，所以该市场也被称为“货币市场”。

一般而言，货币市场由同业拆借市场、票据贴现市场、大额可转让定期存单市场和短期证券市场四个子市场构成。

第一节 同业拆借市场

同业拆借市场也称“同业拆放市场”，是金融机构之间进行短期、临时性头寸调剂的市场。

一、同业拆借市场的形成与发展

同业拆借市场最早出现于美国。其形成的根本原因在于法定存款准备金制度的实施。按照美国《1913 年联邦储备法》的规定，加入联邦储备银行的会员银行，必须按存款数额的一定比率向联邦储备银行缴纳法定存款准备金。而由于清算业务活动和日常收付数额的变化，总会出现有的银行存款准备金多余，有的银行存款准备金不足的情况。存款准备金多余的银行需要把多余部分运用，以获得利息收入，而存款准备金不足的银行又必须设法借入资金以弥补准备金缺口，否则就会因延缴或少缴准备金而受到中央银行的经济处罚。在这种情况下，存款准备金多余或不足的银行，在客观上需要互相调剂。于是 1921 年在美国纽约形成了以调剂联邦储备银行会员银行的存款准备金头寸为内容的联邦基金市场。所谓联邦基金，即金融机构存在联邦储备银行的存款准备金账户上的存款。所谓联邦基金交易，即存款准备金多余的银行与存款准备金不足的银行之间的资金拆借活动。在英国，伦敦同业拆借市场的形成则是建立在银行间票据交换过程的基础之上的。各家银行在轧平票据交换的差额时，有的银行头寸不足，有必要向头寸多余的银行拆入资金，由此不同银行之间出现经常性的资金拆借行为。

在经历了 20 世纪 30 年代的“大萧条”后，西方各国普遍强化了中央银行的作用，相继引入法定存款准备金制度作为控制商业银行信用规模的手段。与此相适应，同业拆借市场也得到了较快发展。在经历了长时间的运行与发展过程之后，当今西方国家的同业拆借市场，较之形成之时，无论在交易内容、开放程度方面，还是在融资规模、作用功能方面，都发生了深刻变化。拆借交易不仅仅发生在银行之间，还扩展到银行与其他金融机构之间。仅以美国为例，在同业拆借市场形成之初，市场参与者仅限于联邦储备银行的会员银行。后来，互助储蓄银行和储蓄贷款协会等金融机构也介入了该市场。20世纪80年代以后，外国银行在美国的分支机构也参与了该市场的交易活动。市场参与者队伍的扩大使得市场融资规模也大大增加。从拆借目的看，已不仅仅限于补足存款准备和轧平票据交换头寸。金融机构若在经营过程中出现暂时的、临时性的资金短缺，也可进行拆借。更重要的是同业拆借已成为银行实施资产负债管理的有效工具。由于同业拆借的期限较短，风险较小，许多银行都把短期闲置资金投放于该市场，以利于及时调整资产负债结构，保持资产的流动性。特别是那些市场份额有限，承受经营风险的能力脆弱的中小银行，更是把同业拆借市场作为短期资金经常性运用的场所，力图通过这种做法提高资产质量，降低经营风险，增加利息收入。

二、同业拆借市场的参与者与交易内容

（一）同业拆借市场的参与者

现代同业拆借市场的参与者相当广泛。具体来说，同业拆借市场的参与者主要包括三类：

（1）资金需求者。在同业拆借市场上，资金需求者主要是一些大商业银行。原因在于：其一，商业银行作为一国金融组织体系中的主体力量，承担着重要的信用中介和支付中介职能，同时又是中央银行金融调控的主要对象，其在运营过程中会经常出现准备金头寸、清算头寸及短期资金不足的现象，有进入同业拆借市场的主观要求和基本动力；其二，进入拆借市场融资的拆入方一般无须提供抵押或担保，因而该市场对拆入方的信誉要求很高，大商业银行则恰恰具有雄厚的资金实力和良好的社会信誉；其三，进入拆借市场，融资过程简便、快捷，且不须缴纳法定存款准备金，这为商业银行施行主动性负债和流动性管理提供了有利条件。除大商业银行外，一些非银行金融机构也通过拆借市场取得资金。

（2）资金供给者。同业拆借市场上的资金供给者，主要是有闲余超额储备金的金融机构，包括大商业银行、地方性中小银行及非银行金融机构等。这些金融机构将暂时闲余的超额储备金在拆借市场上运用出去，一方面，可获得利息收入；另一方面，由于资金拆借期限较短，风险较小，又可及时收回资金补充流动性，有利于其实行有效的资产负债管理。

（3）市场中介人。这是指在资金需求者和资金供给者之间牵线搭桥，起媒介作用的市场中介机构。在拆借市场上，当拆入方与拆出方能够及时、准确地洞悉市场上的各种信息并且彼此了解时，便可以直接协商成交，而不需中介机构介入。这种成交方式交易成本低，成交迅速，拆借利率的弹性也较大。不过，当拆入方拆入资金数额较大，需要多个拆出方提供时，或拆入、拆出双方对市场上的资金供求信息及拆借行情不甚了解

时，则往往要借助市场中介人来完成成交过程。由中介人参与拆借活动，交易双方可省时省力，但因需支付给中介人佣金，所以交易成本较高，且拆借利率的弹性也较小。

同业拆借市场的中介人可以分为两类：一类是专门从事拆借市场及其他货币市场子市场中介业务的专业经纪商，如日本的短资公司，就属这类中介性机构；另一类是非专门从事拆借市场中介业务的兼营经纪商，其大多由商业银行担当。同业拆借市场的中介人收集和储存市场各类资金供求信息和拆借行情信息，沟通拆借双方并促成交易，其在引导资金合理流动，平衡市场供求关系方面，发挥着重要作用，对同业拆借市场的正常运行和健康发展，是必不可少的。从这个意义上说，同业拆借市场中介人队伍的存在和发展壮大，是构造结构健全、运作规范的同业拆借市场的基本条件，是同业拆借市场走向成熟的重要标志。

(二) 同业拆借市场的交易内容

同业拆借市场的交易内容主要分为两种：

(1) 头寸拆借。所谓头寸拆借，是指金融机构为了轧平头寸、补足存款准备金和票据清算资金而在拆借市场上融通短期资金的活动。当头寸拆借用于补足存款准备金时，一般为日拆，即“同业隔夜拆款”，今日拆入，明日归还，拆借期限为一天。

与以补充存款准备金为目的的头寸拆借相比，以调整清算头寸为目的的头寸拆借则更具普遍性和经常性。银行在轧平当日票据交换差额时，对少头寸的银行来说，可以及时通过拆借来补足头寸，保证清算顺利进行。这种拆借方式较之向中央银行再贴现或再贷款取得资金，要便利、快捷得多。

(2) 同业借贷。头寸拆借以调整头寸为目的，而同业借贷则以调剂临时性、季节性的资金融通为目的。对于拆入方的金融机构来说，同业借贷可以使其及时获得足额的短期资金，拓展资产业务。对于拆出方的金融机构来说，同业借贷为其短期闲置资金的运用找到了出路，可以增加经营收益。由于这两种拆借方式融通的资金在用途上存在差别，所以，同业借贷较之头寸拆借的期限要长。

三、同业拆借市场的拆借期限与拆借利率

(1) 同业拆借的期限。由于同业拆借市场是货币市场的重要组成部分，所以同业拆借的期限最长不超过一年。不过，由于拆借目的不同，不同拆借交易在期限上也存在明显差别。头寸拆借的期限很短，大多为一天。而同业借贷的期限相对长一些，最长可达一年。

在我国，中国人民银行2007年8月实施的《同业拆借管理办法》规定，同业拆借的期限在符合以下规定的前提下，由交易双方自行商定：政策性银行、中资商业银行、中资商业银行授权的一级分支机构、外商独资银行、中外合资银行、外国银行分行、城市信用合作社、农村信用合作社县级联合社拆入资金的最长期限为1年；金融资产管理公司、金融租赁公司、汽车金融公司、保险公司拆入资金的最长期限为3个月；企业集

团财务公司、信托公司、证券公司、保险资产管理公司拆入资金的最长期限为7天；金融机构拆出资金的最长期限不得超过对手方由中国人民银行规定的拆入资金最长期限。中国人民银行可以根据市场发展和管理的需要调整金融机构的拆借资金最长期限，且同业拆借到期后不得展期。从拆借市场现实的运行情况看，如按拆借期限划分，我国的拆借市场主要有1天、7天、14天、21天、1个月、2个月、3个月、4个月、1年等拆借品种。一般而言，1 ~30天的拆借为较短期，31 ~360天的拆借为较长期。

（2）同业拆借利率。同业拆借利率作为拆借市场上的资金价格，是货币市场的核心利率，也是整个金融市场上具有代表性的利率，在整个利率体系中处于相当重要的地位。它能够及时、灵敏、准确地反映货币市场以至整个金融市场的资金供求关系，对货币市场上其他金融工具的利率具有重要的导向和牵动作用。同业拆借利率的升降会引导和牵动其他金融工具的利率同步升降。

正是基于同业拆借利率的重要地位，金融机构乃至整个经济社会都对其密切关注，视其为观察市场利率走势的风向标。中央银行更是把同业拆借利率的变动，作为把握宏观金融动向、调整和实施货币政策的指示器。在中央银行的货币政策传导机制中，同业拆借利率往往被置于货币政策操作目标的地位。中央银行通过货币政策工具的运用，影响同业拆借利率这个金融变量指标，进而影响长期利率和货币供应量发生变化，以实现其既定的货币政策目标。

在国际货币市场上，比较典型的、有代表性的同业拆借利率有三种，即伦敦银行间同业拆放利率（LIBOR）、新加坡银行间同业拆借利率（SIBOR）和香港银行间同业拆借利率（HIBOR）。伦敦银行间同业拆放利率是伦敦金融市场上银行之间相互拆放英镑、欧洲美元及其他欧洲货币时的利率，由报价银行在每个营业日上午11时对外报出，分为存款利率和贷款利率两种报价。资金拆借的期限为1个月、3个月、6个月和1年等几个档次。自20世纪60年代初，该利率即成为伦敦金融市场借贷活动中计算借贷利率的基本依据。后来，随着欧洲货币市场的建立，国际银团贷款业务及各种票据市场的发展，伦敦银行间同业拆放利率在国际信贷业务中被广泛使用，成为国际金融市场上的关键利率。目前，世界上一些重要的金融市场及许多国家均以该利率为基础，确定自己的资金借贷利率。有些浮动利率的融资工具在发行时，也以该利率作为浮动的依据和“参照物”。新加坡银行间同业拆借利率和香港银行间同业拆借利率的生成和作用范围是两地的亚洲货币市场，其报价方法与拆放期限与伦敦银行间同业拆放利率并无差别。不过，其在国际货币市场中的地位和作用，较之伦敦银行间同业拆放利率要大为逊色。

为了构建货币市场的基准利率体系，中国人民银行2006年10月开始在同业拆借市场试运行上海银行间同业拆借利率（SHIBOR），并于2007年1月正式运行，实行每日发布制度，银行间市场的主要机构将通过全国银行间同业拆借中心的系统进行报价。SHIBOR是由信用等级较高的银行组成报价团自主报出的人民币同业拆出利率计算的算术平均利率，是单利、无担保、批发性的利率。与以往基于回购和成交价所形成的基准利率体系不同，它是以拆借利率为基础，根据多家大银行每日对各期限资金拆借品种的报价所形成的基准利率，在形成机制上，更接近国际货币市场普遍被作为基准利率的伦敦同业拆借利率。SHIBOR 由 16 个品种组成：隔夜、1 周、2 周、1 个月、3 个月、6 个月、9 个月及 1 年共 8 个公布品种，以及 3 周、2 个月、4 个月、5 个月、7 个月、8 个月、10 个月、11 个月共 8 个参考品种。每个交易日 11 点之前，各家机构上报各个品种的报价，再经过加权平均处理后，发布 8 个公布品种的价格。

2007 年 8 月实施的《同业拆借管理办法》明确了同业拆借交易以询价方式进行，自主谈判、逐笔成交，同业拆借利率由交易双方自行商定的原则。随着 SHIBOR 在银行间市场的正常运行，同业拆借利率对国家重大经济、金融政策的调整及金融市场资金供求关系变化的反映必将日趋敏感，其作为中央银行金融宏观调控的指示器的作用开始显现出来。

四、我国同业拆借市场

（一）我国同业拆借市场的发展

自 1986 年以来，在人民银行的政策指引和监督管理下，我国同业拆借市场得到了快速的发展。目前已经形成了全国统一的同业拆借市场，实现了同业拆借利率的市场化，同时，市场交易效率不断提高，同业拆借行为逐步规范。作为货币市场的重要组成部分，同业拆借市场在调节金融机构流动性、货币政策传导方面发挥了重要作用。

第一阶段：初始阶段。1986 年 1 月，国务院颁布《中华人民共和国银行管理暂行条例》，规定专业银行之间可以相互拆借资金，此举标志着同业拆借市场的开端。此后，银行同业拆借活动在全国范围内迅速扩展，拆借交易量也迅速增加。

第二阶段：发展整顿阶段。由于我国同业拆借刚处于起步阶段，加之监管不到位、法律规章不健全，我国同业拆借市场秩序紊乱，于是，中国人民银行两度对同业拆借市场进行整顿。1988 年下半年，我国发生了严重的通货膨胀，由于拆借资金用途不当，拆借市场秩序混乱。有些银行将拆借资金用于弥补贷款缺口，固定资产投资，办信托等。因此，国家对拆借资金实行上限限制，对拆借主体、资金用途、拆借期限等也进行了严格的规定，并撤销了融资公司。例如，同业拆借时间不能超过一个月，不能跨年归还。同业拆借资金只能用于先支后收的临时性周转，不能用于贷款，也不能短期长用。1990 年，中国人民银行制定了《同业拆借管理试行办法》，拆借市场秩序得到了明显的改善，同业拆借市场也得到了迅速发展。

1992 年底至 1993 年上半年，我国经济呈现过热、过快、无序发展的乱象，国家对此进行了第二次整顿。1993 年颁布的《关于进一步整顿和规范同业拆借秩序的通知》规定，凡是违章拆借资金用于炒股、炒房地产、办公司等，要坚决清理回收，对用于支援国民经济正常发展需要的资金拆借坚决予以支持。1994 年，中央银行颁布了《借贷资金管理办法》，该办法对资金种类、数量、期限、用途及交易主体进行了更严格的规定，为此，拆借市场秩序明显改善，在此过程中，国家也开始着手建设统一、公开、高效的全国统一拆借市场。

第三阶段：稳定发展阶段。1996 年 1 月 3 日，全国统一的银行间同业拆借市场正式建立。该市场分为两个交易网络。位于上海外汇交易中心的全国统一拆借市场是全国银行间拆借市场的一级网络；二级网络以 35 家融资中心为核心组成，成员有经商业银行总行授权的地方级以上的分支机构、当地的信托投资公司、城乡信用社、保险公司、金融租赁公司与财务公司等。此后不久，中国人民银行发布了第一个全国统一的同业拆借市场利率——中国银行间同业拆借市场加权平均利率，并取消了同业拆借利率的上限，从而加速了利率市场化的进程。1997 年第四季度，人民银行开始清收融资中心的逾期资金并撤销完成清收工作的融资中心机构；1998 年停止了融资中心的自营拆借业务并要求融资中心全力清收逾期拆出资金，至此，同业拆借二级网络消失。此后，同业拆借业务主要通过拆借中心一级拆借网络办理。之后几年里，中国人民银行制定一系列政策，先后批准商业银行分行、证券公司、财务公司等金融机构进入全国银行间拆借市场以解决市场参与机构过少、交易不活跃等问题。2007 年，《同业拆借管理办法》正式颁布。这是全国规范同业拆借市场管理规则的规章，也是同业拆借管理最重要的政策调整。该办法全面规定了同业拆借市场的准入与退出、交易与清算、风险控制、信息披露人、监督管理等规范，明确规定了违反同业拆借管理规定的法律责任。

至此，我国同业拆借市场已经初具规模。参与机构类型较市场成立之初也更为丰富，证券公司、保险公司、信托投资公司、财务公司、证券投资基金和基金管理公司以及主体进一步增加，多层次的市场需求日渐形成，市场流动性进一步提高，形成的利率也将更加合理。

虽然我国同业拆借市场得到了长足的发展，但是，在发展过程中，我国同业拆借市场仍然存在着许多问题。比如，交易币种单一；同业拆借市场缺乏市场交易中介组织，交易供需难以匹配；缺乏有效的经纪人制度；缺乏有效监管等。这些问题都有待在今后的发展中加以解决与完善。

（二）我国同业拆借市场的经济意义

（1）有利于用活金融机构的资金，提高资金的使用效益。在传统金融运行机制下，由于对金融机构资金实行单一的纵向调拨，形成了金融机构资金条块分割、画地为牢的局面，大大降低了资金的使用效率。同业拆借市场的出现使得金融机构资金运用的时间差、地区差与行际差可以得到充分的调节，从根本上改变了金融机构的资金余缺不能横向调剂的状况，为金融机构资金的高效运转提供了现实条件。

（2）有利于加强经济主体间的横向联系，促进社会主义市场经济的发展。经济主体之间横向联系的发展是推进社会主义市场经济发展的重要条件。而经济主体之间横向联系的发展又必须以资金的横向融通为前提。同业拆借市场的建立与发展，打通了金融机构之间资金横向交流的渠道，为加强经济主体之间的横向经济联系、促进经济发展作出了重要贡献。

(3) 有利于推进金融交易市场化的进程，深化金融改革。金融改革的根本目标，是要建立适应社会主义市场经济体制要求的市场型金融运行机制，使金融市场在金融资源的配置中起基础性作用。而同业拆借市场的发展与完善则是加强金融市场建设的实际步骤，推进了纵向的、封闭型的、单一融资渠道的传统资金供应格局向纵横结合的、开放型的、多渠道的市场型资金供应格局的转换过程。

(4) 有利于商业银行实施流动性管理，促进其向商业化转轨。同业拆借市场的存在与发展，为商业银行根据资产负债比例管理的要求，灵活调剂头寸、满足流动性需要，提供了有利条件。商业银行通过拆借市场调剂资金余缺，可以增强市场筹资意识，减少对中央银行借款的依赖，也有助于把商业银行造就成自主经营、自负盈亏、自求平衡、自我约束的商业化的市场金融主体。

(5) 有利于中央银行的金融调控由直接调控为主向间接调控为主转变。全国银行间同业拆借市场的建立使同业拆借市场实现了统一化、网络化，标志着货币市场的一体化程度有了很大提高。中央银行可以及时了解拆借市场的各种行情，洞悉短期资金供求关系的变化，进而为准确地判断和把握宏观金融走势提供参考。同时，同业拆借利率的放开，不仅有力地推进了利率的市场化改革，而且由于其能真实反映短期资金的稀缺程度，也为中央银行适时调控提供了可靠依据，为中央银行加快实现金融调控方式的转换奠定了良好的基础。

第二节　票据贴现市场

一、商业票据

票据贴现是指商业票据的持票人在需要资金时，将其持有的未到期商业票据转让给银行，银行扣除贴息后将余款支付给持票人的票据行为。其实质是商业信用向银行信用转化的一种形式。在票据贴现之前，体现的是开票人和持票人这两个企业法人之间的债权债务关系。而票据贴现之后，体现的则是开票人（企业）与贴现银行之间的债权债务关系。在票据贴现的实现过程中，商业信用的票据化是一个必不可少的基本前提。

所谓商业票据，是指在商品流通过程中，反映债权债务关系的设立、转移和清偿的一种信用工具。它具有以下几个特点：一是它是一种有价证券。它以一定的货币金额来表现价值。这种价值随票据的设立而取得，随票据的转让而转让。商业票据的这一特点也是形成票据贴现关系的实实在在的物质基础。二是它是一种设权证券。商业票据一经设立，票据关系人的权利和义务随之确立。三是它是一种要式证券。商业票据必须具备法定的形式和内容，并以确切的文字来表达，否则不发生效力。四是它是一种无因证券。商业票据在运动过程中，只要要式具备，票据债务人须无条件支付。除非明知有重大过失取得者外，持票人不必证明取得票据的任何原因。五是它是一种文义证券。商业票据上票据关系人的权利和义务，须依据票据上记载的文义来决定其效力，而不得以票据以外的任何事由来变更其效力。六是它是一种返还证券。商业票据的债权人在受领给付之时，必须将票据交还债务人，使票据关系消灭。如票据所载金额是由次债务人（背书人等）因被追索而偿还的，则债权人返还票据后，次债务人可以向其前手进行追索。

票据有本票、支票和汇票之分。一般来说，能够到银行办理贴现的只能是商业汇票。因商业汇票必须经过承兑后才可获准贴现，故按承兑人的不同，又可分为商业承兑汇票和银行承兑汇票。前者是由收款人或付款人签发，经作为付款人的企业承兑的远期汇票；后者则是由收款人或付款人出票，经付款人委托其开户银行承兑的远期汇票。由于银行的信誉较之企业为高，因而银行承兑汇票的安全性、流动性要比商业承兑汇票好。对这种汇票，银行一般都乐于办理贴现，且贴现率也较之商业承兑汇票为低。

由于承兑银行对由收款人和付款人签发的汇票予以承兑，提供承兑信用，并不需要占压自身资金，却可从中赚取承兑手续费，因而构成银行的中间业务。在英国，有资信度一流的商人银行专门从事承兑业务。最初，这类业务由一些从事贸易活动的富商来担当。后来，他们转向金融业务的经营，进而形成了现在的承兑商行。经过承兑商行承兑的票据流通范围较广，它与由信誉卓著的厂商签发的优良商业票据一起，构成英国商业票据的主体内容，是贴现市场上主要的交易工具。在美国，则以资信度为标准，将承兑银行划分成不同级别。级别高的承兑银行，因其承兑的汇票风险较小，能够最大限度地保证到期兑付，故贴现时利率也较低。

二、票据贴现的性质与种类

单纯从表面考察，票据贴现是一种票据转让行为，即票据持有者将票据出让给贴现银行，以取得相应的资金。但从性质上看，票据贴现体现的是贴现银行对贴现申请人的授信行为。这种授信行为并非仅仅与银行信用相联系，而是商业信用与银行信用有机结合的产物，体现的是银行信用与商业信用互相交叉的双重的信用关系。

票据贴现属于银行的资产业务，但与一般的银行贷款存在明显区别。这些区别主要表现为：一是授信对象不同。一般银行贷款以借款人为授信对象，体现的是放款银行与借款人的借贷契约关系；而票据贴现则以票据为对象，体现的是票据债权的买卖关系。二是关系人不同。一般银行贷款仅涉及贷款人、借款人和担保人，而票据贴现则因票据的背书和承兑，涉及的关系人较多。三是流动性不同。一般银行贷款必须在到期时才能收回，而经过贴现的票据在到期之前还可以办理转贴现或再贴现，及时获得所需资金。四是融资期限不同。票据贴现时间较短，多为 3 个月至 6 个月，而一般银行贷款的期限则较长。短期贷款为一年以下，中长期贷款则在一年以上，长期贷款最长可达 10 年以上。五是风险程度不同。用于贴现的票据以商品交易为基础，期满时付款人自动付款，一般很少违约；而一般银行贷款则常因借款人经营不善而不能及时履约，造成贷款损失的风险较大。六是利息收取时间和利率水平不同。票据贴现是先从票面金额中扣收利息，而银行贷款的利息一般在贷款到期时才能收取（我国目前一般采取季末除息）。由于两者收取利息的时间不同，加之票据贴现的风险程度小于一般银行贷款，因而其利率低于一般银行贷款利率。七是资金所有权不同。银行贷款给借款人，只是暂时让渡借贷资金的使用权，资金所有权并未转移；而票据贴现则是贴现银行买入票据取得债权，资金所有权则归属贴现申请人。

票据贴现按贴现关系人和贴现环节的不同，可分为贴现、转贴现和再贴现。

所谓转贴现，是指贴现银行在需要资金时，将已贴现的票据再向同业其他银行办理贴现的票据转让行为。它是银行之间的资金融通，涉及的双方当事人都是银行。由于这种资金融通方式安全性强，且期限较短，为银行实施有效的流动性管理提供了便利，因而商业银行普遍乐于接受。

再贴现又称“重贴现”，是指商业银行在需要资金时，将已贴现的未到期票据再向中央银行贴现的票据转让行为。它是中央银行对商业银行融通短期资金的一种方式，是中央银行作为“最后贷款人”角色和地位的具体体现，同时，也是中央银行对商业银行实施信用调控，实现货币政策目标的重要政策工具。

贴现、转贴现和再贴现作为票据贴现的具体形式，都是经济主体之间的票据转让行为。不过，从宏观层面分析，三者对市场货币供应量和社会经济生活的影响程度则有明显差别。在贴现和转贴现过程中，授信主体是商业银行。用于贴现与转贴现的资金，只是在持票人（企业）与银行之间、银行与银行之间发生位移，只影响充当授信主体的贴现银行的资金存量，并不对总的社会货币供应量产生影响。而中央银行的再贴现则是中央银行基础货币投放的重要渠道。通过再贴现流入商业银行的资金，成为放款的初始资金来源。在整个商业银行体系的派生存款机制作用下，其能够形成数倍于自身的货币供应量，从而对宏观经济指标产生影响。因此，与贴现、转贴现相比，再贴现并非仅仅作为资金融通形式而存在，更重要的是，它是中央银行调节市场银根、实施金融宏观调控的重要手段。

三、票据贴现市场的运作机制

票据贴现市场的市场主体（市场参与者）、市场客体（市场交易工具）及与市场运行密切相关的贴现利率等因素综合在一起，构成了票据贴现市场的运作机制。在西方，不同国家在票据贴现市场的融资规模、结构状况及中央银行对再贴现政策的重视程度方面存在差异，因而票据贴现市场也呈现不同的运行特点。

（一）美国的票据贴现市场

美国的票据贴现市场主要由银行承兑汇票贴现市场和商业票据市场所构成。银行承兑汇票是进出口贸易中进口商签发的付款凭证，当银行承诺付款并在凭证上注明“承兑”字样后，就变成了承兑汇票。大多数银行承兑汇票偿还期为90天。因其以商品交易为基础，又有出票人和承兑银行的双重保证，信用风险较低，流动性较强。商业票据市场容纳的商业票据，不是以商业交易为基础而签发的汇票，而是以市场筹资为目的签发的融通票据，到期时由发行者偿还。当这种票据的发行利率低于商业银行短期放款的优惠利率时，其发行量就会显著增大，成为借款人重要的资金来源。由于这种商业票据的期限较短，故容纳这种票据的市场基本上是一级市场。

（二）英国的票据贴现市场

与美国相比，英国的票据贴现市场的历史则更为久远，至今已走过了一百多年的发展历程，且一直比较发达，在金融市场中的地位也颇为重要和独特。这与英格兰银行在相当长一段时间内高度重视再贴现政策的运用有直接关系。19 世纪中叶，伦敦贴现市场所经营的几乎全部是商业汇票的贴现业务。到 19 世纪末，才陆续增加国库券和其他短期政府债券的贴现业务。20 世纪 50 年代中期以前，票据贴现市场是英国唯一的短期资金市场。50 年代后，英国货币市场的家族才逐步扩大，出现了银行同业存款、欧洲美元、可转让大额定期存单等子市场。尽管如此，票据贴现市场在英国货币市场中仍无可置疑地处于核心地位。

英国的票据贴现市场的参与者众多，包括票据贴现所、承兑所、企业、商业银行和英格兰银行。票据贴现所在伦敦贴现市场上有 13 家，是贴现市场的主要成员。最初，它只充当商业汇票交易的中介人，从中赚取佣金。后来，它们开始从事商业汇票的贴现业务，并使贴现的票据种类逐步增加。一方面，票据贴现所接受客户的商业票据，为其办理贴现；另一方面，它们又把手中未到期的汇票拿到商业银行或英格兰银行那里，办理转贴现或再贴现。因为英格兰银行只对贴现所办理再贴现，所以，英格兰银行的再贴现政策效能的发挥主要是通过贴现所这个窗口得以实现的。票据贴现所的独特地位使其成为连接贴现市场各类经济主体的桥梁和纽带。

（三）日本的票据贴现市场

日本的票据贴现市场上用来贴现的票据，主要是期票和承兑汇票。所谓期票，是由一些资信度较高的大企业签发的，以自身为付款人，以银行为收款人的一种票据。而承兑汇票则主要指国际贸易中出口商持有的，经过承兑的出口贸易票据。按照日本中央银行的规定，出口商持出口贸易票据向商业银行贴现，或商业银行持同类票据向中央银行办理再贴现时，均可获得低于商业银行短期普通贷款利率的优惠利率。此举的目的在于刺激出口，增强日本商品的国际竞争力。在日本，不仅一些大的城市银行将票据贴现作为放款业务的主要内容，而且一些经营长期金融业务的长期信用机构，基于调整资产结构、保持资金流动性的目的，也十分重视票据承兑与贴现业务，将其作为放款业务管理的重要方面。

票据贴现利率是票据贴现市场运作机制的一个重要环节。从理论上讲，合理的贴现率水平应比照相同档次的贷款利率水平来确定。不过，由于票据贴现是提前预扣利息，等于是占有了客户贴息的时间价值，因而利率水平应比同档次贷款利率低一些。对此前已述及。实际上，在确定贴现率的具体水平时，票据贴现期限、票据信用程度、短期资金供求关系以及中央银行的再贴现率水准等，也都是必须考虑的因素。至于转贴现率和再贴现率，前者主要由贴现双方参照有关利率自由商定，或由金融同业公会加以规定，后者则主要取决于中央银行的货币政策意图和金融宏观调控政策。

四、我国的票据贴现市场

在高度集中的计划经济体制下，我国强调一切信用集中于国家银行，排斥银行信用以外的所有信用形式。1979 年改革开放后，随着“计划经济与市场调节相结合”的经济制度的实施，价值规律被重新认识并得到重视，商品经济与市场发展很快，银行信用一统天下的局面被打破。理论和实践使人们认识到，商业信用是发展商品经济必不可少的一种信用形式，应允许其存在，并努力发挥其积极作用，限制其消极作用。正是在这样的制度背景下，商业信用得以开放，商业票据也得以产生和发展。1980 年，按照中央关于在计划经济条件下利用市场搞活经济的要求，中国人民银行上海市分行开始研究票据贴现问题，并于 1981 年初在上海杨浦和黄浦两个区的办事处进行试点，摸索经验。同年 2 月，这两个区的办事处合作试办了第一笔同城商业承兑汇票的贴现。此后，上海徐汇区办事处和安徽省天长县人民银行又合作试办了第一笔异地银行承兑汇票的贴现。1982 年 5 月，中国人民银行总行对人民银行上海市分行提出的《关于恢复票据承兑、贴现业务的请示报告》作了批复，肯定了其试点的做法和经验，并决定在重庆、沈阳、河北等地试办票据贴现业务。1984 年 12 月，中国人民银行在总结实践经验的基础上发布了《商业汇票承兑、贴现暂行办法》，决定从 1985 年起在全国普遍开办票据贴现业务。1986 年，中国人民银行发布了《再贴现试行办法》，正式开办了对专业银行的再贴现业务。

1988 年，针对企业间“三角债”日益严重的情况，中国人民银行推行“三票一卡”的结算制度改革，要求大力推广使用商业票据，使企业间的商业信用关系票据化。1988 年 12 月，中国人民银行发布了《银行结算办法》和《银行结算会计核算手续》，将商业汇票作为一种重要的结算方式，对商业汇票的结算、承兑、贴现及再贴现的业务处理程序及会计核算手续作了明确规定。1994 年 7 月，中国人民银行公布了《商业汇票办法》。1995 年 5 月 10 日，八届人大第十三次会议通过了《中华人民共和国票据法》，该法于 1996 年 1 月 1 日正式施行。该法的颁布和施行，对规范票据行为，保障票据活动中当事人的合法权益，理顺社会主义市场经济条件下的各种信用关系，促进票据承兑和贴现市场的健康发展，都具有重要意义。1996 年，各商业银行按照《中华人民共和国票据法》和中国人民银行的有关要求，结合本系统实际，分别制定了《商业汇票承兑、贴现办法》及实施细则。人民银行一级分行结合本地实际，制定了《再贴现业务管理办法》及业务操作规程。各商业银行进一步加强了对其分支机构票据承兑的授权管理，不断完善内部监控和风险防范制度，较好地防止了越权、超量承兑的发生。人民银行在这一年还选择了一些票据贴现市场起步较早，基础较好的省、直辖市分行，进行了转贴现业务的试点。各试点行分别拟定了有关的管理办法和操作规程，为转贴现市场的启动创造了有利的前提条件。人民银行的一级分行和总行在 1996 年和 1997 年还开设了再贴现窗口，分别对辖区内的商业银行和四家国有商业银行总行开办再贴现业务。

2000 年 11 月 9 日，中国人民银行批准中国工商银行设立票据营业部，新中国第一家全国性票据专营机构在上海诞生，此后，其他银行也成立了自己的票据业务部门。为了调动商业银行办理票据贴现业务的积极性，人民银行允许商业银行的贴现率实行在再贴现率基础上加一定点数的确定方法，以提高商业银行的收益水平。贴现率是否下浮由商业银行根据开票企业的信用度自主确定。在票据贴现市场，人民银行除了对再贴现率还施加限制外，其他利率都已经基本放开，贷款利率市场化改革得以推进，票据业务的市场化水平不断提高。目前，以中心城市为依托，以商业银行票据专营机构为主体的区域性票据市场基本形成，在为缓解中小企业融资难发挥重要作用的同时，也促进了票据贴现市场的广度和深度发展。

经过十几年的发展历程，票据的融资功能得到了极大的增强，票据贴现市场的融资规模稳步扩大，在我国社会经济生活中的积极作用也愈来愈明显。主要表现在：第一，合理规范和引导了商业信用，加速了信用票据化进程，促进了与社会主义市场经济体制相适应的、多层次信用形式有机组合而成的融资手段体系的建立与完善。第二，拓展了社会信用规模，支持了生产和流通，促进了社会主义市场经济的发展。第三，有利于商业银行调整放款资产的结构，提高资产质量，降低资产风险，实施有效的流动性管理，促进了银行的商业化改革。第四，商业银行或中央银行通过对可贴现票据种类、票据贴现期限等条件的规定，可以影响和干预贷放资金的产业流向，扶持和限制某些产业的发展，发挥贯彻国家产业政策、调整产业结构的功能。第五，强化了中央银行的间接型金融调控，有助于改善金融调控的效率和质量，建立间接型金融调控机制。

但是，与西方发达国家的票据贴现市场相比，我国的票据贴现市场尚处于发展的初级阶段，在运行中还存在诸多亟待解决的问题。比如，广泛开展票据贴现业务的市场基础条件不充分，票据市场发育不成熟，票据贴现市场缺乏以真实商品交易为支撑的票据基础，可用于贴现的优良票据规模较小，且存在严重的结构失衡现象，市场上银行承兑汇票占据主流，商业承兑汇票极少；银行对票据承兑往往意味着承担一笔远期付款，贴现业务收益与风险错位，因而积极性受到影响；商业银行票据业务操作不规范，一些商业银行违规为非本行存款人进行票据承兑，违规承兑、贴现无真实商品交易的商业汇票，违约拖延付款等，这些问题的存在极大地制约了票据贴现市场的发展，并最终成为制约再贴现业务发展的重要因素；再贴现率在利率体系中的主导地位没有确立，“告示效应”没有显示出来，其变动无法使金融机构和社会公众产生应有的心理预期等。不过，可以相信，随着社会主义市场经济的发展和金融改革的逐步深化，我国的票据贴现市场会日臻完善。

第三节 大额可转让定期存单市场

一、大额可转让定期存单的由来及发展

大额可转让定期存单（CD）是银行发行的有固定面额、固定期限、可转让流通的存款凭证。首创于美国，实际上是美国银行界为逃避法律管制而推出的一项金融创新设施。

20世纪60年代初的美国，金融市场的交易活跃，市场利率上升。但由于“Q条例”的限制性规定，当时美国的商业银行对客户的活期存款不付利息，对定期存款也有最高利率的限制，一些客户纷纷把在商业银行账户上的存款提走，转而购买收益率较高的有价证券。这样，就使得一些银行的活期存款数额锐减，业务经营受到很大影响。在这种情况下，为回避“Q条例”的不利影响，花旗银行于1961年2月率先推出了大额可转让定期存单。数周之内，其他一些大银行纷纷效仿，从而使得商业银行的存款数额大幅度上升。花旗银行推出此种存单的当年，全美商业银行的存单发行额不足30亿美元，到1983年就增加到1 350亿美元，成为货币市场上仅次于国库券的第二大融资工具。由于这种存单的利率较高，加之存单发行后不久花旗银行即委托波士顿第一证券公司为其开辟了二级市场，满足了投资者对大额存单流动性的需要，因而深受大的机构投资者的欢迎。1968年，英国开始发行这种存单，1973年，日本建立起大额可转让定期存单市场。近20年来，西方各国的商业银行都开办了这种存单业务。

大额可转让定期存单虽然也是银行定期存单的一种，但与普通银行定期存单相比，两者有明显区别：其一，普通存单是不可转让的，而大额存单可以转让；其二，普通存单面额不固定，而大额存单面额固定且较大；其三，普通存单提前支取要损失部分利息，而大额存单由于可转让流通，在未到期转让时利息不受损失；其四，普通存单主要面向公众投资者发行，而大额存单由于面额较大（如美国以10万~100万美元面额的居多），通常由企业等机构投资与购买；其五，普通存单的期限可以超过一年，而大额存单的期限档次一般为3个月到12个月不等，最短为14天，其中以3个月和6个月的最为典型。

在美国，大额可转让定期存单按发行主体的不同，可分为四种类型：一是国内大额定期存单，这是美国的商业银行在本国发行的大额可转让定期存单。二是欧洲美元大额定期存单，这是美国的商业银行的国外分支机构或外国银行在美国境外发行的以美元计值的大额可转让定期存单，是欧洲货币市场上的一种融资工具。三是扬基大额定期存单（Yankee Cos），这是外国银行在美国的分支行发行的以美元计值的大额可转让定期存单。发行者多为著名的跨国银行（如东京银行、巴克莱银行等），存单期限通常为1个月到3个月。1978年前，发行者在美国发行此类存单可不必向“联储”缴纳存款准备金，因而

能以较高的发行利率吸引客户购买。为了使这些发行者和美国的国内银行公平竞争，强化准备金制度的政策调控功能，从1980年4月起，外国银行在美分支行发行此类存单也要缴纳存款准备金，从而使其原来在发行中所处的有利地位受到削弱。四是储蓄机构大额定期存单，这是美国的专业储蓄机构发行的一种期限较长的大额可转让定期存单。

大额可转让定期存单的面世适应了金融市场的变化和投资者的多样化需要。其后它又经历了不断创新的发展过程，比较典型的创新有两次：第一次是在20世纪70年代中期。当时，面对通货膨胀率起伏不定的实际情况，为使投资者获得较为稳定的收益，减少或避免利率变动的风险，市场推出了浮动利率存单。这类存单的利率以国库券利率、伦敦同业拆放利率等为参照系定期调整。第二次创新是摩根保证信托公司1977年发行的到期转期大额可转让定期存单。这种存单的期限一般为2 ~5年。在投资者购买存单时，首先要确定买何种期限的存单。如买3年期存单，银行就发给投资者一组6个月期限的存单，并要求投资者按商定的利率，在存入资金后连续6次（6个月1次，3年共6次）对6个月的大额存单在到期日办理转期手续。如投资者需要资金，可随时出售手中的存单，但在存单到期日前必须将与出售数额相等的资金重新存入银行。此种存单兼顾了长期大额存单的盈利性和短期大额存单的流动性，既考虑到了银行的利益又照顾到了投资者的利益，因而在市场上很受欢迎。

大额可转让定期存单的发行，使商业银行的资金来源结构发生了显著变化，定期存款在全部存款中的比重明显上升，从而为拓展资产业务提供了有利条件。更为重要的是，促使银行从传统的单一资产管理，转向资产负债的全面管理，导致银行在经营思想和经营策略方面发生了深刻的全新的转变，开创了银行经营管理的新阶段。

二、大额可转让定期存单的发行与流通

在西方国家，大额可转让定期存单的发行主要采取两种形式：一是批发式发行，即发行银行集中发行一批存单，发行时把发行总额、利率、期限等予以公布，供投资者认购；二是零售式发行，即发行银行为适应客户的需要随时发行，发行条件由发行银行与客户协商议定。存单发行一般都由发行银行直接销售，而不用借助发行中介机构。存单的发行价格一般都采用平价，即按面额发行。在确定存单的发行利率时，要考虑存单期限、其他短期金融工具的利率水平、市场利率的变动预期、发行者自身的资信度以及金融当局有关的限制性规定等多方面的因素。

大额可转让定期存单在二级市场转让流通时，一般需要交易商作为中介。在日本，充当大额可转让定期存单二级市场中介的是短资公司，其在买卖双方之间沟通信息，牵线搭桥，促成交易。由于大额可转让定期存单利率较高，转手容易，交易商很乐于从事其交易业务。

大额可转让定期存单的转让方式可分为交付转让和背书转让两种。前者适用于不记名存单，而后者则适用于记名存单。

决定大额可转让定期存单转让价格的因素主要是存单的票面利率及转让时的市场利率与存单票面利率的对比关系。一般来说，存单票面利率越高，存单的转让价格越高。大额可转让定期存单转让时的市场利率高于存单票面利率，则转让价格低，反之则高。

三、我国的大额可转让定期存单市场

在我国，大额可转让定期存单在1986年才面世，最初由交通银行和中国银行发行。1989年，其他专业银行也开办了此项业务。大额可转让定期存单的发行者只限于各类银行，不准非银行金融机构发行。存单的投资者主要是个人，企业为数不多。对个人发行的存单，面额为500元及其整数倍；对单位发行的存单，面额为5万元及其整数倍。存单期限分别为1个月、3个月、6个月、9个月和1年。存单不分段计息，不能提前支取，到期时一次还本付息，逾期不计利息。存单全部由银行通过营业柜台向投资者直接发售，不需借助于中介机构。存单的利率水平，一般是在同期限的定期储蓄存款的利率基础上，再加1 ~2个百分点，弹性不大。银行以大额可转让定期存单方式吸收的存款，要向人民银行缴存存款准备金。为了维系大额可转让定期存单的流动性，中国人民银行曾就经营大额可转让定期存单转让业务的主体资格、价差及手续费标准等具体事项作出过规定。这种非市场化的限定，加上二级市场的滞后发展，以及盗开和伪造银行大额可转让定期存单进行诈骗等犯罪活动凸显等原因，导致我国于1996年12月14日起取消了该项业务。2004年，中国人民银行在第四季度《中国货币政策执行报告》中正式提出要开展对大额可转让定期存单的研究工作，这表明重建该市场已经列入监管当局的议题。

第四节　短期证券市场

一、国库券市场

（一）国库券的概念及特点

国库券是中央政府发行的期限不超过一年的短期证券，是货币市场上重要的融资工具。此类证券最早出现于1877年的英国。中央政府发行国库券的主要目的在于筹措短期资金，解决财政困难。当中央政府的年度预算在执行过程中发生赤字时，国库券筹资更是一种经常性的弥补手段。

国库券因为由中央政府发行，其还本付息的可靠程度强，投资风险小，流动性强，且有些国家规定所获投资收益可以免缴个人所得税，故有“金边证券”之称。个人投资者将其作为合适的投资对象，特别是缺乏冒险精神的保守型投资者，更是把它作为投资的重点选择。商业银行也经常保有相当数量的国库券资产，并视其为理想的二级储备。一方面，商业银行可藉此获得稳定的投资收益，满足盈利性的需要；另一方面，当手中的流动性不足时，还可将其在二级市场上变现以补充流动性，满足流动性需要。正因为

如此，它为中央银行的公开市场操作提供了基础条件。

（二）国库券的发行与流通

国库券的发行方式通常实行招标制，即每次发行前，财政部根据近期短期资金的需要量、中央银行实施货币政策调控的需要等因素，确定国库券的发行规模，然后向社会公告。各投标人在规定的发行规模的约束下，分别报出自己拟购买的价格和数量。在众多参与价格投标的投标人当中，出价最高者首先中标，之后按出价顺序，由高到低依次配售，直至售完为止。这就是所谓的“竞争性投标”。也有一些小规模的金融机构，无力或不愿意参与竞争性投标，便按照投标最高价和最低价的平均数购买，这是“非竞争性投标”。

国库券因期限较短，故其发行价格一般采用贴现价格，即以低于票面金额的价格发行，到期时按票面金额偿还。票面金额与发行价格的差，即是投资者的利息。国库券发行价格的计算公式如下：

$$发行价格 = 面值 \times （1 - 贴现率 \times 发行期限/360）$$

美国是一个十分重视运用国库券筹资的国家，国库券在政府的融资机制中占有重要地位。在美国，国库券的发行次数相当频繁。3 个月和 6 个月的国库券每周发行一次，9 个月和 12 个月的国库券每月发行一次。由于国库券发行量大，发行次数多，为节省发行成本，一般并不印制国库券本券，而只以收款凭证来代替。

国库券的发行利率既牵涉政府的付息负担，同时又是投资者确定是否投资及投资多少的重要尺度。它受物价水平、中央银行货币政策、其他短期金融工具的利率水平、国库券的发行期限及规模等多种因素的综合制约，是货币市场中反映短期资金供求关系的有代表性的短期利率，对整个货币市场的利率水平具有重要的牵动作用。

在国库券的流通市场上，市场的参与者有商业银行、中央银行、证券交易商、企业和个人投资者。国库券行市的变动受景气动向、国库券供求关系、市场利率水平等诸多因素的影响。在美国，证券交易商在进行国库券交易时，通常采用双向式挂牌报价，即在报出一交易单位买入价的同时，也报出一交易单位卖出价，两者的差额即为交易商的收益，交易商不再附加佣金。在英国，票据贴现所是国库券二级市场上最为活跃的市场主体。持有国库券的机构和个人如需转让，可向贴现所申请贴现。英格兰银行实施公开市场操作，也以贴现所为中介，先向贴现所买进或卖出国库券，然后贴现所再对商业银行进行买卖。

（三）我国的国库券市场

我国从 1981 年恢复发行国库券到 1994 年之前，我国发行的国库券仅是中期债券和长期债券，而非规范意义上的国库券。1994 年初，为配合人民银行拟议中的公开市场操作，我国采用无纸化方式，向银行、证券公司等金融机构发行了两期国库券。首次发行时间为 1994 年 1 月 25 日，计划发行规模 50 亿元，期限半年。第二次发行时间为 1994 年 1 月 31 日，计划发行规模 80 亿元，期限 1 年。1996 年，又发行了期限为 3 个月的国库券品种，同时发行了6个月和1年期的国库券，从而为中国人民银行在1996年4月9日正式启动公开市场操作提供了基础条件。

从1981年到1990年末，我国一直采用指标层层分解、职工人人有份的行政分配办法，面向企业和个人发行国库券。1991年4月，财政部首次引进了承购包销制度，由78家金融机构自愿组成国库券承销团，直接向财政部承购了25亿元国库券。1993年试行了国债一级自营商制度，经财政部和中国人民银行商定，指定了19家金融机构为国债一级自营商。1996年1月，在发行1年期国库券时，首次采用了价格招标发行方式，这是国库券在实行承购包销发行方式后的又一次根本性改革。在招标方式上，财政部以及其他相关部门积极创新，综合运用了国际通用的荷兰式招标、美国式招标，创造出符合中国国情的混合式招标，使得国库券管理市场化程度不断提高。它表明国库券的发行方式正在转向市场化，开始和国际惯例接轨。此外，为了完善国债期限结构，形成我国债券市场的基准收益率曲线，从2003年开始，财政部积极推行基准期限国债连续、滚动发行，通过基准期限国债发行进一步巩固国债收益率基准。同时，为解决我国国债短期利率缺位的状况，完善基准收益率曲线，自2006年开始，我国开始参照国际通行做法，采取国债余额管理方式管理国债发行活动，使得大量滚动发行短期国债成为可能，为国债短端的市场利率形成提供了必要的支持，我国债券市场基准收益率曲线的建设初见成效。

我国从1988年开始建立国库券二级市场，经过多年的发展，目前已基本形成了集中的交易所市场（批发市场）、银行间市场和分散的柜台市场（零售市场）相结合的市场体系。有形的交易所市场包括沪、深两家交易所，柜台市场主要是国有商业银行和中央国债登记结算公司的柜台交易市场，主要面向个人投资者的国库券买卖，全国银行间债券交易市场则带有场外交易市场的属性。由于我国的国债期限品种较为单调，长短期结构不尽合理，且发行节奏缺乏均衡性，不能及时为二级市场持续提供新的交易品种。就投资者的构成看，机构投资者队伍仍需扩大，而个人投资者参与二级市场的热情不高，国库券的持有者结构不合理，市场总体流动性较低，市场活跃性和深度受到影响。目前几个市场的分割格局和缺乏完善的做市商制度等，也对市场进一步发展形成阻碍，不利于国库券功能的进一步发挥。

二、回购市场

首先需要说明的是，这里介绍的回购市场，实际上主要是指国债的回购市场。因为无论是在西方国家还是在我国，国债都是主要的回购交易对象。严格来说，国债回购市场属于国债市场的范围。不过，因其是货币市场的组成部分，故有必要单独阐述。

（一）回购市场运行的基本原理

所谓国债回购，是指国债的卖方按照交易协议在卖出国债的同时，承诺于日后再按约定的价格将该种国债如数买回的交易。这一过程，也是卖方售出国债取得资金的过程。当然，对于国债的买方来说，这一过程是回售（又称“逆回购”），即买入国债借出资金的过程。国债回购实质上是以国债作为抵押品融通短期资金的一种形式。

国债回购市场的参与者比较广泛，包括商业银行、非银行金融机构、中央银行和非金融机构（主要是企业）。对于各类金融机构来说，通过回购交易可以大大增强融资的安全性和盈利性，从而更为有效地实施流动性管理，实现资产结构的合理化和资产质量的高效化；对于中央银行来说，通过回购交易可以实施公开市场操作，释放货币政策的能量；对于非金融机构来说，可以选择国债作为投资对象，在回购市场上使短期闲置资金得到合理有效的运用。由于卖方通过回购交易取得的资金是出售国债的收入而非来自存款，故无须向中央银行缴纳存款准备金。

从期限来看，国债回购交易的期限，通常为一个营业日，即今日卖出证券，明日买回，相当于日拆。也有30天的，最长可达3个月到6个月，而且还可以签订连续性合同。由于回购交易有国债做抵押，所以利率一般低于同业拆借利率。由于国债回购交易的期限短，安全性强，风险小，因而是一种很受投资者和筹资者欢迎的短期融资工具。

从风险来看，在国债回购交易中，交易双方都面临着利率风险，即由于市场利率变化而引起的作为抵押品的国债市价的变动。交易期限愈长，这种风险愈大。因此，交易双方在约定国债的回购价格时，要准确估量和把握交易期内的市场利率走势及国债市价变动可能产生的影响。

从国际主要市场来看，美国的国债回购市场是国债流通市场的重要组成部分，也是联邦储备银行执行货币政策的重要场所。回购交易既是市场主体的融资工具，也是长期保值的重要工具。从交易的结构看，回购交易比逆回购交易的市场份额要大得多。

日本的回购市场一直以长期政府债券作为基本的交易工具。不过，近年来，用国库券作抵押品的现象越来越普遍。由于金融交易工具的增加和利率的市场化，短期资金有了更广泛的选择余地，加之政府对回购交易开征了证券交易税，降低了投资收益，因而近几年回购市场的交易量有所下降。

（二）我国的国债回购市场

我国的国债回购业务始于1991年。为提高国债的流动性，全国证券交易自动报价系统（STAQ系统）于1991年7月宣布试办国债回购交易，并于1991年9月14日在该系统的两家会员公司之间，完成了第一笔国债回购交易。此后，上海证券交易所、深圳证券交易所和天津证券交易中心等，也开办了国债回购业务。1994年是国债市场迅猛发展的一年，回购市场的交易量急剧增大。当年全国参加回购交易的单位有3 000多家，回购交易总量在3 000亿元以上。1995年，全国集中性国债二级市场即交易所和证券交易中心的回购交易量已突破4 000亿元。在这一段时间里，由于市场管理没有跟上及其他原因，回购市场在运行中出现了许多问题。主要表现在：（1）交易形式不规范。按照中国人民银行、财政部和中国证监会的规定，回购交易必须有100%的国库券或特定的金融债券现券做抵押。但实际上，各交易机构普遍实行了大大低于这一要求的比例回购交易。好多交易主体持有现券的比例在30%左右甚至更低。通过虚开国债代保管单套取资金，乃至进行完全无券的买空卖空交易的情况，也不鲜见。与此同时，还存在一个不通过集中交易场所而由交易双方在暗地里直接交易的场外市场，这实际上成了滋生违规交易的温床。(2) 交易主体不规范。有些参与回购的交易主体并不具备入市资格，更有甚者，一些个人承销商仅凭一纸空头协议，也可在回购市场上轻而易举地取得几百万元甚至更多的资金。(3) 资金用途不规范。从回购市场上取得的资金，主要流入了股票、期货市场和房地产投资领域。这不仅加剧了股市、期市和房地产市场的投机活动，助长了泡沫经济。同时，这也加大了融资风险，使得许多回购协议到期不能履约，成为呆账，形成严重的金融机构间的债务拖欠。(4) 回购交易的利率水平过高。一般情况下，回购交易的年利率在20%左右，高者达30%。这成为导致“利率大战”和引发金融秩序紊乱的一个诱因。(5) 金融机构的违规经费吸纳和运用情况较为严重。有的金融机构把通过回购交易取得的高息收入纳入“小金库”，用于不合法开支；有的金融机构用回购资金绕开规模放贷，搞账外经营，逃避中央银行的监管。

针对回购市场存在的诸多问题，从1995年8月开始，中国人民银行、财政部和中国证监会联合开始整顿回购市场。通过实行一系列的整顿措施，场外交易基本被遏止，回购市场的混乱状况有了明显改善，回购市场步入了正常、健康发展的轨道。到1996年末，上海证券交易所的国债回购交易量已达到12 439亿元，回购市场的融资规模已超过同业拆借市场、票据贴现市场等货币市场的子市场。为了有效规范和合理引导银行资金的流向，切断银行资金流向股市的渠道，防范金融风险，维护正常的金融秩序，在中国人民银行的统一部署下，1997年6月16日，银行间的回购交易从交易所市场退出，正式被纳入全国银行间同业拆借市场。银行间的回购交易实行询价交易方式，交易双方通过市场交易系统的计算机屏幕进行询价商谈并最终成交。交易结算通过中央国债登记结算有限公司，资金清算则按中国人民银行清算系统的有关规定办理。现有的《全国银行间债券市场债券交易规则》规定“债券结算和资金清算的时间采用T+0或T+1的方式进行”。2004年5月，银行间市场率先推出买断式国债回购新品种，在国债回购交易中引入了“做空”机制。与传统的质押式国债回购不同之处在于，在质押式国债回购中，出于控制结算风险的需要，回购的债券将被质押冻结，由此导致了债券的交易量大大减少，国债现券市场的流动性大大降低。而买断式国债回购不需要冻结质押债券，取得债券的一方被赋予了回购期间国债的处置权，可以进行现券买卖、国债回购等操作，这大大增强了国债市场的流动性。从期限来考察，目前我国在银行间市场和交易所市场的国债回购品种有1天、2天、3天、4天、7天、14天、21天、28天、91天、182天等，短期品种交易比较活跃。

国债的交易包括国债回购交易逐渐由交易所市场转向了银行间市场，既同两个市场在交易制度、市场参与主体方面的巨大差异有关，也同近年来交易所市场屡屡发生的债券违规回购交易有关。从国际经验来看，交易所在国债交易方面的弱势地位可能将继续维持下去。在交易所市场，国债回购交易存在一定风险，其根源在于托管和结算制度。券商既是国债市场的自营商，又是其他国债投资者的监管者，这是券商屡屡挪用客户债券的制度黑洞。2003 年末，有关当局要求对现有交易所国债回购制度进行调查和改进，以此消除存在的一些制度性漏洞，并酝酿改革交易所市场国债回购交易的模式。在借鉴银行间市场经验的基础上，2006 年 2 月，中国证券业协会发布了《债券质押式回购委托协议指引》，同时，上海证券交易所发布了《债券交易实施细则》，中国证券登记结算有限责任公司发布了《债券登记、托管与结算业务实施细则》，该细则在全面规范债券交易结算行为基础上重点明晰了国债回购制度改革内容，使交易所国债回购安全可靠。为了缓冲对市场的冲击，改革后国债回购实行“新老划断”的逐步过渡方式，新老回购方式将并存，原有回购规模逐步化解，缓解市场冲击，逐步完全过渡到新的回购制度。至 2007 年 6 月，上海证券交易所市场老国债质押式回购所有品种终止交易，余额全部到期并正常完成交收。同时，新国债质押式回购业务运行平稳，完全实现了取代老回购的目标。至此，历经 14 年运行的老国债回购业务压缩完毕，在证券公司常规监管期到来之前，老国债质押式回购存在的历史遗留问题得到全面解决，新的国债回购制度得以确立。

从总体上考察，我国目前的回购市场具有四个明显特征：（1）回购市场容量较大。国债回购经过 10 余年发展已形成一定规模，体现在未到期回购余额（融资量）和参与机构上，均呈现市场向深度扩展的趋势。（2）短期国债品种居主导地位。国债回购市场的交易呈现短期化趋势，如在上海证券交易所的回购交易中，1 天、3 天和 7 天三个期限品种的回购交易量占据主要地位。（3）回购交易利率市场性较强，但期限结构不尽合理。回购交易利率由市场自发决定，基本上反映了短期资金的供求关系。但由于国债发行、新股申购等对短期资金的大量、集中需求，使回购交易利率在期限上呈明显的倒挂现象。（4）银行间市场逐渐成为国债回购的主体，这与国际上的经验基本一致。

虽然历经十几年的发展，但我国的国债回购市场依然很不成熟。由于多方面的原因，目前的国债交易所回购市场和银行间回购市场被人为地分割开来，商业银行不能参与交易所市场，交易所市场参与主体有限，而证券公司参与银行间回购市场的力度也不大，这在无形中抑制了国债回购市场的发展。一个服务于回购交易的统一的国债登记、托管、清算和结算系统也还没有完全建立起来，国债回购中的各种违规行为仍大量存在，回购市场离法制市场仍相差甚远，特别是缺乏一部完整、系统的全国国债回购市场法规，回购市场的制度管理和运作技术亟待完善等。随着国债发行品种的逐步增加和发行规模的扩大，回购市场的规范化程度必将不断提高。

三、短期融资券市场

（一）短期融资券的概念和特点

短期融资券是企业以自身信用发行的期限在 365 天以内的债券，是一种无担保短期本票，一般采取贴现方式发行。企业短期融资券不需要提供任何担保，类似于商业承兑汇票和银行贷款，体现的是企业信用。我国的短期融资券在银行间债券市场发行和交易，在性质上同国外的商业票据是一样的。

就短期融资券的种类来说，根据分类标准不同，可以分为不同种类。按发行方式分类，可将短期融资券分为经纪人代销的融资券和直接销售的融资券。按发行人的不同分类，可将短期融资券分为金融企业的融资券和非金融企业的融资券。按融资券的发行和流通范围分类，可将短期融资券分为国内融资券和国际融资券。

短期融资券的发行程序一般为：公司作出发行短期融资券的决策；办理发行短期融资券的信用评级；向有关审批机构提出发行申请；审批机关对企业提出的申请进行审查和批准；正式发行短期融资券，取得资金。短期融资券本质上是一种筹资工具，其优点主要体现在筹资成本较低，筹资数额比较大，发行短期融资券可以提高企业信誉和知名度等。短期融资券在拓展企业的直接融资渠道的同时，丰富了证券市场的投资品种。

（二）中国的短期融资券市场

短期融资券的历史可以追溯到20世纪80年代。1987年，中国人民银行开始允许一些经济效益较好的企业向单位和个人发行短期融资票据。1989年，中国人民银行下发了《关于发行短期融资券有关问题的通知》，以文件的形式肯定了各地发行融资券的做法，并统一上收了分行审批各地融资券的发行额度的权力，由总行在年初一次性下达，分行在总行下达的额度内审批单个企业发行额度。至此，全国范围内除允许企业发行长期债券以外，也开始允许企业发行短期融资券。短期融资券管理的主要内容：一是实行规模管理，余额控制，年度内可周转使用。二是利率实行高限控制。三是确定人民银行是融资券的唯一审批机构，未经人民银行批准，不得发行。四是规定企业发行融资券所筹集的资金只能用于企业解决季节性、临时性的流动资金贷款不足，不能用于企业资金的长期周转和固定资产投资。1988～1997年企业发行的短期融资券具备以下特征：（1）期限短，分为3个月、6个月、9个月，最长不超过9个月；（2）发行对象为企事业单位和个人；（3）委托银行或其他金融机构为代理机构发行短期融资券；（4）允许二级市场交易；（5）鼓励评级。这些都是商业票据的基本特征。1993～1994年社会上出现了乱拆借、乱集资、乱提高利率的“三乱”，各地超规模发行债券，个别地区演变为以高利率集资，到1997年，一些地区企业债券和短期融资券不能按期兑付的情况逐渐暴露出来。如广东省1992～1997年发行各种企业债券260亿元左右，经人民银行批准的只有184亿元（其中短期融资券67亿元），到期未兑付余额近30亿元，占当年债券余额的18%。在企业债券交由国家计委统一管理后，国家除审批部分企业发行三年以上的长期债券以外，人民银行未再审批短期融资券的企业，短期融资券逐渐退出了市场。

2004年11月，为了解决证券公司短期资金的融通问题，中国证监会、中国银监会和人民银行联合出台了《证券公司短期融资券管理办法》。按照该规定，证券公司在满足一定条件后，可以在银行间市场发行短期融资券。尽管该办法的出台为证券公司进行短期融资提供了便利，但由于股票市场行情和证券公司盈利渠道缺乏等原因，最终只有5家证券公司发行了29亿元短期融资券，市场规模不足。2005年5月23日，人民银行颁布《短期融资券管理办法》，该办法对发行期限进行了更改。根据该办法，短期融资券对银行间债券市场的机构投资者发行，不对社会公众发行，只在银行间债券市场交易。同时对企业发行融资券实行余额管理，待偿还融资券余额不超过企业净资产的40%。融资券的期限最长不超过365天。融资券发行由符合条件的金融机构承销，企业自主选择主承销商。企业发行融资券均应经过在中国境内工商注册且具备债券评级能力的评级机构的信用评级，并将评级结果向银行间债券市场公示。该办法颁布后，上市公司掀起了一股发行短期融资券的热潮，短期融资券市场迎来了重要的发展机遇。如2009年短期融资券发行达到263只，发行额达到4 612亿元，是2005年的1 465亿元的3倍多。从短期融资券的发行来看，发行人以大型企业、上市公司和国有企业为主，但发行企业的行业背景和所有制背景日趋多样化，一些民营企业也加入了发券行列。发行的中介机构以内资商业银行为主，且其中股份制银行积极性高于国有银行。根据人民银行的规定，发行的短期融资券必须进行信用评级，目前发行的评级机构以国内评级机构为主。

企业在银行间债券市场发行短期融资券，不仅是我国融资方式的重大突破，也是人民银行进一步推动金融市场建设的重要举措，更是加强企业融资服务和完善货币市场建设的一项重大金融创新。目前，根据人民银行的规定，短期融资券的发行人可在人民银行核准的发行限额内，根据自身资金需要和市场供求情况，自行灵活确定发行日期、发行规模和发行价格，而且取消了发行利率管制。在短期融资券市场的中介服务方面，坚持了市场化取向，建立了竞争和淘汰机制，通过市场自我选择的力量来确定中介服务机构。同时，人民银行严格对发行人的信息披露监管，建立了包括发行信息披露、后续信息披露、重大事项临时公告等在内的整套信息披露制度，使投资者可以及时、便捷地获取发行人的有关信息，从而对投资风险作出识别和判断。所有这些举措，使得短期融资券市场成为市场化程度很高的货币市场子市场，有力地推动了货币市场和债券市场的创新与发展。但作为一项由市场监管部门推出的金融创新，短期融资券在发展的过程中也存在一些问题：企业发行的短期融资券的金额仍受到企业净资产比例的限制，难以满足企业的中长期融资需求，这限制了企业以短期融资券替代银行贷款的能力，也限制了市场发展的空间，在实际运作中出现了一定程度的银行垄断现象；商业银行不仅是主要的主承销商，还几乎垄断了短期融资券的认购，这导致短期融资券的发行价格相当程度上脱离了二级市场；短期融资券进行合理、有效的定价需要经历一个过程，短期融资券的定价体系有待逐渐完善等。

本章小结

货币市场的功能是进行短期资金融通，同业拆借市场、票据贴现市场、大额可转让定期存单市场和短期国库券市场是货币市场的基本构成部分。从许多国家的情况看，货币市场利率都以同业拆借市场的利率为代表性利率，发展货币市场是提高金融运行效率的基础性环节。

思考题

1. 同业拆借市场的基本功能是什么？
2. 同业拆借利率为什么是一个十分重要的指标？
3. 商业票据有哪些特点？
4. 大额可转让定期存单与普通定期存单有哪些区别？
5. 国库券的发行价格如何确定？
6. 什么是国债的回购和逆回购？
7. 中国的短期融资券市场发展如何？

第七章 期货交易

第一节 期货市场概述

一、现货与期货

在现代市场经济中存在着两种交易形式，即现货交易与期货交易。现货交易是人们经济生活中最熟悉、最普通、历史也最悠久的交易形式。现货交易发展到一定程度，出现了远期交易行为，远期交易的进一步发展最终产生了区别于现货交易方式的期货交易。期货交易的产生是交易方式的一次重大变革。自20世纪70年代以后，期货交易获得异常迅猛的发展。现在，从商品期货到金融期货，期货已成为现代市场经济运行中不可或缺的组成部分，也是当今商品货币经济高度发展的标志。

所谓现货交易，是以实现实物商品所有权的转移为最终目的的交易行为。最早的现货交易是以物易物，货币出现以后，产生了以货币为媒介的交换。不论是物物交换，还是以货币为媒介的交换，从完成交换过程的时间上看，现货交易可分为两种形式，一种是以“即买即卖”的形式出现的，即通常所说的“一手交钱，一手交货”的交易方式，这种在特定时间完成全部交换过程的交易行为叫即期交易。即期交易是在经济活动中仍占主导地位的一种交易方式，但即期交易不能适应社会化大生产的要求，因为它存在两个方面的问题：第一，必须以庞大的社会库存为基础，无论是生产者还是经销者，都必须保持充足的原料库存或商品库存，才能确保生产的顺利进行以及商品的持续供给，这就形成了巨大的库存成本。第二，由于市场供求关系是经常变化的，生产又需要一个较长的过程，这就使生产者承受了较大的风险。因此，即期交易的发展客观上要求充实交易方式，以便降低库存成本及规避生产风险，这就出现了现货交易中的另一种形式——远期交易。

远期交易通常是以合同契约的形式规定下来，并在未来某个时间交收实物的一种交易行为。我们通常所说的远期购销合同，就是一种远期交易。在远期购销合同中，买卖双方对商品的种类、规格、数量、价格、交货地点等都作了具体的规定。远期交易是以价格固定的合同为基础进行的，从而实现了经营风险从生产领域向流通领域的部分转移，因此，在一定程度上降低了社会库存成本和生产过程中的风险。但由于远期交易拉长了交易过程的时间，客观上又增加了流通领域把握未来市场供求状况的难度和风险。远期交易的局限性在于，它虽然为生产者调整经营方向和生产规模提供了时间，降低了库存成本，但流通领域的风险依然存在，并迟早会对生产领域发生影响。另外，远期交易虽为生产过程调整提供了时间，但并未对这一调整提供未来价格变化的信息。总之，远期交易与即期交易虽有较大差异，但两者都以实现实物商品所有权的转移为最终目的，即买者通过交易获得商品，卖者通过交易出让商品，因此远期交易仍属于现货交易的范畴。

期货交易的产生以远期交易合同到期前转让行为的出现为源头。最初的远期合同是不能转让的，但是随着市场交换关系的发展，远期合同可以通过背书的方式转让。随着现代经济的高度发展，期货交易这种新的交易方式获得了飞速发展，并且以自己独特的功能和影响成为现代市场机制中的一个有机组成部分。

什么是期货交易呢？概括地说，期货交易是指集中在法定交易所内，以公开竞价方式进行期货合约的买卖，并以获得合约价差为目的的交易活动。期货交易的基本特征：

（1）期货交易是在法定的交易所内，在严格的组织与管理下遵循特定交易规则进行的交易行为。交易方式是集中在交易所内以公开竞争的方式进行，而不是一对一签订契约。

（2）期货交易的买卖对象是标准化的期货合约，不是直接的商品货币交换。与此相对应，并不是所有商品都可以作为期货品种进行交易。期货交易的品种是在品种、规格、质量、数量、交割方式上都实现了标准化的商品。

（3）期货交易的主要目的不是为了获得实物商品，而是为了转移有关商品的价格风险或赚取期货合约的买卖差价收益。在当今金融市场中，用于实际交割的合约仅占期货合约交易的很小部分。

（4）期货交易依靠会员制度、保证金制度、每日价差结算无负债制度等一系列保障制度来保证市场运行，而现货交易是以《中华人民共和国合同法》为法律保障的。

应当指出，并非所有的商品都能作为期货商品，能够在期货市场上市交易的商品通常具备一定的条件：（1）可贮藏性。一般能够保存一定时间，期货合约的交割日期为3个月到1年，甚至更长的期限，商品必须在较长的时间内不会变质。（2）品质可划分性。为实现合约的标准化，期货商品必须是有明显可划分性和评价标准的商品。（3）交易量大宗性。只有大量交易的商品才能进入期货市场。（4）价格波动频繁性。如果该商品价格不存在较频繁的波动，就不会形成回避价格风险或投机获利的要求，期货交易的基础就不复存在。

二、期货价格的决定

期货交易与现货交易是两种不同的交易方式，但这两种交易方式并不是在完全孤立的两个市场上进行的。在价格方面，现货价格是现货市场中买卖商品的成交价格，期货价格是未来交易中商品的成交价格。期货价格的实质是对未来现货市场价格的预估值。期货价格与现货价格的密切关系表现为期货价格是以当前市场的现货价格为基点变化的，正如价格围绕价值上下波动一样，期货价格或高于现货价格，或低于现货价格，或大致等于现货价格。

（一）期货价格的决定因素

现货价格与期货价格之间的价格关系是以基差的形式表现出来的。所谓基差，是指特定商品在某一时间、地点的现货价格与期货价格之间的差额，它反映了现货价格与期货价格之间的变动幅度。如果不列明其他因素，基差就是现货价格与离交割期最近的期货月份的合约价格之间的价格差异。现货价格低于期货价格，基差为负值，一般称现货贴水或期货升水；现货价格高于期货价格，基差为正值，一般称现货升水或期货贴水。

决定期货价格的因素很多，主要包括以下几个方面：

（1）市场供求关系。市场供求一般包括交易商品近期、远期的供给和市场需求情况，替代商品的供求和价格情况。具体包括现实可结算的库存量、未来产量的预测值、替代产品供求、国外的产量与需求。

（2）市场运输成本，也称空间成本。如果期货合约存在商品交割，现货商品需要交运到期货市场指定的交割仓库，这就存在运输支出。运输成本越大，对期货价格的影响也就越大。

（3）持有成本，也称时间成本。它反映两个市场的时间因素，指持有或储存交易商品的成本，包括贮藏费用、利息费用、保险费和损耗费。其中，利息费用是资金占用的成本，它受利率变动的影响很大。

（4）季节性价格波动以及国家政策变化等因素。

上述几个方面是决定期货价格变化的基本因素。实际上，在期货市场上，期货价格的具体形成是由买方与卖方根据当时的各种信息，公开竞价决定买进或卖出所产生的结果。从理论上说，由于期货市场具有公开性、透明性、信息深入性与广泛性，期货价格一般可以反映未来现货市场的供求关系。但也不排除期货市场受到市场操纵等不正当行为的影响，出现期货价格带动现货价格暴涨暴跌的情况，价格严重脱离商品价值，冲击现货市场正常的价格水平。

（二）不同市况下期货价格的变化

（1）正常市况下的期货价格。在正常的商品供求情况下，各月份的期货价格应大于该种商品的现货价格，并且远期合约的期货价格大于近期合约的期货价格，近期合约的期货价格大于目前的现货价格。这是因为，期货合约是一种远期交割的合约，持有期货合约既需要承担一定的风险，又要支出一定的成本。因此，期货价格正常地包含一定的持有成本，使得持有期货合约者能获得一定的价格报偿。当然，这必须以供给与需求大体平衡为前提，尤其是不致于出现因供给短缺而使期货价格的持有成本消失为前提。当期货价格高于现货价格时，通常意味着现货供给对于现在和预期的需求水平来说都是充足的。也就是说，在交货时点的现货价格是否比近期的期货价格高，在很大程度上是由现货市场上可得到的，相对于当时需求而言的商品数量决定的。当期货价格比现货价格高时，我们称为期货升水。在这种正常市况下，持有期货合约就会获得价格补偿，其价格走势也构成期货市场的中市特征，如图 7－1 所示。

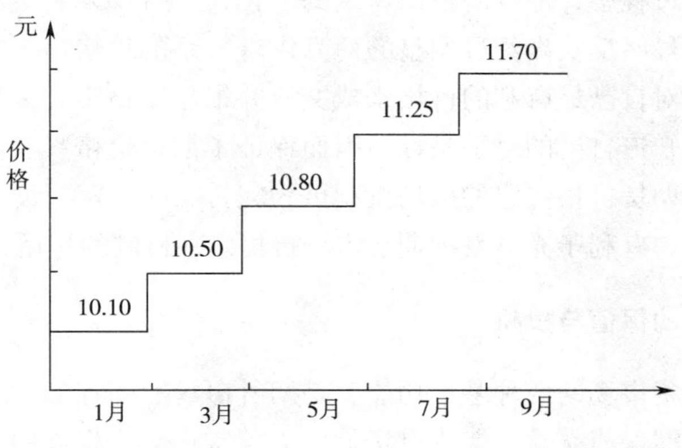

图 7－1　正常市况下的期货价格

（2）倒置市况下的期货价格。当市场上商品的供求发生供给短缺、供不应求的现象时，现货价格会高于期货价格。相应地，近期的期货价格也会高于远期的期货价格。在这种情况下，即期需求比较强劲，价格就不能反映出远期成本，持有期货合约就不可能获得报偿。当期货价格低于现货价格时，称为期货贴水。图 7－2 为倒置市况下的期货价格。

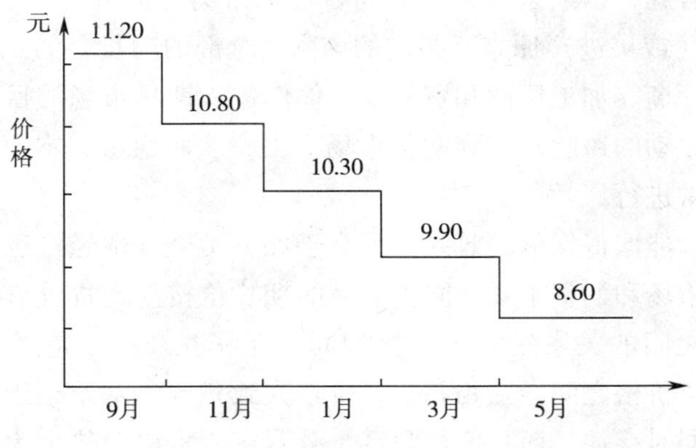

图 7－2　倒置市况下的期货价格

（3）交割期的期货价格。当期货合约临近交割时，期货价格中所含的远期因素会逐渐消失，现货价格和期货价格之间的基差也会逐渐缩小，逐渐趋合。这时，现货价格与期货价格不会偏离太远。如果存在较大基差，套利交易就会十分活跃。例如，期货价格高于现货价格，交易者就可能购买现货；反之，如果现货价格高于期货价格，交易者就将购买期货，从而拉平现货价格和期货价格。一般来说，最后交割日现货价格与期货价格之间的基差会消失，价格最终趋于一致。

总之，某种商品的期货价格的实际形成是由买卖标准化合约的交易双方在当前现货市场价格的基础上，通过各自对未来商品供求关系变化的预测，采用公开价格竞争的方法来确定的。在交易过程中，随着潜在供求量的变化，交易双方会不断地变换自己的交易方向和交易部位，最终反映出经过调整的商品供求关系的价格。买卖双方为了自身的经济利益，都试图以对自己最有利的价格来成交，并根据价格变化采取行动。同时，期货市场中的交易者不知道自己的对手是谁，因而保证了期货价格具有高度的竞争性、公开性和统一性。这使期货价格决定的市场机制更为完善，在一定程度上避免和消除了价格的盲目性与波动性，有利于充分发挥期货市场价格发现机制的作用，调节供求。

三、期货市场上的保值与投机

保值与投机是期货市场的两种基本功能，是期货市场上并存的、不可或缺的一对孪生兄弟。如果没有套期保值交易，期货市场就失去了它产生、发展的前提；如果没有投机者的参与，期货市场就失去了承担风险的主体，就会没有流动性，而不能实现保值的目的。

（一）套期保值的定义

所谓套期保值，是指交易者为了配合现货市场的交易，而在期货市场上设立与现货市场方向相反的交易部位（或头寸），以便转移和规避价格风险的交易行为。具体地说，就是在期货市场上买进（或卖出）与其将在现货市场买进（或卖出）的现货商品数量相同的该商品的期货合约，以期未来某一时间在现货市场上买进（或卖出）现货商品时，在期货市场上卖出（或买进）原来所买进的该商品全部的期货合约。做套期保值的期货交易者一般是生产厂商、加工厂商和贸易商，他们进入期货市场的目的是为了寻求一个理想工具，把价格波动的风险转移到期货市场上去，从而稳定成本、锁定利润，保证生产和经营活动的正常进行。

套期保值之所以能取得保值的效果，是基于如下两个基本经济逻辑：一是同一种商品交易存在于现货市场和期货市场，同种商品的期货价格与现货价格受相同因素的影响和制约，两者价格之间的关系是大致走势相同，互涨互跌；二是当期货合约交割到期时，期货价格与现货价格之间会互相趋合，价格大致相等，基差趋于零。套期保值交易就是利用两个市场同时存在，而且价格联系十分紧密、价格趋势也大致相同的特点，在两个市场同时交易，反向操作。因此，只要坚持套期保值的操作原则，即数量相等、方向相反的原则，在一个市场上买进的同时在另一个市场上卖出，那么，无论价格怎样变动，都能取得在一个市场上出现亏损的同时，在另一个市场上必定盈利的结果，实现套期保值的目的。

（二）套期保值的功能

套期保值是一种有意识的防御性措施，它通过现货市场与期货市场的反方向运作，形成现货与期货“一盈一亏”的结果，经过盈亏相抵，达到减少或规避价格风险的目的。其功能表现在以下几个方面：

（1）稳定社会生产成本。通过进行套期保值，企业可以根据既定的成本开支来安排生产经营，稳定生产经营活动，进而达到对社会生产成本的稳定作用。

（2）促进形成合理的价格水平。套期保值行为本身具有一种平抑商品价格的作用，这是期货“价格发现”功能的一个重要方面。当市场价格偏低时，保值者便会在期货市场上竞相购入合约，使价格回升；当市场价格偏高时，保值者会纷纷卖出合约，使价格回落。这样就可以促使该商品价格趋于稳定，从而形成合理的价格水平。

（3）为企业防范价格波动提供了有力手段。企业可以根据自己对商品价格变化趋势的判断，选择自己在期货市场上的买卖方向，进而消除因商品价格的波动产生的不利影响。

（4）促进产品销售。套期保值操作可以减少企业存货积压的困境，并节省大量的仓储费用。

（三）套期保值在操作上遵循的四大原则

（1）交易方向相反原则。也称“反向操作的原则”，即在两个市场上同时或先后采取相反的买卖行动，从而建立起一种互相补偿的机制。具体地说，在现货市场上买进（或卖出）商品的同时或前后，在期货市场上卖出（或买进）该种商品的期货合约。这样，套期保值才能取得在一个市场上亏损的同时在另一个市场上必定会盈利的结果，两者相抵达到保值目的。

（2）商品种类相同原则。这是指套期保值所选择的期货品种必须与现货市场上买卖的商品是相同种类。只有种类相同，才有可能保持紧密的关系，保持相同的价格走势。当然，在期货交易的实践中，也有一种叫做“交叉套期保值交易”的做法。即选择一种与该现货商品种类不同，但在价格走势上互相影响且大致相同的相关商品的期货合约，这种替代的期货商品最好也是现货商品的替代商品。替代性越强，套保的效果越好。

（3）商品数量相等原则。这是指在做套期保值时，选择的期货合约的数量要与交易者在现货市场上买进或者卖出的实际数量相等。只有这样，才能达到保值的效果。

（4）月份相同或相近原则。这是指做套期保值时，所选用的期货合约的交割月份最好与交易者将来在现货市场上实际买进或卖出的现货商品的时间相同或相近。这是因为相同或相近月份的期货价格与现货价格会互相趋合，汇聚为一，有助于到交割月份进行对冲，完成套期保值交易。

（四）期货投机的内涵

投机交易是期货市场不可或缺的组成部分。套期保值者之所以要进行期货交易，其目的是利用期货市场把正常经营活动所面临的价格风险转移出去，但是，谁来承担这个风险呢？这就是另一类期货交易参与者——风险投资者，也就是投机者。没有投机者的参与，套期保值者想转移的价格风险就无人承担，期货市场所具有的转移价格风险的功能就无法实现。

所谓投机，是指投机者通过预测未来价格的变化，利用自己的资金进行投资买卖期货合约，以期在价格出现对自己有利的变动时对冲平仓，获取利润的行为。期货市场中的投机交易原理与一般的贸易活动中的投机行为类似，即低价时买入，高价时卖出，从差价中获取利润。不同的是，期货投机纯粹是一种买空卖空的行为，即实际上是对期货合约本身的买卖，不需要实际拥有商品。投机者根据自己的价格判断，随时采取有利的交易部位，即当预测价格会上涨时，买进（做多头）期货合约，并在涨势过程中适时地卖出手中的期货合约（多头平仓），从而获得价差利润；当判断价格会下跌时，卖出（做空头）期货合约，并在价格下跌过程中适时地买回先前卖出的期货合约（即空头平仓，或称空头回补），从而在高价卖出、低价买入的差价中获得利润。显然，期货投机就交易过程来说比现货投机要简单，期货交易者可以在任何一个价位上选择是做多还是做空。当然，进行这种投机并不是一种轻而易举的行为，在价格分析和操作技巧上需要相当丰富的操盘经验。

期货投机者之所以甘愿承担价格风险，是因为期货市场是一种高风险、高回报的市场。投机交易的活跃是由于期货交易中实现了保证金制度，即交易者可以用少量的资金来做数倍于该资金的交易，以此来寻求获得高额利润的机会。一般地，在期货市场上，交易者只需缴纳商品总额5% ~20%的保证金，就可以做一笔价值为保证金20倍左右的交易，这种期货投机的杠杆原理效应对参与者具有很强的吸引力。同时，期货市场上价格的频繁波动，又为获利提供了更多的机会，对投机者是一种很强的诱惑。实际上，在期货市场，真正到交割日进行实物交割的只占交易的5%。

（五）期货投机交易的经济功能

期货投机交易在期货市场上发挥着一系列重要作用，其主要经济功能表现为以下几方面：

（1）承担商品价格波动的风险。投机者为了获取丰厚利润，而用自己的资本进行冒险，并在期货交易中承担价格风险。从这个角度来看，投机者是承担期货市场价格风险的主体，没有大量的投机行为，套期保值就不可能实现。

（2）提高了期货市场的流动性。市场的流动性是指交易者可以根据自己的意愿自由进出市场。大量投机交易者的存在，包括进行短线交易者与抢帽子者的频繁交易，客观上为套期保值者提供了容易对冲合约的条件，保证了套期保值的顺利实现。

（3）发现和形成合理的价格水平。由于投机者广泛地收集市场信息，认真地研究、预测商品市场的供求状况及其他价格变化，因此可以在投机交易中发现未来合理的价格水平。价格处于低水平时买进期货，使期货商品需求增加，导致价格上涨；在较高价格水平上卖出期货，使期货商品需求减少，从而又平抑了价格，形成稳定的价格水平。期货价格代表了所有市场参与者对于未来市场价格的预期，它是一种可以反映买卖双方的意见、需要和预期的价格。

（4）促进区域市场一体化。投机行为使各种经济信息在更大范围迅速流动传播。当不同地区，乃至世界范围内的商品价格发生异常时，投机者就可以从一个地方买进，在另一个地方卖出，逐渐拉平价格差距，从而形成更广泛的、稳定的市场价格体系。在这方面，金融期货的市场全球化更为明显。

当然，期货投机除了有上述积极作用外，也有其消极的作用。首先，投机者可以通过大量买卖期货合约进行价格操纵，人为地造成期货市场上供求关系的失衡，采取“空逼多”的方式，控制行情走势，牟取暴利。其次，期货市场投机成分过重，也会对市场价格的波动起推波助澜的作用。比如，期价与现货价严重背离，使期价攀升到令人惊讶的地步，从而破坏了现货市场的价格体系。最后，过度投机会产生不正当内幕交易，出现舞弊等不良行为，损害期货市场功能的正常发挥。

四、商品期货与金融期货

期货交易根据交割对象的属性不同划分为两大基本类别，即商品期货和金融期货。商品期货发展的历史比较长，最早的商品期货是农产品期货，经过数百年的发展后，又相继出现了以生产资料、工业品、贵金属为对象的商品期货。金融期货是期货交易运用领域的新拓展，在20世纪70年代才出现，但发展十分迅速。它包括外汇期货、利率期货、股票指数期货等。目前，金融期货在规模和重要性上已经大大超过商品期货。

商品期货与金融期货在功能上是相同的，即都具有套期保值、转移价格风险及发现价格、熨平价格波动的功能；在交易方式上，都是在交易所内通过公开叫价进行期货合约的买卖。不同的是，商品期货是以实物商品为内容的交易，金融期货是以现金或金融证券为内容的交易。另外，两者在标准合约的规定以及交割方式上也存在着差异。

应当指出，商品期货与金融期货的本质是一样的。从严格的意义上讲，所有的期货市场实际上是一个金融市场。期货市场是以弥补现货市场内在的、无法克服的缺陷而产生的。在利用期货市场方面，人们在交易中看重的并不是具体的商品及其质量、规格，而是在期货合约的买卖中产生的利益。交易者既不是以货币购买商品，也不是用商品换取货币，而是用钱换钱。因此，期货市场的本质已不再是一个沟通商品交换的市场，而是一个沟通不同规模、不同时点上的货币交换的市场。这也是理解期货交易的本质特征的关键。

第二节　金融期货

一、金融期货的基本类型

金融期货交易是西方金融创新的产物，是各种金融工具演变为金融商品之后的一种期货合约的交易行为。金融工具是资金往来关系中各方享有权利和承担义务的书面凭证，包括钞票、存款、股票、债券、商业票据、银行票据以及保险单等。金融市场就是建立在这些金融商品的买卖基础上的融资场所，与商品市场一样，金融市场也可分为现货市场和期货市场。金融期货的基本类型主要有外汇期货、利率期货、股票指数期货三种。

（一）外汇期货

外汇期货是指外币期货合约的交易。外汇是一种可自由兑换的国际化货币，外汇交易则是以一种货币兑换另一种货币的行为。自1973年3月以美元为中心的国际货币体系崩溃之后，由于西方国家开始实行由市场供求关系决定货币价格的浮动汇率制，导致汇率的涨跌十分剧烈。从事国际贸易的经营者除了承担商品的价格变动带来的商业风险外，还要承担汇率变动带来的汇率风险，从而产生了通过期货市场进行套期保值、回避汇率变动风险的客观要求。1972年5月16日，芝加哥商品交易所（CME）首创并推出英镑、加拿大元、西德马克、意大利里拉、日元、瑞士法郎等外汇期货交易，并成为世界上最大的外汇期货市场。

外汇期货合约是由期货交易所制定的一种标准化合约，在合约中对交易币种、合约金额、交易时间、交割月份、交割方式、交割地点等内容均有统一的规定。外汇期货市场就是对标准化合约的买卖，交易双方通过公开竞价的方式达成合约中唯一没有规定的成交价格，从而完成外汇期货合约的买卖。

（二）利率期货

利率期货是指在期货市场上所进行的标准化的以国债为主的各种金融凭证的期货合约的买卖。金融凭证是资金借贷的产物，亦即有价证券，它是一种生息资产，和其他商品一样，可以在市场上出售，不但可以在现货市场上出售，也可以在期货市场上出售。金融凭证包括国库券、政府债券、商业票据、定期存单等。由于债券的实际价格与利率水平的高低密切相关，因此也被称为利率期货。

利率期货最早产生于美国。由于美国政府自20世纪70年代起实行利率自由化政策，受货币供求关系的影响，利率的变动十分剧烈，随着债券流动量的增加，价格波动大，利率风险对冲需求日益增长。1975年10月，芝加哥商品交易所在政府有关部门协助下，经过数年的调查和研究后，运用谷物和其他商品期货交易的经验，率先推出了第一张抵押证券期货合约；1976年1月开展短期国债期货；1977年8月又推出了长期国债的利率期货；1982年5月推出中期债券期货并获得了巨大成功。目前，利率期货已是全球期货商品的主流，其成交量高居各类期货商品的首位。

在美国，利率期货主要是短期债券期货，还款时间从30天至1年不等，其中以90天债券最为流行，包括短期国库券、欧洲美元、商业票据、定期存单；中期债券期货的还款期一般是1～10年；长期债券期货的还款期是10～30年。另外，房屋抵押债券、市政债券等也成为期货上市品种。

（三）股票指数期货

股票指数期货是期货市场上以股票价格指数作为基础的标准化合约的期货。股票指数期货的产生源于股票市场价格波动的风险。股票价格经常的剧烈波动会给股票投资者带来巨大的风险，这种风险一般分为两类：一类是系统性风险，另一类是非系统性风险。为了减轻股价波动带来的风险，同时也为一些无力从事股票交易的投资者提供机会，以股票指数为交易对象的期货就应运而生了。

在金融期货的品种中，股票指数期货是唯一用现金结算的期货品种，这是它的特殊性。在股票指数期货市场上，人们买卖的不是以实物商品为基础的标准化合约，而是以股票价格指数为基础的合约。股票指数是通过选择若干种具有代表性的上市公司的股票，经过计算而编制出的一种指数，它反映的是股票市场平均的涨跌变化的情况和幅度。

美国堪萨斯期货交易所于 1982 年 2 月 24 日推出了价值性综合平均指数期货合约。同年 4 月 21 日，芝加哥商品交易所推出了标准普尔 500 种股票价格指数合约。5 月 6 日，纽约证券交易所推出综合股价指数合约。芝加哥期货交易所于 7 月 23 日推出了主要市场指数合约。此后，世界上其他交易所也纷纷推出股票指数期货进行交易。如 1983 年悉尼期货交易所推出悉尼普通股股票指数期货，1984 年伦敦国际金融交易所推出伦敦股票价格指数期货，1986 年新加坡推出指数期货交易，1988 年东京股票交易所推出 TOPXI 指数期货，1996 年韩国证券交易所推出 KOSPI200 指数期货。我国的香港和台湾地区也相继加入了股指期货交易的行列。1986 年 5 月香港期货交易所推出恒生指数期货，1998 年台湾期货交易所推出台湾证交所股指期货合约。从此，股票指数期货便在全球范围内开展起来。

二、金融期货市场的功能

在金融期货市场发育得较成熟的美国，美联储理事会、美国财政部、美国证券交易委员会和美国商品期货交易委员会四个联邦机构曾经联合对期货市场进行了比较权威的调查研究，结论是金融期货和期权市场具备有益的社会功能。一般来说，金融期货交易的基本功能主要表现为以下四个方面：

（1）增强了证券市场的流动性，稳定了现货市场。金融期货对资本形成没有明显的负面影响，而是加强了基础现货市场的流动性。虽然新的资本并不直接从期货市场筹集，但期货市场的存在增强了证券市场资本的流动性，实际上对现货市场起到了稳定的作用。

（2）提供了一种转移风险的手段。金融期货市场可以把与价格波动相关的风险同其他类型的商业风险分离开，并可使套期保值者向投机者转移风险，把这种风险调节到可以接受的水平。即将市场、利率、汇率等风险从不愿意承担风险的公司或个人转移给较愿意承担者，由于金融风险能够转移，期货市场提高了资本运用的程度和效率。

（3）形成了一种价格发现的机制。金融期货合约提供了各种现货工具和派生产品的套利机会，交易者通过期货市场减少了寻找价格和交易对象的成本，使所有相关金融市场的活跃性和流动性都得到刺激。同时由于该市场可自由进入，汇集了众多参与者的各种信息和不同的买卖意见，买卖双方通过公开竞价使价格形成相对容易，提供了一种价格发现的机制。

（4）为金融机构提供了获取利益和风险管理的机遇。正确地运用金融期货还能给金融机构带来几个方面的好处。期货市场不但为金融机构提供了参与利率汇率波动投资和金融权益转换的有效工具，还为金融机构提供了风险管理的工具。此外，期货的应用还能导致金融产品的改进和创新，直接促进金融机构竞争力的提升。

第三节 金融期货市场

金融期货市场是在20世纪70年代布雷顿森林体系崩溃后，固定汇率制转换成浮动汇率制，国际间金融风险增大的背景下发展起来的。金融期货最早出现在美国，并且美国一直保持着领先地位，不断创新开发出新的期货合约种类。金融期货市场实际上是期货市场的一个创新产物，金融期货市场与商品期货市场有着渊源关系，金融期货市场在许多方面沿袭了商品期货市场的管理方法，如遵循政府管理机构、行业协调组织和期货交易所三级管理体系等。根据交易的期货合约种类，金融期货市场相应地分为外汇期货市场、利率期货市场和股票指数期货市场。

一、外汇期货市场

世界上第一个买卖外汇期货的有形市场是1972年5月16日成立的芝加哥国际货币市场。随后，西方主要发达国家相继建立了自己的外汇期货交易所，外汇期货合约的种类及交易量都发展得非常迅速。外汇期货市场的形成为规避外汇风险提供了一个很有效率的中心市场，使抱有不同经济目的的交易者都能基于自己对期货行市的认识，聚集在一起进行交易，转移外汇风险，实现套期保值。

（一）外汇期货市场的交易程序和特点

在外汇期货市场上，外汇期货交易是在交易所内按照交易规则，通过公开竞价方式进行的。买卖外汇期货合约的一般程序和特点是：

（1）首先，外汇期货合约的交易者将买卖委托书交给经纪商或交易所成员公司，然后由他们传递到交易大厅，经过场内经纪人之间的“公开喊价”或电子计算机的自动撮合，使外汇期货合约能在公开竞争的条件下买进或卖出，决定外汇期货合约的价格。

（2）买卖期货合约时，并不需要实际付出合约面值所标明的外汇，而只需支付手续费。合约生效后，以当天收市的实际外汇期货市价作为结算价，进行当日盈亏的结算。如果结算价高于该期货合约交易时的成交价格，则为买方盈利；反之，则买方亏损，卖方受益。

（3）外汇期货价格实际上是预期的现货市场价格，在投机者的参与下，期货价格会朝预期的现货市价移动，两个市场价格具有趋同性。

（4）外汇期货以所交易的外币为交割对象，到期未对冲掉合约，卖方必须从现货市场购入即期外汇交给买方，履行交割义务。

（二）外汇期货市场的功能

1. 外汇套期保值

外汇期货市场与其他期货市场一样，具有套期保值功能。在汇率变动异常剧烈的情况下，从事国际贸易的跨国公司、进出口公司以及外汇管理机构等有必要利用外汇期货市场对其外汇资产进行套期保值。套期保值功能是外汇期货市场最主要的功能，这一功能的实现，通过采取与现货头寸方向相反的外汇期货交易的方式，以减轻或消除未来现货市场的风险。套期保值的方式有两种，即空头套期保值和多头套期保值。

（1）空头套期保值。某美国出口商3月10日向加拿大出口一批货物，价值50万加元，现汇汇率1.0105美元/加元，按加元结算，3个月收回货款。为防止3个月后加元汇率下跌，该出口商在外汇期货市场上卖出5份6月份加元期货合约，面值10万加元，价格为1.0104美元/加元。3个月后，如加元果然贬值，现汇汇率降至1.0075美元/加元，该出口商便按6月份到期合约的期货汇率1.0065美元/加元买回（平仓）5份合约，市场上损失［50万×（1.0105－1.0075）］＝1 500美元，在期货市场上盈利［50万×（1.0104－1.0065）］＝1 950美元，净盈利450美元。这是一次成功的空头套期保值，期货市场的盈利弥补了现货市场的损失，实际收回货款424 950美元。如果3个月后加元汇率并未下降而是上升了，6月10日现货汇率为1.0115美元/加元，同时该出口商买入（平仓）5份当日加元期货合约，价格为1.0113美元/加元，则该出口商在现货市场上盈利500美元，在期货市场上亏损450美元，净盈利50美元，实际收回货款424 550美元。这一结果说明，套期保值虽然可以规避汇率波动的风险，但同时也可能抵消潜在收益。如果套保方向错误，反而减少了现货市场的收入。

（2）多头套期保值。多头套期保值的方法和原理与空头套期保值一样，只是方向相反，在期货市场上买进，在现货市场上卖出。选择多头套期保值者一般是进口商或在未来某一时点将要履行支付义务的人。只有当他们预测外汇汇率可能会上升，会增加未来支付金额时，才运用多头套期保值，以规避现货市场的空头头寸可能出现的风险。

2. 外汇期货投机

除上述外汇期货市场的套期保值交易外，在这个市场中还存在着外汇期货的投机交易。这是外汇期货市场的又一重要功能。

外汇期货投机是通过买卖外汇期货合约，从外汇期货价格的变动中获利并同时承担风险的行为，外汇期货投机交易者承担和分散了套期保值者的汇率变动风险。投机交易的基本原理是投机者根据对外汇期货价格走势的预测，买进或卖出一定数量的外汇合约，如果价格走势如所预测，则可以在某一价格上顺利平仓，合约的买卖差价即为盈利；如果价格走势出乎意料，与预测方向相反，则投机者就要承担风险，买卖差价即为亏损。外汇期货投机分为空头投机和多头投机两种类型。

所谓空头投机，是指投机者预测外汇期货价格将要下跌，从而先卖（开仓）后买（平仓），以高价卖出后低价买入，从而达到获利目的。例如，某投机者预测美元对日元将会大幅贬值，于是先以76日元/美元的期货价格卖出3份9月份美元期货合约（每份价值10日元），结果美元果然大幅下跌至41日元/美元，该投机商在此价格买入（平仓）3份合约，即每1美元获利35日元。3份合约的空头投机获利为（76－41）×10×3＝1 050万日元（交易手续费省略）。

与此相似，多头投机是投机者预测外汇期货价格将要上升，先买后卖，以低价买进后高价卖出，从而获利。以上述美元对日元汇率的巨幅震荡为例，该外汇汇率变动走势经过几个月的暴跌之后开始反转，某投机商预测12月份美元会大幅上升，于是买入5份期货合约，价格为82日元/美元，至12月份期货价格果然涨至100日元/美元，该投机商在此价位卖出5份期货合约平仓，获利为（100－82）×10×5＝900万日元。当然，在这种剧烈震荡中，如果投机预测失误，也会承受重大损失。

二、国库券期货市场

国库券期货属于利率期货的范畴，利率期货市场按借款时间的长短分为资金期货市场与资本期货市场两大类。资金期货市场是买卖标准化的短期信用工具的市场。在美国，资金期货市场上交易较多的合约是短期国库券、欧洲美元、联邦基金利率、商业票据和定期存单。资本期货市场是买卖标准化的长期附息证券的场所。在美国，长期附息债券用于期货交易的主要有四种：中期国库券、长期国库券、房屋抵押债券和市政债券。国库券期货市场分为短期国库券期货、中期国货券期货以及长期国库券期货。

（一）短期国库券期货

短期国库券具有流动性大、安全性强、能满足各种类型和各种层次的投资者的需求等特点，所以成为最受欢迎的投资工具。以美国短期国库券为例，一般期限分为3个月、6个月和1年。它以折扣方式出售，投资者的回扣就是购买价格与到期面值之差。如面值为1万美元的6个月国库券以9 550美元售出，到期时的回扣就是450美元。其计算公式为

$$折扣金额＝到期面值×贴现率（或收益率）×国库券实际期限/360$$

$$实际支付价格＝到期面值－折扣金额$$

在美国，短期国库券的主要购买者有银行、公司企业、州和地方政府、联邦储备银行、各种信托基金和私人投资者。其中，联邦储备委员会成员银行和各种政府信托基金是最大的短期国库券拥有者。短期国库券期货交易面值一般为100万美元，90天到期的具体到期交货月份分别为3月、6月、9月和12月。由于短期国库券期货合约的投资者可以在交割期之前对冲该合约，因此，到期实际交割的合约很少。

假定如果年收益率为8%的100元短期国库券在国际货币市场的报价是92元，则6

个月期的短期国库券价格等于 100 元 - 100 元 ×8% ×6 个月/12 个月 =96 元。美国短期国库券合约最小价格波动幅度为一个基数点，即 0.01%，那么 3 个月期限的国库券合约的基数点是 100 万美元 ×0.01% ×3 个月/12 个月 =25 美元。

（二）中长期国库券期货

中长期国库券期货在市场上也是重要的品种。以美国国库券期货为例，中期国库券期货期限在 1~10 年不等，一般 2 年、5 年和 10 年的国债期货较为常见。中期国库券和期货市场的主要参与者是政府证券的交易商，他们主要通过回购协议融通资金。中期国库券的交易单位为 10 万美元，交割方式是通过美联储电子过户簿记系统进行交易。

在美国，以 10 年期以上国债库券作为交割的期货为长期国库券期货。长期国库券是指美国政府为筹集长期资金而向公众发行的可转让的债务凭证，期限为 10~30 年不等。长期国库券具有竞争性强、还本付息及时、市场流动性好等特点，通过拍卖可以从国内外筹集到巨额资金。长期国库券期货合约与中期国库券合约相似，是以相对于面值的百分比方式报价的。1977 年 8 月，芝加哥期货交易所创设了美国长期国库券期货合约，它满足了金融机构和公司企业进行套期保值的需要。

三、股指期货市场

所谓股指期货，是以证券市场的股票价格指数为买卖对象，进行有关股票指数标准化合约的交易。该合约是参与股票指数期货市场的买卖双方根据事先约定好的价格，在未来某一特定时间进行股票指数交易的一种协定。

（一）股指期货的交易特点

股指期货与其他种类的金融期货不同，主要是这种期货是唯一一种不以实物（即股票）交割，而是以现金进行结算的期货。股指期货的交易者不一定要持有股票，解决了投资者在购买股票时经常遇到的难题，即虽然知道整个股票市场总的趋势，但还不能真正把握购买哪一种股票好的问题。股指期货交易具有以下方面的特点：

（1）股指期货具有期货和股票的双重性。在期货市场上，股指期货的交易者要承担股票市场价格波动的风险，波动的幅度大小以指数的涨跌幅度来衡量。交易者必须对股票市场的走势作出预先的判断，期货交易与股票交易密切相关，若预计股指价格将上涨，则可先买入股指期货合约，然后在比较高的价格上出售股指期货而获利。若预测股指价格将下跌，可以先卖出指数合约，并以较低的价格买入期货合约，达到获利目的。

（2）股指期货不仅可以防范非系统性风险，而且可以防范系统性风险。这是因为股指本身对应经过选择的、具有代表性的一组股票，买卖股指就相当于进行一种组合投资，相当于参与了整个股市，而不必考虑购买个别股票而带来的非系统性风险。此外，股指期货交易还为那些准备长期持有股票的投资者提供了防范股票价格的系统性风险和进行保值的条件。

（3）股指期货交割时，实际上只是把股票指数按点换算成现金进行交易。股指期货合约的价值是由交易单位乘以股价指数计算的。合约到期时，以股票市场的收市指数作为结算的标准，合约持有人只需支付或收取按购买合约时的股票指数的点数与到期的实际指数的点数计算点数之差折合成的现金数，即完成交割手续。在实际交易中，真正到期交割的合约只占该期货合约的1% ~2%，绝大多数合约基本上在合约到期前就对冲了结了。

（4）股指期货具有高杠杆作用。投资者参与股指期货投资，只需要缴纳合约10%左右的保证金即可进行。这种高杠杆作用可以使投资者以小博大，获取大利。此外，股票指数期货还有交易成本低、流动性强等特点。

（二）股指期货市场的运作

股指期货的交易不是在股票交易所而是在期货交易所进行的。股指期货的市场结构主要由期货交易所、结算公司和会员公司三个组织组成，它们各司其职，发挥各自的市场功能。期货交易所主要负责市场的操作，如提供交易场所、维持市场秩序、制定和修正买卖规则等；结算公司和会员公司主要负责期货合约的结算，并承担保证每笔交易的清算，保证合约买卖双方合法权利的担保责任。

以香港恒生股票指数期货为例，参加股指期货交易的成员主要有五类：通用结算会员、结算会员、非结算会员、本户会员和一般客户。其中，通用结算会员、结算会员、非结算会员和本户会员都是期货交易所的会员，可以直接进场进行期货合约的买卖。同时，除本户会员外，其他会员还可以代理一般的客户委托交易，这些会员作为期货经纪公司代理客户进行期货交易。一般情况下，期货经纪公司通过电话通知在交易所内的出市代表，按客户指令进行一定价格和数量的交易。恒生股票指数期货合约采用上牌和公开喊价两种方式相结合的方法进行交易，由于大多数合约持有人在实际交收日之前就以对冲方式结算了手中的合约，所以在交易中买卖双方主要考虑价格，其次才是合约的具体月份和合约数量。

股指期货市场的结算会员拥有直接与结算公司结算的结算权，非结算会员进行结算则没有结算权。非结算会员、本户会员及一般客户只能通过通用结算会员间接与结算公司发生关系。股指期货市场通过这种结算体系确保买卖双方的交易利益和履约义务。

（三）股指期货市场的功能

股指期货市场的特殊性在于期货交易与股票交易的双重性。简而言之，就是以期市的交易方式参与股市交易活动。其目的是可以对股票市场的实际买卖进行套期保值，以及进行投机和股市的间接投资活动。

（1）股指期货的套期保值。拥有股票的投资者都会面临因股市价格波动带来的手持股票贬值的风险。要避免这种风险，采取股指期货交易是一种有效的保值手段。股票价格指数根据一组有代表性的股票价格的变动情况编制，它反映股票市场总体的变化趋势，与股票价格的变动具有趋同性。因此，同时在股票的现货市场与股票指数的期货市场进行相反方向的操作，就可以抵消可能出现的风险。套期保值有买入套期保值和卖出套期保值两类。买入套期保值是指当股票持有人卖出股票后担心股市上升造成无形的损失时，他就可以买进股票指数期货，以减少损失。或当一个投资者在资金尚未到位，而他认为股市短期内会急升，为了便于控制购入股票时间，他可以先在期货市场买入股票指数期货，等资金一到，便可以运用这笔资金进行股票投资。卖出套期保值是指当股票持有人预测股市将要下跌时，为避免股票价格贬值而卖出股票价格指数期货，一旦股市真的下跌，他可以从期货市场上通过卖出指数合约交易而获利，弥补股票现货交易的损失。下面以卖出套期保值为例加以说明。

设定某股票持有人拥有价值200万美元的股票，他预料未来股价会下跌，因此，在期货市场上卖出股票指数期货合约。当天每份股票指数期货合约的市值是5万美元，他卖出40份合约，总价值200万美元。结果正如所料，股票价值下降至180万美元，每份期货合约价格也相应下降至4.5万美元，于是，该股票持有人买回期货合约，对冲掉卖出的合约，在期货市场上获利（5－4.5）×40＝20万美元。这样，在股票现货市场上损失的20万美元，由期货市场上盈利的20万美元弥补，该交易者正好达到保值效果。如果不进行套期保值，则会有20万美元的净损失。

（2）股指期货投机。股指期货市场除了可以套期保值、规避风险外，同时也是一种新的投资工具，为参与者提供了直接买卖的投资机会。

在股指期货市场上，投机者同样是不可缺少的。如果没有投机者的参与，套期保值者就寻找不到可转移风险的承担者。如果投机者很少，套期保值者就不可能随时随刻地进行交易，市场就缺乏流动性，套期保值就难以实现。所以，套期保值者和投机者是一种相互依存的关系，缺一不可。股指期货的投机方式与其他期货品种的操作方式一样。

股指期货交易实际上是一种间接买卖股票的经济活动。这种投资比直接购买股票具有如下好处：

（1）可以避免直接购买股票而面临的非系统性风险和系统性风险。非系统性风险来自个别企业内部经营状况的好坏，系统性风险是指股市全局受整个社会经济状况的影响。投资于股指期货实际上是对指数成分股都投了资，其风险性大大减少，并且在保证金制度下投入较少的资金。

（2）交易成本也比直接投资股票低，交易手续上也相对简单。由于保证金制度的存在，投机者通过缴纳较少的保证金即可买卖一篮子股票，而无须像直接的股票交易那样一只一只的购买，直接减少了手续费和其他操作成本。此外，股票交易的过户和实际交收过程都较为麻烦，而股指期货只需经过交易对冲及现金结算交割便可以结束交易。

四、中国金融期货市场的发展

我国金融期货市场尚处于起步阶段，目前主要的品种有人民币外汇期货、国债期货、股票指数期货等。与20世纪90年代相比，中国的经济环境已经发生了很大变化，无论从政策层面、监管层面，还是市场层面看，金融期货的发展条件已经具备。从我国金融期货市场的发展历程来看，2006 年 9 月，中国金融期货交易所在上海正式挂牌成立，10 月开始进行模拟交易，标志着我国的金融期货市场将进入新的发展时期。2007 年 2 月，国务院审议并原则通过《期货交易管理条例》，将规范的内容由商品期货扩展到金融期货和期权交易，第一次从法律层面对金融期货做了明确定位。这意味着中国从制度层面为金融期货的推出清除了法律上的路障，为中国推出股指期货、外汇期货和国债期权等一系列金融期货奠定了法律基础。2007 年 4 月 15 日，《期货交易管理条例》实施。2010 年 1 月 8 日，国务院原则同意推出股指期货。同年 4 月 16 日，沪深 300 股指期货正式上市交易，中国金融期货市场迈出历史性的一步。

（一）人民币外汇期货市场

1992 年 7 月，我国开始试办外汇期货交易。上海外汇调剂中心成为我国第一个外汇期货交易市场。经过半年的运转，到 1992 年末，上海外汇期货市场共交易标准合约 10 813份，交易金额达 21 626 万美元。但与当时上海每天 3 000 多万美元的外汇现货交易相比，交易规模不大。与此同时，全国各地也涌现出大量的外汇期货经纪公司。在具体的交易规则方面，人民币外汇期货参照了国外的做法，同时结合我国的特点，设计了标准合约。如表 7－1 所示。

表 7－1　人民币（美元）汇率期货合约规格

项目	规格
交易单位	25 000 美元
最小变动价位	0.0001 美元（每张合约 25 美元）
每日价格最大波动限制	开市 15 分钟内限价为 150 点，15 分钟后无限价
合约月份	3 月、6 月、9 月、12 月和现货月份
交易时间	见交易所通知
最后交易日	合约到期月份的第 22 日
交割日期	交割月份的第 23 日
交割地点	BCE 指定银行
交易管理手续费	每张合约 75 元人民币
初始保证金	每张合约面值的 5.5%

由于各种原因的制约，我国的外汇期货试点了一年多，就受到了比较严格的管制，基本上外汇投机交易被禁止。1993 年 7 月，国家外汇管理局发出通知，要求各地已设立的外汇期货交易机构必须停止办理外汇期货交易，并限期进行登记和资格审查；办理外汇（期货）交易仅限于广州、深圳的金融机构进行试点。通知还规定，金融机构办理外汇期货交易，以企业进出口贸易支付和外汇保值为目的，不得引导企业和个人进行外汇投机交易。企业和个人的外汇交易必须是现汇交易，严禁以人民币资金作抵押办理外汇交易，严禁买空卖空的投机行为。实际上，由于严格的管制，我国外汇期货的试点处于

停顿状态。

我国的外汇期货交易尚未发展起来，主要是因为各方面的条件尚不完备。其一，我国对于外汇仍实行较为严格的管制；其二，我国利率、汇率市场化程度不高，外汇期货发展的一些基础条件还未具备；其三，国内企业和金融机构尚不能完全自负盈亏，通过外汇期货市场规避风险的要求并不迫切，市场缺少规避外汇汇率变动风险的主体；其四，各种法律制度不健全，管理经验不足，相应的专门人才缺乏。这些因素都影响了外汇期货的进一步发展。

（二）我国的国债期货市场

我国的国债期货是1992年12月由上海证券交易所首次推出的，最初仅限于各证券公司之间交易，由于各证券公司对我国国债期货了解不多，因此参与者很少，交易清淡。1993年9月，为活跃国债流通市场，促进国债的发行，创造更完善的市场环境，上海证券交易所在财政部、上海市政府的支持下，决定扩大我国国债期货交易范围，国债期货市场对个人开放。当时，国债期货交易规则采用国际惯例。以北京商品交易所国债期货交易为例，3年期和5年期国债期货合约的规格如表7－2所示。

表7－2　我国国债期货合约规格

项目	规格
交易单位	面值为10 000元的1992年3年期国库券 面值为10 000元的1992年5年期国库券 面值为10 000元的1993年3年期国库券
最小变动价位	每100元面值国库券0.05元（每张合约5元）
每日价格最大波动限制	每100元面值国库券不高于或不低于上一交易日结算价格2元（每张合约200元）
合约月份	3月、6月、9月、12月
最后合约月份	1995年6月 1997年3月 1996年2月
交易时间	交易所公告
最后交易日	合约到期月份的第29日
交割日期	合约到期月份的第30日
交易管理手续费	每张合约0.5元
初始保证金	每张合约面值的2%

从我国国债期货的试点情况来看，由于国债流通市场规模迅速发展，迫切要求发展国债期货市场，通过期货市场功能促进国债的流通，帮助国债的发行者、交易者规避利率波动所引起的价格风险。经过几年的试点，国债期货市场迅速活跃起来。但是由于我国各方面的条件还存在一些问题，包括体制上、管理上等因素，国债期货发展过猛，投

机气氛过重，最终导致1995年震惊全国的上海万国证券公司严重违规事件，即“327”事件。随后国务院发出通知，要求暂停国债期货市场的试点工作。

国债期货试点的失败，表面上看是过度投机的恶果，但深层次的根源在于：第一，国债现货市场不够发达，供求矛盾突出；第二，对国债期货不恰当地实行了现货管理机制；第三，利率市场化程度低，缺乏避险需求；第四，由于利率的非市场化，国债期货由本质上的利率期货演变成近乎一种不完全的通货膨胀期货，并导致定价机制扭曲；第五，国债期限的信息披露不规范，期货市场的发展不健全。至此，我国首次进行的国债期货的尝试告一段落。从试点的经验教训来看，国债期货市场的建立和发展是我国完善国债流通市场的客观要求，随着我国经济体制向市场经济转变，重新开设国债期货市场只是一个时间问题。

（三）我国的股指期货市场

我国股市发展十分迅速，股市规模及市场容量增长迅速。截至2009年末，沪深两市场上市股票已达1 700家，总市值达243 939亿元。目前，我国有包括上证综指、深证综合指数、深证成份指数、沪深300指数、上证50指数、中小企业板指数、中证指数等在内的多种股票价格指数，随着股票市场的进一步发展，股票指数体系亦随之完善。其中，具有广泛影响的是上证综指和深证成指。上证综指基期为1990年12月19日，选择股票为上交所上市的全部股票，其基本计算公式为

某时股价指数 = 某时股票市价总值/基期股票市价总值 × 100

如遇到上市股票增减或增资扩股时，上证综指的计算公式要以基期修正法予以调整。上证综指为即时指数，每分钟计算发布一次。深证成指基期为1991年4月3日，选择股票为该交易所所有上市股票，深证成指也为即时指数。

我国首次股票指数期货始于1993年3月，由海南证券交易中心推出的深证成指期货交易，推出的期货合约共有6个，即深证综合指数当月、次月、隔月合约，深证A股指数当月、次月、隔月合约。海南推出的深证成指期货采用标准的国际期货交易规则，操作上可以双向下单，既可先做买单，也可先做卖单，平仓时由证券公司按成交价与投资者结算，期指每变化一个点位，投资者的盈亏值是500元。但是由于投资者对这一投资方式的认识不足，再加上中国股票市场的不稳定，在管理上出现不少问题。海南证券交易中心的深证成指期货交易仅运作了几个月便停止了，海南证券交易中心也被国家撤销了。

2006年，中国金融期货市场中的一个重大事件就是中国金融期货交易所在上海挂牌成立，并推出了“沪深300指数期货合约”的基本条款。经中国证监会批准，中国金融期货交易所于2007年6月正式发布《中国金融期货交易所交易规则》以及配套实施细则，这标志着中国金融期货交易所规则体系和风险管理制度已经建立，中国金融期货市场法规体系已经基本完善，股指期货的准备工作取得了重大进展。2010年4月16日，沪深300股指期货正式上市交易。

表 7－3　　中国金融期货交易所“沪深 300 指数期货合约”的基本条款

合约标的	沪深 300 指数
合约乘数	每点 300 元
合约价值	沪深 300 指数 × 300 元
报价单位	指数点
最小变动价位	0.2 个指数点
合约月份	当月、下月及随后两个季月
交易时间	9:15～11:30，13:00～15:15
最后交易日交易时间	9:15～11:30，13:00～15:00
每日价格最大波动限制	上一个交易日结算价的 ±10%
最低交易保证金	合约价值的 12%
手续费	交易手续费为成交金额的万分之零点五，交割手续费为交割金额的万分之一
交割方式	现金交割
最后交易日	合约到期月份第三个周五，遇法定节假日顺延
最后结算日	同最后交易日
交易代码	IF

股指期货作为成熟的金融衍生品，走过了几十年的历程，并发展成为全球交易量最大的期货品种。实践证明，我国建立和发展股票指数期货市场是可行的，推出股指期货是我国资本市场改革发展和创新的必然结果。随着国内金融市场的不断发展和完善，股指期货在国内金融活动中将占据越来越重要的地位。目前，我国股指期货市场发育还比较稚嫩，与发达国家有较大差距，我们应全面认识其功能，加强监管，处理好创新与监管的关系，切实维护公平、公开、公正的市场秩序，进一步使股指期货市场发挥其应有的功能和作用。

本章小结

期货市场的出现是对现货交易方式的革命。在正常条件下，期货价格更能反映动态竞争中的供求关系状况。保值与投机是期货市场的两项基本功能，从商品期货到金融期货，引致了世界范围的金融创新。

思考题

1. 现货交易与期货交易的区别有哪些？
2. 期货价格的决定因素有哪些？
3. 如何用期货交易方式保值？
4. 期货投机的积极意义与消极作用有哪些？
5. 金融期货的发展有哪些特点？
6. 中国金融期货发展的经验教训是什么？

第八章 金融衍生品市场

衍生品是相对于股票、债券和外汇等原生产品而言的，从合约特性上来看，一般把衍生品分为远期合约、期货、期权、互换。其中，远期合约是其他三种衍生工具的始祖，期货、期权、互换可以认为是远期合约的延伸或变形。前面已经介绍过期货市场，本章继续对其余几种金融衍生品市场进行全面介绍。

第一节 期权的特征及交易原理

一、什么是期权

期权是期货合约的买卖权或买卖选择权。它是期权购买者拥有的一种权利，而并非一种义务；在一个预先规定的时间或在这个时间之前，以一个预先规定的价格进行买或卖。其中，预先规定的时间叫做期权的到期日；预先规定的价格叫做期权的执行价格，它是与当时市场上的现行价格相对应的。期权的购买者为取得这种权利，要向卖者付出一定数量的权利金，权利金则是期权的价格。

期权的购买者在支付一定的权利金并获得某项期权后，如果期权的购买者认为现行的市场价格比原来协议中的执行价格对他更有利，他便会放弃对期权的执行。简而言之，期权的购买者买的是一种权利，而非必须履行的义务。我们以现货市场中房地产买卖权的例子，来说明期权的概念。

某些房地产买卖业务中，买方 A 和卖方 B 达成协议，买方 A 愿意支付 200 万元给卖方 B，赢得一种权利，即在 3 个月以内，A 有以 1 亿元购买 B 的一幢住宅楼的权利。在 3 个月内，无论该大楼价格升至多高，A 都有权利以 1 亿元购买，如果住宅楼价格升至 1.2 亿元，那么 $1.2-1-0.02=0.18$（亿元），即 A 的利润；相反，如果住宅楼价格维持在 1 亿元以下，那么 A 便会放弃 1 亿元的购买权利，损失 200 万元的权利金，而 B 净得 200 万元的收入。

上述例子中，200 万元是 A 获得 3 个月内的期权所支付的代价，是期权的价格，期权的购买者 A 可以在 3 个月内视市场情况，决定是否按 1 亿元购买该项房地产项目，B 是期权的售出者。

期权最早是由美国的芝加哥交易所创立的，首先应用于政府的长期国库券的期货合约买卖活动中。

二、早期的期权交易方式

历史上最早的期权交易可以追溯到公元前1200年，在古希腊和古腓尼基国，商人为了应付贸易上的意外和突然的运输要求，通常向股东支付一笔垫付金或保证金，以便可以在必要的时候要求得到额外的舱位，使运货时间得到保证。

至20世纪20年代，在美国纽约市金融区一个叫新街的地方出现了股票期权交易活动。每天清晨，一批从事这种交易的经纪人来到金融区新街附近的小饭店，将饭店作为他们的营业场所，利用公用电话同客户联系，有的则雇用通讯员在华尔街一带奔走，联络买卖双方，让他们能连在一起进行交易。但是实际上，很难做到买卖双方交易平衡，常因找不到成交对手而使合约滞留在手中。这种状况一直持续到1973年，期权交易采取的一直是柜台方式，期权经纪人公司将潜在的期权交易双方拉到一起，安排期权条件，提供记账服务，收取一定的手续费。由于手续复杂，成本偏高，再加上期权合约的标准化程度很低，很难转让对冲，所以交易量并不大。

1973年4月26日，美国最先成立了芝加哥期权交易所（CBOE），从而使期权交易进入了一个划时代发展的新时期。在期权交易所内，实现了期权合约在交割数额、交割月份以及交易程序等方面的标准化，并且以公开竞争的拍卖方式组织交易，交易技术也日趋完善，最终形成了一个完整的期权市场。此后，期权交易推广到美国各大期货交易所，并从商品期权交易发展到金融期权交易。股票期权交易在西方金融市场上最为流行，期权交易的发展非常快，成为现代西方金融创新的主要内容之一。

三、期权交易市场

期权是一项选择权，期权交易实质上是一种权利的买卖。随着世界主要金融证券期货市场的发展，期权交易在西方发达国家和地区已经建立起固定的交易场所，并实现了期权转让合约标准化，即期权交易市场，它的主要特点是：

（1）期权合约标准化。每份期权合约具有统一、标准化的规格，按国际惯例进行设计，诸如交易单位、最小变动价位、每日价格最大波动限制、合约月份、交易时间等都是明确的，以便于对其进行估价和转让。

（2）期权交易的规范化。期权交易如期货交易一样，在固定的交易场所集中进行交易，公开竞价并采用由计算机网络组成的交易系统、信息管理系统、结算系统，使期权交易更加现代化、科学化。

（3）期权交易范围与品种多样化。从交易的范围上看，由美国扩展到英国、法国、日本、澳大利亚等国家，几乎覆盖了市场经济发达的所有西方国家；从品种上看，从金融证券发展到实物商品，如农产品期权、贵金属商品期权等。

期权交易与期货交易相比，具有特殊性，它本身是一个抽象的东西，并不像期货本身虽然也是合约的买卖，但终究是可以买卖的商品，即“货”的代表。期权交易双方所处的地位不同，买方即期权的购买者处于主动地位，行不行使权利、何时行使权利，都由买方决定，卖方只有被动接受的义务。买方以有限的损失赚取无限的收益，而卖方只能以无限的损失赚取有限的收益。表面上看，似乎卖方处于不利地位，其实不然，原因在于每个人对市场的预测是不同的。对于卖方而言，他完全是为了赚取一笔期权费，出售哪种期权取决于卖方对市场行情的预测。一般来说，不相信价格会大跌的人才出售看跌期权，不相信价格会大涨的人才出售看涨期权。也就是说，只要期权合约持有人相信价格变动不会达到买方行使期权的水平，他就可以卖出期权合约。这样，全部期权费就成为卖方的收入。

在实际交易中，期权是通过选择看涨期权、看跌期权及以双重期权买卖来实现的。各投资者所处的环境和时机不同，所采取的期权交易策略也不尽相同，交易的基本原理在于交易者根据自己利用期权扩大投机或实现保值的不同目的，选择不同类型的期权合约进行交易。

（一）看涨期权

看涨期权又称延买权、买权、买入选择权，是指期权的买方向期权卖方支付一定数额的权利金后，在期权合约有效期内，拥有按事先商定的成交价（敲定价格）向期权卖方买进某一特定数量的标的资产的权利，但不承担必须买进的义务。在看涨期权的交易中，期权的买方处于主动地位。看涨期权的买方因为确信价格会上涨，所以买进看涨期权；相反，卖方则预测价格不会上涨或可能下降，所以卖出看涨期权，以获取期权权利金。以股票看涨期权为例，如果 IBM 公司股票售价是每股 175 美元，投资者可以每股 2 美元的期权费（又称权利金）购买该公司股票的看涨期权，该期权合约规定在 3 个月内按每股 180 美元购进 1 000 股股票，如果在指定期内 IBM 公司股票升至每股 188 美元，则看涨期权的买方可以实施期权合约，以每股 180 美元的价格购买到 1 000 股该公司股票，买方可获利为 $(188-180-2)\times 1\,000=6\,000$ 美元，而期权卖方则可能获利 $(175-188+2)\times 1\,000=-11\,000$ 美元。如果股票价格在 3 个月内，不涨反跌，降至每股 170 美元，则看涨期权的买方可以不实施合约，其损失即为 2 000 美元，而期权卖方获期权费收入 2 000 美元。

在实际交易中，买进看涨期权者坚信股票价格会在短期内猛升，如果正如所料，则他获得的利润将比购买时要大，股票价格上涨，则期权价格也会涨；但如果不像所预料的那样，则买进看涨期权的最大损失只是一笔期权费。如果买进看涨期权者完全丧失了信心，则可以在到期日之前将期权售出，减少损失。

（二）看跌期权

看跌期权又称延卖权、卖权、卖出选择权等，是指期权的买方向期权卖方支付权利金后，在合约有效期内，拥有按事先商定的成交价（敲定价格）向期权的卖方卖出标的资产的权利，但不承担必须卖出的义务。在看跌期权中，期权的买方是合约的卖方，拥有卖出的权利而处于主动地位；而期权的卖方是合约的买方，他负有在实施合同时必须买入的义务。假设 Peter 公司股票每股 30 美元，投资者按每股 2 美元买进、卖出期权合约，按该合约规定9个月的时间里，可按每股28美元抛出100股股票，如果这期间股票价格下降至每股25美元，则买进看跌期权者可以按现价每股25美元买进股票，然后再按合约中规定的价格以每股28美元卖出股票，扣除买进看跌期权支出的每股2美元期权费，所剩的就是投资者实际得到的收入。

（三）双重期权

双重期权是指期权买方有权以事先规定的成交价格（敲定价格）在有效期内买进或者卖出商品的合约，它相当于期权买入者同时在同一成交价上既买进看涨期权又买进看跌期权。双重期权的交易一般建立在对市况将会大幅上涨或下跌的判断的基础上。期权的买方相信在合约的规定时期内，价格肯定会大幅上升或者大幅下降，在剧烈的价格波动中，期权买方可以两头获利。当然，双重期权的期权费也高于前两种期权。对双重期权的卖方来说，他相信在期权的合约有效期内，价格不会大幅波动，只会在狭窄区间波动，所以他先卖出双重期权，以获取较高的期权费。

综上所述，期权交易是期货市场交易方式的进一步发展，它同期货一样，是一种转移风险和保值的金融工具，并且其灵活度、杠杆作用、风险损失限定度都超过期货交易。期权交易的保值功能是通过买进看涨期权和看跌期权或者卖出看涨期权和看跌期权实现的，它可以达到商品或期货合约的保值目的，也可以获得由于商品或期货合约价格升降而带来的盈利机会。至于期权的投机者，则可以通过从购买期权和转卖期权的权利金差价中获利，或通过履约从中获利。期权比期货更具有投资少、收益大的经济杠杆作用，因为购买者只需支出一笔期权费即可拥有买入或卖出的权利，并根据是否有利于自己，决定是否行使期权。此外，购入期权，实际上也是对期货合约价格波动的“保险”业务，在风险市场上，可以把损失控制在一定的程度，如同保险业中的投保人，除了保险费支出外，不会遭到其他的损失。

期货交易与期权交易通常是相互套做的。对于期权的卖方来说，他也并不是始终处于被动的不利地位，出售哪种期权、不出售哪种期权完全取决于卖方对市场的预测。一般地，只有当预测某种商品或期货合约的价格呈下跌趋势，但跌幅又不大时才出售看涨期权；只有预测当某种商品或期货合约的价格呈上涨趋势，但涨幅又不大时才出售看跌期权。实际上，期权卖出者在预测期权价格波动幅度不足以使期权购买者行使期权权利时，才是卖出期权合约的最有利时机，因为这时未被实施的期权的权利金就成为卖方的收入，而期权权利金也是相当可观的。在美国股票期权市场上，6个月期权的权利金为股票价格的5%～15%，按年率计算就是10%～30%，3个月期权的权利金为股票价格的5%左右，折成年率为20%左右。这都高于银行储蓄利息率，成为一笔可观的收入。一般在期权交易市场中，真正行使期权权利者只是少数。据美国芝加哥期权交易所统计，有3/4以上的期权合约没有履约或过期作废或被卖方以低价买回。

四、期权的价值及运作

在期权交易中，期权的定价是一个非常复杂的问题。为计算期权价格，判断其是偏高还是偏低，人们设计了一系列的数学模型。介绍这些数学模型需要很大的篇幅，我们仅从影响期权价格的基本因素方面考察期权的价格及运作问题。

期权的价格就是期权的买方为取得某项期权而支付的一笔权利金。权利金是期权合约中唯一的变量，它是期权卖方因必须履约义务而获得的利润，同时也是期权买方在出现最不利变化时所要承担的最大损失金额。

期权的价格（或称权利金）是经过期权的买卖双方在交易所内公开喊价的方式竞争形成的。一般地，期权价格基本上等于期权的内在价格与时间价值之和。期权的内在价值是指期权的溢价部分，也就是市场价格与执行价格对比，可以获利的差额。对于买入期权而言，内在价值等于市场价格减去执行价格；对于卖出期权而言，内在价值等于执行价格减去市场价格。平价期权的内在价值为零。

从理论上说，在期权交易中，一个期权绝不会被以低于其内在价值的价格出售的。如果以低于内在价值的价格出售，套利者将立刻买进所有他可能买到的期权，并执行期权。他所得的利润就是溢价部分与低于内在价值的期权价格之间的差额。在实际交易运作中，内在价值的变化有下列情况。

（1）当看涨期权的履约价格低于相关标的资产的价格时，该看涨期权的内在价值为正值（溢价），称实值期权。如某商品看涨期权合约预先规定执行价格为 8 美元，当标的资产价格为 9.5 美元时，该期权持有人仍可以按 8 美元买入该商品，获得的收入为 1.5 美元（9.5 美元 - 8 美元）。

（2）当看跌期权的履约价格高于相关标的资产的价格时，该看跌期权的内在价值为正值（溢价），称实值期权。如某商品看跌期权的合约预先规定执行价格为 4.5 美元，标的资产为 4.2 美元，这时该期权的持有者仍可按 4.5 美元的价格卖出，获利 0.3 美元（4.5 美元 - 4.2 美元）。

（3）当看涨期权的履约价格高于相关标的资产的价格时，该看涨期权的内在价值为负值（损价），称虚值期权。如某商品看涨期权事先规定执行价格为 7.5 美元，而期货价格为 6.8 美元，这时，假如期权持有者要执行合约，则要以高于市场价格的价格买进该商品，会损失 0.7 美元（6.8 美元 - 7.5 美元）。理所当然，该持有人会让期权作废，以较低的价格（6.8 美元）买进该商品。

（4）当看跌期权的履约价格低于相关标的资产的价格时，该看跌期权的内在价值为负值（损价），称虚值期权。如某商品看跌期权规定执行价格为 5.5 美元，而期货价格为 6 美元，假如期权持有者要执行合约，则损失 0.5 美元（5.5 美元 - 6 美元）。理所当然，期权持有者是不会要求履约的。

（5）当看涨（看跌）期权的履约价格与相关标的资产的价格相等或相近时，该期权不存在内在价值，称两平期权。

以上五种期权的内在价值关系见表 8 - 1。

表8-1　期权的内在价值关系

	看涨期权	看跌期权
实值	期货价格 > 期权履约价格	期货价格 < 期权履约价格
两平	期货价格 = 期权履约价格	期货价格 = 期权履约价格
虚值	期货价格 < 期权履约价格	期货价格 > 期权履约价格

所谓期权的时间价值，是指随着时间的延长，相关标的资产价格的变动有可能使期权增值时，期权的买方愿意为购买这一期权所付出的权利金金额。同时它也反映出期权的卖方所愿意接受的期权售价。一个期权通常是以高于内在价值的价格出售的，高于内在价值的这一部分权利金就是时间价值。时间价值的大小取决于期权剩余有效期的长短。期权的剩余有效期越长，其时间价值也就越大。因为对买方而言，期权有效期越长，获利的机会就越大。对卖方而言，期权有效期越长，被要求履约的风险也就越大，期权的售价也就越高。时间价值也随到期时间的临近而减少，直至期满，时间价值为零，见图8-1。

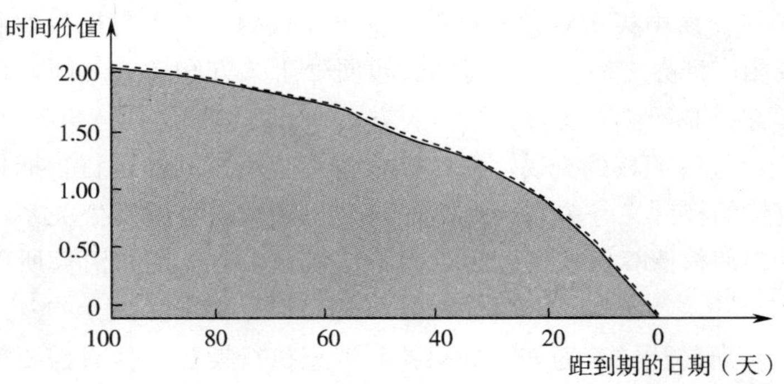

图8-1　时间价值的衰减

影响期权价值变动的相关因素还包括短期利率、现金红利、德尔塔值等。其中，短期利率上升，期权价格下降；短期利率下降，期权的价格会提高。现金红利主要是对股票期权的价格有影响。现金红利越高，买入期权的价格越高，卖出期权的价格越低。德尔塔值是用于衡量相关期货价格变动时所引发的期权权利金的单位变动值，常常被理解为相关期货价格在合约到期时转向实值的可能性。其公式为

$$\text{德尔塔值} = \frac{\text{期权权利金的变化量}}{\text{期货协议中的金融工具、价格变化量}}$$

德尔塔值小于1，即当期货价格变动1个货币单位时，期权权利金只变动0.1~0.9。如德尔塔值为0.4，就表示如果期货价格变动0.1美元，期权价格只变动0.04美元。总的来说，当期权向实值转化时，德尔塔值增加；当期权向虚值转化时，德尔塔值减少。

五、期权清算公司机制

期权交易者在期权交易所进行期权合约交易后，买卖双方是否履约并不依赖于交易

的任何一方，而是通过期权清算公司进行的。期权清算公司又称期权清算所，是期权交易市场的一个重要组成部分，其主要功能是结算交易账户、清算交易、收取履约保证金或相应的股票证券、监管交易的履约实施。期权清算所制定了一整套严格的结算保证制度，从制度上解决了期权合约的履约问题。

一般地，期权交易者将他们的交易过程分为“开首”交易及“结清”交易。“开首”即开始初始交易，相当于期货中的“开仓”。购买1个期权是开首交易，这时持有者掌握了一个多头的、未清算的交易额；对应地，售出1个期权也叫开首交易，这时出售者被视为创造了一个空头的、未清算的交易额。“结清”交易是减少“开首”的期权交易额，相当于期货中的“平仓”。结清购进是减少了前面的开首出售，结清出售则是减少了前面的开首购进。期权清算所根据每日的交易数据对所有交易和账户进行核对和平衡工作，保证市场在财务上的健全性和统一性。

在期权交易中，期权合约的买卖双方并不是直接地、一对一地完成交易过程的，而是通过期权清算公司机制实现的，期权清算公司具有如下功能作用：

（1）充当期权交易中买卖双方的对立面。当期权的买方支付期权权利金，期权出卖者缴纳保证金或相应证券之后，期权清算公司便处于买方和卖方之间的位置，即对于买方而言，它是卖方；对于卖方而言，它是买方。

（2）清算全部挂牌期权的交易。由于期权清算公司机制的运行，期权的买方与卖方之间已经没有直接的权利义务关系，它们都只是与期权清算所发生关系。如果买方选择执行期权，它依赖期权清算所履行合约，而不是依赖卖方。期权清算所保证对所有交易者履行合约。

（3）期权清算所转让结算通知。如果持有者想执行期权，他只需要简单地通知经纪公司，由经纪公司通知期权清算所，期权清算所再把结算通知转让给一个与结算人完全相符的写契人的经纪公司，该经纪公司再把转让义务分配给那些期权卖出者之一。为保证期权结算通知的顺利进行，期权清算所对于每一个既定的期权购买者，都必须在其账簿上能找到一个期权出售者与之对应。

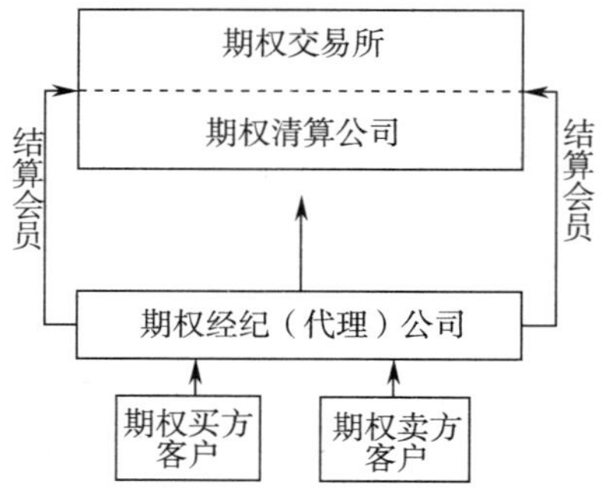

图8－2

期权清算公司与期权交易所之间的组织关系，各国有所不同。在美国，期货和期权交易所一般都有自己的结算所，它们以会员公司的形式加入商品交易所，从而隶属于商品交易所或期权交易所。在西欧及英联邦国家，多数的商品交易所则是通过国际间的结算所在当地所设立的交易结算所来承办结算工作的。

六、期权的种类

期权按不同的标准划分为不同的种类。按期权合约性质可分为看涨期权、看跌期权和双重期权；按执行方式可分为美式期权和欧式期权；按期权的交割内容划分，可分为指数期权、外币期权、利率期权、期货期权和股票期权。

（1）指数期权。指数期权交易是以各种指数变动为对象的期权合约的买卖，其中主要是股票价格指数的变动。由于股票指数期权可紧随股票市场，所以发展很快。1983 年美国芝加哥期权交易所最先创立指数期权，该期权交易所推出了标准普尔 100 指数期权，随后又相继出现了纽约证券交易所综合指数期权。以标准普尔 100 指数期权为例，该指数期权的期权费是以每股报价的。股票指数期权也具有套期保值的作用，其原理与指数期权交易相同。

（2）外币期权。外币期权以外币为基础对象，交易双方按约定的汇价，就未来某一时期购买或售出某种外汇的选择权而进行交易，外币期权是防止外汇风险的一种重要手段。外币期权合约在执行时，以外币实物交割，也可以交割价差。

外币期权的交易原理与其他期权交易相同，以相同的交易价买进看涨期权和卖出看跌期权，即可构成一笔假设的远期买进。购进看涨期权，当汇率上浮时则盈利；而卖出看跌期权，在汇率下浮时则面临亏损。假定用美元购买一份英镑买权（即买进看涨期权），英镑对美元的现汇价是 1. 50 美元，协定价格是 1. 55 美元，期权价格为每英镑 0. 02 美元，购买期权者估计在到期日之前的未来外汇汇率将上升，如果在到期日之前，英镑的汇率上升到 1. 68 美元，他可执行期权合约，这样每英镑可净赚 0. 11 美元。如果在到期日之前，英镑汇率不升反降，没有超过协定价格 1. 55 美元，则合约持有人不会执行合约，因为现汇更便宜，购买该英镑看涨期权者只损失交易时支付的期权费。

外汇期权的发展十分迅速，交易额也越来越大。最早的外币期权合约是 1982 年 11 月在加拿大的蒙特利尔交易所开始的加拿大元期权合约。随后，该交易所又成功地引进了英镑、德国马克、瑞士法郎和日元等货币期权，外汇期权成为灵活地防止外汇风险和套期保值的金融工具。

（3）利率期权。利率期权是以标准化的金融凭证为交割对象，交易双方以协议价格就未来是否购买或出售该金融凭证的选择权而进行的交易。金融凭证包括国库券、政府中长期债券、大额可转让存单等。这些金融凭证是一种生息资产，和其他商品一样，可以在市场上出售，与利率水平的高低密切相关，因此称为利率期货，相应的期权交易称为利率期权交易。

在美国，一些重要的债券都有期权交易，除上述提到的国库券、债券外，还有国民抵押协会发行的债券。利率期权的交易单位一般是面额为 10 万美元的基础债券。在利率期货期权的行情表上，期权敲定价格是以“100 - 利率”表示的，如利率为 8.25%，期权敲定价格则表示为 91.75（100 - 8.25），而权利金是以相关的货币和债券面值的百分数表示的。

（4）期货期权。期货期权是对期货合约买卖权的交易，也称期货合约期权，包括商品期货期权和金融期货期权。1984 年 10 月，美国芝加哥期货交易所首次成功地将期权交易方式应用于政府长期国库券期货合约的买卖，从此便产生了期货期权。

期货期权的交易对象是商品期货合约，它赋予期权购买人在规定时间选择是否买卖期货合约的权利。期货期权在实施时，要求交割的并不是期货合约所代表的商品，而是期货合约本身，但实际上很少交割期货合约，而是由期权交易双方结算期货市价与该期货期权协议价之间的价差。

（5）股票期权。股票期权是 20 世纪 70 年代才发展起来的一种新的衍生品交易方式，在美国得到普遍使用是 90 年代初期。股票期权原来指上市公司的股东激励公司高层经理人员实现预定经营目标的一套制度，即企业赋予经营者一种权利，允许其在规定的年限内以某个固定价格购买一定数量的企业股票，现在这一内涵已经得到扩展。股票期权执行的方式往往是交易的买方与卖方商议，以支付一笔约定的期权费为代价，获得在某一期限内按协议价格购买一定数量股票的权利。超过该期限，买卖双方的合同义务自动解除。

在当今的金融衍生品市场上，不能不提一种重要的股票期权，即权证。权证是持有人在规定期间内或特定到期日，有权按约定价格（行权价）向发行人购买或出售标的股票，或以现金结算方式收取结算差价的有价证券。本质上，权证就是一种股票期权，香港交易所被称为“涡轮”（warrant）。按照比较角度的不同，权证可分为若干种类。如按照未来实施权利的不同，权证可分为认购权证和认沽权证。持有认购权证者可在规定期间内或特定到期日向发行人购买标的股票，而持有认沽权证者则拥有以约定价格卖出标的股票的权利。此外，按照发行主体的不同，权证可以分为公司权证和备兑权证。公司权证由标的证券发行人发行，备兑权证由标的证券以外的第三方（如信誉好的券商、投资银行等大型金融机构）发行。

权证是一种高风险、高收益的投资产品，买权证最重要的一点就是对正股走势有明确的判断。预期正股将大幅攀升的，可买认购权证；预期跌的，可买认沽权证。理论上讲，权证的作用主要是套期保值和风险管理，兼具套利和进行投机的功能。由于权证可以和投资者手里的标的资产构成避险组合，因此权证被用做重要的套保工具，即便是最保守的投资者也可以参加权证交易。比如，股票投资者如果担心手里的股票价格下跌，就可以买入该股票的认沽权证来对冲风险。同时，只要权证的现实价格不符合资产定价公式，就存在无风险套利机会。权证具有较高的杠杆率，权证投资的成本仅为标的证券投资的几分之一，且由于权证实行 T+0 交易，这也就放大了投机者的投机能力和投机收益。

权证的交易规则类似于期权交易，一是可以放大资金，进行杠杆操作。若权证和正股的比例是 1:1 的话，权证的价格一般是市场价格和行权价格之差。也就是说，权证通常只是正股价格的一个零头。二是当日买进当日可以抛出，即 T+0 交易，这种交易制度导致了权证交易的火爆。

权证可以根据需要和市场行情创设，权证创设是一种市场化的决策行为。权证创设后，创设人须履行同发行人一样的义务，即保证权证持有人顺利行权。为此，创设人进行创设行为需提供 100% 的履约担保。至于创设份额，则由创设人根据自身的风险管理要求、对权证及正股走势的预期来决定。创设份额的多寡主要取决于权证价格偏离的程度。创设份额可以在到期前被创设人买回注销，或者参与行权。但一般来说，创设人偏向于在权证估值处于较低水平时买回权证，予以注销。

在国际资本市场上，权证是一个极其风靡的交易工具。欧洲的权证市场较为发达，中国香港的权证市场也在最近几年迅速发展，目前已超过欧洲，成为世界上最大的权证市场，市场中未到期权证达 4 000 多只，日成交金额达数百亿港元；中国人寿、中国交通建设等单一股票有上百只权证同时交易。权证曾经在十年前的中国资本市场上出现过，当时有湘中意权证、悦达权证、海发权证等配股认股权证。不过，由于种类单一，价格发现功能缺乏，权证被沦为炒作工具，最终淡出了 A 股市场。我国证券市场上第一张长期权证是深宝安权证，它于 1992 年 11 月 5 日上市，1993 年 11 月 2 日停止交易，其实际价格一直在其理论价格之上运行，并出现大幅度偏离。深宝安权证上市以 4.00 元开盘，最高曾炒到 23.60 元，几乎拉高近 20.00 元，最后又跌至 2.35 元摘牌。

中国证券市场的一个长期特殊的国情是股权分置问题，这一制度性问题在很大程度上阻碍了资本市场的健康发展。2005 年，中国的股权分置改革全面启动，为配合股改，再次推出了权证产品。但我国权证市场在发展中存在诸多问题，如市场投机性较高、波动性大、缺乏做市商平滑市场、权证发行制度需要改进、定价机制需要进一步完善、投资者风险交易有待加强、市场监管水平需要提高等，这一新的金融工具的健康发展还需要各方面政策制度的规范。

七、世界主要期权交易市场

20 世纪 80 年代以来，期权市场获得了异常迅猛的发展，目前世界上股票期权的有形市场数量有限，兼营期权业务的其他市场和期权无形市场则数不胜数。本节仅就主要的西方国家，如美国、荷兰、英国的期权市场作概括的介绍。

（1）美国的期权市场。美国是期权交易的首创地，期权交易主要集中在一些大的交易所。股票期权和指数期权的交易主要在著名的芝加哥期权交易所、美国股票交易所、费城股票交易所、太平洋股票交易所以及纽约股票交易所中进行。外币期权的交易主要集中在费城股票交易所和芝加哥期权交易所。利率期权的交易主要集中在美国股票交易所和芝加哥期权交易所。期货期权则主要集中在芝加哥期货交易所、芝加哥商品交易所、纽约期货交易所、堪萨斯谷物交易所等商品交易所。

芝加哥期权交易所是美国最大的期权交易所，同时也是世界最大的期货交易所。该交易所成立于 1973 年 4 月 26 日，开始只有看涨期权交易业务，1977 年 6 月起增设看跌期权交易业务，该交易所是目前美国唯一的一家只做期权交易的交易所。

美国期权市场主要以股票期权为主，期权交易对基础股票的选择也十分严格。一般地，所有挂牌上市的期权，都是公众最为熟悉且交易最活跃的著名公司的股票，期权交易都是以这些股票为基础股票的。在美国期权市场上，保值者与投机者的活跃程度很高。这是由于美国期权交易在到期日之前可以对冲，实际上执行合约的比例很小，因此期权的交易量很大。很多著名公司股票的期权的未平仓量甚至大大超过了这些公司发行的股票数量，如果期权合约都付诸实施，则会引发股票价格的巨大动荡。

（2）荷兰的期权交易所。荷兰建立了欧洲第一个期权交易所，即欧洲期权交易所（EOE）。该交易所的上市期权有一个特点，即期权的基础股票不只限于一个国家的股票，而是包括多个国家的股票，这使期权交易者要根据许多国家的股票市场价格的变化情况进行交易，给保值者和投机者提供了更多的机会。同时，也使欧洲期权交易所成为一种国际性很强的期权市场。

欧洲期权交易所成立于 1978 年，其业务经营制度严格仿照美国芝加哥期权交易所的方式，协议价格、满期月份都和芝加哥期权交易所的规定相同。欧洲期权交易所采用会员制，交易所的会员为经纪公司，经纪公司代理投资者买卖期权，从中赚取佣金。同时欧洲期权交易所设立清算业务，以保证期权交易的安全、可靠。

（3）英国的期权交易所。英国的期权交易最早是由伦敦股票交易所在 1978 年开始经营的，比欧洲期权交易所挂牌营业的时间稍晚一些。该交易所的名称为伦敦期权交易所，至 1981 年 1 月，共有 45 种不同基础证券的期权在此挂牌。该交易所也采用会员制，主要以经纪公司为中介，但证券交易商也可以作为经纪人参与期权交易。伦敦期权市场也有一个清算公司，开展每日的期权交易清算业务，期权交易的合约规定基本上照搬美国芝加哥期权交易所的模式。

由于英国存在相当规模的期权柜台市场，从而形成了与有组织的伦敦期权交易市场的竞争状况，这是伦敦期权市场面临的特殊问题。

第二节　远期交易市场和互换市场

一、远期交易市场

远期交易兴起于 20 世纪 80 年代，是一种在现时签订合同但在未来某一日交割有关资产的交易。它和期货一样，都是一种延迟交割的交易，但远期交易与期货合约在很多方面存在不同。

（一）远期合约

远期合约是一个在将来确定的时间按照确定的价格购买或出售某项资产的合约，它通常是在两个金融机构之间或金融机构与其公司客户之间签署的，且一般不在规范的交易所内交易。

当远期合约的一方同意在将来某个确定的日期以某个确定的价格购买标的资产时，我们称这一方为多头。当另一方同意在同样的日期以同样的价格出售该标的资产时，我们称这一方为空头。

在远期合约中，合约双方交易标的资产的价格被称为交割价格，而某个远期合约的远期价格则被定义为使得该合约价值为零的交割价格。在合约签订的时刻，所选择的交割价格应该使得远期合约的价值为零，即远期价格和交割价格是相同的，否则就存在套利机会。随着时间的推移，远期价格有可能改变，而交割价格仍然保持相同。在合约开始后的任何时刻，一般来说，远期价格和交割价格并不相等，远期价格会随着该合约存续期的变化而变化。

远期合约在到期日交割，空头的持有者交付标的资产给多头的持有者，多头支付相应的现金。决定远期合约价格的关键变量是标的资产的市场价格，即取决于标的资产价格的运动。

如果以 K 代表交割价格，S_T 代表合约到期时标的资产的即期价格，则对于 1 单位资产的远期合约，多头的收益为 $S_T - K$；对应地，空头的收益为 $K - S_T$。由于 K 和 S_T 的大小关系是不确定的，因此这些损益可能为正数或负数。

（二）远期交易的基本特征

（1）远期合约标的资产的数量、种类、交易价格和交割时间等都由交易双方议定，因此，远期合约具有鲜明的个性化特征，本身是一种非标准化合约，往往只能适应特定交易双方的需要，难以形成有效的二级市场。

（2）由于缺乏统一的交易、清算系统和保证金机制，建立在信用交易基础上的远期交易经常在存在频繁业务往来、相互之间感觉信誉良好的大机构之间进行。

（3）远期交易常常用于套期保值和风险控制。当某一机构持有一定数量的现货资产时，为规避该资产价格在未来下跌的风险，该机构可以通过远期合约卖出相应数量的该资产，从而锁定了标的资产的未来价格。类似的，空头方同样可以利用远期交易进行保值和风险控制。

总之，远期合约不同于标准化的期货合约，它在场外交易市场进行交易，交易者可以协商合同的规模和规格以满足特定需要，很少受到管制。一些商品和金融产品并没有期货，或者期货合约与实际相差很远，不易于进行对冲套期保值。在这种情况下，采用远期交易就不失为一种较好的选择。

（三）常见的远期交易品种

（1）远期利率协议。所谓远期利率协议，是交易双方在一定名义本金的基础上，根据约定的结算日以及约定的合同利率与市场参照利率的差额进行支付的远期合约。远期利率协议的买方就是名义借款人，如果市场利率上升的话，他按协议确定的利率支付利息，就避免了利率风险；但若市场利率下跌的话，他仍然必须按协议利率支付利息，就会受到损失。远期利率协议的卖方就是名义贷款人，他按照协议确定的利率收取利息。显然，若市场利率下跌，他将受益；若市场利率上升，他则受损。远期利率协议交易的一个重要特点是合约不涉及协议本金的收付，而只是在某一特定的日期即结算日，由一方向另一方支付利息差额。其中的参照利率是指结算日的市场利率，如 LIBOR，合同利率（也称协议利率）是双方约定的固定利率。

远期利率协议交易具有以下几个特点：一是具有极大的灵活性。作为一种场外交易工具，远期利率协议的合同条款可以根据客户的要求“量身定做”，以满足个性化需求。二是并不进行资金的实际借贷，尽管名义本金额可能很大，但由于只是对以名义本金计算的利息的差额进行支付，因此实际结算量可能很小。三是在结算日前不必事先支付任何费用，只在结算日发生一次利息差额的支付。

对于合约买方而言，实际交割额的计算公式是

$$\text{交割额} = \frac{(R_T - R_f) \times A \times \dfrac{D}{B}}{1 + (R_T \times \dfrac{D}{B})}$$

式中，A 为协议本金数额，R_f 为合约利率，R_T 为参照利率，D 为协议期限，B 为计算天数的基础（如美元为 360 天，英镑为 365 天）。对于合约卖方而言，远期利率协议的实际交割额的计算公式为

$$\text{交割额} = \frac{(R_f - R_T) \times A \times \dfrac{D}{B}}{1 + (R_T \times \dfrac{D}{B})}$$

远期利率协议第一次出现在 1983 年，该交易最早源于英国伦敦。目前，伦敦仍然是远期利率协议的主要交易中心，纽约则是第二个重要中心。目前，远期利率协议交易的币种主要有五种：美元、欧元和日元等国际货币。远期利率协议成为重要的基础利率衍生品，市场的主要参与者是商业银行。英国银行家协会曾在 1985 年制定了标准化的远期利率协议文本，大大提高了交易的速度和质量，使得每一笔交易仅需一个电传即可成交。远期利率协议不仅为银行提供了调节人民币资产负债结构、增加交易收入的工具，也为客户规避利率风险创造了新手段。

（2）远期外汇交易。远期外汇交易也称期汇交易，是指交易双方在达成成交合约后并不立即办理交割，而是在合约中约定币种、金额、汇率、交割时间等交易条件，到期才进行实际交割的一种外汇交易。上述在未来交割标的货币的汇率就是远期汇率，与之

相对应的在当期交割情况下的市场交割价格则称为即期汇率或现货汇率。

远期外汇交易分为：（1）直接的远期外汇交易和期权性质的远期外汇交易。这是根据远期外汇交易的方式来划分的。具体来看，前者是指直接在远期外汇市场做交易，而不在其他市场进行相应的交易。银行对于远期汇率的报价，通常并不采用全值报价，而是采用远期汇价和即期汇价之间的差额，即基点报价。远期汇率可能高于或低于即期汇率。期权性质的远期外汇交易，指公司或企业通常难以提前知道其收入外汇的确切日期，因此可以与银行进行期权外汇交易，即赋予企业在交易日后的一定时期内，如5~6个月内执行远期合同的权利。（2）固定交割日的远期外汇交易和择期的远期外汇交易。这是根据合约中对未来交割时间的不同规定来划分的。具体来说，固定交割日的远期外汇交易，交易双方事先约定在未来某个确定的日期办理货币收付，交割时间是一个确定的日期，既不能推迟，也不能提前。但在现实中，交易者往往并不能知道外汇的收支发生的准确时间，因此这种交易方式对一些交易者而言并不便利。择期的远期外汇交易是指在做远期交易时不规定具体的交割日期，只规定交割的期限范围。在规定的交割期限范围内，客户可以按规定的汇率和金额自由选择日期进行交割。客户在签订贸易合同后经常不能把未来收付款的具体日期确定下来，只能预期在将来某一段时间内将收付一定的外汇款项。为了防止收付款时汇率变化产生的损失，客户可以通过银行为其叙做择期外汇买卖。这样，在约定的时期内，客户可以自由选择交割的日期。客户在做择期外汇买卖时，应尽可能地缩短未来的不确定时间，以便获得更有利的远期汇率。

进行远期外汇交易的最初目的是为了使进出口商、货币借贷者以及投资者借助这种交易来消除汇率变动的风险。通过远期外汇买卖，这些机构能够事先将贸易和金融上的外汇成本或收益固定下来，有利于经济核算，避免或减少外汇上的风险。例如，在国际贸易中，经常会碰到合同中的货币与进口商手中持有的货币不一致的情况，合同支付一般发生在将来的一定时期。为了避免将来支付时外汇汇率的变化，进口商可以事先进行远期外汇买卖，固定成本，以规避发生支付时汇率变化而带来的外汇风险。在国际借贷中，也会经常碰到借款货币与实际经营收益（还款的资金来源）的货币不一致，而借款的偿还一般又是在远期的情况。为了规避将来还款时外汇汇率的变化，借款人可以事先进行远期外汇买卖，固定还款金额，避免在还款时因汇率变化带来外汇风险。同时，随着金融自由化和金融市场国际化，远期外汇交易已被广泛地作为国际间外汇投机和套利的工具，其功能也在不断扩大。

（四）我国的远期交易市场

目前，全球金融衍生品的发展速度和规模已经超过了基础证券。放眼世界，长时间以来的利率环境和外汇市场的频繁波动，促进了利率和汇率衍生品远期市场的加速成长，而全球利率的变化和汇率的波动在未来仍将较大。从我国的情况看，国际收支不平衡的持续存在、本币和外币市场流动性的变化，以及与世界经济和金融的深度融合，各类机构对于风险管理需求和业务收益追逐的扩大，必将导致中国金融衍生品市场的飞速发展。

（1）债券远期交易市场。早在2002年前后，中国市场上就已经出现了一些自发性的远期交易。当时，正值中国人民银行降息，随后债券收益率曲线完成了一次幅度较大的向下平移，收益率处于相当低的水平。银行间市场和交易所市场长期国债的收益率非常低，而在发行市场上，5年期固定利率品种的中标利率甚至远低于5年期银行定期存款利率，而且这种情况还是在发行手续费率大幅调低之后出现的。从长期看，很难抵御未来的利率上升风险。在当时市场投资的非理性倾向相当强的情况下，二级市场普遍充斥着"长债短炒"的短期行为，隐含了巨大的风险。一些市场机构为规避利率风险，当然也有调整持仓结构、避税等方面的考虑，通过两次交易的方式，尝试着进行了一些类似于远期交易的安排。但实际上，这种安排总体上介于真正的远期交易和买断式回购之间，形式比较多样，参与的机构也都是市场上信用较好、相互之间合作比较多的成员。

2004年5月20日，中国人民银行在银行间债券市场推出了债券买断式回购业务，在某种意义上，这也是对当时市场上存在的一些自发的交易方式的规范，顺应了市场的需求。虽然从传统的质押式回购转为由两次交易完成的买断式回购，可赋予逆回购方一定的做空功能，已经带有远期交易的某些特点。但本质上讲，因其即期和远期两次交割特性，买断式回购仍然只是一种货币市场融资工具。远期交易所具有的套期保值、投机套利和价格发现等功能，买断式回购无法取代。2005年5月，中国人民银行出台了《全国银行间债券市场债券远期交易管理规定》，债券远期交易市场开始启动。开始时市场的交易品种主要有7天、14天、21天、1个月、2个月、3个月、4个月、5个月、7个月、9个月、1年共11个品种，2006年减掉5个月、7个月、9个月三个品种。交易的参与者主要包括商业银行、非银行金融机构和证券公司三类，交易的主力券种是国债，其次为短期融资券、中央银行票据、金融债券和企业债券。2005年6月15日，中国人民银行在银行间债券市场正式推出债券远期交易，当日，中国工商银行与专业银行达成首笔债券远期交易，标志着我国银行间债券远期市场正式开始运转。

人民银行推出债券远期交易至今，市场总体的交易量在不断增加，交易券种的分布较以前更为广泛，投资者结构也更加丰富、均衡。但透过实际的交易内容，仍可看到一些存在的问题：一是远期交易名不副实。投资者参与远期交易，其首要目的是规避利率风险，但现实情况是相当多的远期交易实际上被用做短期融资的工具：因临时头寸不足，投资机构委托第三方代理持有，待资金到位后再行购入。市场上融通资金的方式有很多，由于远期交易具备一定的便利性，因此被广泛加以利用，扭曲了其原本的功能。二是远期交易定价异常，难以发挥价格发现功能，无助于利率市场化目标的实现。债券远期交易经常出现异常定价的情况，凸显出借远期交易进行价格发现的现实困境。三是远期交易的稳定性较差，难以引领市场预期，市场还不成熟。

出现上述问题的根源是投资者避险意识偏弱、参与机构交易方式单调、债券市场流动性不足、会计核算制度不健全，债券品种结构不够合理均衡等，但随着市场的发展，这些问题将会逐渐得到解决，债券远期市场必将步入健康持续的发展轨道。

（2）远期利率协议市场。2007年10月，中国人民银行发布《远期利率协议业务管理规定》的公告，推出远期利率协议业务。根据这一管理规定，金融机构在开展远期利率协议交易前，应将其远期利率协议的内部操作规程和风险管理制度送中国银行间市场交易商协会和中国外汇交易中心备案。随后，中信银行与另一家机构达成国内首笔远期利率协议，中国工商银行随后也在银行间市场达成首笔人民币远期利率协议交易，在人民币衍生品交易方面实现新的突破，标志着远期利率协议这一金融工具正式登陆我国金融衍生品市场。

作为重要的基础利率衍生品，远期利率协议不仅为商业银行提供了调节人民币资产负债结构、增加交易收入的工具，也为客户规避利率风险创造了新的手段。推出远期利率协议业务具有以下几大好处：一是有利于增强投资者管理利率风险的能力。二是有利于促进市场稳定，提高市场效率。三是有利于促进市场的价格发现功能，为中央银行的货币政策操作提供参考。四是有利于整个金融衍生品市场的协调发展。

远期利率协议的推出，不仅可以进一步丰富金融衍生品种类，使投资者更灵活地选择适合自身需要的风险管理工具，还可以为现有的利率衍生品提供有效的对冲手段，促进整个金融衍生品市场的协调发展。

（3）外汇远期交易市场。目前我国外汇远期市场的交易包括远期结售汇交易和远期外汇交易。我国外汇远期交易市场的发展背景可以追溯到1994年的汇率体制改革，当时实现了人民币官方汇率与外汇调剂价格的并轨，并以强制结售汇制度为基础建立了全国统一的外汇交易市场。但同时，进出口企业在经营过程中面临更多的汇率风险，外汇指定银行由于实行结售汇周转外汇额度控制，也存在着人民币对外汇的汇率风险，企业和银行均缺乏锁定成本及规避汇率风险的必要手段，企业要求银行开办人民币远期买卖的呼声日益强烈。1996年，中国香港和新加坡的一些银行在大跨国公司的敦促下，开办了人民币离岸市场的无本金交割远期外汇交易（NDF），香港等地出现了人民币远期外汇交易。但由于市场发育并不完善，NDF市场的运作相对较为简单，人民币NDF市场只是按照一种非正式的机制运作。1997年1月18日，中国人民银行《远期结售汇业务暂行管理办法》出台，为完善结售汇制度、发展我国远期外汇市场创造了条件。1997年4月1日，国家外汇管理局批准中国银行开办面向个人和企业远期结售汇业务的试点，标志着国内外汇远期结售汇市场正式起步，2004年，我国进一步扩大了开办远期结售汇业务的商业银行范围。虽然我国在2003年和2004年又进行了两次扩大试点，但直至2005年7月21日人民币汇率形成机制改革，国内远期结售汇的交易量都非常低迷，人民币远期结售汇总额与进出口贸易总额的占比较低，市场发展容量不足。

应该说，远期结售汇业务为企业提供了一个规避汇率风险的工具，但由于人民币长期钉住美元，汇率浮动缺乏弹性，严重抑制了国内企业和居民对外汇衍生品的需求，从而造成远期结售汇业务规模偏小，并呈萎缩状态。由于我国实行强制结售汇和实盘交易制度，交易者不能自主调整头寸，加上资本项目下的远期结售汇还受到限制等，这一市场并未迅速发展起来。2005 年 8 月，人民银行扩大外汇指定银行远期结售汇业务，放宽外汇远期交易的主体和业务范围，取消了原有的一些限制，进一步完善了远期结售汇业务。2006 年初，中国银行上海市分行率先推出了 1 年期以上的人民币超远期结售汇业务。目前，我国远期结售汇的范围已扩展到经常项目和部分资本项目，远期结售汇交易的币种包括美元、港元、欧元、日元、英镑、瑞士法郎、澳大利亚元、加拿大元和新加坡元等多种可自由兑换货币。

对于远期外汇交易，2005 年 7 月人民币汇率形成机制改革以后，中国人民银行于 8 月下发了《关于加快发展外汇市场有关问题的通知》，决定即日起开办银行远期外汇交易市场。该市场参与主体为银行间外汇交易中心的会员，国家外汇管理局对银行间远期外汇市场的参与主体实行法人备案管理。在交易规则方面，交易双方通过交易中心询价交易系统进行交易，交易的外币币种、金额、期限、汇率、交割安排由双方协商议定。远期交易可采取到期日本金全额交割的方式，也可采取在到期日根据约定的远期交易价格与到期日即期交易价格轧差交割的方式。2005 年 8 月 15 日，银行间市场正式推出远期外汇业务。全年有美元/人民币 1 周、1 个月、2 个月、3 个月、6 个月、9 个月和 1 年七个期限的品种发生交易，有日元/人民币 1 周、1 个月、2 个月和 3 个月四个期限的品种参与交易。随后，银行间的远期外汇交易蓬勃发展起来。人民币外汇远期交易的推出，将并有助于形成真实、有效的人民币汇率，引导市场预期，为会员提供有效规避风险的工具。

二、互换市场

（一）互换及互换市场的产生

互换就是指交易双方达成协议，在一定期限内交换一系列支付款项的金融交易或者其他资产的一种交易行为。互换在某种程度上可以被当做一系列远期合约的组合，互换交易中最基础和最核心的内容是利率互换和货币互换。

互换的一个重要特点是互换是双方就货币种类、利率种类的转换，这种转换本身并不涉及双方资产负债的增加或减少，不对双方的资产负债产生影响。对于商业银行而言，互换属于表外业务。最早的互换交易是 1977 年在英国和荷兰的公司间达成的，但人们公认的是，1981 年，世界银行与 IBM 公司所进行的货币互换才真正使货币互换与国际资本市场融为一体。第一笔利率互换也发生在 1981 年，当时美国的花旗银行和大陆伊利诺斯公司进行了交易活动。目前，互换已经成为各国银行、国际组织、跨国公司和金融机构积极参与运用的新型金融工具，并且还形成了有着独自标价和交易程序的互换市场。正因为如此，互换被认为是 20 世纪 80 年代最重大的金融创新之一。

互换的产生有以下几方面的原因：（1）消除、减少或预防因利率和汇率变动可能带来的国际金融风险；（2）通过利率、汇率等金融互换尽量降低筹资成本，增强金融资产的流动性；(3) 绕过存在于交易双方之间的各种金融管制措施，开拓新的筹资途径和市场；(4) 改善和重构交易者的资产负债结构，提高国际金融市场上投资活动的收益率；(5) 增加交易双方的业务收入，并获取投机收益。在短短的20多年间，互换交易得到了惊人的发展，目前互换出现了几十种交易形式，但其中最为基本的是利率互换和货币互换。

(二) 互换的基本形式

(1) 利率互换。利率互换是指交易双方约定在未来的一定期限内，根据约定数量的同种货币的名义本金交换现金流的金融合约。其中一方的现金流根据浮动利率计算，另一方的现金流根据固定利率计算。利率互换可以有多种形式，最常见的利率互换是在固定利率与浮动利率之间进行转换。

在利率互换中，双方产生交易的主要原因是各自在固定利率和浮动利率市场上具有筹资的比较优势。假设A公司和B公司都希望筹集5年期的1 000万美元借款，且A公司希望按与6个月有关的浮动利率借款，B希望借入固定利率借款。A和B面临的市场利率：A按固定利率借款的成本为10%，按浮动利率借款的成本为6个月LIBOR + 0.30%；B按固定利率借款的成本为11.2%，按浮动利率借款的成本为6个月LIBOR + 1%。由此可以看出，B面临的固定利率和浮动利率均高于A，A在两个市场均具有筹资成本上的优势。但进一步分析可知，B在浮动利率市场有比较优势，A在固定利率市场有比较优势。于是，互换交易可以如此安排：A以10%的固定利率借入1 000万美元，并支付LIBOR的浮动利息给B；而B按LIBOR + 1%在浮动利率市场借入1 000万美元，并支付9.95%的固定利息给A。由于本金相同，双方只需交换产生利息的现金流，而无须交换本金。这样，A实际的筹资成本为LIBOR + 0.05%，而B实际的筹资成本为10.95%的固定利率。双方均比互换前节约了成本。

由于利率互换只交换利息差额，该产品的信用风险一般较小。有人将利率互换分为三种类型：一是息票利率互换，指在同种货币基础上的固定利率与浮动利率的交换。在约定的时期内一方向另一方支付一系列固定利率款项，另一方则向对方支付一系列浮动利率款项；二是基础利率互换，指同种货币的不同基础利率（或参考利率）的互换，即一种浮动的基础利率与另一种浮动的基础利率的互换；三是交叉货币利率互换，指不同货币之间的固定利率与浮动利率的互换。但无论利率互换的交易形式如何，它在本源上都是基于上例所体现的思想。

通常，由于在两个最终用户间直接安排互换比较困难，存在诸多不便，成熟的市场中往往有一个互换交易商扮演中介的角色，该互换交易商从互换息票上的买卖价差中获取利润。

(2) 货币互换。所谓货币互换，是指交易双方在一定期限内将一定数量货币的本金和固定利息与另一种一定数量货币的本金和固定利息进行交换。货币互换是一项常用的债务保值工具，主要用来控制中长期汇率风险。它把以一种外汇计价的债务或资产转换为以另一种外汇计价的债务或资产，达到规避汇率风险、降低成本的目的。

货币互换一般有三个步骤。第一，初期本金的互换。交易之初，双方按照议定的汇率交换两种不同货币的本金。本金的交换既可以是名义上的交换，也可以是实际的转手。第二，利息的互换。交易双方按照此前议定的利率，以未偿本金为基础，进行互换交易的利息支付。第三，到期日本金的再次互换。合约到期后，交易双方通过互换，换回期初交换的本金。货币互换中所规定的汇率，可以用即期汇率，也可以用远期汇率，还可以由双方协定采取其他任意水平，但对应于不同汇率水平的利率水平会有所不同。

值得注意的是，我们有时将货币互换等同于外汇掉期，但它与外汇市场上的外汇掉期是不同的。不同之处在于：掉期交易不发生分期的利息支付，但货币互换交易则发生；掉期交易中的掉期率体现了这种利息的支付，而货币互换交易中则不存在掉期率。当中介机构介入货币互换时，受比较优势决定的总收益不会发生变化，只是利益分配发生了变动。中介商会分享一部分利益，其数额多少由中介商与客户的讨价还价和中介商的服务水平来竞争决定。

（三）我国的互换交易市场

（1）人民币利率互换。2006 年 2 月 9 日，中国人民银行发布《关于开展人民币利率互换交易试点有关事宜的通知》，这标志着我国利率互换市场的正式形成。国家开发银行和中国光大银行完成首笔交易，标志着我国人民币利率互换市场创立。该协议的名义本金为 50 亿元人民币，期限为 10 年，中国光大银行支付 2.95% 的固定利率，国家开发银行支付 1 年期定期存款利率（浮动利率）。根据中国人民银行规定，利率互换中其中一方的现金流根据浮动利率计算，另一方根据固定利率计算，目前只允许采取固定对浮动的方式，实际上排除了短期内其他形式的利率互换的可能。中国人民银行还许可银行与其存贷款客户开展互换交易，若银行的客户发行公司债券，则可以通过互换与银行进行交易。

目前，我国现行的是“双轨制”的利率体系，即受管制的间接融资利率和市场化的直接融资利率。为了满足多种利率的风险管理需求，我国推出了以 7 天和 1 年定期存款利率为浮动端参考利率的互换产品，之后又推出了基于 SHIBOR 利率的互换产品。另外，以贷款利率为基准的互换也曾出现过。2006 年，整个市场的人民币利率互换交易量为 340 亿元，其中以 7 天回购利率为参考利率的部分达 184 亿元，占比 54.1%；以 1 年期定期存款利率为参考利率的达 141 亿元，占比为 41.5%。从交易期限看，2006 年共有 11 个品种的利率互换有交易，成交规模较大的为 3 年期、5 年期和 10 年期品种，当年这三个品种成交量占整个市场的比重高达 79.8%，显示出互换交易的长期化特点。2008 年 1 月 25 日，中国人民银行发布《关于开展人民币利率互换业务有关事宜的通知》，宣布从 2 月 18 日起正式开展人民币利率互换业务，参与机构从原来试点规定的部分商业银行和保险公司拓展到所有银行间债券市场的参与者。

人民币利率互换推出后，这一衍生品逐渐为市场所关注，但在发展中也存在一定问题。主要问题表现在互换交易中浮动利率的基准确定、利率互换形式的多样化问题和市场基础设施的建设与完善等方面。相信随着市场的不断完善，人民币利率互换市场的地位将日益提高。

（2）货币互换市场（外汇掉期交易）。2005 年 8 月 2 日，中国人民银行发布开办人民币与外币掉期业务的通知，决定开办掉期业务，政策上允许不涉及利率互换的人民币与外币的掉期业务。当年，出现了银行柜台零售的掉期交易业务。2005 年 8 月 14 日，中国银行江苏省分行开办了国内第一笔外币对人民币的掉期业务。2006 年 4 月，根据国家外汇管理局的批复，中国外汇交易中心公布了《全国银行间外汇市场人民币外汇掉期交易规则》，正式开通了人民币外汇掉期交易。实际上，早在 2005 年 11 月 25 日，人民银行便向包括四大国有商业银行在内的国内 10 家主要商业银行招标，悄然进行了规模为 60 亿美元、期限为 1 年的首次货币掉期操作，实际上被认为提前启动了货币掉期的时间。

外汇掉期业务推出后，根据国家外汇管理局的统计，截至 2006 年末，已办理对客户进行人民币与外币掉期业务备案手续的银行达到 27 家；在银行间外汇市场上，人民币掉期市场已备案的会员数达到 62 家。2007 年 8 月 17 日，中国人民银行发布通知，决定在银行间外汇市场推出人民币外汇货币掉期交易，首先在银行间外汇市场开办人民币对美元、欧元、日元、港元、英镑五个货币的货币掉期交易。具备银行间远期外汇市场会员资格的境内机构，可以在银行间外汇市场开展人民币外汇货币掉期业务，国家外汇管理局对人民币外汇货币掉期业务实行备案制管理。2007 年 12 月 10 日，人民币外汇货币掉期交易正式在银行间市场上线。我国货币掉期市场的建立和发展，将对于完善远期汇率形成机制，建立中国的金融衍生品市场作出应有的贡献。

本章小结

期权交易是期货交易的进化和延伸，是以转移风险和保值为基本出发点的合同执行权利交易活动。期权的定价是一个非常复杂的问题，需考虑多种因素的影响。权证是一种特殊的股票期权。衍生金融工具及其市场的迅速发展已成为近年来最重要的金融现象之一，我国金融衍生品市场在此背景下发展迅速。

思考题

1. 什么是期权交易？
2. 期权价格的主要决定因素有哪些？
3. 指数期权、外币期权、利率期权及期货期权的具体业务做法是怎样的？
4. 简述期权清算公司的工作程序。
5. 期权交易有哪些风险？

6. 什么是远期交易？远期交易有哪些特点？
7. 互换有何特点？产生的原因有哪些？
8. 什么是利率互换与货币互换？如何进行交易？

第九章　结构金融

结构金融通常是指资产证券化，是20世纪70年代初发源于美国的一项重要的金融创新。自20世纪80年代初起，先后引入欧洲、亚洲及其他国家和地区，中国于2005年初引进结构金融技术并在有限范围内进行试点。结构金融自问世至今，在金融体系中的地位和作用日益突出。

第一节　结构金融概述

一、结构金融的概念

绝大多数研究文献将结构金融作为“资产证券化”、“证券化”的同义语，在使用过程中可以相互替代。本书认同这一主流看法，因而界定结构金融的概念，事实上就是对资产证券化或证券化的含义进行解释。由于更多的文献多使用资产证券化这一术语，本书也倾向于更多使用资产证券化，偶尔使用结构金融和证券化。

关于结构金融或资产证券化的概念，已有文献大致有两类定义方法，一类是同时从狭义和广义两个角度对概念进行界定；另一类则仅从狭义角度对概念进行界定。

第一类的定义方法在国内较为常见，如何小锋等在其合著的《资产证券化：中国的模式》中认为，广义的资产证券化是指资产采取证券这一价值形态的过程和技术，它具体包括现金资产的资产证券化、实体资产的资产证券化、信贷资产的资产证券化和证券资产的资产证券化四种。狭义的资产证券化则是指30多年来国际金融市场上一项重要的金融创新，其主要内容是信贷资产证券化。

国外和台湾地区的学者多从狭义的角度定义资产证券化。代表性的有台湾学者陈文达等从融资的角度界定资产证券化。即资产证券化是指企业单位或金融机构将其能产生现金收益的资产加以组合（pooling），然后发行成证券（securities），出售给有兴趣的投资者，借此过程，企业、单位或金融机构能向投资者筹措资金。

美国学者弗兰克等则从资产证券化的过程和融资、发行的私募或公募方式、偿付来源等角度对其进行定义。即指“一种有效率地组合贷款、应收账款以及其他资产的过程。相关的现金流和经济价值用来支持相关证券的偿付。资产证券化发起人既可以使用公开发行也可以借助私募方式从事资产证券化以达到为其经营活动融资的目的。”

综上所述，本书给出结构金融或资产证券化的定义如下：资产证券化是一种对各种类型资产的流动性、风险性和收益性等金融特性进行重构的金融创新技术或工具，旨在帮助金融或实体机构提升自身流动性，改善资产负债结构，转移和分散风险，提高资本效率，提升金融体系或金融市场配置金融资源或实体资源的质量和效率。

以下以中国建设银行第一单住房抵押贷款资产证券化为例并借助于一个结构图来进一步说明结构金融的概念。

2005年初，中国人民银行、中国银监会、国家发展和改革委员会等十部委共同决定，由中国建设银行和国家开发银行进行资产证券化的试点工作。同年12月，中国建设银行发行了国内第一单个人住房抵押贷款资产证券化产品（RMBS）——“建元2005-1个人住房抵押贷款支持证券”。图9-1是关于该证券的交易结构图。中国建设银行股份有限公司作为该证券的发起人，出于优化本行资产负债结构、分散和转移风险、提升资本效率等目的，将其持有的15 162笔个人住房抵押贷款（本金总计30.17亿元，利率、期限各不相同）打包出售给作为特殊目的发行机构（SPV）的中信信托，中信信托将这些贷款组成一个资产池，并借助信用评级机构和信用增级技术将该资产池重新组合为固定收益证券。证券经信用增级技术处理后被分割为优先/次级结构，其中优先级证券又分为三个级别（或三个组别），信用级别分别是AAA级、A级和BBB级，向银行间债券市场上的机构投资者发售。次级部分未评级，被发起人即中国建设银行持有（见表9-1）。

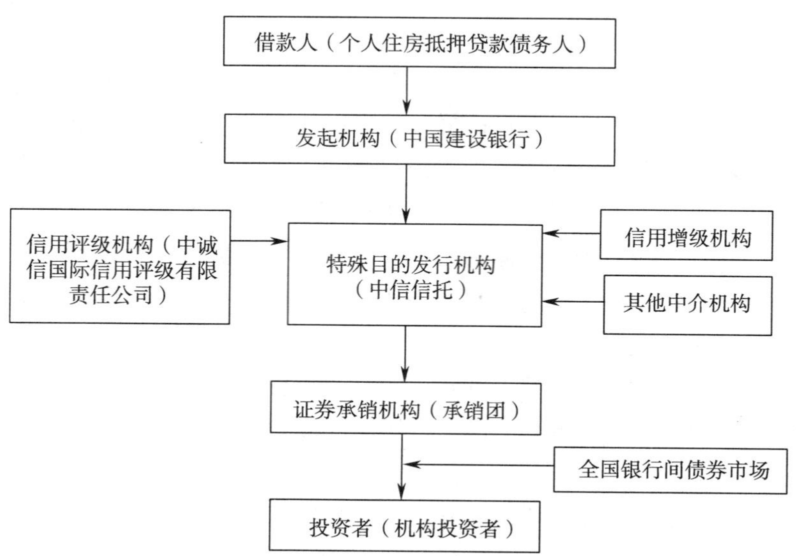

图9-1 建元2005-1RMBS的交易结构图示

表 9－1　　“建元 2005－1RMBS”信用增级结构

	优先级组别			次级组别
	A 组	B 组	C 组	次级组
规模及占比	26.7 亿元（88.50%）	2.04 亿元（6.75%）	0.53 亿元（1.75%）	0.91 亿元（3%）
信用级别	AAA	A	BBB	未评级

注：规模数保留小数点后两位。

二、结构金融的功能

在上述关于结构金融概念的介绍中，已经提及结构金融的功能，诸如融资、改善发起人流动性，提高资本管理效率、优化发起人资产负债结构、分散和转移风险等。以下结合资产证券化的历史，从债权或股权融资比较的角度，重点对结构金融的融资功能、改善发起人资产负债表结构、分散和转移风险等功能进行进一步阐述。

同传统的债权和股权融资一样，结构金融也具有融资功能。但在融资条件、成本等方面有较大差异。

（1）融资条件：资产证券化对发起人的融资资格要求远比债权或股权融资低。在债券融资中，对发行人的信用要求一般是投资级（即 BBB 或 Baa）以上的水平，垃圾债券虽然自 20 世纪 90 年代以来大行其道，但发行人只限于大公司。股权融资同样具有一系列的资格性要求，如美国纽交所对上市公司的要求：一是社会公众持有的股票数目不少于 250 万股；二是有 100 股以上的股东人数不少于 5 000 名；三是公司的股票市值不少于 1 亿美元；四是公司必须在最近 3 个财政年度里连续盈利，且在最后一年不少于 250 万美元、前两年每年不少于 200 万美元或在最后一年不少于 450 万美元，3 年累计不少于 650 万美元；五是公司的有形资产净值不少于 1 亿美元等。

但在资产证券化中，对非投资级公司、濒临破产的公司甚至是破产公司，无论其大小均可以使用资产证券化方法进行融资以助其度过流动性危机。破产公司进行资产证券化案例见于 1990 年以来的美国资产证券化实务中，第一例是联合商店公司（Allied Store Corp.）将其破产的四个零售商店的“个人信用卡”应收款进行了资产证券化。显然，此种证券化融资方式，在传统的债权和股权融资中是不可想象的。其中的机理在于，资产证券化债券通过真实出售、风险隔离、SPV、信用增级等设计将资产证券化的基础资产同非投资级公司或破产公司隔离并借助信用增级达到了较高的信用水准。换言之，资产证券化的发行是以被隔离出来的资产证券化的基础资产的信用为准而不是以发起人的信用水平为准，因此只要资产证券化基础资产的信用达到了投资级水平，不论发起人的信用处于什么样的状况，发起人均可以凭借资产证券化基础资产的信用实现融资的目的。如上述联合商店公司所发起的资产证券化基础资产经资产证券化技术处理后达到 $A-1^{+}$（标准普尔）或 A－1（穆迪）。而在传统的债权或股权融资中，发行人的信用水平是其是否可以获得融资资格的关键因素，如果发行人本身的信用在投资级以下的水平，那么这样的发行人就不可能踏进债权或股权融资的门槛。

（2）融资成本：在一般情况下，由于资产证券化的风险隔离性，资产证券化债券的信用一般高于发起人的信用，而债券融资的信用不能与发行人的信用相隔离，债券信用因而无法获得有效提升，导致其发行成本较高。以下以前述美国联合商店公司下辖四家零售店的个人信用卡证券化债券和其发起人联合商店公司债券为例，对两种融资工具的成本进行比较。

根据债券的风险中性定价原理，第一步是求得各期限下的公债（treasury）的到期收益率（yield to maturity）；第二步是以公债的到期收益率加上一个合理的风险升水（risk premium）。显然由于个人信用卡证券化债券借助于真实出售、风险隔离、信用增级等技术将信用水平提高到大于发起人即联合商店公司自身信用的水平，其风险升水较低，价格较高即发行成本较低，而联合商店公司如果采用债券融资的方法，其债券信用虽可依靠担保等技术得到提升，但其信用水平仍然受公司本身信用水平的影响，因而风险升水较高，价格较低即发行成本较高。第三步是以经风险升水后的折现率求解个人信用卡证券化债券和联合商店公司债券价格。

政府公债的到期收益率公式：

$$P = \frac{CF_1}{(1 + r_{01})} + \frac{CF_2}{(1 + r_{02})} + \cdots + \frac{CF_n}{(1 + r_{0n})} = \sum_{i=1}^{n} \frac{CF_i}{(1 + r_{0i})} \tag{1}$$

式中，P 为债券价格，CF_i 为债券在第 i 期的现金流，r_{0i} 是第 i 期的折现率。期限相当、每期（如每季）现金流量相同的政府公债、联合商店公司债券和信用卡证券化债券利率。后两者的贴现率分别等于政府公债加上一个合理的风险升水

$$r_{1i} = r_{0i} + k_1 \tag{2}$$

式中，r_{1i} 为联合商店公司债券融资利率，r_{0i} 为公债利率，k_1 为联合商店公司债券融资利率对公债利率的风险升水。

$$r_{2i} = r_{0i} + k_2 \tag{3}$$

式中，r_{2i} 为信用卡证券化债券利率，r_{0i} 为公债利率，k_2 为信用卡证券化债券利率对公债利率的风险升水。

联合商店公司债券融资定价和信用卡证券化融资定价

$$p_1 = \frac{CF_1}{(1 + r_{11})} + \frac{CF_2}{(1 + r_{12})} + \cdots + \frac{CF_n}{(1 + r_{1n})} = \sum_{i=1}^{n} \frac{CF_i}{(1 + r_{1i})} \tag{4}$$

式中，p_1 为联合商店公司债券融资价格。

$$p_2 = \frac{CF_1}{(1 + r_{21})} + \frac{CF_2}{(1 + r_{22})} + \cdots + \frac{CF_n}{(1 + r_{2n})} = \sum_{i=1}^{n} \frac{CF_i}{(1 + r_{2i})} \tag{5}$$

式中，p_2为信用卡证券化债券价格。

在上述式（4）和式（5）中，

由于

$$r_{2i} < r_{1i}$$

所以

$$p_2 > p_1$$

当然资产证券化的成本还包括部分交易费用诸如担保增级费用、流动性提供者费用等，资产证券化最终的成本等于上述定价成本加上交易费用。因此，资产证券化成本和债券融资成本的比较还要看资产证券化的定价成本和交易费用的总和与债券融资成本的大小。但一些研究成果表明，结构融资成本低于传统债券融资成本。如美国学者劳塞尔和奥普（Rosenthal 和 Ocampo，1992）通过对通用汽车承兑公司（General Motors Acceptance Corporation）的汽车贷款资产证券化与同类的传统债务融资进行比较分析所得出的结论是，资产证券化债券融资比传统债券融资成本约低3%。

降低资产负债表的负担。由于以资产证券化方式进行的融资表现为将资产证券化基础资产（表外）真实出售，换取现金资产。此种形式的融资不增加发起人的债务负担相反会提升资产的流动性。传统债券融资则是加重了资产负债表的负担，提高了对资本权益的要求。

（3）风险分散和转移：资产证券化通过重组基础资产构成新的资产池，然后借助于SPV分销给多元化的投资者以达到分散和转移风险的效果。这样一种分散和转移风险的方式与债权和股权融资之分散和转移风险方式之间的差别表现在：第一，债权和股权融资是将未来不确定资产或业务的风险分散或转移给债权人或股权人，资产证券化是将已有或未来确定资产或业务的风险转移给债权投资者。第二，资产证券化的风险分散和转移以风险隔离的方式，被转移的风险与发起人的风险隔离。债权或股权融资则是被转移风险与发行人的风险息息相关或决定于发行人的风险。在此种情况下，债权或股权持有人的收益依赖于发行人的效率或质量，如果发行人出现财务困难甚至濒临破产，证券的兑付就难以保证，至少是形成延期支付，投资者的损失就在所难免。第三，资产证券化被转移的风险借助于信用增级技术进行重构以适应不同投资者的偏好，债权融资的风险充其量诉诸担保、保险或保证的方式，难以适应不同风险偏好的投资者。股权持有人的风险则不附有任何保证或担保形式，因而股权持有人的风险是最大的。

（4）提高资本管理效率：资产证券化有助于提升发起人的资本效率，资产证券化通过真实出售有风险的资产换取风险权重为零的现金资产，从而使得加权风险资产的比重下降，资本充足率由此得以提升或通过支持更多的风险资产以提升资本效率。债券融资则是加重发行人的资本负担，债券融资表现为资产负债表中的负债，此种负债虽然以现金的方式出现，但其对应的资产则肯定是风险资产，原因在于，发行人绝对不会将有偿融资以现金的方式持有，而是投放于高于债务利息成本的资产即风险资产，这就势必加大发行人加权风险资产的总量从而加重资本负担，降低资本效率。股权融资有助于提升资本规模但却不能提升资本效率。

第二节 结构金融产品设计原理

一、结构金融产品五大核心要素

从第一单证券化即住房抵押贷款转付证券开始至今约40年的时间里，证券化的品种日益繁多，但证券化的结构框架却保持着明显的一贯性。那么这种一贯性表现在哪些方面？其背后的设计机理是什么？

先来看各种结构金融产品的结构框架的共同特点。美国学者萨特德（Satyajit Das）曾经将20世纪90年代中期面世的一种资产证券化产品——现金流型抵押债务债券（Cash Collateral Debt Obligation，或Cash CDO）与自1970年第一单资产证券化产生以来的所有的资产证券化产品进行了比较，总结出了绝大多数资产证券化产品所具有的五个相似点。（1）资产证券化的发起人建立了一个（经过）破产隔离的、被称为特殊目的工具（SPV）的法人，而SPV是资产证券化债券的正式发行机构。（2）SPV正式地购买了与发起人资产相关的现金流，这样，这些资产就从后者的资产负债表中剥离出来了。（3）SPV购买资产所需的现金，是通过在债券市场发行债券而筹得的，债券的种类可能不止一种，而且包含了一个股权部分，而股权部分通常被发起人重新购入。（4）已分类的债券通常由评级机构来评级，所评定的信用等级既反映了资产证券化基础资产的信用质量，也反映了被称为“信用增级”的、用于降低信用风险的全部措施。（5）只要基础性资产池不发生任何重大的违约事件，购买了已发行的债券之投资者，就有望获得利息和本金的偿付。

这五个相似点可以概括为五个词即“SPV”、“真实出售”、“风险隔离”、“信用增级”和“偿付安排”。其中偿付安排是由第三个相似点和第五个相似点合并而成的，因为第五个相似点所说的偿付要素事实上包含对未评级的股权部分和经评级的不同信用级别的债券部分的偿付。真实出售和风险隔离则是来自第二个相似点，SPV实施的“购买”行为是基于真实出售前提下的购买行为，而风险隔离则是源自在真实出售的基础上的资产从资产负债表中的“剥离”。

这五个相似点是结构金融产品与其他金融工具的主要区别。构成结构金融产品的五大核心要素如图9-2所示。通过这五个要素内在机制可以洞悉结构金融产品的设计机理。

二、真实出售及其设计机理

（1）真实出售的定义。简而言之，资产证券化中的真实出售即发起人将资产证券化

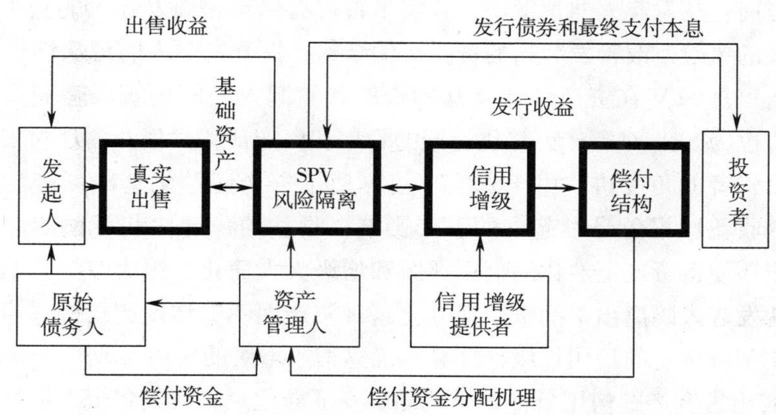

图 9-2　结构金融产品的结构

基础资产转让给了 SPV。具体而言，可以从多种角度对真实出售进行界定，如从会计的角度看，真实出售是被转让资产从发起人的资产负债表中移出至一个独立的 SPV 即所谓的表外真实出售，或被转让资产从作为发起人的母公司的资产负债表转移至其下辖的作为 SPV 的子公司的资产负债表中，此即所谓的表内真实出售。从对投资者的破产保护的角度而言，真实出售意在破产隔离。因为资产证券化基础资产从发起人资产负债表中实施了剥离，基础资产不再属于发起人而是属于 SPV，一旦发起人面临破产境地，SPV 得以继续归集资产证券化基础资产所产生的现金流，并用之偿付投资者。

（2）真实出售的对象。那么，真实出售的对象是什么，都有哪些特点？在早期的资产证券化中，真实出售的对象即住房抵押贷款，这类资产的特点是稳定、长期、可标准化等特点。前两个特点容易理解，第三个特点即住房抵押贷款可以标准化的合同进行操作。随着证券化技术应用范围的不断扩大，真实出售对象的范围不断扩大，如信用卡贷款、汽车贷款、存货、项目融资、权利、风险等，特点也就随之多元化，甚至可以说，只要是能产生现金流的资产，不管其具有什么特点，都可以将其证券化。表 9-2 是部分真实出售对象的类别。

表 9-2　　资产证券化的真实出售资产的类型

汽车贷款	汽车租赁	船、卡车贷款	信用卡应收款
批发汽车应收款	飞机和计算机租赁	农业设备贷款	工人汇款
信用卡应收款	再保险	学生贷款	石油或其他原材料出口
家庭财产贷款	税务留置权	贸易应收款	项目融资
房屋建筑合同	贷款抵押证券（CBO）/债券抵押债券（CLO）	闲置成本（stranded cost）	体育和娱乐（销售、电视播映权）
旅行车	商用房地产	高速公路收费权	

（3）真实出售的作用。综合各类结构金融产品中真实出售所发挥的作用，主要表现

在如下几个方面：从发起人的角度讲，真实出售可有助于提高发起人的资本效率，分散或转移发起人的风险，改善发起人的资产负债结构，提升发起人的流动性；从SPV的角度讲，真实出售是SPV在资产证券化基础资产和发起人之间构筑风险隔离墙的重要基石，真实出售也为SPV对资产证券化资产的管理和资产证券化债券的偿付安排提供了诸多便利；从投资者的角度讲，由于真实出售隔离了资产证券化基础资产与发起人的风险，投资者的收益回报免受发起人的破产影响，收益的稳定性和可预期性由此大大提高。真实出售还使得资产证券化的信用评级和增级大大简化，因为有了真实出售，信用评级只针对从发起人隔离出来的资产证券化基础资产而不牵涉发起机构本身，并只根据对资产证券化基础资产的信用评级，计算并确立信用增级的规模。

（4）真实出售资产的信用条件。早期的资产证券化对真实出售资产有严格的信用要求。如第一单资产证券化产品中的真实出售资产必须是经FHA或VA保证或保险的住房抵押贷款，第二单资产证券化产品即参与凭证（Participation Certificate，PC）中的住房抵押贷款则是基于严格的合同约束，主要是贷款价值比不能低于80%；如果低于80%，不足部分必须购买私人贷款保险（private mortgage insurance）。随着资产证券化市场的不断扩大、市场竞争的日益激烈以及资产证券化技术的持续改进，对真实出售资产的信用要求也不断降低，典型的例子是，从20世纪90年代开始，次级贷款、垃圾债券等低信用级别的资产被纳入真实出售的范围。甚至是，大量事实上没有信用保证的住房抵押贷款以次级贷款的身份被真实出售到资产证券化市场，从而使得资产证券化市场上的基础资产的信用丧失了起初具有的信用底线，为次贷危机爆发埋下了重要祸根。因而，从中需要汲取的一个重要教训是，资产证券化中真实出售资产必须坚持其在一开始形成的传统：真实出售资产必须有明确的信用边界。

三、SPV及其设计机理

（一）SPV的定义

SPV（Special Purpose Vehicle，特殊目的工具或特殊目的工具载体），即为了满足一种特殊目的而存在并发挥作用的工具或载体。而所谓特殊目的即帮助作为一种金融创新的资产证券化实现发行效率最优。这也是SPV的唯一目的，某一种机构或法律一旦被用做资产证券化的发行工具，该目的即具有高度的排他性，除了充当资产证券化发行的载体外，其他任何目的都将受到严格的限制。而之所以将SPV定位为工具或载体，是就其在资产证券化发行中所扮演的角色而言的，在资产证券化结构设计中，SPV存在的合理性完全是依附性的，离开资产证券化的发行，SPV将失去任何意义。也正因为SPV是工具性的，其存在的形式可以多种多样，只要能够满足资产证券化的特殊需要即可。

（二）SPV的功能及其机理

结构金融中的SPV具有三个基本功能。其一是风险隔离（bankruptcy - remoteness）；

其二是免税（tax – avoiding）；其三是具备完善的发行债券的功能。风险隔离旨在实现风险配置最优，免税则是促进成本最小化，完善的债券发行功能则保证将资产证券化资产池中的资产转化为可流通债券。理解第三个功能是比较容易的，本书重点解释前两个功能及其机理。

1. SPV 的风险隔离功能及其机理

风险隔离具体包括三方面含义，其一是资产证券化基础资产池与资产证券化发起人之间的风险隔离，即 SPV 将资产证券化的基础资产的收益同资产证券化发起人的破产风险相分离，资产证券化的基础资产和资产证券化发起人之间犹如形成一道防火墙，发起人任何财务、法律、税务等风险甚至是发起人的破产风险均不能殃及资产证券化的基础资产，由此资产证券化的基础资产收益可以持续支付给投资者，投资者由此可以获得稳定的回报 。其二是 SPV 自身的破产隔离，即 SPV 自身是不能破产或破产的可能性是最低的，以免资产证券化基础资产池的现金流因 SPV 的破产而遭清算，从而危及资产证券化债券持有人的利益。其三是资产证券化基础资产免受发起人的债权人及其他资产证券化参与者（如资产证券化基础资产池的服务者、资产证券化基础资产池所产生现金流的保管人、信用增级提供者等）的债权人的追偿，换言之，资产证券化债券持有人对资产证券化基础资产池中的资产享有相对于发起人及其他资产证券化参与者的债权人的优先权。

在资产证券化结构中，SPV 之所以被设计成具有风险隔离的功能，根本原因在于为投资者的利益考虑。资产证券化基础资产同资产证券化发起人的风险隔离可以使得投资者在发起人或 SPV 本身遭遇破产困境时仍然可以获得稳定的偿付来源，因为曾经是发起人资产一部分的资产证券化基础资产在资产证券化的结构安排中不再与发起人的风险之间有任何关联，在这样一种安排中，不管发起人遭遇怎样的“风吹浪打”，经风险隔离的基础资产池依然可以“闲庭信步”，其相关权益则持续不断地用于满足对投资者的偿付需要。从 SPV 自身破产隔离的角度而言，虽然 SPV 受让了发起人的资产，但通过一系列特别的设计，SPV 几无破产之虞，资产证券化基础资产池中的资产及其收益仍然可以免受 SPV 破产清算的冲击，投资者因此可以持续获得稳定的清偿。SPV 通过设定对投资者优先受偿权的保护也使得投资者在众多可能的资产证券化基础资产池的债权人面前享有优先受偿权，从而锁定应得收益。如果资产证券化引进了 SPV，但是 SPV 却没有风险隔离功能，即其不能在资产证券化基础资产同发起机构之间建立风险防火墙，其本身也容易面临破产之忧且不能保证投资者对资产证券化基础资产及其收益的优先受偿权，那么，投资者所面对的风险与传统的直接债务融资就几无二致，这不仅使 SPV 的价值大打折扣，也使得资产证券化的魅力黯然失色。

SPV 设计中基础资产池相对于发起人的风险隔离功能，在 2007 年以来美国的次贷危机及以后的全球性金融和经济危机中受到质疑。质疑聚焦的一个核心问题是，SPV 的基础资产池相对于发起人的风险隔离功能，在实际操作过程中有激励发起人冒道德风险之嫌，即发起人可能会无限制地降低借款人的进入门槛，同信用很差，甚至是没有信用的借款人签订借款合同并出售给 SPV。为此，可采取通过增加回购条款将发起人拉到共同的“风险之船”上，发起人持有部分未评级证券化债券份额等措施，防控发起人的道德风险。就此而言，本轮危机后 SPV 的风险隔离功能中对于基础资产池相对于发起人的风险隔离有朝着有限隔离演变的趋势。

2. SPV 的免税功能及其机理

SPV 免税机理来自资产证券化降低成本并以此实现投资者利益最大化的需要。资产证券化作为一种全新的金融工具，相对于其他融资结构，其结构设计的突出特点就是多出一个 SPV。正如图 9 - 3 所示，在一个典型的资产证券化参与者组合结构中，无论是借款人、发起人、投资者还是信用评级机构、信用增级机构（担保、保证、保险等）、证券承销机构，在其他的融资结构中都存在，唯独 SPV 是例外，只有在资产证券化中才有 SPV 的设计安排。多出这样一个机构是资产证券化的独具匠心之处，但也可能是不经济的一种设计。因为 SPV 在资产证券化的运作中可能会“截留”一部分资产证券化资产池中的现金流从而导致最终流向投资者的收益下降。在 SPV 所可能“截留”的现金流中，最受关注的就是所谓“双重征税”即资产证券化基础资产池所产生的同一现金流在经由 SPV 流向投资者的过程中被两次征税。首先是现金流作为 SPV 的所得由 SPV 缴纳一次所得税，其次是同一现金流作为投资者的所得再由投资者缴纳一次所得税。其中，对于投资者缴纳的所得税，由于源远流长的各国税法均视个人投资者或机构投资者为“天经地义”的纳税实体，从投资者处切入寻求税收减免之策几乎是一种徒劳的选择。而 SPV 作为一种新生的实体形式，其减免税收的回旋余地要大得多。规避资产证券化中的“双重征税”以降低资产证券化的运作成本的关键是，SPV 是一个免税的机构或实体，最起码也是一个税收负担最小化的实体（如通过发行债券以息抵税）。在实践中，拥有税收抵免优惠的 SPV 可供选择的路径有：

（1）在所谓的避税天堂（如开曼群岛）设立 SPV 并选择离岸发行资产证券化的方式。

（2）选择免税实体，如英美法系下的让与信托。美国联邦税制准则下的让与信托 SPV 之所以作为一个免税实体，根本原因在于让与信托在资产证券化中扮演的角色是被动性的（passive）。具体表现在，第一，从对资产证券化资产池的管理而言，该信托一旦建立，信托的受托人就不能再购买新的应收款或替换应收款（在初始阶段，可被允许替换有问题的应收款），不能对资产证券化资产池中资产的期限结构或风险结构进行分割或重构，也不能对持有的现金流进行再投资或再分配。第二，只发行基础资产同质性较强、债券结构单一的资产证券化债券——转付证券（pass throughs），即按照基础资产的期限、现金流分布结构、偿付安排等设计并发行的债券。此种所谓被动性角色符合美国国内税收法的第 671 条和第 679 条的免税条件，让与信托 SPV 因而是一种可免税实体。

（3）设计可免税的 SPV 结构。如将 SPV 设计成发起人的附属机构，其所涉及的纳税义务因与母公司并表而由其他并表成员的损失所抵消。

（4）发行资产担保债券，寻求以息抵税效果。

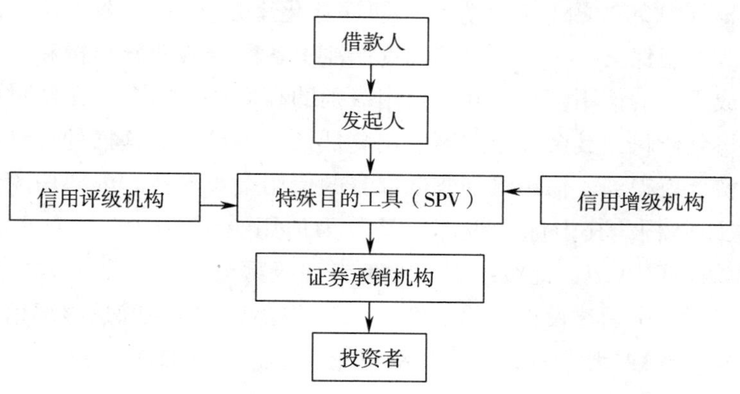

图 9－3　一个典型的资产证券化参与者组合结构

（5）特别立法，规定资产证券化的可供选择的免税或抵税的 SPV。如法国通过专门立法设立的 SPV 是一个不具有法律人格的共同所有权载体。此种形式的载体因不具有法律人格而免予缴纳发行登记税、印花税及所得税。日本通过专门订立《SPC 法》，规定较低的 SPV 注册资本（最低为 300 万日元），并提供一系列包括公司债券发行登记费、不动产购置税和登记税、债息税前扣除等在内的税收优惠措施。

四、信用增级及其设计机理

（一）信用增级的定义

广义而言，信用增级是指借助于担保、保险、保证、优先/次级分组等方式对存在信用缺口的实体、资产或资产池、项目等提供不同程度的信用支持，以使其达到合意的信用级别（如 AAA、A、BBB 等）。在资产证券化中，信用增级特指对经真实出售和风险隔离后的资产证券化基础资产池的资产提供不同幅度的信用支持。资产证券化中的信用增级之所以只针对资产证券化的基础资产而不需要像传统的债券或股权融资那样对发债或发股主体的信用进行增级支持，原因在于资产证券化基础资产已由 SPV 实施了其与发起人之间的风险隔离，经 SPV 风险隔离后的资产证券化债券的信用与发起人的信用不再具有关联关系，资产证券化中的信用增级因而不需要考虑发起人的信用状况，更不需要对其实施信用增级。资产证券化中的信用增级所具有的只针对其基础资产或发起人的一部分资产的特点使得资产证券化中的信用增级所需要考虑的因素和环节大大减少，信用增级的技术和过程均得到一定程度的简化，信用增级的确定性也相应地得到加强。

在通常情况下，单一结构金融产品的信用增级的方法分两种，即内部信用增级和外部信用增级。所谓内部信用增级是指通过调整基础资产池内部自身的结构而形成的信用增级，此种增级方法可实施的途径大致可分两类，一是超额担保，即将基础资产池的一部分重组并进行证券化，另一部分则对证券化的部分构成担保性支持。如假设有 1 亿元的基础资产池，其中 90% 的部分证券化，即证券化率是 90%，其余 10% 的部分就对证券化的偿付形成了担保支持。二是将基础资产池中各部分的期限结构和风险结构进行分割和重组，构成不同的信用组别，并按信用级别的高低依次组合，在偿付中信用级别最高的部分优先得到偿付，其余部分按照信用高低依此类推。在这样的设计中，信用级别较高的部分事实上就得到了信用级别较低部分的信用增级支持。内部信用增级结构通常被称为优先/次级结构，其中优先级部分又分为信用级别不同的几个信用组别如 AAA 级、AA 级、A 级、BBB 级，此级组别通常是未评级部分，并以私募方式为机构投资者持有。如第一节所属中国建设银行的案例中，信用增级采用的就是内部信用增级，其中优先级部分，分为 AAA 级、A 级、BBB 级三个组别，次级部分未评级并为中国建设银行即发起人自己持有。

（二）信用增级的机理

1. 信用增级的必要性和可行性

资产证券化之所以将其基础资产诉诸信用增级过程才能以这些基础资产为支撑发行所谓资产支持证券，其中的机理可概括为两个方面：一是基础资产的信用不足或基础资产存在信用缺口，需要提升至一定水平才能为市场和投资者所接受。这是信用增级的必要性。二是信用的相互依赖。资产证券化基础资产的可分割特性使其经分割后的各个组成部分之间的信用可相互依赖并相互提供信用支持；资产证券化基础资产与其他信用主体之间也存在信用的相互依赖和相互支持关系。这是信用增级的可行性。

2. 信用增级的幅度

那么，如何确定信用增级的幅度？由于信用增级的目的事实上是弥补某一种或某几种特定信用水平上的债券的信用损失，信用增级的规模或幅度就决定于资产证券化债券因一系列能对资产池产生负面影响的事件可能造成的预期损失的程度。

在通常情况下，信用增级的幅度由信用评级机构确定。从程序层面而言，确定资产证券化的信用增级幅度首先需要对资产证券化基础资产池或资产证券化债券的违约和损失情况作出评估和测量，然后就相关损失缺口设计相应的信用增级支持幅度。一般的步骤：（1）对资产池的单一资产的信用增级幅度进行测量，得出相应的信用增级幅度；（2）在整个资产池层面上进行测量，得出加权的信用增级幅度；（3）输入其他一些变量进行调整。这些变量包括法律风险、服务机构的质量、信息的质量等。

一些著名的信用评级机构如标准普尔（S&P's）、穆迪（Moody's）、惠誉（Fitch）等已经形成一系列确定信用增级幅度的方法和模型。这些模型大都使用一个指标性的变量即债务偿付保障率（Debt Service Coverage Ratio，DSCR）。债务偿付保障率（DSCR）为

资产证券化基础资产的净现金流与资产证券化债券应偿付额之比。其计算公式是

$$DSCR = \frac{\text{证券化基础资产的净现金流}}{\text{证券化债券应偿付额}}$$

具体到某一结构金融产品的 *DSCR*，其大小取决于两类因素：一是基础资产自身的质量；二是评级机构所用模型、参考变量及数据渠道。一般地，由于不同评级机构所用模型、参考变量和数据渠道不尽一致，所得出的 *DSCR* 有微小差别。由此得出的信用增级幅度也会有些差异。下面以标准普尔的 *DSCR* 为基准，给出一个多户住宅抵押贷款证券化的优先/次级结构的内部信用增级组合结构（见表 9－3 和表 9－4）。

假设多户住宅抵押贷款证券化的基础资产池的净现金流是 1 400 万元，债券应偿付额是 1 000 万元，那么该资产证券化的 *DSCR*：

$$DSCR = \frac{\text{证券化基础资产的净现金流}}{\text{证券化债券应偿付额}} = \frac{1\,400}{1\,000} = 1.4$$

而标准普尔所给出的对应于 AAA 级的 *DSCR* 是 1.75，由此可见，在优先/次级结构中，1 400 万元的净现金流只能覆盖 AAA 级组别 80%（1.4/1.75）的风险，由此所需的信用增级幅度为 20%。

同理，算出 AA 级组别被覆盖的风险是 84.8%（1.4/1.65），则所需的信用增级幅度是 15.2%，相应地，AA 级组别对 AAA 级组别的信用增级幅度是 4.8%（20% ~ 15.2%），依此类推，A 级组别所需的信用增级幅度是 6.67%，对 AA 级组别的信用增级幅度是 8.53%；BBB 级组别所需信用增级幅度是 0，对 A 级组别的信用增级幅度是 6.67%。

表 9－3　多户住宅抵押贷款资产池中对应于不同信用级别的 DSCR

基础资产类型	信用级别	DSCR
多户住宅（multifamily housing）	AAA	1.75
	AA	1.65
	A	1.50
	BBB	1.40

表 9－4　多户住宅抵押贷款证券化的信用增级结构

信用级别	对应 DSCR	信用增级结构（%）	债券组别结构（%）
AAA	1.75	20	80
AA	1.65	15.2	4.80
A	1.50	6.67	8.53
BBB	1.40	0	6.67

五、偿付结构及其设计机理

（一）偿付结构的定义

偿付结构是对资产证券化所产生的现金流如何向债券持有人进行偿付所做的安排。偿付结构的设计路径依赖于资产证券化的真实出售资产的特点、SPV 的选择、信用增级结构设计、投资者的风险和收益偏好等诸多因素，并随着这些因素特点的变化而呈现相应的逻辑演变过程。资产证券化偿付结构依照其演变顺序大致可分为四种：（1）等额分期偿付；（2）分期但不固定偿付；（3）循环偿付；（4）顺序偿付。以下以偿付结构的形成和演变的顺序为脉络，对此四类偿付结构安排的设计机理进行介绍。

（二）偿付结构的设计机理

1. 等额分期偿付及其机理

第一单资产证券化即美国住房抵押贷款转付证券（Mortgage Pass – Throughs，MPT）的偿付安排采用的是固定分期偿付的设计。此种设计的机理在于资产证券化资产池中的资产的现金流比较稳定，且组成基础资产池的住房抵押贷款的期限普遍较长，一般为 30 年。这些特点一方面保证了资产池规模的稳定和可持续，另一方面也使对现金流所做的偿付安排有条件以固定分期付款的方式在整个债券期间内进行均匀配置。等额分期偿付结构可以用图 9 –4 直观表示。

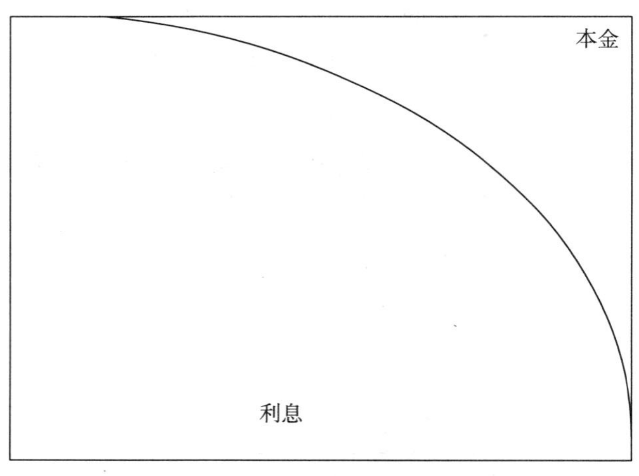

图 9 –4　等额分期偿付结构

2. 分期但不等额偿付的设计机理

等额分期偿付结构设计在 20 世纪 70 年代末遇到了严峻挑战，焦点在于利率波动的加剧导致对住房抵押贷款转付证券的提前偿付风险，特别是 20 世纪 80 年代初，当时美联储主席沃克尔“冷冻鸡”式的紧缩政策引发市场利率快速上升后又迅速走低，提前偿付风险急剧加大，住房抵押贷款转付证券的市场急剧萎缩。一种旨在应对提前偿付风险的新的结构金融工具——住房抵押贷款凭证（CMO）应运而生。该证券之所以能应对提前偿付风险，就在于对基础资产池中各类资产的期限和风险分布进行了分割和重构，从而将基础资产池分成了信用水平和偿付期限各不相同的所谓优先/次级结构，该结构充分考虑了提前偿付风险及其应对策略，因而能够较为有效地应对提前偿付风险。但由于不同信用组别的债券的偿付期限和规模各不相同，也就没法按照等额分期偿付的模式偿付，分期但不等额偿付则成了一种合适的偿付安排。分期但不等额偿付结构还可用图9－5直观表示。

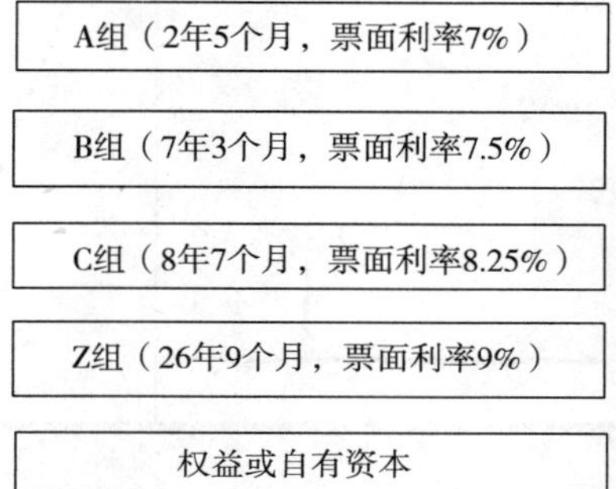

图9－5　一个典型分期不等额偿付结构

3. 循环偿付结构及其设计机理

20 世纪 80 年代中期，一种新的资产类型被纳入资产证券化的框架，这类资产的特点是期限短、质量差、现金流不稳定，这类资产的偿付结构被设计成循环偿付结构。在这样的偿付安排中，SPV 将在一定期限内（通常是到期日前 12 个月或 18 个月以前的一段时期）收到的本金不是如前面的住房抵押贷款转付证券那样接着转付给投资者，而是继续将其留在资产池内，并用之循环购买新的应收款，以维持资产证券化资产池的稳定性，此后再将本金有控制地分期偿付给投资者，或者到期一次性支付给投资者。这种偿付结构安排所针对的典型的基础资产是信用卡贷款。这里就以信用卡贷款资产证券化为例对循环偿付机构作进一步解释。例如，以期限为 60～120 天的信用卡应收款为基础资产池，发行期限为 5 年的资产证券化债券。在这样的资产证券化结构中，偿付安排被设计成循环偿付。即在 4 年的时间里将收到的信用卡贷款本金循环购买新的信用卡应收款，以保持初始的信用卡应收款资产池的规模，在此后剩余的 12 个月内向投资者分期偿付本金。或者在 5 年的时间里将收到的本金全部用于循环购买新的信用卡贷款应收款，在到期日向投资者一次性支付全部本金。循环偿付结构可以用图 9－6 直观表示。

4. 顺序偿付结构及其机理

所谓顺序偿付，是指资产证券化债券的偿付按照信用级别由高到低的顺序依次偿付给债券持有人的一种安排。如在优先/次级结构中，得到偿付的首先是优先级部分的债券，而后是次级部分的债券。另一方面，资产证券化债券的损失则是按照信用级别由低

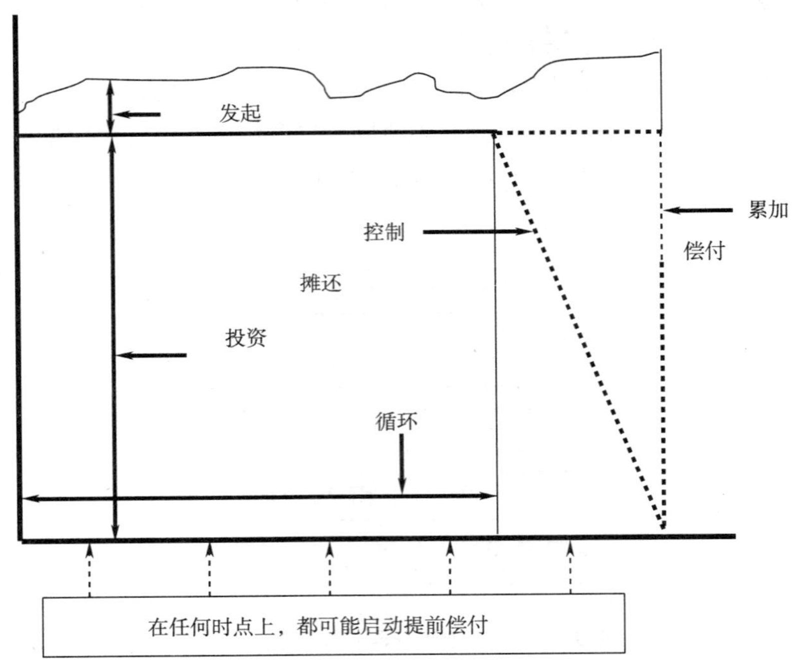

图 9－6 循环偿付结构

到高的顺序进行分配。如在优先/次级结构中，次级部分先遭受损失，而后才轮到优先级部分。相对于固定分期偿付结构、分期但不固定偿付结构、循环偿付结构，顺序偿付安排的特点在于其偿付安排遵循一定的“顺序”，而这个顺序又是由资产证券化资产池中不同资产组别的信用级别决定的。最早采用顺序偿付结构安排的结构金融产品是 CMO，在次贷危机中广受关注的 CDO 也是采用此种安排。在正常情况下，资产证券化所产生的现金流足以偿付所有的优先级部分的各个组别的债券。

顺序偿付结构主要机理在于随着结构金融产品的不断演变，基础资产的类别及其风险暴露日益复杂，如第一单资产证券化产品即住房抵押贷款转付证券的基础资产——住房抵押贷款的同质性较强，但到了 20 世纪 90 年代的 CDO，基础资产池中既有信用贷款也有高收益债券。相应地，SPV 对基础资产池的重构能力和信用增级结构安排的技术也日益复杂化。特别是 20 世纪 90 年代以来，对基础资产池的期限和风险不断进行分割和重构的趋势渐成主导，结构金融债券的信用分级更加复杂化和多元化，顺序偿付安排随之被广泛采用。

为了更直观地理解顺序偿付结构，在此给出一个典型的顺序偿付结构图（如图 9－7 所示）。

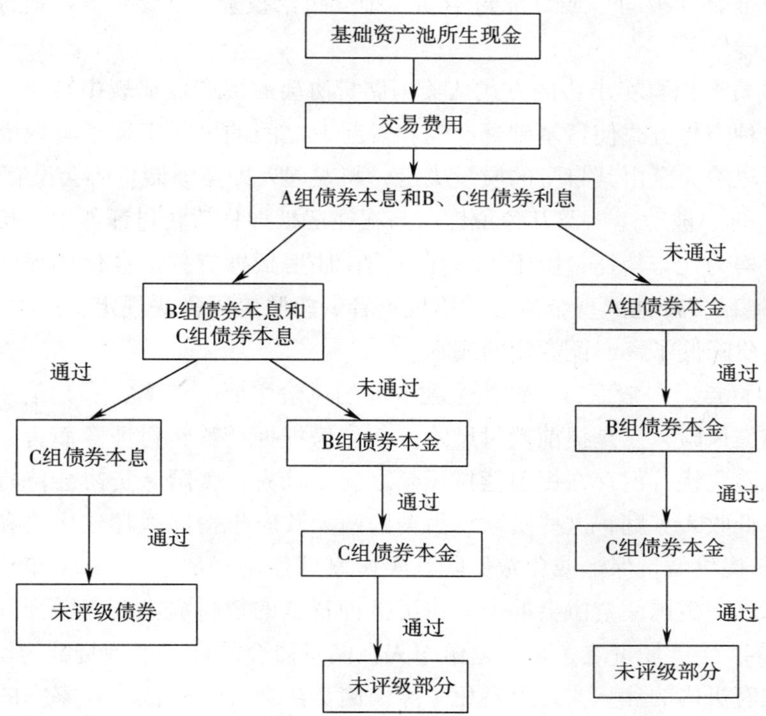

图 9－7　一种典型的顺序偿付结构

第三节　结构金融产品的种类

可以从不同角度对结构金融产品的种类作出划分。我们首先介绍从结构金融的起源及其演变的角度对结构金融产品进行的分类；其次介绍《巴塞尔Ⅱ》对结构金融产品种类的划分。

一、从结构金融的起源及其演变的角度对结构金融产品进行分类

依循结构金融的起源及其演变的轨迹，我们将结构金融产品划分为六大类。

（一）住房抵押贷款转付证券

MPT 是第一单资产证券化产品，诞生于 1970 年，发起人是美国储贷协会。美国储贷协会是美国重要的住房抵押贷款机构，在 20 世纪 80 年代前一直占据着较高的住房抵押贷款市场份额，美国储贷协会发起的住房抵押贷款转付证券（Mortgage Pass－Through，MPT）的主要特点：

（1）债券偿付的转付特点。该证券在偿付环节的设计是完全按照基础资产即住房抵押贷款的期限和本息分布来安排的，债券的偿付因而具有明显的转付特征，即将基础资

产所形成的现金流“被动”或“原封不动”地交付给投资者。该证券由此被称为住房抵押贷款转付证券。

（2）基础资产以真实出售的方式从美国储贷协会的资产负债表中转出，即所谓表外真实出售。此种出售方式使得基础资产池和发起人之间的风险实现了有效隔离，即基础资产的信用及风险完全由其自身的质量决定，与发起人即美国储贷协会没有任何关系。

（3）SPV 的“被动性”及其免税性质。在住房抵押贷款转付证券中，担任特殊目的发行实体的机构为让与信托，由于该信托机构在住房抵押贷款证券化过程中只是被动或“消极”地将基础资产池的现金流转付给投资者，按照美国税法规定，此类信托可免税。SPV 的免税性质降低了资产证券化的成本。

（4）风险特点。一般而言，结构金融产品的风险主要有三类：一是信用风险；二是及时偿付即拖欠风险；三是提前偿付风险。就住房抵押贷款转付证券而言，无信用风险和及时偿付风险之忧，但存在提前偿付风险之患。首先，美国储贷协会持有的相当一部分贷款面向中低收入家庭，这些贷款均由美国两大政府机构即联邦住房局和退伍军人局（FHA 和 VA）提供低价保证或免费保险。美国联邦住房局成立于 1934 年，职责之一是为中低收入家庭在美国储贷协会的个人住房抵押贷款的偿付提供低费保证。美国退伍军人局成立于 1944 年，职责之一是为退伍军人在储贷协会的住房抵押贷款的偿付提供免费保险。两大政府机构的参与实际上避免了美国储贷协会针对中低收入家庭的住房抵押贷款的信用违约风险。也使得以这些贷款为基础资产的住房抵押贷款转付证券免去了信用偿付风险之忧。其次，该类结构金融产品的基础资产是面向中低收入的住房抵押贷款。虽然其信用违约风险因前述两大机构的参与而得以消除，但借款人有可能会暂时拖欠但尚未构成信用违约，在此种情形下，前述两大机构发挥不了作用，这样就为以此类资产池为基础形成的住房抵押贷款转付证券的及时偿付埋下了隐患，为此，美国另一家政府机构即政府全国抵押贷款协会（GNMA）承诺，对由此生成的资产证券化债券的偿付提供及时偿付的保证。第三，在贷款偿付中，借款人有可能会提前偿付欠款，由此形成的风险即为提前偿付风险。住房抵押贷款转付证券没有关于应对此种风险的设计，因此该类证券存在提前偿付风险。

住房抵押贷款转付证券面世 1 年后，受美国政府财政资助的上市公司——联邦住房抵押贷款公司（FHLMC）发起了一种被称为参与凭证（Participation Certificate，PC）的证券，此种资产证券化的基础资产虽不是经 FHA 和 VA 保证或保险的住房抵押贷款，但是 FHLMC 通过与原始贷款人签订严格的贷款承做合同并对资产证券化债券的及时偿付自行担保，其在违约风险和及时偿付风险（或拖欠风险）的处理上均达到了与 MPT 几乎一样的效果。资产证券化债券的偿付也采用转付的形式，因而也属于转付证券。

（二）住房抵押贷款凭证

住房抵押贷款转付证券的缺陷之一是缺乏应对提前偿付风险的有效设计。20 世纪 70 年代末期，利率波动加剧，提前偿付风险加大导致住房抵押贷款转付证券的缺陷日益暴露，提前偿付风险甚至陷入生存危机。联邦住房抵押贷款公司（FHLMC）遂于1983年推出了旨在应对提前偿付风险的住宅抵押贷款凭证（Collateralized Mortgage Obligation, CMO）。相较于住房抵押贷款转付证券，该类结构金融产品的特点为：

（1）特殊目的发行机构角色由“被动”变为“主动”。即SPV可以对资产证券化基础资产的现金流按照不同风险偏好投资者的要求进行期限分割和风险重组。按照美国税法规定，SPV具有主动经营的性质，因而必须纳税，这样就增加了结构金融产品的发行成本。

（2）信用增级结构趋于复杂。在住房抵押贷款转付证券中，信用增级表现为政府全国抵押贷款协会为证券化的偿付提供及时偿付保证，这实际上是一种简单的外部信用增级形式。而在住房抵押贷款凭证中，基础资产池的信用不仅采用了外部信用增级的形式，而且重点从内部对基础资产池按照信用和期限进行了分割和重组，从而形成了所谓的优先/次级结构。这样的信用增级既可应对及时偿付风险也可应对提前偿付风险。

（3）债券偿付分期、有序且不等额。在住房抵押贷款转付证券中，债券偿付定期、等额且没有先后次序，而在CMO中，由于对基础资产池进行了分割和重构，债券偿付就按照优先/次级顺序进行安排，基础资产池生成的现金流首先偿付给优先级的证券，然后再对次级部分进行偿付。这样一来，不同级别的偿付期限和额度也就有了差异。

（4）SPV免税功能受到挑战。由于可以对基础资产的期限和风险进行分割和重构，SPV的角色就不像在住房抵押贷款转付证券中那样是“被动的”，而是“主动的”，SPV也就不可能再选择让与信托来担任，而必须选择新的避税实体。相关利益者经过近三年的博弈促成了1986年的“REMIC法案”，终于，免税SPV的选择得以由专门立法而实现，SPV也因此有了更大的灵活选择的空间，公司型SPV、合伙型SPV、信托型SPV在满足REMIC所规定的条件下均可达到免税的目的。

由于免税SPV选择途径大大增加，基于CMO的一系列衍生品在此后也应运而生，这些产品主要包括：专门为稳定现金流而设计的组合，如计划性还本组合，目标性还本组合等；具有避险功能的组合，如浮动利率组合，本息分离组合等；其他组合，如延息证券、残值组证券等。这些产品均可归到CMO一类中。

（三）汽车贷款证券化

结构金融产品面世后，其对金融体系的积极作用日益凸显。20世纪80年代初，美国金融界开始致力于将以住宅抵押贷款为基础资产的证券化技术推而广之。1985年，以汽车贷款为基础资产的证券化即汽车贷款证券化成为结构金融产品家庭中的新成员。与住房抵押贷款证券化相比，汽车贷款也是分期付款债券，但期限大多是4～5年，为中短期的消费贷款；汽车贷款的抵押品的质量虽不及住宅抵押贷款，但违约率较低，且较为容易预估；虽然也面临提前偿付的风险，但偿付波动性较小，对利率的敏感性也较低。因而，这类产品与住房抵押贷款证券化产品很相近。

（四）信用卡贷款证券化

信用卡贷款证券化是指以信用卡贷款为基础资产的证券化。相对于住宅抵押贷款和汽车贷款，信用卡贷款资产的特点有了很大的差异，其特点是期限短、质量不稳定、现金流极不稳定。这些特点使得以其为基础的资产证券化资产池的现金流与住房抵押贷款证券和汽车贷款证券的现金流也形成较大差异，易于波动且难以预测。正如第二节所述，这些特点也促成了一种新的偿付结构安排即循环偿付结构。

（五）抵押债务债券（Collateral Debt Obligation，CDO）

此种证券化产品面世于20世纪90年代初，CDO出现后学术界和业界对结构金融产品有了一种新的划分方法，CDO以前的结构金融产品通常被称为传统的证券化产品，而CDO及其以后的产品则被称为创新型结构金融产品。CDO与传统结构金融产品的相似之处在于都是以特定资产为基础资产，通过真实出售、风险隔离、信用增级等技术而形成的金融工具；差异之处主要表现在：一是CDO的结构更为复杂，如基础资产的来源既可以是普通的贷款资产，也可以是高收益债券、对冲基金等，其基础资产进入资产池的渠道既可以是传统的特定机构间的买卖，也可以是不确定条件下的市场交易；二是对证券化技术的使用更为灵活，如传统的证券化将基础资产及其风险一起打包出售，而CDO既可以将基础资产及其风险一起捆绑出售也可以只将基础资产的风险进行隔离出售，从而将基础资产及其收益继续留在资产负债表内，基础资产附带的风险却实现了转移。

CDO可分为两类，一类是资产负债表型CDO，此类CDO与传统的证券化几无区别；另一类是套利型CDO，这一类CDO旨在满足投资者的套利要求。套利型CDO又可进一步分为现金流型CDO和市场价值型CDO，其中市场价值型CDO的基础资产来源于债券市场。

（六）其他类型的证券化

正如前述，CMO问世以后，SPV可以对任何一种资产主动组合，进行证券化。资产证券化技术的应用范围也因此得以迅速扩展，结构金融产品的种类因此变得五彩斑斓。除了CDO，还有诸如商业不动产抵押贷款证券化（CMBS）、公共资产证券化、租赁资产证券化、整体业务证券化、存货证券化等，不一而足，具体不予赘述。

二、《巴塞尔Ⅱ》对结构金融产品种类的划分

《巴塞尔Ⅱ》是从真实出售的角度将资产证券化的结构分为真实出售结构的证券化和综合（synthetic）结构的证券化，以及介于两者之间的证券化。此种划分主要是依据资产证券化基础资产被真实出售的方式和程度。在真实出售结构中，资产证券化基础资产及其收益和风险全部从发起人的资产负债表移出并转移给SPV。此种所谓“全方位”的真实出售表明，发起人试图利用资产证券化实现其诸如融资、改善资产负债结构、转移风险、提升资本效率等多种目的。这种结构也是资产证券化一产生就使用并沿用至今的模式。而综合结构则仅仅是将与资产证券化基础资产的特定信用事件相关联的风险真实出售给SPV或投资者，此种出售可以附带融资的形式也可以是单独的风险出售。前者即所谓的信用连接债券形式，通过该形式的资产证券化被称为融资型的综合结构（funded SCDO）；后者则是信用违约互换的形式，借助于该形式的资产证券化被称为非融资型的综合结构（unfunded SCDO）。资产证券化的综合结构反映了发起人如此的意图：借助于现代风险管理技术即“互换”来分散和转移自身风险，而将资产的收益尽可能多地留在自己的“口袋里”。依凭创新性的风险管理技术单独将资产证券化基础资产的风险重组并加以证券化，也反映了资产证券化技术已达到精细和自如的水平。

第四节　结构金融产品的定价

一、概述

结构金融产品属于债券，虽然在附有较为复杂的信用增级结构的证券化产品中，有不足5%的部分往往是未评级的，因而收益不固定，其余95%左右的部分尽管信用水平各异，但均属于固定收益债券。在一般情况下，结构金融产品可被称为固定收益证券，因此结构金融产品的定价可以参考固定收益债券的定价原理和方法。迄今为止，绝大多数证券化产品的收益或偿付来源于基础资产现金流，现金流定价方法因此几乎适用于所有的证券化，所不同的是，因为在诸如住房抵押贷款证券化等产品中存在提前偿付风险，所以不像一般的公司债券或者政府债券那样具有稳定的现金流，而是呈现出一定的波动性。

一般债券现金流定价公式：

$$p = \frac{cf_1}{(1+r_1)} + \frac{cf_2}{(1+r_2)^2} + \cdots + \frac{cf_n}{(1+r_n)^n} = \sum_{i=1}^{n} \frac{cf_i}{(1+r_i)^i}$$

式中，p 是债券价格；cf_i 是第 i 期的现金流，是一个确定值；r_i 是第 i 期的贴现率。

而诸如存在提前偿付风险的住房抵押贷款转付证券的现金流定价公式则是

$$p = \frac{c\tilde{f}_1}{(1+r_1)} + \frac{c\tilde{f}_2}{(1+r_2)^2} + \cdots + \frac{c\tilde{f}_n}{(1+r_n)^n} = \sum_{i=1}^{n} \frac{c\tilde{f}_i}{(1+r_i)^i}$$

式中，p 是住房抵押贷款转付证券的价格；$c\tilde{f}_i$ 是第 i 期的现金流，是一个不确定值；r_i 是第 i 期的贴现率。

由于存在诸如此类的差异，学术界和实务领域在一般债券定价的基础上，形成一些适用于结构金融产品的定价方法。但是，结构金融基础资产的日益多样化和复杂化，使得至今仍未形成关于结构金融产品统一的定价方法。相较于其他类结构金融产品，住房抵押贷款转付证券的基础资产及其现金流相对稳定和可预测，目前学术界和业界形成一些关于这类结构金融产品的定价方法，主要方法包括静态现金流收益率法（Static Cash Floating Yield，SCFY），静态利差法（Static Spread，SS），期权调整利差法（Option Adjusted Spread，OAS），总收益法（Total Dollar Return，TDR）等。以下主要介绍前三种方法。

一般地，当债券的交易频繁，交易量较大时，债券的价格事实上在市场上即可观察到。例如，在美国债券市场上，由于联邦政府公债（treasury securities），交易量巨大，其价格随时可以在市场上观察到，依据货币的时间价值原理，该价格是该债券现金流折现后的现值，在这种情况下，分析债券的定价事实上就是求证债券在各期的贴现率。对于交易比较活跃的结构金融产品，也遵循类似的特点，如美国的住房抵押贷款转付证券发行量大，交易活跃，其价格容易在市场上观察到，由此依据现金流贴现原理，我们可以求出其在不同时期的贴现率，该贴现率与相同时期的联邦政府公债到期收益率之差即为风险升水（risk premium）。因此住房抵押贷款转付证券的定价问题实际上是求解其到期收益率。

二、静态现金流收益率法

此方法事实上是求住房抵押贷款转付证券的贴现率。

$$p=\frac{c\tilde{f}_1}{(1+r)}+\frac{c\tilde{f}_2}{(1+r)^2}+\cdots+\frac{c\tilde{f}_n}{(1+r)^n}$$

$$=\sum_{i=1}^{n}\frac{c\tilde{f}_i}{(1+r)^i}$$

式中，p 是住房抵押贷款转付证券的价格；$c\tilde{f}_i$ 是第 i 期的现金流，是一个不确定值；贴现率 r 即是所谓的静态现金流收益率。

确定住房抵押贷款转付证券的静态现金流收益率对于有效的投资组合管理有重要意义。首先，依据该收益率，我们可以确定其与具有相同期限的政府公债之间的利差；其次可将此利差与该债券的历史利差进行比较，以判断利差水准的走势，进而进行投资组合决策。一般而言，利差水准的波动受以下两个因素的影响：一是基础资产所赖以存续的房地产经济状况及其走向。在房地产经济走强的情况下，对住房抵押贷款的资金需求增加，以该贷款为基础资产的住房抵押贷款转付证券的发行量就会增加，相应的价格就会下跌，利差增加；反之则减少。二是利率的波动性。当住房抵押贷款利率走低时，该贷款的借款人往往会决定提前偿付贷款，以该贷款为基础资产的住房抵押贷款转付证券的投资者就会面临提前偿付风险，其价格因而下跌，而利差则增加，反之则减少。三是住房抵押贷款转付证券的利差还可以与其他类型的债券的回报率或利差进行比较，并以此为依据进行投资决策。

静态现金流收益率法也存在一定缺陷：第一，由于该方法采取相同的贴现率来折现所有期限的现金流，没有反映出贴现率的期限结构差异即不同期限的贴现率不一定一致；第二，由于未反映利率的期限结构差异，因而也就无法涉及不同利率路径下的现金流量的波动性。为此，旨在消除这些缺陷的静态利差法就产生了。

三、静态利差法

此方法是在考虑住房抵押贷款转付证券的贴现率的期限结构的情况下，对其进行定价。

在考虑住房抵押贷款转付证券的贴现率的期限结构的情况下，各期限的贴现率就是相同期限的政府公债的到期收益率曲线上各期的即期利率加上一个固定的风险升水即利差。此时的住房抵押贷款转付证券的定价公式即为

$$p = \frac{c\tilde{f}_1}{(1 + r_1 + ss)} + \frac{c\tilde{f}_2}{(1 + r_2 + ss)^2} + \cdots + \frac{c\tilde{f}_n}{(1 + r_n + ss)^n}$$

$$= \sum_{i=1}^{n} \frac{c\tilde{f}_i}{(1 + r_n + ss)^i}$$

式中，r_i 为政府公债各期限的即期利率；ss 为静态利差。

与静态现金流收益率法相比。静态利差法是根据整条到期收益率曲线来定价债券，曲线上的每一个即期利率都参与到定价中；而静态现金流收益率法则是以债券的平均收益率即一个利率进行债券定价。两种定价方法在现金流比较集中的情况下差异不明显，但在现金流较为分散的条件下会有较大差异。由于绝大多数的公司债券为气球型（balloon）债券，现金流分布集中于到期日，依据前两种方法所得的结果差异很小。但是住房抵押贷款转付证券的现金流分布则是等额分布于各期，而不是集中于一个时点，所得的结果会产生较大差异，以静态利差法定价较为准确，因而静态利差法是较为准确的方法。但该方法的缺陷在于，没有考虑不同利率条件下提前偿付所引发的现金流的波动性，下面的期权调整离差法将弥补该缺陷。

四、期权调整利差法

该方法的一个基本思路是，住房抵押贷款转付证券的提前偿付特点事实上可以理解为投资者出售了该债券的买权（赎回期权）给住房抵押贷款的借款人，期权执行的条件是利率的变化，各期即期利率的差异决定了借款人不同的期权执行策略，进而形成不同的现金流。由此该债券的定价有必要考虑现金流对于利率波动的敏感性，即有必要对隐含于住房抵押贷款转付证券中的期权价值进行调整，期权调整利差法由此而成。

期权调整利差法的特点在于考虑每一个即期利率、每一个即期利率下的现金流量以

及由此而决定的期权价值和债券价值。由此而得的债券价值为该债券的理论价格，该价格与市场价格相等条件下的利差被称为期权调整利差。计算期权调整利差的具体步骤：

（1）依据到期收益率曲线找出即期利率与远期利率之间的关系，并利用预先选定的利率波动概率模型，寻找出 N 条利率动态曲线。

（2）将每一条利率动态曲线输入一个预设的提前偿付模型，以形成不同利率曲线下的现金流。

（3）借助每一条利率动态曲线下的现金流，用静态利差法求出相应的现值：

$$pv(i) = \frac{c\tilde{f}_1(i)}{[1 + r_1(i) + k]} + \cdots + \frac{c\tilde{f}_t(i)}{[1 + r_t(i) + k]^t} + \cdots + \frac{c\tilde{f}_n(i)}{[1 + r_n(i) + k]^n} \tag{1}$$

式中，r_t 是第 i 条利率动态曲线下的 t 期即期利率；k 为风险升水即期权调整利差；$pv(i)$ 是第 i 条利率动态曲线下的现金流量；n 为期数。

（4）在 N 条利率动态曲线下，求得 N 个现值。把这 N 个现值平均即得到该债券的理论价格：

$$pv = \frac{\sum_{i=1}^{N} pv(i)}{N} \tag{2}$$

（5）在上述理论价格与该债券所观察到的价格即市场价格［$pv(s)$］相等条件下，求期权调整利差 k：

$$pv(s) = pv = \frac{\sum_{i=1}^{N} pv(i)}{N} \tag{3}$$

显然，期权调整利差法考虑了多种可能的利率动态路径及相应的现金流量，因而比静态利差法又进了一步。但由于采用了一个相同的期权调整利差，忽略了不同期限利率和现金流下的风险差异；所采用的利率动态模型和提前偿付模型带有较大的主观性，影响测定结果，进而影响投资者的决策。

第五节　结构金融产品的风险及其控制

结构金融产品的面世初衷是作为发起人风险管理的一种手段，但任何一种金融产品绝不可能与风险绝缘，发起人转移出来的风险只是通过一种新的配置方式分配给相关的机构或个人。这些风险主要有违约风险（default risk）、拖欠风险（delinquency risk）、提前偿付风险（prepayment risk）、机构参与者风险（participant risk）、真实出售风险（true - sale risk）、结构风险（structure risk）、市场风险（market risk）等。以下重点就违约风险、拖欠风险、提前偿付风险进行分析，出于分析的方便，本书将违约风险和拖欠风险放在一部分进行分析。

一、违约风险、拖欠风险及其控制

（一）违约风险和拖欠风险的定义

所谓违约风险即不偿付风险，该风险或起因于资产债务人丧失偿付能力，或起因于资产债务人失去偿付意愿。在债务人遭遇亏损或其资本不能抵偿债务的情况下，违约风险就很容易发生，如果债务人恶意逃废债务，债权人也不得不面对违约风险。违约风险大多发生在经济周期中的萧条阶段，在宏观经济陷入危机的背景下，违约风险发生的概率更高。

拖欠风险则是指资产债务人因不能按期支付债务而形成拖欠。此种风险主要源于债务人的财务状况出现了暂时的困难，其现金流发生临时性短缺，一般不会危及对债权人的最终偿付。但如果此种状况持续的时间过长，很可能意味着资产债务人出现了根本性的财务困境，拖欠风险由此转化为违约风险。

（二）违约风险和拖欠风险的控制方法

有效应对这两种风险的方法是信用增级。由于不同种类结构金融产品的基础资产池的特点互有差异，信用增级的方法也有不同。一般而言，随着结构金融产品的不断演进，信用增级有日益复杂化的趋势，相应的信用增级工具也趋于多元化。

第一单证券化即住房抵押贷款转付证券的信用增级颇为简单，如图9－8所示，政府全国住房抵押贷款协会承诺对债券提供及时偿付保证，消除了住房抵押贷款转付证券可能面临的及时偿付风险。这实际上是一种最为简单的外部信用增级方式。由于住房抵押贷款转付证券的基础资产即住房抵押贷款由另外两大政府机构即联邦住房局和退伍军人局提供低费保证和免费保险，这些贷款在进入基础资产池以前就已经没有了信用违约风险之忧。因此第一单资产证券化的风险主要表现为提前偿付风险。

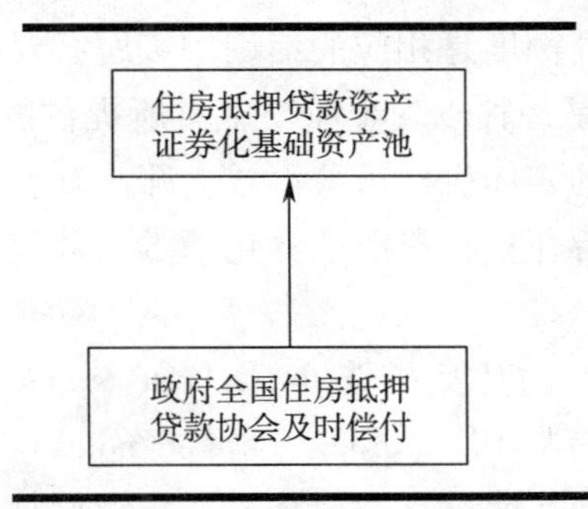

图9－8　第一单住房抵押贷款资产证券化中的信用增级结构

由于在住房抵押贷款转付证券创立之初，利率相对稳定，提前偿付风险并没有对住房抵押贷款转付证券的运作构成威胁，但正如前述，20世纪70年代中后期，利率波动加剧，提前偿付风险日益凸显。另外，新的资产类型进入资产证券化的基础资产池，而这些资产大都没有住房抵押贷款转付证券中的基础资产那样来自政府机构的“信用护航”，所以基础资产违约风险也成为结构金融风险的常态性风险。基于同样的理由，拖欠风险也成为一种常态性风险。信用增级需要设计出同时针对以上三类风险的结构和工具。越来越多的信用工具被用来对基础资产池的信用进行增级。就违约风险和拖欠风险的控制而言，主要的信用增级工具有互换、超额利差账户、储备基金账户、超额担保（以上主要用于应对违约风险）；担保或保证、信用证、现金担保账户、优先/次级结构（senor/ subordinated）（以上同时用于应对违约和拖欠）、流动性工具（用于应对拖欠）等。这些信用增级工具依据是来自基础资产池内部还是其外部，还可以分为内部信用增级工具和外部信用增级工具（如表9－5所示）。以下对部分信用增级工具给出简单介绍。

表9－5　　部分信用增级工具

	内部信用增级工具	外部信用增级工具
应对违约风险	超额利差账户、超额担保	互换、储备金账户
同时应对违约风险和拖欠风险	优先次级结构	担保或保证、信用证、现金担保账户
应对拖欠风险		流动性增级工具

（三）部分信用增级工具介绍

（1）担保或保证。即信用水平较高的企业、公司或政府机构对资产证券化债券提供违约或及时偿付等信用担保或保证。如在第一单资产证券化即住房抵押贷款转付证券中，政府全国抵押贷款协会（GNMA）所提供的及时偿付保证即为一种较为典型的外部信用增级形式。

（2）信用证。这是一种由金融机构提供的一种外部信用增级形式。意指金融机构对资产证券化债券可能发生的一定量的违约损失的补偿或暂时性的流动性短缺提供书面的支付承诺，其承诺支付的最高额度是相应的信用增级所必要的支出数量。

（3）现金担保账户。这是一种以现金账户工具所提供的外部信用增级方式。由SPV向金融机构或财务实力强大的实体机构私募而成。账户现金可以投资于最高信用等级的短期商业票据。该账户也是旨在抵补资产证券化债券可能发生的损失或暂时性的流动性短缺。

（4）互换。它包括信用违约互换（Credit Default Swaps，CDS）、总收益互换（Total Return Swaps，TRS）、信用连结债券（credit－linked notes），如果涉及跨国资产证券化，还有货币互换等。此种形式旨在通过互换现金流及其货币种类的方式达到支持资产证券化基础资产池信用的目的，以有效防控违约风险。

（5）超额担保。当SPV以低于资产证券化基础资产池价值的规模或价值发行资产证券化债券时，资产证券化基础资产池中所超出资产证券化债券的价值部分就形成对于资产证券化债券的超额担保。如1个资产证券化基础资产池的规模是10亿美元，资产证券化债券的发行额度是9亿美元，剩余的1亿美元就形成对于9亿美元资产证券化债券的超额担保部分。在资产证券化债券出现损失时，超额担保部分首先承担，只有在资产证券化债券的损失超过超额担保部分时，投资者才可能面临实际的损失风险。在没有形成损失的情况下，超额担保部分的收益归发起人。由此，资产证券化债券中的超额担保部分类似于优先次级结构中的未评级部分。

（6）超额利差。这是资产证券化基础资产池所形成的利息收益减去支付给资产证券化债券持有人的利息和其他相关费用（如第三方信用增级费用，基础资产池的现金流管理费用等）以及所有已经确认的损失后的余额。超额利差额度一般是资产证券化基础资产池总额的5%左右，主要用于抵补资产证券化债券可能发生的损失，因而被认为是吸收损失的第一道防线。超额利差在吸收了相关损失后还可以作为储备基金账户的来源。

（7）储备基金账户（reserve fund）。这也是一种常见的信用增级形式，该账户的资金来源或者是资产证券化债券发行所得的一部分，或者是超额利差在弥补资产证券化债券损失后的余额。储备基金账户也是旨在抵补资产证券化债券可能的损失。如果超额利差抵补债券损失的努力未果，储备基金账户就要出马了，因而被称为资产证券化基础资产池的第二道防线（由于在不少资产证券化中储备基金账户来自于超额利差，所以储备基金事实上就是超额利差，因而超额利差和储备基金账户也可统称为吸收资产证券化债券损失的第一道防线）。通常该账户的规模是动态性的，一般是资产证券化基础资产池总额的3%～5%。一般是在资产证券化存续期间的第一年后构建而成，在整个资产证券化债券的存续期内不断得到补充和增加，但在资产证券化债券风险状况改善的情况下，储备基金账户的规模还可以得到减小。

（8）优先/次级结构。在优先/次级结构中，优先级部分（senior classes 或 senior tranches）的信用受一组或多组次级部分信用的支持，一旦资产证券化债券出现损失，次级部分首先出面承担（如果优先/次级结构之下还有支持组别，那么在这些支持组别承担完损失后，才轮到次级部分吸收损失），只有在次级部分也发生全额损失时，优先级部分才可能遭遇信用损失。在一般情况下，特别是在早期资产证券化的信用增级结构设计中，优先级部分的比重在90%～93%，而次级部分的比重在7%～10%。

（9）流动性工具。是专门为应对拖欠风险而引入的一种避险工具。此种工具的提供者既可以是政府机构，也可以是实体企业、金融机构。当基础资产池的现金流出现短期的流动性短缺时，该工具就可以被派上用场。

由于信用增级技术有效解决了资产证券化中的信用风险和拖欠风险（或不能及时偿付风险），资产证券化日益成为固定收益市场上备受青睐的投资对象。但自20世纪90年代中期后，业界对信用增级技术防控风险的能力出现了无限夸大的趋势，特别是垃圾债券、次级贷款等低信用的资产被纳入资产证券化的基础资产池后，相关参与者无限制地使用信用增级技术，将信用级别很低的资产一次次打包组合并发行所谓的CDO1、CDO2、CDO3……结构日益复杂、诱惑性日益迷离的证券化产品。

终于酿成2007年的次级债危机进而演化成全球性的金融和经济危机。从中可以汲取的一些教训：一是基础资产池的质量是第一位的，所生现金流的偿付能力对资产证券化债券的质量起首要的决定作用。二是信用增级是有限度的，不能通过一次次的信用增级将资产池不停地打包，并无限提升基础资产池的信用级别。三是多次打包后的债券信用增级提供者（交易对手）的违约风险会不断加大，反而会进一步加大投资者的风险。

二、提前偿付风险及其控制

（一）提前偿付风险的定义

所谓提前偿付风险，是指债务人在约定期限之前偿还本金，由此造成债权人收益波动。

显然，提前偿付风险是债务人选择提前偿付造成的，而债务人之所以选择提前偿付，主要原因是利率波动，特别是在利率走低的条件下，债务人更容易选择提前偿付欠款。利率的波动导致初始贷款的利率和实际住房抵押贷款市场上的利率之间形成所谓的利差（spread）。其计算公式如下：

$$S = R_o - R_c \tag{1}$$

式中，S为利差，R_o为初始贷款利率，R_c为实际贷款利率。

当实际利率下降，形成正利差时，住房抵押贷款借款人往往会考虑提前还款，然后再以较低的成本重新贷款。实际利率相对于初始利率的走低还促使借款人售旧房、换新房；实际利率的走低也意味着经济趋于景气，居民就业机会增加，收入提高从而引发迁徙率和换房率提升。

提前偿付的另一个诱因是有利于债务人的偿付制度。20世纪70年代的美国，住房抵押贷款对提前偿付没有限制性约束，也没有相应的惩罚性条款，因而住房抵押贷款的借款人就根据利率波动等因素，调整自己的偿付结构，提前偿付或推迟偿付贷款。这是一种有利于债务人、不利于债权人的偿付安排，其中隐含着美国政府鼓励消费、平衡提升国家GDP和大众福利的政策导向。住房抵押贷款中债务人可能存在的提前偿付风险问题因而一并转入了资产证券化结构中。

（二）对提前偿付作出量化估计

有一个指标可以对提前偿付作出量化估计，这个指标就是每月的提前偿付率，表示为

$$SMM = SMPF/RF \tag{2}$$

式中，SMM表示每月提前偿付率（或提前还本月率）（Single Monthly Mortality），$SMPF$表示每月提前偿付本金（Single Monthly Prepayment Fund），RF表示每月本金余额（Remained Fund）。

提前偿付率的计算方法包括平均到期法、固定比例法、FHA法（即美国联邦住宅局

使用的方法）、PSA 法（即美国公共证券协会，Public Securities Association）等。其中 PSA 法是既简单又实用的一种方法。该方法由美国公共证券协会推出，并被业界广泛作为测算提前偿付率的基准加以应用。业界一般使用一个参数对 PSA 法进行调整后使用。以 PSA 法为基准的提前偿付率具体计算程序如下：

（1）计算提前偿付年率。分为前 30 个月的提前偿付年率和以后时间里提前偿付年率两部分。

在前 30 个月中，第 k 个月的提前偿付年率为 $CPR = (\frac{k}{30}) \times 6\%$　　(3)

从第 31 个月起，每个月的提前偿付年率为 $CPR = 6\%$　　(4)

（2）计算提前偿付月率。每月的提前偿付率是

$$SMM = 1 - (1 - CPR)^{\frac{1}{12}} \quad (5)$$

式中，SMM 为提前偿付月率，CPR（Constant Payment Rate）为提前偿付年率。

（3）经参数调整的提前偿付月率为 $SMM = t[1 - (1 - CPR)^{\frac{1}{12}}]$　　(6)

式中，$t > 0$。

此计算方法的特点：一是假定在某一特定时间段（30 个月前和第 31 个月以后）的提前偿付率是固定不变的。二是经 PSA 计算出来的提前偿付率为基准值，记为 100% PSA。三是在具体应用中，可根据实际情况用 t 进行参数调整。如判断提前偿付速度高于 100% PSA，那么 t 可选择大于 1 的值（如 1.5，则提前偿付率是 150% PSA）；如预测提前偿付速度小于 100% PSA，那么 t 是一个小于 1 的值（如 0.6，则提前偿付速度是 60% PSA）。

（三）提前偿付如何影响投资者的收益

提前偿付将引发投资者的收益波动，这就是提前偿付风险。而波动的方向与资产证券化所涉及的债券的发行价格有关。基本的路径：发行价格（平价发行、折价发行、溢价发行）→提前偿付→利息波动→投资者收益波动。由此，发行价格和利率走向共同决定了投资者的收益和受损的可能性。

（1）平价发行下的收益波动。由于在平价发行下的票面利率与市场利率相等，票面利率没有价值"熨平"功能，提前偿付对投资者的利息收入没有影响，所以在平价发行下，投资者可免受提前偿付风险。

（2）折价发行下的收益波动。在折价发行下，投资者所享受的票面利率低于市场利率，提前偿付有助于投资者提早收回债权，并重新投资于具有较高市场利率的债券，以获得较高的市场回报，因而在折价发行条件下，提前偿付使投资者的收益提高。

（3）溢价发行下的收益波动。在溢价发行下，投资者需要得到高出市场利率的票面利率以熨平票面价值的成本支出，但提前偿付却使投资者过早收回本金，丧失相应利息，从而中断了上述的价值熨平机会，导致投资者收益下降。由此，在溢价发行下，提前偿付使投资者的收益下降。

综上，提前偿付导致投资者的收益波动，特别是在溢价发行下，投资者获得高利息的机会丧失。

（四）提前偿付风险的应对策略：期限和信用分组

正如前述，提前偿付风险导致证券化基础资产池的现金流的不稳定，而在第一单证券化即住房抵押贷款转付证券中，由于 SPV 的被动性，不能对现金流进行主动重组，无法应对提前偿付风险的影响。CMO 的面世旨在通过创新 SPV 以及其他技术改进手段应对第一单证券化所遗留的问题。SPV 由被动向主动的转变使得其可以对基础资产池的现金流进行重新组合，从而找到应对提前偿付风险、稳定基础资产池的现金流的办法。

这一方法可以分为两个步骤：一是信用分组；二是期限分组。下面以 CMO 为例进行说明。

首先，对 CMO 的基础资产池进行信用分组（credit tranching），分组后的基础资产池包括优先级和次级两个组别，其中优先级组别有明确的信用级别，水平一般在投资级以上，且还可细分为若干信用组别，如 AAA 级、AA 级、A 级。次级组别则未评级，一般由发起人自己持有或以私募发行。在优先/次级结构中，次级组别对优先级组别提供信用增级支持，基础资产池生成的现金流首先分配给优先级组别，剩余部分才可偿付次级组别。而在资产池遭受损失时，次级组别首先承受直至其所有额度耗用殆尽。也只有次级部分形成全部损失后，优先级组别部分才可承受基础资产池可能有的损失。

其次，在信用分组的基础上对优先级组别实施期限分组或到期日分组（maturity tranching），此种分组是在假定一定的提前偿付率（一般是区间）的前提下，依据不同期限内基础资产池的现金流的不同稳定程度对经信用分组分出的优先级组别再进行期限分割，形成若干个档次的现金流组别。一般而言，在提前偿付条件下，期限越短，现金流越稳定，提前偿付率越高，现金流的稳定期限就越短，所以，AAA 级组别即为期限最短也是最有偿付保障的部分，AA 级组别次之，依此类推。这种设计本身也意味着，所有资产证券化基础资产池的现金流首先分配给 AAA 级组别或信用组别较高的债券。因此，在优先级组别内部形成了进一步的内部信用增级结构。

上述应对提前偿付风险的方法和步骤，还可用图 9－9 直观表示。

本章小结

结构金融是 20 世纪 70 年代以来金融领域所发生的最重要的金融创新之一，一方面，结构金融所展现的特有的金融技术在流动性管理、资产负债管理、风险管理、资本管理、投资组合管理乃至整个金融体系的质量和效率优化等方面均发挥了积极作用；另一方面，本轮由次贷危机引发的全球性金融和经济危机表明，滥用结构金融技术，不但无助于金融体系提升质量和效率，反而会给金融体系乃至整个经济体系带来灾难性后果。

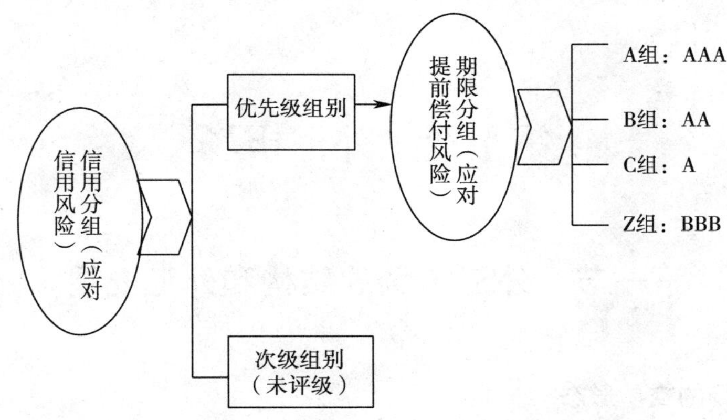

图 9－9　对 CMO 的信用和期限分组结构

思考题

1. 如何理解结构金融的概念？

2. 同传统的债权和股权融资相比，结构金融在提升发起人流动性、改善发起人资产负债结构、提高资本管理效率等方面有哪些特点和优势？

3. 简述真实出售的含义和作用。

4. 什么是 SPV？如何理解 SPV 的三大功能及其机理？

5. 如何确定信用增级的幅度？

6. 《巴塞尔Ⅱ》如何对结构金融进行分类？

7. 简述提前偿付风险及其应对策略。

8. 试列举 5 个信用增级工具。

第十章 外汇市场

第一节 外汇市场的结构和外汇交易

一、外汇市场的交易形态

外汇市场是指由外汇需求者与外汇供给者以及买卖中介机构所构成的买卖外汇的场所或交易系统，是金融市场的重要组成部分。在外汇市场上，既可以进行本币与外币之间的买卖，也可以进行不同币种的外币间的买卖。

外汇市场的组织形态基本上有两种：一种是抽象的市场，即无形市场，其表现为所有买卖交易都通过连接银行与外汇经纪人的电话、电报、电传以及其他通讯工具所组成的网络进行。另一种是有形的、具体的交易场所，它一般是在证券交易所设立外汇交易所（exchange bourse），由各个银行的代表规定一定的时间，集合在此地从事外汇交易。

目前，欧洲大陆上的外汇交易，除了瑞士以外，多数都采取在有形市场内进行交易的形式。不过，其交易项目仅限于决定对客户交易的公定汇率，或调整各自即期外汇交易的余缺额。实际上，交易的大部分还是在有形市场之外进行的，这种交易方式称为“大陆方式”。在其他地方如伦敦、纽约、东京等地，所有交易都不是在固定场所内进行的。这种交易方式，国际间称为“英国方式”。目前的外汇市场是一个全球性的24小时不间断的外汇交易市场。

二、外汇市场的交易结构

外汇市场的参与者主要有：（1）外汇银行。主要是指经中央银行批准，可以经营外汇业务的商业银行及其他金融机构。外汇银行不仅是外汇供求的主要中介人，而且其自身也对客户买卖外汇。（2）外汇经纪人和外汇交易员。外汇经纪人是专门介绍外汇买卖成交的中间人，他们熟悉外汇供求情况和市场行情，因而可以在买主和卖主之间积极活动，促成交易，从而赚取手续费，他们自己并不买卖外汇。外汇交易员是外汇银行中专门负责从事外汇交易的职员。（3）中央银行。西方国家的中央银行都负有监督管理外汇市场的职能，当外汇市场上的汇率剧烈动荡时，则通过买入或卖出外汇来干预市场，以稳定汇率。因此，中央银行不仅是外汇市场的参与者，而且还是外汇市场的实际操纵者。（4）一般客户。指外汇市场上除银行之外的客户，他们是外汇的最初供给者和需求者。（5）外汇投机者。外汇投机者是指专门利用不同货币在不同时间、不同地点的外汇市场上汇率的变动，进行买空卖空、套利套汇的投机活动，以获取利润的公司和个人。

从外汇市场参与者的角度，外汇市场的交易可以分为三个层次：顾客和银行之间的外汇交易，银行同业间外汇交易以及银行与中央银行之间的外汇交易。

（1）顾客和银行之间的外汇交易。进出口商实际上是外汇的最初供应者和最后需求者。外汇买卖常与国际结算相联系，多为本币和外币之间的买卖；另外，还有一些因非贸易收支如偿付外债利息、国际旅游、留学、国际保险或运费等而发生的外汇交易。银行在交易过程中一方面买入顾客的外汇，另一方面又卖出手中的外汇，以赚取外汇买卖的差价。

（2）银行同业间外汇交易。银行在从事外汇买卖时，难免会在营业日内出现各种外汇的多头或空头，即某种外汇的购入额多于卖出额，或卖出额多于买入额。

由于存在外汇变动的风险，银行通常要到同业市场进行交易以轧平各种外汇的头寸，如多头抛出，空头补进。另外，银行还会出于投机、套利、套汇等目的从事同业外汇交易，以获取利润。银行同业间外汇交易占外汇交易总额的90%以上，其外汇买卖差价一般低于银行和顾客之间的买卖差价。

（3）银行与中央银行之间的外汇交易。中央银行在外汇市场上起着双重的作用：一是监管外汇市场的运行；二是为影响汇率走势而干预外汇市场。中央银行为干预外汇市场而进行的交易是在它与商业银行之间进行的。如果某种外币相对本币汇率偏高，中央银行就会向商业银行出售该种外汇储备，使其汇率下降；反之，如果中央银行认为该外币汇率太低，就会购入这种货币，使其汇率上升。因此，中央银行通过外汇市场的交易可以把汇率稳定在某一期望的水平上。

三、外汇交易类型

具体来看，在外汇市场上，主要有四种传统的外汇交易类型：

1. 即期交易

这种外汇交易一般须在当日结清，但在亚洲地区，外汇银行间的即期交易多在第二个营业日结算。欧美各国的即期交易通常是在交易后的两个营业日以内结算。即期交易一般又称为“现汇交易”。

1979年国际金融电讯协会（SWIFT）正式启用，通过国际间计算机网络，用来处理国际间银行转账和结算，使转账的速度和安全性大大提高。

2. 远期外汇交易

这种交易在买卖契约成立时，买卖双方不需要立即支付本国货币或外汇，而是预先约定在将来某个特定日期进行结算。在一般情况下，大额的外汇买卖大多以远期交易方式进行。远期交易又称为“期汇交易”。

人们进行期汇交易的具体目的是多方面的，但归纳起来，不外乎是为了套期保值和投机。套期保值（hedging）是指卖出金额或买入金额相当于一笔外币资产或负债的外汇，使这笔外币资产或负债以本币表示的价值避免遭受汇率变动的影响；而投机（speculation）则是指根据对汇率变动的预期，有意持有外汇的多头或空头，希望利用汇率变动来从中赚取利润。一般来讲，期汇交易的目的有：

（1）进出口商可以防止汇率变动的风险。在国际贸易中，从买卖合同签订到货款清算之间有相当长的一段时间。在这段时间里，对进口商来说，若外汇汇率上升，则意味着他将付出更多的本币以购买外汇履行协议；对出口商来说，若外汇汇率下降，他所得到的外币货款折成本币后数额减少。为避免由于汇率变动而可能带来的损失，进出口商在签订买卖合同时，即可向银行买入或卖出远期外汇，而到支付货款或收进货款时，按约定的汇率进行交割，用来支付货款或收回本币货款。

同样，在国际间资金借贷业务中，放贷者和借入者如果用外币计价拥有的债权和债务，就面临汇率变动的风险。若他们在贷出或借入资金时，相应卖出或买入相应期汇，则可以避免较大损失。

（2）当进出口商为避免汇率风险而同银行进行远期交易时，银行为避免自身蒙受风险，也常进行远期交易，对不同期限和不同币种的外汇，根据其多头、空头的情况抛出或补进，以保持远期外汇头寸的平衡，避免汇率变动带来的风险。

（3）投机者为了谋取汇率变动的差价，也进行期汇交易。投机者可以先以远期价格预约卖出外汇，等日后汇价下跌时再买入，这类投机者多是预测今后汇价将趋低，故先卖后买，从中盈利，这种交易称为“卖空”。若投机者预测日后汇价将趋于上涨，故趁汇价相对较低时先行买进，待日后价高时再卖出，以便从中获利，这种交易称为“买空”。如果汇价发生与预期相反的变动，则投机者将蒙受损失。

在外汇市场上，投机者承担了进出口商及银行转嫁的外汇风险，是远期外汇市场必需的构成部分。他们有可能在金融动荡时加剧动荡，又有可能通过买卖外汇行为阻止汇率过度波动。因此，投机者的存在及其作用很值得重视。

3. 掉期交易

实际上，掉期交易是即期交易和远期交易的结合物，即在买进某种外汇时，同时卖出金额相同的该种货币，但买进和卖出的交割日期不同，其目的也在于避免汇率变动的风险。一般有以下几种形式：

（1）即期对远期：买进或卖出一笔现汇的同时，卖出或买进一笔期汇。这是掉期交易最常见的形式。比如，某银行手头暂时有多余的外汇资金，但将来却又有支付需要，就可用即期交易方式把暂时多余的外汇资金卖给其他银行，同时又以远期方式将其买回。

（2）远期对远期：在买进或卖出某货币较短的远期的同时，卖出或买进该货币较长的远期。例如，德国某银行在6个月后将向外支付500万美元，同时在1个月后又将收到另一笔500万美元的收入。市场汇率为即期：1欧元＝1.3400/1.3410美元，1个月远期：1欧元＝1.3350/1.3370美元，6个月远期：1欧元＝1.3120/1.3150美元。

如果进行远期对远期掉期交易，买入6个月的远期欧元（汇率为1欧元=1.3150美元），再卖出1个月的远期欧元（汇率为1欧元=1.3350美元），则每欧元可获净收入0.020美元。除此之外，还有一种较为复杂的掉期交易方式，即进行两次“即期对远期”的掉期交易，即将6个月后应支付的欧元先在6个月远期市场上买入（汇率为1欧元=1.3150美元），然后将其在即期市场上卖出（汇率为1欧元=1.3400美元），每欧元可得收益0.025美元。与此同时，将1个月后要收到的欧元，先在一个月远期市场上卖出（汇率为1欧元=1.3350美元），然后在即期市场上买入（汇率为1欧元=1.3410美元）。这样，每欧元将贴出0.006美元。这两笔交易的净收益结果是每欧元可获得收益0.019美元。显然这种交易方式的收益比第一种交易方式少。

（3）明日对次日：成交后第二个营业日（明日）交割，第三个营业日（次日）再做反向交割。常用于银行同业的隔夜资金拆借。

4. 择期外汇交易

择期外汇交易是一种交割日期不固定的交易，属于远期外汇交易的范畴。择期的含义是买方可以在将来的某一段时间（通常是一个半月内）的任何一天按约定的汇率进行交割。择期外汇交易主要是为企业、进口商提供买卖外汇的灵活性，保证货到付款或单到付款时能及时付汇，从而避免了远期买卖交割日期确定不变的缺点。

随着交易技术的发展，出现了外币期货交易和外汇期权交易。这不仅使客户享受到了更为有效的外汇交易服务，又在一定程度上加大了外汇交易的风险。这两种交易都具有浓厚的投机色彩，而套汇和套利则是两种传统的外汇投机交易，下面主要介绍套汇和套利。

四、套汇和套利

1. 套汇

由于外汇交易在地域上的广泛性和时间上的延续性，各个外汇市场的外汇供求关系不断变化，并导致汇率经常上下波动，从而使各个外汇市场也不可避免地会时不时出现短暂的汇率差异，这种差异就构成了套汇的前提条件。

所谓套汇，就是利用两个或三个不同外汇市场之间某种货币的汇率差异，分别在这几个外汇市场上一面买进、一面卖出这种货币，从中赚取汇率差价利润的外汇交易。套汇的主要形式有直接套汇与间接套汇两种。

（1）直接套汇。直接套汇又称两地套汇，是指外汇交易者在两个不同地点外汇市场上的某种货币汇率出现差异时，同时在这两个市场贱买贵卖，从中赚取差价利润的交易行为。例如，某日纽约市场汇价为1美元=130日元，东京市场为1美元=128日元，套汇者在纽约市场上按130日元的价格买进一笔日元，然后立即在东京市场上以128日元的价格卖出，换回美元。这样，每1美元可赚毛利2日元。

（2）间接套汇。间接套汇又称三地套汇，它是指套汇者利用三个以上不同地点的外汇市场在同一时间内存在的货币汇率差异，同时在这些市场上贱买贵卖，套取汇率差额收益的交易行为。

例如，假设某日某一时刻，纽约、法兰克福、伦敦三地市场的外汇行市如下：纽约市场：1 美元 =0. 7400/0. 7410 欧元，法兰克福市场：1 英镑 =1. 1900/1. 1910 欧元，伦敦市场：1 英镑 =1. 7800/1. 7810 美元。

根据以上三个市场的外汇行市，若套汇者以 100 000 美元进行三地套汇，则可首先在纽约市场上以 1 美元 =0. 7400 欧元的汇价卖出 10 万美元，买进 74 000 欧元；同时在法兰克福市场上以 1 英镑 =1. 1910 欧元的汇价卖出 74 000 欧元，买进 62 133 英镑；同时又在伦敦市场以 1 英镑 =1. 7800 美元的汇价卖出 62 133 英镑，可买回 110 597 美元。如不考虑套汇费用，则该套汇者通过间接套汇可获利 10 597 美元。

间接套汇的前提是三地市场的汇率不均衡，存在差价。但是如何迅速判断三地市场的汇率是否均衡呢？可以利用汇价积数判断法，即将各市场汇率均换成统一标价法下的汇率，通过连乘所得积数来判断是否存在价差的方法。如果各市场的应付汇率（或应收汇率）的连乘积数不为 1，则表明各市场汇率不均衡或有价差，可以套汇；如果积数等于 1，则表明各市场汇率均衡或无差价，不可套汇。

如上例中，我们可以将三地市场的汇率重组如下：纽约市场：1 美元 =0. 7400 欧元，法兰克福市场：1 欧元 =0. 8396 英镑，伦敦市场：1 英镑 =1. 7800 美元。

$0.7400 \times 0.8396 \times 1.7800 = 1.1059 \neq 1$

结果表明，三地市场汇率不均衡，可以套汇。

目前，由于通讯设备先进，交易手段发达，信息灵便，各地外汇市场之间的货币汇率差异日趋缩小，外汇市场上货币汇率之间出现差异总是偶然的、暂时的，通过套汇交易，这种差异很快就会拉平，从而使套汇机会消失。

2. 套利

套利活动主要有两种形式，一种是“不抛补的套利”，它主要利用两国市场的利率差异，把短期资金从利率较低的市场调到利率较高的市场进行投资，以谋取利息差额收入。例如，设美国 3 个月期的国库券利率为 8%，而英国 3 个月期的短期国库券利率为 10%，如 3 个月后英镑对美元的汇率不发生变化，则投资者出售美国国库券后，将所得到的资金从美国调往伦敦购买英国国库券，就可以稳获 2% 的利差收入。此例可计算如下：设一位纽约套利者拥有 1 000 万美元，如投资于美国国库券（3 个月期），利率为 8%，本利共为 1 080 万美元。但此时若他进行套利，则获利就可增加。设即期市场英镑对美元汇率为 1 英镑 =2 美元，则他在即期市场卖出 1 000 万美元可获得 500 万英镑。他将这笔英镑调往伦敦并投资于 3 个月期的英国短期国库券，3 个月后可获得 550 万英镑 [500 万英镑 ×（1 +10%） =550 万英镑]。根据假定，3 个月后英镑对美元的汇率不发生变化，因此，3 个月到期后，他将这笔英镑资金换成美元，可得到 1 100 万美元，比他不进行套利而只投资于美国国库券多获利 20 万美元，即多获利 2%。

另一种套利形式叫做“抛补的套利”。其方法是，套利者在把资金从甲地调往乙地以获取较高利息的同时，还通过在外汇市场上卖出远期的乙国货币以防止风险。再以上例为例：套利者不将1 000万美元投资于美国国库券以谋取8%的利息收入，而是在即期市场上将这笔美元卖出以换得英镑，随后调往伦敦投资于利率为10%的英国3个月期短期国库券，由此他在3个月后可获得550万英镑。与此同时，套利者马上在远期外汇市场上订立契约，卖出为期3个月的550万远期英镑以买进美元（为简便计，设远期汇率仍为1英镑=2美元）。这样，只要没有人违约，他在3个月后就可稳获1 100万美元，从而获得2%的额外利息收入。

如套利者不进行“抛补”（指在即期卖出的同时远期买进，或相反，亦可称为做一笔掉期交易），当他投资于英国国库券并于3个月后获得550万英镑时，如汇率发生变动，就可能使他遭受损失。如3个月后英镑对美元汇率变为1英镑=1.94美元（原为1英镑=2美元），则550万英镑将只能合为1 067万美元，而套利者本来投资于美国国库券可得本利1 080万美元，结果反而亏损了13万美元。因此，套利者在进行套利的同时，又进行抛补，即进行“抛补的套利”，既可防避汇率风险，又可获得利息收入。“不抛补的套利”则以汇率稳定不变为前提。在当前各国货币汇率变动十分频繁的情况下，进行这种“不抛补的套利”是要承担很大风险的。

套利活动的机会在外汇市场上往往转瞬即逝。套利机会一旦出现，大银行、大公司便会迅速投入大量资金，从而使两国的利差与两国货币掉期率（即远期汇率与即期汇率之间的差额）之间的不一致迅速消除。所以，从这个意义上讲，套利活动在客观上加强了国际金融市场的一体化，使两国之间的短期利率趋于均衡并由此形成一个世界性的利率网络。同时，套利活动也使各国货币的利率和汇率之间形成了一种有机的联系，两者相互影响，相互牵制。因此，套利活动实际上是促进国际金融市场一体化的一种重要力量。

第二节　外汇市场交易价格：汇率

一、汇率及其标价方法

汇率又叫汇价、兑换率、外汇牌价或外汇行市，是一个国家的货币折算成另一国家货币的比率。简单地说，汇率就是两种不同货币之间的比价。

银行对外挂牌公布各种货币之间的汇率，叫做外汇标价。使用外汇标价法，先要确定以哪个国家的货币作为标准，是以外币表示本币的价格还是用本币表示外币的价格，这反映了不同的汇率标价方法。目前，国际上使用的基本标价方法有两种，一种是直接标价法，另一种是间接标价法。

（1）直接标价法。它是指以一定单位（1、100或10 000个单位）的外国货币作为标准，计算折算成多少单位的本国货币来表示汇率的方法。

在这种标价法下，汇率越高，就表示单位外币所能换取的本国货币越多，说明本国货币的币值越低。我国和绝大多数国家都采用直接标价法。如 2011 年 2 月 14 日人民币市场汇价，见表 10－1。

表 10－1 2011 年 2 月 14 日人民币市场汇价

单位：人民币/100 外币

货币名称	现汇买入价	现钞买入价	卖出价	中间价	基准价
美元 USD	658.3000	653.0200	660.9400	659.6200	659.8500
瑞士法郎 CHF	675.0000	654.1600	680.4300	677.7150	
新加坡元 SGD	513.3900	497.5400	517.5100	515.4500	
瑞典克朗 SEK	101.3300	98.2000	102.1400	101.7350	
丹麦克朗 DKK	119.2800	115.5900	120.2300	119.7550	
挪威克朗 NOK	111.9900	108.5300	112.8900	112.4400	
日元 JPY	7.8983	7.6545	7.9618	7.9301	7.9247
加拿大元 CAD	666.4800	645.9000	671.8300	669.1550	
澳大利亚元 AUD	660.6600	640.2600	665.9700	663.3150	
欧元 EUR	889.3900	861.9300	896.5300	892.9600	892.0800
澳门元 MOP	82.1000	81.4100	82.4200	82.2600	
菲律宾比索 PHP	15.0600	14.5900	15.1800	15.1200	
泰铢 THB	21.3700	20.7100	21.5400	21.4550	
新西兰元 NZD	498.6500		502.6500	500.6500	
英镑 GBP	1 054.9800	1 022.4100	1 063.4500	1 059.2150	1 057.6100
港元 HKD	84.4700	83.7900	84.7900	84.6300	84.6600
韩圆 KRW		0.5680	0.6159		
俄罗斯卢布 RUB	22.3700		22.5500	22.4600	

（2）间接标价法。它是指以一定单位的本国货币为标准，计算应折算成多少外国货币的方法。一定单位的本国货币折算的外币数量增多，说明本国货币汇率上升，即本币升值或外币贬值。反之，一定单位的本国货币折算的外币数量减少，说明本国货币汇率下跌，即本币贬值或外币升值。目前世界上只有极少数国家采用间接标价法，其中英镑对所有其他货币汇率均以间接标价法表示，美元除对英镑实行直接标价法外，对其余货币的汇率也都以间接标价法表示。

二、汇率的种类

（1）按国际货币制度的演变来划分，有固定汇率和浮动汇率。

（2）按制定汇率的方法划分，有基本汇率和套算汇率。首先介绍基本汇率。外国货币的种类很多，各国有各国的货币制度，但制定汇率时，必须选择某一国货币作为主要对象。这种货币应满足的条件是该货币是本国国际收支中使用最多的，外汇储备中占比重大的，同时又是可以自由兑换的国际上可以普遍接受的货币。这种货币称为关键货币。根据本国货币与这种货币的实际价值对比，制定出对这种货币的汇率，这个汇率就是基本汇率。目前，美元是国际支付中使用较多的货币，一般来说，各国都把美元当做制定汇率的主要货币，因此，常把对美元的汇率作为基本汇率。再讲讲套算汇率。套算汇率主要有两层含义：一是由于世界主要外汇市场只公布按美元标价计算的外汇汇率，而不能直接反映其他货币（如德国马克对瑞士法郎，或意大利里拉对法国法郎）之间的汇率，为了换算出各种货币的汇率，必须通过各种货币对美元的汇率进行套算。二是各国在基本汇率制定出来后（其关键货币大多是美元，但不一定都是美元），对其他国家货币的汇率，就可以通过这一基本汇率套算出来。

（3）按银行买卖外汇的角度区分，有买入汇率、卖出汇率、中间汇率和现钞汇率。买入汇率也称买入价（buying rate），即银行向同业或客户买入外汇时所使用的汇率。采用直接标价法时，外币折合本币数较少的那个汇率是买入价，采用间接标价法时则相反。

卖出汇率也称卖出价（selling rate），即银行向同业或客户卖出外汇时所使用的汇率。采用直接标价法时，外币折合本币数较多的那个汇率是卖出价，采用间接标价法时则相反。

买入和卖出都是从银行买卖外汇的角度来看的，二者之间有个差价，这个差价是银行买卖外汇的收益，一般为1‰～5‰。银行同业之间买卖外汇时使用的买入汇率和卖出汇率也称同业买卖汇率（inter－bank rate），实际上也就是外汇市场买卖价。在正常情况下，银行同业买卖汇率的差价比银行同一般客户的买卖差价小。

中间汇率（middle rate）是指买入价与卖出价的平均数。西方报刊报道汇率消息时常用中间汇率。套算汇率也用有关货币的中间汇率套算得出。

现钞汇率。各国一般都规定，不允许外国货币在本国流通，只有将外币兑换成本国货币，才能够购买本国的商品和劳务，因此产生了买卖外币现钞的兑换率。按理说，买卖外币现钞的兑换率与外汇汇率应该相同，但由于需要把外币现钞运到各发行国，需要花费一定的运费和保险费，因此，银行在收兑外币现钞时的汇率要稍低于现汇买入汇率，卖出外币现钞时的汇价和现汇卖出价相同。

（4）按银行外汇汇付方式划分，有电汇汇率、信汇汇率和票汇汇率。电汇汇率（简称T/T rate）是经营外汇业务的本国银行在卖出外汇后，即以电报委托其国外分支机构或代理行付款给收款人所使用的一种汇率。在国际金融市场上，外汇汇率是极不稳定的，有时波动幅度很大。因此，在国际贸易中，进出口商为避免外汇汇率波动所带来的风险，在买卖合同中规定使用交收时间最快的电汇方式。银行同业之间买卖外汇或进行资金划拨时也无不使用电汇。由于电汇付款快，银行无法占用客户资金头寸，同时，国际间的电报费用较高，所以电汇汇率较一般汇率高，但是电汇调拨资金速度快，加速了国际资金周转，因此电汇在外汇交易中占有绝大部分比重，电汇汇率已成为基本汇率，计算其他各种汇率时都以它为基准。

信汇汇率（简称 M/T rate）。信汇是指银行开具付款委托书，用信函方式通过邮局寄给付款地银行转付收款人的一种汇款方式。由于付款委托书的邮递需要一定的时间，银行在这段时间内可以占用客户的资金，因此，信汇汇率比电汇汇率低。

票汇汇率（简称 D/D rate）。票汇是指银行在卖出外汇时，开立一张由其国外分支机构或代理行付款的汇票交给汇款人，由其自带或寄往国外取款。和信汇一样，因为票汇从卖出外汇到支付外汇有一段间隔时间，银行可以在这段时间内占用客户的头寸，所以票汇汇率一般比电汇汇率低。票汇有短期票汇和长期票汇之分，其汇率也不相同。长期票汇汇率较短期票汇汇率低，这是因为银行能更长时间地占用客户资金。

（5）按外汇交易交割期限划分，有即期汇率和远期汇率。即期汇率也叫现汇汇率（spot rate），是指买卖外汇双方在成交当天或两天以内进行交割的汇率。即期外汇表面上看来似乎是同时支付，没有风险，但由于各国清算制度技术上的原因，只能在一天后才知道是否已经支付，因此也要承担一种信用风险，又由于亚、欧、美三大洲之间各有 6~8 小时的时差，因此会遇到营业时间结束问题。

远期汇率（forward rate）是在未来一定时期进行交割，而事先由买卖双方签订合同、达成协议的汇率。到了交割日期，由协议双方按预定的汇率、金额实现钱汇两清。远期外汇买卖是一种预约性交易，是由于外汇购买者对外汇资金需要的时间不同，以及为了避免外汇汇率变动风险而进行的。远期外汇的汇率与即期汇率相比是有差额的，这种差额叫远期差价（forward margin），差额用升水（at premium）、贴水（at discount）或平价（at par）来表示。升水表示远期汇率比即期汇率高，贴水则表示远期汇率比即期汇率低，平价表示两者相等。

（6）按对外汇管理的宽严区分，有官方汇率和市场汇率。官方汇率是指国家机构（财政部、中央银行或外汇管理当局）公布的汇率，一切外汇交易都以公布的汇率为准。官方汇率又可分为单一汇率和多重汇率。多重汇率是一国政府对本国货币规定的一种以上的对外汇率，是外汇管制的一种特殊形式。其目的在于奖励出口，限制进口，限制资本的流入或流出，以改善国际收支状况。多重汇率的形式是多种多样的，其中一种叫双重汇率，即对本国货币与另一国货币的兑换同时规定两种不同的汇率。各国的做法不同，有些国家对官方结算和非官方结算规定不同的汇率，也有些国家对出口交易和进口交易规定不同的汇率。较多的是对商业交易和非商业交易规定不同的汇率，前者被称为贸易汇率，用于对外贸易收支，由中央银行加以维持，也就是官方汇率；后者被称为非贸易汇率或金融汇率，用于资金流动及其他非贸易收支，一般根据供求关系自由波动。

市场汇率是指在自由外汇市场上买卖外汇的实际汇率。在外汇管理较松的国家，官方宣布的汇率往往只起中心汇率作用，实际外汇交易则按市场汇率进行。由于政府有关部门往往运用各种手段进行干预，市场汇率一般不致过于脱离官方汇率。如果偏离过多，政府又无力干预，就不得不宣布法定货币贬值或升值。

（7）按银行营业时间划分，有开盘汇率和收盘汇率。开盘汇率，又叫开盘价（opening rate），是外汇银行在一个营业日刚开始营业，进行外汇买卖时使用的汇率。

收盘汇率又称收盘价（closing rate），是外汇银行在一个营业日的外汇交易终了时使用的汇率。

随着外汇交易设备的现代化，世界各金融中心外汇市场的联系更加密切，时差因素也把世界各地外汇市场连接起来。如伦敦外汇市场的营业时间为当地时间9时到17时，纽约市场的营业时间为格林威治时间14时到22时，中国香港市场的收盘时间正值伦敦市场的开盘时间，在时差上正好填补了伦敦开市前和纽约收市后的空当。这样，世界各大外汇市场互相影响，外汇市场的开盘汇率往往受到上一时区外汇市场收盘汇率的影响，从而发生较大变化。

三、固定汇率制度和浮动汇率制度

如按货币制度来划分，汇率分为固定汇率和浮动汇率。所谓固定汇率，是指由政府制定和公布，并只能在一定的幅度内进行波动的汇率。当这种汇率跌至其下限或涨至其上限时，一国货币当局有义务加以维持。所谓浮动汇率，则是指一国货币的汇率不是官方制定而是根据市场供求而定，其涨落基本自由，不受限制，一国货币当局此时原则上没有义务维持，但在必要时可以进行一定程度的干预。

在金本位制下，汇率由于受黄金输送点的限制，只能在狭小的范围内进行波动，所以基本上是固定的。第二次世界大战后，各国根据布雷顿森林协定的安排，实行了“可调节的钉住制”，即各国货币与美元保持固定的平价，各国境内的外汇即期汇价不得超过平价上下各1%。只有当一国出现根本性不均衡时，才可以变更平价。这种“可调节的钉住制”也是固定汇率制的一种形式。20世纪70年代初世界政治经济形势发生变化，布雷顿森林体系不复存在，固定汇率制转向浮动汇率制。

理论界对固定汇率和浮动汇率的评价分歧颇大。赞成浮动汇率制的人认为，浮动汇率具有下列优点：（1）简便易行。在浮动汇率制下，汇率简单地由供求所决定，有关国家无须决定什么汇率适当，也不必就经济调节问题达成协议。（2）具有连续调节能力。在一国国际收支发生困难的情形下，浮动汇率可以使该国货币迅速下浮，使一国的国际收支通过汇率的连续变动而得到调整。（3）保证了国内政策的自主性。在固定汇率制下，一国的国内政策往往要服从于对外平衡的需要，因为要改善一国国际收支而不使货币贬值，唯一的办法只有减少支出。例如，当一国国内经济出现繁荣而导致进口大增时，由于国际收支地位趋于恶化，该国往往不得不采取紧缩措施，而这反过来会使一国的经济繁荣终止。但在汇率浮动的情况下，由于可通过汇率变动来调节国际收支，一国政府在执行国内政策时，就可较少地受到外部平衡的约束。（4）可避免通货膨胀的国际传播。在固定汇率制下，一国货币当局有义务维持本国货币的汇价，有必要对外汇市场进行干预。这样，当一国出现顺差时，外币会大量地从逆差国流入顺差国，为了避免其货币升值，顺差国就不得不用大量本国货币买入这些流入的外币。这就导致本国的货币供应增加，使通货膨胀从逆差国传递到顺差国。在浮动汇率制下，由于货币当局没有必然的义务维持汇价，故可以避免这种情形。（5）减少官方国际储备的需要。在浮动汇率制下，由于官方无责任维持汇价，从理论上讲，官方无责任在外汇市场上进行干预，因而它所持有的国际储备就可减少。

反对浮动汇率制、赞成固定汇率制的人则认为：（1）浮动汇率的国际收支调节作用是有限的。因为汇率下跌，并不一定能增加出口和减少进口，这要视进出口的需求弹性而定。因此，用汇率浮动来调节国际收支并不总是成功的。（2）汇率波动不利于贸易和投资的发展。这是因为在国际贸易过程中，汇率大量波动对进出口双方来说都带来了风险，贸易的收入和支出因汇率波动而变得很不确定。这样，就会使进出口商因不愿承担风险而却步。同样，在投资方面，汇率变动也可能使资本发生损失，抵消投资收益，妨碍投资发展。（3）会加剧通货膨胀。在汇率浮动的情况下，逆差国货币贬值，会使其国内价格普遍上升，尤其当进口占国内总产值的比重很大时，更是如此。另外，在浮动汇率下，“货币纪律”不复存在，各国可以对通货膨胀不加控制而听任汇率下跌，这样就会加剧通货膨胀。（4）浮动汇率制不能保证一国政策的自主性和储备需求的减少。因为不论在何种汇率制度下，一国经济政策总是要受到外部平衡的制约，总要积极设法纠正对外不平衡。另外，浮动汇率使外汇市场动荡加剧，政府更加需要经常干预外汇市场以缓和汇率的突发性变动。这样，官方外汇储备的需求实际上并不能减少。

关于固定汇率制和浮动汇率制的争论，在国际间已存在相当长的时间了。从实际情况看，浮动汇率制实行以来，在不少方面确实不尽如人意，如汇率波动过大、调节对外不平衡的作用不明显等。但总的来说，它是一种可维持的制度，因为当我们考察不同汇率制度的优缺点时，不能离开宏观经济环境来抽象地谈两者的利弊。事实是，在稳定的情况下，固定汇率制可能较为有效，但在世界经济很不稳定的情况下，固定汇率制失去了它的生存基础，那么自然只有浮动汇率制才是可能的选择了。

四、影响汇率变动的主要因素

在外汇市场上，汇率是经常变动的。汇率变动的经济影响十分重大，并且可能波及社会经济生活的各个方面。引起汇率变动的基本因素大致有以下几点：

（1）通货膨胀率差异。在纸币流通的条件下，两国货币之间的比率，从根本上来说是由各自所代表的价值量决定的。物价是一国货币价值在商品市场的体现，通货膨胀就意味着该国货币代表的价值量的下降。因此，国内外通货膨胀率差异就是决定汇率长期趋势的主导因素。在国内外商品市场相互密切联系的情况下，一国较高的通货膨胀率就必然反映在经常项目收支上。具体来看，高通货膨胀率会削弱本国商品在国际市场上的竞争能力，引起出口的减少，同时提高外国商品在本国市场上的竞争能力，造成进口增加。

（2）利率差异。价格水平的变动影响着一国的商品流出流入，而利率作为金融市场上的“价格”，其变动则会作用于一国的资金流出流入。如果一国的利率水平相对于他国提高，就会刺激国外资金流入增加，本国资金流出减少，由此改善资本项目收支，提高本国货币的汇价；反之，如果一国的利率水平相对于他国下降，则会恶化资本项目收支。在国际资本流动规模巨大、大大超过国际贸易额且游资大量存在的今日，利率差异对汇率变动的作用比过去更为重要了。

（3）经济增长率差异。国内外经济增长率差异对汇率变动的作用是多方面的。第一，一国经济增长率高，意味着收入上升，由此会造成进口支出的大幅度增长。第二，一国经济增长率高，往往也意味着生产率提高得很快，由此通过生产成本的降低改善本国产品的竞争地位，从而有利于增加出口，抑制进口。第三，经济增长势头好，一国的利润率也往往较高，由此吸引国外资金流入本国，进行直接投资，从而改善资本项目收支。一般来说，高经济增长率在短期内不利于本国货币在外汇市场的行市，但长期来看，却有力地支持着本国货币的强劲势头。

（4）中央银行干预。无论是在固定汇率制下，还是在浮动汇率制下，各国中央银行或货币当局为保持汇率稳定，或有意识地操纵汇率的变动以服务于某种经济政策目的，都会对外汇市场进行直接干预。毋庸置疑，这种通过直接干预影响外汇市场供求的做法，虽无法从根本上改变汇率的长期走势，但对汇率的短期走向会有一定的影响。第二次世界大战后，各国中央银行通过直接干预外汇市场抵消了市场供求因素对汇率的影响，将固定汇率制度维持了近30年之久，这足以说明直接干预的成效。特别是20世纪80年代以来，西方国家对外汇的管理进入了各国货币当局联合干预的阶段，直接干预成为当前影响汇率的一个更加不可忽视的重要因素。

（5）市场预期。市场预期因素是影响国际间资本流动的另一个重要因素。当交易者预测某种货币汇率今后可能贬值时，他们会大量抛出；而当他们预测这种货币的汇率今后可能升值时，则会大量买进。可以说，预期因素是短期内影响汇率变动的最主要因素。外汇交易者预期心理的形成，大体上取决于一国的经济增长率、货币供应量、外汇储备情况、政府经济政策、国际政治形势等因素。因此，市场预期心理不但对汇率变动有很大影响，而且还带有捉摸不定、十分易变的特点。

上面所说的几种因素是在纸币流通条件下影响外汇市场供求及汇率的主要因素。在不同时期，各种因素对汇率变动的影响作用有轻重缓急之分，它们的影响有时相互抵消，有时相互促进。因此，只有对各项因素进行综合全面的考察，对具体情况作具体分析，对汇率变动的分析才能得出较为正确的结论。

第三节 人民币汇率制度

一、人民币汇率制度的发展过程

新中国成立以来，人民币汇率制度的变迁大致经历了下列阶段：

（1）第一阶段（1949～1952 年）。当时全国解放不久，国内物价波动很大，外汇资金严重短缺。为了组织对外贸易，鼓励侨汇，采取“奖励出口，兼顾进口，照顾侨汇”的方针，参照 75%～80% 的大宗出口商品加权的平均换汇成本，加 5%～15% 的利润，同时考虑到侨眷的生活消费品指数来制定人民币汇率，即主要是根据当时国内外的相对物价水平来制定，并随着国内外相对物价的变动不断进行调整。如 1949 年 1 月 19 日人民币汇率开始挂牌时汇率为 1 美元兑换 600 元旧人民币，由于当时国内物价上升很快，至 1950 年 3 月 13 日调到 1 美元兑换 42 000 元旧人民币。之后，我国财政经济工作开始步入正轨，国内物价逐步下降，而同期外国物价迅速上升，因此至 1952 年 12 月，人民币对美元汇率变为 1 美元兑换 26 170 元旧人民币。

（2）第二阶段（1953～1972 年）。自 1953 年起，我国进入社会主义建设时期，国民经济实行计划体制，物价受国家控制且长期稳定，而西方工业国家的物价迅速上升，国内外物价差距扩大，进口和出口的成本悬殊，于是这一时期的对外贸易采取了“进出合算、以进贴出”的办法，即对外贸易实行内部结算，官方汇率仅用于非贸易外汇的结算，从此人民币汇率对进口不再起调节作用。人民币官方汇率坚持稳定的方针，在原定的汇率基础上，参照西方各国公布的汇率进行调整，逐渐同物价脱离。如 1953～1972 年末，由于西方工业国家实行固定汇率制度，人民币汇率基本稳定，一直保持在 1 美元兑换 2.46 元人民币，人民币对英镑汇率只有在 1967 年 11 月英镑贬值 14.3% 之后才从 1 英镑兑换 6.89 元人民币调到 1 英镑兑换 5.91 元人民币。

（3）第三阶段（1973～1980 年）。自 1973 年石油危机之后，西方工业国家的经济衰退，通货膨胀加剧，世界物价水平上涨，西方主要国家普遍实行浮动汇率，各国货币汇率随着外汇市场的供求关系自由涨落，变动频繁。在这样的情况下，为了避免受西方工业国家汇率波动的影响，维护人民币汇率稳定，在制定人民币汇率的方法上做了相应的调整，原则上采用钉住货币篮子的汇率制度，根据货币篮子平均汇率的变动情况来确定汇率。货币篮子中的货币先后变动过几次，到 1975 年 11 月，决定把人民币汇率定在美元集团和西德马克集团货币汇率的中间线上，选用美元和西德马克等 13 种货币加权平均。这期间人民币对美元汇率从 1973 年的 1 美元兑换 2.46 元人民币逐步调至 1980 年的 1 美元兑换 1.50 元人民币，美元对人民币贬值了 39.2%，同期人民币对英镑汇率从 1

英镑兑换5.91元人民币调至1英镑兑换3.44元人民币，英镑对人民币贬值41.6%，大体上和西方主要工业国家的货币贬值幅度相一致。

（4）第四阶段（1981～1984年）。由于第三阶段实行贸易与非贸易单一汇率，造成出口亏损，严重地影响了出口的扩大。如1979年我国出口1美元的商品，平均换汇成本为2.40元（非石油商品的换汇成本为2.65元），而出口企业按银行牌价只能得到1.50元人民币，因此每出口1美元商品，企业要亏损0.90元。为了发展对外贸易，奖出限入，促进企业经济核算，适应外贸体制改革的需要，1979年8月国务院决定改革汇率制度。从1981年起，除保留官方汇率外，对外贸易实行内部结算汇率。内部结算汇率根据当时的出口换汇成本来确定，一旦确定4年不变。尽管这期间出口换汇成本逐年上升，但内部结算汇率一直固定在2.80元人民币/美元的水平。官方汇率还是沿用原来的一篮子货币加权平均的计算方法。由于美国自1981年起采取赤字政策，实施紧缩通货和高利率、低税收政策，使美元不断升值，人民币对美元汇率由1981年7月的1.50元人民币/美元下调到1984年7月的2.30元人民币/美元，人民币对美元贬值了53.3%。

（5）第五阶段（1985至1991年4月）。从1981年至1984年，由于美元大幅度升值，人民币官方汇率逐步下调，已与内部结算汇率接近，同时双重汇率也出现了一些问题。1980年，我国恢复了在国际货币基金组织的合法地位，按国际货币基金组织有关规定，会员国可以实行多种汇率，但必须尽量缩短向单一汇率过渡的时间。在这种情况下，1985年1月，人民币又恢复到单一汇率。但同时对原来的官方汇率作了较大幅度的调整，即从1984年7月的2.30元人民币/美元下调到1985年1月的2.80元人民币/美元，这之后又连续多次下调。汇率调整的依据是全国的出口换汇成本，由于1985年以后国内物价大幅度上涨，出口换汇成本迅速上升，使人民币汇率不断下跌。1981年政府允许开展外汇调剂业务，当时规定外汇调剂价格在官方汇率之上加10%，之后，随着留成外汇的增加，调剂外汇的交易量越来越大，价格也越来越高，因此这期间名义上是单一汇率，实际上又形成了新的双重汇率。

（6）第六阶段（1991年4月至1993年末）。人民币汇率实行微调。在两年多的时间里，官方汇率数十次小幅度调低，但仍赶不上水涨船高的出口换汇成本和外汇调剂价。结果，1993年上半年我国进口比上年同期增加了23.2%，出口仅增加4.4%，外贸出现逆差，外汇储备下降，外汇调剂价最低时1美元兑11～12元人民币，同时全国平均生活费用指数上升了10.5%。

（7）第七阶段（1994年至2005年7月）。第一，外汇管理体制改革。从1994年1月1日起，取消外汇调剂市场和人民币外汇调剂市场汇率，人民币汇率实行以外汇市场供求为基础的、单一的、有管理的浮动汇率制。

自1994年起，我国实行新的外汇管理体制。在这种新的体制下，人民币汇率有以下几个特点：一是人民币汇率不再由官方行政当局直接制定和公布，而是由外汇指定银行自行确定和调整。二是由外汇指定银行制定出的汇率是以市场供求为基础的。这是因为新体制实行外汇收入结汇制，取消了外汇留成和上缴，一般企业在通常情况下不得持有外汇账户，所有经常账户项下的外汇供给均进入外汇市场；另外，实行银行售汇制，取消经常账户项下支付用汇的经常性计划审批，同时取消外汇收支的指令性计划，这意味着经常账户项下的绝大部分外汇需求可以也必须通过外汇市场来满足。三是以市场供求为基础所形成的汇率是统一的。新的体制实施后，官方汇率自然不复存在，同时在结汇制和售汇制下，外汇的供求均以外汇指定银行为中介，企业之间不得直接相互买卖外汇，外汇调剂市场也就完成了历史使命，外汇调剂价也相应地演变成市场汇率，此即所谓的“汇率并轨”。由于汇率是各外汇指定银行自行确定的，但外汇供求在各银行的业务范围内的分布又是不一致的，人民币汇率的全国统一性就必须通过建立全国银行同业间的外汇交易市场来实现。

第二，人民币实现经常项目下的自由兑换。在1994年外汇管理体制改革取得成功的基础上，为了尽快、平稳地实现人民币经常项目改革的目标，中国人民银行在1996年宣布了一系列外汇体制改革措施：一是1996年1月29日，中国人民银行颁布《中华人民共和国外汇管理条例》，该条例从4月1日起正式实施，取消了若干经常项目下的非贸易非经营性交易的汇兑限制。二是1996年5月13日，国家外汇管理局发布《境内居民因私兑换外汇办法》，该办法从7月1日起正式实施，消除了对因私用汇的汇兑限制，扩大了供汇范围，提高了供汇标准，超过标准的购汇在经国家外汇管理局审核真实性后即可购汇。三是1996年6月20日，中国人民银行颁布《结汇、售汇及付汇管理规定》，将外商投资企业纳入银行结售汇体系，并宣布将消除尚存的少量汇兑限制，清理相关法律法规，于1996年末之前实现人民币经常项目的可兑换，提前达到《国际货币基金组织协定》第八条款的要求。到1996年12月1日，这一改革目标已圆满实现。

就我国而言，实现人民币经常项目可自由兑换有如下几方面的重要意义：

首先，有利于塑造我国良好的对外开放形象，进一步增加社会各界对人民币币值稳定的信心。其次，有利于改善外商投资和经营的环境，为外国投资者的合法收益提供了充分的法律保障，减少外商投资的汇兑风险，增强了外国投资者的信心，有利于我国更好地利用外资。再次，有利于促进我国进一步融入世界经济的主流；同时，取消对经常项目交易兑换的限制，减少了审批环节，加快了资金周转，提高了效率，为我国参加对外经济和文化交流创造了有利的条件。最后，有利于我国更广泛地参与国际竞争，促进深化改革和建立现代企业制度，完善国内市场机制，加快社会主义市场经济建设的步伐。

（8）第八阶段（2005年7月21日以后）。1994年外汇管理体制改革之后，我国宏观经济发展进入了一个新的时期，但在此期间经常项目和资本项目持续出现双顺差并迅速扩大，加剧了国际收支失衡。截至2005年6月末，我国外汇储备达到7 110亿美元，这导致贸易摩擦进一步加剧，海内外有关人民币汇率改革的争论四起。根据我国的宏观经济情况，2005年7月21日，中国人民银行发布了完善人民币汇率形成机制改革的公告，宣布从当日起，人民币汇率不再钉住单一美元，而是实行以市场供求为基础、参考一篮子货币进行调节、有管理的浮动汇率制度。具体而言，就是按照我国对外经济发展的实际情况，选择若干种主要货币，赋予相应的权重，组成一个货币篮子。同时，根据国内外经济金融形势，以市场供求为基础，参考一篮子货币计算人民币多边汇率指数的变化，对人民币汇率进行管理和调节，维护人民币汇率在合理、均衡水平上的基本稳定。根据对汇率合理、均衡水平的测算，人民币对美元即日升值2%，即1美元兑8.11元人民币。同时，美元每天浮动范围限制在上一交易日收盘价的上下3‰，对非美元则在1.5%的范围内浮动。通过参考一篮子货币，人民币汇率波动体现了国际主要货币之间汇率的变化，弹性逐渐增强，市场化程度进一步加大。

自2005年7月21日人民币汇率形成机制改革以来，我国汇率政策在一些方面进行了重大调整。2005年8月2日，国家外汇管理局发布通知，对经常项目外汇账户、服务贸易售付汇及境内居民个人购汇三项管理政策进行了调整，经常项目管理开闸。2005年9月23日，中国人民银行发布《关于进一步改善银行间外汇市场交易汇价和外汇指定银行挂牌汇价管理的通知》，决定从当日起扩大银行间即期外汇市场上非美元货币对人民币交易价的浮动幅度，从原来的上下1.5%扩大到上下3%，适度扩大了银行对客户美元挂牌汇价价差幅度，并取消了银行对客户挂牌的非美元货币的价差幅度限制。2006年1月4日，国家外汇管理局发布《银行间外汇市场做市商指引（暂行）》及《关于在银行间外汇市场推出即期询价交易有关问题的通知》，决定在银行间外汇市场引入做市商制度，并决定从2006年第一个交易日起，在银行间外汇市场推出即期询价交易。2007年5月21日，中国人民银行宣布扩大外汇市场人民币对美元交易价浮动幅度，从当日起银行间即期外汇市场人民币对美元交易价浮动幅度由3‰扩大至5‰，即每日银行间即期外汇市场人民币对美元的交易价可在中国外汇交易中心对外公布的当日人民币兑美元中间价上下5‰的幅度内浮动，人民币汇率更加具有弹性。

2008年，为了应对全球金融危机，我国在人民币汇率制度改革上进行了微调，2008年下半年至2010年人民币基本呈现“软钉住美元”的特征，人民币升值过程出现停滞。但从2010年初开始，由于我国经济已经出现复苏，人民币升值面临较大的内外部压力，人民币汇率制度改革重新进入新的时期。

2010年6月19日，中国人民银行宣布，进一步推进人民币汇率形成机制改革，增强人民币汇率弹性。进一步推进人民币汇率形成机制改革，重在坚持以市场供求为基础，参考一篮子货币进行调节。继续按照已公布的外汇市场汇率浮动区间，对人民币汇率浮动进行动态管理和调节。

二、资本项目下人民币自由兑换

我国接受《国际货币基金组织协定》第八条款规定的义务，取消了对经常项目的外汇管制，但我国仍对资本项目外汇收支实行一定的管制，人民币还不是自由兑换货币。

根据《中共中央关于建立社会主义市场经济体制若干问题的决定》提出的要“逐步使人民币成为可兑换货币”的精神，下一步，我国外汇体制改革的重点将是在完善以往外汇体制改革成果的基础上，逐步放松资本项目外汇管制，最终实现包括资本项目可兑换在内的人民币自由兑换。这是我国外汇体制改革的长远目标，因为市场经济运行机制要求建立自由、开放的外汇市场来实现外汇资源的有效配置，实现人民币的完全自由兑换，将本国经济融入国际经济体系，有利于扩大开放，在国际范围内更合理地配置资源，促进本国经济增长。

部分地出于对加入世界贸易组织的反应，部分地由于人民币升值压力和我国外汇储备迅速增长，2002 年以来，中国明显加快了资本项目的开放，以下是一些重要的开放举措：一是为了鼓励国内企业“走出去”，中国进一步放宽国内企业境外投资外汇限制。2002 年 10 月开始在部分省市进行境外投资改革试点，2005 年 5 月，国家外汇管理局发布关于扩大境外投资外汇管理改革试点有关问题的通知，将试点扩大到所有地区。2005 年度，境外投资购汇总额度从 33 亿美元增至 50 亿美元，各地区外汇管理局分局对境外投资外汇资金来源的审查权也从 300 万美元提高到1 000万美元。2009 年 7 月 15 日出台的《境内机构境外直接投资外汇管理规定》更是对促进、便利境内机构境外投资活动，规范境外直接投资外汇管理作了详细的规定。二是 2002 年 12 月，国家外汇管理局与中国证监会联合推出了“合格境外机构投资者”（Qualified Foreign Institutional Investor，QFII）制度，获得中国证监会资格批准和国家外汇管理局额度批准的 QFII 可以通过该制度投资中国境内证券市场上包括股票、债券和基金等多种以人民币标价的金融工具。截至 2011 年 5 月末，共有 110 家境外机构获得 QFII 资格。三是 2004 年末，财政部批准三家国际金融机构在中国境内发行总额为 40 亿元的人民币债券。2005 年 3 月，中国人民银行等四部委联合发布《国际开发机构人民币债券发行管理暂行办法》，将发债主体限于国际开发机构，要求其人民币债券信用评级为 AA 级以上，而且已为中国境内项目或企业提供的贷款和资金在 10 亿美元以上。四是 2004 年 8 月，中国保监会和中国人民银行联合发布了《保险外汇资金境外运用管理暂行办法》，允许保险公司和保险资产管理公司用自有的外汇资金进行境外投资，以拓宽保险公司的资金运用渠道和更好地分散投资风险。五是 2006 年 4 月，中国人民银行、银监会、外汇局共同发布《商业银行开办代客境外理财业务管理暂行办法》，标志着“合格境内机构投资者（Qualified Domestic Investor，QDII）制度”开始实施。2006 年 8 月，中国证监会批准了华安基金管试点 QDII 资格，同年 9 月，国家外汇管理局批准了华安基金 5 亿美元的境外投资额度，同时发布了《关于基金管理公司境外证券投资外汇管理有关问题的通知》。截至 2010 年末，有 88 家机构获得 QDII 资格，境外投资额度共计 683. 61 亿美元。六是在其他投资子账户方面，2004 年 11 月，中国人民银行发布了《个人财产对外转移售汇管理暂行办法》，允许移居境外的中国公民将其境内资产转移至境外，允许境外居民将继承的境内财产转移至境外。自 2005 年 1 月 1 日起，中国公民出入境、外国人出入境每人每次携带人民币限额由原来的6 000元上调到2万元。从2007年2月1日起，个人年度购汇额度由2万美元提高至5万美元。七是2007年8月20日，国家外汇管理局宣布批准中国境内个人直接对外证券投资业务试点，天津滨海新区被批准为首个试点地区。在天津滨海新区，境内居民被允许以自有外汇或人民币购汇直接投资海外证券市场，初期选择香港市场，投资规模不受年度5万美元的购汇总额限制。这是中国资本项目开放过程中的一个具有里程碑意义的举措。

资本项目开放是中国金融改革开放的一个目标，因为毕竟几乎世界上所有重要经济体的资本项目账户都是开放的。但货币自由兑换改革必须分阶段实施，是人们的共识。因为货币的完全可兑换性将加大外部冲击对国内经济影响的程度，不利于本国经济的稳定，尤其在初期，出现震荡的可能性很大。即便是发达的资本主义国家，实现货币的完全可兑换往往也要经历数十年的过程。世界各国共同的做法都是首先实现经常项目的可兑换，同时完善资本项目管理，最终走向货币的完全可兑换。盲目地追求自由兑换进程的速度，忽视经济发达程度的制约，必然会带来不必要的风险，甚至会付出不必要的代价。因此，国内经济各个方面的条件越成熟，货币自由兑换的社会成本就越小。一般来说，货币的自由兑换需要具备以下几个条件：一是健全的市场经济运行机制。具有完善的市场决定的价格体系和符合市场经济要求的自由企业制度。人民币自由兑换使国际、国内市场体系结合在一起，使企业在全球范围内参与国际竞争，在更广的范围内优化配置。因此，人民币自由兑换的利弊大小取决于企业参与国际市场的竞争能力，这不仅涉及国内价格是否合理，还涉及企业经营体制的转换和对市场变化的反应能力。如果不具备这些条件，货币的自由兑换不仅不能促进实体经济要素的进步，相反，它所带来的冲击还可能会阻碍国内经济的改革进程。这是实行货币自由兑换时应考虑的基本前提。二是健全的货币管理机制和充足的外汇储备。中央银行应该具有制定货币政策的权威性和独立性，理顺与政府之间的关系。同时，中央银行必须拥有有效的货币政策工具来调节货币供给量和国内信贷总额，以及控制物价水平。只有这样，再加上充足的外汇储备，中央银行才能根据国内平衡、国外平衡的目标，进行适度的控制，减少货币自由兑换所带来的消极影响，缓解汇率的波动程度。三是完善的金融市场。发达的金融市场有利于中央银行进行公开市场操作，干预外汇市场以及在干预后进行“冲销操作”以抵消储备变动对货币基数的影响。同时，完善的金融市场也有助于中央银行灵活地调节汇率和外汇供求，并根据市场实际状况，形成有效的、公正的外汇价格。

显然，要具备上述条件是一个渐进的过程，不是一蹴而就的。

目前，我国市场经济还不完善，仍存在许多问题，如国有企业状况不佳、效率低下，国有银行资产状况和盈利能力不佳、体制尚需转变，金融市场发育程度较低，居民的金融意识和市场意识还有待深化，政府的职能需要转化等。在众多问题存在的时候，盲目追求人民币可兑换的进度是相当危险的，也是不明智的。因此，我们现在应当继续加强资本项目管理，深化宏观改革，逐步为资本项目下人民币自由兑换创造条件。

第四节 外汇风险及其管理

一、外汇风险的含义

在市场经济条件下，由于价格是由供求关系所决定的，因此，企业的一切经济活动实际上处于各种风险之中，即一切经济活动的结果都将受未来市场条件的影响，从而造成企业未来经营收入的不确定性。这种不确定性，就是所谓的风险，外汇风险就是其中之一。

外汇风险可以定义如下：外汇风险是指在一个经济实体或个人的涉外经济活动中，因外汇汇率的变动使其以外币计价的资产或负债价值发生不确定的改变，从而使所有者蒙受经济损失的可能性。必须注意的是，外汇风险是因汇率变动而给企业带来经济损失的可能性，外汇风险的大小是这种可能性的大小，外汇风险应是指实质性的经济损失。从汇率变化给企业带来的结果看，汇率的上升或下降有可能给企业或个人带来损失，也有可能使其从中得利。因此，对汇率变动及其结果，应该从两个方面考虑，既要考虑其造成损失的可能性，又要考虑其带来额外收益的可能性。

自 1973 年 2 月西方国家实行浮动汇率制以来，各主要货币的汇率不仅大幅度、频繁地波动，而且它们之间经常出现难以预料的地位强弱转化。由此，在各种涉外经济活动中，外汇风险问题显得更为突出。有关经济主体在其经营活动中都将外汇风险防范作为经营管理的一个重要方面。

二、外汇风险的分类

外汇风险可以概括为三个主要类型：

（一）交易风险

交易风险是指在运用外币进行计价收付的交易中，经济主体因外汇汇率变动而蒙受损失的可能性。它是一种流量风险。由于运用外汇的场合不同，交易风险会在以下几种不同的情形下出现：

（1）在商品劳务的进口（出口）交易中，如果外汇汇率在支付（收进）外币货款时较合同签订时上涨（下跌）了，进口商（出口商）就会付出（收进）更多（更少）的本国货币或其他外币。例如，美国某公司赊销 200 000 欧元的商品给德国商人，60 天后支付，汇率是 1 美元兑 1 欧元。美国卖主在收到货款时，希望用 200 000 欧元兑换 200 000美元。如果收到货款时，汇率是 1 美元合 1.25 欧元，美国公司就只能收到 160 000 美元，比预期少收 40 000 美元。如果汇率是 1 美元合 0.8 欧元，美国公司将收到 250 000美元，比预期多收 50 000 美元。可见，交易风险具有一种要么损失要么获益的或非性。如果美国公司开出美元发票，要求德国买主用美元支付，那么交易风险就转嫁到德国买主身上。

（2）在资本输出（输入）中，如果外汇汇率在外币债权债务清偿时较债权债务关系形成时发生下跌（上涨），债权人（债务人）就只得收回（付出）相对更少（更多）的本币或其他外币。例如，我国某机构在日本债券市场上发行了3年期的债券共2亿日元。当时日元兑美元的汇率是1美元合200日元，则通过发行该笔债券所获得的日元资金折合为美元等于100万美元。可是，在债券于3年后到期时，如日元对美元汇率上升为1美元只合160日元，则我方机构就需拿出125万美元，才够偿付日元债务。因此，这时，即使不计算额外的利息支出，仅支付本金，我方机构也需多拿出25万美元。也就是说，我方从日元升值中将损失25万美元。同理，如日元对美元汇率下跌，则我方就将获利。

（3）外汇银行在中介性外汇买卖中持有外汇头寸的多头或空头，也会因汇率变动而可能蒙受损失。外汇银行每日都要从事外汇买卖业务，难免出现某些币种的货币买入多于卖出，另一些币种的货币卖出多于买入的情况。此后，一旦持有多头的货币的汇率出现下跌，持有空头的货币的汇率出现上涨，那么在将来卖出多头、买进空头时，外汇银行就要蒙受少收或多付本币或其他币种的货币的损失。

（二）折算风险

折算风险有时又称为“转换风险”或“会计性风险”，它测度的是汇率变动对企业财务账户的影响。一般而言，企业的外币资产、负债、收益、支出等都须按一定的会计规则，变成以本国货币来表示。这一过程称为“折算”或“转换”。很显然，当汇率变动时，即使企业的外币资产或负债的数额没有发生变化，但在它的会计账目上，本币数目也会发生相应的变动，因此，会给企业带来会计账目上的损失或收益。

例如，我国某机构因业务需要在美国银行中存放了100万美元，当时存放时人民币汇价为1美元合8元人民币，则在该机构的会计账户上，其存款值折算成人民币为800万元。过一段时间后，人民币汇价向下调整，1美元改为等于8.5元人民币，则在该机构的账目上，其存款值即会变为850万元人民币，这意味着该机构的国外存款按人民币来计算，在账目上增加了50万元人民币。反之，如人民币汇价调整为1美元合7.8元人民币，则该机构的存款值即变为780万元人民币，从而减少了20万元人民币。这种情况当然会对企业的利润和账目平衡等诸多方面带来很大影响。如果一国是根据企业的会计账款进行征税的话，还会影响其纳税数额。当然，在上例中，如该机构的存款值在其账目上始终是以美元来表示的话，那么人民币汇价的调整就不会有任何影响。

会计折算中最重要的问题有两个：一个是折算汇率的选择，另一个是折算损益的处理。

从时间上看，折算外币报表涉及的汇率主要有两个：现行汇率和历史汇率。前者是指财务报表编制日的汇率，后者则是指交易发生日的汇率。由于财务报表的项目性质和特点的不同，在合并报表时，不同的项目可以选择不同的汇率。选择汇率的方法通常有四种：

（1）流动与非流动法。这一方法按照资产和负债的流动性分别选用不同的汇率。先把资产和负债分成流动部分和非流动部分两大类，然后对所有流动部分的资产和负债项目按现行汇率进行折算，而对非流动部分的资产和负债项目则按历史汇率进行折算。这种方法在1975年之前比较流行。如果采用这一方法，企业的受险部分只有流动资产和流动负债。如果企业的流动资产超过流动负债，即会计性暴露净头寸大于零，则外币升值将给企业带来折算收益，贬值时则带来折算损失；反之，当流动负债超过流动资产时，情况正好相反。

（2）货币与非货币折算法。这种方法是将海外分支机构的资产负债划分为货币性资产负债和非货币性资产负债。其中，所有金融资产和一切负债均为货币性资产负债，按现行汇率来折算，就会面临折算风险。只有将真实资产列为非货币资产负债，按照原始汇率来折算。

（3）时态法。这种方法为货币与非货币折算法的变形，它们唯一的不同之处在于对真实资产的处理。如果真实资产以现行市场价格表示，将按现行汇率折算；如果真实资产以原始成本表示，则按原始汇率折算。如果全部真实资产均按原始成本表示，那么，时态法、货币与非货币折算法将完全一致。

（4）现行汇率法。现行汇率法即海外分支机构的全部资产和负债均按现行汇率进行折算。在这种方法下，海外分支机构的全部资产负债项目都承受折算风险。现行汇率法已成为美国公认的会计习惯做法，并逐渐为其他西方国家所采纳。

（三）经济风险

经济风险是指未预料到的汇率变动使企业的预期现金流量的净现值发生变动的可能性。因此，它又称为现金流量风险。在企业的经营活动中，为了正确地进行效益评价，要使用现值的概念，即把将来能获得的各种收入按一定的时期和利率折算成当前的价值。当企业的活动牵涉对外交易时，由于外汇的收入和支出要按一定的汇率折算成本币，所以在计算现值的过程中，汇率的变化自然也就会影响到现值的折算。这其中的经济过程是相当复杂的，但大体来说，汇率变动对现值的影响主要有两个方面：第一，汇率变动后，企业的外币收入折算成本币时，其数值会受到影响；第二，汇率变动后，通过一系列的渠道，企业外币收入的数量也会受到影响，从而会对其总的现金流量产生影响。对第一种影响，我们已经有所介绍，并且也比较易于理解，这里不再重复。对第二种影响，我们要略作解释。

假设有一家外商在我国设立了一家独资企业。当人民币汇价变动以后，该独资企业的销售情况将有两种变化：第一，其销售数额可能扩大或缩小，这称为“市场效应”。第二，该企业在市场上的份额也可能会有所变化，这叫做“份额效应”。比如，假设人民币对美元汇价原为1美元兑6.5元人民币，则该企业出口10万美元商品（假设商品单价为250美元，共400件），折合人民币为65万元。如果人民币汇价调整为1美元兑6.3元人民币，则该企业可将出口商品的单价调高至每件257.9美元，则该企业出口商品的价值为10.32万美元（仍能获得65万元人民币）。在这种情况下，由于商品单价的升高将使得该企业的竞争力下降，因此其销售额极有可能下降。或者，在这种情况下，该企业不调低出口单价，仍按每件250美元售出400件（其市场份额不变），按6.3元的汇率计算，其人民币收入为63万元，该企业的利润较之前下降。

三、外汇风险的管理

涉外经济主体的外汇风险管理是指对外汇市场可能出现的变化作出相应的决策，以避免汇率变动可能造成的损失。对于不同类型的外汇风险，应采取不同的管理方法。

（一）交易风险的管理

对于交易风险，可供选择的管理方法可以分为三类：

（1）可供签订合同时选择的防范措施，包括选择好合同货币、在合同中加列货币保值条款、调整价格或利率。

选择好合同货币。在有关对外贸易和借贷等经济交易中，在合同中选择何种货币作为计价结算的货币或计值清偿的货币，直接关系到交易主体是否将承担汇率风险。在选择货币时可以遵循以下基本原则：第一，争取使用本国货币作为合同货币。其实质是将汇率风险转嫁给交易对方承受，这是因为以本币进行结算，清偿时不会发生本币与外币之间的兑换，外汇风险因而无从产生。第二，出口、借贷资本输出争取使用强势货币，即在外汇市场上汇率呈现升值趋势的货币。进口、借贷资本输入争取使用弱势货币，即指在外汇市场上汇率呈现贬值趋势的货币。这一方法的实质在于将汇率变动所带来的损失推给对方。但由于各种货币的强势或弱势并不是绝对的，其强、弱局面往往会出现转变，严格来说，这种方法并不能保证经济实体免遭汇率变动的损失。

在合同中加列货币保值条款。货币保值是指选择某种与合同货币不一致的、价值稳定的货币，将合同金额转换用所选货币来表示，在结算或清偿时，按所选货币表示的金额以合同货币来完成收付。在签订合同时加列货币保值条款，能够防止汇率多变的风险，往往被用于长期合同。目前，各国所使用的货币保值条款主要是一篮子货币保值条款。使用一篮子货币保值，就是选择多种货币对合同货币保值，即在签订合同时，确定好所选择的多种货币与合同货币之间的汇率，并规定每种所选货币的权数，如果汇率发生变动，则在结算或清偿时，根据当时汇率变动幅度和每种所选货币的权数，对收付的合同货币金额作相应调整。一篮子货币的选择有三种方式：选择特别提款权、选择欧洲货币单位、选择强弱搭配的多种货币。

调整价格或利率。由上所述，出口商或债权人应争取使用强势货币，而进口商或债务人应争取使用弱势货币。但在一笔交易中，交易双方都争取到对己有利的合同货币是不可能的。当一方不得不接受对己不利的货币作为合同货币时，还可以争取对谈判中的价格或利率作适当调整，如要求适当提高以弱势货币计价结算的出口价格，或以弱势货币计值清偿的贷款利率；要求适当降低以强势货币计价结算的进口价格，或以强势货币计值清偿的借款利率。

在可供签订合同时选择的外汇风险管理方法中，选择好合同货币是第一步。只有在选定合同货币之后，才能根据所选货币的强弱，进一步决定是否加列合同条款及是否调整价格或利率。

（2）金融市场操作。交易合同签订后，涉外经济实体可以利用外汇市场和货币市场来消除外汇风险。主要方法有现汇交易、期汇交易、期货交易、期权交易、借款与投资、借款—现汇交易—投资、外币票据贴现、利率和货币互换等。

现汇交易。这里主要是指外汇银行在外汇市场上利用即期交易对自己每日的外汇头寸进行平衡性外汇买卖。

借款与投资。通过创造与未来外汇收入或支出相同币种、相同金额、相同期限的债务或债权，也可以达到消除外汇风险的目的。其中，借款用于有未来外汇收入的场合，投资用于有未来外汇支出的场合。出口商在签订合同后，可以从银行借入一笔与未来外汇收入相同币种、相同金额、相同期限的款项，并将这笔借款在现汇市场上卖出，换成本国货币，当这笔借款到期时，用当日所收进的外汇偿还。进口商在签订合同后，可以进行一笔现汇交易，买进与将要支出的外汇币种相同、金额相同的外汇，然后将这笔外汇投资于货币市场，如购买国库券、定期存单、商业票据等，其投资期限与未来外汇支出的期限相同。

外币票据贴现。这种方法既有利于加速出口商的资金周转，又能达到消除外汇风险的目的。出口商在向进口商提供资金融通，而拥有远期外汇票据的情形下，可以拿远期外汇票据到银行要求贴现，提前获取外汇，并将其出售，取得本币现款。

除了一般的外币票据贴现外，国际上还存在着一种被称为“福费廷”的特殊贴现交易。福费廷（forfaiting）是指一种中期、固定利率、无追索权的出口贸易融资票据的贴现业务。在这一业务中，银行在办理经进口商往来银行承兑的远期外币汇票贴现后，不能对出口商行使追索权。出口商在贴现这种票据时是一种卖断，此后票据拒付与出口商无关。出口商将票据拒付风险和外汇风险一并转嫁给了贴现票据的银行。

（3）其他管理方法。除上述签订合同时的方法、借助金融操作的方法外，还有一些可供灵活选择的方法。它们主要是提前或错后、配对、保险。

提前或错后收付外汇（leads&lags）是指涉外经济实体根据对计价货币汇率的走势预测，将收付外汇的结算日或清偿日提前或错后收付外汇，以达到防范外汇风险或获取汇率变动收益的目的。

配对（matching）是指涉外主体在一笔交易发生时或发生后，再进行一笔与该笔交易在币种、金额、收付日上完全相同但资金流向正好相反的交易，使两笔交易所面临的汇率变动影响相互抵消的一种做法。如某公司出口一笔6个月后收款、价值500万美元的货物，为了避免美元汇率贬值的损失，它可以在两个月后（或其他时日）进口一笔500万美元的货物时，争取将付款日安排在4个月（或其他对应时日）后。这样，在它收进500万美元出口货款的当日，就用这一笔款项履行支付进口货款的义务。

保险是指涉外主体向有关保险公司投保汇率变动险，一旦因汇率变动而蒙受损失，便由保险公司给予合理的赔偿。汇率风险的保险一般由国家承担。在日本，保险标的仅限于部分长期外币债权，币种仅限于美元、英镑、欧元、法国法郎和瑞士法郎。在美国，由国际开发署承担保险责任，保险标的为美国居民的对外投资。

由上可见，可供选择的交易风险管理方法种类繁多，既可单独采用，也可综合配套采用。因此，在具体选择采用哪一种或几种方法时，涉外经济主体应该结合交易的性质分析各种方法的适宜性，并比较各种适宜方法的防范成本，争取以最小的成本来达到有效消除交易风险的目的。

（二）折算风险的管理

涉外主体对折算风险的管理通常实行资产负债表保值。这种方法要求在资产负债表上各种功能货币表示的受险资产与受险负债的数额相等，以使其折算风险头寸（受险资产与受险负债之间的差额）为零。只有这样，汇率变动才不致于带来任何折算上的损失。

实行资产负债表保值，一般要做到以下几点：一是弄清资产负债表中各账户、各科目上各种外币的规模，并明确综合折算风险头寸的大小。二是根据风险头寸的性质确定受险资产或受险负债的调整方向。如果以某种外币表示的受险资产大于受险负债，就需要减少受险资产，或增加受险负债，或者双管齐下。反之，如果以某种外币表示的受险资产小于受险负债，则需要增加受险资产，减少受险负债。三是在明确调整方向和规模后，要进一步确定对哪些账户、哪些科目进行调整。这正是实施资产负债表保值的困难所在，因为有些账户或科目的调整可能会带来相对于其他账户、科目调整更大的收益性、流动性损失，或造成新的其他性质的风险（如信用风险、市场风险等）。从这一意义上说，通过资产负债表保值实现折算风险的消除或减轻，是以经营效益的牺牲为代价的。因此，需要认真对具体情况进行分析和权衡，决定科目调整的种类和数额，才能使调整的综合成本最小。

在外汇风险管理中，交易风险的防范要求与折算头寸的防范要求可能会发生冲突，从而加大风险管理的难度。譬如，对于跨国公司来说，最容易防范折算风险的办法是要求所有在国外的分支机构都使用母国货币进行日常核算，使其受险资产额和受险负债额都保持为零，以避免编制综合财务报表时的折算风险。但各分支机构一定会面临更多的交易风险，因为分支机构日常使用最多的通常是东道国货币，当使用母国货币作为核算货币时，便不可避免地会时时承受交易风险。同样地，假定分支机构要避免交易风险，那么一定会面临折算风险。

（三）经济风险的管理

经济风险涉及生产、销售、原料供应以及区位等经营管理的各方面，因此，对经济风险的决策超出了财务经理的职能，往往需要总经理直接参与决策。经济风险的管理，是指预测意料中的汇率变动对未来现金流量的影响，并采取必要的措施。如果企业在国际间使它的经营活动和财务活动多样化，就有可能避免风险，减少损失。

一是经营多样化。它是指在国际范围内分散其销售、生产地址以及原材料来源地。这种经营方针对减轻经济风险的作用体现在两方面。第一，管理部门由于实行国际经营多样化，势必在汇率出现意外变化后通过比较不同地区生产销售和成本的变化趋利避害，迅速调整其经营策略，改善竞争条件，相应增加一些分支机构的生产，减少另外一些分支机构的生产，使公司的产品在市场上变得更富竞争力。第二，即使管理部门不因汇率的意外变动而灵活调整其经营活动，经济风险也会因经营多样化而减低。汇率出现意外变动后，公司的竞争力可能在某些市场上下降，也可能在另一些市场上提高，公司现金流量所受到的影响由此也就会相互抵消。二是财务多样化。它是指在多个金融市场以多种货币寻求资金来源和资金去向，即实行筹资多样化和投资多样化。在筹资方面，公司应从多个金融市场、多种货币来着手；同样，在投资方面，公司也应向多个国家投资，创造多种外汇收入。这样，在有的外币贬值、有的外币升值的情况下，公司就可以使一大部分的外汇风险相互抵消。另外，由于资金来源和去向的多渠道，公司具备更好的条件在各种外币的资产与负债之间进行对抵配合。

本章小结

外汇市场是买卖外汇的场所或交易网络。从形态上说，它由抽象市场和有形市场构成；从交易内容看，主要有现汇交易、期汇交易、掉期交易、择期交易四种。汇率是一个极重要的价格指标并自成体系，固定汇率和浮动汇率是两种不同的制度选择。在外汇市场上，汇率是一个极敏感的指标，它受多种经济因素的影响。目前，中国的人民币已实现经常项目下的自由兑换，而资本项目下的外汇管制也将逐渐放松，在放松管制的进程中首先应考虑将风险减至最小。

思考题

1. 什么是外汇？
2. 什么是直接标价法？什么是间接标价法？
3. 汇率的种类有哪些？
4. 汇率变动主要受哪些因素的影响？
5. 人民币资本项目下自由兑换的实现要具备哪些条件？

第十一章　金融创新

金融创新是近几十年来国际金融界最重要的发展趋势之一。“创新”总是相对“传统”而言的，它的内涵相当丰富。本章所介绍的内容既不包括属于改革内容的整体制度创新也不包括金融理论方面的创新。

第一节　金融创新的国际背景

金融创新是一个历史范畴。从当代经济发展史看，构成金融创新的国际背景主要有三个方面：第二次世界大战后国际资本流动及欧洲货币市场的建立和发展；20 世纪 70 年代世界“石油危机”以及由此产生的“石油美元”的回流；20 世纪 80 年代国际债务危机的爆发和影响。

一、欧洲货币市场和资本市场的建立和发展

第二次世界大战后，科学技术的发展促进了生产力的发展，使生产的社会化提高到国际化阶段。生产国际化和市场国际化的形成要求资本国际化，日益增大的国外投资和国际资本流动规模呼唤着一个发达的、高效率的国际金融融资体系的出现。正是在这种背景下，欧洲货币市场和欧洲资本市场相继诞生了。

欧洲货币市场和资本市场的建立标志着国际金融市场发展到了一个崭新的阶段。欧洲货币市场和资本市场作为新型的国际金融市场与传统的国际金融市场有着本质的区别，并决定了其基本特征。

（1）对市场刺激具有高度的灵敏性。欧洲货币市场和资本市场不受任何国家中央银行单独管理，也不受任何国家金融法规的管制，更不接受和从属于任何国家金融体系的行政干预和市场活动。资金流进和流出完全自由，利率由市场供求决定，这样就使得欧洲货币市场和资本市场对整个市场机制的刺激高度灵敏。

（2）对世界经济的发展具有完全的适应性。欧洲货币市场和资本市场范围广泛，它不仅连接着世界各主要金融中心，而且还囊括了全世界几乎所有的境外国际金融市场的业务，一天 24 小时不停地运转，处理各种各样的金融交易。它不仅为各种经济活动提供便利，而且也大大降低了交易成本，使金融市场的运作完全适应世界经济发展的需要。

（3）对各种金融业务具有很强的灵活性。欧洲货币市场和资本市场上的借贷关系，即被投资者与投资者的关系，是外国借款人和外国贷款人之间的关系。换句话说，该市

场接受非居民的外币存款，并为非居民提供外币贷款。虽然其经营业务的币种以美元为主，但人们也可任意将欧洲美元转换为其他所需要的货币，如德国马克、日元、英镑、瑞士法郎、加拿大元、荷兰盾等，这就决定了该市场具有相当的灵活性，以满足世界各国经济发展对金融业务的要求。

与传统的国际金融市场具有本质区别的欧洲货币市场和资本市场的建立，开创了当代金融创新的先河，之后的一系列金融创新，如金融工具、金融市场、金融机构以及金融管理等莫不与此相关。

二、全球性“石油危机”及其“石油美元”的回流

20 世纪 70 年代石油大幅度提价后，石油的供给与需求严重失衡，使得全世界范围内出现了严重的“石油危机”，在“石油危机”中，石油输出国对外收支的巨额顺差成为一种世界性的流动性极高的资金力量，即“石油美元”。“石油美元”的形成及其回流冲击着国际货币体系和国际金融市场，引起了 20 世纪 70 年代世界经济格局的大变化。

1973 ~ 1974 年，分阶段提高石油价格以后，出现了新的经济集团的划分，即产油国和非产油国，产油国因石油提价而增加了收入，形成国际收支经常项目的巨额盈余；相反，西方工业国家和同样作为非产油国的发展中国家因为支付昂贵的石油费用而出现了国际收支逆差。

从 1973 年爆发第一次“石油危机”起，西方各国就陷入了结构性国际收支不平衡的困境。由于油价高企，西方各国与同样作为非产油国的发展中国家的国际收支逆差严重，它们不得不纷纷进入欧洲货币市场和资本市场寻找国际资金。另外，“欧佩克”的国际收支顺差极度膨胀。为了寻找有利可图的投资场所，这笔巨额石油资金滚滚流入了西欧、美国，形成了“石油美元”的回流，即“石油美元”从石油输出国返回石油进口国。“石油美元”的回流是以在西方工业国的银行存款和直接投资形式实现的。

在石油第一次大幅度提价后，石油输出国的石油盈余就猛增了十多倍，这些国家对待盈余资金的走向持谨慎态度。“石油危机”的影响也使得世界经济结构发生了很大的变化。其一，各国内部产生行业结构变化，一大批新型的产业开始崛起。其二，各工业国之间的经济实力差距缩小，一些新兴工业国开始崛起。石油输出国的“石油美元”回流和世界经济结构变化引起了国际收支失衡，其结果是：一方面，加强了石油输出国对欧洲货币市场的依赖，因为这些国家需要寻找合适的融资方式和新的金融工具，以使其“石油美元”资金不致受利率和汇率剧烈变动的影响。另一方面，世界经济结构变化过程中出现的国际收支顺差国为了更好地疏导其剩余资金，满足逆差国的资金需求，也只有利用欧洲货币市场和资本市场的融资机制，以加速其资本的流动。这些都促使欧洲货币市场和资本市场的业务不断发展。同时，欧洲货币市场和资本市场也不得不根据国际资本运动的规律及时采取一系列的措施，调整业务结构和业务的操作程序。这样，因“石油危机”引起的欧洲货币市场和资本市场的发展本身就孕育了新一轮的金融创新。

三、国际债务危机及其影响

1982 年 8 月，首先是墨西哥，继而是巴西、阿根廷等国宣布无力偿还外债，爆发了国际债务危机。这次债务危机无论对发达国家还是对发展中国家的经济都产生了极大的影响，同时也加剧了国际金融的不稳定性。这一重大变化客观上要求金融业务与其相适应，从而导致了大批新的融资工具和融资方式的诞生。

一般来说，解决债务问题有三个途径：第一，调整经济政策以增强偿债能力，包括提高劳动生产率和经济增长率、扩大出口以改善国际收支等。但这种方法历时较长，还可能降低消费，而且为了维持一定的经济增长还得继续举债，这又将增加偿债负担和风险。第二，减轻债务还本付息的负担，通过再融资办法重新安排债务。在推迟还债期间，债务国可赢得时间，纠正某些不恰当的经济政策。第三，采取某种减债的方式，包括根据市场或议定的条件来减少债务或利息支付的存量。自 1982 年以来，为缓解债务危机，各国相继分别采用或混合采用了以上三种方法。1982 年 8 月墨西哥陷入债务危机后，同年 9 月至 12 月，国际清算银行通过债权债务国官方渠道向墨西哥提供过渡性融资。1983 年巴西无力偿还外债时，与债权银行签署了一项有关融资的一揽子协议，包括一次性债务重新安排和 45 亿美元的新货币。1985 年 5 月，智利为了减轻偿债过大的压力，开始实施综合性债务股权转换计划。其他一些重债务国在国际金融机构及债权银行的协助下也都采取了以上几国所采取的类似措施。1989 年美国财政部部长布雷迪就由国际货币基金组织和世界银行资助的债务及还本付息削减计划提出了一项计划，从 1990 年起以执行布雷迪计划为主，基本目的是帮助债务国坚持增长型调整计划，主要手段有各种形式的债务和债务利息的削减，包括债务购回，即旧债按一定折扣交换附有抵押的（以资产作保）新债券，旧债按面值交换新债券（附有降低利率条件）；鼓励外逃资本回流和外国的直接投资，商业银行暂时有条件地降低现有债务的原定条件。

债务危机爆发对国际金融业产生了深远的影响。首先，商业银行不再以 20 世纪 70 年代那样的规模和融资方式放款。其次，债权人和债务人采取自然风险分担的配套方法来改革旧的融资方式。再次，在处理和缓解债务危机过程中，已经创造了许多解决债务问题的方法，如债务股权转移，购回旧债发行有抵押条件的新债、债务转换成债券等。虽然国际债务危机造成了国际金融业的动荡不安，但从某种意义上讲，却促成了金融工具和融资方式的创新。

第二节 金融创新的直接导因

第二次世界大战后国际资本的加速流动及欧洲货币市场和资本市场的建立和发展、20 世纪 70 年代的“石油危机”及“石油美元”的回流、20 世纪 80 年代初国际债务危机的爆发，是世界经济发展史上的重大事件。如果说，这些事件是金融创新的基本背景或间接原因的话，那么，科学技术革命和世界范围内的放松金融管制则是金融创新的直接导因。

一、影响深远的科学技术革命

20 世纪 70 年代发生了新的科学技术革命，国外称为“第四次产业革命”。它以电子计算机、遗传工程、光导纤维、激光、海洋开发的广泛应用为根本特征，是人类历史上规模最大、影响最深远的一次科学技术革命。这次新的科学技术革命使得社会生产力大大提高，世界经济格局发生了深刻的变化。

新的科学技术革命的核心是微电子技术的发展和广泛运用，它彻底改变了金融观念，直接导致了金融创新和金融革命。

自 20 世纪 60 年代以来，微电子技术应用成熟，开发了电子计算机和高科技通讯技术，它成倍地提高了金融信息的传播速度和处理能力，降低了金融交易成本，扩大了金融通讯范围，使得传统的金融业务从手工操作转变为机械化和半自动化甚至全自动化操作。据统计，1957 年贮存容量为 100 万字节计算机的月租费为 105 600 美元，到 1979 年则只有 430 美元，而每计算 10 万次的费用则由 1958 年的 0. 26 美元降至 1971 年的 0. 01 美元。低廉的成本使电子计算机应用比重急剧增大。在美国，除了政府部门外，金融业务部门是应用电子计算机最多、最广泛的一个行业。据统计，1978 年，美国银行业务部门使用的电子计算机台数达到当时全国电子计算机总台数的 12%，居各行业之首。

（一）电子技术运用的四个阶段

电子技术运用使世界范围内的银行传统业务发生彻底变革，是通过以下四个阶段逐步实现的。第一阶段是通过电子计算机对银行传统业务中的计算简单、重复性强、核算数据量大的统计、记账、支票业务处理进行改革。电子计算机大批量、高速处理的结果是使金融系统的资金运用和调度基本上摆脱了手工操作，从而提高了系统效率。第二阶段是对银行的资产、负债、中间三大业务实行电子计算机联机作业管理。银行三大业务主要包括存款、信贷、票据、汇兑、信托、结算等具体项目。通常在总行设置电子计算机主机，在各分行设置分机和终端设备，通过通讯线路与总行联机处理银行业务，这样做方便了客户，加强了银行内部的资金营运和管理，大大提高了资金周转率。第三阶段是实现银行各营业部门的电子计算机自动化服务。服务设施主要是自动出纳机，它是复杂的电子计算机技术在银行营业领域最完善的运用。自动出纳机能在任何可安装的地点为客户提供 24 小时的服务，不仅服务质量极高，而且准确、迅速、安全、可靠。自动出纳机的运用是银行领域现代化的标志。第四阶段是实现电子计算机自动转账。这种系统是通过全国性的银行电子计算机网络，把社会上的企业、银行和家庭连成一体，形成电子计算机网络。无论是银行内部的资金营运、清算、联行往来，还是企业与企业、企业与银行的资金往来，以及职工的工资发放、存取和交纳各种费用等，都不必亲自到银行办理，在本单位或家里使用终端机和其他电讯设备就可完成账务的清算和结算。这种自动转账系统是最理想的电子技术系统在银行清算、结算领域的运用，它使整个社会化生产方式更加成熟，更加富有效率。

（二）传统金融业的根本革命

电子技术在银行领域运用的四个阶段从根本上改变了金融业的传统观念和传统业务，开创了新的金融业务、新的金融市场以及新的金融管理领域。

新的电子技术的应用使得融资技术出现创新，产生了一批新型账户，如自动转账服务、现金管理账户、摆动账户、超级可转让支付命令账户等一批新的可转让存单和其他有价证券账户。转移风险的保值类工具，如指数化货币选择权票据、货币互换、利率互换、金融期货多种期权融资便利等，还有零息债券、股权债券、货架登记、窗口贷款、孪生贷款、杠杆收购、本息分销公债……这么多形形色色的新融资技术和工具大都是新科技革命中或以后由电脑技术的广泛运用直接或间接引发而产生的。

新的电子技术应用还开拓了金融市场，这主要表现为欧洲货币市场和资本市场在电子新技术的引导下进入了一个崭新的发展阶段。从过去传统的由某国单独管制的市场转变为国际性的、有利于资本流动的、放松金融管制的市场，从过去范围狭窄、相互分割、局部的金融中心转变为广泛而联系密切的国际离岸中心系统；从过去单纯的投资者和被投资者的关系转变为错综复杂的投资者、中介人、被投资者以及众多保值者之间的借贷关系。同时，市场高度发达的结果是使票据化的趋势不断发展，从根本上推动了金融市场融资方式的革命。

新电子技术应用也使得国际金融业的支付与信息系统出现新的革命。各种传统的支付系统相继革新，各种信用卡、记账卡、邮政转账卡不断涌现，特别是自动清算所、环球银行间金融电讯协会、自动出纳机、电子资金转账系统，电子财务管理系统等的应用，使支付与清算的效率几十倍、上百倍地提高，从根本上改变了传统的支付与清算系统，大大节约了费用，降低了资金营运的成本。

新电子技术应用使得金融管理方法也不断创新，出现了新的跨国银团管理、新的负债管理系统、新的资产管理系统和失衡管理系统。同时也诞生了大批新型金融机构，如银行持股公司、货币市场互惠基金、风险互惠基金、金融复合企业等。

总之，新的科技革命直接导致了金融业务的创新，也使金融体系发生了根本性的变革。

二、世界范围内的放松金融管制

20 世纪 70 年代以来，世界经济形势发生了剧变、电子计算机技术的不断进步、国际金融市场的长足发展，终于导致了世界范围内的放松金融管制浪潮。放松金融管制本身就是一场革命，无论是对利率的管理、银行自身的资产负债管理、非银行金融机构的发展，还是对金融业务交叉方面的变革都具有决定性的作用。

（一）放松金融管制的原因

放松金融管制的根本原因是世界经济的剧烈变动使金融机构为适应这种变化而采取

的规避管制行为，以及电子计算机应用技术的不断进步和国际金融市场的发展。这些都迫使各国货币管理当局不得不放松金融管制。

（1）世界经济形势的重大变化。20 世纪 70 年代中期，西方各主要工业国几乎同时出现经济形势的重大变化。这是由于一是 20 世纪 70 年代世界性经济危机之后的高通货膨胀率及高名义利率；二是“石油危机”带来的油价大幅度上涨。

较高的通货膨胀率是伴随着新的世界经济复苏而出现的，“石油危机”以后的油价大幅度上涨使世界性通货膨胀日益严重。在高通货膨胀条件下，资产流动性受到损害，无论企业还是个人，都考虑对本身持有资产的名义收益进行保值，因此，投资者对投资的要求更高了，金融资产的流动性骤然下降。在这种形势下，银行原有的、受管制的存款利率条件以及无息支票存款便利不仅不能吸引更多的存款，反而出现了大量存款从银行流出的危险。相反，不受管制或受管制较松的其他金融机构则可以利用自身特点争取更多的存款。这种因金融管制造成的存款不正常流动必然形成金融机构与非金融机构之间的职能性失衡。同时，高通货膨胀率带来的名义利率上升决定了市场利率对利率水平起着真正的主导作用，而受金融管制较严的金融机构的利率管理必然与此相悖，因而鼓励了大量资金从金融中介流出，通过货币市场进行投资，形成金融机构的“非中介化”现象。上述两方面的因素迫使各国货币当局不得不考虑放松金融管制的问题。

（2）电子计算机应用技术的不断进步。首先，计算机和电子计算机化信息处理使金融交易加快，成本降低，特别是电子资金转移系统的推广，卫星传递信息、调度资金使几乎所有的金融交易更迅速、更低廉了。这样，金融机构能节省出大部分管理费用以用于提高对存户的利息支付，展开争取存款资金的竞争。其次，由于计算机和电子计算机应用技术使借款者和贷款者从市场上获得同一信息的速度加快，超过了传统金融中介处理金融业务的速度，金融中介的重要性由于电子计算机和电子计算机化信息等技术而相对削弱，因此，金融中介机构不得不跳出旧框框，研究避开烦琐的规章制度，进行金融业务创新。最后，新的金融工具依靠电子计算机和数据自动化处理系统，使国际交易更加便捷，国际金融市场得以发展和扩大，资本国际化的趋势不断加强。电脑技术的广泛应用为改革传统业务、突破旧框框、废除不合理的规章制度提供了坚实的物质基础。

（3）国际金融市场的发展。国际金融市场发展的总趋势是国内金融市场和国际金融市场一体化。首先，各国国内金融业特别是银行积极向国外寻求发展，在国外增设分支机构等，积极参与国际金融市场上的业务竞争。其次，各国相继开放国内金融市场，特别是原先对外资经营银行业限制很严的国家，开始允许外国银行来本国设立分支机构。最后，“石油危机”形成的“石油美元”和世界经济结构的调整促进了国际金融市场的发展。“石油危机”引起了严重的国际收支失衡，国际收支逆差国只得进入国际金融市场寻找资金以弥补对外收支逆差。同时，石油输出国大量的国际收支顺差资金滚滚流入国际金融市场。此外，20 世纪 70 年代的经济结构变化也引起了一段时间内的国际收支失衡。这种不平衡加大了对国际金融市场的依赖，特别是对欧洲货币市场的依赖，同时也促进了国际金融市场的发展。

以上三个方面的原因从根本上说是生产国际化和资本国际化趋势加强的体现，也是国际资本流动性增强、国际融资机制不断完善的表现。在这种环境中，旧的金融管理规章制度已经成为经济发展的障碍，因此必然要打破障碍，从而导致全球性的放松金融管制，进而引发了全面的金融创新。

（二）放松金融管制的主要内容

放松金融管制包括以下几个方面的内容：取消对存款利率的最高限额，逐步实现利率自由化；允许各金融机构的业务交叉，鼓励银行“综合化”；放松对本国居民和外国居民在投资方面的诸多限制；开放各类金融市场，放宽对资本流动的限制；放松外汇管制；免征税负，促进证券交易；等等。

（1）取消对利率的管制。美国、日本、前联邦德国放松金融管制的第一步就是取消对存款利率的限制。美国《1980年银行法》（即《存款机构放松管制和货币控制法》）废止了“Q条例”，规定从1980年3月起分六年逐步取消对定期存款和储蓄存款利率的最高限。美国为此还专门成立一个存款机构放松管制委员会，负责制定存款利率最高限，使其逐步放松直至最后取消。

日本自1978年6月以后，不再执行1947年制定的对存款利率实行最高限额的《临时利率调整法》，对不同档次的存款实行指导性利率，逐步取消对银行间资金市场（包括短期拆借市场、票据买卖市场、外汇市场）的利率控制，使银行之间资金往来的利率不再受限制。1979年，随着大面额可转让存单（CDS）的发售，日本开始推行规定最高限额的自由利率存款。

前联邦德国（西德）早在20世纪60年代就调整过利率限制对象。1966年7月，对超过100万西德马克、期限在三个半月以上的大宗存款利率取消限制。1976年2月前，联邦德国政府提出废除利率限制法案，并经联邦银行同意，于同年4月全面放松利率管制，从而结束了前联邦德国的利率管制时代。

（2）允许金融机构业务交叉。各国银行制度不尽相同，但为了维持金融体系的稳定，大都实行分业银行制，即在商业银行和投资银行之间、银行和证券公司之间、银行和非银行金融机构之间实行严格的业务分工，限制竞争。但20世纪70年代以来，生产国际化和资本国际化严重冲击了原有的专业化分工，单一的银行业务限制了金融机构的竞争能力，不能满足它们追求最大利润的愿望。另外，国内市场开放，外国金融机构进入本国市场，对国内金融机构也构成了挑战，因而经营单一业务的国内各金融机构希望能摆脱束缚，全面发展业务。此外，电子计算机设备大规模装置使用，对银行的规模经济也提出了新课题，迫使银行通过发展多种业务来获得更大的利润以补偿成本费用。在这样的形势下，放松对金融机构业务范围的限制，允许金融机构业务交叉和跨地区发展业务的各种法案应运而生。

美国《1980年银行法》和《1982年存款机构法》确认了不同金融机构业务交叉的

合法性，主要包括储蓄存款机构可办理商业银行的业务、商业银行可办理证券业务和人寿保险业务，并可兼并和收购其他州的储蓄机构以及开展跨州业务。1984 年以后，美国的许多州也通过法案，承认银行间跨州业务的合法化。

日本于 1981 年 5 月通过新的银行法，明确规定了银行业务和证券公司业务、银行间业务可以交叉。一方面，银行可以经营国家债券、地方政府债券，以此打破长期以来证券公司独家经营证券买卖业务的格局；另一方面，允许证券公司发放公共债券担保的贷款，并办理大额可转让定期存单业务。同时，允许信托机构办理短期存款业务，允许证券公司和银行合办信托公司。此外，日本的许多小银行也开始突破专业化分工，从事综合化经营，开展证券业务和外汇业务。

加拿大结束了特许银行的业务垄断，允许银行业务和证券业务以及保险业务全面交叉。英国则通过开放证券交易所，取消了证券经纪人和批发商之间的职责区别，并允许非交易委员会成员收购成员公司股权，经营证券业务。

（3）放松对各类金融市场的管制。20 世纪 70 年代国际金融市场基本处于分离状况，美国、日本、前联邦德国、法国彼此对国内和境外市场作出不同的限制，阻碍了资本的自由流动。20 世纪 80 年代初，资本国际化和世界贸易的急剧增长使各国纷纷放松对金融市场的管制，颁布了有关债券发行条例，对法人进入国内市场和国际金融市场的条件、各种税收条件，以及对资本流动作出新的规定等，以此开放国内金融市场，促进金融市场之间的联系。

西德在 20 世纪 80 年代初放松了对国际资本的限制，开放金融市场，允许资本自由流动，国内商业银行及企业均可不受限制地在国际市场发行西德马克债券，用其他货币标价的证券也只需在联邦银行履行核准手续。同时，还宣布从 1984 年起免征外国证券持有者的部分税负，取消对外国居民持有证券所得红利征收预扣税的规定。

日本从 20 世纪 80 年代起基本上允许居民自由发行欧洲日元债券和非居民发行欧洲日元债券，允许日本银行业通过海外分支行自由筹措日元资金，向海外分支行提供日元资金；允许日本金融机构加入国际银团贷款时不必经过政府批准；还作出放宽外国投资者拥有日本企业股权的规定等。

以上措施虽然因国而异，但都对金融市场的发展和繁荣产生了重大的影响。

（4）放松外汇管制。国际贸易的增长、资本国际化趋势的加强以及金融市场的发展使各国相继不同程度地放松了对本国外汇的管制。

前联邦德国首先放松对本国居民和外国居民的各种限制，规定从 1981 年起外国人在前联邦德国直接投资或购买不动产不必履行审批手续，本国居民在外国的财产继承不受任何限制，外汇进出自由。

日本全面放宽外汇管制，准许日本的银行、企业和居民买卖外汇，允许银行对居民和非居民自由提供欧洲日元贷款，还允许银行经营国外信托业务。

法国则放宽对公司和个人的外汇管制，允许个人自由调度资金，随意购买外国股票或在外国购买资产，允许进口商、企业、商品与期货公司，以及清偿外债等使用远期外汇买卖，并由以往的3个月放宽到6个月。

放松金融管制本身就是一种制度创新，它必然促使银行传统业务进行创新，大批新的金融工具也随之脱颖而出，金融市场也不断得到开拓，使20世纪70年代通货膨胀后世界经济和国际金融领域呈现出勃勃生机。

第三节　金融创新的种类

一、传统业务创新

银行三大业务指的是负债业务、资产业务和中间业务。现代银行业务是从古代的钱币兑换业，近代银行传统的存、贷、汇业务中吸收精华，随着现代经济的发展，而逐渐形成三大业务基本格局的。然而，银行三大业务的每一步发展从本质上说都是属于金融业务创新的一个过程，只是随着时间的推移，这些业务创新的意义又被近期创新所掩盖了。这里我们所指的银行三大业务创新主要包括第二次世界大战以后，特别是20世纪70年代以来所涌现的银行业务创新行为。

二、支持和清算方式创新

银行的支付和清算业务是银行中间业务的有机组成部分，银行通过利用自己的资产和负债的便利条件为客户提供支付和结算服务，加速自身的资金周转，降低经营成本，促进资产业务和负债业务的发展。

传统的银行支付和清算系统是采取非现金结算方式，即支票、转账结算、信用卡等工具，运用现金、票据、联行往来、邮政汇兑来实现支付和清算的。支付和清算方面的创新大致分为两个阶段：第一阶段是对传统支付和清算系统的改良，第二阶段是建立以电子计算机网络运行为基础的支付和清算系统。

银行支付和清算系统的创新是电子计算机在金融领域运用所带来的最早的金融创新行为，也是从根本上提高银行运营效率、减低成本、提高利润水平的最为关键的步骤，后来出现的金融创新都是建立在这种基础上的。

三、金融机构创新

金融机构创新与金融其他领域的创新有所不同，因为金融机构创新本身是作为与各种金融业务创新相适应的形式而出现的，也是本国的金融制度创新的有机组成部分。各国的金融制度不尽相同，因而对金融机构的设置分工等各方面的要求也不一致，金融机构创新的形式也就不一致。但是，综合起来，无论世界各国的金融机构创新有各种各样的原因，也大都离不开以下两个基本原因：一是金融自由化的进展促使金融机构从“专业化”向“综合化”方向发展，为各种新的金融机构的诞生创造了条件。二是西方各国在第二次世界大战后初期根据经济发展的需要对金融体制进行了改组和整编，也使得其金融体制中的金融机构由“专业化”向“综合化”转化，其实质是第二次世界大战后经济活动的实际内容发生变化使得各金融机构突破原有的业务分工，在较大范围内开始综合经营，实行多种金融业务的交叉，因而出现了大批新的金融机构。20 世纪 30 年代资本主义经济危机以后，各国加强了金融管制，防止经济危机对金融业的影响。特别是第二次世界大战以后，世界各国金融体系的专业化程度加强了，对金融业的管理法规也更加严密了。20 世纪 80 年代新技术革命的进展和资本国际化的形成等因素使金融交易趋向自由化。这些都使金融法规相应地改变。金融法规的变化趋势是朝放松管制和促进金融自由化方向发展，其结果是促进了金融机构的创新。

金融机构创新主要集中在非银行金融机构和跨国银行的发展两方面。

四、金融工具创新

20 世纪 70 年代，世界性的通货膨胀导致利率和汇率更加剧烈地波动，整个金融市场以不确定性为其主要特征，金融风险增加。在人们要求规避风险和分散风险以适应变幻莫测的经济形势的呼声中，金融期货市场、期权市场、互换市场等应运而生。与此同时，传统的外汇市场，外汇交易的创新也是层出不穷，从而揭开了金融市场创新的崭新一页。

在金融市场创新的同时，传统金融工具和融资方式也开始创新，创新发展趋势朝着证券化方向演进，至今还方兴未艾，成为 20 世纪八九十年代金融创新的主要内容。

通常，人们都把金融工具创新同逃避金融管制联系在一起。在激烈的、充满风险的金融竞争环境里，金融当局总要在一定时期后修订原有的法令、条例，对金融机构实行新的监管办法，而金融机构为了实现股本的盈利目的，也会不断地创造一些金融当局的管制鞭长莫及的金融工具。这样，就会出现如图 11 – 1 所示的金融管制与金融工具创新的交替发展过程。

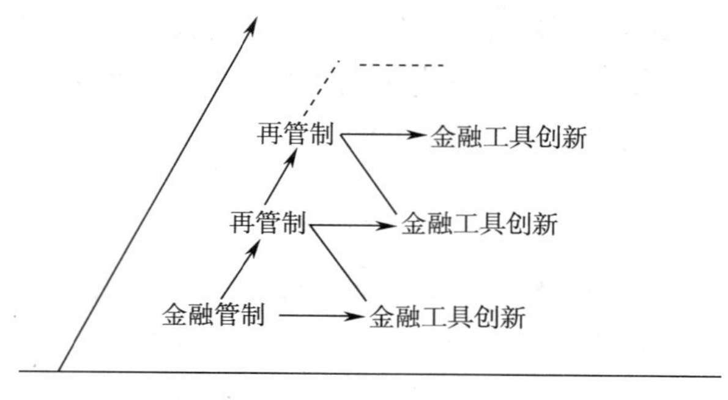

图 11 – 1

第四节　金融创新理论假说

从20世纪50年代开始的当代金融创新一直到目前还不断呈现出蓬勃发展的趋势，究竟是什么力量使得金融创新具有如此强大的生命力呢？金融创新的原始动力何在？为了从理论上阐述金融创新，西方经济学家陆续提出不少不同的见解，由此产生了许多不同的理论流派，形成了当代金融创新理论流派。

一、西尔柏的约束诱导型金融创新理论

西尔柏（W. L. Silber）主要是从供给角度来探索金融创新的。西尔柏研究金融创新时是从寻求利润最大化的金融公司创新最积极这个表象开始的，由此归纳出金融创新是微观金融组织为了寻求最大的利润，减轻外部对其产生的金融压制而采取的“自卫”行为。

西尔柏认为，金融压制来自两个方面，一是政府的控制管理。这种因外部条件变化而导致的金融创新要付出很大的代价。这里必须区别两种情况：一种情况是外部条件变化而产生金融压制，使金融机构的效率降低，金融机构必须努力通过创新提高效率，来弥补这部分损失；另一种情况是金融压制使得金融组织所付出的机会成本越来越大，创新是对金融压制的反应，其代价与压制所造成的机会成本增长是一致的。因此，金融机构通过逃避压制来尽量地降低其机会成本增加所带来的损失。二是内部强加的压制。为了保障资产在具有流动性的同时还有一定的偿还率，以避免经营风险，保证资产营运的安全，金融企业采取了一系列资产负债管理制度，其中有偿还期对称、各种资产运用比率等。这些规章制度一方面确保了金融企业的营运稳定，另一方面却形成了内部的金融压制。两个方面的金融压制，特别是外部条件变化而产生的金融压制，使实行最优化管理和追求利润最大化的金融机构将会从机会成本角度和金融企业管理影子价格与实际价格的区别来寻求最大程度的金融创新。这就是微观金融组织金融创新行为的逻辑结果。

但是，人们认为西尔柏的创新理论对金融创新成因的解释过于一般化，同时又太特殊化。一般化是指西尔柏虽然本质地指出了金融企业创新就是为了使利润最大化，而且是一种“逆境创新”，即当外部（如各种规章制度）强加压制时，金融企业为寻求最大且可能达到的利润，就会躲避压制，在躲避过程中会产生各种各样的创新行为。但这样来解释金融创新的成因很容易忽视金融创新的特征和个性，即金融创新的内涵通过这种“逆境创新”相对地缩小了。太特殊化是因为这种理论仅仅适用于金融企业，而对于其他与之相关联的市场及其他企业不适用，对由于宏观经济环境变化而引发的金融创新也不适用。事实上，金融创新并非金融企业的孤立行为，确切地说，金融创新是经济活动在金融领域内各种要素重新组合的反映。应该肯定的是，西尔柏从金融机构的金融业务和工具创新分析框架中推出的金融创新理论对于从供给角度研究金融创新是具有重大理

论意义的。

二、凯恩的规避型金融创新理论

凯恩（E. J. Kane）提出了“规避”的金融创新理论。所谓“规避”就是指对各种规章制度的限制性措施实行回避。“规避创新”则是回避各种金融控制和管理的行为。它意味着当外在市场力量和市场机制与机构内在要求相结合，回避各种金融控制和规章制度时就产生了金融创新行为。

各种形式的经济立法和规章制度，从宏观上可视其为保持均衡和稳定的基本措施。经济个体寻求规避，实际上反映了代表公众利益的国家实行法治和个人利益中以利润最大化为基本原则的经济个体之间的经济法律关系，也表明了在市场机制约束下和法制基础上经济个体寻求最大利润的过程。经济个体为了追求自身利益，通过有意识地寻求绕开政府管制的方法来对政府的限制作出反应，从而获取最大利润。事实上，规避已经被认为是合法的了。

由此，凯恩设计了一个制定规章制度的框架。在这个框架中，制定经济规章制度的程序和被管制人规避的过程是相互适用和相互作用的。通过这个阶段，逐步形成了比较成熟和实用的规章制度。

凯恩认为，因规避而产生的金融创新从来就是与货币信用历史联系在一起的。在过去，金融创新是对交换媒介的短缺和金融危机的反应，最为明显的例子是很早以前对《限制高利贷法》的规避。作为现代限制利率高限的先驱，《限制高利贷法》与美国 20 世纪 60 年代颁布的“Q 条例”没有多大的不同。对《限制高利贷法》的规避，是通过支付高于被允许利率的佣金形式，或在贷款被给予以前将少量余额存入贷款银行的方法实现的。

对金融的控制和因此产生的规避行为是以辩证形式出现的。政府管制是有形的手，规避则是市场无形的手。许多形式的政府管制与控制实质上等于隐含的税收，阻碍了金融业从事已有的盈利性活动和利用管制以外的利润机会，因此金融机构会通过创新来逃避政府的管制。金融企业对各种规章制度的适应能力是很强的，因为需求增长必然促进货币供给，扩大货币供给的过程可以采取许多“替代品”（即新的金融工具）的形式来完成。但是，当金融创新危及金融稳定和货币政策不能按预定目标实施时，政府和金融当局又会加强管制。同时，不同于传统金融工具的“替代品”又会因为规避而不断产生。这样，管制又将导致新一轮的创新。因此，静态均衡几乎是不可能存在的。管制与规避引起的创新总是不断地交替，形成了一个黑格尔式的辩证过程。以上两者相互作用的过程虽然有时滞阶段，但在这个阶段中，被管制者的适应能力增强，金融创新的效率也随之提高。这主要归因于现代科学技术进步所引起的被管制对象能力的提高和这些金融企业对于通货膨胀以及其他的经济环境变异所产生的不稳定变得更警觉了。

显然，“规避”理论比以上金融创新理论更具体，更重视外部环境对金融创新的影响。从“规避”本身来说，也许能够说明它是一些金融创新行为的源泉，但是“规避”理论似乎太绝对和抽象化地把规避和创新逻辑性地联系在一起，而排除了其他一些因素的作用和影响，其中最重要的是制度因素的推动力。

三、制度学派的金融创新理论

这一理论流派的学者较多，主要以戴维斯（S. Davis）、塞拉（R. Sylla）和诺斯（North）等为代表。这种金融创新理论认为，作为经济制度的一个组成部分，金融创新应该是一种与经济制度互为影响、互为因果关系的制度改革。基于这种观点，金融体系的任何因制度改革的变动都可以被视为金融创新。因此，政府行为的变异都会引起金融制度的变化，如政府要求金融稳定和防止收入分配不均等而采取的金融改革，虽然是以建立一些新的规章制度为明显的特征，但它的意义已经不是以往的“金融压制”概念，而是带上了“创新”的印记。最明显的例子是1919年美国联邦储备体系和1934年存款保险金制度的建立，它们都是政府当局为稳定金融体系而采取的有力措施。它们虽然是金融管制的一部分，但也可以认为是金融创新行为。然而，人们对这一金融创新理论流派的认识似乎很难统一起来。有的人认为，这种金融创新理论实际上是与制度创新紧密相连的，并且是制度创新的一个组成部分。有的人认为，金融管制本身就是金融创新的阻力和障碍，因此必须严格区分“金融压制”和“金融深化”两个名词的概念，作为金融压制的规章制度无疑是金融革命的对象。

四、希克斯和尼汉斯的交易成本创新理论

希克斯（J. R. Hicks）和尼汉斯（J. Niehans）提出的金融创新理论的基本命题为“金融创新的支配因素是降低交易成本”。这个命题包括两层含义：降低交易成本是金融创新的首要动机，交易成本的高低决定金融业务和金融工具是否具有实际意义；金融创新实质上是对科技进步导致交易成本降低的反应。

交易成本的概念较复杂。一种观点认为，交易成本是买卖金融资产的直接费用（其中包括各方面转移资产所有权的成本、经纪人的佣金、借入和支出的非利率成本，即机会成本）。另一种观点认为，交易成本应考虑以下因素，即投资风险、资产的预期净收益、投资者的收入和财产、货币替代品的供给。总之，他们认为持有货币是低收入经济个体以既定转换成本避免风险的方式。

交易成本内涵的复杂并没有降低人们研究它的兴趣。希克斯把交易成本和货币需求与金融创新联系起来考虑，得出了以下逻辑关系：交易成本是作用于货币需求的一个重要因素，不同的需求产生对不同类型金融工具的要求，交易成本的高低使经济个体对需求的预期发生变化。交易成本降低的发展趋势使货币向更为高级的形式演变和发展，产生新的交换媒介、新的金融工具。不断地降低交易成本就会刺激金融创新，改善金融服务。因此，可以说金融进化的过程就是不断降低交易成本的过程。

交易成本理论把金融创新的源泉完全归因于金融微观经济结构变化引起的交易成本下降，有一定的局限性。因为它忽视了交易成本降低并非完全由科技进步引起，竞争也会使得交易成本不断下降，外部经济环境的变化对降低交易成本也有一定的作用。总之，交易成本理论单纯地以交易成本下降来解释金融创新的原因，把问题的内部属性看得未免过于简单了。但是，它仍不失为研究金融创新的一种有效的方法。

五、其他流派的金融创新理论

其他金融创新理论流派还很多，由于篇幅限制，这里只列举以下两家。

（一）格林和海伍德的理论

格林（B. Green）和海伍德（J. Haywood）认为财富的增长是决定对金融资产和金融创新需求的主要因素。科技进步引起财富增加，避免风险的愿望和行为使金融业得以发展，金融资产日益增加。但是，单纯地从对金融资产需求的角度来解释金融创新有其片面性，因为它不能完全离开金融管制来考虑。当管制者出于稳定的目的而对金融业施加管理时，特别在经济困难时期，管理更加严厉时，无疑会抑制因需求产生的创新动机。此外，只简单地说明财富效应对金融创新的影响而忽视替代效应，特别是在高利率情况下，对金融创新的影响也是很不充分的。因此，如果要用这种理论来解释 20 世纪 70 年代以后的金融创新就显得论据不足了。

（二）格利和肖的理论

格利（J. Gurley）和肖（E. Shaw）认为，金融中介是经济增长过程中必不可少的部分，金融创新是盈余或赤字企业的需求与金融部门提供的服务相匹配的结果。肖还认为，当旧的融资技术不适应经济增长的需要时，它表现为短期金融资产的实际需求静止不变，因此必须在相对自由的经济环境中，用新的融资技术对长期融资进行革新。事实上，经济增长本身又为长期融资创造了市场机会，而金融创新就是对这种机会作出的反应。

以上各种金融创新理论流派对金融创新行为的解释和阐述，实际上构成了狭义的金融创新和广义的金融创新的理论渊源。

本章小结

金融创新是金融发展的世界性趋势，它的出现反映了金融活动追求高效率和规避风险的内在要求。金融创新的内容有业务创新、机构创新、支付和清算方式创新及工具创新几个方面。金融创新影响深远且方兴未艾，经济学家们为此提出种种假说进行解释。

思考题

1. 金融创新的含义是什么？
2. 为什么金融创新首先出现在发达市场经济国家？

3. 金融创新的内容有哪些？
4. 规避型金融创新假说的着眼点是什么？
5. 经济学家们如何用交易成本理论解释金融创新？

中 篇

金融运行

第十二章　商业银行的作用

第一节　商业银行概况

一、商业银行地位的重要性

对影响货币运行的金融中介机构作介绍时，先从商业银行开始，这是因为：第一，从历史上看，商业银行产生和成长的时间最长，是整个金融业演化的主流，其组织管理和业务经营都比较全面和成熟，因此，抓住了商业银行，就不难理解和掌握其他影响货币运行的组织和机构。第二，在当今世界各国金融体系中，商业银行的资产规模最庞大，其活动对整个金融业和社会经济的影响是其他任何金融机构难以比拟的。第三，商业银行的经营业务范围广泛，综合性强，与广大的工商企业发生联系，素有“金融百货公司”之称，以别于其他多数金融组织的专业经营。第四，商业银行是唯一能够办理用支票提取活期存款业务，并提供交换和支付媒介、创造货币和信用的机构，这就把商业银行活动和中央银行货币运行以及整个社会活动紧密地联系起来。

虽然“商业银行”一词已被长时间地使用，但严格来说，时至今日，它已不是那么准确了。首先，它不能精确地表明这类银行的贷款范围。最初使用这个名称，是由于人们认为这类银行只应承做“商业”短期放款。也就是说，商业银行的放款期限不应该超过 1 年，放款对象应限于商人和进出口贸易商，为的是对国内和国际贸易中货物的转运供应资金，以及在货物销售所需的较短时期内持有存货而供应资金。但随着社会分工和社会化大生产的发展，商业银行显然早已不遵循这一理论了。因此，这一名词已与现实脱节。其次，“商业银行”一词也未能突出该类银行独一无二的特征。商业银行区别于其他金融机构，主要不是由于它持有的能提供收入的资产类型的不同，而是唯有它能把持有的债务当做货币来流通，而且有创造和消灭货币的能力。最后，“商业银行”一词不能突出该类银行在业务上“百货公司”式的多元职能，这些业务职能我们将在后面介绍。由于以上原因，有些人主张改用“支票存款银行”的名称来强调该类银行的特征，但由于“商业银行”一词沿用已久，在学术文献和国际惯例上有牢固地位，人们又乐于接受，因此，我们还是采用它，只要读者明白其真实含义即可。

二、商业银行的经营模式

在历史上，商业银行的演化和发展主要遵循两种形式。一是英国式的融通短期商业资金的形式。其特点为放款的偿还期短、流动性高，对银行来说比较安全可靠。这一形式深受经济理论上的“商业放款论”或“实质票据论”的影响。最典型的例证是国际贸易中的进出口押汇和国际贸易中的票据贴现与产销放款，厂商为购买储备原料及支付工资而向银行借款周转，一旦产销完成后，贷款即可从销售收入中得到偿还。遵循这条形式的大多是英语世界的银行家。二是德国式综合银行的形式。其特点为银行不仅提供短期商业或周转资金，而且也融通长期固定资本。此外，还直接投资于新兴企业，并在技术革新、地区选择、合并增资方面为企业提供咨询。换言之，并不将商业银行与投资银行严格区分，是经营一切银行业务的综合银行。

关于以上两种形式谁优谁劣，历史上存在过争议，但从近些年特别是 20 世纪 70 年代以后的情况看，所谓英国式商业银行和德国式综合银行的区别已逐渐消失，以至于整个欧洲金融界大体都采用了所谓“混业经营”的模式，即银行与保险机构、投资银行等机构的业务可以相互交叉，以展开充分竞争。进入 1997 年以后，世界范围的金融改革浪潮已使美国、日本这类历来采取“分业管理”模式的国家也改弦更张，提出了采取混业经营的一揽子金融改革计划。

三、商业银行组织体制的形式

（1）分支行制度。目前，世界上大多数国家的商业银行都采用这种制度，其特点为在首都或位于经济中心的大城市设立总行，在国内或国外根据业务需要设立不同级别的分支机构，组成银行体系。

（2）单元制。目前，这一制度仅存在于美国，其特点是银行业务完全由总行经营，不设任何分支机构，每家银行都必须注册。

分支行制和单元制谁优谁劣，一直是个争论不休的问题。赞同分支行制的人认为，分支行制有利于吸收更多的资金，实现大规模经营的效益，资金（包括准备金）调度比较方便，可以让更多的资金投入使用并获得收益，有利于提高管理水平，有利于通过放款分散达到分散风险，较能适应大企业的资金需要，便于中央银行对信用实行调节与管理。反对分支行制而赞同单元制的则认为，分支行制容易形成垄断，易受外地经济不景气的影响，在决定业务方针等重大问题时需向总行请示，不够灵活及时。

（3）集团银行制。这一制度在美国最为流行，其特点是，由一个集团成立一家股权公司，再由该公司控制或收购两家或两家以上的银行。这种方式无疑是逃避对开设分支行种种限制的一种策略。

（4）连锁银行制。与集团银行制相似，但区别在于，连锁银行与股权公司无关，而是指两家（或两家以上）独立的、以公司形式组织起来的银行，通过相互持有股份而由同一人或同一集团所控制。

（5）事业部制。事业部制是多部门 M 形结构的主要表现形式。在事业部制下，事业部是企业内部对具有独立的产品和市场、独立的责任和利益的部门实行分权管理的业务部门。整个企业由事业部及其内部相互联系的业务群组成，各事业部之间很少或者没有联系。在事业部制下，事业部不具有独立的法人地位，它只是一个处于总部直接控制之下的利润中心。事业部制是国际先进商业银行现阶段普遍采用的主流组织架构模式，矩阵式、混合结构和战略业务单元模式都是以事业部为基础的、更为复杂的组织架构。国际先进商业银行事业部制具有两个方面的主要特征：一是以客户/产品细分为基础划分事业部结构，其中，公司及投资银行按照客户类型划分为不同的次级事业部/业务单元，零售银行部内部大多按照产品划分，主要包括信用卡、个人信贷（包括消费信贷和住房按揭）和财富管理；二是在各层级上均按事业部划分，并实行垂直化管理。

除上述五种国际银行业务的基本组织体制外，在国际业务中又出现了另一流行的组织形式——财团银行，这是指不同国家的大商业银行合资成立的银行，其目的在于专门经营境外美元市场及国际资金存放业务。

四、商业银行的管理决策机构

现代的商业银行大多采用股份公司的组织形式。在股东大会上选举产生董事和监察人，在股东大会闭会期间，以董事长为首的董事会是管理银行的最高权力机构。至于银行所经营的业务，则由董事会任命的总经理（行长）、副总经理（副行长）等负责办理。在总经理、副总经理之下，根据银行的业务规模，分设若干中后台管理部门，对各种具体业务和风险进行管理。

五、国家对商业银行的管理

由于商业银行在金融体系以及国民经济中的特殊地位和作用，各国金融当局都对商业银行施以严格的管理。即使像美国那样极力奉行自由放任、自由竞争原则的国家，也不敢对商业银行掉以轻心。对商业银行严加管理的主要理由是银行倒闭存在的外部性问题。其他行业倒闭，受损失的只是企业主。在没有存款保险制度的情形下，银行倒闭，则所有存款人都受损失，并且影响债务的清偿，对整个金融系统的稳定性构成冲击。在历史上，无论民众或是政府，都对银行倒闭有一种惧怕心理。因此，必须由政府机构对行业进行监管以降低银行倒闭的概率，减少冲击。

对商业银行施加管理的另一理由是国家越来越多地依靠货币政策管理经济运行，而货币政策是通过中央银行、商业银行和其他金融机构的贯彻执行使其付诸实践的。商业银行是支付制度的关键一环，并具有强大的创造信贷和货币量的能力。政府对商业银行的管理主要是通过政策、法规和一些强制手段实现的。各国管理商业银行的机构不同，大多是由中央银行代表国家行使这种管理权。

由于贷款一般为银行资本额的10倍左右，所以不良贷款大多意味着银行经营管理不善，这时检查机关有权命令该银行停止营业。对贷款的估价是检查银行工作的核心，对贷款的估价主要是分析借款人的财务报表。

六、商业银行的资产负债表

在介绍商业银行的业务管理以前，先给出商业银行的资产负债表，从中可以了解商业银行业务的大概情况，商业银行的业务活动最终都要体现在其资产负债表中。我们以2008年末美国商业银行的情况为例。

表 12－1 美国银行业资产负债表

（项目占总额的百分比，2008年末） 单位:%

资产（资金用途）		负债与所有者权益（资金来源）	
生息资产	**85**	**核心存款**	**44**
贷款	**54**	保证金存款	8
工商业贷款	14	储蓄存款（包括货币市场存款账户）	26
房地产贷款	27	小额定期存款	10
消费贷款	8	**主动负债**	**40**
其他贷款	5	大额定期存单	9
证券	**18**	海外机构存款	13
投资账户	14	次级长期债券	1
交易账户	4	借入联邦基金与回购	6
其他生息资产	**13**	其他主动负债	11
非利息收益资产	**15**	**交易账户重新估值损失**	**3**
		其他负债	**3**
		银行资本	**10**
合计	**100**	**合计**	**100**

资料来源：美联储公报。

（一）负债

银行通过发行（销售）负债来取得资金，这通常也被称为资金来源。通过发行负债得到的资金被用于购买有收益的资产。

（1）核心存款。核心存款又被称为无到期日存款或流动性存款，在商业银行存款构成中具有重要地位，但目前尚无关于核心存款的标准定义。美国通货监理署认为，所谓核心存款就是指那些能够稳定客户关系的活期和定期存款，银行可以在一定时期（通常是数年）内使用这些资金。通常认为，核心存款是由于存在整置成本（setup cost）和交易投资成本而使银行和储户都愿意继续持有的那部分存款，也是储户在银行持有的对市场利率变动不敏感且可以随时支取的那部分资金头寸。对于商业银行的每个存款账户而言，存款账户余额总是处于不断变动之中。总体上看，银行的存款总额是在一个稳定的基础之上波动，这个稳定的基础就是银行的核心存款。

在美国，核心存款包括保证金存款、储蓄存款（包括货币市场存款账户）、小额定期存款，表12－1显示，银行业核心存款占总资金来源的44%，是商业银行最主要、最稳定的资金来源。

保证金存款是商业银行为保证客户在银行为其他客户对外出具具有结算功能的信用工具，或提供资金融通后按约履行相关义务，而与其约定将一定数量的资金存入特定账户所形成的存款类别。在客户违约后，商业银行有权直接扣划该账户中的存款，以最大限度地减少损失。

储蓄存款曾是最普通的非交易用存款。这种账户中的资金可以随时增添或提取，存款的存入、提取以及利息的支付或记载在月度报表上。银行允许存款户不受耽搁地从他们的储蓄账户上提款。

货币市场存款账户（MMDA）是美国商业银行在20世纪80年代初创办的一种新型的活期存款，其性质介于储蓄存款与活期存款之间。货币市场存款账户的出现与货币市场基金有关。货币市场基金是一种合作性质的金融机构，人们可以用买入股票的方式把短期闲置资金交由基金会代为投资运用，客户要提取现款时，可向基金会卖出股票。在“Q条例”对商业银行支付存款利息的限制未取消之前，货币市场基金从银行手里夺走了不少存款。为了与货币市场基金相抗衡，商业银行迫切要求设立一种新型的存款账户以吸引更多的存款。1982年12月16日，美国存款机构管制委员会正式批准商业银行开办货币市场存款账户。由于货币市场存款账户可以支付较高的利息，而且能够有条件地使用支票，因此颇受人们欢迎。

小额定期存款有固定的期限，从几个月至5年以上不等。如果要提前提用，则要放弃几个月的利息。小额定期存款的流动性要低于存折储蓄存款，其利率则较高，因而对银行来说，它是一个成本较高的资金来源。

（2）主动负债。主动负债又被称为有管理的负债，因为它与传统负债形式——存款有截然的区别。国际商业银行管理经历了资产管理、负债管理和资产负债联合管理三个阶段。无论是负债管理阶段还是资产负债联合管理阶段，都要求运用有管理的负债。传统的存款是由银行规定利率，存款人自行决定存放期限和金额，所以存款又被称为被动负债。主动负债具有三个特征：一是银行可自主协定负债的金额、期限和利率水平；二是银行可自主决定负债的引进与否；三是银行需直接逐笔进行营销。随着金融市场的发展，主动负债已经成为商业银行重要的资金来源，表12－1显示，主动负债已占到美国银行业总资金来源的40%，占银行负债的44%。

主动负债主要由大额定期存单、海外机构存款、次级长期债券、借入联邦基金与回购及其他主动负债构成。

大额定期存单分为可转让大额定期存单和不可转让大额定期存单两种。可转让大额定期存单（CDs）是银行或储蓄机构发行的一种证明文件，它表明有一笔特定数额的资金已经存放在发行存单的机构中，是从普通的银行存单发展而来的。不可转让的存单为一般的定期存款，如果想提前支取现金需交纳罚金；可转让大额定期存单则可以在到期日之前拿到货币市场上售出，从而大大提高了存单持有人的资金流动水平。

次级长期债券是指偿还次序优于公司股本权益但低于公司一般债务的债务。根据《巴塞尔Ⅱ》修订版，次级长期债券是银行资本的一部分，属于非核心资本。

（3）交易账户重新估值损失。《巴塞尔Ⅱ》修订版将银行的资产分成两类：交易账户和银行账户。交易账户是指那些银行有意短期持有，准备再出售的金融工具组合，通常采取每日结算制度；银行账户包括其他金融工具，主要是持有到期的贷款。交易账户资产价值的评估通常是根据盯市制度进行，当交易账户资产重新评估价值低于原始价值时，就会出现交易账户重新估值损失，也称为记减。

（4）银行资本。资产负债表右方的最后一个项目是银行资本，这是银行资产的净值，它等于资产总额和负债总额之差（在表 12－1 中，约占银行资产总额 10%）。这些资本是通过出售新股权（股票）或留存收益形成的。银行资本是对付其资产价值下跌的缓冲器，银行资产价值下跌可能迫使银行失去清偿力（当银行资产总值跌至其负债总值之下时，银行便破产了）。银行资本的重要组成部分之一是贷款损失准备金。

（二）资产

银行运用其通过发行负债所取得的资金去购买有收入的资产。因此，从本质上说，银行的资产就是银行的资金运用。从这些资产上得到利息收益，使得银行获得利润。

（1）生息资产。生息资产是指贷款、投资等业务形式上的资产，它能为银行的经营带来收入。在银行可支配的资产总量一定时，非生息资产的比重越大，生息资产的比重就越小，银行资产的盈利性就越差。生息资产主要包括贷款、证券和其他生息资产。

贷款。银行主要通过发放贷款取得利润。在表 12－1 中，银行资产的 54% 为贷款。近年来，随着商业银行的综合化经营，贷款的收入占银行收入比重在下降。贷款是那些得到贷款的个人和公司的负债，然而却是银行的资产，因为贷款给银行提供了收入。贷款的流动性通常比其他资产低，因为在贷款到期之前，它们不能变为现金。例如，如果银行发放一笔 1 年期的贷款，那么，在这笔贷款到期之前，银行就不能收回这笔资金。较之其他资产，贷款出现违约损失的可能性也较大。由于贷款缺乏流动性且具有较高的违约风险，在没有实行综合化经营之前，银行在贷款上谋取的回报率也最高。

贷款按发放对象和用途不同，分为工商企业贷款、房地产贷款、消费贷款和其他。

证券。银行持有的证券是一项能够产生收入的重要资产。在表 12－1 中，证券占银行资产的 18%，它提供的收入占银行收入比重的波动较大。这些证券可分为三类：联邦政府及其机构证券、州和地方政府证券、其他证券。联邦政府及其机构证券的流动性最大，因为它们很容易卖出去，可以较低的交易成本转换为现金。由于具有高度流动性，短期的联邦政府证券被称为二级准备金。

（2）非生息资产。非生息资产是指银行经营过程中不直接带来利息收入的占用性资产，主要包括固定资产、现金、递延资产、各种应收暂付款项、其他应收款等。随着城市商业银行的发展壮大，非生息资产增长较快对经营效益的提高产生一定影响。

第二节　商业银行业务

在分业管理模式下，商业银行的基本业务就是传统的资产业务、负债业务和中间业务。本节仍以发达国家情况为例对这三项业务作一一介绍。

一、资产业务

从商业银行的资产负债表中可以看出，银行的资产业务主要体现在放款和证券投资上，银行的收益主要来自存贷款之间的利息差额。为了偿付存款利息、各项开支以及增加盈利，银行就要通过贷款、投资等资金运用渠道，充分有效地使用资金。

（一）贷款

（1）贷款的种类。根据不同的划分标准，商业银行的贷款也多种多样，具体见图12－1。

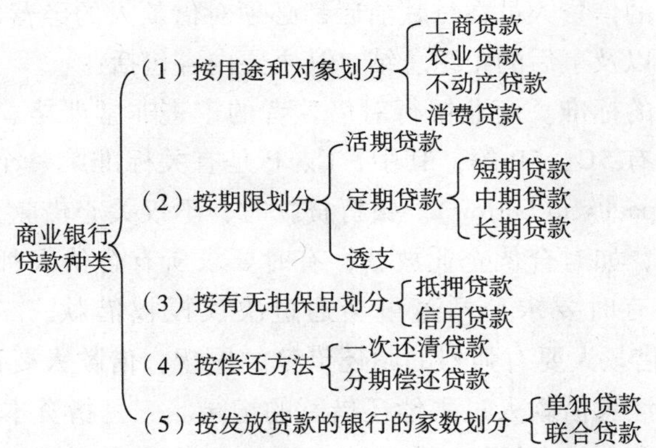

图12－1

下面对概念性较强的贷款加以解释。

活期贷款。这是一种偿还期限不固定，但银行可以随时通知借款人于一定期限内归还的贷款，故又称通知放款。此种贷款适宜于借款人短期周转使用，对银行来说，也是相当灵活便利的。

定期贷款。定期贷款即规定偿还期限的贷款。根据偿还期限的长短，它又可以分为：短期贷款，在美国一般为1年期以下；中期贷款，一般为5～7年；长期贷款，一般高于6年或10年。

透支。活期存款客户账户上的资金用完时，银行同意在规定的额度内，客户可以继续签发支票，向银行暂时借用资金；而当客户的存款账户上收入资金时，可随时用来归还以前的借款。此种业务又称做活存透支，或简称透支。根据有无抵押品作担保，透支可分为信用透支（又称往来透支）和抵押透支，透支实际上是一种临时融通资金的贷款，但它又不同于一般的贷款，这表现在办理贷款的程序、手续、归还贷款以及贷款利息的计算等方面。

抵押贷款。银行为了保证贷款的安全而要求借款人提供抵押品的贷款称做抵押贷款。在发放抵押贷款前，要注意抵押品的质量和易售性，并需要办理抵押贷款的设定手续。

信用贷款。银行只凭借款人或第三者的信用而无须借款人提供抵押品所发放的贷款。信用贷款按有无保证人担保分为有保证人的信用贷款和无保证人的信用贷款。目前，银行贷款中的大部分都属于有保证人的信用贷款。银行发放无保证人的信用贷款时必须对借款单位的经营财务状况有相当的了解。

联合贷款。联合贷款是指因贷款项目巨大，一家银行无力承办或为了分散风险等目的，两家或两家以上银行共同提供的贷款。

（2）贷款原则及对借款者信用的分析和审查。商业银行的贷款原则我们已经讲过，即安全性、盈利性和流动性。为了保证实现这三项原则的最佳组合，特别是为了保证贷款的安全，商业银行的信贷人员在贷款前后都必须对借款人的经营情况和信用程度进行详尽的事前调查分析以及事后的跟踪总结，其主要内容包括：

第一，审查放款的标准。商业银行对借款者的审查非常严格、全面，标准相当高。概括起来，这些标准有5C、5P等，其中，C、P是有关标准第一个字的缩写，5C标准一是指借款能力（capacity to borrow）。银行贷款时，不仅关心借款人的偿还能力，而且关心其法定借款能力，如对合伙企业放款，有时要求所有合伙人都在合同上签字负责；向公司贷款时，银行有时要求公司董事会通过决议授权借款。二是指借款人的品质（character）。它是指借款人要有强烈的归还借款的愿望，借款人要诚实、可靠、辛勤工作和讲信用。特别要注意借款人过去偿还借款的记录。三是指资本（capital）。很明显，对银行来说借款人的资本越多越好，资本大，银行的风险就相对地小了。考察资本的状况可以看借款人财务报表上的总资产与总负债的情况。四是指放款的担保（collateral）。担保品应是易于确定价值、易于变现、不易损坏的财产。放款的金额要按担保品的市价打折扣。五是指经营情况（condition of business）。即借款人所处企业以及行业在整个经济中的趋势、企业的管理经营水平等。

除5C标准外，还有人提出信用调查分析的5P因素和3F因素。所谓5P因素，一是指借款人因素（personal factor），即个人的信誉、人格、能力等；二是指目的的因素（purpose factor），即放款有无增加生产的积极意义；三是指偿债因素（payment factor），即偿还资金是否具有自偿性和如何安排最好的偿还时间；四是指债权保证因素（protect factor），即放款的抵押品和收回贷款的保障措施；五是展望因素（prospective factor），即对授信的评价和对银行盈利及风险的评价。除此以外，还考虑其他经济因素，包括政局变动、景气循环、经济状况、同业竞争、劳资关系等。

第二，对企业财务报表的审查分析。一是应收账款分析。因为这一科目最接近于现金科目，如应收账款集中在少数大客户上，则其风险比应收账款分散在中小账户上为大；在很多情况下，对应收票据、企业存款也应具体分析。如果贷款是中期或长期的，则应考虑企业的固定资产情况。二是对负债及净值科目的分析。如果企业的应付款项大于其业务规模，该企业就得增资或向外借款。企业的长期负债包括抵押借款、债券、票据，对中期借款和1年以上的负债以及这些负债的性质、期限、合同规定等情况都应详细审查。三是对企业收支明细表的分析。目的是看企业的业务经营是否稳定以及管理水平等。

另外，在对借款人财务报表的分析时，还要注意以下几点。一是把财务报表中的数字联系起来分析、对照、比较，不能独立地只看某一数字；二是要从动态、发展的角度分析企业经营状况和财务状况；三是要注意研究各种比率关系，从相对性上看问题。

以上简要介绍了商业银行对借款人经营财务状况的审查、分析的内容与方法。贷款及分析审查程序可用图12－2表示。

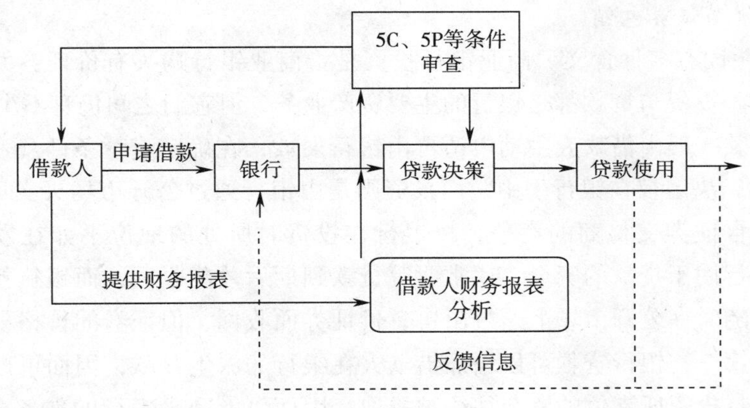

图12－2　商业银行贷款的一般程序

（3）贷款利率及补偿余额。商业银行贷款利率是由货币市场银根的松紧、贷款规模、贷款有无抵押品、贷款地区、借款人的信誉及借款人同银行关系的密切程度等因素决定的。一般来说，货币市场银根的松紧是决定贷款利率的主要因素。

补偿余额是指银行在提供贷款时，要求借款人将相当于贷款一定比例的部分放在银行的存款账户上，不仅使银行吸收到更多的存款，而且还在贷款出现违约风险时减少银行损失。补偿余额的大小，各银行不尽相同。实行补偿余额可以促使借款人由银行的非固定客户转变为固定客户，补偿余额还提高了银行贷款的实际利率。

（二）贴现

票据持有人请求银行对其未到期的票据提前付给现金而给银行一定利息报酬的业务，称为贴现。贴现实质上是银行的一种放款性的资产业务，但它又不同于普通的放款，其优越性表现在：第一，普通放款是银行同借款人之间的借款契约关系，而贴现则为银行向客户购买未到期票据的行为。第二，票据到期的期限一般比较短，故银行办理贴现比发放贷款后收回资金时间要短，而且票据在到期前可以在市场上流通转让，随时收回资金。第三，普通贷款的责任人仅有借款人和保证人，而票据贴现的责任人有发票人、承兑人和背书人等，故用于贴现的资金比较安全。第四，普通贷款的利息须到期才能收取，而贴现的利息则由银行预先扣取。如果贷款利率和贴现率相同，贴现金额和贷款金额也相等，银行办理贴现比发放贷款可以获得更多的利息收入。

贴现利息是根据贴现票据上的金额、贴现率和贴现天数三者计算出来的。贴现率可分为市场贴现率和再贴现率。市场贴现率即普通贴现率，它主要由短期的资金供求情况和利率高低等因素所决定。再贴现率又称为银行率或官定率，根据各国经济和信用制度发展程度的不同，再贴现率或者高于或者低于市场贴现率。客户向银行申请贴现的票据主要有商业承兑汇票、银行承兑汇票、商业期票以及政府债券本息票等。商业承兑汇票在贴现市场上采用得比较普遍。银行承兑汇票的信用程度高，故收取的贴现率较低。银行在办理商业期票的贴现时，要注意防止融通票据混杂其中。

（三）投资与证券包销

“投资”一词有多种含义。商业银行投资是指商业银行购买有价证券并作为资金运用的一种途径。投资与贷款都是银行的主要资产业务，但它们之间仍有不少区别。

第一，贷款一般由借款人主动申请再由银行发放，在确定贷款条件（利率、期限和担保品等）时，决定权在银行手中，而投资则是由银行通过公开市场买卖证券，在买卖中将会遇到来自证券交易商的竞争，故银行在投资时所处的地位不如在发放贷款时有利。第二，银行用于贷款的资金，通常要等贷款到期后才能收回，而银行投资于有价证券的资金可以随时在公开市场上通过出售有价证券而收回，但证券的价格要受市场供求关系的影响。第三，银行贷款可以增加借款人在银行的派生存款，因而可以增加银行的准备金，而银行投资所支付的资金往往被提取，因而可能减少银行的准备金。第四，为了安全起见，银行多半购买比较稳定可靠的政府债券，但政府债券的利息通常比贷款利息低，因此，银行贷款的盈利通常比投资所获的盈利要多。

商业银行投资所购买的有价证券主要指各级政府的债券、公司债券以及股票。商业银行投资的主要对象是短期国库券。银行买卖股票容易助长投机活动。故各国政府往往对银行购买股票的活动，在法令上加以限制。

银行经营投资业务，固然可以获得一定的盈利，但也要冒一定的风险，主要有以下三种风险。一是信用风险。即证券发行人因经营不善甚至失败所引起的不能还本付息的风险。二是市场风险。由于政治、经济与金融市场所出现的突然情况，影响对证券的需求，因而使证券的价格发生意想不到的波动。三是货币利率风险。市场上的借贷利率是经常变动的，当借贷利率高于或低于证券的固定利率时，证券市场的价格会相应随之下降或上涨。

因此，与贷款一样，银行在经营投资业务时，也必须处理好安全、流动和盈利三者之间的关系，切不可偏废一方。一般地，所购买的长短期债券要配置适当，使证券的到期日错开。为了避免风险，银行投资最好适当分散于各种类型与不同期限的证券上。

证券包销业务是指银行按一定的价格全部承购政府或企业新发行的证券，然后由银行向市场公开发售。银行承担了证券包销业务，证券发行人要付给银行包销费用。在包销中，银行因成批购买，可以按较便宜的价格买进，并从证券的买卖中获得盈利。通过包销证券，银行还可以招揽与扩大其他业务。

（四）消费信贷与房地产贷款

（1）消费信贷。消费信贷是贷放给个人用来购买消费品或支付劳务费用的贷款。在美国，现在主要发放消费信贷的，除金融机构外，还有一些商店，后者属于商业信用的范畴。金融机构中原来以信用联合和财务公司为主要的发放消费者贷款的机构，近年来由于竞争的结果，商业银行也开始经营这项业务。

20世纪30年代的商业银行是不能经营消费者贷款的。因为那时银行家们认为这种放款是非自偿性的，也就是说放款用于消费而不是用于生产，因而放款本身不会产生偿还贷款所需要的资金。此后，随着经济形势的发展，一方面，工业生产过剩，为了推销产品，需要办理赊销；另一方面，由于广大消费者改变传统消费习惯，开始利用消费信贷，用明天的收入来购买今天的商品（也是为了逃避通货膨胀），这样，银行就开始加入办理消费信贷的行列，或直接贷款给消费者或间接地将资金融通给工商业，向它们购买赊销合同。

按偿还的方式，消费信贷分为分期付款与一次偿还两种。其中，一次偿还的消费信贷主要是偿还一些劳务性债务，如医疗费等。

对申请消费者贷款的人，也要进行信用分析，但和对企业的信用分析有所不同。首先是考虑借款人的偿还能力，有的银行对申请贷款者的个人信用调查采取评分的办法，把调查的项目分为自有或租用住房情况；在现址居住年数；在现在的雇主处工作年数；申请人年龄；银行往来情况；信用卡使用情况；与财务公司往来情况；工资收入；每月应付的分期付款数字；信用级别。根据上列十项，按不同情况评分，要达到一定标准才能贷款。

消费信贷的费用支出较大，利息也比较高，这是因为该类贷款的特点是金额小、笔数多，银行办理这种贷款的成本要比一般工商业贷款高。

近年来，除上述分期付款和一次偿还两种消费贷款方式外，还新创了支票信贷和信用卡等方式。

（2）房地产贷款。这是一种以房地产作抵押的借款。通常，购买房屋的人自己只要有一部分款项用于购买房屋，不足的部分，就可以用房屋作为抵押品借款支付。

房地产贷款也不是商业银行的传统业务。银行法最初禁止银行从事这种业务是因为这种贷款期限长、流动性差，后来法律限制逐渐放宽，银行存款结构也变为储蓄和定期存款占较大比重，资金来源变了，银行也开始经营这项业务了。

这种放款金额大、期限长，因此对借款人的信用调查是很重要的事。此外，还要对房地产进行评估，这是一项技术性、业务性很强的工作，一般都由有专业经验的人来办理。

房地产抵押贷款几乎都是按分期付款方式偿还的。在美国，期限最长的可达35年，一般以15~25年较多。如果是一次还款，则期限一般不超过5年。

二、负债业务

在关于资产负债表项目的说明中，我们已经提到，各种存款和借入款是银行负债的最主要项目，或者说是银行资金的最主要来源。下面就集中地对这一问题加以介绍。

（一）存款负债业务

（1）存款的种类。根据不同的标准，存款可以划分为不同的种类。按所有权划分，有私人存款、公家存款、同业存款；按来源划分，有原始存款、派生存款；按性质划分，有活期存款、定期存款、储蓄存款。

一般来说，上述三种分类方法中，最常用的是按性质分类。

活期存款。存户可以随时到银行取款，由于存户凭支票提取存款，故又称支票活期存款，银行对活期存款的存户一般不付利息，有些甚至还要收取一定的手续费。存户提取资金的支票有记名支票、不记名支票（来人支票）、普通划线支票以及保付支票等。

储蓄存款。它是银行为了鼓励人们储蓄而吸收的一种有息的定期存款。储蓄存款的存户多半是职工居民，其特点是存款金额小、存期较长，一般凭存折办理存取手续。

定期存款。它是指规定了一定期限的存款，到期前一般不能支取，但习惯上银行也往往给存户以通融，允许存户提前取款，定期存款的利率高低与期限长短成正比。

除上述三种存款外，还有两种存款的概念需要解释一下。

通知存款。该种存款的存期不固定，但取款前必须通知银行，通知的期限越长，存款利率越高。

同业存款。它是指其他银行存入本行的资金，供同业之间资金结算时用。同业存款的处理手续与活期存款基本上相同。

（2）存款结构的变化及其对银行业务活动的影响。过去，银行存款中主要是活期存款，定期存款所占的比例较少，但近些年来，银行定期存款的增长速度已超过活期存款。存款结构变化给银行业务活动带来很大影响。首先，银行发放的期限较长的定期贷款的比重增大；其次，为了补偿定期存款较高的利息支出，银行还需要扩大经营新的业务项目，以增加收益；最后，存款结构变化的实质就是资金来源构成的变化，这一变化必然影响银行对放款管理态度的变化，刺激银行家们去冒险。

（3）存款对银行活动的意义。很明显，无论存款结构怎样变动，存款始终是银行活动最重要、最有意义的组成部分。没有存款，就不能有放款，就没有银行。因此，银行家们都千方百计地拉客户、争存款。这种激烈竞争的结果是使得原来各种金融机构之间的业务分工变得模糊，银行业务的综合性越来越强，这样，有利于提供全面、优质的服务，如此才能吸引客户，扩大存款。

(4) 存款保险制度。银行争存款的最后目的是展开贷款的竞争，通过贷款、投资扩大收益，取得较多利润。然而，在竞争过程中，往往出现大批银行倒闭现象。银行倒闭的后果不仅是银行家破产垮台，更重要的是公众受损失，资金清算和运行遭到连锁堵塞。这种灾难是巨大的。因此，20 世纪 30 年代大危机以后，存款保险制度就在美国应运而生了。

存款保险制度在美国是通过联邦存款保险公司施行奏效的。设立联邦存款保险公司的目的：由该公司以联邦政府机构的身份，对顾客在受保银行的存款提供保险，所有参加联邦储备系统的会员银行都必须参加保险，互助储备银行和州注册的非会员银行可自愿参加。如受保银行倒闭，顾客在该银行的存款，由联邦存款保险公司予以赔偿。

为了使联邦存款保险公司能对参加保险的会员银行的业务经营情况有所了解并进行必要的监督，法案赋予该公司一系列权力。如对受保银行账目进行检查的权力；当发现某银行的经营业务不够安全稳妥时，有权采取各种措施，进行劝告、警告以至停止对其保险；对有问题的银行，有权勒令其停业，由该公司充当清理人对其进行清理，也可以代为物色一家银行，与之合并或购买其股权。联邦存款保险公司在行使上述权力时，还应取得联邦储备银行、货币监理署以及州及地方当局的合作。

(二) 借入款

存款之外的负债已成为银行资金的一个重要来源。下面以美国为例，说明其若干最重要的项目。

(1) 从联邦储备系统借款。会员银行储备不足时可以向联邦储备系统借款，一般很少被拒绝。但在最初，联邦储备当局强调这种借款是一种特殊待遇而不是理应享受的权力，近年来的趋势是采用较少的限制条件来放宽对这类资金，尤其是对明显的季节性资金需要。

(2) 借入联邦基金。联邦基金市场是通过经纪人和交易商来经营的，其中包括少数经营联邦基金的特大银行。在这个市场上购入和销售或借入和贷出的是联邦储备银行的存款。因此，当某一银行资金不足时，可以从其他拥有超额准备的银行借入资金，期限一般很短，隔夜或转天，但如果借款人和贷款人双方协商同意也可展期。

(3) 借入欧洲美元存款。美国的商业银行通常通过其设在国外的分支机构借入欧洲美元资金，由于国外分支机构并不受最高利率的限制，在国内信贷紧缩时期这是特别重要的资金来源。

(4) 根据证券回购合同的借款。银行在向购买人售出某种资产（诸如政府证券之类）的同时开立合同，言明在未来某约定时间按规定价格再行购进，就可以在某一时间内获得资金。

(5) 通过期票和商业票据的借款。美国银行约从 1966 年开始发行期票，用商业票据来筹措资金，与前者相似，也差不多同时发生。商业票据和期票实质上就是存款单，是没有担保品的银行债券。通过发行这种工具，商业银行可借入资金。

三、中间业务

所谓中间业务，指银行不动用自己的资产为顾客办理的服务。对此类业务，通常银行只收取手续费。

（1）汇兑业务。客户以现款交银行，由银行汇给在其他地方的第三者。这种业务使用的工具有银行支票、汇票、邮信或电报的支付委托书。这些凭证都是承汇银行向另一银行或分支行发出的命令，命令后者向第三者支付一定数额的货币。银行支票或汇票由银行交给客户，客户再将它寄给收款人，然后由收款人向凭证上指明的银行取款。支付委托书是由承汇银行用邮信或电报直接寄交给另一银行，再由后者通知第三者取款。汇兑业务可以占用客户的一部分资金，并往往和放款业务结合起来。

（2）信托业务。在信托业务中，银行作为受托人，接受信托人（或称委托人）的委托，为了受益人的利益，代为管理、营运或处理信托人托管的财产。信托业务一般包括个人信托，如人寿保险信托、个人投资信托；公司信托，即为一家公司对外筹募资金（如发行公司债）时所设立的信托；职工福利信托，即企业或机关团体为了安定职工生活、提高工作效率而设立的信托，这种信托中有相当一部分由银行经管；公益信托，由个人或团体捐赠或募集的基金，以用于公益事业为目的，受托人代为运用生息，把收益分配于各种公益用途，如慈善事业、科学研究、环境卫生、医院、奖学金、教育或用于救济贫困残疾和孤寡等用途。

（3）代理业务。代理业务包括个人代理，如保管代理，即由信托机构代顾客保管财产，又可分为原包保管、开封保管和出租保管箱三种；公司代理，作为公司的代理人，受托人提供股票或债券过户代理、提供上市股票的签证代理、提供债券还本付息的代理、代办回收债券、担任公司改组或清算的分配人等。

（4）租赁业务。所谓租赁，是指所有权与使用权之间的一种借贷关系，由所有者（出租人）按照契约规定，将财产租给使用者（承租人）使用，承租人按期交纳一定的租金给出租人，有关财产的所有权归出租人所有，承租人只有使用权。以下主要介绍设备租赁。

设备租赁主要分两大类：第一类，融资性租赁，也称资本性租赁。这种租赁方式是先由承租人自行向制造厂商选好所需的设备，并谈妥规格、价格、交货条件等，然后找出租人（通常是金融机构或其附属的专业租赁公司），要求后者按谈妥的条件向制造厂商购买设备，并签订租赁合约。因为是由出租人支付全部资金，等于是提供百分之百的信贷，所以叫融资性租赁或资本性租赁。由于设备是由用户（承租人）选定的，出租人对出租的机器设备性能与物理性老化风险以及适用与否均不负任何责任，融资性租赁以承租人对设备的长期使用为前提，租期应基本上与设备的使用寿命相同。租赁期满后，承租人可以将设备退还出租人，或要求续租，或按当时公平的市场价格购买该项设备。

租金由购买设备的资金、利息以及出租人的利润三部分组成，分期交付，一般从设备安装完毕、能够操作运转时开始支付。第二类，杠杆租赁（也称为衡平租赁）。其特点为出租人只需自筹资金购买设备所需资金的一部分，通常为全部资金的20%～40%，其余的资金则通过将出租的设备作为抵押品以取得贷款，然后用该项设备的租金来偿还贷款，因此，在提供设备作为抵押的同时，还要把向承租人收取租金的权利转让给放款的机构——银行、保险公司或银团等。作为额外保证，因为出租人自己所筹资金只占少数，主要是领先于贷款的财务杠杆作用，取得比一般租赁要高的投资报酬，所以称为杠杆租赁。在契约的不可撤销与完全收回两点上，杠杆租赁和融资性租赁是一样的，不同之处在于融资租赁只涉及出租人与承租人两方，而杠杆租赁因为涉及外办贷款，当事人就不止两个，而且可能还要签订一系列合同。

（5）信用卡。信用卡是一种消费信贷，持卡人可以用卡支付货款及劳务费用，商店每天将持卡人签字的发票副本送交发卡单位，由后者按月向持卡人收账，通常由发出账单之日起，还有25天的期限。在期内付款，可以完全不付利息；如逾期不付，则自发出账单之日计息。信用卡实际上把银行的两项基本功能——支付与信贷——结合在一起了。

信用卡在20世纪20年代就在美国开始使用了，最初并不是由银行所创的。到了20世纪50年代，由于电子计算机的发明并应用于结算方面，信用卡就广泛流行起来。20世纪50年代初期，银行开始发行信用卡，并通过信用卡的联网，后来者居上，成为信用卡领域的最主要的活动者。

通过各种信用卡的发行，不仅为银行，也为顾客和商店提供了便利。对银行来说，它可以吸收商店在银行的存款，并可收取一定的佣金或因持卡人不能如期付款的罚息，同时加强银行与客户的往来合作关系；对顾客来说，借助信用卡，可以获得购买东西或享受的方便，不用随身携带现款，并且可以经常使用他们的信用，而免去每次借款通常都要申请的手续和调查信用的麻烦；对商店来说，它们赊销货物后可以立即从银行收回货款，资金可免予积压，而且对于使用信用卡的顾客的信用，不用去逐个调查，而由发卡银行提供了保证，这就使得商店不用负担调查的费用，同时又扩大了它的销售面。

四、表外业务

（1）表外业务的概念。20世纪80年代以来，商业银行业务创新的一个重要标志就是表外业务（off－balance－sheet activities）的迅猛发展。

根据巴塞尔委员会提出的判定标准，表外业务可分为广义表外业务和狭义表外业务两种。广义表外业务包括所有不在资产负债表中反映的业务，它由中间业务和狭义表外业务构成。中间业务也称为金融服务类业务，与狭义表外业务比较，它的特点是只为银行带来服务性收入但却不影响表外业务的质量。狭义表外业务是指商业银行所从事的按国际会计准则不记入资产负债表内因而不影响资产负债总额但能改变银行损益和营运资金状况的业务。表外业务虽然不反映在资产负债表内，但在一定条件下会转变为资产业务或负债业务，因此，表外业务构成了商业银行的或有资产和或有负债。因为监管法规中的指标不包括这些业务，而这些业务因其风险和收益性又必须进行反映、核算、控制和管理，所以需要在表外进行记载，故将其称为表外业务。狭义表外业务就是通常所说的表外业务的代表形式，下面简单作一介绍。

（2）狭义表外业务。巴塞尔委员会将狭义表外业务分为以下四类：

第一类是贷款承诺（loan commitment）。贷款承诺是银行在未来特定时期内，向客户按事先约定的条件发放一定数额贷款的诺言。承诺分为可撤销承诺（revocable commitment）和不可撤销承诺（irrevocable commitment）。可撤销承诺附有客户在取得贷款前必须履行的特定条款，一旦在银行承诺期间及实际贷款期间发生客户信用等级降低的情况，或客户没有履行特定条款，则银行可撤销该项承诺。有些可撤销承诺的协议对双方不具有法律上的约束力。不可撤销承诺，则是银行不经客户同意不得私自撤销的承诺，是有法律约束力的。

可撤销承诺包括透支、信用额度。不可撤销承诺包括商业票据备用信用额度、备用信用额度、循环信用额度、相互存款协议、回购协议、票据发行便利。

第二类是担保（guarantee）。担保是商业银行以证人和保人的身份接受客户的委托，对国内外的企业提供信用担保服务的业务，即商业银行接受交易活动的双方中的某一方（委托人）的委托对另一方出具书面担保或鉴证，以保证委托人的债务或应履行的合同义务，并承担损失的赔偿责任。担保业务涉及三方面的当事人；委托人，即申请开立担保的人，如进口商或投标人；收益人，即收到担保并凭此索偿的人，如出口商或招标人；担保人，即担保签证的签发人，如商业银行。担保业务既有传统的银行业务，又有近年来创新的业务。

担保包括银行承兑汇票、备用信用证、跟单或商业信用证、货物偿还担保、有追索权的债权转让、背书、对分支机构的财务支持。

有些资料将承诺与担保混为一谈，但事实上承诺与担保是有区别的。它们的区别在于：承诺通常只涉及两个当事人，即银行和客户，它一般只会在未来的某一时间内使银行面临信贷敞口风险；而担保则涉及三个当事人，即银行、客户（委托人）和收益人，它要求银行满足收益人对客户的债权要求，银行从作出担保鉴证之日起，就承担着信贷敞口风险。

第三类是金融衍生工具、互换及对冲交易（derivatives or swap and hedging transactions）。它是目前在西方商业银行中最为流行的表外业务。它是指以股票、债券或货币等资产的交易为基础派生出来的金融工具。它们依附于股票、债券、货币等资产的交易而存在，是从原始的证券或资产衍生而来的，其本身不能独立存在。

金融衍生工具包括远期外汇合约、货币互换、货币期货、货币期权、利率互换、利率期权、利率上限和下限及利率上下限、股票指数期货和期权等。

第四类是投资银行业务（investment banking activities）。它以前由投资银行和证券公司经营的各种业务。西方金融监管当局从20世纪70年代末期起陆续放松和取消对金融机构业务范围和活动领域的限制。随着金融业务的自由化，商业银行和投资银行以及其他金融机构之间的业务分工和界限变得越来越模糊不清。商业银行目前承担了许多投资银行业务。

投资银行业务包括证券包销、证券代理和分销、证券做市等。

第三节　商业银行的业务管理

一、商业银行的业务管理重点

一般而言，商业银行有三项经营原则，即安全性、流动性和盈利性。贯彻这三项经营原则会产生许多实际困难，因为三项原则的实施常常相互矛盾。在长时期的业务活动中，银行家摸索出了一套方法，将商业银行经营的三项原则贯穿于自身的资产负债业务，这就是流动性管理、资产管理、负债管理和资本充足率管理。

（1）流动性管理。商业银行流动性管理的核心是如何确定超额准备金。对于商业银行来说，经常会出现存款外流的情况。在这一情况出现时，如果银行超额准备金不足以抵补因存款外流而相应减少的正常准备金，它就会被迫对其资产负债表的其他部分进行调整。其具体做法大致有三个：借入资金；出售证券；收回贷款或出售贷款。这三种做法都要花费相当大的成本，因此，大多数商业银行为避免这种成本的发生，总要保有适当的超额准备金。超额准备金是一种非生息资产，这部分货币资金用于贷款或购买证券可获得的收益，就是保有超额准备金的机会成本。因此，对商业银行来说，如何保持适量的超额准备金是流动性管理的难点。

从全世界情况看，完全依靠内部流动性资产来满足流动性需求已被视为一种保守的流动性管理策略，大多数银行家都倾向于这样的策略：以内部流动资产作为满足基本流动性需求的来源，而将外部融资作为应付非预期性流动性需求的来源。

（2）资产管理。银行在资产管理过程中，总是力图寻找信誉良好且能提供较高贷款利率的贷款客户和进行优良的证券组合投资，同时，为了满足资产流动性原则的要求，银行也要将资金投入流动性较高、变现能力较强的债券，以便随时对准备金进行补充。

贷款是商业银行资产业务的骨干部分，因此，信用风险管理对任何一家银行来说都是至关重要的。为了将贷款业务中的技术性风险和道德风险减至最低，银行通常都采取客户调查与筛选、贷款专业化、对客户实行财务监控、提出抵押要求及采用信用配给等种种手段。

（3）负债管理。负债管理的基本内容是充分挖掘银行资产负债表上负债项目的潜力，扩大资金来源，满足保持流动性的各项需要。在20世纪60年代以前，银行家习惯于将一定时期银行的资金来源看成是一个既定的数量，他们将更多的时间花在对资产最优组合的研究和操作上。20世纪60年代以来，银行家的观念发生了变化，他们开始重视负债项目管理。他们发现，负债数额不是一个既定的常量，而是一个可以通过确立目标、用积极手段去争取的变量。例如，在需要资金时，他们可以用发行新的债务工具等方法达到目的。

（4）资本充足率管理。银行资本金要达到一定的数额，这既是金融当局对每一银行申请成立的基本要求，同时也是银行在经营失败招致倒闭风险时的最后一道防线。根据一般规律，在一定时期的资产回报率给定时，银行资本金数量越低，股本乘数就越大，银行股东的回报率就越高。正是由于这一点，经营状况较好或对自身银行前景感到乐观的银行股东都不愿意看到资本规模过大，这就形成了一种资本安全与收益之间的替代关系，使银行的所有者和经营者面临一种较为困难的抉择。在总结世界多国银行倒闭风险教训的基础上，巴塞尔银行监管委员会制定出了《巴塞尔Ⅰ》、《巴塞尔Ⅱ》和《巴塞尔Ⅱ》（修订版），对银行的最低资本要求，即资本充足率一次次提出了要求，目前要求银行核心资本充足率不得低于4%，资本充足率不得低于8%。各国金融当局已基本接受巴塞尔协议，都把银行的资本充足率作为一个重要的监管指标。

在资本充足率管理中，当银行资本充足率不足（或股本乘数过高）时，就意味着银行防范倒闭风险的能力已不够，银行可以通过三个途径来提高资本充足率：一是发行股票（普通股）来增加资本金；二是用减少贷款或卖出证券的手段来压缩资产规模；三是减少对股东的红利分配，从而增加可记入资本账户的未分配利润。如果实际情况恰好相反，即银行股本乘数不是过高而是过低，银行也完全可用上述三个办法进行反方向操作。

二、商业银行资产负债管理理论的发展过程

（一）资产管理理论

商业银行资产管理理论的发展经历了三个阶段。

（1）商业贷款理论，也叫做真实票据论。早期的银行家认为，要保持其流动性（以便随时应付提存和贷款的要求），商业银行只应对货物在生产的各个不同阶段给予资金融通，也就是商业银行只能发放流动资金贷款，而不能发放购买证券、不动产、消费品贷款或长期的农业贷款。道理是这一类贷款最安全，因为这一类资金融通的商业票据的背后有着商品基础，银行发放了贷款，掌握了商业单据，一旦企业不能清偿，银行就可以处理其抵押商品，即可收回贷款。这样既符合流动性原则，也适当考虑了盈利性，因此，当时曾被视为典型的理论基础，一直影响着商业银行的业务。

（2）可转让性理论。可转让性是指资产能否在第二市场转为现金，把资产转给他人，可转让性理论是第一次世界大战后发展起来的理论。该理论认为，银行能否保持其

资产的流动性，关键在于它持有的资产能不能随时在市场上变成现金。只要银行手中持有的第二准备金（各种公债及证券）能在市场上变成现金，银行资产就有较大流动性。如果银行手中持有具备下列三个条件的证券，银行就可以保持其资产的流动性：信誉高（如国家发行或政府担保、大公司发行的债券）；期限短；易于出售。商业银行的业务范围扩大了，即除了短期放款外，还可以买卖短期的证券作为投资，利息既多，又不影响银行的流动性。

（3）预期收入理论。在前两种理论的基础上，第二次世界大战以后出现了预期收入理论。无论是短期商业贷款还是可转让的资产，其贷款的偿还或证券的变现都是以将来的收入作为基础的。因此，如果一项投资的将来收入能够得到保证，如按月、按季分期付款，则银行即使发放长期的贷款，其流动性因为收入可以预期，仍是可得到维持的。因此，商业银行在发放短期贷款并以短期债券作为第二准备金的同时，还应对一些预期收入有保证的项目发放中长期贷款。这一理论强调的是银行贷款偿还与未来收入的关系，而前两种理论强调的是贷款的偿还与担保品的关系。基于这种理论，银行在可能的条件下，可以发放中长期设备贷款、住宅抵押贷款、个人消费贷款、设备租赁贷款等。

（二）负债管理理论

从20世纪50年代起，银行管理理论中又出现了负债管理理论。该理论认为，银行在维持其流动性时，除应注意在资产方面加强管理外，还应注意负债方面的经营。之前的理论认为，在吸收存款方面，银行处于被动地位，存户存多少、存多久，银行无法干涉，但负债管理理论认为，银行要维持其流动性，不仅应“需要钱时就到外边去借”，而且在吸收存款时银行也可以主动去管理。

以20世纪60年代的美国为例，当时由于货币市场利率上升，而商业银行的活期存款又不计息，因此，大企业纷纷提取活期存款，用以购买商业票据，以赚取利息，这样银行可贷资金更加短缺。为了满足客户对借款的要求，商业银行不得不通过各种渠道向外借款，也就是在新形势下，银行除注意加强资产管理外，不得不求助于负债管理，考虑借入一些既能满足流动性要求又能使银行获利的资金。美国商业银行向外借款主要通过贴现窗口、联邦基金、再回购协议、欧洲美元市场、发行大额可转让定期存单等渠道。其中，发行大额可转让定期存单已是商业银行实施负债管理、应付流动性需要的主要方式之一。

（三）资产负债管理理论

在20世纪70年代末80年代初，产生了资产负债管理理论。该理论实际上是前述两种理论在更高层次上的综合，将资产和负债两个方面联系起来，从整体上考虑银行的经营问题。这一理论认为，商业银行单靠资产管理或单靠负债管理难以保证安全性、流动性和盈利性三者的均衡。只有根据经济情况的变化，对资产结构和负债结构同时进行调整，统一协调管理，才能实现经营的目标。因此资产负债管理理论是商业银行经营管理理论的重大突破。其基本思想是将资产和负债两个方面加以对照，并对应地进行分析。

这种分析方法的中心在于所谓的“缺口”、“错位”或“差距”等概念，利用这些概念，通过调整资产和负债双方在某种特征上的差异，来达到合理搭配的效果。其优点表现在对以下四个重点问题的解决上。

第一，流动性问题。这是资产负债管理要解决的核心问题，其方法是从资产和负债两方面去预测流动性的需要，同时又从这两方面去寻找满足流动性需要的途径。流动性资产同易变性负债之间的缺口、贷款增长额同存款增长额之间的差距是分析、把握流动性的关键。资产负债管理要求对银行的日常流动性头寸进行监控，必须保持随时调节头寸、安排头寸的能力。

第二，利差问题。这是资产负债管理要达到的最终目标。在各种业务中保持适度、稳定的利差，是银行经营中的难题。在利差管理问题上，资产负债管理理论首先强调的是到期日的搭配，如果资产和负债的到期日是对应的，则利差唾手可得。如果到期日不对应，则银行必须准确地预测利率的变化，并适时地利用变化中的利率借入资金或投出资金。其次要注意利率结构的搭配，使一定的长期利率和短期利率、固定利率和浮动利率的组合能够对市场变化作出有利于保持或扩大利差的反应。最后是加强对违约风险的协调，除了对贷款维持足够的风险平衡作出安排外，对负债的长期性沉淀成分也要作出估计。

第三，敏感性问题。作为资产负债管理的主要策略，其中最重要的部分是利率敏感性问题。对资产和负债双方敏感性搭配的安排，首先是量的安排，量的差异即缺口是正是负、是大是小，是敏感性管理的主题。除此之外，还要注意敏感性的时段和时效问题，注意敏感性资产和负债调整的主动性和被动性问题，注意不同资产和负债的敏感性强度问题。广义的敏感性，还包括资产和负债数量的敏感性、违约风险的敏感性、证券转让的交易敏感性、融资契约的期限敏感性等。

第四，期货套做问题。这是资产负债管理中避免利率风险的最后手段，也是大银行日益频繁使用的一种手段。如果银行的敏感性资产和负债不对应，就可以利用期货套做来转移风险避免损失。其做法是，银行同时在现货市场和期货市场各做一笔金额相等而交易方向相反的交易（一面买进，一面卖出）。对于期货合同，可以是空头套期的卖出期货，也可以是多头套期的买进期货。期货套做要求准确预测利率变动趋势，如果预测不准确，原有利率风险只能在一定程度上得以减弱。

除上述三种理论外，西方金融界还出现了表外管理理论，由于这种理论提出的时间较短，尚处未定型阶段，这里就不做介绍了。

第四节 商业银行与货币创造过程

商业银行对货币运行的影响，首先表现在商业银行机构多，规模大，业务广泛，是整个货币运行的最主要载体。其次，商业银行办理支票活期存款，具有创造货币的功能。货币总规模及其结构、货币运行的质量都与商业银行活动有直接联系。下面我们就看一看银行是怎样创造货币——派生存款，进而影响货币运行和经济生活的。

一、独家银行的货币创造过程

人们往往把一家银行创造货币的职能，同整个银行系统扩大货币规模的能力混淆起来。为了澄清这个问题，我们假定在一个小岛国里只有一家银行，再假定这个小岛国上的银行家像老式金匠一样保持100%的准备金，那么，当有人来存款100美元时（称为原始存款），该银行只是把它保存起来，根本不放款（这也就不称其为银行了），此时该银行的资产负债表如表12－2所示。

表12－2

资产（美元）		负债（美元）	
现金	+100	存款	+100
总计	100	总计	100

恰巧，没过几天甲碰上了船主乙，并用80美元买下了乙的船，甲开出一张支票付给乙，乙拿着支票到银行，请求把这笔款记入他的账户上。银行把甲存款户结清，并把乙的名字列入活期存款户名单内。现在，乙有一笔存款，甲则没有。甲用钱的结果对银行存款没有影响，使用了贷款，并不影响现有的存款额。

表12－3

资产（美元）		负债（美元）	
现金	+100	存款	+100
放款	80	存款	80
总计	180	总计	180

银行经理匡算头寸，资金还有富余，存款总额为180美元，按20%的比例，只要保存36美元的准备金就行了。刚好有一位著名的经济专家到此地观光，急需用款320美元，银行经理知道银行资产只有180美元，所以不同意这笔贷款，但这位经济专家通过精确计算，说服了银行家给他办理贷款，办完贷款手续并把贷款金额转入经济专家账户后，银行的资产负债表如表12－4所示。

表12－4

资产（美元）		负债（美元）	
现金	+100	存款	+100
放款	80 320	存款	80 320
总计	500	总计	500

现在银行的准备金刚好符合法律规定，存款债务总额500美元，现金准备100美元（20%准备金率），银行不能再贷款了。上面说过，使用贷款并不影响活期存款总额，因此，经济专家提用他的320美元存款并不改变银行的资金情况，只是活期存款户此增彼减罢了。

为什么经济专家知道他再要求贷款320美元会恰到好处呢？原来，在存款与准备金之间有一定的规律性的比例关系，用公式表示为

$$D = \frac{R}{r}$$

式中，D为存款，R为准备金，r为准备金率。如上例，R为100美元，r为20%，则$D=100/0.2=500$美元。也就是说，银行每增加1个单位的准备金，在准备金率为20%的前提下，就可创造5个单位的存款，如果准备金率为25%，就可创造4个单位的存款。

二、多家银行条件下的货币创造过程

表12－5为货币创造过程。

表12－5 **货币创造过程** （法定准备金率为20%）

	支票账户存款金额（美元）	准备金金额（美元）	银行放款金额（美元）	货币供应总额（美元）
第一家银行	100.00	20.00	80.00	100.00
第二家银行	80.00	16.00	64.00	180.00
第三家银行	64.00	12.80	51.20	244.00
第四家银行	51.20	10.24	40.96	295.20
第五家银行	32.77	6.55	26.22	368.93
第六家银行	26.22	5.24	20.98	395.15
第七家银行	20.98	4.20	16.78	416.13
第八家银行	16.78	3.36	13.42	432.91
第九家银行	13.42	2.68	10.74	446.33
第十家银行	10.74	2.15	8.59	457.07
最后一家银行	00.00	00.00	00.00	500.00
合计	500.00	100.00	400.00	

上述$D=\frac{R}{r}$的计算公式既适用于某一家商业银行，也适用于有许多商业银行的一个国家的银行体系，只不过是其账户调整过程是分散在各家商业银行，而不是在一家商业银行罢了。

三、银行创造货币的限制因素

通过上述存款创造过程我们看到，商业银行创造存款能力的大小，基本上取决于法

定存款准备金率的高低（在原始存款已知的条件下），法定存款准备金率越高，银行扩张存款的能力越小，反之则相反。中央银行正是通过这一手段对商业银行的派生存款能力进而对货币供应量实施控制的，这一点后面还要讲到。

但是，除了存款准备金率这个最主要的基础因素外，影响商业银行创造存款能力的因素还有以下几种。

第一，现金漏损。在存款扩大过程中，有些得到支票的人很可能不把这些款项存入银行，而是把它提出来，放于流通领域或放于银行制度以外的地方贮藏，在这种情况下，派生存款的公式应为 $\Delta D = \Delta R/(r + C)$

式中，Δ 表示变化，C 表示社会持有现金占存款额的百分比。

第二，银行持有的超额准备的数量。如果银行认为，为了慎重起见，对存款多提5%的准备金，那么它创造存款的能力就大大降低。

第三，贷款的需要额或者银行是否同意发放贷款。银行通过发放贷款来增加存款，如果没有人向银行借款，银行就不能发放贷款，也谈不上创造存款。银行找不到投资机会的情况也一样；反之，借款需要量很大，但银行认为条件、时机等不成熟，不愿贷款，也无法创造存款。

根据以上情况，银行创造存款公式只能看做是扩大存款的理论极限，在实际的存款扩张过程中，有许多因素共同作用。因此，存款的增加一般不会达到这个理论上的极限。

本章小结

商业银行是金融中介机构中最重要的一部分，它不仅提供金融服务，而且还通过自己的业务活动参与货币创造过程。商业银行的传统业务有三项：资产业务、负债业务和中间业务。近些年，发达国家商业银行的表外业务已成为商业银行获取利润的重要手段。商业银行管理理论经历了由资产管理理论、负债管理理论到资产负债管理理论的发展过程。在货币供给机制中，商业银行一方面用信用手段创造货币，另一方面又通过超额储备保有量及资产业务的变化影响货币扩张规模。

思考题

1. 为什么说商业银行是最重要的金融中介机构？
2. 商业银行资产业务主要有哪几项？
3. 美国存款保险制度的大体内容是什么？
4. 商业银行业务的主要内容有哪些？
5. 简述商业银行表外业务的定义和内容。
6. 商业银行资产负债管理理论的发展脉络是什么？
7. 商业银行参与货币创造的影响因素有哪些？

第十三章 中央银行与货币运行

目前，世界上绝大多数国家的金融体系中均设有中央银行。中央银行身处一国金融体系的核心地位，作为领导与管理全国货币金融的首脑机构，它代表国家发行通货、制定和执行货币金融政策、处理国际性金融事务、对金融体系实施监管等。

第一节 中央银行概况

一、中央银行的产生与发展

中央银行的产生和发展经历了一个相对漫长的过程。在银行业发展初期，许多银行均可发行银行券，没有独占货币发行地位的银行，更没有中央银行。以后，随着银行业的不断发展，为了避免分散发行造成的货币流通混乱状况，银行券的发行权逐渐集中到少数大银行手中，以至最后在这些大银行中又产生个别规模更大、信誉更佳的银行。此后，由于国家的干预和利用，这个个别的大银行就演变成为一国唯一的发行银行，而某家银行一旦独占货币发行权，就为其进一步发展成为“银行的银行”和“政府的银行”奠定了牢固的基础。纵观西方国家中央银行产生的发展史，正是按着这样一条线索演化的，即一般的私人银行—较重要的发行银行—唯一的发行银行—银行的银行—政府的银行—职能健全的中央银行。

最早设立的中央银行是瑞典银行，它原是1656年由私人创办的欧洲第一家发行银行券的银行，于1668年由政府出面改组为国家银行，对国会负责，但直到1897年才独占发行权，开始履行中央银行职责，成为真正的中央银行。其次是1694年成立的英格兰银行，它虽比瑞典银行晚成立近40年，但被人们称为近代中央银行的鼻祖。可以说，英格兰银行的演变发展史就是典型的中央银行演变发展史。

英格兰银行最初主要是替政府筹募经费，其交换条件则为该银行有权发行货币。1833年，由国会通过法案，规定英格兰银行的纸币为全国唯一的法偿货币。1844年的银行法案又限制其他商业银行发行纸币的数量。这样，无形中赋予英格兰银行独占的发行权力，再加上该行与政府及国库的密切关系，英格兰银行作为特殊银行的地位便更加巩固。由于该行发行的纸币流通范围最广，信誉最高，因此，各私营银行也乐于存款于英格兰银行，作为交换、清偿的用途。这样，英格兰银行就成为英国银行业的现金保管者及票据交换中心，成为银行的银行。

但是，英格兰银行变为真正的中央银行的契机是1847年、1857年和1866年。英国经济学家沃尔特·白芝浩（Walter Bagehot）在1873年出版的名著《伦巴第街——货币市场记述》一书中，极力主张作为规模最大、信誉最可靠的半官方的英格兰银行在金融危机中有责任全力支持资金周转困难的银行和金融机构，以免银行挤提风潮的扩大而最终导致整个银行业的崩溃。这便是有名的“最后贷款者”的原则，是现代中央银行的理论基石。此外，在1844年以后，英格兰银行机构分为发行部和业务部，将发行钞票与银行业务分开，这也就奠定了现代中央银行组织的模式。19世纪中叶以后，该行运用贴现率来调节货币和信贷量以及金本位下的资本转移，结果颇具成效。至19世纪后期，英格兰银行已成为中央银行的典范，为他国纷纷模仿。从1800年至1900年，先后成立中央银行的主要国家有法国、荷兰、奥地利、挪威、丹麦、比利时、西班牙、俄国、德国、日本等。

美国是西方主要国家中建立中央银行制度比较晚的一个国家。在1863年以前，美国曾经历了自由银行制度时期（1833 ~1863年），各银行都可自由发行银行券，以致币制紊乱，货币贬值。1863年，美国政府为了结束货币紊乱的局面和给南北战争筹措经费，公布了《国民银行法》，规定凡向联邦政府注册的国民银行均可以根据其持有的政府公债发行银行券。国民银行制度的主要弊端，在于银行券的发行不具有弹性，它的发行以政府债券为基础，而不能随着经济的发展调节发行，同时，存款准备金极端分散，不能应付经常出现的金融动乱，这给美国经济的发展和银行制度的稳定带来不利的影响。针对这一情况，1913年美国国会通过《1913年联邦储备法》，正式建立了中央银行制度，即联邦储备系统，其主要措施之一就是联邦储备系统统一发行联邦储备券，并把会员银行的存款准备金集中于12家联邦储备银行，联邦储备系统执行中央银行的职能。

中国在国民党政府时期以前，银行业很不发达，基本没有中央银行可言。国民党政府时期建立了以“四行二局一库”为核心的金融体系。1928年11月1日，国民党政府在南京建立了中央银行，并特定为国家银行，授予该行经理国库、铸造货币、发行兑换券、经募内债和外债的特权。

新中国成立后，我国模仿苏联“大一统”的银行体制。中国人民银行作为国家的银行，既行使中央银行的职能，也办理专业银行、商业银行等一般金融机构的业务。直到1983年国务院发布《关于中国人民银行专门行使中央银行职能的决定》，中国人民银行才开始独立行使中央银行的职责。

二、中央银行的特征、所有制形式及机构设置

中央银行虽然是国家（政府）的银行，但不一定由国家投资创办。就其所有制形式来看，可以分为三类：第一类，由国家投资建立，如英国、法国、荷兰、挪威、印度等国的中央银行。第二类，由私人投资建立，如美国、意大利、瑞士、德国、西班牙、葡萄牙等国的中央银行。第三类，由国家与私人共同投资建立，如日本、墨西哥、巴基斯坦、土耳其、智利、厄瓜多尔等国的中央银行。

不管由哪类所有制形式建立起来的中央银行，它们既然是代表国家（政府）的银行，就要执行国家的金融政策，同政府保持密切的联系与合作。然而，它们又不完全是政府的一个职能部门，故对政府保持着相对的独立性。即使由国家同私人合股建立或完全由私股建立的中央银行，它们也不属于某一集团或个人所有，中央银行的管理权也不属于某一集团或个人，中央银行仍然要制定和执行国家统一的金融政策。中央银行在经营中所获得的利润，只能按一定比例分配给私股所有者，其余的要上缴财政。

与一般商业银行和其他金融机构相比较，中央银行具有以下特征：第一，不以盈利为目的；第二，不经营普通银行的业务，只与政府和各类金融机构往来，即不办理厂商和居民户的存贷款等具体业务；第三，具有服务机构和管理机构双重性质，有执行金融监管、扶持金融发展的双重任务；第四，处于超脱地位，在各类金融机构之上，控制信用，调节金融，在一些国家甚至独立于中央政府，以免受政治周期的影响。

在内部机构设置方面，各国中央银行根据不同情况，有不同的侧重点和办法。首先，从总行一级看，因中央银行的许多活动都由总行直接管理，特别是政策性强的工作都由总行办理，因此，总行设置的机构多，人员也多。其次，从业务管理部门设置看，各国的粗细划分不一样，但大多数国家都有的是货币发行、外汇管理、国际和国内业务、银行债券发行和管理、机构管理和监督等。最后，从分支机构设置看，主要有两种类型：一种类型实行联邦制，如美国和德国是一种类型。美国把全国划分为 12 个联邦储备区，每个区设立一个中央银行——联邦储备银行，多数都在本区内开设 1 ~2 个分行。另一种类型是直接设总行、分行和其他分支机构，这样做的国家是多数。

三、中央银行的决策机构及其地位

由于各国的政治和经济发展程度存在差异，中央银行的成长情况和所处地位也不尽相同，故中央银行的领导管理体制也各有特点。在领导管理机构的设置上，主要有以下三种情况：一种是分别设立决策机构和执行机构。货币金融决策机构一般由财政部部长、中央银行行长、政府有关部（局）的代表以及工商企业界的代表所组成。这个机构可以自行制定货币金融方面的大政方针和处理重大问题，权力很大。另外，还建立了中央银行的执行机构，即执行最高决策的机构所制定的方针政策。法国、德国、日本、比利时等国就属于这种情况。另一种是决策机构与执行机构合二为一。由中央银行最高权力机构（如理事会）统一制定与执行货币金融政策，如美国、英国、菲律宾、马来西亚等国。最后一种是由国会或议会制定货币金融政策，交中央银行执行机构贯彻实施。

所谓中央银行的地位，是指中央银行与政府和其他有关部门（主要是财政部门）的关系，其实质是中央银行的独立性问题。有些国家的中央银行归财政部领导；也有些国家的中央银行的地位比较超脱，有相当大的独立性；还有些国家的中央银行名义上归财政部领导，但实际上却有相当大的独立性。以下分别介绍这三种类型的主要情况。

意大利银行（即意大利的中央银行），归财政部管辖。该行的最高决策机构董事会召开会议时，财政部派人参加。财政部如果认为董事会通过的决议违背政府法令或有其他重大问题时，有权让银行暂停执行此项决议。

美国、德国和瑞典的中央银行都是直接向国会负责，这就从组织上保证了它们对政府的独立地位。如美国的联邦储备银行在法律上与总统及其他行政当局不存在隶属关系，总统不能干预法律授予联邦储备银行的职权。联邦储备委员会有权独立决定货币金融政策而不必经总统批准（见图 13－1）。如德国财政部虽可派人参加中央银行理事会，但无表决权。

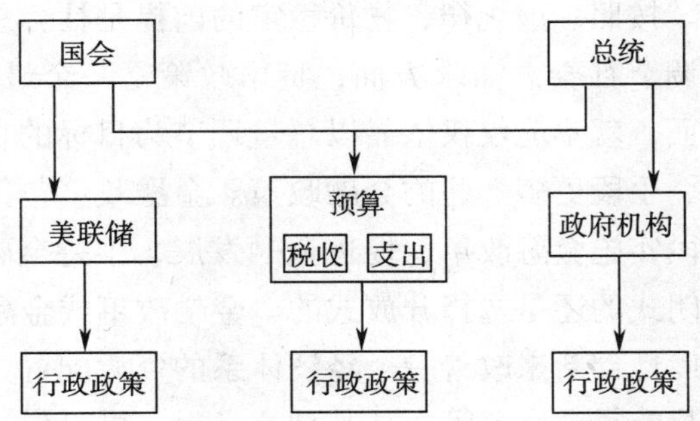

图 13－1　美联储与国会、政府的关系

日本、英国等国的中央银行按照国家法令的规定，受财政部领导。但实际上，在决定政策时，中央银行仍具有相当大的独立性。如日本银行政策委员会（日本银行的最高决策机构）在召开会议时，代表政府的委员在会议上无表决权。又如英国的财政部虽然有权向英格兰银行发布指示或命令，但从未使用过此项权力。

第二节　中央银行的职能

中央银行具有三项主要职能，这就是制定和执行货币金融政策、对金融活动实施监督管理和提供支付清算服务。

一、制定和执行货币金融政策

中央银行作为一国货币政策的制定和执行者，通过对金融政策的制定和执行，运用金融手段，对全国货币、信用活动进行有目的的调控，影响和干预国家宏观经济，实现其货币金融政策的预期目标和职能。

中央银行调节的主要对象是全社会信用总量，它不仅包括货币供应量，还包括信贷总规模。中央银行根据货币金融政策目标的要求来调节全社会信用总量，即调节社会总需求和社会总供给，从而有可能为国民经济的发展创造一个良好的货币金融环境，进而达到调节宏观经济、促进国民经济发展的目的。中央银行通过调节全社会信用总量直接调节社会总需求和社会总供给，这有其必要性，又有条件和可能。因为：(1) 中央银行是独享货币发行权的银行，无论是流通中的现金还是各企业单位在银行的存款货币，都与中央银行的货币供应有直接关系，因此，通过中央银行收缩与扩张货币供应量，就可以调节社会总需求和社会总供给的关系。（2）在市场经济条件下，经济的运转离不开货币资金，尤其是当前，无论企业财务资金还是国家财政资金，都与银行信贷资金有着密切的内在联系，因此，中央银行可以通过调节银行的信贷资金而比较主动、积极地调节社会总供给和社会总需求，为国民经济的健康发展创造条件。

中央银行调节全社会信用总量的首要目的就是保卫本国货币和货币制度，而货币稳定的标志则是物价稳定。按照一般规律，物价稳定的前提是社会总供给与社会总需求的比例关系大体不变。在调节社会总需求方面，货币政策是一个最重要而又有效的工具，但在调节社会总供给方面，就不能仅仅依靠以总量调节为目标的货币政策了，还要依靠比货币政策内容更宽泛、手段更多一些的金融政策。金融政策包括货币政策，还包括通过行政、法令等种种手段实施金融改革，促进金融发展，维持金融稳定。例如，一个国家的金融体系是选择封闭式的还是选择开放式的、金融改革或金融开放的程度和步骤如何确定、怎样用金融制度性创新来改善一个经济体系的资源配置方式等，这些问题靠货币政策是解决不了的，只能靠金融政策。从某种意义上，可以说，中央银行三大职能中的另一职能——金融监管也是金融政策在管理领域的运用。

二、金融监管

中央银行的管理职能是指中央银行作为全国的金融行政管理机关，为了维护全国金融体系的稳定，防止金融混乱对社会经济的发展造成不良影响而对商业银行和其他金融机构以及全国金融市场的设置、业务活动和经济情况进行检查监督、指导、管理和控制。简单地说，也就是中央银行通过其对商业银行以及其他金融机构的管理、对金融市场的管理，达到稳定金融和促进社会经济的正常发展的目的。

金融监管是随着商业银行的产生而产生的，而中央银行则是商业银行发展到一定阶段后从商业银行中分离出来的。也就是说，金融监管制度是先于中央银行制度而出现的。金融监管并不是中央银行的产物。最早的金融监管是各国政府当局的职能，管理的主要内容是银行的注册登记和控制商业银行对银行券的发行。中央银行逐渐从商业银行中分离出来，并不断接受政府的授权，逐步演变成一个特殊的金融机构后，金融监管才逐渐成为中央银行的重要职能。在不同的历史阶段，各国中央银行金融监管的目的、内容、方式、方法和要求不尽相同。中央银行最早的金融监管也是集中在货币发行上。

中央银行进行金融监管的目的：维护金融业的安全和稳定，调整各类金融机构之间及其内部关系，保证公共利益和银行存款户的安全，贯彻执行国家的金融法规和政策，促进国民经济的正常发展，防止金融危机及不适当金融活动对国民经济的危害作用。中央银行的金融监管要有法律依据，只有具有法律依据的管理才能保证管理的权威性、严肃性、强制性和有效性，因此中央银行的金融监管要以完善的金融法律为前提。同时，又要保护金融机构间的适度竞争，以增加银行与金融机构的活力。所谓适度竞争，也就是有限度的竞争。无限制的自由竞争会导致垄断，而垄断必然使金融市场失去活力，对国民经济的发展和金融事业的发展以及对公众利益带来不良后果。无限制的竞争还会提高金融体系运营成本，不利于金融体系的健康运转。

三、提供支付清算服务

现代市场经济的实质是货币信用经济即金融经济，每个市场的参与者，从各级政府、金融机构到各类企业和家庭，为了生产和生活的需要，每天都在进行大量的交易活动，这些活动是在特定的货币信用体系框架中进行的，交易中所牵涉的商品与劳务的转移必须得到一个清算支付体系的支持，而所谓支付体系，就是对市场参与者的债务活动进行清算的一系列安排。一般而言，市场活动越发达，对债务清算安排的要求就越高，而一国支付体系的构造特别是中央银行在支付体系中所发挥的作用如何又直接影响一国经济运行的效率。

经济体系中的债务清算过程就是货币所有权的转移过程。现实经济中的支付货币有三种形式：一是现金，二是存款，三是中央银行货币。其中，中央银行货币是商业银行体系在中央银行拥有的储备账户存款，是商业银行间用于清算同业债务关系的最终货币手段。与支付货币的三种形式相适应，经济体系中的支付系统也可以分为三个层次：第一个层次是现金支付，第二个层次是由商业银行帮助微观经济主体进行的存款支付，第三个层次则是由市场参与者的交易行为产生的债务关系以及商业银行本身在市场活动中产生的债务关系造成的商业银行之间的债权债务关系的清算支付。前两个层次的支付是不需要中央银行介入的，而第三层次的支付则必须由中央银行提供转移支付才能最终完成。以美国为例，在三个层次的支付活动中，主要有三种机构或组织参与提供服务：第一类是各类金融机构，如商业银行、储蓄银行、储蓄与贷款协会、信用社等；第二类是各种私营清算组织，其中包括众多的从事支票托收、经营自动取款机网络及现场销售网络的地方性同业银行组织，还有经营全国性信用卡支付网络及大额资金转移系统的私营机构等；第三类就是中央银行，它既是支付法规的制定者和金融机构支付服务的监管者，同时又经营小额支付系统和大额支付系统，向全国的金融机构提供支付服务，并在全社会的支付清算系统中居于核心和主导地位。

第三节　中央银行的政策工具及其操作

一、金融政策与货币政策的区别与联系

传统的金融理论和金融教科书中都将金融政策看做是货币政策的同义语，这是值得商榷的。一个不容争议的事实是：金融活动的内容远比货币活动宽泛。也就是说，金融

活动可以涵盖货币活动，但货币运行却无法包容金融运行。从这一现实基础出发，以整体金融活动为调节对象的金融政策自然要不同于以需求总量为调节对象的货币政策。

在一个较发达的市场经济体系中，我们看到的最基本的供求关系就是商品与货币之间的对立。在许多经济学家的研究中，往往把商品理解为实物商品和劳务形态的商品，却忽略了金融商品。事实上，所有的金融商品也同普通的商品一样，它们的价值实现与增值同样需要与货币对流，需要完成如马克思所说“惊险的一跃”。20 世纪 80 年代以来，金融工具的不断创新已使得金融商品在传统的货币市场、资本市场之外形成了相对独立的衍生工具市场。显然，金融商品的创造不是货币政策干预得了的，它只属于金融政策的调节范围。与货币政策的调节力度可以用松或紧来衡量一样，金融政策的调节力度也有个松与紧的问题，只不过金融政策的松紧变化与金融商品品种和总量之间的联系渠道更迂回、更曲折而已。金融政策的松紧直接关系到一国的金融开放程度并直接影响到资源配置方式的变化。

在调节手段上，金融政策与货币政策也有明显的区别。一般情况下，货币政策的调节手段分为两类：一是数量调节，如用公开市场业务进行货币供应量调节等；二是价格调节，如用利率、汇率等手段直接或间接影响市场参与者的行为等。金融政策在具有货币政策及其调节方式的基础之外，根据不同的调节对象和调节内容，还具有行政调节、法规调整、制度变革等多种多样的手段。

怎样概括金融政策与货币政策之间的关系呢？我们用一个最简单的图示来描述（见图 13－2）。

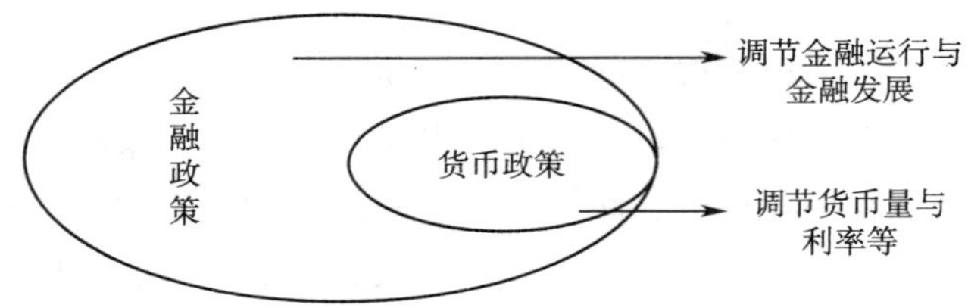

图 13－2 金融政策与货币政策的关系

这个图示会使人们不自觉地想到鸡蛋。如果撇开雅俗不论，那么，金融政策就好比鸡蛋，货币政策则是蛋黄。这种比喻也恰到好处地道出了货币政策在金融政策中所处的核心地位。

二、中央银行的政策工具及其操作

为推行货币金融政策，实现一定的政策目标，各国中央银行都针对本国某一时期的经济与金融情况，采取各种措施对信用与货币运行进行调节和管理。比如，在经济萧条、萎缩或金融市场上信用与货币流通感到吃紧时，中央银行就需要采取信用扩张政策，适当地扩大信贷发放额和货币供应量，以满足市场上对资金的需要；而当经济高涨或金融市场上信用与货币运行出现过度扩张时，中央银行就需要采取信用紧缩政策，减少信贷发放额和货币供应量。如果信用与货币运行的规模与经济金融的增长情况基本适应，中央银行就采取中立政策，既不扩张，也不紧缩。

中央银行扩张或紧缩信用与货币运行是通过操作掌握在手中的货币政策工具来实现的。货币政策工具一般可分为四类，下面就分别加以介绍。

(一) 一般性的信用控制工具

主要包括法定存款准备金率、再贷款率和公开市场业务，一般称做中央银行传统的三大法宝。

(1) 法定存款准备金率。各类金融机构按所接受存款的一定比率，提存一定数额的存款准备金，这种提存的比率一般由中央银行确定，并以法律形式固定下来，称为法定存款准备金率。根据法定存款准备金率计算出来的金额为法定存款准备金。

法定存款准备金建立的最初目的是保持银行资产的流动性，提高银行的清偿能力，从而保证存款人的利益和本身的安全。调整法定存款准备金率是各国中央银行控制信用与货币供应量的一项重要工具。

法定存款准备金率变动同银行现有准备金、市场货币供应量的变动成反比例关系，同联邦基金利率、市场上的短期利率的变动成正比例关系。因此，中央银行可以针对经济的繁荣与衰退以及银根的松紧情况来调整法定存款准备金率，发挥其调节金融的作用。例如，在经济处于需求过度和通货膨胀的情况下，中央银行可以提高法定存款准备金率，借以收缩信用及货币量；如果经济处于衰退时期，中央银行认为有必要加以刺激，则可降低法定存款准备金率，使银行及金融体系能够成倍扩张信用和货币供应量。

在美国，法定存款准备金包括金融机构存于中央银行的现金和金融机构本身的业务库存现金。在英国，合格的准备资产的范围要广一些。除上述两项外，还包括国库券、商业票据和 1 年以下的公债等。各国在法定存款准备金率和准备资产的要求上也不尽相同。各类金融机构提存的法定存款准备金大部分保存在中央银行的账户上，也可以由金融机构自己保留一小部分。法定存款准备金未经中央银行同意，不得随便动用。

法定存款准备金率的高低同存款的种类、期限和规模等因素有关（在美国，最初还与金融机构所处的地理位置有关）。存款期限短的法定存款准备金率就高，存款期限长的就低，所以，定期存款的法定存款准备金率比活期存款的要低。存款金额大的法定存款准备金率高、存款金额小的法定存款准备金率就低。

法定存款准备金的计算，在美国一般是：应提存的准备金 = 以两周前的平均存款金额为基准算出的每周平均数，即第三周银行准备金法定限额根据第一周存款的平均数来计算。这样，银行发现准备金不足时，有相当时间设法调整。同时，按 7 天期限计算准备金和法定限额的平均数的做法，意味着一家银行某几天的准备金的不足可用另外几天准备金的多余来抵消。此外，小额的准备金不足或多余，可以转入计算准备金的下一周。即使某家银行偶尔不能维持其平均准备金额在法定的水平时，也不会有太大的灾难，只是被检查发现时要交一定的罚款。显而易见，任何银行都不愿被判支付罚款，这不仅是经济上的损失，主要是影响信誉和竞争力。

中央银行调整法定存款准备金率，不但影响银行的超额准备，而且也成倍地影响信用机构的信贷和货币供应量的规模。这是因为，在银行与金融体系、信贷、存款量、准备量之间存在乘数放大关系，而乘数的大小则与准备金率成反比。因此，即使法定存款准备金率最微小的变化，比如增减半个百分点，都会对金融和信贷状况发生强烈影响，它“更像巨斧而不像小刀”，它是中央银行手中掌握的一件强有力的但不轻易、不经常使用的武器。银行家尤为不欢迎法定存款准备金率常发生变动。

（2）再贷款、再贴现率（贴现率）。再贷款业务是指中央银行对金融机构的贷款。再贴现业务是指中央银行对其他金融机构请求再贴现（或贴现）或请求给予转贷款的票据、有价证券等。两者都是通过规定一定的标准和条件，影响其他金融机构取得信贷的数额，达到紧缩或扩张信用的目的。

再贷款业务作为通过再贷款规模和利率的控制来影响基础货币量，进而影响信贷总量的中央银行信贷调控手段，其在各国金融调控方式日趋间接化的大背景下，在各国所投放基础货币的比重已趋于下降，如我国主要为支持“三农”和县域经济，促进信贷结构调整之用。再贷款的种类主要两种，即信用贷款（以商业银行的信誉而对其发放的再贷款）和质押贷款（以商业银行持有的有价证券作质押而对其发放的再贷款）。在我国，可作为质押贷款权利凭证的有价证券为国库券、中央银行融资券、中央银行特种存款凭证、金融债券和银行承兑汇票。

再贷款除作为引导信贷投向的手段外，其最为重要的职能为发挥中央银行最后贷款人的职能，即在金融机构出现支付困难，面临挤兑破产威胁时，可能因流动性风险而引发一国或地区的系统性金融风险，而求助中央银行对满足条件的金融机构提供贷款满足其流动性需求。充当最后贷款人的职能最初可追溯至中央银行的鼻祖——英格兰银行对出现资金周转困难的会员银行进行资金支持。而美国在1907年危机，由摩根财团组织对问题信托业进行救助后，也意识到中央银行最后贷款人功能的重要性，这促使了美联储的成立。

再贴现业务可理解为，商业银行等金融机构将已办理贴现的票据到中央银行申请再贴现，中央银行根据当时的再贴现率，从票据总金额中扣除再贴现利息以后，将余额付给商业银行等金融机构，在这种情况下，使用了“再贴现率”这一名词。但美国的情况却有些例外，当联邦储备银行经办会员银行申请贴现业务时，现在使用的是“贴现率”而不是“再贴现率”这一名词。这是因为联邦储备体系刚成立时，会员银行将客户拿来申请贴现的期票向联邦银行申请再贴现，故当时使用“再贴现率”这一名词是确切的。随着情况的发展变化，会员银行拿到联邦储备银行申请贴现的已不再是客户的期票而是政府的债券，因此，就不再使用“再贴现率”而使用“贴现率”这一名词了。这也是合乎情理的。

再贴现政策的作用主要是掌握贷款条件的松紧程度和影响信贷的成本。当提高再贴现率时，表明取得信贷的成本增加，这将减少信贷的需求额，造成市场信贷和货币供给的紧缩；当降低贴现率时，表明取得信贷的成本减少，这会促使信贷的需求额增加，出现市场信用的扩张。调整再贴现率，不仅直接影响到信用机构的筹资成本，而且还间接影响信用机构对企业和私人发放贷款的态度，从而也对企业与个人的经济活动产生影响，因此，调整再贴现率既有增减信贷成本的效果，也有心理上、行为上的影响力。

再贴现率的变动同法定存款准备金以及市场货币供应量的变动成反比，同联邦基金利率和市场上长短期利率的变动成正比。因此，如果中央银行认为经济形势的发展有收缩国内信贷或吸纳外资内流的必要，则应提高再贴现率。反之，如果有放宽国内信贷或阻止外资内流的必要，则应降低再贴现率。

中央银行的再贴现率是国家的标定利率，它表明国家的利率政策与动向，对市场利率起着向导的作用。此外，再贴现率的调整还对人们的心理施加影响，它可以导致工商业投资的收缩或扩张，在一定程度上压抑或刺激经济增长。

中央银行的再贴现政策在各个时期的重要性与掌握上也不是不断发展变化的。以美国为例，在联邦储备体系成立初期，曾把贴现政策视为调节信用的最重要手段，故积极开展再贴现业务。到了 20 世纪三四十年代，由于银行拥有大量的超额准备金，对于联邦储备银行通过贴现业务给予融通资金的需要不甚迫切，贴现政策的地位随之下降。进入 20 世纪 50 年代以后，由于通货膨胀等原因，中央银行经常采用紧缩信用的政策，再贴现政策有自由化和放宽的趋势。目前，许多国家的中央银行对于贷款的抵押品及申请再贴现票据的标准与期限均限于合格的商业票据，贷款的质押品除政府的债券外，其他各种票据与证券均可用来申请再贴现或作为转贷款的担保品，贴现的期限在有些国家已由原来的 3 个月延长到 1 年。

（3）公开市场业务。公开市场业务是指中央银行在金融市场上公开买卖有价证券和银行承兑票据等，从而起到调节信用与货币供给作用的一种业务活动。如果根据经济形势的发展，中央银行认为有收缩银根的必要，则出售债券；反之，如果中央银行认为有放松银根的必要，则应购入证券。公开市场业务的理论基础是前面所讲过的银行体系积累扩张和收缩信贷的能力。中央银行在出售证券时，购买者无论是金融机构还是厂商或居民个人，经过票据交换清算后，必然导致银行体系储备的减少，从而收缩信贷和货币供应；反之，中央银行在购入证券后，也必然会导致银行体系储备的增加，进而扩张信用。

中央银行在公开市场上购买证券数额的变化同其他金融机构所拥有的准备金和市场上的货币供应量的变动成正比，同联邦基金利率以及市场上长短期利率的变动成反比。下面举例说明以上道理（见表 13－1 至表 13－4）。

例一：中央银行向商业银行购入证券 100 万美元，在中央银行账户的资产一方，证券增加了 100 万美元；负债一方，商业银行存于中央银行的存款也增加了同一数目。而在商业银行账户的资产一方，存于中央银行的储备增加了100万美元，证券减少了100万美元；但在负债方，则毫无变动。例二：中央银行向商业银行出售证券，其产生的影响恰好和例一相反。例三：中央银行向非银行体系（企业与个人）购入证券100万美元，以中央银行本票支付。出售者将本票存入自己的往来银行，因此，中央银行账户的资产一方，证券增加了100万美元；负债一方，商业银行存款增加了100万美元。商业银行账户的资产一方，存于中央银行的储备增加了100万美元；负债一方，企业与个人存款增加了100万美元。非银行体系账户的资产一方，银行存款增加了100万美元，证券减少了100万美元，负债方则无变动。例四：中央银行向非银行体系出售证券，其产生的影响恰巧与例三相反。

仔细、耐心阅读上述四例资产负债表变动及其说明就能比较全面、清楚地把握中央银行进行公开市场业务操作时所引起的各种关系变化及其对货币、信贷组合和规模的影响过程。

按照公开市场上买卖对象的范围，可区分为广义公开市场业务和狭义公开市场业务。广义公开市场业务是指公开市场上买卖对象的范围较广泛，包括政府债券、公司债券、银行承兑票据，甚至还包括外汇黄金等。狭义公开市场业务则指公开市场上买卖对象的范围较窄，主要指政府债券，尤指国库券。

表13－1　　例一

中央银行		商业银行	
资产	负债	资产	负债
证券 +100万美元	商业银行存款 +100万美元	储备+100万美元 证券－100万美元	

表13－2　　例二

中央银行		商业银行	
资产	负债	资产	负债
证券 －100万美元	商业银行存款 －100万美元	储备－100万美元 证券+100万美元	

表13－3　　例三

中央银行		商业银行		非银行体系	
资产	负债	资产	负债	资产	负债
证券 +100万美元	商业银行存款 +100万美元	储备 +100万美元	企业及个人存款 +100万美元	银行存款 +100万美元 证券 －100万美元	

表 13-4 例四

中央银行		商业银行		非银行体系	
资产	负债	资产	负债	资产	负债
证券 -100 万美元	商业银行存款 -100 万美元	储备 -100 万美元	企业及个人存款 -100 万美元	银行存款 -100 万美元 证券 +100 万美元	

公开市场业务的买卖方式主要有两种：一种是直接买卖，又称无条件买卖，即中央银行同证券交易商之间的现货买卖。这种交易不附带任何条件，一次交割，一次结清，国库券的买卖主要采用这种交易方式，并通常采取拍卖的方式进行。另一种是订有回购协议的买卖，以及有配伍安排的销售（又称买卖相称协议），这些都是有条件的买卖协定。订有回购协议的买卖是指中央银行向证券经纪商购买证券，约定于规定日期内证券经纪商向中央银行购回证券。此种购买实际上等于中央银行向证券经纪商提供短期贷款。配伍交易是指中央银行先向经纪人出售证券，约定在一定时期内再由中央银行向经纪人购买证券，配伍交易最适用于解决银行准备金临时性过剩问题。

按照中央银行改变准备金的方式，公开市场业务区分为主动操作和防卫操作。公开市场业务最终要影响银行的准备金，达到调节与管理信贷的目的。中央银行主动通过公开市场业务直接影响银行的准备金和利率水平，这就是主动操作。但是，不仅仅公开市场业务，还有其他因素也会影响银行的准备金变动。如果中央银行考虑到某些因素引起银行的准备金变动，可能会干预金融市场，因而采用公开市场业务来抵消这种变动，这就是防卫操作。实际上，主动操作和防卫操作往往结合在一起，不易截然分开。

中央银行的公开市场业务活动所产生的政策效应主要有：第一，调节银行的准备金从而影响银行提供信贷的规模。第二，对直接买卖的那种证券的价格与收益产生影响。第三，影响人们对市场的预期，从而影响一般证券的价格和收益。第四，对政府的财政收支也有影响。中央银行购买政府债券，就是向政府提供资金融通的方便，当政府发行新债券时，中央银行大量购入，就可以使公债的收益率下降，减少政府的利息支出，中央银行还可采取“换券活动”推迟政府在公债方面的财政支出。

以上介绍了中央银行管理金融、控制货币供给的一般性政策手段，即法定存款准备金率、再贴现率和公开市场业务。在西方发达国家，特别是美国，一般认为，公开市场业务是中央银行所掌握的最重要、最常使用的政策工具或手段。这是因为，第一，中央银行运用公开市场业务是对金融市场的“主动出击”而不是“被动等待”。就这点来看，它比再贴现优越。第二，中央银行可以随时决定买卖证券的种类与规模，因而可以随时做精细的调查，便于控制业务效果，这比“一刀切”式地调整法定存款准备金率要优越。第三，公开市场业务由专门机构和人员根据总的政策方针灵活进行，无须经过层层审批的烦琐程序，有利于适应金融市场瞬息多变的需要。

但是，对某一具体国家而言，三项货币政策工具究竟哪项更适用、更有效率呢？这是一个有争议的问题。多数人认为，公开市场业务好是好，但并不是所有国家特别是比较落后的发展中国家所能运用的，因为开展公开市场业务需要具备一定的基础，如首先在流通中必须有足够数量的有价证券，而且长期证券、中期证券和短期证券要配置适当，供有选择地买卖。其次，要有比较发达的、完善的金融市场，保证各种金融工具可以顺利地进行买卖等。这两个重要条件只有少数发达国家才具备，因此，把公开市场业务作为发展中国家中央银行的主要政策工具是不合时宜的。反之，调整法定存款准备金率和再贴现率则较容易在这些国家实施生效，只要把这两项工具配合运用好，作为主要的政策工具也是未尝不可的，待到金融市场发展完善起来，且中央银行有了一定的操作经验时，再主要靠运用公开市场业务也为时不晚。

（二）选择性的信用管制手段

以上介绍的一般信用管制的三个手段主要是调节货币和信贷的供应总量，而不是确定信贷在使用者及用途之间的分配状况，因此，又称为“量的管制”。选择性的信用管制主要是对某一部门所能使用的信贷有很大影响，因此，又称为“质的管制”。这种方法主要有以下几类：

（1）证券投机的信用管理。为了防止证券投机，中央银行对各商业银行办理的以证券为担保的贷款，有权随时规定保证金比率。例如，保证金比率规定为60%，证券购买者就得付出60%的现款，其余40%才能向银行借款。这就是说，如果保证金比率越高，支付现款的比重越大，可以向银行贷款的比重则越小。当证券价格上涨，中央银行认为有出现危机的可能性时，就提高保证金比率；反之，则降低保证金比率。

（2）消费者信用管理。银行可采取措施，干预消费者用分期付款方式购买消费品的条件。例如，提高定金数额，或缩短付清价款的期限，或二者同时并用。由于大部分消费信用是直接或间接由银行贷款支持的，它不仅扩大企业的商品销售，而且直接增加银行存款，增加货币供应量，因此也被列入政策调节范围。

（3）不动产信用管理。这与管理消费者信用的方法基本相同。例如，中央银行为了减轻通货膨胀的压力，防止商业银行对建筑业过多贷款，规定不动产信用每次贷款限额，以及每次最低的偿还条件等。

（三）直接信用管制

中央银行还对商业银行扩大信贷活动进行直接干涉。比较重要的方法有以下几种：

（1）信用分配。这是指中央银行根据经济形势，为避免信用过度扩张，同时也为了使有限资金用于最能发挥效能的用途上，对商业银行的资金用途进行合理的分配，限制其信贷活动。限制信用的方法主要是对商业银行向中央银行提出的贷款申请以各种理由拒绝，或者虽给予贷款，但规定不得用于某些用途等。分配信用通常发生在资金供求不平衡的国家，特别是经济欠发达的国家，由于投资多，而资金来源有限，因此，不得不采取特殊办法。如规定开发的顺序，或者按资金需要的缓急，将有限的资金分配到需要的单位。有的国家和地区还采取设立专项信贷基金的办法，保证某种建设事业的特殊需要。

（2）直接行动。这与信用分配相似，是指中央银行对商业银行的信贷活动直接进行干预和控制。具体方式有以下几种：一是直接限制贷款额度。许多国家和地区在法律上规定，中央银行根据金融情况的变化，在必要时，可对各金融机构或某一类金融机构规定贷款的最高发放额。二是直接干涉银行对活期存款的吸收。也就是说，对支票存款和活期存款的增加额另定存款准备金的比率，不受最高比率的限制，从而限制信贷活动。三是中央银行对业务活动不当的商业银行，认为它违背信贷政策时，可拒绝提供贷款，拒绝其融通资金的要求；或者给予贷款，但采取高于一般利息的惩罚性利率。四是规定各银行放款及投资的方针。分两类：一类是资产项目的限制，如规定商业银行对不动产投资的限制；另一类是贷款额度的限制，如对商业银行发放的中期贷款规定最高额度，对储蓄银行的股票投资、住宅融资规定最高的限制等。

（3）流动比率。这是指中央银行为了限制商业银行创造信用的能力，除规定法定存款准备金外，还规定商业银行对其资产维持某种程度的流动性。流动性资产包括超额准备、银行互助拆借、国库券、可转让定期存单、银行承兑汇票、经短期期票交易商或银行保证的商业本票、公债及其他经中央银行核准的证券。总之，能够较快变成现实货币的资产同负债相比要占一定的比率，以保障存款人的安全，也限制长期性贷款和投资。

（4）利率上限。在1935年美国颁布的银行法案中，就已经有了限制银行定期及储蓄存款所能支付的利率上限的规定。从1935年到1957年，利率没有调整，作用不大；从1957年以后，利率调整次数频繁，对资金来源和资金运用都发生了影响。这种办法是限制商业银行竞相以高利率吸收存款。多年来，对这个办法争论很大。直到1980年4月美国制定《存款机构解除管制及货币控制法案》，进行多项金融改革，其中有一项是利率自由化，利率高限规定也就失去效用了。

（四）间接信用管制

所谓间接信用管制，主要有以下四种：

（1）道义说服。在日本叫“窗口指导”，主要是中央银行向各家银行说明立场，加以劝勉，希望借道义的影响和说服的力量，达到干涉和控制各银行业务的目的。道义说服是采取温和的方式，适用范围较大。但因这种方式无强制性的约束力，能否发生作用决定于中央银行的声望及其与各银行合作的程度，也决定于要说服的金融机构的数目、说服的时机和内容及其详细程度等。因为中央银行控制着商业银行的业务活动的咽喉，所以道义说服是有效的。

（2）金融检查。中央银行代表政府从事金融管理，可以使中央银行不用管制措施而达到管制金融的要求，其中很重要的办法是金融检查。中央银行经常检查各银行的业务活动，一方面有利于维护银行的安全，另一方面也有利于加强对金融的控制。在日本，由日本银行（中央银行）和财政部分别对商业银行进行检查，各两年一次，每个商业银行每年都被查一次。日本银行的检查方法是派出小组，一般是5~6人，对比较大的银行派10人小组。在程序上，先会见商业银行的负责人，了解该行的经营方针；再会见银行各部门的负责人，了解业务情况；然后到现场和分支机构进行实地检查。检查的主要内容有：对每笔贷款考查偿还能力，付息、减息情况，呆账的比例；业务体制是否科学合理，以及现金保管、业务处理能力；分支机构执行总行规定的方针政策的情况。检查完毕，由检查组向被检查行提出检查结果和改进意见；同时，由检查组写出检查报告，直接报告中央银行总裁。

（3）自动合作。这是指通过道义说服方式，要求主要金融机构能够自动合作，以影响信贷活动。例如，美国在1951年3月因朝鲜战争造成国内通货膨胀，实行了“自动信用限制方案”，要求主要金融机构支持重要生产事业，减少投机活动和非生产性的贷款。1965年2月，为缓和国际收支逆差，美国把自动信用限制办法发展为“自动海外信用限制方案”，限制银行向海外进行证券投资和放款。1972年美国采取这种办法限制股利的增长，1973年用以阻止基本利率的上升等。

（4）公开宣传。这是指中央银行利用各种机会向金融界及社会各界说明其金融政策的内容和意义，以求得各方面的理解和支持，从而使金融活动按照中央银行预期的方向发展。中央银行除每周、每月公布资产负债表外，每年还发表年报，不仅公布信贷活动、金融市场和金融机构的状况，而且发表有关财政、贸易、物价和经济发展趋势的资料和详细的统计资料。中央银行负责人利用记者招待会、学术演讲会及其他公共集会，说明金融政策的内容、动向及其制定的根据。

三、中央银行的独立地位问题

中央银行通过各种政策工具，决定着国民经济中货币和信用的供给。因此，在整个货币运行中，中央银行居于控制和调节的中枢地位，是“货币流通的总闸门”。货币运行的规模、结构、质量、速度无一不与中央银行有关，而中央银行控制、调节货币运行的最终目的又是要保证国民经济整体目标的实现。这样，当今世界各国都把中央银行及其政策作为管理宏观经济的主要工具。

不过，有一点需要指出，中央银行的货币调节行为对总体货币的影响在相当大的程度上受中央银行在一国经济调控体系中所处地位的制约，而其地位又在大多数情况下与一定的经济体制有关系。

实际上，中央银行的地位是否真正独立，这对一国的经济管理水平来说并不是至关重要的问题，例如，世界发达国家的中央银行与中央政府和财政部的关系也存在各种各样的模式，问题的实质在于选择什么样的资源配置制度、宏观管理人才选拔制度及合理的决策程序，这才是提高经济运行效率和保障宏观决策科学性的关键。

第四节 中国人民银行的特色金融监管

中国保险监督管理委员会、中国证券监督管理委员会和中国银行业监督管理委员会相继成立后，中国人民银行的金融监督管理职能有所弱化，但中国人民银行肩负的防范和化解金融风险、维护国家金融稳定和安全的职责使其必定拥有特殊的金融监管职能。

一、中国人民银行的金融监管职能

按照2003年修订的《中华人民共和国中国人民银行法》（以下简称《人民银行法》）规定，人民银行具有以下金融监督管理职能：

1. 依法监测金融市场的运行情况，对金融市场实施宏观调控，促进其协调发展。

2. 对金融机构以及其他单位和个人的下列行为进行检查监督：（1）执行有关存款准备金管理规定的行为；（2）与中国人民银行特种贷款（指国务院决定的由中国人民银行向金融机构发放的用于特定目的的贷款）有关的行为；（3）执行有关人民币管理规定的行为；（4）执行有关银行间同业拆借市场、银行间债券市场管理规定的行为；（5）执行有关外汇管理规定的行为；（6）执行有关黄金管理规定的行为；（7）代理中国人民银行经理国库的行为；（8）执行有关清算管理规定的行为；（9）执行有关反洗钱规定的行为。

3. 根据执行货币政策和维护金融稳定的需要，可以建议国务院银行业监督管理机构对银行业金融机构进行检查监督。

4. 当银行业金融机构出现支付困难，可能引发金融风险时，为了维护金融稳定，中国人民银行经国务院批准，有权对银行业金融机构进行检查监督。

5. 根据履行职责的需要，有权要求银行业金融机构报送必要的资产负债表、利润表以及其他财务会计、统计报表和资料。

2008年国务院发布的《中国人民银行主要职责内设机构和人员编制规定》（以下简称“三定”规定）中人民银行的金融监管职责被进一步明确和完善。“三定”规定明确和增加了人民银行的以下金融监管职能：（1）负责会同金融监管部门制定金融控股公司的监管规则和交叉性金融业务的标准、规范，负责金融控股公司和交叉性金融工具的监测；（2）负责对因化解金融风险而使用中央银行资金的机构的行为进行检查监督；（3）制定和组织实施金融业综合统计制度；（4）负责金融标准化的组织管理协调工作，指导金融业信息安全工作；（5）管理征信业，推动建立社会信用体系。其中，人民银行管理全社会征信业等职能属于进一步明确的职能，而监测金融控股公司和交叉性金融工具、管理协调金融标准化工作等属于新增职能。

在本节以下内容中，我们重点介绍人民银行的反洗钱监管、外汇管理、支付结算管理中的账户管理以及征信管理。

二、人民银行的反洗钱监管职能

（一）反洗钱与反洗钱监管的概念

反洗钱与洗钱对立而生。现代意义上的洗钱是指为隐瞒或掩饰犯罪收益的真实来源和性质，通过各种手段使其在形式上合法化的行为。反洗钱是指为预防和打击各种形式的洗钱活动所建立的制度、机构和措施，以及由这些制度、机构和措施构成的相互作用、相互影响、内在统一、协调发展的系统。按照《中华人民共和国反洗钱法》（以下简称《反洗钱法》）的规定，反洗钱是指“为了预防通过各种方式掩饰、隐瞒毒品犯罪、黑社会性质的组织犯罪、恐怖活动犯罪、走私犯罪、贪污贿赂犯罪、破坏金融管理秩序犯罪、金融诈骗犯罪等犯罪所得及其收益的来源和性质的洗钱活动，依照本法规定采取相关措施的行为”。

反洗钱监管是指反洗钱监管机构通过一定的监管手段和方法，督促被监管对象提高对反洗钱工作意义的认识，履行各项反洗钱法律法规赋予的特定义务，建议有效的反洗钱内部控制制度，及时报告可疑交易活动，协助监管机构和执法机关打击洗钱犯罪，维护国家安全、经济秩序稳定，创造公平、公正、透明的政治、经济环境和社会环境。按照《人民银行法》和《反洗钱法》，中国人民银行作为国务院反洗钱行政主管部门，负责监督、检查金融机构和特定非金融机构履行反洗钱义务的情况。2004 年，人民银行设立反洗钱局，作为反洗钱的行政主管部门，具体承担组织协调反洗钱监管工作。

（二）反洗钱监管的对象和主要内容

1. 反洗钱监管的对象。人民银行反洗钱监管的对象是金融机构和特定非金融机构。这里的金融机构是指依法设立的从事金融业务的政策性银行、商业银行、信用合作社、邮政储汇机构、信托投资公司、证券公司、期货经纪公司、保险公司以及国务院反洗钱行政主管部门确定并公布的从事金融业务的其他机构。对于非特定金融机构的范围、其履行反洗钱义务和对其监督管理的具体办法，由人民银行会同国务院有关部门制定。随着人民银行反洗钱工作的整体推进，典当行业、担保行业、第三方支付行业、珠宝和贵金属、拍卖、会计师等洗钱高风险行业逐渐被纳入到反洗钱监管的对象。

2. 反洗钱监管的主要内容。人民银行反洗钱监管的主要内容是监督、检查被监管对象执行《反洗钱法》、《金融机构反洗钱规定》、《金融机构大额可疑交易和可疑交易报告管理办法》、《反洗钱非现场监管办法》、《金融机构客户身份识别和客户身份资料及交易记录保存管理办法》等反洗钱法律法规的情况。具体来看，涉及被监管机构的反洗钱组织架构设置、反洗钱内控机制建设、客户身份识别、大额和可疑交易报告、客户身份资料和交易记录保存等事项。

表 13－5　　人民银行反洗钱监管的主要内容

分类	内容
组织架构设置	反洗钱工作领导机构健全，各成员部门分工明确；有反洗钱专门机构或指定内设机构负责反洗钱工作；反洗钱组织机构运转正常
内控机制建设	反洗钱内部操作规程完善；做好员工的反洗钱培训工作，开展反洗钱宣传；定期开展内部稽核，并及时整改

续表

分类	内容
客户身份识别	按照有关规定制定客户风险等级划分标准，并对客户进行风险等级划分；按照规定要求，做好客户身份识别工作
大额和可疑交易报告	按规定报告大额交易；可疑交易报告正常，无长期零报告情况；可疑交易报告情报价值高；积极配合反洗钱调查，严格执行反洗钱保密规定；按时报送非现场监管报表等资料
资料记录保存	按照规定要求，做好客户身份资料和交易记录保存工作

（三）反洗钱监管的方式和处罚措施

1. 反洗钱监管的主要方式。人民银行反洗钱监管的方式分为两种，即现场检查和非现场监管。反洗钱现场检查是掌握金融机构和特定非金融机构开展反洗钱工作的第一手资料，推进金融机构和特定非金融机构开展反洗钱工作的一项重要手段。反洗钱现场检查的内容主要依据反洗钱相关法律法规来确定，现场检查的方法则要根据现场检查的内容，有针对性的实施。反洗钱非现场监管是指依法收集金融机构报送的反洗钱信息，分析评估其执行反洗钱法律制度的状况，根据评估结果采取相应的风险预警、限期整改等监管措施的行为。

2. 反洗钱监管的处罚措施。依据《反洗钱法》，对于金融机构违反反洗钱监管规定的行为，根据行为、严重程度的不同，人民银行可以分别采取以下措施：责令限期整改，罚款，建议有关金融监督管理机构依法责令金融机构对相关直接责任人员给予纪律处分，建议有关金融监督管理机构依法取消相关直接责任人任职资格、禁止其从事有关金融行业工作，建议有关金融监督管理机构责令金融机构停业整顿或者吊销其经营许可证。

三、人民银行的外汇管理职能

外汇管理是《人民银行法》赋予人民银行承担的一项重要职能，目前，根据人民银行“三定”规定该职能由受人民银行管理的国家外汇管理局承担。

（一）外汇与外汇管理的概念

所谓外汇，是指以外币表示的可以用做国际清偿的支付手段和资产，主要包括外币现钞、外币支付凭证或者支付工具、外币有价证券、特别提款权等外汇资产。外汇管理是指一国政府授权国家货币金融管理当局或其他国家机关，对外汇收支、买卖、借贷、转移以及国际间的结算、外汇汇率和外汇市场等实行的管制措施。我国外汇管理监管的对象不限于金融机构，也包括一般企业和个人，但由于企业和个人的外汇业务多数通过金融机构来代理，因此，银行等金融机构是外汇管理的重要对象。

（二）外汇管理的框架和主要内容

根据《中华人民共和国外汇管理条例》和《国务院办公厅关于印发国家外汇管理局

主要职责内设机构和人员编制规定的通知》，外汇管理部门负责监督检查经常项目外汇收支的真实性、合法性；实施资本项目外汇管理，研究逐步推进人民币资本项目可兑换；负责国际收支、对外债权债务统计和监测；培育发展外汇市场，承担结售汇业务监管，提供制定人民币汇率政策的建议和依据；实施外汇监督检查，对违法行为进行处罚；承担国家外汇储备、黄金储备和其他外汇资产经营管理的责任等。在上述框架下，我国已建立了一个涵盖居民、非居民、自然人和法人等各类主体的侧重于功能监管的外汇管理制度体系。

表 13－6　国家外汇管理局外汇管理的主要内容

分类	主要内容
经常项目外汇管理	通过核对资金流与物流对应情况、规范银行审核外汇收支单证、构建外汇流动非现场监测监管体系等来进行真实性和合法性审核
资本项目外汇管理	主要是事前批准和事后备案，根据直接投资、外债管理、证券投资等不同的资本项目分别实施统计监测、登记管理、规模和额度管理、许可与备案管理等措施
金融机构外汇管理	对商业银行的结售汇业务市场准入管理、非银行金融机构的外汇业务资格审批、对金融机构为客户办理外汇收支业务的合规性检查
国际收支统计与监测	企业或个人按要求将向境外汇款或者从境外收款信息向外汇管理部门申报
外汇储备管理	遵循安全、流动、增值的原则，依法持有、管理、经营国家外汇储备
外汇市场管理	对银行经营外汇零售市场业务进行准入管理，金融机构要按规定执行结售汇综合头寸限额管理，按规定制定并公布挂牌汇价，建立独立的结售汇会计科目，履行结售汇统计、结售汇综合头寸统计、大额交易备案以及其他相关统计义务。在外汇批发市场中交易的币种、形式等由外汇管理部门规定。

（三）外汇管理的检查与处罚

1. 外汇管理检查的手段和措施。《中华人民共和国外汇管理条例》规定了外汇管理机关在实施监督检查时，可以采取的手段和措施。包括可以对金融机构进行现场检查，进入涉嫌违法行为发生场所调查取证，询问有关机构和个人，查阅、复制有关交易单证等资料，查阅、复制有关财务会计资料及相关文件，封存可能被转移或藏匿的文件和资料，查询账户，申请人民法院冻结或者查封涉案财产或重要证据。监督检查人员不得少于2人，并应当出示证件。少于2人或者未出示证件的，有关单位和个人有权拒绝。

2. 外汇管理的处罚。依据《中华人民共和国外汇管理条例》的规定，外汇查处的违规行为主要包括逃汇，非法套汇，资金非法流入或非法结汇，违反外债管理规定，非法经营外汇业务，非法买卖外汇，金融机构违反收付汇、结售汇、外汇市场管理等规定；境内外机构、个人违反国际收支统计申报、报送报表、提交单证、外汇登记等规定。对这些违规行为处罚的幅度、程序等依照《中华人民共和国行政处罚法》、《中华人民共和国外汇管理条例》等进行。如作出处罚决定之前应制作行政处罚告知书，告知当事人所认定的违法事实、法律依据、处罚内容及依法享有的权利等。外汇管理部门还建立了办案程序、案件集体审议等内控制度，以确保依法行使检查职权，保护当事人合法权益。

四、人民银行支付结算中的账户管理

人民银行具有提供支付清算服务的职责，负责全国支付、清算系统的正常运行。为履行这一职能，人民银行在支付结算工作中具有相应的金融监管职能，比如银行账户管理、票据等非现金支付工具管理、银行卡管理、第三方支付监管等，这里我们重点介绍人民银行对银行账户管理的监管。

（一）银行账户管理的概念和监管对象

银行账户管理主要是指按照《个人存款账户实名制规定》、《人民币银行结算账户管理办法》等银行结算账户制度对银行账户的开立、查询、使用、变更与撤销等业务进行管理的行为。加强银行账户管理对于从源头上加强现金管理，规范支付行为，防范违法犯罪活动具有十分重要的作用。人民银行负责监督、检查银行账户的开立和使用，对存款人、银行违反银行账户管理规定的行为予以处罚。人民银行账户管理的监管对象除了银行外还有存款人，对于存款人违反账户管理的行为，人民银行也可对其进行惩罚。

（二）银行账户管理的主要监管内容

人民银行对银行机构账户管理的监管主要是合规监管，主要内容可概括为：按规定要求落实个人存款账户实名制；规范人民币银行结算账户的开立和使用，提高向人民银行报送核准类银行账户的电子信息和书面材料质量，及时报备非核准类银行结算账户；按规定完成银行结算账户年检工作等；加强联网核查管理，按规定做好联网核查工作，及时处理客户的投诉。

表 13－7　　人民银行银行账户管理监管的主要内容

分类	内容
账户实名制	按规定要求核对、登记存款人的身份信息，按规定保守存款人的秘密
银行结算账户管理	按规定为存款人办理银行结算账户的开立和使用，负责监督和检查所属营业部执行情况，制定专人负责银行结算账户的开始、使用和撤销的审查和管理，按要求对单位结算账户实行年检制度，按要求对存款人使用银行结算账户的情况进行监督，开销户、账户资料变动、可疑支付等信息按要求报送
联网核查管理	按规定做好联网核查工作，及时处理客户投诉

（三）银行账户管理监管的主要方式

当前，人民银行的银行账户管理主要通过两个系统来进行，一是账户管理系统，二是联网核查系统。账户管理系统全称为人民币银行结算账户管理系统，是人民银行依据《人民币银行结算账户管理办法》等银行结算账户管理制度开发建设、运用现代化技术手段对银行结算账户的开立和使用进行规范的管理信息系统，是银行结算账户管理制度有效实施的重要支撑，是人民银行实现银行结算账户非现场监管的重要手段。2005 年，账户管理系统（一期）在全国应用，目前应用的账户管理系统是 2007 年升级后的二期账户管理系统。联网核查系统全称为联网核查公民身份信息系统，是为切实落实账户实名制的要求，人民银行会同公安部于 2007 年建成的信息系统，为银行机构在办理银行账户及以银行账户为基础的其他业务时有效识别客户身份提供了权威、便捷的技术手段。

（四）银行账户管理的处罚措施

对于银行违反存款账户实名制规定的行为，依照相关法规，人民银行可以给予警告并罚款；情节严重的，可以并处责令停业整顿，对直接负责人员依法给予纪律处分。对于银行违反人民币银行结算账户管理规定的行为，依照相关法规，人民银行可以给予：警告并罚款；对直接责任人员按规定给予纪律处分；情节严重的，有权停止对其开立基本存款账户的核准，责令银行停业整顿或者吊销经营金融业务许可证。

五、人民银行的征信管理职能

（一）征信业务与征信管理的对象

征信业务是指对与个人信用状况和企业信用状况相关的信息进行采集、整理、保存、加工并对外提供的活动。人民银行的征信管理主要是对从事征信业务的征信机构、业务的监督管理，目前，由人民银行征信管理局负责。征信机构不属于金融机构，但由于商业银行等金融机构要按规定向人民银行征信中心负责的金融信用信息基础数据库报送信贷信息，因此，人民银行也就有权对接入数据库的金融机构进行相应的监督管理。

（二）征信管理的主要内容

对征信机构的监管主要涉及征信机构的设立、高管资格、业务开展等，目前正在征求意见的《征信管理条例》对征信机构的监管重点作出了规定。接入人民银行金融信用信息基础数据库的金融机构属于人民银行征信管理的对象。由于后者涉及金融监管，我们重点介绍。

目前，我国金融信用信息基础数据库主要为企业信用信息基础数据库和个人信用信息基础数据库，即企业征信系统、个人征信系统。企业和个人信用信息基础数据库的信息来源主要是商业银行等金融机构，收录的信息包括企业和个人的基本信息、在金融机构的借款、担保等信贷信息，以及企业主要财务指标。对于接入人民银行征信系统的金融机构，人民银行依照《个人信用信息基础数据库管理暂行办法》等规定对金融机构报送数据的质量和时效、内部安全管理制度和规程、重大事项报送等进行监督和管理，主要内容见表 13－8。

表 13－8　人民银行对金融机构征信管理的主要内容

分类	主要内容
征信系统管理	健全征信系统数据报送、信息查询、异议处理、安全管理等内部管理制度和操作规程；建立重大事项报告机制，及时报告并妥善处理系统运行风险、征信诉讼
企业征信系统管理	数据及时、准确、完整报送征信数据库；加强用户管理，合规查询系统，及时处理异议；认真开展数据质量监测和问卷调查等工作
个人征信系统管理	数据及时、准确、完整报送征信数据库；加强用户管理，合规查询系统，及时处理异议；认真开展数据质量监测和问卷调查等工作

（三）人民银行征信管理的处罚措施

对于征信机构违反征信管理的处罚措施，正在征求意见中的“征信管理条例”将有明确的规定。对于金融机构违反征信管理相关规定的处罚，在《个人信用信息基础数据库管理暂行办法》中有比较详细的规定。对于违反该规定的商业银行，人民银行可按情形不同处以不同的惩罚措施。对未按规定建立相应管理制度及操作规程的，人民银行责令改正，逾期不改正的，给予警告，并处以罚款。对未准确、完整、及时报送个人信用信息的，越权查询个人信用数据库的，违反异议处理规定的，违反安全管理要求的，人民银行责令整改并处以罚款；涉嫌犯罪的，依法移交司法机关处理。对违反特定规定的，人民银行还可建议商业银行对直接负责的董事、高级管理人员和其他直接责任人员给予纪律处分；涉嫌犯罪的，依法移交司法机关处理。

本章小结

中央银行在一国金融体系中处于核心地位，它具有三项基本职能：一是制定和执行货币金融政策；二是金融监管；三是提供支付清算服务。中央银行的货币政策主要是对经济体系中的总供求关系进行调节，使经济达到效率和稳定的目标；金融监管则以防范风险、保障和维持金融秩序为目的；提供支付和清算服务则是为了保证金融体系的高效运行和进行风险监控。中央银行传统的政策工具是存款准备金率、贴现政策和公开市场业务。

思考题

1. 为什么说中央银行以全社会的总供求关系为最终调节目标？
2. 中央银行金融监管的基本内容有哪些？
3. 中央银行应如何处理货币政策独立性与金融监管的关系？
4. 中央银行是如何发挥最后贷款人的职能的？
5. 中央银行是如何运用政策工具去调节金融运行的？
6. 中央银行的独立调节地位问题为什么重要？

第十四章 中央银行与现代支付体系

第一节 支付体系概述

本节对支付体系的基本结构进行简要描述，并对支付风险和支付效率的含义及其影响因素进行简要分析，从而提出一个分析支付体系的基本理论框架。

一、支付体系的基本结构

（一）支付活动

支付（payment）是人类经济活动的重要内容之一。在商品交易中，一方面是代表使用价值的商品交割，另一方面则是代表价值的货币转让。这种货币转让即所谓的“支付”。在国际社会，目前已经存在一整套公认的有关支付的概念体系。根据国际通行定义，支付是指付款人向收款人转移货币的行为，这种货币既可以是中央银行货币（central bank money，包括现金和在中央银行的存款）也可以是商业银行货币（commercial bank money，即在商业银行的存款）。根据承载支付指令的载体（即支付工具）的不同，可以将支付活动区分为现金支付和非现金支付。现金支付是指直接使用现金进行的支付，非现金支付是指利用非现金支付工具进行的支付。非现金支付通常需要依托金融中介机构，并且通常需要开设结算账户，因此非现金支付通常也称为转账支付。在现代经济中，转账支付（或非现金支付，下同）是支付的主要形式。

与支付密切相关的概念有三个，即交易、清算和结算。交易（transaction）是指合同关系的确立过程，其中支付交易是指支付指令的创设、确认和发送过程。清算（clearing）是在相关主体交换支付指令（或商品转移）信息以及计算最终结算债权的过程，其中支付清算是指相关主体交换支付工具或相关信息以及计算最终结算债权的过程。结算（settlement）是指消除双方或多方资金或商品转移义务的行为，其中支付结算是指消除货币债权的行为。无条件和不可撤销的结算称为最终结算（final settlement）。对证券（外汇）交易、证券（外汇）清算和证券（外汇）结算可以作类似的理解。从上述定义来看，交易、清算和结算是一个完整的（转账）支付活动的三个基本环节。

在国内，长期以来，人们经常将非银行机构或个人之间的货币转让笼统地称为（支付）结算，而将银行与银行之间的货币转让称为（支付）清算。这是根据行为主体来区分结算和清算概念。有人认为，这种区分是不科学的。首先，支付（即货币转让）最为重要的属性是其安全性和效率。影响支付安全性和效率的直接因素是从发出支付指令到资金实际入账之间的时间差。这种时间差越短，支付风险越小，支付效率越高；反之，这种时间差越长，支付风险越大、支付效率越低。相比之下，行为主体只是影响支付安全性和效率的比较次要和间接的因素，两者之间没有必然的联系，而交易、清算和结算之间的时间差才是影响支付安全性与效率的关键因素。其次，这种概念结构不利于支付流程的重建和支付流程的标准化，因而也不利于支付服务的市场化。事实上，无论是非银行机构或个人之间的支付还是银行之间的支付，作为货币转让，它们在基本环节、技术、制度等方面不可避免地存在许多共同之处。例如，都可以细分为支付指令的确认和传输、债权的计算以及货币的实际转移等环节，都可能需要传输网络以及自动化处理系统等基础设施。支付流程中的某些环节和基础设施实际上可以从支付活动的整体中剥离，而交由银行之外的其他市场主体进行运作。按行为主体区分清算和结算掩盖了支付流程的具体环节，不利于支付服务的市场化，尤其是难以正确界定中央银行在支付服务中的作用。最后，根据行为主体定义的清算和结算概念显然无法用到其他相关领域。例如，在这种概念框架下，我们将无法理解证券清算和证券结算的含义。

正是基于上述考虑，在本书中，我们将按照国际通行的定义来理解支付、交易、清算和结算等概念。

（二）支付流程和安排

在现金支付情况下，支付活动比较简单。一旦现金被交付，即发生最终结算的效力。在银行充当支付中介的转账支付中，完成一项支付活动的最终结算可能需要经过许多环节。图 14－1 是转账支付下支付指令（包括相关信息）在相关主体（付款人、付款人开户银行、收款人、收款人开户银行）之间流动的示意图。如果付款人使用贷记转账支付，支付工具将由付款人直接发送至其开户银行；如果使用诸如支票或者支付卡之类的借记支付工具，支付工具将由付款人交给收款人，再由收款人提交其开户银行。但在两种情形下，支付工具都需要在两个开户银行间通过某种清算安排进行交换。从最终消

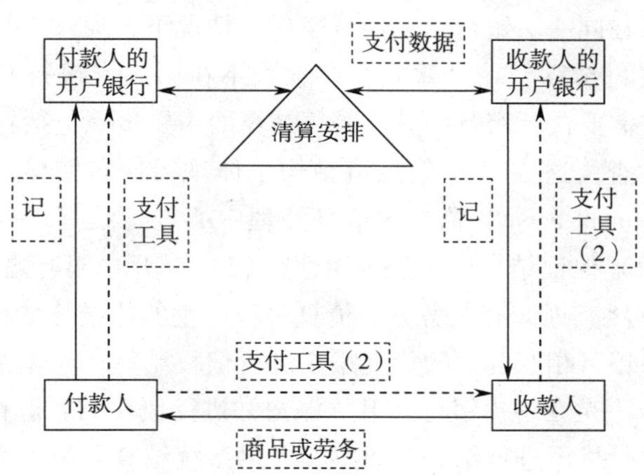

图 14－1　支付流程图

费者（即付款人和收款人）的观点来看，只有当付款人的账户被借记需要支付的金额且收款人的账户被贷记应该接收的金额时，支付过程才会完成。要完成这一过程，需要相关银行进行最终结算。

从分析的角度看，一个完整的转账支付可以区分为交易、清算和结算三个阶段。如前所述，交易是指支付的创设、确认和发送过程。在转账支付中，交易过程还可以细分为以下步骤：（1）对交易相关方身份的确认；（2）对支付工具的确认；（3）对支付能力的确认；（4）收款人和付款人的开户银行对资金支付指令的授信；（5）收款人开户银行向付款人开户银行发送支付信息；（6）对交易的处理。支付工具不同，上述步骤的组合和排列顺序也可能会有所不同。

支付清算是指相关主体交换支付工具或相关信息以及计算最终结算债权的过程。其中，支付工具或支付信息的交换包括：（1）交易撮合（matching），是指比较由交易对手提交的交易细节，以确认其同意交易条件的过程；（2）交易清分；（3）数据托收（包括完整性检查）；（4）数据汇总；（5）相关数据的发送。结算债权包括总额结算债权和净额结算债权两种形式。

在通常情况下，支付清算安排有四种类型：（1）内部安排（in – house arrangement），即收款人和付款人在同一家银行开户，支付信息交换和结算债权计算在该银行内部完成；（2）双边安排（bilateral arrangement），即两家开户银行各自清分和处理相互之间的支付信息流；（3）第三方安排（third party arrangement），即开户银行利用共同的第三方（另一家独立的银行）作为代理行进行清算；（4）多边安排（multilateral arrangement），即开户银行依据一套共同承认的章程，相互提交和交换与资金转账有关的数据或者文件。事实上，在上述基本安排的基础上还可以进行更为复杂的组合。例如，一家代理行可以为其代理的银行向同城清算所提交支付指令以进行清算，即进行双边安排和多边安排的组合。

付款人和存款人在同一家银行开立银行账户的情况下，通过在该银行账簿上进行直接转账就可以完成支付结算。在付款人和存款人不在同一家银行开立银行账户的情况下，支付活动的完成需要进行跨行结算。跨行结算的主要步骤包括：（1）对待结算债权进行托收和完整性检查，这在Y形信息流结构下体现得比较明显。在这种信息流结构下，结算机构（settlement agent）需要向信息处理中心进行结算债权托收并对相关信息进行完整性检查；（2）保证结算资金的可用性；（3）对开户银行之间的债权进行结算；（4）记录结算信息并将其通知有关各方。清算过程产生的待结算债权可以两种方式得以结算：一是通过开户银行相互开立的代理账户进行债权结算，二是在作为结算机构的第三方（绝大多数情况下是在中央银行）开立账户并进行债权结算。在通常情况下，大额支付系统采用中央银行货币进行结算，而小额支付系统结算既可以由中央银行完成，也可以由专门的代理银行完成，这意味着小额支付系统的结算可以采用中央银行货币，也可以采用商业银行货币。

（三）支付体系

最初的支付是通过付款人向收款人直接交付货币得以完成的，这里没有专业化服务组织的介入，支付服务完全是“自给自足”的。在银行等专业化支付服务组织产生以后，支付可以通过委托银行等中介组织得以完成，这实际上是实现了支付服务的专业化和市场化。随着商品经济的不断发展、银行体系以及金融基础设施的不断完善，支付服务中的委托代理关系也日益复杂。在现代社会，一笔支付业务的完成可能需要穿越从商业银行到中央银行的整个银行体系，经过一系列复杂的交易、清算和结算安排。因此，在现代社会中，支付活动通常是在一个非常复杂和高度一体化的支付体系中得以完成的。

从分析的角度看，我们可以抽象出支付体系的四大基本要素，即支付主体、支付工具、支付系统和支付管理体制。其中，支付主体是指支付活动的参与者。从历史发展的角度看，在支付服务的“自给自足”阶段，由于支付活动仅仅涉及付款人和收款人，因此，这时的支付主体也就是货币的收付双方。在支付服务实现专业化之后，由于支付服务中介组织的介入，支付主体除了收款人和付款人之外，还包括支付服务中介机构。其中，收款人和付款人是支付服务的需求者，或支付服务的最终消费者（end user），包括个人、企业、事业单位、政府和有时作为最终消费者的金融机构等。支付服务中介机构是支付服务的提供者，主要包括商业银行和中央银行；除此之外，邮政机构、钱庄、票号等机构也是当代或从前某些国家支付服务的重要提供者。银行在为社会提供支付服务时，往往需要客户在该银行开立账户，以便从会计上反映银行与其客户之间存在的“债权债务”关系和委托代理关系。当账户只用于现金存取时，称为储蓄账户（saving account）；当账户可用于转账结算时，称为结算账户（settlement account）或支票账户（cheque account）。开立结算账户是办理转账支付的前提和基础。

支付工具（payment instrument）是指可以实现货币转让的工具。在现实生活中，经常使用的支付工具有现金、票据、银行卡、信用证以及其他支付凭证。在使用贵金属进行结算的情况下，由于贵金属本身就是货币，贵金属的转让本身就是货币的转让，因此，贵金属本身就是支付工具。在使用现金进行结算的情况下，由于现金的转让也代表着货币的转让，因此现金本身也是支付工具。在使用银行存款进行结算的情况下，银行存款作为一种债权，其转让必须借助一定的货币转让指令载体（如支票、汇款凭证），这种货币转让指令载体就是支付工具。在现代社会，由于很少使用贵金属进行结算，因此，一般可以将支付工具区分为现金支付工具和非现金支付工具。与支付工具密切相关的一个概念是“支付方式”（payment method，或结算方式）。严格地讲，支付方式是指完成货币转让的程序性方法。支付工具侧重体现货币转让指令的载体，而支付方式则侧重体现货币转让的处理程序。特定的支付工具必然依托特定的支付方式，而特定的支付方式也必然使用特定的支付工具，因此两者存在着对应关系。在实践中，人们通常将支付方式分为现金、支票、直接贷记、直接借记、卡支付、其他支付方式等。在本书中，我们不对支付工具和支付方式作严格区分。

支付系统（payment system）是指传输货币转让指令并完成货币转让的一整套安排。在使用贵金属进行结算的年代，即支付服务的“自给自足”时代，通过贵金属的交付即可完成货币的转让。因此，这时的支付系统和支付工具是同一的。随着银行等支付服务中介组织对支付活动的介入，支付链条被极大地拉伸了，支付活动从原来的付款人和收款人面对面直接转让货币发展到通过一系列中间环节间接地转让货币。在这种情况下，除了要对非现金支付工具承载的支付信息进行确认和传输外，还要对其进行清算和结算，以便最终完成货币从付款人向收款人的转让。尤其是随着金融体系和科学技术的不断发展，支付系统也日趋精巧和复杂。从不同的角度，支付系统可以进行不同的分类。例如，根据其是否涉及跨行，支付系统可以划分为行内支付系统和跨行支付系统；根据其覆盖的范围，支付系统可以划分为同城支付系统、全国支付系统和跨国支付系统；根据其使用的技术，支付系统可以划分为手工支付系统和电子支付系统；根据支付指令的结算时间，支付系统可以划分为实时结算系统和延迟结算系统；根据支付指令是否进行轧差，支付系统可以划分为总额结算系统和轧差结算系统；根据支付系统的服务对象和处理金额，支付系统可以划分为小额支付系统（或零售支付系统）和大额支付系统（或批发支付系统）；根据重要程度，可以将支付系统划分为具有系统重要性的支付系统（systematically important payment system）、非常重要的支付系统和一般重要的支付系统等。

支付管理体制是指支付体系中政府和市场关系的处理模式。在人类经济活动发展的很长一段时期内，支付都是依据当时的社会习惯或风俗自发地进行的。法定货币的出现是国家第一次直接地对支付活动进行干预。此后，国家出于维护支付秩序、保护支付安全、提高支付效率、获取财政收入等目的，不断采用法律、行政、经济等手段对支付活动或支付市场进行干预。例如，制定专门的《支付系统法案》、对支付服务市场的进入实行行政许可、中央银行直接提供大额资金转账清算和结算服务、通过制定或参与制定行业技术标准或业务标准推动支付创新等。支付管理体制是影响支付体系整体安全性和效率程度的重要因素之一，主要受各国经济金融体制和中央银行的观念和政策的影响。

综上所述，支付主体是货币转让服务的消费者和提供者，支付工具是货币转让信息的载体，支付系统是货币转让的通道，管理体制是货币转让的基本规则，四者相互联系、相互制约，共同搭建了支付体系的完整框架。各国支付体系的发展过程，就是支付体系的基本要素不断调整变化以及支付系统与该国的经济、政治、文化、技术等外部环境相互作用和不断互动的过程。

二、支付风险与支付效率

评价支付体系的完善程度，最为宏观的指标就是该支付体系的安全程度和效率。同时，防范和化解支付体系风险、提高支付体系效率也是中央银行关于支付体系的最为核心的公共政策目标。

（一）支付风险

从支付指令发起到支付指令的最终结算，支付相关方（付款人、收款人及其开户银行等）可能面临某种风险，我们将这种风险统称为支付风险。在支付风险中，最为宽泛的一个概念是结算风险（settlement risk），即结算不能按预期发生的风险。结算风险由信用风险（credit risk）和流动性风险（liquidity risk）组成。其中，流动性风险是指交易对手不能按期而只能在之后的某一时间完全履行其义务的风险，信用风险是指交易对手不仅不能按期而且在此之后也不能完全履行其义务的风险。付款的延迟可能迫使收款人从其他来源获得资金，这可能导致较高的财务成本或者损害其信誉。信用风险通常与交易对手的破产相关，通常包括损失尚未实现的收益的风险（称为重置风险）以及损失交易价值的风险（称为本金风险）。应该注意的是，在中央银行之外的其他金融机构（如商业银行）充当结算机构（settlement agent）的情况下，由于这些结算机构也存在流动性不足或破产的可能，因此支付系统的参与者将不仅面临来自直接交易对手的流动性风险或信用风险，而且面临来自结算机构（即中央对手方，central counterparty）的流动性风险或信用风险。

从风险来源的性质来考察，交易对手的财务困难（包括流动性和营利性出现问题）显然是结算风险的主要来源。为限制此类风险来源，通常需要设置参与标准、限制风险暴露规模以及提供抵押等。除此之外，技术、管理、法律等因素显然也是结算风险的重要来源。为便于分析，人们经常使用运行风险（operational risk）、法律风险（legal risk）和欺诈风险（risk of fraud）等概念对这些风险来源进行刻画。其中，运行风险是指由于管理原因或技术原因导致不能按期结算的风险，通常包括数据通信、传输和处理失败的风险，例如系统硬件、软件或网络出现问题，内部控制失效，发生人为错误等。控制运行风险的基本方法包括对相关系统和数据进行备份、加强内部控制等。法律风险是指因无法可依或者法律不明确导致不能按期结算的风险。轧差结果的有效性、支付指令的撤销、支付工具创新等领域通常是重要的法律风险点。例如，某些国家的破产法规定，当一个机构被宣布破产时，该机构从被宣布破产之日凌晨零点起发生的所有交易一律无效（零点规则，zero rule）。在破产法存在零点规则的情况下，如果支付系统的某一参与者破产，那么将有可能导致双边或多边轧差结果的无效。降低法律风险的基本方法是完善相关法律，清晰界定各种可能情况下的权利和义务关系，消除破产法中的零点规则等。欺诈风险是指交易对手采取欺诈手段进行支付活动导致财务损失的风险。例如，收到伪造或变造支付指令（假币、克隆票据等），接到以虚假身份发送的贷记支付指令。票据、网上支付、卡支付、电子货币等领域通常是欺诈风险的高发地带。采用诸如 PIN（Personal Identification Number）之类的个人验证代码、采用具有逻辑控制功能的注册设备（如 POS 终端）、对账户余额进行在线验证、规定支付工具的物理特征（如格式）、在票据上采用支付密码（序列号和校验码）、对于卡支付或网上支付使用数据证书机制（或公共密押机制，Public Key Infrastructure，PKN）等措施是降低欺诈风险的常用办法。

从时间角度进行考察，结算风险的两个主要来源是：（1）交易一方发起交易与其最终履行义务之间的时间差；（2）交易双方最终履行义务之间的时间差（即完成货币转让义务与完成商品交割义务之间的时间差）。在支付活动中，第一类时间差（表现为发起支付信息与其最终结算之间的时间差，简称结算时滞，settlement lag）是结算风险的主要来源之一。结算时滞可能导致信用风险。如果支付信息的传输和结算不能同步进行，那么最终结算将发生在获得信息之后，而只要最终结算没有发生，那么任何根据未结算的信息进行的货币转让活动都是附带条件的（conditional）。例如，由于竞争压力或者规章规定，收款人开户银行可能在来账尚未结算之前贷记收款人的账户。这时，如果结算最终不能发生且收款人开户银行不能够撤销其已经进行的资金转账，那么收款人开户银行将面临本金风险。结算时滞也可能导致流动性风险。在结算完成之前，开户银行将不能确定它将获得多少资金，因而也不能确定其流动性是否充分。如果在规划其流动性需求时，开户银行高估了其可能获得的资金，那么它可能面临流动性短缺。实时结算机制是消除结算时滞和此类风险的重要安排，这一点我们将在第二节作详细介绍。第二类时间差（有时也称异步结算，asynchronous settlement）是外汇交易和证券交易（或更为一般的价值交换）中本金风险的最大来源。在异步结算情况下，由于资产出售人已经交割资产但尚未收到付款或者已经付款但尚未收到资产，因此可能导致与相关资产本金价值相当的损失。交割对支付机制（delivery versus payment）保证当且仅当支付结算发生时资产交割才会发生，从而为消除此类风险提供了一种机制。

结算风险既可以发生在单个支付主体层面，也可以发生在系统层面。如果风险仅仅发生在单个支付主体层面，那么当风险暴露时，受损失的仅仅是单个支付主体，而支付系统或支付体系并不会受到冲击。但如果风险发生在系统层面，那么当风险暴露时，支付系统、支付体系甚至实体经济都可能受到较大的影响。从风险影响的性质来看，可以将支付风险划分为系统性风险（systemic risk）和非系统性风险（non - systemic risk）。其中，系统性风险是指一个参与者不能按期履约导致另一个参与者也不能如期履约的风险。由于支付系统本质上是一个网络，因此它是系统性风险传播的关键渠道。从理论上讲，由于轧差结算系统存在轧差结果被“清退”（unwinding）的可能，因此轧差结算系统的系统性风险要大于总额结算系统的系统性风险。清退是指当某个参与者不能结算其债务时，清除与该参与者相关的部分或所有支付指令，并根据剩余的支付指令对其他参与者的结算义务进行重新计算的过程。因此，当清退发生时，每个幸存的参与者的流动性将发生变化，即清退程序具有从违约参与者向其他参与者传递流动性压力和损失的效应。在极端情况下，它可能导致巨大的、不可预期的系统性风险。此外，由于风险总规模与交易金额正相关，因此大额支付系统的潜在风险通常要高于小额支付系统的潜在风险。

（二）支付效率

与人类的任何一项经济活动一样，支付活动作为一种经济活动，必然耗费一定的经济资源，因而也必须遵循效率原则，即在满足消费者偏好的前提下实现支付服务成本的最小化。从分析角度看，由于现代支付体系往往表现为“最终消费者—商业银行（或其他支付服务组织，下同）—中央银行”这样一个分层结构，因此，对支付效率的分析也可以从最终消费者、商业银行和中央银行这样三个层次进行。

从最终消费者的角度看，支付效率表现为能够以最低的成本获得便捷、安全、快速的支付服务。便捷性是指获得支付服务的方便程度。例如，卡支付的便捷性在很大程度上取决于用卡环境，如果缺少必要的终端设备（如POS和ATM），那么使用卡支付就非常地不方便。安全性是指使用某项支付服务的可靠程度。例如，使用现金支付面临现金被伪造或被偷盗的风险，使用支票进行支付面临支票被变造、伪造或出票人余额不足的风险。速度是指从付款人发出支付指令到收款人实际收到资金所需要的时间。这取决于所使用的支付工具、所依托的支付系统等一系列因素。例如，如果使用现金进行远程支付，付款人需要将现金带给收款人，这将与交通发达程度相关。又如，如果使用汇款方式，那么将取决于其选择的支付路径以及相关系统的处理速度。在支付服务满足最终消费者偏好的便捷性、安全性和速度的前提下，最终消费者还希望该项服务在价格上也是可以接受的。对于最终消费者而言，支付服务的价格主要取决于该项服务的提供成本及该项服务的替代性和竞争性等因素。

从作为支付系统参与者或者中央银行支付服务消费者的商业银行的角度而言，支付效率表现为以最低的成本获得为最终消费者提供支付服务所必需的市场竞争力。作为某一支付系统的参与者，商业银行发生的成本可以划分为直接成本和间接成本。直接成本主要包括商业银行发生支付业务时向系统运行者支付的费用（会员费和交易费等），间接成本主要包括提供抵押品的机会损失、保持一定的结算账户存款余额的机会损失、交易对手发生违约时需要承担的预期损失等。商业银行发生的成本主要取决于其参与的支付系统的性质。例如，如果商业银行参与的是一个以中央银行货币作为结算资产的实时总额结算系统，那么其面临的交易对手违约的预期损失将较小，但其保持结算账户存款余额的机会损失将较高。

中央银行属于不以盈利为目的的公共部门，中央银行将以社会福利最大化为目标来评价支付效率。在支付体系的运行过程中，由于自然垄断、信息不对称、负外部性等市场缺陷，支付体系可能存在效率较低或风险较高的现象。中央银行将通过直接提供支付服务、对支付体系进行监督以及促进支付创新的手段维护支付体系的安全性与效率，以努力实现支付领域的社会福利的最大化。例如，中央银行通过为社会提供结算资产，降低支付系统参与者面临的中央对手风险；通过为社会提供公共的支付服务平台，促使中小银行参与支付服务竞争；通过统一支付服务的技术标准和业务标准，实现支付服务的网络经济效应，并打破支付技术应用中的路径依赖。因此，从中央银行的角度评价支付效率，就是从整个社会的角度评价支付体系的效率，这种“社会效率”或“宏观效率”是支付体系的安全性与效率的有机结合，其评价标准是社会福利的最大化。

第二节 支付系统

一、支付系统的结算特征

跨行支付系统是银行之间为自己或其客户进行资金转账所作的安排。根据其处理的对象，通常可以将跨行支付系统划分为大额支付系统和小额支付系统。小额支付系统的业务量相对较大，但其单笔支付金额较小，主要处理支票、自动清算所、POS 资金转账等业务。大额支付系统的业务平均金额巨大并且具有较强的时间要求，主要处理与货币市场、证券交易、外汇交易等相关的支付业务。由于大额支付系统通常是货币政策传导的主要平台，因此，中央银行非常关注大额支付系统的运行。将支付系统划分为大额支付系统和小额支付系统是理论界最为常用的划分方法，其主要目的就是判断其在金融体系中的重要性，以便中央银行关于支付体系的公共政策的实施。在本节中，我们将主要从支付系统设计的角度来考察支付系统，这种考察角度对于分析支付系统的风险和效率具有非常重要的意义。

在跨行支付系统中，在暂不考虑支付信息在最终消费者之间传递的情形下，资金转账过程涉及两个关键要素：第一个要素是支付信息（或转账信息）在付款银行和收款银行之间的传输。资金转账起源于付款银行发起要求将资金转让给收款人的支付指令或信息。支付信息需要根据预定的规则和运行程序进行处理。处理的过程包括信息的确认、配对和头寸计算等环节，即包括支付交易和支付清算两个环节。第二个要素是结算，即资金在付款银行和收款银行之间的实际转账。最终结算消除了付款银行对收款银行在资金转账方面的义务。一般而言，银行间的资金转账既可以通过中央银行账户（即中央银行货币），也可以通过商业银行账户（即商业银行货币）进行。但事实上，由于中央银行货币所具有的相对优势，因此绝大多数的大额支付系统的结算都是通过中央银行账户进行的。

根据资金转账的上述两个关键因素，我们可以设计出具有不同风险和效率特征的支付系统。从结算发生方式的角度，我们可以设计出轧差结算系统（netting settlement system，或净额结算系统）和总额结算系统（gross settlement system，或非轧差结算系统）。在轧差结算系统中，支付指令根据系统规则和程序进行双边或多边轧差，系统参与者在结算时获得或支付的是其双边或多边结算净头寸，即其在某一特定时点（与某一交易对手或所有交易对手之间的）所有来账总金额减去所有往账总金额的差额。在总额结算系统中，不存在参与者之间支付义务的双边或多边轧差，参与者在结算时必须根据与其相关的每笔支付业务的总额获得资金或付出资金，因此，总额结算又被称为逐笔结算。

从结算发生频率的角度，我们可以设计出定期结算系统（deferred settlement system，或递延结算系统）和实时结算系统（real - time settlement system，或连续结算系统）。两者的根本区别在于支付指令是在预定的时点进行结算还是连续进行结算。对于定期结算系统而言，支付指令在一个或几个预定的时点发生最终结算效力。其中，每个营业日只进行一次最终结算并且最终结算发生在营业日末的定期结算系统称为日终结算系统。实时结算系统是指在营业日内可以连续发生最终结算效力的系统，或者在发送行流动性充分时立即对相关的支付信息进行结算的系统。

表 14－1 给出了根据结算特征划分的支付系统类型。从中可以看出，根据结算特征，我们可以将支付系统划分为定期总额结算系统、定期净额结算系统（Deferred Netting Settlement System，DNS 系统）和实时总额结算系统（Real－time Gross Settlement System，RTGS 系统）。根据相关定义，净额结算涉及交易的累计以对借记头寸和贷记头寸进行轧差，而实时结算则必然是逐笔进行结算，因此，净额结算与真正的实时结算是不相容的，即在理论上不可能存在所谓的“实时轧差结算系统”。

表 14－1　　支付系统类型

结算特征	总额结算	轧差（净额）结算
定期（或递延）结算	定期总额结算	定期净额结算（DNS）
实时（连续）结算	实时总额结算（RTGS）	不存在

应该指出的是，上述支付系统（如 RTGS 系统和 DNS 系统）的区分标准是其结算特征，而不是信息的传输和处理特征。与许多实时总额结算系统一样，许多轧差结算系统对支付信息的传输和处理也是实时的。

在下文中，我们将主要介绍实时总额结算系统和轧差结算系统的运行机制及其效率和风险特征。事实上，介绍实时总额结算系统主要是从结算发生频率的角度分析不同的结算机制对支付效率和风险的影响。特别地，因为“实时”结算必然是总额结算，所以实时总额结算系统对支付效率和风险的影响本质上是“实时”这一特征对支付效率和风险的影响。介绍轧差结算系统主要是从结算发生方式的角度分析不同的结算机制对支付效率和风险的影响。

二、实时总额结算系统

（一）实时总额结算系统概述

实时总额结算系统（以下简称 RTGS 系统）是指支付指令的处理和最终结算都实时（连续）发生的总额结算系统。RTGS 系统通常是一个电子化系统，使用电信网络实时传输和处理支付信息。作为总额结算系统，RTGS 系统的指令结算是逐笔进行的，即不存在借方和贷方的轧差。作为实时结算系统，在发送方具有足够资金的情况下，RTGS 系统连续发生最终结算效力。因此，RTGS 系统表现为可以为单笔支付指令提供实时最终结算的支付系统。在十国集团（G10）中，美国的 Fedwire 是最早出现的自动化 RTGS 系统。建立在自动化基础上的 Fedwire 现代版本启动于 20 世纪 70 年代。20 世纪 80 年代末，在十国集团中有6个国家引入了RTGS系统或带有RTGS机制的大额支付系统。这些系统是荷兰的FA（1985年）、瑞典的RIX（1986年）、瑞士的SIC（1987年）、德国的EIL－ZV（1987年）、日本的BOJ－NET（1988年）和意大利的BISS（1989年）。目前，不仅发达国家都建立了RTGS系统，而且大部分的发展中国家也建立了自己的RTGS系统。

RTGS系统为限制跨行资金转账中的结算风险和系统性风险提供了强有力的机制。由于RTGS系统具有连续发生日间最终结算能力，因此它可以最小化甚至消除结算过程中的风险。具体而言，RTGS系统可以极大地缩短信用风险和流动性风险的暴露期限，如前所述，这种结算时滞是结算风险的主要来源。因此，如果发送行具有足够的资金，那么结算时间差将接近于零，跨行资金转账的主要风险来源可能被消除。作为该功能的一个延伸，将RTGS机制用于其他价值转账系统将有助于降低这些系统的信用风险（本金风险）。由于RTGS系统可以在营业日的任何时间发生资金最终转账效力，因此资金的最终结算可以同资产的最终交割相一致，即当且仅当交易的一方发生时，交易的另一方才会发生。正是基于这种功能，RTGS机制为DVP、PVP提供了重要的基础，并因此在降低证券交易和外汇交易的结算风险方面发挥着重要作用。

更为重要的是，RTGS系统还为降低系统性风险提供了有力保障。首先，日间结算风险的急剧减少可以显著降低参与者不能承担因某一参与者违约可能造成的损失或流动性短缺的可能性。其次，RTGS系统由于连续发生最终结算效力，因此排除了清算结果被清退的可能性，而这是轧差结算系统引致系统性风险的重要原因。最后，由于在RTGS系统中，参与者原则上可以在日间自行选择最终结算的发生时间。因此，结算压力不会集中在某一时点，这使得参与者可以有更多的时间去解决流动性等问题。

假如RTGS系统的结算最终性不存在任何法律障碍，那么其连续日间最终结算面临的唯一结构性问题就是发送行在日间可能会面临流动性约束，即在发送支付指令时其结算账户余额不足以结算该支付指令。在RTGS系统中，流动性约束具有两个基本特征：一是该约束是一种连续性约束而不是在某一时点才会面临的约束；二是通常需要使用中央银行货币才能解除这种流动性约束。

在实践中，各国的RTGS系统存在巨大的差异，表现在日间流动性机制、排队机制、信息流结构、产权结构和准入政策、储备金要求和中央银行账户结构、RTGS系统与其他系统的关系等方面。这些差异反映了各国金融机构和经济结构的差异，对RTGS的运行有着重要影响。在本节，我们将侧重于分析三个因素，即中央银行的日间信贷政策、信息流结构和排队机制。

（二）RTGS系统的日间流动性机制

对于RTGS系统的参与者而言，在结算时存在四个可能的资金来源，即中央银行账户余额、来账、中央银行信贷以及从其他银行借款。中央银行账户余额是用于转账的流动性的基本来源。在某一给定时点，某一参与者的中央银行账户余额由初始余额（隔夜余额）、所有的支付活动以及中央银行的信贷等因素决定。来账的重要性取决于支付流模式及其可预测性。许多中央银行通常通过完全抵押的日间透支或者免费的证券回购提供日间信贷，某些中央银行也提供某种形式的隔夜流动性机制。参与者还可以从货币市场借入资金。中央银行信贷可以看做是为系统提供额外流动性的外部流动性支持，而货币市场则仅仅是流动性在系统间进行再分配，虽然这种再分配对于减少参与者对中央银行账户余额以及中央银行信贷的依赖具有重要的意义。

在实践中，各国中央银行的日间信贷政策并不一致，例如，SIC（瑞士）和 BOJ - NET（日本）并不为参与者提供日间信贷。在 ELLIPS（比利时）、EIL - ZV（德国）、BI - REL（意大利）、TOP（荷兰）、RIX（瑞典）和 Fedwire（美国）中，中央银行的日间信贷通过日间透支机制提供。除了 Fedwire 之外，其他系统的日间透支必须进行全额抵押。在 CHAPS（英国）和 TBF（法国）中，中央银行虽然不允许日间透支，但允许采用日间回购机制获得日间流动性。中央银行是否为系统提供日间信贷，部分取决于中央银行是否仅仅将支付系统视为完成资金结算的机制。如果持有这样的观点，那么就没有必要为支付系统提供特殊的流动性机制。当然，为系统提供日间流动性机制也可能是中央银行为整个银行体系提供流动性的一个自然延伸。此外，为保证系统的平稳运行，也可能需要提供流动性机制。

日间流动性可以从单个参与者和系统的角度分别进行计量。从单个参与者的角度而言，日间流动性可以定义为该参与者在某一给定时点结算某一给定金额和数量的支付指令的能力。具体而言，单个参与者的日间流动性又有两种计量方法。一种是建立在实际现金流基础上的净日间流动性，即中央银行账户余额减去所有正在排队的往账金额；另一种是建立在潜在现金流基础上的净日间流动性，即中央银行账户余额加上所有正在排队的来账金额减去所有正在排队的往账金额。相应地，如果净日间流动性为负，那么该参与者将被视为流动性不足。从系统的角度看，日间流动性概念与系统用于及时处理所有或大部分支付指令的资金数量有关。然而，系统流动性并不是所有参与者的净日间流动性的简单相加，其关键在于流动性在参与者之间的分布。系统出现非流动性的表现之一为栅锁（gridlock）。栅锁是指某些支付指令不能及时结算时将导致大部分其他支付指令也不能结算的现象。在系统总体流动性充分但分布不合理的情况下可能会出现栅锁。与系统流动性相关的另一个重要问题是在使用来账作为流动性来源时可能存在负外部性。例如，参与者可能故意拖延其支付时间以利用来自其他参与者的来账。如果这种行为比较普遍，那么系统可能会自动出现栅锁。当然，担心其他参与者将对这种行为进行报复可能有助于阻止这种行为。此外，竞争压力、中央银行的干预以及定价策略等也有助于打破这种“囚徒困境”。

日间流动性的管理也包括两个角度：一是单个参与者的角度，二是系统的角度。从单个参与者的角度看，日间流动性的最佳水平取决于获取或保持流动性的成本和延迟结算的成本之间的权衡。获取或保持流动性的成本包括直接融资成本、中央银行存款余额的机会成本以及为获取中央银行信贷而冻结债券等抵押物的成本。延迟结算的成本可以定义为支付指令不能按时结算时发生的潜在或实际的经济损失，其大小取决于其基础交易的紧急程度以及交易的定价政策等。在给定日初中央银行账户余额的情况下，参与者可以通过调整日间或隔夜信贷、对来账和往账进行排列或出售资产等方式管理其日间流动性。从系统的角度管理日间流动性涉及对流动性总额的管理以及对流动性在参与者之间分布的管理。对于第一个问题，中央银行可以通过对单个参与者直接提供信贷或者进行其他货币政策操作加以解决。对于第二个问题，许多中央银行通过对 RTGS 系统的流动性进行监测和管理加以解决。例如，意大利银行采用指标方法对系统流动性进行实时监测。这一方法是在数个关键性指标（例如系统流动性总额、支付业务总量以及已结算的支付业务量）的基础上计算出一个综合性指标，然后对其进行监测。

（三）信息流结构

接收行获得支付信息与结算实际发生之间的时间差对于支付系统具有重要的风险含义。即使在支付处理和最终结算都是实时处理的 RTGS 系统背景下，也需要对某些情况进行识别。因为在这些情况下，支付信息的处理可能会成为风险来源。

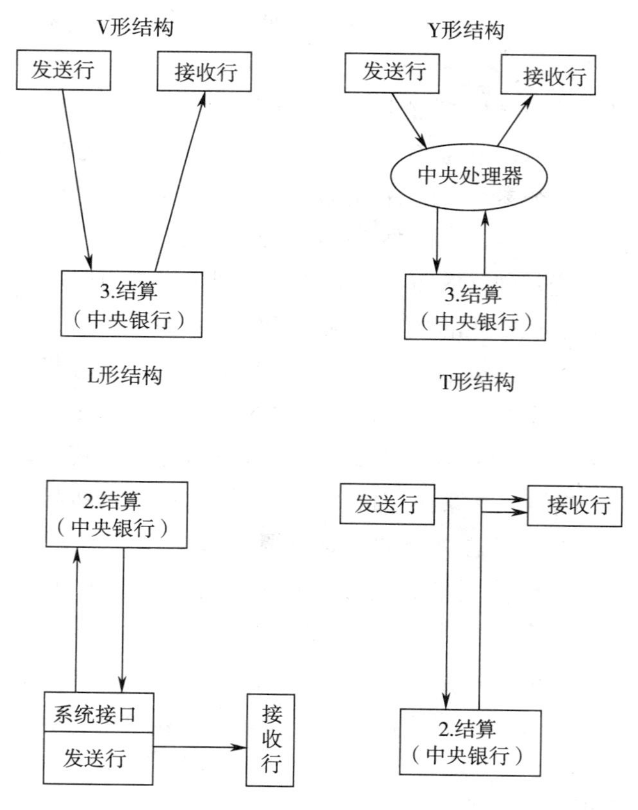

图 14－2 信息流结构图

这些信息将传输给中央银行和接收行，以对这些信息进行处理和结算。在支付信息的传输上，大部分的 RTGS 系统都采取所谓的 V 形结构。在这种结构下，所有与支付相关的信息（即完全信息）首先发送给中央银行，在中央银行完成对支付指令的结算之后，支付信息再传输给接收行。

部分国家（如比利时、法国、希腊、爱尔兰和葡萄牙）的 RTGS 系统，尤其是使用 SWIFT 网络的 RTGS 系统采用所谓的 Y 形结构。SWIFT 的全称为 Society for World - wide Interbank Financial Telecommunication，即全球跨行金融电信协会，是一个总部设在比利时的 La Hulpe，主要为金融业提供标准化信息服务的合作性协会。在这种结构下，支付信息首先由发送行发送给一个中央处理器。中央处理器从原始信息中提出结算必需的信息并将这些核心信息发送给中央银行（原始信息暂时保留在中央处理器）。接到核心信息后，中央银行检查发送行的存款余额并将支付处理状况（排队或结算）通知中央处理器。一旦支付被结算，中央处理器将重新生成包括结算确认在内的完全信息并将其发送给接收行。在这种结构下，结算机构（即中央银行）将不知道发送行和接收行之间交换的基础商业信息（如收款人的身份）。

只有 CHAPS 等少数系统采用 L 形结构。这种结构在概念上与 Y 形结构比较相似。CHAPS 之所以采用这种结构，是因为在这种结构下只需对原来的应用软件进行修改而不必重新开发新的软件。在这种结构下，发送行发出的支付信息首先被保留在附加在发送行内部处理系统之上的一个“接口”（gateway）系统上，而其中的结算请求被发送给中央银行。如果发送行的账户中有足够的资金，那么中央银行将完成结算并将确认信息回复发送行的“接口”系统。接到（并且只有接到）确认信息后，原始信息将由接口系统自动释放并发送给接收行。

不同的信息流结构反映了不同的系统网络构造和中央银行作用。在 V 形结构和 Y 形结构中，所有来自发送行的信息首先被发送给一个中央实体（SWIFT、中央处理器或中央银行）；结算完成之后，所有的信息由中央实体发送给接收行。相对而言，在 L 形结构下，不存在一个中央实体，信息传输建立在双边交换的基础之上。在中央银行作用方面，在 V 形结构中，中央银行不仅结算，而且处理支付信息；而在 Y 形结构和 L 形结构中，信息的处理由网络运营者或参与者自己完成，中央银行只是充当结算机构。不过，应该指出的是，上述三类结构都拥有一个共同特征，那就是只有当中央银行已经完成对支付信息的结算之后，接收行才能收到完全的支付信息。因此，在这些信息流结构下，信息流结构本身并不会导致接收行根据未结算的支付信息进行决策的可能性。不过，来账排队信息的透明性将会导致这种可能性，就像参与者在系统外交换支付信息可能导致这种可能性一样。

除此之外，一些 RTGS 系统也采用所谓的 T 形结构。在这种结构下，发送行将支付信息直接发送给接收行，同时将支付信息副本发送给中央银行。这意味着一旦发送行发出支付信息，那么接收行将立即获得完全的、尚未结算的信息；同时，一旦结算发生，接收行还将获得来自中央银行的结算确认信息。根据 RTGS 原理，当且仅当支付信息被中央银行不可撤销且无条件地结算之后，支付信息才能被发送给接收行。因此，T 形结构与 RTGS 原理并不相容。在这种结构下，当接收行收到尚未确认的支付信息时，它也可能无法区分该信息是否已经结算。同时，即使接收行能够区分，出于竞争的压力，它可能会根据尚未结算的信息贷记收款人的账户或减少来自其他途径的流动性，而这将引致信用风险和流动性风险。因此，T 形信息流结构通常被认为是 RTGS 设计思想的一种倒退，实践中很少有支付系统采用这种结构。

（四）排队机制

广义的排队是指发送行或系统将支付指令按某种顺序设置为待处理状态，以便发送行管理其流动性的安排。在 RTGS 系统中，当发送行的结算账户余额不足时，通常会发生排队现象。按照排队的摆放地点，可以将排队划分为摆放在中央处理器的排队（系统排队或集中摆放排队）和摆放在发送行内部系统的排队（内部排队）。按照排队的管理方式，可以将排队划分为由系统中心进行管理的排队（集中管理机制）和由参与者自行管理的排队（分散管理机制）。

在实践中，除 SIC 采用集中摆放排队机制外，ELLIPS、EIL - ZV、TBF、BI - REL、TOP 和 RIX 也采用了这种排队机制。CHAPS 主要使用内部排队机制，即每个参与者可以自行决定其支付流的性质和优先顺序。此外，许多采用集中摆放排队机制的 RTGS 系统的参与者还同时采用内部排队机制（例如 BI - REL），这意味着 RTGS 系统的参与者经常积极地管理自己的支付流。从理论上讲，人们对集中摆放排队机制的认识并不完全一致。一方面，集中摆放排队机制提供了一种在全系统范围内对支付指令进行排序的机制，这种机制具有与对冲类似的效率。因此，集中摆放排队机制被视为影响 RTGS 效率的关键设计特征以及在 RTGS 中引入更为复杂的流动性节约机制的基础。另一方面，由于集中摆放排队允许已经处理但尚未结算的支付信息停留在系统之中，因此它也可能意味着系统本身就鼓励结算时滞。因此有些人认为，这与 RTGS 的核心特征（即提供连续结算的能力）不完全相符。根据这一观点，排队的责任应该由参与者承担或者集中摆放排队机制只是发挥边际作用。

到目前为止，大多数集中摆放排队机制采用所谓的“先进先出规则”（FIFO）来处理正在排队的支付指令。在这种规则下，支付指令按照发送行的发送顺序进行排队；当资金充足时，首先是位于队列最前面的支付指令得到释放和结算，接着是紧随其后的支付指令。一些系统采用 FIFO 规则的变通形式。例如，ELLIPS 采用所谓的“越过先进先出规则”（bypass FIFO）。在这种规则下，系统将尽量先处理位于队列最前面的支付指令，但是如果由于缺少资金而不能执行，那么系统将转而处理紧随其后的支付指令；每当系统成功地结算了某个正在排队的支付指令后，系统将返回到队列的最前面以进一步测试该指令能否被结算。在几乎所有的集中摆放排队中，系统都为支付指令编制优先级次（prioritisation）。在支付指令编制优先级次的情况下，支付指令将按照优先级次进行结算，同一级次中的支付指令将按照先进先出规则进行结算。

除优先级次机制外，集中摆放排队机制还采用允许系统中心或单个参与者控制排队数量或价值的排队管理机制。应该注意的是，优先级次机制并不属于排队管理机制。排队管理的方法之一是重新排序（reordering）。这种机制的目的在于通过改变支付指令的原始顺序或其优先级次，对正在排队的支付指令重新进行排序，从而最小化需要排队的支付指令的数量或价值。相对而言，优先级次机制的特征是对输入系统之前的支付指令进行排序，而重新排序机制的特征是对已经进入系统且正在排队的支付指令主动进行管理。

另一种管理机制是优化程序（optimisation），即在特定时点或栅锁发生时，系统在给定流动性约束下最小化需要排队的支付指令的数量或价值的程序或算法。优化程序通常试图同时结算正在排队的支付指令而不是像重新排队那样通过改变正在排队的顺序来最小化正在排队的支付指令。正如前文所述，即使包括来账在内的系统的总体流动性是充足的，由于流动性在参与者间的分配不合理，也可能会出现排队积累或栅锁。在这种情形下，优化程序通常可以提供有效的解决手段。

优化程序具有多种形式。在一些系统中，优化程序建立在“虚拟净余额”概念基础之上。虚拟净余额是包括实际现金余额和排队支付指令的净差额（即排队来账减去排队往账）在内的净余额。虚拟净余额概念与净日间流动性的潜在现金流模型相符。因此，建立在虚拟净余额概念上的优化程序的目的在于在满足每个参与者的虚拟净余额不突破某种限制（非负）的情况下结算尽可能多的排队支付指令。除此之外，某些系统还采取在排队支付指令中搜索可以被对冲的支付指令以优化排队的方法。这种搜索通常建立在能结算者先结算规则（FAFO）之上，即最先可以找到对冲的单个或一组支付指令的支付指令最先被结算。

在考察排队机制时，除了考察排队的摆放形式以及排队的具体结算机制外，还需要关注排队的管理方式，即由系统中心管理排队还是由单个参与者管理排队。从降低流动性需求的角度看，由于系统中心能够观察到所有的排队支付指令并充分利用所有可能的信息以最小化流动性需求，因此集中管理机制有利于降低支付指令的数量和价值，从而提高 RTGS 系统的效率。不过，在使用集中管理机制时，也需要注意某些重要因素。首先，集中管理机制可能存在法律障碍。例如，如果支付指令被系统中心降低了优先级次从而导致在发送行违约时不能结算，那么系统可能要对随后的损失负责。其次，如果集中管理机制经常在日间或者在紧急情况下被使用，那么参与者可能会放松对其支付流或流动性的管理，即发生道德风险问题。最后，需要在系统中心对排队的控制和参与者的竞争空间之间寻求平衡。从单个参与者的角度看，管理排队的效率是其整体管理效率的一个重要指标，而集中管理有可能会限制参与者在这方面的竞争。

在分散排队管理机制下，由于参与者可以管理其内部系统的排队或摆放在系统中心的排队，因此，该管理机制赋予了参与者较大的排队管理权以及较大的竞争空间。然而，分散排队管理机制也可能导致某些问题。首先，由于在分散排队管理机制下，参与者对其他参与者内部系统的排队信息掌握并不充分，因此，与集中摆放排队机制相比，分散排队管理机制的效率可能比较低。其次，某些参与者在利用来账作为流动性来源时的“过激”行动可能导致负外部性，从而导致结算被推迟甚至发生栅锁。

三、轧差结算系统

轧差结算系统是小额支付系统的主要形式，尤其是在同城支付和多币种支付方面得到广泛的运用。在这里，我们将介绍轧差的主要形式以及轧差结算系统的风险防范和化解机制。

（一）轧差形式及其风险特征

轧差（netting）是指系统参与者（或交易对手）之间对头寸或义务进行对冲的安排。根据轧差的法律性质，我们可以将轧差划分为“头寸轧差”（position netting）和“取代轧差”（netting by novation）。头寸轧差是指并不改变初始义务的轧差。在这种轧差下，如果参与者发生违约，那么其交易对手仍然要对全部义务而非只对净义务负责。例如，假设银行 A 需要支付100万美元给银行 B，而银行 B 需要支付120万美元给银行 A。如果银行 A 和银行 B 采用头寸轧差，那么在双方均不发生违约的情况下，结算时，银行 B 只需支付 20 万美元给银行 A 即可消除双方的义务；但如果银行 A 违约（如因为破产），那么银行 B 仍然需要支付 120 万美元给银行 A，而非只支付 20 万美元给银行 A。因此，在头寸轧差下，参与者面临的（交易对手）信用风险并不会发生改变。当然，在头寸轧差下，由于参与者只需要支付义务净额，因此其面临的流动性约束减少了，相应地，参与者面临的（交易对手）流动性风险也减少了。例如，在上例中，如果双方均不发生违约，那么结算时银行 A 不需要任何流动性，银行 B 只需要 20 万美元的流动性，因此两者面临的流动性约束大为减少了。

取代轧差又称“义务轧差”（obligation netting），是指使用新的单一义务取代原有义务并在确认新义务时消除原有义务的轧差。在取代轧差下，如果参与者发生违约，那么其交易对手只需对净义务负责而不再对全部义务负责。使用上面的例子。在取代轧差下，不仅双方均不违约时银行 B 只需支付20万美元给银行 A；而且即使银行 A 发生违约，银行 B 也只需支付20万美元给银行 A。因此，在取代轧差下（与在头寸轧差或非轧差下相比），参与者面临的信用风险降低了。仍使用上面的例子，在头寸轧差下，银行 B 面临的最大信用风险为100万美元，银行 A 面临的最大信用风险为120万美元；而在取代轧差下，银行 B 面临的最大信用风险为0，银行 A 面临的最大信用风险为20万美元，因此取代轧差下参与者面临的信用风险大大降低了。同时，与非轧差相比，取代轧差也可以降低参与者的流动性需求并相应地降低其面临的流动性风险。

除了从法律性质角度对轧差进行分类外，我们还可以根据轧差涉及的参与者数量将轧差划分为双边轧差和多边轧差。双边轧差（bilateral netting）是指两个参与者之间对其双边头寸或义务进行对冲的安排，双边轧差将产生一个单一的借记或贷记头寸或义务。

多边轧差（multilateral netting）是指三个或更多的参与者对其头寸或义务进行对冲的安排。在数学上，多边轧差首先是计算每个参与者对其他交易对手的双边净头寸或双边净义务，然后将每个参与者所有的双边净头寸或净义务相加得到其多边净头寸或多边净义务，即多边轧差是对双边轧差的“轧差”。

综合轧差的法律性质及其涉及的参与者数量，我们可以设计出四种不同的轧差，即双边头寸轧差、双边取代轧差、多边头寸轧差和多边取代轧差。多边头寸轧差中是指并不改变参与者初始义务的多边轧差。在多边头寸轧差中，当某一参与者不能结算其多边净头寸时，系统通常要求或允许清退与该违约者相关的部分或所有支付指令并重新计算幸存者的多边净头寸。由于在多边头寸轧差中，参与者的义务在最终结算之前并不会发生变化，因此参与者面临的信用风险也不会改变（与非轧差相比）。但是，如果参与者将多边净头寸误认为是实际净义务从而放松其流动性管理，则可能会引发较高的信用风险和系统性风险。

多边取代轧差是指使用单一新义务取代原有义务的多边轧差。在多边取代轧差中，通常需要引入一个清算组织充当中央对手方。在某一交易中，中央对手方替代接收行而成为发送行的交易对手，同时替代发送行而成为接收行的交易对手。因此，每个参与者的多边净头寸可以看做是该参与者与中央对手方之间的双边净头寸。在多边取代轧差中，由于多边净义务取代了原来的总义务，因此一般而言，参与者面临的交易对手（不包括中央对手方）的信用风险将降低。但是，这种可靠程度取决于中央对手方的信用程度，即参与者将面临中央对手方风险。同时，中央对手方作为每个参与者的交易对手，也将面临来自参与者的信用风险和流动性风险，因此，中央对手方往往要求参与者提供相应的担保或其他风险防范保证。

综上所述，四种轧差对信用风险和流动性要求的影响如下：（1）与非轧差相比，双边头寸轧差将降低参与者的流动性需求。（2）与非轧差相比，双边取代轧差不改变但可以降低参与者面临的信用风险。（3）与非轧差和双边头寸轧差相比，多边头寸轧差将降低参与者的流动性需求；与非轧差相比，多边头寸轧差并不改变甚至增加参与者面临的信用风险；与双边取代轧差相比，多边头寸轧差将增加参与者面临的信用风险。（4）与其他轧差形式相比，多边取代轧差将降低参与者的流动性需求，但这取决于中央对手方的财务状况；同时，多边取代轧差将降低参与者面临的信用风险，但这也取决于中央对手方的财务状况。

值得注意的是，由于轧差具有节约流动性的功能，因此支付体系中轧差结算系统的数量及其处理能力将对货币政策产生重要影响，即轧差结算系统的数量及其处理能力的增加有可能会减少银行体系对中央银行信贷的需求，并有可能减少银行在中央银行账户的存款余额。

（二）轧差结算系统的风险管理

直至20世纪80年代，许多轧差结算系统中的风险管理主要依靠参与者准入标准以及对单个参与者的审慎监管，只有很小一部分的系统引入了日间风险控制机制或者当参与者不能结算时的损失分摊机制（结算失败程序）。大部分系统往往采用清退程序，以剔除某些或全部与违约参与者相关的交易。随着人们对轧差结算安排风险认识程度的提高，一些新的风险防范措施开始得到运用，以保障轧差结算系统的顺利运行。

从风险控制机制的角度看，轧差结算系统风险控制面临的一个关键问题是当参与者不能结算其义务时如何控制信用风险和流动性风险以及确保系统的最终结算。解决这一关键问题主要有三种方法，即违约者偿付法（defaulters pay）、幸存者偿付法（survivors pay）和第三方偿付法（third parties pay）。在每种方法中，风险控制的核心因素都是确定每个参与者的多边净借记头寸上限，并且发送行不能发送任何可能导致超过其净借记头寸上限的支付指令。这种上限有时也称为多边净发送人上限，限制了参与者违约时可能导致的最大损失。三种方法的主要区别在于上限的确定方法以及违约发生时的损失分摊安排。

在违约者偿付法下，净发送人上限由参与者自己确定，但参与者需要采取某种方式对其头寸进行担保。例如，该上限由参与者提供的担保数额所决定。这种安排之所以称为违约者偿付法，是因为只有违约者自己而不是清算所（中央对手方）或者系统的其他参与者承担违约损失。由于每个参与者对自己的借记头寸进行了完全的抵押，因此这种方法理论上可以确保无论多少参与者违约，结算都可以在不给其他参与者带来损失的情况下正常进行。

幸存者偿付法的本质是违约损失将以某种方式由除违约者之外的其他参与者（幸存者）偿付。该方法的设计关键在于幸存者应该具有控制其潜在损失的能力和激励，典型的做法是确定所谓的“双边信贷限额”（bilateral credit limit），同时在此基础上确定参与者的多边净发送人上限（例如，在 CHIPS 系统中，参与者的多边净发送人上限是其他参与者对其确定的双边信贷限额之和的 3%。在已经设定双边信贷限额的基础上还设置多边净发送人上限的主要原因是为了控制资信很好的大参与者的机会主义行为，以防止系统性风险）。发送行不能发送可能导致接收行与发送行的净贷记头寸超过由接收行确定的双边信贷限额的支付指令，也不能发送可能导致其多边净借记头寸超过其多边净发送人上限的支付指令；如果参与者违约，那么其导致的损失将由幸存者根据其对该违约者设定的双边信贷限额按比例进行分摊。此外，为确保每个参与者在其他参与者违约时都能够承担其应当分担的损失份额，系统往往要求其提供相应的抵押。

第三方偿付法是由参与者之外的第三方承担违约损失。特别地，中央银行往往通过承担任何可能超过参与者提供的抵押数量的损失，发挥着轧差结算系统最终担保者的作用。

近年来，一些轧差结算系统通过降低多边净借记头寸、提高最低抵押要求、综合使用上述三种方法等手段进一步加强了其风险管理。同时，一种新的动向是某些轧差结算系统改变了只在日末进行最终结算的做法，引入了在日间进行一次或数次不可撤销和无条件的支付结算的机制。在某些情况下，这种做法导致了兼有总额结算和轧差结算特征（包括风险控制措施）的复合系统（hybrid system）的产生。

第三节　中央银行在支付体系中的作用

现代支付体系的一个重要特征就是中央银行在支付体系中发挥着重要作用。在本节，我们将论述支付体系的运行与中央银行职责的关系、中央银行关于支付体系的公共政策目标以及中央银行在支付体系中扮演的角色。此外，我们还顺便介绍一下旨在维护支付体系安全与效率的国际化运动。

一、支付体系公共政策目标

支付体系的安全与效率与中央银行的职责存在着非常密切的关系，维护支付体系的安全与效率是中央银行关于支付体系的核心的公共政策目标。

（一）支付体系与中央银行职责的关系

支付体系的安全与效率与中央银行职责存在着非常密切的联系。这是中央银行关注和干预支付体系的重要原因。

首先，支付体系存在的风险影响着金融稳定。如前所述，在支付活动中，存在流动性风险、信用风险、法律风险、运行风险和欺诈风险，而且这些风险可能会演变为系统性风险。尤其是随着资本国际化及其带来的跨境支付的增加、轧差结算系统处理支付交易的增多以及信息技术的广泛运用，支付体系中存在的系统性风险可能会增加。显然，支付体系风险的增加将会影响金融稳定。这是因为：（1）支付风险是金融风险的重要组成部分，金融风险可能首先表现为结算风险，即支付系统的参与者不能结算到期义务的风险；（2）支付体系是金融风险的传播途径，金融风险通过支付系统可能演变为系统性风险，从而对金融体系和实体经济产生负面影响。

其次，支付体系的效率将影响货币政策的效果。支付体系是货币政策传导的途径。特别是大额支付系统作为货币市场、证券市场和外汇市场的主要结算系统，是影响货币政策传导机制的主要因素。由于协调失败、自然垄断、信息不对称以及外部负效应等市场缺陷，支付体系可能缺乏效率，这将影响货币政策的实施效果：（1）支付体系的效率关系到能否在同一货币区形成统一的货币市场；（2）支付体系的效率将影响在途资金（float）的规模和结构，而在途资金的存在将加大货币政策的决策难度；（3）支付体系中轧差结算系统的数量及其处理能力的大小将影响整个银行体系的流动性需求，同时轧差结算系统的损失分担方法也将对中央银行信贷产生重要影响；（4）实时总额结算系统能否支持公开市场操作将影响货币政策的传导速度，同时其排队安排的效率将影响系统参与者对中央银行信贷的需求；（5）电子货币和非现金支付工具（如商业本票）的发展有可能减少现金和银行存款的需求，从而影响货币政策的实施效果。

最后，支付体系的安全、高效运行也需要货币政策的支持。(1) 中央银行货币是没有中央对手方信用风险和流动性风险的结算资产，采用中央银行货币有利于降低支付体系风险；(2) 中央银行信贷是支付系统参与者的流动性的重要来源之一，而且直接影响支付体系的整体流动性；(3) 对于实时总额结算系统而言，通过日间透支、质押机制和隔夜贷款等机制，中央银行信贷有利于减少排队总量，提高结算速度和系统的效率；(4) 对于轧差结算系统而言，中央银行信贷对于促进日间最终结算、防止使用清退程序具有重要作用（如第三方偿付法），从而有利于提高轧差结算系统的效率和安全程度。

因此，中央银行只要承担维护金融稳定和实施货币政策的职责，就必须高度关注支付体系，并在维护支付体系的安全与效率方面发挥主导作用。

（二）公共政策目标

从中央银行职责与支付体系的相关性出发，中央银行关于支付体系的最为核心的公共政策目标应该是支付体系的安全与效率。这一公共政策目标得到中央银行的广泛认同。例如，德国的《中央银行法》第3条规定，中央银行“应该为国内和国际支付提供安排，并且应该促进支付和清算系统的稳定”。《欧洲中央银行体系和欧洲中央银行法》第22条规定：“欧洲中央银行和成员国中央银行应该采取措施，以确保清算和支付系统在共同体和成员国的高效、稳健运行；为实现该目的，欧洲中央银行还可以制定相应的规章。”《中华人民共和国中国人民银行法》规定，中国人民银行应该“维护支付、清算系统的稳定运行”。由十国集团中央银行行长批准的《具有系统重要性的支付系统核心原则》指出，中央银行关于具有系统重要性的支付系统的核心公共政策目标是“安全与效率”。

除了安全与效率目标之外，犯罪预防、竞争政策以及消费者保护也可能成为中央银行关于支付体系的公共政策目标。例如，由于转账结算通常是洗钱的重要途径，因此，防范洗钱也经常成为中央银行关于支付体系的公共政策目标之一。同时，维护支付服务市场的公开、公平、公正竞争对于维护支付体系的效率甚至金融体系的效率具有重要意义，因此支付服务领域的竞争问题也经常成为中央银行的关注对象。例如，中央银行通常通过为所有的银行或信贷机构（尤其是中小银行）提供公开、公正的支付清算平台和服务，为银行为最终消费者提供支付服务塑造一个公平的竞争环境。此外，由于支付领域的创新以及支付服务本身具有的复杂性使得支付服务市场成为一个信息高度不对称的市场，支付服务的提供者可能利用这种信息优势误导消费者，因此，中央银行在这方面也应该有所作为。例如，中央银行通常会公开披露某些支付系统或支付服务存在的风险点和可能的存在缺陷，以避免这种信息不对称误导支付服务消费者的决策。

应该注意的是，除了中央银行之外，其他的一些公共部门机构也可能会关心支付体系的安全与效率，如立法机关、财政部门、银行业监管部门、证券监管部门、竞争监管当局等。在所有的公共部门中，中央银行在维护支付体系的安全与效率方面应当发挥主导作用。这主要是因为，与其他部门相比，支付体系的安全与效率与中央银行职责的关系最为密切。不过，中央银行应当注意保持同其他相关部门的合作，特别是当一国支付体系的监督、金融市场的监测以及金融机构的监管由不同部门分工完成时尤为如此。合作性的方法可能有助于所有相关公共政策目标的实现。中央银行应当定期与其他相关部门交换观点和信息，包括有关的个别关键参与者的信息，这些定期的信息交换常常得益于信息共享协定（如谅解备忘录）。

二、中央银行在支付体系中的角色

中央银行为实现支付体系公共政策目标，在支付体系中扮演着非常重要的角色。归纳起来，中央银行在现代支付体系中扮演着三种角色，即支付服务的提供者、支付体系的监督者以及支付业务创新的促进者。

（一）支付服务的提供者

中央银行为商业银行或社会公众直接提供结算服务、清算服务以及其他支付服务。中央银行作为法定货币的发行者，为社会提供最终的结算媒介。同时，中央银行还为金融机构提供结算服务。与商业银行相比，中央银行在为金融机构提供结算服务方面具有相对优势：（1）中央银行作为法定货币的发行者，具有强制扩张信用的能力，系统参与者使用中央银行存款作为结算资产不会面临因结算机构引致的信用风险和流动性风险；（2）中央银行作为非营利性组织，在提供结算服务方面不会与其客户产生利害冲突，即其提供的结算服务是竞争“中性的”；（3）由中央银行提供结算服务可能产生规模经济或范围经济。

各国中央银行在小额支付清算服务的参与程度方面存在很大差异，但提供大额支付清算服务却是大部分中央银行的一致做法，几乎所有国家的中央银行都拥有和运行所谓的具有系统重要性的支付系统。这主要是因为中央银行已经意识到大额支付系统（特别具有系统重要性的支付系统）的安全和效率关系着金融稳定和货币政策的实施效果，而中央银行直接参与这些系统则有利于相关公共政策目标的实现。

除了提供支付结算服务和支付清算服务外，中央银行可能还提供其他相关服务。中央作为社会最后的贷款者，经常为头寸不足的支付系统参与者提供流动性，为轧差结算系统提供最终流动性支持。此外，中央银行还可以利用其权威和信息优势，为社会提供支付信息服务。例如，法国银行建立了两个与支票相关的国家数据库，可分别供金融机构和社会公众查询相关支票信息。

（二）支付体系的监督者

支付体系监督（payment system oversight）是为提高支付体系的安全和效率而进行的公共政策活动。在中央银行监督支付体系的原因中，除了其实施货币政策以及维护金融稳定的责任外，还可能包括：（1）中央银行中为金融机构提供结算账户和结算资产；（2）中央银行是金融机构发生危机时的最后贷款人；（3）中央银行由于提供支付服务而拥有关于支付体系的信息优势；（4）消除路径依赖对新型支付技术运用的障碍。

对支付体系的监督可以划分为四个主要阶段：（1）形成监督目标或政策立场阶段，包括确定监督活动的一般框架、制定相关标准和政策。（2）监测和分析阶段，包括收集诸如支付系统报告、统计数据、系统规则、法律观点、审计报告之类的信息，参加双边或多边会议或进行现场访问和检查，分析相关信息以识别支付系统的风险和缺点以及识别具有系统重要性的支付系统，参照标准和政策对支付系统的设计和运行情况进行评价等。（3）实施阶段。主要的政策工具包括规制（如发布指引）、道义劝告、禁止或同意相关系统的设计方案、允许或拒绝获得中央银行支付服务、审计或现场检查、通过其他监管当局进行影响等。从强制程度看，这些工具可以划分为三种模式，即行政模式或干预主义模式（发布规章或指引）、合作模式（道义劝告、合作）、市场导向模式（提供中央银行支付服务）。（4）危机管理阶段，即在支付体系出现问题时启动例外程序。如果问题是技术性的，那么中央银行和支付系统的运行者将共同加以解决；如果问题原因不容易识别，那么中央银行可能需要同银行业监管部门进行合作。

当然，在不同的国家，中央银行对支付体系的监督范围和程度并不一致。例如，在澳大利亚、德国等国，中央银行不仅监管大额支付系统，而且还监管所有的小额支付系统；但在瑞士、加拿大等国，其中央银行则仅仅监管具有系统重要性的支付系统或可能导致系统性风险的支付系统。又如，某些中央银行对支付体系的监管仅局限于支付系统，而某些中央银行对支付体系的监管则是全方位的，即不仅包括支付系统，而且包括支付工具和支付服务中介组织（如连续结算系统和SWIFT）。

（三）支付业务创新的促进者

中央银行可以利用其强大的研究分析能力、对商业银行的影响力以及与其他公共部门和行业协会的密切关系，促进和保护支付业务创新。支付业务创新具有较大的风险，需要较高的初始投资（或者存在巨大的沉落成本），并且需要相关方在技术标准、业务规范、基础设施等方面进行密切合作，而中央银行可以利用其在支付业务方面的专业优势和权威，鼓励和促进这种创新。在大额支付系统方面，中央银行的一个重大贡献就是引进和推广实时全额结算系统，从而极大地减少了支付体系中存在的结算风险。在小额支付系统方面，中央银行通过统一银行卡业务或技术标准、推广票据截留技术、普及支付知识等方式促进了支付业务创新，对解决新技术运用过程中存在的路径依赖问题以及更好地实现支付服务的网络经济效应发挥了积极作用。例如，美国通过的《21世纪支票清算法》允许在支票清算中使用票据截留技术；德国中央银行积极使用电子影像程序取代现行纸质大额支票，以提高资金的转账速度。

应该注意的是，虽然中央银行在现代支付体系中发挥着非常重要的作用，但这并不排斥私人部门在支付服务提供方面的基础作用。特别地，由于公共部门在支付系统运营中存在的固有缺陷（如效率较低、存在官僚主义等问题），引入市场竞争机制是非常必要的。同时，虽然中央银行是支付体系的主要监管者，但这并不排斥其他公共部门关注支付体系，中央银行应该与其他相关公共部门包括其他国家的中央银行和国际相关组织建立良好的合作机制，以便更好地实现相关的公共政策目标。

三、维护支付体系安全与效率的国际行动

随着经济金融全球化趋势的不断加强，一国支付体系的安全与效率不仅影响本国经济金融的安全与效率，而且对其他国家或地区的金融安全也产生重要影响。因此，近年来，国际社会一直致力于研究和推行普遍认可的支付体系设计、运行和评价标准，一些经济一体化程度非常高的地区（如欧盟）甚至致力于建立统一的支付服务基础设施，以维护相关区域的支付体系的安全。其中，最为著名的例子包括十国集团中央银行的支付结算体系委员会（CPSS）发布的《具有系统重要性的支付系统核心原则》以及欧盟发起的 TARGET 系统建设行动。

（一）《具有系统重要性的支付系统核心原则》

《具有系统重要性的支付系统核心原则》（以下简称《核心原则》）由十国集团中央银行行长于 2001 年 1 月批准实施，其目的在于在全球范围内促进更为安全和有效的、具有系统重要性的支付系统的设计和运行，其关注的焦点是支付系统（但也适用于支付结算体系内涉及其他金融资产转让的重要系统的支付方面），特别是具有系统重要性的支付系统。《核心原则》主要包括两个部分，其中第一部分为“核心原则”，包括引言、公共政策目标、核心原则以及中央银行在应用核心原则时的责任等方面；第二部分为“核心原则的实施”，包括核心原则的应用范围、核心原则的释义和实施、各种经济和体制环境中中央银行的责任、特殊情况（支票清算和结算系统以及支付系统的跨境问题）的处理等方面。

《核心原则》指出，中央银行关于具有系统重要性的支付系统的核心公共政策目标应该是其安全与效率。具有系统重要性的支付系统的设计和运行应该遵循如下十条核心原则：（1）在所有相关辖区和领域，支付系统应当具备完善的法律基础；（2）支付系统的规则和程序应当使参与者对这些规则和程序引致的财务风险具有清醒的认识；（3）支付系统应当具有明确的管理信用风险和流动性风险的程序，清晰界定系统经营者与参与者各自的责任，并且为其管理和控制这些风险提供适当的激励；（4）支付系统最好在生效日当天或者至少在生效日日终提供及时的最终结算（支付系统应当寻求超过核心原则中这两条最低标准）；（5）采取多边轧差安排的支付系统，当单个结算义务最大的参与者不能结清其债务时，应该至少能够保证及时地完成当日结算；（6）结算资产最好是对中央银行的债权，如果采用其他资产，这些资产应当只有少许或者没有信用风险和流动性风险；（7）支付系统应当保证高度的安全性和运行可靠性，而且应当具备及时完成当日处理的应急安排；（8）支付系统应当为其用户提供实用的支付方式，为经济提供有效的支付方式；（9）支付系统应当具备客观、公开的参与标准，允许公平、公开的准入；（10）支付系统的管理安排应当是有效、负责和透明的。中央银行在应用核心原则时的责任包括：（1）中央银行应当明确其支付体系的目标，并应公开披露其有关具有系统重

要性的支付系统的职责和主要政策；（2）中央银行应保证其运行的支付系统符合核心原则；（3）中央银行应当监督不由其运行的支付系统遵守核心原则的情况，并且应具备实施这种监督的能力；（4）中央银行在以核心原则提高支付体系的安全与效率时，应当与其他中央银行以及所有相关的国内外当局进行合作。

（二）欧盟发起的 TARGET 系统建设行动

TARGET 系统（Trans – European Automated Real – time Gross settlement Express Transfer System）是欧盟中央银行于 1999 年 1 月开始投产运行的欧元 RTGS 系统。TARGET 系统由 15 个国家的 RTGS 系统和欧洲中央银行的支付机制（EPM）组成，这些系统和机制相互联系在一起，为跨境支付提供处理平台。建设 TARGET 系统的主要目标有三个：（1）为 RTGS 基础上的欧元支付结算提供一个安全、可靠的机制；（2）提高欧元区内跨境支付结算的效率；（3）满足欧洲中央银行实施货币政策的需要。在欧盟的演变过程中，TARGET 发挥了重要而积极的作用。

2002 年 10 月 24 日，欧洲中央银行管理委员会对 TARGET 的长远发展战略制定了新规划。该规划认为，虽然 TARGET 系统已经成功地实现了其主要目标，但随着时间的推移，其反映 20 世纪 90 年代现实的异质技术设计有可能给其用户带来大量的问题，包括服务协调、成本节约以及 TARGET 系统应对未来挑战的能力等问题。尤其是随着欧盟的扩大，这些问题将更加突出。因此，有必要建设第二代 TARGET 系统，即 TARGET2 系统。TARGET2 系统将是一个建立在下述原则基础上的多平台系统：（1）提供更为广泛且更为协调的核心服务；（2）对核心服务采用单一价格结构；（3）成本更加节约，并且自 TARGET2 系统运行满四年之日起，除公认的公共产品因素之外的任何补贴将被强制性取消。

根据欧洲中央银行管理委员会的最初设想，多平台的 TARGET2 系统将由成员国各自的平台和一个通用平台组成。在其运行的最初三年，成员国中央银行可以决定是否放弃其平台。在此之后，所有的中央银行都可以自由决定维持其单个平台、加入已经存在的通用平台或者同其他的中央银行建造另外的通用平台。TARGET2 系统运行之初的通用平台是 TARGET2 系统的有机组成部分，该通用平台的设计应该允许每个参与其中的中央银行保持其与各自辖内商业银行的业务关系。同时，作为 TARGET2 系统组成部分的所有平台都应该遵循同样的指导原则（如价格、成本补偿、参与标准和核心服务标准和原则等）。

在此之后，德国中央银行率先提出 TARGET2 系统应该建立在单一通用平台上，并且极力推荐欧盟使用德国中央银行正在运行的 RTGS^{plus} 系统。除此之外，意大利中央银行和法国中央银行也提出了建立和运行单一通用平台的建议，该建议和德国中央银行的建议并称为“3G”动议，其主要目标就是所有的成员国中央银行都只使用单一通用平台。不过，由于政治以及其他方面的原因，这一动议能否真正得以实现还有待进一步观察。

第四节　我国支付体系发展的现状

自改革开放以来，我国支付事业在改革中不断前进，支付体系不断得到完善。目前，我国已经建立一个以《中华人民共和国中国人民银行法》、《中华人民共和国票据法》等法律为核心，以《票据管理实施办法》、《支付结算办法》和《人民币银行结算账户管理办法》等制度为支撑的支付法规制度体系；已经形成一个以中国人民银行和银行业金融机构为主体，邮政储汇机构、专业清算组织为补充的支付服务组织体系；初步形成一个以"三票一卡"（汇票、本票、支票和信用卡）为基础，以电子化、信息化为方向，不断进行创新和变革的支付工具体系；正在搭建一个以中国现代化支付系统为主动脉、支付服务组织内部资金汇划系统（或内部综合系统，下同）为基础、各地同城票据交换所并存的支付系统架构。支付体系的逐步完善，有力地支持了我国经济的持续、快速和协调发展。

一、法律框架

目前，我国有关支付的法规制度大致可以划分为四类，即规范支付工具、支付系统、支付管理体制以及支付服务组织的法规制度。

其中，规范支付工具的法规制度主要有《中华人民共和国现金管理暂行条例》、第八届全国人民代表大会常务委员会第十三次会议通过的《中华人民共和国票据法》、经国务院批准由中国人民银行发布的《票据管理实施办法》、由中国人民银行发布的《支付结算办法》和《银行卡业务管理办法》等。

目前，我国尚没有规范支付系统的法律和行政法规，有的只是一些相关的部门规章。例如，规范全国电子联行系统的《中国人民银行电子联行往来制度》、《关于加强电子联行业务管理的通知》和《关于加强联行资金安全管理的通知》，以及规范中国现代化支付系统的《大额支付系统业务处理办法》、《大额支付系统业务处理手续》和《大额支付系统运行管理办法》。

规范支付管理体制的法规制度主要有第十届全国人民代表大会常务委员会第六次会议通过的《中华人民共和国中国人民银行法》、《中华人民共和国商业银行法》和《中华人民共和国银行业监督管理法》。其中，《中华人民共和国中国人民银行法》第四条规定，中国人民银行"维护支付、清算系统的正常运行"。该法第二十七条规定："中国人民银行应当组织或者协助组织银行业金融机构相互之间的清算系统，协调银行业金融机构相互之间的清算事项，提供清算服务。""中国人民银行会同国务院银行业监督管理机构制定支付结算规则。"这是对我国支付管理体制的法定表述。

规范支付服务组织的法规制度主要有直接规范支付服务组织的《中华人民共和国中国人民银行法》、《中华人民共和国商业银行法》和《中华人民共和国邮政法》，规范银行业金融机构准入退出机制的《银行业金融机构加入、退出支付系统管理办法（试行）》，规范银行账户开立和使用的《中华人民共和国储蓄管理条例》、《个人存款账户实名制规定》、《人民币银行结算账户管理办法》，防止支付活动被滥用的《金融机构反洗钱规定》、《人民币大额和可疑支付交易报告管理办法》和《金融机构大额和可疑外汇资金交易报告管理办法》等。

二、支付服务提供者

目前，我国支付服务提供者的主体是商业银行、城市信用合作社、农村信用合作社等吸收公众存款的金融机构以及政策性银行（以下简称银行业金融机构）和中国人民银行，除此之外，邮政汇兑机构和一些专业支付组织也提供相应的支付服务。

其中，中国人民银行拥有和运行大额实时支付系统、小额批量支付系统，为银行业金融机构提供着同城或异地的跨行清算服务、结算服务和流动性服务，是我国大额支付服务的主要提供者。除此之外，中国人民银行作为我国法定货币（人民币）的唯一合法发行者，还为社会提供现金这一重要的零售支付工具。

银行业金融机构是我国零售支付服务的主要提供者，为社会公众提供票据和银行卡等支付工具以及汇款、托收承付和委托收款等结算方式，直接为社会公众提供支付结算服务。特别是四大国有商业银行通过依托其遍布全国的分支机构及其内部资金汇划系统处理的支付交易量约占全国所有支付交易量的70%。除此之外，一些大型的商业银行（主要是国有商业银行）还通过结算代理方式，为中小银行和外资银行分支机构提供清算或结算服务。

除了中国人民银行和银行业金融机构外，其他的一些金融或非金融中介组织也提供支付服务。例如，邮政储汇局主要为个人提供邮政汇款服务，中国银联股份有限公司主要为银行提供银行卡支付信息清算服务，城市商业银行资金清算中心主要服务于城市商业银行等中小金融机构的银行汇票资金结算业务，农信银资金清算中心为农村信用社、农村商业银行和农村合作银行等地方金融机构提供清算服务，一些清算组织（如深圳金融电子化公司）主要为商业银行提供同城清算服务，一些公交卡公司为特定用户提供小额多用途储值卡支付服务等。

三、支付系统

从业务功能角度观察，目前我国的支付系统主要包括大额实时支付系统、小额批量支付系统、票据影像交换系统、会计集中核算系统、境内外支付系统的中国现代化支付系统及相关系统、银行业金融机构和邮政储汇局的内部资金汇划系统以及其他专业清算组织用于支付服务的内部系统。

其中，中国现代化支付系统（以下简称CNAPS系统）是中国人民银行为加强我国金融基础设施建设，利用现代化计算机技术和通信网络开发建设的，能够高效、安全地实现资金跨行转账的应用系统。CNAPS 系统建有两级中心，即国家处理中心（NPC）和城市处理中心（CCPC）。NPC 与各 CCPC 通过专用网络进行连接，同时以卫星通信备份。CNAPS 系统由大额支付系统和小额批量支付系统两个业务应用系统以及清算账户管理系统和支付管理信息系统两个辅助支持系统组成。其中，大额支付系统是一个 RTGS 系统，主要处理各种大额贷记支付业务、紧急小额支付业务、人民银行的各种贷记支付业务及债券交易的即时转账业务。小额批量支付系统是一个 DNS 系统，主要处理票证截留的定期借记支付业务和每笔金额在规定起点下的小额贷记支付业务。CNAPS 系统自 2000 年 10 月在北京、武汉两个城市试运行以来，目前已经推广到全国所有省会（首府）中心城市和深圳市。

同城票据交换所主要为银行业金融机构提供同城清算服务。从产权形式看，同城票据交换所主要采取人民银行独资所有的产权形式。此外，也有少量的同城票据交换所采取会员制或股份制形式。从技术水平看，同城票据交换所从之前的主要采取手工处理、票据清分机处理和同城清算系统自动化处理三种形式。其中，目前已经建立同城清算系统的同城票据交换所有 250 多个。从服务地区看，同城票据交换所可以分为同一城市的同城票据交换所、跨城市的同城票据交换所（例如，以北京、上海、广州为中心，覆盖其周边地区的区域性票据中心）和跨境票据交换所（如粤港、深港港元支票双向结算）。

四、支付工具

目前，在我国使用的支付工具或结算方式、有现金、票据、银行卡、汇兑、委托收款和托收承付。除此之外，还有网上支付、电话支付等新兴支付方式。其中，现金是我国经济生活中最为常用的支付工具之一。目前，现金不仅被用于个人之间以及单位与个人之间的结算，而且也经常被用于单位之间的一些债权结算。一方面，现金支付是价值的直接和最终转移，不存在流动性风险和信用风险，且具有匿名性的特点。另一方面，持有现金面临失去利息收入的机会成本以及现金被偷盗的风险，接受现金存在现金被伪造的风险。

在我国，票据是汇票、本票和支票的统称。汇票是出票人签发的，委托付款人在见票时或者在指定日期无条件支付确定的金额给收款人或者持票人的票据，包括商业汇票和银行汇票。根据承兑人的不同，商业汇票可以进一步划分为商业承兑汇票和银行承兑汇票。本票是出票人签发的，承诺自己在见票时无条件支付确定的金额给收款人或者持票人的票据。目前，我国只有银行本票，尚无商业本票。支票是出票人签发的，委托办理支票存款业务的银行或者其他金融机构在见票时无条件支付确定的金额给收款人或者持票人的票据。支票既可以用于支取现金，也可以用于转账。

银行卡是指由商业银行（含邮政金融机构）向社会发行的具有消费信用、转账结算、存取现金等全部或部分功能的卡质支付工具，包括信用卡和借记卡。信用卡按是否向发卡银行交存备用金分为贷记卡和准贷记卡两类。其中，贷记卡是指发卡银行给予持卡人一定的信用额度，持卡人可在信用额度内先消费、后还款的信用卡；准贷记卡是指持卡人须先按发卡银行要求交存一定金额的备用金，当备用金账户余额不足以支付时，可在发卡银行规定的信用额度内透支的信用卡。借记卡不具备透支功能，按功能的不同分为转账卡（含储蓄卡）、专用卡和储值卡。我国银行卡产业从无到有，从少到多，从封闭到开放，从分散到联合，发展非常迅速。

汇兑是汇款人委托银行将其款项支付给收款人的结算方式。单位和个人的各种款项的结算，均可使用汇兑结算方式。汇兑分为信汇、电汇两种，由汇款人选择使用。托收承付是根据购销合同，由收款人发货后委托银行向异地付款人收取款项，由付款人向银行承认付款的结算方式。办理托收承付结算的款项必须是商品交易以及因商品交易而产生的劳务供应的款项。代销、寄销、赊销商品的款项，不得办理托收承付结算。收付双方使用托收承付结算必须签有符合《中华人民共和国经济合同法》的购销合同，并在合同上订明使用托收承付结算方式。委托收款是收款人委托银行向付款人收取款项的结算方式。单位和个人根据已承兑的商业汇票、债券、存单等付款人债务证明办理款项的结算，均可以使用委托收款结算方式。委托收款在同城、异地均可以使用。目前，部分地区还开办了“特约同城委托收款”业务，主要适用于电话费、电费、水费等费用的委托收款，相当于国外的直接借记（direct debit）业务。

电子支付工具是指通过互联网及电子通信技术开发应用的支付结算方式的总称。在中国人民银行出台的《电子支付指引（第一号）》中，更是直接将其定义为单位、个人直接或授权他人通过电子终端发出支付指令，实现货币支付和资金转移的行为。目前，电子支付可分为网络支付、电话支付、移动支付、销售终端支付、自动柜员机交易和其他电子支付。随着互联网技术的高速发展，网络已成为金融机构经营和消费者消费中不可或缺的部分，金融机构的支付结算网络化趋势已不可阻挡，而当前各国的支付结算量也在持续增长。

本章小结

支付结算业务在现代经济运行中发挥着重要作用，合理区分交易业务、清算业务与结算业务，构建合理而现代化的支付体系，发挥中央银行在其中的重要作用具有积极意义。支付系统基本分为实时总额结算系统和轧差批量结算系统两类。中央银行在现代化支付体系中有支付服务的提供者、支付体系的监督者和支付业务创新的促进者的作用。我国目前已基本建立了以大额支付系统和小额批量支付系统为核心的现代化支付体系。

思考题

1. 中央银行清算业务的内容有哪些？
2. 总额结算与轧差清算有何异同？
3. 美国支付清算体系的构造是怎样的？

4. 美国中央银行对支付系统风险的管理办法有哪些?
5. 简述中央银行监督结算业务的主要内容。
6. 你对我国目前的支付体系有何建议?

第十五章 金融监管

第一节 金融监管模式的历史演变

一、金融监管的含义和理论依据

（一）金融监管的含义

金融监管是指政府对金融业的监督和限制，从本质上说，金融监管是在激励金融机构提高服务质量，激发其竞争活力与维持该行业的稳健性之间实现平衡。现代的金融监管所采用的手段已经不仅仅局限于行政和经济手段，而是综合运用各种手段对金融业进行监管。

引起政府重视金融监管的原因，可以追溯到17世纪初英国著名的“南海泡沫”事件和18世纪初法国的“密西西比泡沫”事件，甚至更早的荷兰郁金香狂热。1720年6月20日生效的英国《泡沫法》开启了世界金融史上政府实施金融监管的先河。

（二）对金融机构进行监管的理论依据

进入20世纪以来，不断爆发的金融危机使人们越来越深刻地认识到金融监管的重要性，从而在一定程度上促进了金融监管的繁荣。学者们相继进行很多深刻的研究，渐渐形成了一个体系。金融监管理论内容宽泛，体系庞大，既包括必要性、有效性理论，也包括制度选择、风险机制等方面的内容，我们以下主要介绍金融监管必要性方面的内容。

1. 金融脆弱说

自米什金（Minsky）于1982年首次提出“金融不稳定假说”后，金融脆弱性问题引起了广泛关注和争论。米什金及其追随者认为，银行的利润最大化目标促使它们在系统内增加风险性业务和活动，导致金融系统的内在不稳定性，因而需要对银行的经营行为进行监管。米什金、弗里德曼等学者在银行及金融机构的流动性方面所做的研究表明，银行及其他金融机构由于三方面的原因而存在较大的脆弱性：（1）短借长贷和部分准备金制度导致了金融机构内在的流动性风险；（2）在资产负债表中，资产主要是金融资产而不是实物资产，资金来源主要是金融负债而不是股权融资，这使金融机构的风险具有传染性；（3）存款合同的等值和流动性形成了在萧条时期提取存款的激励。

考夫曼（Kaufman）从银行体系的传染性和系统性风险的角度分析认为，银行比其他企业更容易受到外界影响而破产，银行业也比其他产业更加脆弱，风险更容易传染。

主要原因有三个：第一，较低的资本与资产比率或比较高的杠杆率（10 倍以上），承担损失的能力有限；第二，比较低的现金资产比率，通常要变卖盈利资产来偿还存款债务，即面临较高的流动性风险；第三，同业拆借市场的发展使银行间形成交叉债权债务关系，单个银行的经营风险会被放大。另外，银行经营失败涉及的利益相关者众多，影响涉及面广，所以银行业存在着较高的脆弱性和传染性；一旦因金融恐慌引发挤兑，很容易出现连锁的“技术性破产”。

2. 公共利益说

公共利益说认为，金融市场同样存在失灵，从而导致金融资源的配置不能实现帕累托最优。金融监管作为一种公共产品，是一种减轻或消除市场失灵的手段。金融市场失灵主要表现在自然垄断、外部性和信息的不完全与不对称等方面。

（1）自然垄断。大量研究表明，银行业具有规模经济的特征，这意味着它具有一定的自然垄断倾向。金融部门的垄断可能造成价格歧视、寻租等有损资源配置效率和消费者利益的不良现象，对社会产生负面影响，同时会降低金融业的服务质量和有效产出，造成社会福利的损失。所以，应该通过监管消除垄断。

（2）外部性。在金融中介中，存在风险与收益的外部性，监督、选择信贷的外部性及金融混乱的外部性。尤其是银行业作为一个特殊行业，其破产的社会成本明显地高于银行自身的成本。并且，个别银行的破产因多米诺骨牌效应，有可能导致整个银行系统的崩溃而引发金融危机，从而需要政府监管来消除这些外部性，防止多米诺骨牌效应的发生。

（3）信息的不完全与不对称。在现实运行中，金融市场表现为一个信息不完全、不对称的市场，形成了存款人与银行、银行与贷款人之间的信息不对称，由此产生了阿克劳夫所说的“柠檬市场”，即金融市场中的逆向选择与道德风险问题进而造成金融市场失灵。信息不完全的第二个结果是价格体系不再有效地传递有效的信息，从而导致市场参与者较高的信息成本，无法实现信息效率市场的均衡，造成金融市场的低效率。信息不完全引起金融市场失灵的第三个重要方面是信息具有公共产品的性质。因此，有必要对金融机构进行监管，并由政府来提供金融监管这种公共产品，保证金融市场的健康与安全。

综上所述，西方新古典微观经济学金融监管的理论基本上是把经济管制理论直接移植过来，但它只注意到了金融体系运行的特点符合管制理论提出的各种需要政府管制的方面，却没有证明实行金融监管就一定能达到金融监管的目标，或一定能避免灾难性后果，也没有证明不实行金融监管就一定导致灾难性后果，即监管的有效性难以确定。

二、金融监管模式的演变

（一）分业经营分业监管模式

分业经营是指金融业中银行业、证券业和保险业三个行业业务上的分离，金融机构只能从事其中一种业务，即银行不得经营证券、保险业务，证券公司不得涉足银行和保险业务，保险公司不得进行银行和证券业务的经营。与分业经营的模式相对应的分业监管的监管模式。

分业监管模式目前已经不再是主流监管模式，但它是中国目前正实施的监管模式。分业监管是指在银行、证券和保险三个业务领域内分别设立一个专职的监管机构，负责各行业的审慎监管和业务监管。

分业监管具备以下的优点：（1）专业监管机构负责不同的监管领域，具有专业化优势，职责明确，分工细致，有利于达到监管目标，可提高监管效率；（2）监管机构之间具有一定竞争性，有助于提高监管效率。

分业监管模式的缺点是：（1）多重监管机构之间难以协调，容易出现监管真空和交叉监管现象，导致监管套利行为出现，即被监管对象有空可钻，逃避监管；（2）分业监管各个机构庞大，监管成本较高；（3）分业监管难以综合评估混业经营的金融机构的风险，不能在不同类型的机构和业务之间进行比较。

（二）金融混业经营的监管模式比较

从国际实践来看，金融混业监管代表的模式主要有两种，即英国的单一监管模式和美国的功能型监管模式。

1. 英国的单一监管模式

1986 年，英国政府颁布《金融服务法》，进行大爆炸（big bang）式改革，确立金融集团的运营模式，随后的巴林银行倒闭事件反映出监管系统性金融风险的重要性。1997 年金融服务局（FSA）正式成立，它本身是一个私人公司，但行使原来九家金融监管机构的监管职能。2000 年，议会颁布《金融服务和市场法》（*Financial Services and Markets Act* 2000），确认金融服务局的法律地位，授权其统一负责全部金融活动的监管。金融服务局接管了原英格兰银行对银行业监管的权力，与英国财政部签订谅解备忘录而继受原财政部行使的保险立法的职能，又从伦敦证券交易所接管了对上市公司的审核职能，从而成为英国唯一行使金融监管权力的机构。至此，英国混业经营、混业监管体制形成。改革后的英国金融监管权力高度集中在金融服务局，后者拥有监管金融业的全部法律权限，独立执法。这不仅适应了金融混业发展的需要，而且促进了金融监管效率的提高。

为了提升监管的适应性和灵活性，英国金融服务局于 2005 年 12 月公布了题为《改善监管行动计划》的文件，提出改善监管，规范体系结构，在原有的业务原则上进一步发挥原则监管在金融监管中的作用，广泛采用原则监管模式。2007 年 4 月，金融服务局又公布了题为《原则监管模式：关注重要的结果》的文件，系统阐述了原则监管模式的内涵、理论基础、影响、挑战和制约因素。

2. 美国的功能型监管模式

与单一监管模式相对应的是美国的功能型监管模式。尽管 1999 年《金融服务现代化法案》废除了施行近60年的《格拉斯—斯蒂格尔法》，取消了混业经营的禁令，但是美国并没有实行监管合并，而是采取了彼此分离而又相互协调的功能型监管模式。具体来说，对于拥有银行、证券、保险子公司的金融控股公司，由银行监管机构（包括联邦货币监理署、联邦存款保险公司）、证券监管机构（即证券交易委员会）和州保险监管机构分别对其相应的业务功能进行监管，包括制定各自的监管规章、进行现场检查和非现场检查、行使各自的裁决权等。同时，由行使中央银行职能的联邦储备理事会（FED）担任"牵头监管者"或者叫"伞式监管者"，对金融控股公司进行总体监管。联邦储备理事会通常负责控股公司层面的监管，只有在必要时才能对其银行、证券、保险子公司进行有限制的监管，但是如果各功能监管机构认为联邦储备理事会的有限制的监管不适当时，可以在功能范围内优先行使自己的裁决权。因此，可以把功能型监管看成是分业监管。

3. 两种模式的比较

单一监管模式和功能型监管并没有绝对的优劣之分，二者都有各自的优势，也都有固有的缺陷，而一方的缺陷也正是对方的优势所在。

与功能型监管相比，单一监管的优势体现在：(1) 监管的规模经济。由于一个监管机构承担了所有的金融监管职能，从而减少了设置多家监管机构所需要的人、财、物、技术基础等多方面的资源投入，节约了金融监管运行成本，更为有效地发挥了金融监管人才的作用。(2) 监管的范围经济。单一监管机构可以以较低的成本为具有不同需要的市场参与主体提供多种监管服务，避免在分业监管体制下由于监管的松紧程度不一造成季节性或机构型监管资源浪费。(3) 可以避免多边监管容易产生的监管冲突和监管疏漏。监管冲突是分业监管的一个普遍问题，一般情况下是由于不同机构的监管目标不同所致。监管冲突可能会导致重复监管，因为相关的监管者都认为自己具有监管权，同时监管冲突还可能导致监管效力的降低，这是因为当同一机构或同一事件面临多个监管者而每个监管者都坚持各行其是时，监管的结果要么是久拖不决，要么是无所适从。监管冲突也给被监管者带来了困难。为了解决这一问题，一些国家在分业监管机构之外另行建立协调机构，或者举行定期或不定期的监管机构联席会议，促进金融机构之间进行更多的信息交流和更密切的合作。但从澳大利亚的实践来看，协调机构只有协调的职能，对各个监管机构没有直接的、有效的控制权，作用并不明显。

单一监管的缺陷体现在：(1) 不同金融部门之间的固有差异可能造成单一监管机构没有清晰界定的监管目标，甚至出现相互冲突的目标。监管目标不清晰可能导致缺乏统一的行为标准，导致监管负责性的降低，导致监管机构大包大揽，对过多的金融活动加以关注，进而导致失去重点和效率，运转失灵。(2) 单一监管可能导致跨金融部门的风险和恐慌传染。当任何一个金融部门出现监管失败或丑闻时，公众会认为其他金融部门同样没有得到有效监管，从而导致信心危机。(3) 单一监管中监管者容易形成"团体思维"，将其注意力和监管资源主要投向其认为对金融系统构成最大危险的机构或业务，而忽视其他的机构和业务。

第二节 银行业监管

一、《巴塞尔Ⅰ》

（一）出台背景

为维护国际银行体系的稳定，避免因各国对银行资本要求不同而造成不公平竞争，国际清算银行下的巴塞尔银行监管委员会（BCBS）（以下简称巴塞尔委员会）于1988年公布以监管信用风险为主的跨国规范，即《巴塞尔Ⅰ》（Basel Ⅰ）。《巴塞尔Ⅰ》规定了国际统一的最低资本要求，该标准将银行的资本要求与其信用风险敞口联系起来。该协议的目的在于提高当时被认为过低的银行资本比率，并将各国的资本金要求统一起来。该协议主要关注信用风险，因为当时信用风险被认为是银行的主要风险。《巴塞尔Ⅰ》作为一个标准是非常成功的，现在有超过100个国家以不同的形式采用了这一协议。

（二）主要规定

1. 对银行资本的界定

银行资本是银行开业、经营和发展的前提条件。与一般工商企业的资本相比，银行资本在银行总资产中所占的比重虽相对较低，却以比一般工商企业资本绝对数额更大的力量保证着银行经营管理的顺利进行。银行的安全性及银行业和金融体系的稳定性依赖于银行存款人和其他债权人的信任，公众信任则只有通过控制银行和银行体系的偿付风险来维持。另外，银行资本还有限制银行资产过度膨胀的职能。有鉴于此，《巴塞尔Ⅰ》界定了资本构成，规定其包括核心资本与附属资本。

核心资本包括股本（普通股和永久非累积优先股）与从税后保留利润中提取的公开储备，这是各国银行资本中唯一相同的成分，也是市场判断资本充足率的基础，协议要求银行资本当中核心资本占比不得低于50%。

附属资本则包括未公开储备、重估储备、普通准备金（或普通呆账准备金）、混合（债务/股本）资本工具和次级长期债务等。未公开储备包括虽未公开，但已反映在损益表账上并为银行的监管机构所接受的储备。由于未公开储备缺乏透明度，国际认同的标准较低。为此，《巴塞尔Ⅰ》要求未公开储备应与公开储备一样保证高质量。

2. 信用风险衡量标准与资本充足率

《巴塞尔Ⅰ》制定衡量资本充足率的标准时，规定了“风险加权制”。巴塞尔委员会认为，评估商业银行适当资本的方法是把资本同资产负债表内的不同种类资产以及表外项目所暴露或遭遇的风险进行挂钩。表内项目的风险权重有五级，即0，0、10%、20%或50%，20%，50%和100%。风险权重为0的资产是指经济合作与发展组织（OECD）

成员国政府发行的债券以及由这些国家的政府提供抵押或担保的债券；风险权重为0、10%、20%或50%（各国自定）的资产是指对国内政府公共部门机构（不包括中央政府）的债权和由这些机构提供担保的贷款；风险权重为20%的资产是指中央政府以外的公共机构和跨国开发银行拥有的债券；风险权重为50%的资产是指以房地产作抵押的贷款；风险权重为100%的资产是指上述四类以外的一切资产，如对私人的贷款、对地产的投资，以及对非OECD成员国的债券投资等。

表外项目按“信用换算系数”分成四级：10%、20%、50%和100%。使用换算系数为10%的表外项目主要包括随时可取消的或期限不足1年的信贷额度和其他承诺等；信用换算系数为20%的表外项目主要包括短期的、与贸易有关的债权（如有担保抵押的信用证）；信用换算系数为50%的表外项目主要包括履约担保书、即期信用证、证券发行便利和1年期以上的备用信贷额度等；换算系数为100%的表外项目主要包括各类直接信贷的替代工具，如担保、银行承兑、回购协议、有追索权的资产销售和远期存款及购买等。

根据对资本的定义和资产风险权数以及信用换算系数，就可以对任何一家商业银行的资本充足率加以评估。按协议规定的要求，资本对风险加权资产的比率不得少于4%。任何一家商业银行的资本充足率可由下列公式加以计算。

$$CAR = \frac{TC}{RWA_{BS} + RWA_{OBS}} \times 100\%$$

式中，CAR为资本充足率（Capital Adequacy Ratio）；TC为总资本（Total Capital），即核心资本（Core Capital）与附属资本（Supplement Capital）之和；RWA_{BS}为资产负债表内风险加权资产总和（Risk Weighted Assets）；RWA_{OBS}为表外项目信用风险等额总和。

3. 市场风险的资本要求

随着金融工具的创新、商业银行业务范围的扩大、国际金融投机活动的加强，以及国际经济形势的日趋复杂化，商业银行所面临的风险不仅仅是传统上的信贷风险，还包括各种各样的市场风险。为此，《巴塞尔Ⅰ》规定，商业银行必须以量化的方式，准确计算出自己所承受的市场风险，不仅包括银行从事交易性债券、股票和相关表外科目时所承受的价格变动风险，而且包括银行所承受的外汇买卖和商品买卖风险（如黄金、白银和其他金属的买卖风险）。在计算风险时，商业银行可以采用中央银行指定的公式和方法，也可以采用银行内部使用的公式和方法，但后者须事先得到中央银行的同意。商业银行在计算出自己所承受的风险后，还应按照有关公式，计算出相应的资本要求。

二、《巴塞尔Ⅱ》

《巴塞尔Ⅰ》对提高各国金融监管当局的监管水平、维护银行业的稳健经营以及增加商业银行的风险防范能力起到了重要的作用，但是在实施的过程中也暴露出了许多问题。于是，巴塞尔委员会对《巴塞尔Ⅰ》多次进行修改，分别于1996年和1997年通过了《结合市场风险的资本协议修正案》和《有效银行监管的核心原则》。

2004年6月26日，巴塞尔委员会通过了《统一资本计量与资本标准的国际协议：修订框架》，即《巴塞尔Ⅱ》。《巴塞尔Ⅱ》的框架旨在使资本充足的监管要求能够更为准确地反映银行经营的风险状况，为银行和金融监管当局提供更多可供选择的衡量资本充足的可供选择的方法，从而使资本充足框架具有更大的灵活性，以适应金融体系的变化，更准确、及时地反映银行经营活动中的实际风险水平及其需要配置的资本水平，进而促进金融体系的平稳健康发展。

《巴塞尔Ⅱ》提出了具有开创性的三大支柱：一是最低资本要求，二是监督检查，三是市场纪律。

（一）最低资本要求

巴塞尔委员会继承了《巴塞尔Ⅰ》以资本充足率为核心的监管思路，将资本要求视为最重要的支柱。根据《巴塞尔Ⅰ》的要求，有关资本充足率的分子（即监管资本构成）的各项规定保持不变，8%的最低比率保持不变。修改内容主要表现在两个方面：一是明确提出将操作风险纳入资本监管的范畴，即操作风险将作为银行资本比率的分母的一部分；二是大幅修改了对《巴塞尔Ⅰ》中信用风险的处理方法，提出了内部评级法（IRB）。

1. 风险范围的扩展——增加操作风险资本要求

巴塞尔委员会认为，除信用风险、市场风险外，操作风险也是银行面临的一项重要风险，银行应为抵御操作风险造成的损失配置资本。在《巴塞尔Ⅱ》的框架下，操作风险的定义为由于不完善或有问题的内部程序、人员及系统或外部事件所造成损失的风险。巴塞尔委员会为操作风险规定了三种计量方法：基本指标法、标准法和高级计量法。这三种方法在复杂性和风险敏感度方面渐次加强。但银行在开发系统的过程中，必须有操作风险模型开发和模型独立验证的严格程序。

2. 方法的完善——提出内部评级法

《巴塞尔Ⅱ》也为计算信用风险规定了三种方法：标准法、内部评级法初级法和内部评级法高级法。《巴塞尔Ⅱ》的信用风险衡量标准法采用外部评级公司的评级结果来确定商业银行各项资产的风险权重，废除了以往按是否为OECD成员确定风险权重的不合理做法。另外，《巴塞尔Ⅱ》最主要的创新之一就是提出了计算信用风险的内部评级法。该方法包括两种形式：一是内部评级法初级法，二是内部评级法高级法。内部评级法与标准法的根本不同之处在于银行对重大风险要素的内部估计值将作为计算资本的主要参数。该方法以银行自己的内部评级为基础，有可能大幅度提高资本监管的风险敏感度。然而，内部评级法并不允许银行自己决定计算资本要求的全面内容。相反，在确定风险权重及资本要求的时候，需要同时考虑银行提供的数量指标和巴塞尔委员会确定的一些公式。

（二）监管当局的监督检查

《巴塞尔Ⅱ》强化了各国金融监管当局的职责，提出了较为详尽的配套措施。要求监管当局承担起三大职责：一是全面监管银行资本充足状况。监管当局可以分三个步骤进行：首先是判断银行是否达到资本充足率的要求，判断的依据主要有银行所处市场的性质、收益的可靠性和有效性、银行的风险管理水平以及以往的风险化解记录；其次是根据银行风险状况和外部经营环境的变化，提出高于最低限度的资本要求；最后在资本规模低于最低要求时，适当进行必要的干预。二是培育银行的内部信用评估体系，在此基础上还要及时检查银行的内部评估程序和资本战略，使银行的资本水平与风险程度合理匹配。三是加快制度化进程，规定商业银行必须向监管当局提交完备的资产分类制度安排、内部风险评估制度安排等，从而使得与新形势相适应的新方法得到有力的制度保证。至于监管方法，《巴塞尔Ⅱ》仍然强调现场检查和非现场检查二者的结合。

（三）市场纪律

《巴塞尔Ⅱ》从公众公司的角度来看待并对待银行，强调以市场的力量来约束银行，认为市场是一股强大的推动银行合理、有效配置资源并全面控制经营风险的外在力量，具有内部改善经营、外部加强监管所发挥不了的作用。作为公众公司的银行只有像其他公众公司那样建立了现代公司治理结构，理顺了委托代理关系，确立了内部制衡和约束机制，才能真正建立风险资产与资本的良性匹配关系，从而在接受市场约束的同时赢得市场。资本充足状况和风险控制能力良好的银行能以更优惠的价格和条件从市场上获取资源，而风险程度偏高的银行则要支付更高的风险溢价，提供额外的担保或采取其他保全措施。

《巴塞尔Ⅱ》以推进信息披露来确保市场对银行的约束效果。巴塞尔委员会首先提出全面信息披露的理念，认为不仅要披露风险和资本充足状况的信息，而且要披露风险评估和管理过程、资本结构以及风险与资本匹配状况的信息；不仅要披露定性的信息，而且要披露定量的信息；不仅要披露核心信息，而且要披露附加信息。其次对信息披露本身也要求监管机构加强监管，并对银行的信息披露体系进行评估。

出于对国际金融危机的反思，2010 年 9 月的《巴塞尔Ⅲ》是近几十年来针对银行监管领域的最大规模的改革。该协议的主要内容包括以下几点：一是大幅提升了银行的资本充足率要求，2015 年 1 月，全球各商业银行的一级资本充足率下限将从现行的 4% 上调至 6%，促使银行减少高风险业务，并让银行自身为今后处置危机做了更多的准备。二是巴塞尔委员会还引入了 2.5% 的资本留存缓冲，由扣除递延税项及其他项目后的普通股权益组成，以备危机时期使用。这项规定将于 2016 年 1 月起适用，并于 2019 年 1 月开始生效。三是建议银行建立反周期缓冲资本金储备，并要求对具有系统重要性金融机构设定更高的资本金要求。

三、中国银行业监管实践

（一）银行监管起步阶段（1984～1993 年）

我国的银行业监管起步于 1984 年中国人民银行开始专门行使中央银行职能。《中华人民共和国中国人民银行法》颁布实施后，从法律上赋予了中国人民银行依法审批金融机构和业务、进行稽核检查监督、要求金融机构按规定报送报表、对违规行为进行处罚等一系列的监管权力。但从法律界定的职责和监管实践来看，这一时期银行业监管的主要内容是市场准入和合规检查。

（二）银行监管职能转换与体制探索阶段（1993～2003年）

从1993年开始，银行业改革不断深入，市场化的观念逐渐被认可，高效的市场化监管机制也开始了探索阶段。随着三大政策性银行的成立，中国人民银行要求国有独资商业银行以效益性、安全性、流动性为经营原则，并要求其自主经营、自负盈亏、自担风险、自我约束，基本上已经将其作为商业机构来看待。1994年在世界银行的帮助下，我国开始探索风险监管的新方法。1998年，中国人民银行开始推广贷款质量五级分类，信用风险渐渐成为监管的重点。

贷款质量五级分类所称“贷款”包括一般贷款（含抵押、质押、保证、信用等贷款）、贴现、银行承兑汇票垫款、信用证垫款、担保垫款、进出口押汇、银行卡透支、拆出资金、存放同业、应收账款、类似性质的其他债权及类似性质的或有负债。贷款质量五级分类是评价贷款风险状况的一种方法。严格按照贷款质量五级分类的标准、方法和程序对商业银行的贷款风险进行评估和揭示，并及时提取贷款损失准备金，是商业银行防范经营风险的重要手段。贷款质量五级分类是指按贷款本金和利息（简称贷款本息）收回的可能性，将贷款划分为正常、关注、次级、可疑和损失类贷款五个类别。其中次级、可疑和损失类贷款合并称为不良贷款。根据规定，关注、次级、可疑、损失类贷款应提取专项准备金，其中，关注类专项准备金不得低于该笔贷款无抵（质）押部分的2%，次级类专项准备金不得低于该笔贷款无抵（质）押部分的20%，可疑类专项准备金不得低于该笔贷款无抵（质）押部分的40%，损失类专项准备金的提取标准为该笔贷款无抵（质）押部分的100%。

（三）银行监管完善，分业监管形成（2003年至今）

2003年4月28日，中国银行业监督管理委员会挂牌成立，中国银行业监管进入了一个新的时代。中国银行业监督管理委员会成立后，提出了“管法人、管风险、管内控、提高透明度”的监管理念，在加强银行合规监管的基础上，把重点放在风险防范和化解上。

“管法人”主要是针对中国银行业监督管理委员会成立之前监管职责按行政区域设定，造成人民银行总行监管商业银行总行、人民银行省分行监管商业银行省分行、人民银行县支行监管商业银行县支行，将完整的法人人为割裂开来监管的状况。然而，商业银行是一个统一的法人，不良贷款率、资本充足率、拨备覆盖率等指标都是通过法人体现的，因此，要加强对银行机构法人的监管。

“管风险”主要是针对过去强调“合规监管”而言的，过去的合规监管主要是管“超贷款规模”，而银行监管的本质是对风险进行监管，风险包括信用风险、市场风险、操作风险等。目前对银行风险监管的主要指标（要求）包括资本充足率（≥8%）、核心资本充足率（≥4%）、资产流动性比率（≥25%）、贷存比（≤75%）、单一最大客户贷款比率（≤10%）、最大十家客户贷款比率（≤50%）、不良贷款覆盖率（≥150%），不良贷款率和不良贷款余额要求“双降”。

“管内控”是对银行的公司治理、风险管理、组织体系等方面进行监管，调动银行机构防范风险的积极性和主动性。

“提高透明度”是指要加强信息披露。由于银行监管机构的力量有限，加强信息披露可以发挥市场监督的作用，促进银行经营和监管在阳光下进行，加强市场约束和公众监督。

第三节 金融监管改革

2008年美国次贷危机引发本轮金融危机之后，各国政府采取了各种措施以拯救经济。到2009年第二季度末，全球经济基本止住了下滑的态势。此时，各国政府、经济理论界开始从深层次角度反思这次金融危机发生的原因。目前，各方公认的最重要的原因是金融创新失衡，金融监管缺位。

这次金融危机暴露了各国金融监管体制存在的一些漏洞和缺陷，比如缺乏统一的监管机构和适当的监管制度，致使金融专家行业化（丧失公允）、经济学家公司化（丧失独立性）、政府监管亡羊补牢（丧失预警性），这也是形成系统性、全球性金融危机的导火索；多头监管削弱了政府监控、防止和处置金融体系积累的风险的能力，不利于维护金融体系的稳定；对银行控股公司、投资银行及拥有保险储蓄的保险公司缺乏全面有效的监管等诸多问题。

为了恢复对整个金融体系的信心，各国尤其是美国和欧盟各国对其金融监管体系进行改革，以求消除金融监管漏洞，稳定金融体系，建立一种更加简单和有效的保护消费者和投资者的利益、鼓励金融创新并能适应金融市场发展需要的金融监管体系，以促进经济的健康发展。

一、美国金融监管改革

1999年美国开始实施《金融服务现代化法案》，推行金融自由化，放松了金融监管，同时打破了商业银行、证券、保险分业经营的格局，迅速转向混业经营。此后，美国各金融机构推出了许多金融衍生品，为繁荣金融市场和市场经济发挥过重要作用，但是金融衍生品太多，结构日趋复杂，大大增加了投机风险，但与此有关的风险预警机制及防范措施却未能跟上，从而为金融危机的爆发埋下了祸根。

金融危机发生前，美国金融监管机构极其庞大和复杂，交叉监管明显，其最大的特点是“双线多头”。“双线”是指联邦政府和州政府两条线，即联邦政府监管机构监管在联邦政府注册的国民银行，州政府监管机构监管在州政府注册的州银行。“多头”指存在多个履行金融监管职能的机构。在银行监管方面，有货币监理局、联邦储备委员会、联邦存款保险公司三个联邦级的管理机构，各州还设有州银行管理机构；在证券监管方面，由证券交易委员会作为全国最高一级的证券投资和交易活动管理机构，下设九个地区证券交易委员会协助工作；在保险监管方面，由州保险监管署根据各州保险法对保险公司、代理店、中介公司实行有限制的监督，并成立了全美保险厅长官联席会议。

这种监管模式的特点是监管重点较为明确，容易实施监管和落实责任，还避免了对金融机构不必要的重复监管。但是，这种模式只有在金融业总量相对较小时才能发挥最大功效，而且对于各金融机构不同业务的监管，监管者存在着专业性不强的缺陷。对美国来说，美联储的实际权力难以确保其履行所负有的金融监管职责：一是美联储难以行使综合监管职能，虽然美联储作为综合的监管机构，必要时可对银行、证券和保险公司进行有限制的监管，但如果其他专业监管机构认为美联储的监管不适当，可优先行使自己的裁决权；二是对金融控股公司的监管权力有限，美联储主要对银行控股公司进行监管，而对于证券控股公司和储蓄控股公司则没有监管权力；三是美联储对新的金融产品及机构缺乏管理权限。

在危机之后美国政府也意识到了这一问题的严重性，2010 年 7 月 21 日，经美国总统奥巴马签署，美国金融监管改革法案（以下简称法案）正式生效，成为法律。这项法案的全名为《多德—弗兰克华尔街改革与消费者保护法案》，是美国监管者和立法者对 2008 年发生的金融危机全面反思的集中体现，被认为是自《格拉斯—斯蒂格尔法》颁布以来对美国金融业影响最为深远、对金融监管改革最为彻底的一项法案。

该法案主要致力于解决金融危机暴露出来的主要问题，如防范金融市场的系统性风险、限制银行的高风险经营、保护金融市场上消费者的利益、增加衍生品等金融产品的透明度等，而围绕监管系统性风险和消费者金融保护两大核心，法案着重推进的改革措施可以分为以下五个方面。

1. 改革美国金融监管体制

法案通过对原有联邦监管体系调整监管结构、重构监管功能，实现对金融市场更为全面的监管覆盖，从机构职能上保证对系统性风险进行有效的宏观审慎监管。

（1）组建金融稳定监督委员会。为改变多头监管下的监管重叠和监管空白等顽疾，方案提出由美国财政部牵头组建一个由各金融监管机构参加的新的金融稳定监督委员会（FSOC），负责认定具有系统重要性的金融机构，监控、识别可能出现的系统性风险和改善各监管机构之间的合作。

（2）对美联储监管职权的多方面调整。首先，美联储的监管范围有一定扩展。在继续监管州会员银行和银行控股公司的同时，美联储的监管范围也还将扩展到储蓄和贷款控股公司。对资产规模在 500 亿美元以上的银行控股公司，美联储有权对其设定更为严格的资本、流动性和杠杆率要求，以限制其对美国金融体系带来的系统性风险。其次，美联储的紧急贷款权将面临更严格的限制。美联储必须保证紧急贷款只用于缓解流动性，而非救助濒临倒闭的机构，也禁止美联储向无力偿还贷款的借款者放贷。再次，美联储的货币政策等业务面临严格审计。美国政府审计局将对金融危机时期的紧急贷款进行审计，并公布贷款细节。最后，从美联储内部治理结构上提升监管的可信性。总统委派一名美联储副主席作为董事会的一员，对监管和制度提出建议，并每半年向国会汇报。审计局也将指派美联储董事，检查现行监管制度能否代表大众利益。

2. 加强对系统重要性金融机构的并表监督

"大而不倒"的金融机构在金融危机中给全球金融市场带来了巨大风险和严重损失，因而法案针对资产规模较大、对美国金融体系可能带来系统性风险的系统重要性金融机构设立了更为严格的监管标准。

（1）对系统重要性金融机构的认定。法案规定，必须通过金融稳定监督委员会2/3多数以上成员投票赞成，并经过委员会主席的投票确认，才能认定金融机构或其支付、清算、结算活动是系统重要的。

（2）对银行提出更严格的要求。一是提高系统重要性银行及银行控股公司的资本金水平；二是对资本金质量的规定更为严格，要求银行不能将信托优先证券等混合型资本工具继续作为一级资本；三是规定银行监管者应建立顺周期的资本金分配机制，在经济扩张时期增加对机构的资本金水平的要求，而在经济紧缩时相应减少资本金要求，从而使银行的资本金水平与经济波动周期相匹配，进而与银行的风险暴露周期相匹配，防止银行逆周期性经营对金融稳定的冲击。另外，限制银行实体（包括存款机构及其分支机构和子公司）发起或者投资于对冲基金和私募股权基金。具体有两个方面的要求：一是规定银行实体在对冲基金或私募股权基金中的权益，必须限制在基金所有权益的3%以内；二是规定银行实体在对冲基金或私募股权基金中的权益合计，不能超过其自身一级资本的3%，且银行实体不能从事与客户服务无关的自营交易，以降低银行投机性交易带来的潜在风险。

（3）避免"大而不倒"金融机构的形成和对其救助。法案防止规模过大的金融机构给金融市场带来系统性风险，避免新的AIG那样"大而不倒"金融机构的形成并危及金融体系稳定。美联储可对资产规模在500亿美元以上的机构提出更严格的资本金水平、杠杆比率、流动性管理等标准，而且要求单一银行在储蓄市场的占比不能超过10%，以限制金融机构的规模扩张和集中度过高。具有系统重要性的金融机构要定期提交破产计划，以便在经营失败时可根据计划进行快速有序的关闭，降低对消费者和市场带来的损失和风险。法案也避免未来再对"大而不倒"的金融机构进行救助，尤其强调不再由纳税人承担对这些机构的救助或者清算成本。对经营失败的机构，将必须通过有序的清算程序进行拆分清算，而不是继续得到美联储紧急贷款的救助。

3. 加强对消费者的金融保护

政府通过建立专门的消费者金融保护局增加公司治理中高管薪酬透明度等措施，力图使金融体系真正为消费者和投资者服务。

新建立的消费者金融保护局，专门致力于保护消费者的金融权益，以保证美国消费者在选择使用住房按揭、信用卡和其他金融产品时，得到清晰、准确的信息，同时杜绝隐藏费用、掠夺性条款和欺骗性的做法。该机构设立在美联储系统内，但保持独立的监管权力，署长由总统直接任命。由于消费者金融保护的涉及面很广，该机构可以监管各类银行和非银行机构，包括所有资产规模在100亿美元以上的信贷机构和各类金融中介，而且可以独立制定监管条例并监督实施。

完善公司治理和增加高管薪酬透明度即在高管薪酬问题上为股东提供更多的话语权，包括使用代理人参与董事选举，拥有不具约束力的投票权，对管理层薪酬有建议权，但不构成强制约束等；要求董事会下的薪酬委员会完全由独立人士组成；允许监管机构强行终止金融机构不恰当、不谨慎的薪酬方案，并要求金融机构披露薪酬结构中所有的激励要素；对上市公司基于错误财务信息发放的高管薪酬，美国证监会拥有追索权。

4. 对衍生品等金融产品的规范和约束

本轮金融危机的导火线就是美国的次级抵押贷款市场，它给金融体系和投资者都带来了巨大的风险和损失，因而法案限制过度的金融创新和过于复杂金融产品的使用，实现金融监管对金融创新的合理约束。

（1）增加衍生品交易的透明度和规范性。该法案特别加强了对场外交易的衍生品和资产支持证券等产品的监管，重要内容包括：将大部分场外金融衍生品移入交易所和清算中心，要求金融机构将信用违约掉期等高风险衍生品剥离到特定的子公司（银行可保留常规的利率、外汇、大宗商品等衍生品），对从事衍生品交易的公司实施特别的资本比例、保证金、交易记录和职业操守等监管要求。为防止金融机构通过证券化产品转移风险，要求发行人必须将至少5%的风险资产保留在其资产负债表上。

（2）对住房抵押贷款的改革。首先是对住房抵押贷款发放设立最低标准，要求发放住房抵押贷款的机构要明确借款者的收入和资产数量，确定借款者具有贷款偿还能力；其次要求资产支持证券的发行者持有其金融产品5%的权益，以避免发行者直接或间接地将产品信用风险进行对冲或者转移，从而在一定程度上实现发行者和借款人之间的激励相容，防止发行机构私下做多或做空金融产品以致损害投资者利益，降低借款人面临的道德风险。另外，还有一系列增加住房抵押贷款的合理性、保护借款人利益的改革，如打击高息贷款、禁止提前还款罚金、增加贷方对利率和最大支付额的信息披露、对不负责任的借贷行为进行处罚等。总之，改革将使住房抵押贷款市场更加透明和规范，违约和欺诈风险将会得到更严格的监督和处罚。

5. 填补对对冲基金等金融行业的监管空白

（1）对冲基金和私募股权基金。法案要求对冲基金和私募股权基金的投资顾问在证券交易委员会注册其身份，并将联邦管制的投资顾问的资产门槛从3 000万美元提升到1

亿美元，同时要求投资顾问提供他们交易和资产组合的相关信息，以供监管者对基金的系统性风险进行必要的评估。

（2）信用评级机构。法案规定在证券交易委员会中创建一个信用评级办公室，拥有对信用评级机构进行监管和处罚的权力，对国家认可的统计评级组织至少每年要检查一次并公布结果。同时，要求这些评级组织向证券交易委员会提交年度报告，对其内部控制的有效性等工作进行总结和评价。

（3）保险业。在财政部内部设立联邦保险办公室，负责监控保险业的各个方面，防止保险业的系统性风险。具体措施：对保险业服务覆盖不周的社区如少数民族及中低收入者，促进推出他们能够负担得起的保险产品；协调联邦和州的对保险业的管制措施；改革对全国的超额保险和再保险的监管方式等。

二、欧盟金融监管改革

为了避免金融危机重演，欧盟委员会也开始了雄心勃勃的金融监管改革，旨在加强整个欧盟层面上的金融监管，建立起一套泛欧监管体系，从而打破成员国各自为政的现有格局。

在二十国集团匹兹堡金融峰会召开前夕，欧盟委员会于 2010 年 9 月 23 日正式通过了欧盟金融监管改革的立法草案，标志着泛欧层面的金融监管改革的起步。该立法草案各项安排的主要目的是统一欧洲市场的金融监管的基本技术规则和适用的执行标准，以便在系统性风险出现的早期，能够及早解决各成员国之间的分歧，采取泛欧层面的集体行动，加强和维护欧洲金融市场的稳定。

该立法草案将创建一个新的欧洲系统风险委员会（European Systemic Risk Board, ESRB）负责监测和评估风险，将金融体系的稳定作为一个最高的整体性目标，提供和建立必要的系统性风险预警机制，并向欧盟及各成员国提供必要的政策建议以应对金融风险。该立法草案还将成立一个欧洲金融监管系统（European System of Finance Supervisors, ESFS），对单个金融机构进行监管。该系统由各成员国的监管部门以及三个新升级组建的欧洲银行署（EBA）、欧洲证券和市场监管署（ESMA）和欧洲保险和行业养老监管署（EIOPA）组成，形成国家间金融监管的协同工作网。以上方案的提出，充分体现了建立宏观审慎监管部门、防控系统性风险，以及组建泛欧层面的监管体系、强化微观监管协调的两大构想。

（1）构建宏观审慎性监管的主体：欧洲系统风险委员会。欧洲系统风险委员会（ESRB）在欧盟层面上负责宏观审慎监管，监控和评估在宏观经济发展以及整个金融体系发展过程中出现的威胁金融稳定的各种风险。ESRB 将主要监测整个金融体系的稳健，这包括非常宽泛的领域，从银行的财务状况到资产价格泡沫或市场组织的运作等具体情况。ESRB 识别到系统性风险或影响整体金融稳定的问题时，将有权提出建议和警告成员国（包括其监管部门）和欧洲监管部门。如果各监管部门同意此项建议，它们就必须及时进行沟通，以处理潜在的威胁。

从 ESRB 的组织结构来看，欧洲中央银行、欧洲监管当局以及各成员国的中央银行和监管部门的负责人，都将被吸纳进 ESRB。中央银行一直在宏观审慎性监管中发挥着关键作用。在许多国家，中央银行也全部或部分地负责对个别金融机构进行监管。

（2）整合微观审慎性监管体系：欧洲金融监管系统。当前，欧盟层面上只有三个微观审慎性金融监管委员会，即欧洲银行监管委员会（CEBS）、欧洲证券监管委员会（CESR）和欧洲保险与职业年金监管委员会（CEIOPS），但是它们仅拥有咨询建议权，没有任何强制性约束和惩罚权。在实际监管过程中，多数技术规则都是成员国各自确定的，规则之间存在很大的差异；即便规则是一致的，其规则的执行也可能不一致。这种支离破碎的监管体系削弱了单一市场的整体性，增大了金融体系的不稳定性。为此，立法草案决定建立欧洲金融监管系统，作为欧洲层面金融监管的具体操作系统，旨在通过建立更强大、一致性更高的趋同规则来提高各成员国的监管能力，实现对跨境金融机构的有效监管。

在欧盟层面上，将原先欧盟层面的 CEBS、CESR、CEIOPS 升级为欧盟监管署。新的欧盟监管当局除了继续承担过去监管委员会作为咨询主体的有关职责以外，其权限有所扩大并拥有了法人地位。其职能主要包括：建立一整套趋同规则，实现一致性监管操作，按照共同性条约的有关规定发展约束性协同技术标准，制定非约束性技术标准供各国监管者自行决定是否采纳，确保欧盟共同的监管文化和一致性监管操作，直接行使对信贷评级机构的监管权力，收集微观审慎监管信息，协助解决成员国之间由于监管分歧而出现的问题，但不能干涉各国的财政权力。新设立的欧洲金融监管系统与升级后的各金融监管局是一个全面、统一金融监管框架下的相辅相成的组成部分，欧洲金融监管系统是欧洲跨境金融监管的核心，而各监管当局将作为其有力的补充，扮演金融监管系统的信息转播和发布者的角色，而对金融机构的日常监管责任还是由各国监管部门承担，这是由微观审慎性监管的特性决定的，新成立的 ESFS 只是欧盟和其成员国监管机构网络体系的中心辐射点，而非具体业务操作机构。新创建的各监管局没有被赋予任何对机构进行直接监管的权力，立法草案充其量只能算做是为今后进行直接监管创造了可能性。

三、对中国的影响

在后金融危机时代背景下，优化金融监管是当务之急。中国与美国的金融发展水平处于不同的层次，这也决定了中国金融监管体系没有必要照搬美国金融改革法案的操作办法，但美国及欧盟金融改革法案设定的相关规则仍值得我国借鉴。

（一）加强宏观监管功能

（1）建立信息交流制度，加快监管方式和手段电子化的步伐。在此基础上构建一个为各监管机构共用的金融信息平台。随着混业经营的发展和各业相互融合程度的加深，金融信息的复杂性提高并呈现出综合化趋势，各监管机构只有在能够及时、准确并完整地获得相关金融信息的条件下才可能实施有效的金融监管，而且伴随着金融风险扩散速度的日益加快，信息的获得和真实性显得越来越重要。因此，有必要建立一个公共的金融信息处理中心，由其充当整个金融监管体系的信息中心，从而通过降低信息不对称的程度，提高对突发事件的反应速度和处理能力。

(2) 加快由机构监管向功能监管的转变。随着综合性金融集团的兴起和金融创新业务的不断涌现，对金融机构及其业务的划分已不能再沿用以前的标准。对金融集团内各子机构的监管如何协调、对整个集团的系统性风险如何从整体上把握、对某一项新的综合业务如何设计科学的监管标准和具体的监管措施等，都需要新的监管模式进行协调。由此，金融监管机构可以实现跨机构的监管，从而保证监管的有效性。

(3) 加强三大监管机构之间的协调监管能力和共同行动能力，积极创造条件，最终向统一监管过渡。应加强中国银监会、中国证监会、中国保监会金融监管联席会议制度，定期就监管问题进行磋商，交流监管信息，针对金融监管的真空及时采取相应措施，划分各金融监管机构的职责范围，协调各监管机构的权力冲突，以及对金融创新业务划分监管归属等，从整体上降低监管成本，提高监管效率。

(二) 完善金融市场监管机制，提高金融市场监管的有效性

加强对资产证券化和金融衍生工具的监管，妥善处理金融创新与金融风险管理的关系，正确认识金融衍生工具的作用。对于金融衍生工具的风险管理，关键是要控制杠杆率和建立科学止损机制。在防范风险的基础上，还要进一步稳步推进资产证券化及金融衍生工具的发展。

对于商业银行而言，基于收费权基础的资产证券化比基于信贷产品基础的资产证券化更稳当。对基于信贷产品基础的资产证券化，应该更加注意道德风险和杠杆率，应坚持对授信人的评级和对授信人的资本要求。

目前，我国信用评级机构仍未形成有效的监管体系，因此国家有必要通过制定专门的监管规定，明确信用评级监管体系和机构准入与退出的条件与程序；加强对信用评级机构的内控制度、人员素质、业务标准和流程、信息披露等方面的监管，加强信用评级机构的行业自律管理。

(三) 加强金融企业治理结构的建设

我国应重视加强金融企业治理结构的建设，强调对管理层薪酬支付的监督，使各大金融机构的高管的薪酬透明化。在董事会的运作方面，更加注重提高董事和非执行董事的资质，使其能够对公司的风险管理有相应的认识，提出相应的合理化建议。此外，要注重发挥法律的威慑作用，对于那些在金融危机发生之前对金融企业的倒闭或经营失败负有重大管理责任的人员要进行严格的责任追究，从而强化高管的个人责任。

优化金融机构特别是大型银行薪酬委员会的组成，强化独立性与外部性，对巨额薪酬发放方案进行合理监管。在金融机构高管薪酬的数额与发放办法上，赋予金融机构股

东更完备的决定权，改革金融机构薪酬委员会的组成结构，将薪酬委员会委员均设定为机构外部的独立人员。同时，赋予金融监管当局终止金融机构不正当的薪酬发放方案的权力。

（四）完善金融产品销售与购买环节的金融监管

我国金融产品消费者保护制度基本处于真空状态。实践中出现了不少金融机构在销售金融产品过程中故意隐瞒风险、设计复杂条款迷惑消费者等案例。设置专门性的金融消费者保护机构，全面保护金融消费者应享有的权利。保障金融产品消费者在购买金融产品时能够得到全面且准确的信息，杜绝住房贷款、信用卡消费等金融产品销售环节出现的欺诈性条款，保护金融产品消费者的权益，遏制金融机构销售金融产品过程中的不诚信行为。

（五）加强国际社会的金融监管合作

本次金融危机发生后，我国亦不能独善其身。加强国家之间在金融领域的合作、建立有效的金融监管国际合作法律制度来防范金融风险已非常必要。为维护我国金融主权安全和国家核心利益，我国应加强与国际社会的金融监管合作，积极参与国际金融监管合作法律制度建设进程。在加强金融监管的国际合作的同时，我们应该注意在坚持金融监管的主权原则下，利用现有国际金融监管合作机制，增强我国在国际金融体制改革进程中的话语权，加强国际金融监管资源和信息的共享，为更好地防范和化解国际金融风险创造条件。

本章小结

金融监管对金融业和社会经济的影响与时俱进。本章讲述了金融监管模式的演变，银行业监管规则的内容及变革，欧美的金融改革及中国金融监管的现状及趋势。本章内容与实践结合密切须全部把握。

思考题

1. 对金融机构进行监管的理论依据是什么？
2. 三个版本的“巴塞尔资本协议”的内容是什么？
3. 美国金融监管改革的主要内容是什么？
4. 中国目前的金融监管模式是什么？

第十六章　财政收支与货币供给

这一章，我们来讨论一个颇有趣味且在学术理论界引起广泛重视的问题——财政收支与货币供给的关系。

现代经济社会条件下的财政收支活动大都是以货币形式进行的，财政收支本身就是货币流通的组成部分。比如，在中央银行代理国家金库过程中，财政收支活动对货币供给总量具有明显的扩张或收缩作用。当财政支出大于税收等经常性财政收入即发生财政赤字时，向中央银行透支和举借国债便是弥补财政赤字的两种主要方式。向中央银行透支，肯定会增加货币供给。举借国债，则会视国债的认购主体状况和国债的偿付活动状况而对货币供给产生相应的影响。

第一节　财政收支状况与货币流通

一、财政收支影响货币供给的机制：初步描述

在现代银行制度下，微观经济主体的货币收支活动通过商业银行进行，政府财政机关的货币收支活动经由中央银行进行。财政的收入过程表现为微观经济主体把自己所拥有的资金交给政府财政机关支配，它就意味着货币要由商业银行账户流入中央银行账户；财政的支出过程，表现为政府财政机关把自己所拥有的资金交给微观经济主体支配，它就意味着货币要从中央银行账户流入商业银行账户。

从表面上看，随着财政收支过程所带来的仅仅是货币在各个银行账户之间的流动，不是从商业银行账户流入中央银行账户，就是从中央银行账户流入商业银行账户，如此的流动似乎是不会引起货币供给量变动的。但是，深入一步看，中央银行账户上的货币与商业银行账户上的货币有着质的区别。

中央银行账户

国外资产	FA	流通中现金	C
国内信贷	DC	准备金	R
		财政存款	GD

在简化了的中央银行资产负债表中，其资产包括国外资产和国内信贷两大项，其中，国外资产指的是净值，包括中央银行持有黄金、外汇储备及在国际金融机构净资产；国内信贷包括中央银行对中央政府、商业银行等的债权。中央银行的负债分为三项，其中，流通中现金和商业银行存款准备金二者构成了基础货币，即中央银行账户上

的货币作为非银行部门（不包括财政部门）和商业银行所持有的中央银行的负债凭证，是基础货币。在货币供给的决定中，它具有倍数扩大的高能作用。

商业银行账户

准备金	R	活期存款	D
贷款	L	定期及储蓄存款	T

在简化了的商业银行资产负债表中，商业银行持有两项资产：准备金和贷款。其主要负债也包括两项：活期存款、定期及储蓄存款。这两种存款是非银行部门所持有的商业银行的负债凭证，是存款货币。在货币供给的决定中，它是在基础货币基础上派生出来的。正是由于基础货币和存款货币在性质上的这种差别，财政收支活动对货币供给量的扩张或收缩的作用便表现出来了。

一般来说，狭义货币供给量 M_1 等于流通中现金加上可开支票的活期存款，$M_1 = C + D$，广义货币供给量 M_2 等于 M_1 加上定期及储蓄存款，$M_2 = C + D + T$。将中央银行和商业银行的账户合并所形成的货币概览，展示了各层次的货币供给量。用 M_s 表示货币供给量，m 表示货币乘数，B 表示基础货币，$B = R + C$，则有 $M_s = m \cdot B$。财政收支之所以影响货币供给量，就是因为财政收支影响基础货币。

二、财政的收入过程：导致基础货币收缩

财政的收入过程，也就是公众用现金和银行存款纳税的过程。这实际上是基础货币的缩减过程。为了表述方便，这里假设公众一律用银行存款纳税。

财政收入收缩基础货币，在此基础上货币供给量减少多倍于基础货币而收缩了。不妨用事例说明这一点。假定微观经济主体通过商业银行 A 以签发支票的形式向税务机关缴纳税款 100 万元，中央银行和商业银行账户将因此发生如下变化：

（1）商业银行 A 账户的负债方公众存款减少 100 万元。

（2）微观经济主体将商业银行支票送交税务机关，税务机关转送中央银行。中央银行对此作出双重反应：一方面，在财政金库存款账户上加记一笔相应的货币，形成财政所持有的中央银行负债（财政金库存款）；另一方面，将税务机关交存的商业银行支票冲减商业银行 A 在中央银行的存款，商业银行 A 所持有的中央银行负债即商业银行 A 的存款准备金减少。

上述变化的最终结果是，在商业银行 A 的账户上，负债方的公众存款减少 100 万元，中央银行财政金库存款相应地增加了 100 万元。尽管中央银行的总负债没有变化，但负债结构却发生了明显的变化，商业银行存款准备金减少而财政存款增加，使基础货币减少了 100 万元。

（3）假定法定存款准备金率为 20%，利用存款创造的简单模型可知，商业银行 A 所持有的 100 万元存款准备金的减少，会对整个商业银行系统的资产业务规模产生收缩

作用，从而使存款货币收缩500万元。

上述过程可用表16－1来反映。

表16－1 财政收入过程对货币供给量的收缩效应

单位：万元

商业银行A

资产		负债	
准备金	－100	公众存款	－100

中央银行

资产		负债	
		银行准备金	－100
		财政存款	＋100

商业银行系统

资产		负债	
准备金	－100	公众存款	－500
贷款	－400		

三、财政的支出过程：导致基础货币扩张

财政的支出过程，也就是货币从中央银行账户流入商业银行账户的过程，它通过减少财政在中央银行存款相应地增加了银行准备金和流通中现金，从而增加了基础货币。

财政支出扩张了基础货币，在此基础上，货币供给多倍于基础货币而扩张了。

不妨用事例来说明这一过程。

假定财政机关通过中央银行签发支票的方式向微观经济主体拨付款项100万元，中央银行和商业银行的账户将因此而发生如下变化：

（1）中央银行账户负债方财政金库存款减少100万元。

（2）微观经济主体将中央银行支票送存自己的开户商业银行A，则商业银行A通常会对此作出双重反应：一方面，在微观经济主体的存款账户上加记一笔存款，形成微观经济主体所持有的商业银行负债（存款货币）；另一方面，将微观经济主体交存的中央银行支票寄存中央银行，中央银行将签发支票转为商业银行存款，形成商业银行所持有的中央银行负债（存款准备金）。其结果是商业银行A账户资产方准备金增加100万元，负债方公众存款增加100万元。中央银行账户负债方银行准备金增加100万元，财政存款减少100万元。

（3）依据现代货币银行理论，假定法定存款准备金率为20%，商业银行A所持有的100万元新增存款准备金在经过整个商业银行系统的运用之后，将会被倍数扩张为大约500万元的存款货币。

上述财政支出过程所带来的货币供给量的倍数扩张过程，可以用表16－2来反映。

表 16－2 财政支出过程对货币供给量的扩张效应

单位：万元

中央银行			商业银行 A			
	财政存款	－100	准备金	＋100	公众存款	＋100
	银行准备金	＋100				

商业银行系统			
准备金	＋100	公众存款	＋500
贷款	＋400		

从上述分析中可以看出这样一个事实，抛开其他因素的影响不论，财政的收入过程实际上就是商业银行的存款准备金相应减少的过程，而商业银行存款准备金的减少通过货币乘数效应的传导，会造成整个社会货币供给量多倍减少；财政的支出过程实际上就是商业银行的存款准备金相应增加的过程，而商业银行存款准备金的增加，通过货币乘数效应的传导，会造成整个社会货币供给量多倍增加。

四、财政存款的分布对货币供给量的影响

前面分析了财政的收入和支出对货币供给量的影响，其中一个重要的假定是：财政收入均存放于中央银行。这是由财政支出所决定的。因为，一般而言，财政支出总是开出以中央银行为付款人的支票形式进行的。财政收入先是进入商业银行账户，形成商业银行对财政的负债。财政可要求商业银行立即或在适当时候将财政存款转移到中央银行，形成财政在中央银行的存款。财政在中央银行的存款增加，收缩了基础货币，并在此基础上多倍收缩了货币供给量。

在有些国家，财政并不要求商业银行立即将全部财政收入转移至中央银行，有时甚至是有意识地将财政收入存放于商业银行一段时间。因此，财政存款的这种分布对货币供给量也有一定程度的影响。在财政将其收入的一部分存放于商业银行一段时间的条件下，就形成了财政在商业银行的存款。财政在商业银行的存款，相当于对财政存款实行的是部分准备制。若商业银行将财政收入立即全部转移至中央银行，则相当于对财政存款规定100%的法定准备率，由此可以区分出双重财政存款体系和单一财政存款体系。前者是指财政既在中央银行也在商业银行体系保持存款余额，在财政的收入形成阶段，并不是立即将其款项从商业银行划至中央银行，而是根据财政支出和稳定货币供给的需要，相应决定将财政存款移出商业银行的时间和数量。后者则是指财政只在中央银行账户上保持存款余额，而不在商业银行存放款项。财政筹集收入时，其收入经由商业银行立即划归中央银行。

一般来说，货币政策要求基础货币具有相当大程度的稳定性以稳定货币供给。财政收支具有季节性且规模庞大，反映在中央银行账户上，基础货币将随财政收支的巨额变

动而被动发生变化，这对于中央银行控制货币供给是一件不利的事情。保持中央银行账户上基础货币的稳定性，是有效的货币政策的基本要求。为此，要求弱化财政收支对货币供给的不利影响。双重财政存款体系是一种有助于稳定基础货币的财政存款制度，这种做法在国外是较为普遍的。双重财政存款体系影响基础货币的机制是，财政在商业银行存款增加了商业银行的准备金和基础货币，而财政存款移至中央银行则减少了商业银行的准备金和基础货币。

这里不妨举两个例子。

比如，美国财政部在绝大多数商业银行设有存款账户，叫做“税收和贷款账户”，一切财政收入首先进入该账户，同时基于稳定货币供给的需要适时地将财政收入由商业银行移至中央银行。当一项较大的财政支出安排通过它的联邦储备账户完成时，一笔类似数额的资金将同时从税收和贷款账户转移到财政部的联邦储备账户上。其结果是抵消了财政支出对基础货币和货币供给量的影响。若财政暂时不准备支出其收入，它就没有必要将在商业银行的存款移到中央银行，以免引起基础货币大幅度的短期波动。当经济运行面临货币供给过多的冲击时，财政便迅速大量地将其在商业银行的存款转移到中央银行，以削减基础货币，抑制货币供给的膨胀。

再如，加拿大银行（中央银行）明确地通过管理政府存款账户实施货币控制。加拿大政府的财政资金，主要以活期存款形式存入中央银行和各商业银行。由于政府同时在中央银行和商业银行设有存款账户，二者之间的资金转移可随时进行，以保证商业银行的准备金与货币政策的目标相一致。加拿大银行通过调整财政资金在中央银行账户和商业银行账户之间的分配从而实现控制银行准备金的方法，被称为“提取—再存入”。所谓提取，是指加拿大银行从政府在商业银行的账户中提取现金转存于加拿大银行账户的过程，其目的自然是减少银行体系中的准备金，抑制银行体系的货币创造能力。所谓再存入，是指从政府在加拿大银行的账户中提取现金转存于政府在商业银行账户的过程，其目的是增加银行准备金，增强银行体系创造货币的能力。加拿大银行经常使用“提取—再存入”方法调节银行的准备金，当商业银行的准备金发生短缺时，则用“再存入”方法；若准备金过剩，则使用“提取”方法。因此，合理分配财政存款也能够在一定程度上影响货币供给。

第二节　国债与货币供应量

上一节的分析，是在财政收支平衡、财政收入不包括债务收入的条件下进行的。然而，事实上，在当今世界上的许多国家，财政收支不平衡即出现财政赤字几乎是一种经常性的现象。由于财政向中央银行透支与通货膨胀存在连带关系，在各国的现行金融制度下，财政向中央银行的透支以弥补财政赤字往往是被严格禁止的。当前，各国弥补财政赤字的方法主要有两种，即发行国债与向中央银行透支。这已经成为一种不可或缺的财政收入来源。因此，本节打算在上一节的基础上，把发行国债对货币供给的影响引入分析进程。

发行国债作为一种财政收入来源，对货币供给究竟会产生怎样的影响，主要视国债的认购主体而定。国债主要向民间部门发行，由微观经济主体来认购。微观经济主体可被分为企业和家庭两个部门，企业又进一步被分为银行企业部门和非银行企业部门。此外，主要出于政策方面的考虑，中央银行也要加入到国债认购者的行列中。

一、社会公众作为国债的认购主体

当社会公众认购国债时，意味着货币由商业银行账户向中央银行账户转移；而当财政部门将发行国债所得收入用于支出时，又意味着货币由中央银行账户向商业银行账户转移。前者表现为货币供给量收缩，后者表现为货币供给量扩张。如果两者变动方向相反，但变动规模相等，除有可能引起市场利率的短时波动外，一般只会造成政府支出和民间支出的转换，而不会增加或减少货币供应量。

假定社会公众通过开户商业银行以签发支票方式向财政机关认购国债100万元（社会公众也可以现金形式购买国债，但与以签发支票形式认购国债的经济影响。没有实质上的区别），商业银行和中央银行账户将因此而发生如下变化（见表16－3）。

表16－3　　社会公众认购国债对货币供给的影响

商业银行A

（1）准备金	－100	（1）公众存款	－100
（3）准备金	＋100	（3）公众存款	＋100

中央银行

		（2）银行存款	＋100
		（2）银行准备金	－100
		（3）银行准备金	＋100
		（3）财政存款	－100

（1）商业银行为支付提款，一方面，其账户负债方公众存款减少100万元，另一方面，其账户资产方准备金亦减少100万元。

（2）社会公众将代表国债认购款的支票送交财政部门，财政部门又将其转送中央银行。中央银行对此作出两种反应：一方面，在财政部门的财政金库存款账户上加记100万元，即中央银行账户负债方财政金库存款增加100万元；另一方面，将财政部门交存的商业银行支票冲减商业银行在中央银行的存款，即中央银行账户负债方银行准备金减少100万元。

如果这时商业银行拥有超额准备金，则社会公众的存款不会引起货币供给量的收缩。如果这时商业银行并无超额准备金，则社会公众的提款将使商业银行发生准备金不足，而只能通过收回部分贷款等办法加以填补，这时货币供给量将因此而收缩，市场利率随之上升。

不过，这种收缩现象的出现只是暂时性的，一旦进入了第（3）步，货币供给量紧缩的现象便会自动解消或缓和。

（3）财政部门用其新存款，签发支票将100万元分别拨付给居民或企业等公众。公众又将财政部门所签发支票交存各自开户的商业银行。于是，商业银行一方面在其账户负债方加记公众存款100万元，另一方面将社会公众交存的中央银行支票寄送中央银行，待中央银行将支票冲减财政金库存款并转做商业银行款后，又在其账户资产方加记准备金100万元。

到这时，商业银行的公众存款额和存款准备金又恢复到原有水平，由此我们可以认为，社会公众作为国债的认购主体带给货币供给的影响一般是"中性的"。

二、商业银行作为国债的认购主体

商业银行之所以要认购国债，一方面是因为持有政府债券可以获得稳定的利息收入，在资金方面安全可靠；另一方面是因为政府债券的流动性较高，当商业银行的现金准备不足时，随时可通过出售一定数量的政府债券来换取现金。商业银行认购国债对货币供给的影响如何，视其用以认购国债的资金是否来源于超额准备金而定。

如果商业银行的超额准备金未全部用于资产业务，它便可以用超额准备金来认购国债。当商业银行用超额准备金认购国债时，意味着货币由商业银行账户向中央银行账户转移；而当财政部门将发行国债所得货币支用出去时，又意味着货币由中央银行账户向商业银行账户转移。在这一过程当中，由于用于认购国债的超额准备金系商业银行原未动用的准备金，所以前者不会带来货币供给量的收缩，后者却仍表现为货币供给量的扩张。两者相抵，其结果，便是货币供给量以相当于商业银行认购国债额一倍的规模增加。

如果商业银行的超额准备金已经全部用于其资产业务，它便只能用收回贷款的方式来筹措认购国债资金。当商业银行以收回贷款所得货币来认购国债时，其对货币供给的影响便同社会公众认购国债无异了。这是因为，在这一过程中，同样意味着货币由商业银行账户到中央银行账户以及由中央银行账户再到商业银行账户的转移，并相应表现为货币供给量收缩和扩张。显而易见，在资产业务总规模不变的条件下，资产业务的具体构成项目之间的此增彼减并不会带来货币供给量的变动。

由于后一种情况所引起的商业银行和中央银行账户的调整同社会公众认购国债的情形基本无异，此处仅举前一种情况为例说明。

假定商业银行动用超额准备金认购国债100万元，商业银行和中央银行账户因此而发生的变化（见表16-4）：

表 16－4 商业银行以超额准备金认购国债对货币供给的影响

单位：万元

商业银行 A

资产		负债	
（1）准备金	－100		
（2）政府债券	＋100		
（3）准备金	＋100	（3）公众存款	＋100

中央银行

资产		负债	
		（2）财政存款	＋100
		（2）银行准备金	－100
		（3）财政金库存款	－100
		（3）商业银行存款	＋100

（1）商业银行签发支票 100 万元交付财政机关，购入政府债券 100 万元，这时其账户资产方准备金减少 100 万元，持有的政府债券增加 100 万元。

（2）财政部门将商业银行支票送存中央银行，中央银行在财政金库存款账户上加记 100 万元，商业银行准备金存款减少 100 万元。

（3）财政部门发行国债收入 100 万元充做支出来源，以签发支票方式拨付给社会公众。公众又将财政部门所签支票交存开户商业银行，商业银行在其账户负债方记公众存款 100 万元，同时将社会公众交存支票寄送中央银行，待中央银行将支票冲减财政金库存款并转作银行准备金存款后，便在其账户资产方加记准备金 100 万元。

经过以上三步，存款货币净增了 100 万元。也就是说，有些人在商业银行购进政府债券之后多出了 100 万元，而有些人的钱并没有变化。所以，可以认为，商业银行以超额准备金认购国债对货币供给产生了扩张性影响。

三、中央银行作为国债的认购主体

中央银行认购国债，通常是出于下述两种原因。一是中央银行作为货币政策执行部门，要通过在公开市场上买卖政府债券来调节货币供给量和利率，因而需大量购入政府债券作为其执行货币政策的基础；二是中央银行作为政府财政的支持者，在政府财政面临大量赤字的情况下，要通过认购一定数量的国债为政府财政提供资金援助。

中央银行认购国债，既可以通过直接途径，从财政部门直接购入，也可以通过间接途径，从公开市场上买进。途径和方式不同，对货币供给的影响及其传导过程也略有区别。

先来看一下中央银行从财政部门直接购入政府债券的情形。当中央银行从财政部门直接认购国债时，它是以在财政部门的财政金库存款账户上加记一笔相应数额的货币的方式来进行的，这意味着相应数额的基础货币被“创造”出来了；当财政部门把这笔货币用作支出时，又意味着这笔货币由中央银行账户流入了商业银行账户。具有高能作用的基础货币的创造并由中央银行账户向商业银行账户转移，所带来的肯定是货币供给的倍数扩张。

不妨举例说明这一过程。

假定中央银行以在财政部门的财政金库存款账户加记100万元的方式直接从财政部门购入政府债券100万元，中央银行和商业银行账户将因此而发生如下变化（见表16－5）：

表16－5　　中央银行从财政部门直接认购国债对货币供给的影响

单位：万元

中央银行

资产		负债	
（1）政府债券	+100	（1）财政存款	+100
		（2）财政存款	+100
		（2）银行准备金	+100

商业银行A

资产		负债	
（2）准备金	+100	（2）公众存款	+100

商业银行系统

资产		负债	
（3）准备金	+100	（3）公众存款	+500
（3）贷款	+400		

（1）中央银行账户资产方持有的政府债券增加100万元，负债方财政金库存款增加100万元。

（2）财政部门支用其存款，签发支票将100万元拨付给社会公众，社会公众将财政部门所签支票送存其开户商业银行A，商业银行A一方面在其账户负债方加记社会公众存款100万元，另一方面将社会公众交存的支票寄送中央银行。待中央银行将支票冲减财政金库存款并转作商业银行准备金存款后，遂在其账户资产方加记准备金100万元。

（3）到这时，商业银行A已经拥有新增存款准备金和公众存款100万元。假定法定准备金率为20%，那么，在经过整个商业银行系统的资产运用业务之后，新增存款准备金将会被倍数扩张为大约500万元的存款货币。

再来看中央银行从公开市场间接购入政府债券的情形。当中央银行从公开市场购入政府债券时，其可能的交易对象便是社会公众和商业银行。如果中央银行从社会公众手中购入政府债券，它通常是以签发支票的方式来进行的。当政府债券出售者将中央银行支票交存商业银行并通过商业银行与中央银行的结算而相应形成商业银行持有的中央银行负债时，基础货币便被创造出来且由中央银行账户流入了商业银行账户。这时的结果，自然也是货币供给的倍数扩张。

仍可举例说明这一过程。

假定中央银行以签发支票的方式从社会公众手中购入政府债券100万元，中央银行和商业银行账户因此而发生的变化（见表16－6）：

表 16－6 **中央银行从社会公众手中间接认购国债对货币供给的影响**

中央银行 单位：万元

（1）政府债券	+100	（1）签发支票	+100
		（2）签发支票	-100
		（2）银行准备金	+100

商业银行 A

（2）准备金	+100	（2）公众存款	+100

商业银行系统

（2）准备金	+100	（3）公众存款	+500
（3）贷款	+400		

（1）中央银行账户资产方持有政府债券增加 100 万元，负债方签发支票增加 100 万元。

（2）债券出售者将中央银行支票送存开户商业银行 A，商业银行 A 在其账户负债方加记公众存款 100 万元，同时将支票转送中央银行，待中央银行将所签支票转作商业银行准备金存款后，又在其账户资产方加记准备金 100 万元。

（3）在法定存款准备金率为 20% 的条件下，商业银行所持有的新增存款准备金 100 万元，将会被倍数扩大为约 500 万元的存款货币。

如果中央银行从商业银行手中购入政府债券，它通常是以在商业银行存款准备金账户上加记一笔相应数额的货币的方式来进行的。这时，相应数额的基础货币便被创造出来了。当商业银行据此在自己账户的资产方加记这笔相应数额的准备金时，被创造出来的基础货币便由中央银行账户流入了商业银行账户，并进入了倍数扩张的过程，只不过这时的公众存款未直接随中央银行认购国债而马上增加。

请看如下例子。

假定中央银行以在商业银行存款准备金账户加记 100 万元的方式从商业银行 A 手中购入政府债券 100 万元。中央银行和商业银行账户因此而发生的变化（见表16－7）：

表 16－7 **中央银行从商业银行手中间接认购国债对货币供给的影响**

中央银行 单位：万元

（1）政府债券	+100	（1）银行准备金	+100

商业银行 A

	（2）政府债券　－100
	（2）准备金　＋100

商业银行系统

（3）准备金　＋100	公众存款　＋500
（3）贷款　＋400	

（1）中央银行账户资产方持有政府债券增加 100 万元，负债方商业银行存款准备金增加 100 万元。

（2）商业银行 A 将原持有政府债券交付中央银行的同时，在自己账户上进行相应结算，即其账户资产方持有政府债券减少 100 万元，准备金增加 100 万元。

（3）商业银行 A 新增存款准备金 100 万元，在法定存款准备金率为 20% 的条件下，经过整个商业银行系统的资产业务运用之后，可以使存款货币倍数扩张为约 500 万元的规模。

从以上分析可以获得一个重要的结论：只要中央银行认购国债，无论是通过直接途径，还是通过间接途径，其共同的结果，都是商业银行所持有的中央银行负债（商业银行存款准备金）相应增加，并由此带来货币供给量的倍数扩张。

四、国债的偿付活动与货币供给

前面的讨论基本上是围绕国债的发行对货币供给的影响而展开的，国债的偿付与货币供给的关系问题还未提及。但是，国债总要牵涉发行和偿付两个方面的活动，我们还需把货币供给因国债的偿付活动而受到的影响引入分析进程。

国债的偿付活动要纳入政府财政的收支过程，所以，它一方面同财政收入有关，即要通过财政收入过程为国债的偿付费用筹措必要的资金；另一方面，又同财政支出有关，即要把应付的国债本息通过财政支出过程拨付到国债持有者手中。

从国债的偿付对财政收支过程的影响来看，不论是国债本金的偿还费用，还是国债利息的支付费用，或是两者的某种结合，偿债费的资金来源无非有二：增课税收和发行新债。如果以增税的办法为国债的偿付费用筹措资金，就意味着货币要由商业银行账户流入中央银行账户，其结果是商业银行存款准备金的相应减少和货币供给量的多倍收缩；如果以发行国债的办法为国债的偿付费用筹措资金，不论作为国债的认购主体的社会公众、商业银行、中央银行所认购的国债在发行国债收入总额中的各自占比如何，也不论政府所发行的债券是短期债券、中期债券或长期债券，其结果一般都是货币供给量的相应扩张。由此观之，既然前者表现为货币供给的收缩，后者表现为货币供给的扩张，问题自然就可归结到来自于增税和发行国债的资金孰多孰少上来了。

倘若偿债费的资金来源以增税为主，由此而带来的货币的收缩效应就大于货币的扩张效应，那么，国债的偿付带给财政收入过程的影响就是收缩性的；反之，倘若偿债费的资金来源以举债为主，由此而带来的货币的扩张效应就大于货币的收缩效应，那么，国债的偿付给财政收入过程的影响就是扩张性的。然而，问题的复杂之处恰恰在于，偿债费的两种资金来源的力量对比究竟怎样，要取决于当时当地的具体情况。

从国债的偿付对财政支出过程的影响来看，偿债费支出虽是因政府举债而引致的，但它是作为政府财政支出的一个项目而存在的。而且，由于它的存在和膨胀，也使得财政支出的规模随之膨胀起来。从这个意义来说，偿债费支出同财政支出的其他项目对货币供给的影响是一样的。当政府把应付的国债本息拨付给国债的持有者时，同样意味着货币由中央银行账户流入商业银行账户，其结果也同样是商业银行存款准备金的相应增加和货币供给量的多倍扩张。由于偿债费支出是导致政府支出规模膨胀的原因之一，财政支出过程对货币供给的总量扩张效应的大小又与财政支出的规模正相关，所以说国债的偿付加大了财政支出过程对货币供给的扩张性影响，是很自然的。

将国债的偿付对财政收入和财政支出两个过程的影响联系起来，不难引出如下推论：如果用做偿债费支出的资金都来源于增课税收，那么，国债的偿付活动对货币供给的影响就是“中性”的；如果用做偿债费支出的资金部分地来源于发行新债，部分地来源于增课税收，那么，国债的偿付活动对货币供给的影响便是扩张性的；如果用做偿债费支出的资金全部来源于发行新债，则国债的偿付活动对货币供给的扩张性影响会进一步加大。

总的来看，现实经济生活中偿债费支出全部来自于增课税收或全部来自于发行新债的可能性一般是较小的。较为常见的则是部分地来自于增课税收，部分地来自于发行新债。这就意味着国债的偿付活动带给货币供给的影响基本上都是扩张性的。

本章小结

财政收支对货币供应扩张与收缩有很大影响作用，其作用途径是通过收入过程收缩基础货币，通过支出过程扩张基础货币。发行国债作为重要的财政收入手段，其对货币供给的影响主要取决于谁是认购主体。一般情况下，只有中央银行购买国债，才能对货币供给产生扩张性影响，商业银行购买国债对货币供给的影响要作具体分析。

思考题

1. 财政收支为什么会影响货币供给过程?
2. 财政收入的形成过程是如何引致货币供给收缩的?
3. 财政支出导致货币供给扩张的过程是怎样的?
4. 发行国债对货币供给的影响为什么要视认购主体而定?
5. 国债偿付对货币供给有哪些影响?

第十七章　公司金融

第一节　公司资本结构与融资趋势

一、公司资本结构

公司的资本结构（capital structure）又称融资结构（financial structure），指的是公司融通资金不同方式的构成及其融资数量之间的比例关系，它反映了企业各项资金来源的组合情况。公司的资金来源按其具体渠道不同可分为内源融资与外源融资两大类。

（1）内源融资。内源融资是指公司通过自身经营获得资金，其资金来源包括保留利润、累积未付的工资或应付账款等，例如，一家公司把获取的利润用于新项目的投资，就属于内源融资。美国联邦储备银行对企业资金流入的统计表明，美国企业的投资资金中自有资金（主要的留存利润加折旧）占50%～80%。可见，大多数企业仅靠内源融资显然无法满足对资金的全部需求。

（2）外源融资：债权与股权。当一家公司的内源融资不能满足其经营、发展需要时，它就必须进行外源融资。外源融资是指公司通过向银行贷款或向投资者发行证券来融资，主要通过资本市场实现。外源融资主要包括债权融资和股权融资两种，其中债权融资包括银行贷款、债券、商业票据和租赁，股权融资主要由普通股、优先股和认股权证构成。

公司在进行融资结构决策时，内源融资与外源融资有所不同。对于一家制度健全、不需要额外资金进行扩张的公司来说，内源融资只是日常程序性工作的一部分，通常是自动生成的，包括股利政策和维持一定的银行信用等级。

如果一家公司决定进行外源融资，通常是为了实现较大的扩张目标，融资程序会比较复杂和耗时。通常外部资金的提供者都会要求公司递交详细的募集资金使用计划，同时希望确保投资项目产生足够的现金流，能够弥补该项目的成本，即实现净现值（NPV）大于零。外部投资者将严格审查扩张计划，对公司前景甚至比公司管理层更为关切。因此，与内源融资不同，外源融资使得公司的投资计划更直接地受到资本市场的影响。

二、股权融资

股权即股东权益，是指对公司清偿所负债务后剩余资产的所有权，属于剩余索取权的范围。正如前文所述，股权融资主要有三种类型：普通股、优先股和股票期权（认股权证，香港称为涡轮）。

（1）普通股。普通股代表股东对企业的按份所有权，普通股股东通常拥有投票决定公司事务的权利，他们通常被视为公司的所有者。普通股赋予持有人对公司资产的剩余索取权，即在公司履行了其他合同义务之后，普通股股东才有权分配企业的利润，并对企业的经营拥有最终控制权。

通常普通股不止一个等级，等级划分是按照股东的投票权及出售股票的权利进行的。例如，中国一些上市公司发行面向国内投资者的A股和面向国外投资者的B股（现已经向国内投资者开放，投资的货币是美元和港元）。限制出售的股票通常是发行给公司的创建者或战略投资者的，这类股票发行时就规定股东在特定的锁定期内不得出售。中国的普通股还被分为流通股和非流通股，流通股可以上市交易，而非流通股则不能上市交易。

（2）优先股。优先股是这样一种金融工具，在普通股股东获得股利分配之前，必须先对优先股东分配股利。另外，在公司解散，分配剩余财产或清算时，即出售企业资产时，优先股股东也享有优先的求偿权。不过，优先股股东的求偿权永远低于企业债权人的求偿权。作为一种融资工具，优先股的使用远不及普通股普遍。

优先股在出售时股利是固定的，这点与债券十分相似，在有些情况下，优先股也像债券一样有到期日，但通常优先股更像普通股，从不到期。优先股通常都是累积性的：当企业不能支付股利时，未支付部分将累积计算，并在企业有能力分配股利时全额支付，在此之前不得向普通股股东支付股利。但是，也不能因为企业无力支付优先股股利而强制其破产。

（3）认股权证。企业为了融资，还发行其他一些与股权有关的证券，它们有时会发行认股权证也叫认购权证。认股权证是买入企业股票的长期期权，权证持有者有权在规定时间内以事先确定的价格购买企业发行的股票。认股期权常常被作为一揽子发行的一部分，一揽子发行是指同时发行2 ~3只证券，比如企业可以把一只普通股和一只认股权证作为一个单位来发行。这种单位发行被称为分阶段融资，投资者拥有选择权，如果股票业绩良好，投资者可以追加投资，反之则可以放弃以期权规定的价格购买该股票的权利。认股权证也常常与债券、优先股一起捆绑发行。

三、债权融资

债权融资是对外融资中经常使用的融资方式，通过发行债券，为企业融资的经理和购买债券的投资者都必须对债权融资工具、债券市场有完整的认识。

债权融资工具又称固定收益投资，它是一种合约，承诺对持有者定期支付一定的现金流。债权合约包括可转让合约和不可转让合约，可转让合约规定持有人可以将其债权转让给其他投资者，而不可转让合约则规定持有人不得将其债权转让给其他投资者。

债权合约通常应规定债务人支付利息的时间和金额，以及偿还本金的时间安排。除此之外，债权合约还规定：债务人应当达到的财务要求和应当遵守的限制条款；当债务人违约时，债权工具的持有人享有的权利。

债权融资的主要渠道有银行贷款、租赁、商业票据和债券。

（1）银行贷款。中国国有非上市公司长期以来最主要的融资渠道就是银行贷款，非金融企业外源融资中银行贷款占比高达80%，历史上过度依赖银行贷款，这加大了银行经营的风险，累积了巨额坏账；而美国银行贷款大约只占企业外源融资的25% ~30%，因为信用评级良好的大企业发现利用商业票据和非银行贷款的融资成本比银行贷款低。

银行贷款的类型可以分为信贷额度和贷款承诺。信贷额度是指银行和企业签订合同，规定当企业需要贷款时，银行应当报出贷款利率，特别是短期贷款利率，银行在确定信贷额度时给予企业一个最大的贷款限额。贷款承诺是指只要企业达到了协议规定的要求，银行就应在企业提出贷款申请时以事先确定的利率提供金额在事先确定的最大限度之内的贷款。贷款承诺有两种：一是循环贷款承诺。资金在银行和企业之间往来流动没有事先确定的时间表，企业需要时可随时从循环贷款中提取限额之内的贷款。贷款可以采取年度结算方式，届时企业必须清偿所有贷款。二是非循环贷款承诺。在承诺期内，借款人只能一次性全部或部分使用银行承诺的贷款全额。信贷额度和贷款承诺的关系：银行提供信贷额度时并没有实际承诺向企业提供贷款，因为当企业需要资金时，银行可以自由报出贷款利率，如果利率水平超过企业的承受范围，企业会减少所使用的贷款额度；而贷款承诺则事先规定了贷款利率，是一种更为正式的合约。

（2）租赁。租赁是指资产所有者（出租人）把使用资产的权利让渡给承租人，以获取租赁合同规定的固定收入。如果企业租用资产的时间与该资产的生命周期基本上相等，这种租赁就类似于以该资产为抵押获得贷款对资产的购买。因此，租赁可以视为一种债权工具。

出租人和承租人订立的合同的内容主要包括：承租人租赁资产的期限；由谁负责出租资产的维护；承租人是否有权在租赁期满后购买租赁资产，以及购买租赁资产的价格。

企业租赁可以分为经营性租赁和融资租赁两类。经营性租赁的协议通常是短期的，承租人有权终止租赁合同，并把租赁资产返还给出租人。融资租赁也称资本性租赁，租赁期限一般等于租赁资产的使用寿命，租赁协议规定承租人不能返还租赁资产，否则承租人将承担相应的违约赔偿责任。融资租赁包括杠杆租赁（由第三方提供购买租赁资产的资金）、直接租赁（由资产生产商为购买资产提供融资）和售后回租（由出租人向承租人购买资产，之后再出租给承租人）。

（3）商业票据。企业筹集短期资金时最经常使用的工具是商业票据，商业票据是一种合约，其中借方承诺在未来的某个日期（通常为1~6个月）向贷方支付一个事先确定的金额。一般通过发行新的商业票据来偿还原来的借款。由于短期利率极具吸引力，贷方通常都会接受这种循环偿付方式。如果贷方不接受，企业就用从银行取得的信贷额度偿付商业票据。银行的承兑加上发行者的优良业绩及商业的短期性，使得商业票据事实上无风险。

（4）公司债券。债券是可交易的固定收益证券，此类证券承诺在未来支付一系列现金给持有人。债券发行者可以为债券确定几个特性：债券条款、选择权、现金流模式、偿还期限、价格和债券评级。

债券条款：对债权人的权利和债务人所受限制进行规定。债券条款主要包括四种主要类型，即资产条款、股利条款、融资条款和保证条款，但并不是每种债券都包含全部条款。其中，资产条款是指对企业收购、使用和分配资产的行为作出限制的条款；股利条款是指对股利分配进行限制的条款；融资条款是对企业发行新债以及企业违约情形下新债券持有人享受的企业资产求偿权的限制条款；保证条款则规定了保证债券条款得到严格履行的机制。

选择权允许买方或卖方终止债券协议的条款，它通常要求行使选择权的一方支付一定金额或承担特定的风险。最主要的选择权包括赎回选择权、转换选择权和卖出选择权。

现金流模式由债券的息票利率、还本时间和面值共同决定。息票利率是指债券按面值支付利息进所依据的利率，还本时间通常指债券到期日，面值是指债券票面记载的金额。

偿还期限指债务人必须全部清偿本金的最长期限。中国公司债券偿还期限通常为10年，期限最长的为15年。

价格是指债券的市场发行价格和交易价格，通常受市场利率、息票利率和剩余期限影响。

债券评级是指由权威信用评级机构作出的反映债券违约率水平的评价。世界著名的信用评级机构有标准普尔、穆迪和惠誉等公司。

四、融资的发展趋势

发达国家的成熟资本市场已经有上百年的历史了，外源融资的资金来源、证券发行的程序及有关制度数十年来都没有发生变化，有些甚至维持了一个世纪。然而过去20年中，全世界资本市场的许多方面都经历了巨大的变化，特别是中国股票市场的迅速崛起，这种变化趋势仍将继续下去。虽然说未来有不可知性，但讨论一下企业融资的发展趋势仍有必要。

（1）全球化。现在我们已经迈入了金融全球化时代，大型跨国公司经常在本国以外发行债券和股票，公司通过利用各国之间制度、税收上的差异来降低融资成本。随着公司能够方便地从全球资本市场上获取资金，可以预见世界各地的资本市场制度会逐渐趋同，融资相关的税收会减少，从而使从全球各地资本市场融资的成本差异逐渐消失。目前中国外汇经常项目已经全部开放，资本项目的开放程度正在不断提高，通过合格的境内机构投资者（Qualified Domestic Institutional Investors，QDII），中国投资者可以进行全球投资。

（2）放松管制。全球化进程中总是伴随着管制的放松，资本将更多地流向投资收益率高且对资本进出限制少的国家或地区。随着各国相继对外国证券发行和外国投资者开放本国市场，全球范围内的资本流动规模不断扩大。各国政府发现很难对资本市场进行严格管制，因为资本可以通过流向其他国家来规避这些管制。中国政府通过设立 B 股市场，通过批准合格的境外机构投资者（Qualified Foreign Institutional Investors，QFII）的一定投资额度，使外国投资机构可以直接投资中国股市。由于中国外汇资本项目尚未完全开放，人民币还不能完全自由兑换，因此，中国在放松金融管制方面还有很长的路要走。

（3）金融工具创新。金融全球化推动了金融工具的创新，以华尔街为代表的国际金融机构创设了众多新颖的金融工具。创新金融工具具有以下特点：使公司能够规避政府的限制并降低融资成本；使投资工具能适应更多投资者的需求；能够降低公司所面临的利率和汇率风险。为实现以上目的，全球金融市场上涌现了令人眼花缭乱的各种金融工具。

（4）资产证券化。美国证券交易委员会将资产证券化定义为将公司（卖方）不流通的存量资产或可预见的未来收入构造和转变成为资本市场上可销售和流通的金融产品的过程。

广义的资产证券化是指某一资产或资产组合采取证券资产这一价值形态的资产运营方式，它包括以下四类：一是实体资产证券化，即实体资产向证券资产的转换，是以实物资产和无形资产为基础发行证券并上市的过程。二是信贷资产证券化，是指把缺乏流动性但有未来现金流的信贷资产（如银行的贷款、企业的应收账款等）经过重组形成资产池，并以此为基础发行证券。三是证券资产证券化，是指证券资产的再证券化过程，就是将证券或证券组合作为基础资产，再以其产生的现金流或与现金流相关的变量为基础发行证券。四是现金资产证券化，是指现金的持有者通过投资将现金转化成证券的过程。

狭义的资产证券化是指信贷资产证券化。按照被证券化资产种类的不同，信贷资产证券化可分为住房抵押贷款支持的证券化（MBS）和资产支持的证券化（ABS）。

第二节 MM 定理

我们知道，公司的资本结构可以有多种形式，可是什么因素导致公司选择特定的资本结构呢？公司管理层能否通过多发股票、少发债券，或者少发股票、多发债券来提高公司的价值？MM 定理对此作出了回答。

一、MM 定理的内容

诺贝尔经济学奖得主莫迪利安尼和米勒（Modigliani and Miller，1958）认为，在理想的、无摩擦的市场环境下，公司发行的所有证券的市场价格（即公司的价值）由公司的盈利能力及其实际资产的风险决定，与公司融资所发行的证券组合方式无关，这就是著名的 MM 定理。

MM 定理将无摩擦环境定义为：收入所得税为零；发行债券或股票的交易费用为零；普通投资者从银行获得贷款的条件与公司相同；公司股东和债权人之间可以无成本地解决彼此之间的利益冲突（无成本破产）。

在上述无摩擦环境中，根据 MM 定理，公司的总市值与其资本结构无关。下面我们通过对无债公司和负债公司的市值比较，来证明 MM 定理。

无债公司和负债公司除了资本结构不同外，其他方面完全相同。无债公司只通过股权进行融资，负债公司除进行股票融资外，还通过发行债券进行融资。

无债公司当前盈利水平是每年 1 000 万元，这里的盈利水平是指息税前盈利（EBIT）。假定该公司每年都把这 1 000 万元盈利作为股利支付给股东，公司发行的普通股数量为 100 万股。

假定无债公司股票的市盈率为 10 倍，则公司股票的总市值为

$$\text{市盈率} = \frac{\text{股价}}{\text{盈利}}$$

$$\text{股价} = \text{盈利} \times \text{市盈率}$$

$$= 1\,000 \times 10 = 10\,000\ \text{（万元）}$$

负债公司的投资与运营策略与无债公司完全相同，因此它的税前盈利预期价值和风险与无债公司完全一样。负债公司与无债公司的唯一区别在于它们的资本结构不同，无债公司的外源融资全部来自股票，而负债公司的外源融资则既有股票也有债券。假定负债公司以年利率 8% 发行了面值 4 000 万元的债券，它每年需要支付的利息为 320 万元，假定债券以永续年金的形式存在。

假定负债公司债券不存在违约风险，于是负债公司股东获得的收益等于公司的盈利减去债券利息：

$$\text{负债公司净盈利} = 1\,000 - 320 = 680\ \text{（万元）}$$

负债公司总现金支付等于公司债券持有人和股东所获收益之和。

根据资本结构无关性的 MM 定理，由于负债公司产生的未来现金流与无债公司完全相同，因此两个公司的市场价值也应当相同，均为10 000万元。假定负债公司的利息支付无违约风险，息票利率等于市场利率，因而债券的市场价格等于其面值，即 4 000 万元。于是，负债公司的股东权益为公司总市值减去债券市值，为 6 000 万元。假如负债公司的股东发行的普通股为 60 万股，每股价格应为 100 元。我们通过套利理论可以证明

这一点。

假如负债公司的股价低于无债公司的股价，其股价是 90 元，由于两个公司股票带来的未来现金流相同，因此违反了一价原理。于是，投资者可以通过按一定比例购买负债公司的股票和债券，可以复制无债公司的股票。比如，持有无债公司 1% 的股票与持有负债公司 1% 的股票和 1% 的债券所带来未来现金相等，因此，在此价格下套利者只要出售 1% 的无债公司股票，买入负债公司 1% 的股票和 1% 的债券（总计 940 000 元），即可获得 60 000 元的无风险收益。

如果负债公司的股价高于无债公司，比如说它是 110 元，这种违反一价原理的现象很会被套利行为纠正。同理，套利者只要以每股 110 元的价格沽空 1% 的负债公司股票（获得现金流 660 000 元），同时以 100 元的价格买入负债公司 0.6% 的股票（支付现金 600 000 元），套利者从而可以获得 60 000 元的收益。

显然，在有效的资本市场上，套利行为会使负债公司的股价与无债公司的股价迅速相等，从而使两个公司的市值相同。

MM 定理指出，在无摩擦的环境下，公司的资本结构与公司的市场价值无关，公司现有股东的财富不会受公司负债率升降的影响。

二、负债风险对 MM 定理的影响

MM 定理假定负债是无风险的，即公司不存在破产风险，但是现实中企业面临着破产的可能，从而使其负债变得有风险。

（1）破产成本为零的 MM 定理。MM 定理假定允许公司破产但不存在破产成本，即 MM 定理假定一家公司破产时其资产控制权可以无成本地由股东转移给债权人。

对于任何一家负债公司而言，公司现金流只有在支付给债权人约定的利息和本金之后，剩余金额才可付给股东。因为股东承担有限责任，当公司需要清偿的债务超过当期现金流时股东将一无所获。假设不存在公司破产成本，在这种情况下债券持有人将获得公司全部的现金流，但是，在有些情况下，公司的全部现金流仍可能不足以清偿到期债务，这极可能导致公司的破产，因此，负债增加会加大公司破产的风险。

（2）公司负债增加导致财富的转移。破产的可能意味着资本结构变化会导致财富在公司股东和债权人之间转移。因此，公司债权股权组合的变化会影响其股价，即使此变化并不影响公司债权、股权市值总和。

当一家公司的新债券级别低于现有债券时，原有债券持有人在公司破产时有优先求偿权，那么公司股票和原有债券的价值在满足 MM 定理的条件下不随公司资本结构的变化而变化。

因为在有破产风险的情况下，如果新债券级别低于现有债券，那么新债券的利率将高于原有债券利率，这时公司股东就可以通过出售部分股票购入相应比例的新债券来消除额外风险负债对公司资本结构的影响。

当公司的新债券级别比旧债券高时，新债券的收益率一定低于旧债券，因为新债券在公司破产时拥有优先求偿权，从而降低了现有债券的价值。在满足 MM 定理假定的条件下，旧债券持有者的损失将转移为股东的所得，从而使得公司总价值不随资本结构的变化而变动。

三、税收对资本结构的影响

MM 定理假定税收为零，但在现实中，公司需要缴纳增值税、所得税等，个人股东也需要上缴个人所得税。也就是说，现实中税收不仅不为零，而且是对公司利润、股东分红具有举足轻重影响的因素，比如，长期以来，中国国内企业所得税税率为 33%，而外资企业所得税税率为 15%。仅此一项吗？外资企业就可获得比中资企业超过 10% 的利润。个人所得税实行九档五进制的累进税率，个人月收入超过 10 万元以上部分将课以 45% 的重税。因此，公司的资本结构对其价值有着直接的影响。

在中国，公司利息支出作为财务成本可以在税前扣除，即不用纳税，但股利却只能在公司缴纳所得税后支付给股东，因此，公司可以借助债务融资来减少向政府纳税的金额。

负债公司的息税前现金流按照其偿付顺序可以分成三个等级：债权人（利息）；政府（税收）；股东（股息）。

由于公司利息可以在税前抵扣利润，因此负债公司的市场价格将大于无债公司，两者的数量关系如下：

负债公司的市场价格 = 无债公司的市场价格 + 债务利息抵税的现值

我们举例予以说明。假定负债公司和无债公司的总价值（包括分配给政府的部分）都是 1 亿元，无债公司的股东权益价值为 6 700 万元，缴纳给政府的税收价值是 3 300 万元（所得税税率为 33%）；负债公司的债务价值为 4 000 万元，税后股东价值为 4 020 万元，缴纳给政府的税收价值为 1 980 万元。假定无债公司股票数为 100 万股，股票价格应为 67 元，现在无债公司宣布发行 4 000 万元债券回购其股票，股票价格一定会上涨，因为债务利息抵税的现值 1 320 万元会反映到股票的价格中。于是，100 万股的价值会上升至 8 020 万元，即股价上升到 80.2 元，发行债券可以回购的股票数为 498 753 股，这样在外流通的股票数为 501 247 股。原有持有无债公司股票的股东因此可以每股获得 13.2 元的收益。出售股票的股东可以获得现金收益，继续持有的股东将拥有尚未实现的资本收益。

四、财务危机成本

当公司资本结构中债务所占比例不断提高时，虽然公司通过利用债务利息税前抵扣成本的优势可以增加股东的财富，但是，与此同时，公司违约的风险也越来越大。也就是说，未来偿还债务的现金流要求超过预期的可能性加大。我们通常把公司面临债务违约风险的状态称为财务危机。在财务危机状态下，通常会产生一些重大成本，从而导致公司价值低于其进行债务融资之前的价值。公司因财务危机所付出的成本包括公司管理层为避免公司破产而花费的时间和精力（和债权人谈判）及支付给从事破产活动的律师的费用。最关键的是，由于破产使公司面临财务清算的威胁，公司管理层、雇员、顾客和供应商的信心都将受到打击，最终使公司的经营遭受重大损失。

尽管债务融资可以通过抵税提升公司的价值，但当资产负债率过高时，财务危机成本将使得债务融资得不偿失。

比如，前面我们讲到无债公司可以通过发行债券回购股票，发挥债务融资避税的优势，从而导致股价上涨。但是，如果发行债券致使公司资产负债率过高（超过50%），使公司破产的风险增大，这时公司股票价格将不升反降。

也有人会建议公司宣布发行债券回购股票的消息（每次宣布的发行债券的总金额不同），然后观察市场的反应，选择股价最高时对应的债务金额予以实施，从而实现公司市值的最大化。这种建议不具有操作性，实践中，要找到实现公司价值最大化的债权股权融资比例是非常困难的。

第三节　合并与收购

一、合并与收购的类型

一家公司购买另一家公司的股份以达到控股的目的，称为收购。两家公司合为一家新公司，称为合并。合并与收购活动被简称为并购（M&A）。并购的类型可以分为很多种，投资银行家通常把并购分为三种：战略并购、财务并购和混合并购。并购还常常被分为友好并购和敌意并购。前者是指直接向公司管理层或其董事会作出并购提议，在双方友好合作中实施并购；后者是指目标公司管理层不同意被收购，收购方直接向目标公司的股东提出购买其股票的投资报价。

（1）战略并购。战略并购涉及经营协同效应，即通过合并，新公司运营资产的价值超过了两家公司各自运营资产价值之和。当两家或两家以上公司的产品生产、销售存在规模经济时，就存在着协同效应。通过减少在管理、技术、研究和开发方面的重复投资，可以产生协同效应。事实上，由于生产要素在合并后的公司中可以更有效地进行配置，因此，合并后公司的价值通常都得到提升。

战略并购中经营协同效应的形成可能是因为合并的公司是以前竞争对手，或者一家公司拥有与另一家公司的产品或技术配套的产品或技术。

战略并购的经典案例是1995年IBM公司对莲花公司的收购。

（2）财务并购。投资银行家一般将不包含经营协同效应的收购称为财务并购。在财务并购中，买方通常认为目标公司的价格低于其资产的内在价值。与战略并购相反，财务并购在美国从 20 世纪 80 年代末开始大量减少。

有时，财务并购的目的是获取与并购相关的税收所得，也可能是收购方认为目标公司的资产价值被市场低估，股票市场可能忽略了重要信息。但是，财务并购最常见的原因是收购方认为目标公司的资产价值被低估的原因在于公司管理不善。大多数情况下，由收购者对目标公司管理不善的悲观看法所引起的财务并购是敌意并购，敌意并购有时被称为强制收购。

财务并购常常采取杠杆收购（LBOs）的方式。在大多数杠杆收购中，个人或团体常常由公司管理层领导，计划购买一家上市公司并将其私有化，于是所有公开买卖的股票被收购，被收购公司从此不再是上市公司。

通常，杠杆并购中收购者没有其他资产，不存在任何可能的协同效应，因此公司经营业绩的提升主要来自管理水平和公司治理的改善。

（3）混合并购。混合收购也称多元化收购，它涉及没有明显经营协同效应可能的公司。在这种意义上，混合并购类似前文所提到的财务并购。混合并购更多出于财务协同效应目的，财务协同效应可以降低公司的成本，因而即使合并后的公司收入没有增加，合并仍创造了价值。

20 世纪 50 ~70 年代发生在美国的并购大多是混合并购，混合并购在当时之所以占统治地位，一种流行的解释是：监管当局出于反托拉斯的考虑，限制战略并购的进行。但到了 20 世纪 80 年代和 90 年代，美国的混合并购不再像以前那样普遍，这反映出反托拉斯法规允许更多战略并购的日渐宽容和金融市场效率的提高。

二、并购的原因与多元化价值幻觉

基于公司管理遵循实现股东财富最大化的原则，实施并购的原因主要有三个：协同效应、避税和并购目标股价低估。协同效应前文已经讲过，这里不再赘述，下面对税收和股价低估予以分述。

并购给公司增加财富的潜在途径之一就是减少上缴给政府的税收，虽然不存在减少生产和分销成本的协同效应，但通过合并，公司可以减少纳税的现值。比如，在特定情形下，一家盈利公司会收购另一家亏损公司，因为通过财务报表合并，盈利公司可利用亏损公司来抵减其利润数额，从而达到避税的目的。

与受协同效应驱动的合并不同，完全因税收利益而进行的并购并不能为社会创造任何价值。公司市场价格反映的是属于投资者私人所有的价值，公司向政府缴纳的税收才是它为社会额外创造的价值。私人部门拥有的公司市值与缴纳的税收之和构成了公司创造的总价值。当协同效应发挥作用时，公司为社会创造的价值随着公司市值和纳税的增加而增加。然而，如果并购仅仅是出于税收原因，那么合并后公司的社会价值与合并前两家公司的社会价值之和完全相同，因此，这种并购只不过是对公司财富在股东和税收部门之间重新分配而已。

进行并购的另一个原因是为了抓住股票市场上价值低估的机会，因为被并购公司的市场价格明显低于其实际价值，那么并购这类公司就可为公司股东创造更多的财富。

一家公司的股票为什么会以低于其实际价值的价格出售呢？原因有二个：其一，股票市场并不像有效市场假说所描述的那样有效，并购公司的管理层相信他们掌握了被收购公司的一些特殊信息。他们认为，如果这些特殊信息为投资者所知晓，被收购公司的市值将会上涨，并超过目前的收购价格。其二，一家公司之所以会以低于其实际价值的价格出售，原因是公司目前管理不善。也就是说，公司现有管理者不称职或工作不努力，因而未能充分利用公司的资源为股东创造财富。

以上并购原因中没有涉及多元化，即并购其他公司只是为了减少公司业绩的波动。然而，如果多元化是并购的真实目的，那么并购通常不是实现经营多元化的有效途径。金融理论和大量实证研究表明，两家公司仅仅为分散风险而进行合并，合并后的市场价格不会高于合并前这两家公司的价值之和。换言之，公司进行分散化并不能增加公司的价值。

为什么即使合并后公司面临的风险低于合并前单个公司面临的风险，而公司的市值却没有提升呢？对此最直观的解释是：要使投资者愿意以高于合并前单个公司股票的价格购买合并后公司的股票，两家公司的合并必须为投资者提供合并前更高的收益作为补偿。在合并前，投资者可以以任意比例购买这两家公司的股票，而合并后，投资者只能以相同的比率购买包含在合并公司内的两家公司的股票。这样，投资者在合并前完全可以通过投资组合实现与公司合并后同样程度的多元化（或分散化）。因此，对于股票市场准入、退出自由国家的投资者来说，仅为实现经营多元化的并购所带来的价值只是一种幻觉。

并购潜在增加的价值如何在并购企业和被并购企业之间进行分配，通常是不确定的。但有一点可以肯定，被并购企业的股东的股票将有一定程度的增值。当然，被并购企业股东并不知道并购者的定价，因此，无论报价多少，被并购企业股东都会要求更高的价格，从而导致市场上常见的溢价并购。溢价并购使并购企业承担风险，只有它拥有的信息优于市场，并购才有价值。

三、并购的缺点

前文中我们讲了并购的相关收益，但并购同时也存在自身的缺陷。对并购的看法随着时间的流逝在发生变化，投资者和分析师对并购的可能收益越来越表示怀疑，并对两家公司合并可能存在的不利之处更加清楚。20 世纪 60 年代，混合并购在美国很流行，被收购公司股票也受到市场追捧。自 20 世纪 80 年代以来，投资者对多元化并购的看法并不乐观。

（一）合并企业分配资本可能缺乏效率

合并企业的经理如果利用增加的灵活性在两家公司之间转移资源来资助本应取消的

亏损业务，两家公司合并就会减少原有价值。这种情况可能发生在当公司高层管理人员因不愿裁员或其他原因维持一项亏损业务继续经营时。比如，经理通常不愿意承认他过去的决策是错误的，因此，当合并公司经理在内部分配资本时，会导致金融市场资本配置的无效率，同时存在的信息不对称和动机问题会导致更为不利的结果。

动机问题是指经理的投资决策可能取决于自身利益而不是股东利益的最大化。经理扭曲的投资决策主要表现在：

（1）实施符合经理专长的投资。假如经理具有操纵融资和投资决策使其在未来更难被取代的动机，那么他留任的愿望就越强烈。经理经常选择在其有专长的领域进行不可挽回的投资，这样将来他们就不会被解雇。

（2）选择投资回报较快的项目。另一种考虑是经理通常希望做有利于当前股价上涨的投资，即使这种投资长远来看并不有利。短期内良好的财务状况可以使经理以更有利的条件融资，同时还可能增加他的薪水，降低他失去职位的可能。

（3）选择使经理风险最小化的投资。对破产的恐惧可以解释为什么经理一般都偏好于更大的公司规模，常常选择比应有速度更快的扩张速度。与实现股东价值最大化所需要的投资水平相比，经理会将更多的盈利用于投资，将更少的盈利用于股利发放。

经理在投资时的风险厌恶超过了合理程度，因为在他们看来，系统性风险和非系统性风险都需要防范，因为两者都可能使公司陷入财务困境，并最终威胁到他们的职位。

（二）并购会减少股价中包含的信息

当两家公司合并后，通常会减少一种公开交易的股票。如果股价传递的信号可以帮助经理进行资源配置，那么合并会带来一项成本。例如，麦当劳曾将20世纪90年代初股价的上涨理解为由于东南亚新兴经济不断增多的机会所致，这种“股票市场观”可能使麦当劳在东南亚投入更多的资源。但是，如果麦当劳只是大型联合公司的一部分，那么它的管理人员就无法观察到该部门的市场价格，从而不得不依赖其他信息进行投资决策。

实践证明，股价中的信息对于补偿和评价公司管理层也有价值。我们看到将微软CEO的报酬与公司业绩相联系，比将康柏个人电脑部主管报酬与该部门业绩相联系要容易得多，因为康柏个人电脑部没有可观察的股价。

本章小结

本章主要讨论公司资本结构和合并与收购的决策问题。在资本结构决策中，核心问题在于：为使公司现有股东财富最大化，公司应如何确定一个最佳的资本结构。公司合并与收购问题，更多地涉及公司的发展战略。应发挥并购在协同效应、减少税收和捕捉市场上的低价机遇的作用，为股东创造更多的价值。要掌握理想环境下的经济理论（MM定理），也要结合现实生活，这样才可真正理解本章的内容。

思考题

1. 外源融资是如何把市场纪律强加于公司的？
2. 优先股哪些方面像债权，哪些方面像股权？
3. 长期租赁应该是债权融资还是股权融资？
4. 如何理解 MM 定理结论与现实的差异？
5. 合并与收购能实现价值增值的原因有哪些？
6. 为什么多元化不能成为两家公司合并的原因？

第十八章 家庭部门：收支、储蓄与理财

在西方发达国家，家庭与政府、厂商共同构成了国民经济的三大主体。由于私有制下家庭的收入、储蓄和税收形成了国民收入的基本来源，因此家庭部门的重要性在发达国家是不言而喻的。

中国自20世纪中期至改革开放，基本上是政府主导型社会，生产资料的公有使家庭只是劳动力的提供者和必需品的消费者，对国家财政收入和厂商的投融资基本没有影响。但改革开放以来，中国经济的所有制实现了多元化，国有、集体所有、民营、合资、外资等多种形式并存，GDP中国有经济所占比重迅速下降，民营经济快速崛起，这使家庭可支配财富大幅上升，家庭的经济决策——就业、储蓄、消费、投资等行为对国家宏观经济又产生了巨大的影响。近年来，珠三角地区出现的“民工荒”其实是众多农村家庭在就业选择中决定放弃出外打工所致，中国2006年至2008年股市繁荣在一定程度上也要归功于上亿家庭的积极投资。因此，中国家庭部门的收入、消费、储蓄、投资（理财）模式的形成和改变对中国宏观经济都将产生巨大的影响。

第一节 家庭的收入与消费

一、家庭收入与消费的概念

（一）家庭收入

家庭收入是指在一定时期（通常为1年）内家庭全部进账和现金收入，包括劳动所得、财产收入和转移收入等。在市场经济中，家庭的市场收入以工资、利润、租金和利息等形式分配给生产要素的所有者。因此，家庭收入等于其市场收入加上转移支付收入。在发达国家，转移支付主要来自政府的各种福利补贴。国家统计局2002年将城镇居民家庭支配收入定义为城镇居民家庭可用于消费支出和其他非义务性支出及储蓄的总和，即家庭可以自由支配的收入。

家庭收入通常有多种来源，主要分为劳动性收入（工资收入等）、财产性收入（投资收益、股息、利息和租金等）、转移性收入（养老金等）和经营性收入（商业买卖收入等）四种。统计数据显示，城镇居民家庭收入中劳动性收入的比重由近80%下降至70%以下，其中绝大部分来自国有和集体经济单位的工薪收入，劳动性收入在总收入中的占比处于下降趋势；经营性收入在总收入中的比重随着市场经济体制的完善呈不断上升之势，目前占比约为4%；随着国民经济的快速发展、投资渠道的拓宽、百姓财富的

增加，居民财产性收入在近几年快速增长，但占比仍然仅为2%；转移性收入的比重变化最为明显，由于近年来我国社会保障制度趋向健全，加之中国城市已步入老龄化社会，从而导致城镇居民家庭转移性收入的绝对额和相对额持续攀升，占比已超过总收入的1/4。

从可支配收入的形成角度看，可支配收入属于实际收入的一部分，是家庭可以自由支配的货币收入；从可支配收入的使用角度看，可以用于消费性支出、非消费性支出、借贷支出和储蓄。

根据国家统计局的规定，家庭可支配收入公式如下：

家庭可支配收入＝家庭总收入－交纳所得税－交纳社会保障支出－记账补贴

（二）家庭消费及其构成

家庭消费又称居民消费或生活消费，是指家庭为了生存和发展，通过对消费资料和服务的消费满足家庭成员的衣食住行、教育、医疗等需要。

家庭消费结构是相对于消费客体而言的，是指居民家庭在消费过程中的多种消费资料和劳务等项目的支出额在总消费支出额中的比例及其相互关系，可以反映出居民家庭生活消费质量状况及消费结构所处的层次。

根据研究需要的不同，居民家庭消费支出构成有多种划分方法。最常见的是层次划分法和形式划分法。消费支出构成的层次划分法最早由恩格斯提出，他认为，可以将居民家庭消费支出构成分为生存资料、享受资料和发展资料三个层次。这是对人类消费活动的高度抽象，有助于揭示人类消费活动的不同层次和满足的先后次序，但是这种划分法不易取得统计资料，也难以用具体的统计指标进行度量。形式划分法是把消费支出项目分为若干类别，在统计上依据消费的生活用途，可分为吃穿用住行和文化服务等消费。考虑到可以采用的统计数据以及国际可比性，这种消费结构构成划分法更有实际意义。具体来说，将城镇居民家庭消费构成划分为八大项：（1）食品，包括粮食、副食品、烟、酒、糖及其他食品和服务。（2）衣着，包括服装、衣料及衣料加工费、鞋、袜、帽及其他衣着。（3）家庭设备用品及服务，包括耐用消费品、家庭日用品及家庭服务等。（4）医疗保健，包括医疗器具、医药费、保健用品和保健服务费等。（5）交通和通讯，包括家庭交通工具及维修费、交通费、通讯工具、邮电费等。（6）娱乐教育文化服务，包括各类教育费用、文化娱乐费用、书报费等。（7）居住，包括房屋建筑、维修、房租、水费、电费、燃料费等。（8）其他商品和服务，包括个人用品、理发、美发用品、旅游、服务费等其他商品和服务。

统计数据表明，自改革开放以来，中国城镇居民的消费构成中，衣着、食品所占比重不断下降，而居住、娱乐教育文化服务、交通和通讯三项所占比重则大幅上升，三项所占总比重已超过40%，这与中国家庭收入水平已达到较高水平有关。

二、收入消费理论

（一）凯恩斯的绝对收入假说

凯恩斯认为，在短期内人们的消费支出是由当期可支配收入决定的，随着收入水平的提高，其用于消费的总额也会增加，但消费增长的速度会慢于收入的增长。另外，总消费支出在收入中的比重随收入的增加而下降。上述观点被称为“绝对收入假说”，可概括归纳为以下三个要点：

（1）在短期内，消费与当期收入间存在稳定的函数关系，即 $C=f(Y)$，式中的 C 和 Y 分别代表消费和收入，收入水平高，则消费水平就高；反之，低收入就只能是低消费。

（2）边际收入倾向，收入每增长 1%，消费增长的百分数介于 0 和 1 之间，即消费增加速度慢于收入。

（3）平均消费倾向，$APC=\frac{C}{Y}$，随着收入的增加而下降。

通常人们将凯恩斯的短期消费函数简单化为线性形式：

$$C_t = \alpha + \beta Y_t \qquad (\alpha > 0, 0 < \beta < 1) \tag{1}$$

在绝对收入假说中，消费者的行为是短视的，预算约束是现期一时的，忽略了流动性约束和不确定性的影响。

（二）杜森贝利的相对收入假说

绝对收入假说后来受到了挑战，因为它不能很好地解释长、短期消费与收入之间的关系。为了调和长、短期消费函数之间的矛盾，杜森贝利对此进行了修正。相对收入假说认为：

（1）不同消费者之间的消费存在“示范效应”（demonstration effect），消费者的消费水平不取决于其绝对收入水平，而依赖于其同周围人相比的相对收入水平，即其在一定收入分配中所占的百分比，这一观点否定了凯恩斯的消费者独立性假说。

（2）消费者的消费受到其过去的消费水平和收入的影响，存在着消费不可逆性的“棘轮效应”（ratchet effect），即在短期内，消费具有刚性。这一观点否定了凯恩斯的消费者行为可逆性假设。由此，相对收入假说得出结论：在短期内，消费在收入中所占比重随收入的波动反向变动，而在长期内，消费在收入中所占比重为常数，即平均消费倾向不变。通常，相对收入消费函数可表示为

$$\frac{C_t}{Y_t} = \beta_0 + \beta_1\left(\frac{Y_{max}}{Y_t}\right), (\beta_0, \beta_1 > 0)$$

式中，C_t 表示 t 时期的消费，Y_t 表示 t 时期的收入，Y_{max} 表示消费者曾经获得的最高收入，β_0、β_1 为系数。

当收入持续增长时，长期消费函数可写成

$$C_t = kY_t$$

在相对收入假说中，消费者的行为是后顾的、攀附的、非独立的。

（三）弗里德曼的永久收入假说

永久性收入假说由米尔顿·弗里德曼于1957年提出。他把个人收入分为两类：永久性收入和暂时性收入。所谓永久性收入，是指一个人预期在一生中获得的平均（贴现后）收入。为了估计出这类收入，人们不仅要看他们现在的收入水平，还要预期他们未来可能获得的收入。人们正是基于永久性收入作出合理消费计划的。

暂时性收入是指临时的、意料之外的收入。人们在制订消费计划时通常不会以此为基础。如果人们意料之外的收入增加，他们即使不是把全部收入积攒起来，也很可能把大部分收入积攒起来。

与此相对应，实际消费也分解为两部分：暂时消费和永久消费。暂时消费是指非经常的、不在计划内的消费；永久消费则是经常性的、计划中的、长期的消费。

从短期看，经济繁荣时期国民收入的增加很可能导致家庭收入的意外增加，但由于家庭预期它不会持久，只属于暂时性收入，因此大部分都会被转化为储蓄，消费只是略有增加。

从长期看，如果家庭一直维持较高的收入，家庭就会形成永久性收入预期，因此，他们就会调高自己的生活水平，提高消费水平。

持久收入与持久消费之间具有稳定的比例关系，公式表示为

$$C_t^p = kY_t^p$$

式中，C_t^p 表示永久性消费；Y_t^p 表示永久性收入；k 为常量，受利率、非人力财富与收入的比率和消费者的积累偏好等因素影响。

（四）莫迪利安尼的生命周期假说

莫迪利安尼提出的生命周期理论是建立在新古典微观经济学中的消费者效用最大化行为假设和边际效用分析工具基础上的。他认为，消费者总是在包括他的现期和预期的未来资产（包括人力和非人力财富）收入在内的全部收入的预算约束下，在消费和储蓄之间作出最佳分配，使他的一生中的消费所获得的效用达到最大。根据动态规划的最优条件的一般原理，最优消费安排应该是使得在各个时期的消费所产生的边际效用（贴现后的）无差异。由边际效用的性质可以得出，他的最优决策是，在一生中需按照一个消费比例均匀地消费其总收入，即平滑消费将导致总效用最大。所以，当现期收入超过或低于按稳定的消费率安排的消费时，个人将进行储蓄或负储蓄。由此可知，消费者的储蓄动机主要是为了实现消费效用最大化，从而实现一生的最大满足，储蓄便是消费者考虑了人生的全过程进行统筹规划的结果。

在生命周期内，由于总消费等于总收入，因此，长期消费函数是一条经过原点、斜率接近于1的直线（即长期边际消费倾向是稳定的）；在短期内，现期消费是消费者整个生命周期财产的函数，现期收入的变化一般只是通过对总财产较小的影响来影响现期

消费的。

生命周期假说下的消费函数可以表示为

$$C_t = \alpha_1 Y_t + \alpha_2 A_{t-1}$$

式中，A_{t-1}是上期非人力资本的净值。

在生命周期假说中，消费者也是前瞻的、跨期效用最大化者。因此，生命周期假说消费理论与持久收入消费函数的基本出发点是相同的。虽然收入在人的一生中是不稳定的，但消费支出却是平稳的，两者都是考虑了未来的长期收入而进行消费和投资选择的，因此将二者统称为前瞻性消费理论。

第二节　家庭储蓄

当家庭把可支配收入中未消费的部分积攒起来以备不时之需时，储蓄行为就发生了。因此，储蓄与消费是家庭收入的两大构成部分，两者存在此消彼长的替代关系。因此，在分析消费之后，我们很有必要关注储蓄这个问题。

一、储蓄的概念

西方经济学界通行的储蓄概念是货币收入中没有被用于消费的部分，这种广义储蓄不仅包括家庭储蓄，还包括公司储蓄、政府储蓄，储蓄的内容包括银行存款、有价证券及手持现金等。

广义的家庭储蓄则是指家庭可支配收入减去消费后的剩余，其形式不仅包括储蓄存款，同时还包括有价证券、现金等资产。狭义的家庭储蓄仅指家庭可支配货币收入中未消费且存入银行的部分，即储蓄存款，狭义的家庭储蓄便于国家统计。

我们经常提到中国、日本是高储蓄率国家，这里的储蓄率就是指狭义储蓄率，即家庭储蓄存款与可支配收入之比。

二、家庭储蓄理论

由于“收入 = 储蓄 + 消费”这一恒等式的存在，因此，一般认为，阐述收入、消费的理论，比如上节讲到的解释收入和消费关系的绝对收入假说、相对收入假说、永久收入假说、生命周期假说都可作为解释储蓄行为的理论。因为我们知道，在家庭可支配收入一定的情况下，如果用于消费的部分增加，则储蓄会相应减少，反之亦然。于是，当一个理论能够解释消费行为时，就相当于从另一个角度解释了储蓄。但是，影响储蓄与消费的因素毕竟有差异，解释消费的理论并不能够直接解释储蓄行为，因此我们只对直接阐述储蓄的理论加以介绍。

（一）预防性储蓄理论

预防性储蓄理论吸收了传统的生命周期理论中的理性消费者和效用最大化假说思

想，将不确定性引入分析框架，考察消费者跨时优化选择行为。该理论认为，风险厌恶的消费者为预防未来不确定性导致的消费水平急剧下降而进行储蓄，这种不确定性是由收入的波动造成的。预防性储蓄理论假设效用函数非二次型，其结果是得到了不确定性的增加会刺激储蓄提高、消费下降的结论。该理论认为，储蓄不仅仅是为了在生命周期内扩展配置其资源，同时也是为了对不确定性事件（如收入冲击）加以保险。如果消费者对未来收入和支出的不确定性增加，那么消费者就必须进行更多的储蓄，以防备未来收入和支出的剧烈波动。

预防性储蓄理论强调不确定性对居民储蓄和消费行为的影响，因而当家庭对国家宏观经济环境、社会保障、金融制度等稳定性的预期较低时，可能会增加其储蓄以应对不测。

（二）缓冲库存储蓄理论

卡柔尔（Crron）等人结合流动性约束和预防性储蓄假说提出了缓冲库存储蓄理论。他们假定消费者存在预防性储蓄动机对未来收入有更高预期，同时又是不耐心的。消费者倾向于选择大于当期收入的消费。在这种情况下，消费者就会表现出缓冲存储行为。这种理论认为储蓄相当于一种缓冲存货，消费者持有资产（储蓄）以便在境况艰难时维持消费，而在境况如意时增加消费。缓冲存货储蓄者一般有一个资产与持久收入的目标比率，如果低于目标，预防性储蓄动机将战胜不耐心从而使消费者增加储蓄；而在高于目标的情形下，不耐心就会占上风从而使消费者选择负储蓄；在缓冲存储模型中，消费者持有资产（储蓄）的目的在于防止消费受不可预料的收入波动的影响。

三、影响家庭储蓄率的因素

储蓄率是反映一个国家（或地区）储蓄发展水平的重要指标，包括总储蓄率和家庭（或个人）储蓄率。总储蓄率是指一国储蓄金额占国民生产总值的百分比，即

$$总储蓄率 = 总储蓄/国民生产总值 \times 100\%$$

家庭储蓄率是指一国家庭储蓄金额占家庭可支配收入的百分比。中国的家庭储蓄率则是指在一定时期（通常为1年）内，所有家庭在银行储蓄存款的金额占城乡家庭或单位职工货币收入的百分比，即

$$家庭储蓄率 = 存入储蓄的金额/家庭收入总额 \times 100\%$$

中国目前是全球储蓄率最高的国家，2005年居民（家庭）储蓄率高达51%，而同期的美国则为-0.4%，是什么因素在影响家庭储蓄率呢？概括来说，主要包括以下因素：

（1）收入水平和收入分配因素。凯恩斯的绝对收入假说认为绝对收入水平决定储蓄率水平，只有在家庭绝对收入提高的情况下，储蓄率才可能相应增长。但库兹涅茨通过对1869～1928年间美国不同收入水平家庭的收入与消费进行研究之后，发现储蓄与家庭绝对收入无关。他的这一发现被拉美国家及其他发展中国家的经验所证实。1951～1964

年，拉美的人均收入增加了59%，而储蓄率却只从16.3%上升到16.9%。后来，杜森贝利和莫迪利安尼从相对收入入手，研究储蓄的决定因素。他们提出相对收入假说，为研究拉美储蓄率变化提供了有力的理论根据。他们认为，居民个人储蓄率主要由家庭收入的相对水平决定，个人消费行为又受两个因素影响：一是个人消费习惯，即人们有保持一定消费习惯的趋势；二是其他阶层消费习惯的影响，即人们有模仿高收入阶层消费模式的趋势，即所谓的“示范效应”。坚持相对收入假说的学者认为，要提高储蓄率，就必须首先促进收入分配的公平性。然而，收入分配过于平均会挫伤投资者的积极性，也不利于储蓄率的提高。

根据中国的实践，收入水平提高会导致储蓄率的提高，因而收入水平仍然是影响储蓄率的最重要的因素。

（2）利率因素。一般认为，利率变化会产生两种不同的效应：一种是替代效应，即家庭在实际利率上升时推迟消费，增加储蓄，目的在于增加未来的消费；另一种是收入效应，即实际利率提高会增加现有储蓄的未来收益，从而使家庭提高当前消费，减少储蓄。因此，利率变化对储蓄率的影响最终取决于替代效应与收入效应孰大：如果替代效应大于收入效应，则储蓄率提高；反之，则储蓄率降低。大量实证研究发现，利率与储蓄率呈正相关关系，也就是说，实际利率提高，则储蓄率增加；实际利率降低，则储蓄率降低。

（3）储蓄投资转化机制。储蓄与投资相互联系，相互依存。从静态看，储蓄是投资的来源和前提，投资是储蓄的运用，储蓄的规模决定投资的规模；从动态看，储蓄来源于国民收入，而国民收入又来源于投资和产出，因此，储蓄在一定程度上也决定于投资。

储蓄转化为投资主要通过直接转化和间接转化两种方式实现。储蓄直接转化为投资是指储蓄者或投资者将自有资金或资源直接转化为投资，无须经过金融中介机构。储蓄直接转化为投资的成本低，自主性大，但不利于实现规模经济和资源的有效配置，风险相对较高。现代经济中比较有效的储蓄转化方式是储蓄间接转化为投资，是指储蓄者用自己的储蓄购买金融工具（股票、债券等种类的证券），直接或间接向企业融出资金，企业利用这些资金进行投资。间接转化方式需要完善和发达的金融体系，将社会经济各部门和各单位的储蓄资金集中起来再分配，改变资金供给在时间、空间和数量上存在的限制，满足不同投资者的需求，降低融资成本，减少融资风险，达到充分动员和分配储蓄、提高投资效率、扩大积累规模的目的。

（4）社会保障体系。根据预防性储蓄理论，家庭储蓄的目的之一在于预防未来发生的预期支出和非预期支出，包括医疗、教育、失业、养老、住房等方面。一般来说，家庭未来面临的风险越小，不确定性支出越少，对流动性的要求就越低，家庭所需要的预防性储蓄就越低。社会保障体系的建立旨在为家庭提供失业、养老、医疗等方面的基本保障，避免家庭因以上原因而陷入困境，因此，社会保障具有替代储蓄的功能。一国社会保障体系越健全，家庭所面临的非预期支出就越少，储蓄的动机就越弱。

中国目前出现全球罕见的高储蓄现象，收入增加是重要原因之一，但中国社会保障体系不健全，医疗、教育、住房、养老等方面的社会保障很薄弱，加上户籍制度形成的对外来人口社会保障的漠视，迫使家庭增加储蓄以应对未来预期支出和非预期支出。供给学派的温和代表马丁·费尔德斯坦（Martin Feldstein）认为，社会保障通过资产替代效应和引致退休效应从相反方向影响个人储蓄。据他估计，在1929~1971年（不包括1941~1946年），美国的社会保障计划（即现收现付制）大约减少了50%的个人储蓄，这在一定程度上解释了美国负储蓄率存在的原因。随着社会保障和福利水平的提升，家庭储蓄率将逐渐下降。

第三节 家庭理财

中国经济30年的高速增长创造了世界经济奇迹，同时也带动了中国居民家庭财富水平的快速提高。统计数据显示，截至2010年底，中国居民储蓄存款总额再创新高，约30万亿元人民币。随着家庭财富水平的提高和个人财富意识的觉醒，近年来，家庭理财在中国成为一个相当流行的概念，家庭理财业务也随之成为包括银行、证券、保险、基金、信托、金融咨询等金融机构竞争的焦点。

在家庭存续期间，只有保持收支平衡才能保证财务安全。就家庭的收支数量关系而言，存在收支相等、收小于支和收大于支三种情况。观察发现，家庭也像产品一样存在生命周期，即先后经历形成期（夫妻组建家庭生养子女）、成长期（子女长大上学）、成熟期（子女独立和事业发展到巅峰）和衰老期（夫妻退休到夫妻终老）四个阶段，各个阶段的收支数量存在着不平衡，即收大于支或收小于支。维持家庭收支平衡是实现家庭不同阶段生活目标的前提，但是要使家庭各个时期的收支保持平衡，专业理财服务显得尤为必要。

一、理财的概念

对于什么是家庭理财（即个人理财），不同的机构给出的定义不同。中国银监会2005年颁布的《商业银行个人理财业务管理暂行办法》把家庭理财定义为“商业银行为个人客户提供的财务分析、投资顾问等专业化服务，以及商业银行以特定目标客户或客户群体为对象，推介销售投资产品、理财计划，并代理客户进行投资操作或资产管理的业务活动”。上述定义主要是对商业银行家庭理财业务的性质、范围和内容的界定，并没有全部反映出家庭理财的内涵。

国际金融理财标准委员会、中国金融理财标准委员会、中国香港财务策划师学会和中国台湾理财顾问认证协会对家庭理财给出了不同的定义。

中国香港财务策划师学会将家庭理财服务称为财务策划，认为财务策划是运用科学、公正的财务分析程序来对家庭的财务计划、投资策略等进行合理的规划与管理，以实现其长期理财和生活目标的专业化家庭理财服务。

中国台湾理财顾问认证协会将家庭理财服务称为理财规划，认为理财规划就是规划人们现在及未来的财务资源，使之能够满足人生不同阶段的需求，并达到预定目标，使人们能够实现财务独立自主。

中国金融理财标准委员会将家庭理财服务称为金融理财，认为家庭理财是一种综合金融服务，是指专业理财人士收集客户家庭状况、财务状况和生涯目标等资料，明确客户的理财目标和风险属性，分析和评估客户的财务状况，为客户量身定制合适的理财方案并及时执行、监控和调整，最终满足客户在不同阶段的财务需求，使客户最终实现在财务上的自由、自主和自在。

按照家庭理财需要的层次的不同，家庭理财可以进一步细分为家庭生活理财和家庭投资理财。

家庭生活理财主要是理财专业人士帮助客户设计与整个家庭的生涯事件相关的财务计划，包括职业选择、教育、购房、保险、医疗、养老、遗产、事业继承以及各种税收等方面。

家庭投资理财则是在客户基本生活目标得到满足的基础上，理财专业人士帮助客户将资金投资于各种投资工具，包括股票、债券、金融衍生工具、黄金、外汇、不动产及艺术品等。通过投资理财，专业理财人士帮助客户在保证资产安全性、流动性的前提下，追求投资的最优回报，加速家庭资产的成长，提高生活质量。

二、家庭理财的内容

可以不夸张地说，家庭理财关乎家庭所有阶段的综合性金融服务。一般而言，家庭理财主要包括以下内容：家庭财务分析与预算、家庭信用和债务管理、居住规划、教育规划、退休规划、投资规划、家庭风险管理和保险规划、个人税务筹划和遗产规划等。

（1）家庭财务分析与预算。理财始于记账，良好的记账习惯是家庭理财的基础。家庭财务管理与企业财务管理的原理相同，两者之间也存在差异。家庭财务分析是家庭理财的基础和前提，包括了解客户家庭的基本财务状况、资产负债分析、收支分析、现金流量分析，帮助客户家庭养成良好的记账习惯，帮助制定家庭财务预算。

通过家庭财务分析，专业金融理财师可以帮助家庭了解现有财务资源的供给情况，并与理财目标进行比较，确定目标与资源之间的缺口。如果家庭资源大于目标需求，则家庭不仅可以实现现有各项理财目标，还可以提高理财目标；相反，如果家庭资源小于目标需求，则应该采取降低目标、延长目标实现时间或增加收入等方法进行调整，以确保理财目标的实现。理财目标的制定必须建立在充分、准确的家庭财务分析的基础之上。

（2）居住规划。居住是家庭最基本的需要之一，也是家庭基本需求之中实现期间最长、所需金额最大的一项。中国传统的“安居乐业”的理财观念都说明了住房对家庭的重要意义。在推行市场经济、福利分房成为历史之后，家庭对于住房的规划需求更为迫切。

住房不仅是耐用消费品，还有一定的投资价值。根据居住规划目标的不同，居住规划主要分为三类：自己居住、对外出租获取租金和进行投资获取资本利得。

在居住规划制定中，理财师首先应当对中国房地产法律法规和影响房地产价格的主要因素进行深入了解。其次，由于房地产金额较大，多属于终生性投资，对家庭影响很大，因此理财师在帮助家庭作出投资决策之前，应当准确把握客户家庭的支付能力和金融机构关于房地产融资的各项规定，以帮助家庭制定合理的居住规划。

（3）教育规划。教育投资是一种人力资本投资，可以提高个人的知识水平和生活品位，更重要的是，教育可以提升个人的综合竞争力，使之在现代社会激烈的竞争中占据有利的位置。统计显示，教育投资目前已经成为中国家庭的主要支出之一，在家庭总支出中的比重不断上升。

教育投资可以分为两类：自身的教育投资和对子女的教育投资，对子女的教育投资可以分为基础教育投资和高等教育投资。大多数国家的高等教育都不属于义务教育的范畴，因而对子女的高等教育投资通常是所有教育投资中支出最高的一项。

在进行教育投资规划时，理财师首先要对客户家庭的教育需求和家庭子女的基本情况进行了解和分析，以确定客户家庭当前和未来的教育投资资金需求。其次，理财师需要分析客户当前和未来预期的收入状况，客户所在国家或地区的具体情况确定客户家庭教育投资资金的主要来源。最后，理财师应当分析家庭教育投资资金的供求缺口，据此运用各种常用的投资工具和教育投资特有的投资工具予以弥补。

（4）退休规划。退休是每个人都无法回避的问题，退休之后，人们将失去主要部分的工薪收入，但退休之后人们还会继续生活几十年。如何在退休之后仍保持特定的生活水平成为每个人和家庭必须面对的现实问题。因此，退休规划可谓家庭最重要的财务规划之一。在人口老龄化日趋严重的现实中，任何国家的政府都不可能完全、无限度地支持退休民众的生活，也没有一家企业可以向退休员工提供终生确定的福利。

中国一直有养儿防老的传统，但随着中国计划生育政策的实施和子女负担的不断加重，这种养老模式将无法延续。因此，现代社会退休金的筹措主要是依赖家庭以金融理财方式予以解决。退休规划着手越早，规划就会越合理、可行，退休时家庭的经济压力就会越轻。

退休规划的实施是一个长期过程，不是退休之前存一笔钱那么简单。退休规划需要考虑未来的物价水平、家庭成员的主要支出和社会保障和福利的状况，否则家庭可能面临退休后生活水平急剧下降的风险。

（5）投资规划。投资规划主要指狭义的金融投资，而不包括家庭的自用资产这样的广义投资。一般认为，家庭拥有的资金和储蓄并不能完全用于金融投资，应当首先考虑用于归还利率较高的贷款或其他形式的负债；其次考虑预留短期的支出，以满足流动性要求；除此之外，为保证投资的安全性、流动性，进行金融投资时应当预备部分资金作为紧急预备金，剩余的资金才可以用于金融投资。

理财师在帮助客户进行投资理财时，应先充分了解客户的风险偏好，确定合适的投资回报率，帮助客户在注重安全性和流动性的前提下获得合理回报。

（6）家庭风险管理和保险规划。家庭存续期间可能会遇到一些不期而至的“纯粹风险”，“纯粹风险”是相对于投资领域中那些可能引起损失，也可能带来收益的“投资风险”而言的。根据风险损害的对象不同，纯粹风险可分为人身风险、财产风险和责任风险，家庭需要购买保险来管理这些风险。

在金融理财中，经常使用的商业保险产品包括人寿保险、意外伤害保险、健康保险、财产保险和责任保险等。除专业保险公司提供的商业保险外，由政府的社会保障部门所提供的社会保险（社会养老保险、社会医疗保险和社会失业保险）、由雇主提供的雇员团体保险，都是家庭可用于管理纯粹风险的工具。

保险产品在具有转移风险、缓释风险功能的同时，还具有融资和投资功能。

家庭风险管理和保险规划的目的在于通过对家庭经济状况和保险需求的分析，帮助客户选择合适的保险产品，并确定合理的期限和金额。理财师在进行保险规划时应遵循以下流程：首先，确定家庭保险标的；其次，帮助家庭选择具体的保险产品，并根据客户的具体情况合理搭配不同险种；再次，根据以投保财产的实际价值和人身评估价值为依据确定保险金额；最后，根据家庭的实际情况确定合理的保险期限。

（7）个人税务筹划。依法纳税是每个公民应尽的法定义务，而纳税人出于自身利益，希望把自己的税负合法地降至最轻。家庭税务筹划是指在纳税行为发生之前，在不违反法律法规的前提下，理财师通过对纳税主体的经营活动或投资行为等涉税事项作出事先安排，以达到减轻税负、递延纳税时间等目的的一系列策划活动。

国外常用的个人税务筹划策略包括收入分解转移、收入递延、选择资产销售时机、杠杆收购、充分利用抵减等。目前中国个人税法结构相对简单，可以利用的税务筹划策略主要有：充分利用税收优惠政策、递延纳税时间、缩小计税依据和利用避税降低税负。

另外，国外的家庭理财还涉及遗产规划，由于中国目前尚未征收遗产税，因此这里不予介绍。

三、家庭理财的作用

对于个人和家庭而言，家庭理财的作用主要体现在它能帮助我们平衡收支、实现收入和财富的最大化、保证有效消费、满足生活预期、确保家庭财务安全、为退休和遗产积累财富。

（1）平衡收支。由于家庭在不同的收入与支出不平衡，因此，如何运用家庭奋斗期的收入来支付养老期和子女的教育费用，平衡整个家庭存续期的收支，是家庭理财需要帮助人们解决的首要问题。

（2）投资管理。人们在满足家庭生活的基本需要和预留充足的应对意外事件资金需求之外，往往还有部分资金剩余。对于闲置的资金，可以通过金融理财来进行投资积累，以增加未来可支配收入。理财专家可以根据家庭的生活目标确定生涯规划，并将其明确为合理的理财目标，再根据家庭的风险偏好制定合理的投资回报率和风险目标，通过资产配置确立投资组合。

（3）风险管理。家庭在存续期间面临着众多风险，比如，带来家庭主要经济来源的成员过早或意外死亡、丧失劳动能力、失业、意外事故、疾病产生的医疗护理费用、财产和责任损失等，总体上可以概括为收入减少、丧失以及支出增大、激增两类风险，需要及早识别和衡量，并利用保险等产品予以管理和防范。

（4）退休保障。中国已经过早地步入了老龄化社会。据统计，目前，中国老人家庭占全国家庭总数的21%，中期独居或老两口形态的空巢家庭达23%。随着国人平均寿命的不断延长和计划生育政策的长期贯彻，“两口养四口”、“老年空巢家庭”等现象将更加普遍。在这种形势下，传统的依赖子女养老的方式将更不可行，金融理财可以帮助家庭在工作期通过合理规划，为退休生活准备资金。

（5）减轻税负。财富的增长和收入来源的多元化，使得人们越来越多地面对税收问题。金融理财专家可以帮助家庭合理筹划如何实现收入、安排支出，选择经营实体的形式和利润分配方式及时机等，从而合法避税，并在可能课征遗产税的立法环境下提前进行遗产税的规划。

（6）财富传承。家庭因资产的积累和家庭存续的周期性，必然会遇到财产的传承问题：财产由谁来继承，如何继承，如何控制承继成本（遗产税）以及流动性、安全性，如何清算和捐赠等。这些问题普通大众知之甚少，而专业的金融理财师可以帮助家庭回答并解决这些问题，从而确保按照被继承人的意志进行遗产继承，实现家庭财产低成本传承，并减少纠纷。

本章小结

家庭是社会经济最基本的单元。市场经济越是发达，家庭在收入、储蓄、消费及理财方面的决策对宏观经济的影响越是巨大。本章讲述了家庭收入、储蓄、消费的相关理论和家庭理财的内容及其作用，对于致力于发展中间业务的商业银行来说尤其重要。金融研究转向微观应当从家庭开始，对于本章的内容须灵活把握。

思考题

1. 如何理解绝对收入假说与永久收入假说之间的差异？
2. 什么是预防性储蓄理论？如何理解？

3. 哪些因素影响家庭储蓄率？
4. 中国人均收入水平并不高，但为什么会出现世界上最高的储蓄率？
5. 什么是家庭理财？
6. 家庭为什么需要理财服务？
7. 家庭理财服务的主要内容有哪些？

第十九章　国际金融关系

第一节　国际经济关系中的货币与货币支付

一、国际交易中的货币

货币在国际贸易中的基本作用，同它在国内贸易中的作用是一样的，即促进专业化和交换。与国内贸易一样，国际贸易实质上也是以货换货。归根结底，都是以货物和劳务交换货物和劳务。但在国际交易中，物物交换至少和在国内贸易中一样笨拙和无效率。由于国际交易双方通常相距更远，就更是如此。当然，运送铸币或条块形状的贵金属或是运送纸币也能进行一切国际支付。但这样做既费钱，也不方便。因为运费很高，随时有遭受损失的风险，而且汇款支付的速度将取决于运输设施的速度。为避免这种花费和不便，国际支付和国内支付一样，通常是将债务（或债权）凭证从付款人交给收款人。通过这种方式转移的债务通常是银行的存款负债。

国际交易的货币支付与国内支付的最大区别是，国际交易往往要经过不同国家货币的兑换。因为现今世界各国都有各自的一套货币制度，一国的货币原则上不允许在别国流通。一国居民想购买另一国的商品，通常要去银行用本国货币兑换成另一国的货币，然后进行支付。从本国居民角度来说，另一国货币就是外汇，外汇可以是别国的钞票或是银行的存款。所以一般来说，在国际交易中使用的货币对于交易的某一方就是外汇。

二、银行与国际结算

现今，国际间的支付能如此迅速、方便、安全地完成，是因为一国内部的银行机构和不同国家的银行间业务的相互联系，这大大地便利了国际支付的过程。一国的银行网络交织成全国范围的清算和收款体系，交织成代理银行体系。在一国每一家银行实际上都同当地某一家较大银行，或是与大城市的某一家银行有代理行关系，前者则一般在大城市有代理行。这样，实际上每家银行不论大小，都能向其希望在国外进行支付的客户，提供具备一定资信的大城市银行或其他城市银行签发的支票，甚至提供对外国银行（该行在城市的代理行与该外国银行保持着紧密的关系）签发的支票。在绝大多数其他国家，通过全国范围的分支银行系统也能达到同样的效果。

各国的金融中心和商业银行网通过以下两个主要途径而相互联系着。

第一，国外分支机构。许多较大的银行在国外都设有分行。国外分支机构通常成为其所在国的清算和收款体系的成员，同该国的银行建立关系，在该国法律所允许的范围内从事银行业务活动。国外分支机构为其总行、总行的代理行的客户提供多种服务。他们提供信贷和市场情报、签发和出售汇票、汇票收款、汇票偿付、汇票承兑等。

第二，国际代理行关系。如果某国的一家银行和另一国的一家银行相互成为代理行，根据这项代理安排，各家银行为对方提供多种服务，其代理报酬则由事先安排或事后协商予以确定。各家银行都替对方以及对方的客户代理支票和其他票据的付款和收款、递交汇票要求承付、买卖证券等。两家银行之间至少有一方在对方开立存户，亦可互开存户。如今，巨大规模的代理行关系网极大地方便了国际支付。

在某些情况下，国际支付使用付款人国家的货币。以美国为例，美国在国外的大部分付款采用由美国银行签发的、美元汇票来进行的。这笔美元的领受者将这笔美元存到自己在美国境内银行的账户上，也可直接利用这笔钱在美国或他处进行付款。但更多的情况是，领受者将这笔美元在外汇市场上售出，换成本国货币。在另外一些情况下，国际支付使用收款人国家的货币。例如，瑞典商人通常以英镑向英国付款。如果该付款人自己在英国没有英镑存款，他就不得不在外汇市场上以其本国货币购进英镑。同时，很大数量的国际支付使用第三国的货币，国际上经常使用的主要货币是美元、欧元和英镑。

第二节 国际货币体系与欧元、美元化格局

一、国际货币体系的定义和类型

国际货币体系（International Monetary System）是世界主要贸易国家为了适应国际间日益频繁的经济交往活动，基于共同利益，依据一定的标准或某种国际协定确立的解决贸易、清算、资本转移等经济活动中涉及的货币兑换、汇率制度、国际收支调节和储备资产供应等一系列问题的规则、机构的总称，它是国际间进行各种交易支付所依据的一套安排和惯例。

（一）国际货币体系产生的背景

随着资本主义生产方式的确立和世界市场的形成，世界各国在经济方面的交往不断扩大，这就使得政治上具有相对独立地位的国家与国家之间在经济上的相互依赖性日益凸显。由于各国货币是在顺应本国经济活动需要形成的，不具备世界通用的特征，而不同国家关于货币兑换、汇率制度规定各异，因此，需要有一种货币体系来协调各国之间的经济活动，确保国际贸易和国际支付的顺利进行，从而促进世界经济的发展。

（二）国际货币体系的内容

国际货币体系主要包括四个方面：（1）国际收支的调节。收支调节目的在于有效协

调各国国际收支的不平衡，使各国公平合理地承担调节义务。(2) 汇率制度的安排。这是国际货币体系的基本内容，关系到各国汇率政策对国际收支情况的影响。(3) 国际货币的供应。国际货币也称国际储备资产，是指一国政府所持有的、可用于国际支付的一切金融工具，国际货币的数量直接作用于世界经济的稳定。(4) 国际货币机构和组织。这些机构与组织主要目的在于安排、协调和补充国际清算体系和国际借贷行为，并进行冲突调解和紧急援助。

(三) 国际货币体系的类型

国际金融学界通常是根据货币本位与汇率制度来划分国际货币体系。具体划分如下：(1) 货币本位即储备资产的性质。货币本位包括商品货币本位和信用货币本位。根据国家不同选择和组合，可以将国际货币体系划分为纯粹商品本位、纯粹信用本位和混合本位三类。(2) 汇率制度是国际货币体系的核心内容。根据汇率管理制度与汇率弹性的大小，可以将国际货币体系划分为固定汇率制和浮动汇率制两大基本类型，介于二者之间的还有可调整的固定汇率制度（adjustable peg)、管理浮动汇率制度（managed floating)、蠕动汇率制度（crawling peg)。

二、布雷顿森林体系的产生、发展和瓦解

20世纪上半叶，第二次世界大战的爆发改变了世界政治和经济格局，美国一跃成为世界上经济实力最雄厚的国家，取代了英国的资本主义世界霸主地位。在这种形势下，美国开始筹划建立一个以美元为支柱的国际货币体系。这就是著名的“怀特计划”出台的背景。

“怀特计划”是时任美国财长助理的哈里·德克斯特·怀特为美国政府所设计的一套关于未来国际货币体系的方案。这个方案强调以固定汇率、国际合作和黄金结算作为国际金融制度的基础，旨在使美国在国际金融领域获得绝对的控制权。

英国不甘心放弃英镑作为外汇储备的地位，在美国“怀特计划”发布的同时推出了“凯恩斯计划”。“凯恩斯计划”是由英国财政部顾问约翰·梅纳德·凯恩斯设计的。它反对以黄金作为主要储备，强调顺差国和逆差国共同承担调节义务。

1943年9月到1944年4月，英美两国政府就国际货币问题展开了激烈的争论。最终，美国以其绝对的政治实力和经济实力赢得了这个问题的发言权。

1944年7月，各国在新罕布什尔州的布雷顿森林召开了一次国际货币会议——联合和联盟国家国际货币金融会议。43个与会国探讨了新的国际货币体系构想，决定成立国际货币基金组织（International Monetary Fund)。此次会议通过了以“怀特计划”为基础的《国际货币基金组织协定》和《国际复兴开发银行协议》，总称布雷顿森林协议。这是战后国际金融制度开始重建的标志，美元的霸主地位由此确立，布雷顿森林体系由此诞生。

布雷顿森林体系的主要内容如下：

（1）建立一个新的永久性的国际金融机构，即国际货币基金组织，协调处理国际货币事务，维护国际金融秩序的稳定，推动国际间的货币合作。

（2）实行黄金—美元本位制，确定美元为主要储备货币，各国确认美国的35美元兑1盎司黄金的官价。

（3）美国以外的其他成员国承诺将本国货币汇率与向国际货币基金组织申报的比价（即平价）差幅保持在1%以内，这就是固定汇率制度，这是一种可调整的固定汇率制度。基于美元是主要储备货币这个前提，其他国家货币直接与美元挂钩，通过买卖美元来保证实现其承诺。这样，其他货币钉住美元，美元与黄金挂钩。

（4）国际货币基金组织通过成员国的认缴额获得黄金或货币，以此保证固定汇率制度的执行。

（5）成员国只能在本国收支出现“重大不平衡”的情况下，经国际货币基金组织批准，才可以调整币值。

布雷顿森林体系稳定了国际金融秩序，为战后全球经济复苏提供了必需的国际资本，也为战后国际贸易的繁荣提供了必要的清算与支付手段，促进了全球经济稳定与金融发展，具有积极的现实意义。但是，布雷顿森林体系也存在着固有缺陷。随着世界贸易的增长，各国对美元的清算手段与储备资产的需求与日俱增。这意味着美国经常项目的逆差不断扩大，这些逆差将逐渐使美元对黄金的固定比价难以维持，形成了著名的“特里芬悖论”（Triffin Dilemma）。但是，尽管国际收支平衡多次出现波折，布雷顿森林体系还是一直维持到了70年代初期。1971年12月和1973年2月的两次美元贬值，使得国际金融市场对布雷顿森林体系丧失了信心。1973年3月1日，各国中央银行提出建立汇兑市场，听任美元浮动。由此宣告了布雷顿森林体系的瓦解。

三、区域货币一体化理论

区域货币一体化就是指一定地区内的国家和地区基于共同的经济利益，在货币金融领域相互协调与合作，最终形成一个统一或相对统一的货币体系，其实质就是货币联盟。它具有三个特征：（1）汇率统一；（2）货币统一；（3）货币管理机构和货币政策统一。

区域货币一体化是第二世界大战后国际金融领域的新现象，这一重要发展趋势引起了西方经济理论界的普遍关注。

20世纪60年代，经济学家罗伯特·蒙代尔（Robert A. Mundell）提出了“最适度货币区”理论，认为必须以区域性货币代替各国的国家货币，从而使弹性汇率更好地发挥作用。该理论主张在每一个“特定区域”组成一个货币区，这种货币区就是“最适度货币区”。所谓“特定区域”，是指具备这样一种特征的一些地区：在这些地区内，生产要素具有流动性；而在这些地区之外，生产要素就不具有流动性。

蒙代尔的“最适度货币区”理论在西方经济学界引起了很大的争议。1963年，美国经济学家罗纳德·麦金农（R. I. McKinnon）提出用经济的开放程度作为组成最适度货币区的标准。他认为，应当在一些贸易关系相互密切的经济开放地区创建共同货币区，区内实行固定汇率，区外实行弹性汇率。但是，麦金农的理论忽略了资本流动的作用。1969年，詹姆斯·伊格拉姆（James Ingram）提出以国际金融高度一体化作为最适度货币区的唯一标准，他的出发点同蒙代尔一样，主张维持固定汇率机制。但他只强调资本要素的流动，忽视了经常项目账户，这一点与麦金农正相反。

1969年，美国的凯南（P. B. Kenen）提出以程度低的产品多样化作为确定最适度货币区的标准。哈伯勒（Harberler）和弗莱明（Fleming）则主张具有相同通货膨胀率的国家组成最适度货币区，并且还认为所谓"政策一体化"的地区能够组成一个成功的货币区。托尔（Tower）和威利特（Willet）也持相同看法，主张将政策一体化作为最适度货币区的标准。上述各种观点其实都是对蒙代尔最适度货币区理论的补充和修正。综合而言，他们所认为的最适度货币区包含这样三个内容：要素的流动、汇率的统一以及货币财政政策的协调。

从实践来看，最"适度货币区理论"对于欧洲货币体系的形成和发展具有一定的指导作用。

四、欧元

1950年欧洲支付同盟成立，标志着欧洲货币一体化的开始。1958年，欧洲经济共同体各国签署了欧洲货币协定，代替欧洲货币支付同盟。1969年3月，欧共体成员国在海牙的首脑会议上提出了建立欧洲货币联盟的构想。1971年3月，货币联盟计划正式实施。1972年4月，欧共体六国为了对付美元危机实行了联合浮动，成员国之间的货币汇率变动幅度由4.5%缩小到2.25%。1978年12月，在法国和联邦德国的推动下，欧共体首脑于布鲁塞尔达成了建立欧洲货币体系的协定。1979年3月13日，欧洲货币体系正式生效。

欧洲货币体系的主要内容是：(1) 创设欧洲货币单位（ECU）。这是一种混合货币，由欧共体12个成员国的10种货币组成。(2) 汇率稳定与干预机制。欧洲货币体系通过平价网体系（parity grid）和干预办法这两种机制来稳定成员国间的货币汇价。(3) 建立欧洲货币基金。藉此保证货币体系的正常运转。

1989年6月，在马德里召开的欧共体首脑会议批准通过了由雅克·德洛尔领导的经济与货币联盟委员会提交的"德洛尔报告"。该报告重申了建立经济与货币联盟的必要性。该报告认为，创立单一货币需要分三个阶段：第一阶段的目标是向经济联盟与货币联盟平行推进；第二阶段称过渡阶段，主要内容是建立一个吸纳欧洲货币基金的欧洲中央银行系统，创建欧洲中央银行；第三阶段，经济与货币联盟系统正式生效。"德洛尔报告"的货币一体化观点包括：(1) 以最终的、不可改变的方式确定货币比价；(2) 欧洲中央银行系统主要负责执行共同货币政策；(3) 各成员国开始使用单一货币，逐步取代各国货币。

1992 年 2 月 7 日，欧共体成员国签署了《欧洲联盟条约》（即《马斯特里赫特条约》，以下简称《马约》）。《马约》在确定经济与货币联盟各阶段时间表和内容时基本上参考了“德洛尔报告”，但做了两项重要修改：（1）缩小强制性的预算导向；（2）在经济与货币联盟第二阶段不要求各国中央银行向欧洲中央银行移交部分职能。

《马约》明确地指出了经济与货币联盟的最终目标——单一货币，它制定了向欧元过渡的严格经济条件，以及实现这个目标的手段和时间表。

1995 年 12 月，在马德里召开的欧共体首脑会议作出决定，宣布于 1999 年 1 月 1 日开始启动欧洲货币与经济联盟，确定了以“欧元”作为单一货币名称。

1997 年 6 月，在阿姆斯特丹召开的欧共体首脑会议确定了向欧元过渡的计划安排：（1）1999 年 1 月 1 日之前的主要任务是为建立经济与货币联盟的第三阶段作准备，具体内容包括确定 1999 年 1 月 1 日加入欧元的国家、欧洲中央银行开始运作、明确欧洲中央银行从第三阶段起完全按欧元运作的范围等；（2）1999 年 1 月 1 日至 2002 年 1 月 1 日，建立经济与货币联盟的第三阶段，主要任务包括确定不可更改的固定汇率（欧元加入国货币之间、欧元加入国货币与欧元之间）、欧洲中央银行开始按照欧元实施货币政策和兑换政策、发行新的以欧元计值的可转让公共债券等；（3）从 2002 年 1 月 1 日开始，发行欧元纸币和硬币，欧元硬币和纸币与各国货币同时流通，从流通领域回收各国纸币和硬币，最迟至 2002 年 7 月 1 日，各国纸币和硬币停止合法流通，统一货币——欧元开始流通。

1999 年 1 月 1 日，奥地利、比利时、法国、德国、芬兰、荷兰、卢森堡、爱尔兰、意大利、葡萄牙和西班牙 11 个国家首先在无形货币（银行结算、旅游支票和电子支付）领域正式使用欧元。2002 年 1 月 1 日，新的欧元纸币与硬币启用，欧元正式取代上述 11 国的货币。2000 ~2011 年，希腊、斯洛文尼亚、塞浦路斯、斯洛伐克和爱沙尼亚相继加入欧元区。

欧元诞生后，在欧元货币区很大程度上消弭了利率、汇率等货币因素摩擦，对区域经济协同合作起了促进作用。同时，欧元的壮大使其在国际贸易结算与储备资产中的比重日益提高，对美元的国际垄断地位形成了强有力的挑战。但是，由于欧元区各国的经济发展还是存在一定的差异，各国的财政政策也并没有进行有效的自我约束和相互协同。这样，在欧元区普遍实行福利化公共政策的倾向下，各国主权债务的不断积累已经成为欧元区国家的重大难题。2007 年，美国爆发次贷危机波及欧洲，全球信用瞬间紧缩和经济衰退终于引发了欧元区国家的主权债务危机。2009 年 12 月，希腊债务危机爆发。2010 年 11 月，爱尔兰债务危机爆发。同时，葡萄牙、意大利、西班牙等国也陷入主权债务泥淖。欧元面临严峻挑战。

第三节　国际收支与货币流通

一、国际收支平衡表

（一）国际收支的含义

一个国家的政府为了制定适当的经济政策，需要收集本国的国际收支状况。国际收支既是一国国民经济的一个重要组成部分，反映这个国家经济结构的性质、经济活动的范围和经济发展的趋势，同时，它又反映一国对外经济活动的规模和特点，以及该国在世界经济中所处的地位和所起的作用。一国的国际收支是一国居民与所有非居民在一定时期经济交往的货币价值记录，包括同国际机构的经济往来。

所谓“居民”，按照国际货币基金组织的定义，包括一般政府、个人、企业、非营利机构。本国旅游者、驻外人员和军事人员、临时移民工人、国内公司的国外分公司，都被视为派出国的居民，而不是他们所到国的居民。

所谓“经济交易”，一般是指价值的交换，包括商品、劳务和资产从一国到另一国的转移，以及相应的货币的支付或收入。此外还有一种单方转移账，也归在国际收支中，单独列项。

根据国际货币基金组织2008年12月颁布的《国际收支与国际投资头寸手册》（第六版）的定义，国际收支是一定时期国家居民与非居民交易总和的统计报告，包括商品与劳务账户、初级收入账户、二级收入账户、资本账户以及金融账户。国际收支涵盖的项目包括：（1）一个国家的经济主体与世界其他地方之间的商品、劳务和收入的交易；（2）该国的货币、黄金、特别提款权，对世界其他地方的索取权和债务的变动；（3）单方转移的平衡项目。第二次世界大战后，随着世界经济的发展和国际经济往来的复杂化，国际收支所包括的各项交易的范围和数量都呈现巨大的增长。该定义基本上符合当前世界各国国际收支的实际情况。

（二）国际收支平衡表

国际收支平衡表是一种统计表，它以特定的形式记录、分类、整理一个国家或地区在一定时期里（通常为1年）所有的国际经济交易，用来表示这个国家对外经济的全部情况。一般来说，国际收支平衡表包括的主要项目有：（1）经常项目；（2）资本与金融项目；（3）储备资产；（4）净误差与遗漏。

（1）经常项目。这是国际收支中最重要的项目，是本国与外国之间经常发生的国际收支项目。如果经常项目差额有盈余，那就意味着这个国家对外商品与劳务有净输出，并换回相应的货币价值，这部分净收入以外汇、对外储蓄或对外投资的形式存在，代表着国外财富净增加。经常项目赤字表示当事国进口更多的商品、劳务，成为国际债务者，意味着外国对本国有净财富索取权。经常项目的差额又等于一国国民净产值与国内总开支之差。若国民净产值大于国内总开支，超过部分即相当于各种形式的对外投资部分，包括国际储备资产的积累。若总开支大于国民净产值，超过部分即相当于各种商品、劳务或资本形式的外国资本输入。经常项目又分为货物与劳务贸易收支、收益收支和转移收支三项。

货物与劳务贸易收支。货物贸易收支又称有形贸易收支，包含进口和出口贸易收支。按国际货币基金组织规定，进出口商品价格都应按离岸价格（FOB）计算，但事实上，各国的掌握并不一致。一般说来，大多数国家对出口商品价格都按离岸价格计算，而进口商品价格则按到岸价格（CIF）计算。劳务贸易收支又称无形贸易收支，其内容包括运输、旅游、通讯服务、建筑服务、保险服务、金融服务、计算机信息服务收支，还包括专利使用费、特许费、咨询、广告宣传、电影音像等各种商业服务收支。

收益收支。收益收支包括职工的个人报酬的汇兑收支，以及已兑现的金融项目投资收益的汇兑收支。

转移收支。转移收支又称单方面转移，包括官方和私人的赠款、汇款、赔款及援助。所谓单方面转移，意味着赠方不想索取经济代价，收方不需要还本付息的转移，是无交易的国际经济活动。

（2）资本与金融项目。该项目又可分为资本项目与金融项目。按照《国际收支与投资头寸手册》（第六版）分类，资本项目包括非生产性、非金融性资产的兼并收购或出售，以及非投资性资本转移。金融项目可分为直接投资、证券投资与其他投资。其中，直接投资包括本国对外直接投资与外国对内直接投资，证券投资包括股本证券投资、债务证券投资（中长期债券、货币市场工具）、金融衍生品与职工期股期权等，其他投资包括贸易信贷、贷款、货币与存款等。

（3）储备资产。国际货币基金组织《国际收支与投资头寸手册》（第六版）把储备资产纳入资本与金融项目，但根据中国外汇管理局国际收支平衡表，这里仍将其单列。储备资产是指一个国家由官方所持有的国际储备资产，一个国家在一定时期的国际收支不可能完全平衡，总会发生差额。如果不平衡，就要通过动用官方储备来弥补或轧平这个时期国际收支的差额，实现该时期国际收支的平衡。储备资产包括中央银行的货币黄金、特别提款权、在国际货币基金组织的储备头寸、外汇以及其他债权。其中，特别提款权是20世纪60年代后国际货币基金组织创建的一种新的国际储备资产，是一种记账单位。在某个基期，经国际货币基金组织讨论同意，可增加一国资金（资产），这就是特别提款权的分配。特别提款权可以用来调节一个国家的国际收支，一国国际收支逆差时，可动用特别提款权偿付逆差，并且可以直接用特别提款权偿还国际货币基金组织的贷款。虽然资本与金融项目可以融通国家之间经常项目的赤字，但其作用程度受不同货币的相对国际价值的约束。一国的官方和私人要吸收和持有外国的金融资产，必须考虑潜在的汇率变动、该国的金融与货币政策对金融市场的影响、该国的税收变动以及外汇管制情况等因素。由于资本的流动有不稳定的特性，各国必须保持国际上可接受的储备资产来矫正它们的贸易失衡。

（4）净误差与遗漏。在编制国际收支平衡表时所列各个项目涉及的范围十分广泛而复杂，来源于各个方面。统计数字和资料的不及时、不完全、不准确往往是常态。特别是短期资本在国际间的移动，流动频繁，形式隐蔽，很难获得准确数字。由于上述原因，往往造成国际收支不平衡，不得不设立误差与遗漏项目，对这些不平衡的项目人为地加以对冲平衡。

国际收支的全面平衡是从复式簿记意义上说的。任何能引起货币流入或收到国际付款的交易，放在“贷方”，构成对外收入或外汇供给。任何能引起货币外流或对外国支付的交易，放在“借方”，作为对外支出或外汇需求。如果一国对外支出大于对外收入，则借方大于贷方，出现逆差，这时政府提用外汇储备清偿，有时还依赖国外援助和向外借款，以抵消逆差，这后两项列入“贷方”。或者，如果一国对外收入大于对外支出，贷方大于借方，出现顺差，这时，政府积累黄金外汇储备，购买国外资产，或对外国贷款、赠款，这几项列入“借方”。最后，借贷达到全面平衡。

二、国际收支对货币流通的影响

国际收支从货币角度来观察，它反映了一国一定时期内的货币在国际间的运动状况。它和国内货币流通之间有着密切的关系。在国际收支中，进出口贸易项下的国际收支、非贸易项下的国际收支、货币资本流动引起的国际收支对货币流通状况的影响各有不同的特点。

（一）进出口贸易项下的国际收支对货币流通的影响

如果将进出口贸易引起的劳务收支存而不论，这一项下的国际收支实际上是进出口商品运动的货币表现。外汇收入表示等值商品的输出，外汇支出表示等值商品的输入。这类国际收支活动直接影响货币购买力总量和商品供应总量之间的对比关系。就出口商品引起的国际收入而言，企业出售商品取得外汇收入，通过银行结汇换取等值本国货币，然后用以支付职工工资和其他各项开支。这一交易对商品、货币二者都有影响。就货币角度来说，通过这一过程，银行向流通领域投放了一笔货币，流通中的货币购买力总量因之而增加；就商品角度来说，这一过程的结果并未导致国内商品供应总量的增加，所增加的只是银行以外汇形式持有的货币购买力。与货币所形成的需求相比较，国内商品供给量反而相对地减少了。由于出口商品是在国外市场上流通的，不包括在国内商品总量中，而与其对应的货币却要进入国内流通领域，和其他货币收入一样，用于购买国内市场上的商品。在这种情况下的商品、货币对应关系，显然不同于商品在国内市场上的运动。国内出售商品所得的货币收入是和该商品相对应的，二者同步增长。出口商品的情形则不然。企业在出售商品取得本币收入的同时，并未向国内市场提供等值的商品，货币购买力和商品可供量之间不存在上面那种同步增长的关系。如果说原来市场上的商品与货币是一种均衡状态，价格保持在稳定水平上，那么，通过银行出口结汇投入流通领域的货币对于国内市场就是一笔多余的购买力，先前的那种均衡状态就会因此遭到破坏，货币购买力和商品可供量之间的差额就可能导致货币流通的不稳定。

当然，上面的分析只是孤立地就出口而言，没有将进口因素考虑在内。表面上看，出口结汇投入流通领域的货币，似乎是没有商品与之对应，好像是一笔多余的购买力。然而，由于银行在投放货币的同时取得了外汇，这实际上等于取得了等值的外国商品购买力，这部分未兑现的对外购买力以货币形式掌握在银行手里。企业通过进口外国商品将原先从流通中取走的货币归还给流通领域，从而使那部分多余的购买力取回了相应商品，使货币购买和商品供应总量重新恢复均衡状态。由于一定时期内的进出口贸易是交叉进行同时发生的，取走的国内商品和投入的国外商品此出彼进，因此，货币购买力和商品可供量之间的对比变化表现得并不那么明显，只要进出口贸易保持基本平衡，货币流通状况就不会因之而发生多大的变化。

综上所述，似乎进口商品有利于稳定国内通货，出口商品不利于通货稳定的。一个国家如果只出不进，尽管外汇储备会因此而增加，国内货币流通却会发生膨胀和不稳定。不仅如此，该国资源还会因此而耗竭一空。但是，如果国家鼓励出口的目的是为了更多地进口国外商品，用以增强本国的经济实力，那么这样的出口不仅不会影响通货的稳定，而且是一种积极稳定通货的政策。因为这样的出口政策立足于加强本国商品生产能力，其结果能为市场提供更多的商品，能够为货币流通的稳定提供坚实的物质基础。同样，对进口稳定通货的作用也不应片面地、绝对地去理解。诚然，如果一国国内市场商品供应吃紧，存在着通货不稳的潜在危险，这时动用黄金外汇储备或者适当地举借外债，用于国外商品的进口，的确有助于改善该国的货币流通状况。但是，如果绝对地强调进口的积极作用，过分地依赖进口，遏制出口，结果也将会适得其反，造成黄金外汇储备枯竭，债台高筑，经济发展受制于他人的窘困局面。长此以往，不仅进口商品无力支付，就是整个国民经济也会面临重重困难，通货稳定当然就更无从谈起。因此，对进出口商品贸易影响货币流通的问题，只宜相对地、有条件地去理解。

（二）非贸易项下的国际收支对货币流通的影响

非贸易项下的国际收支对货币流通的影响有一些不同的特点。首先，这一项下的外汇收支大部分是私人汇款和旅游收支，交易按统一公开牌价进行。其次，非贸易外汇收入大都要用于购买消费品，从而构成流通领域的现实购买力。

和贸易项下国际收支一样，非贸易的外汇收支与国内货币流通状况之间也有着密切的关系，每一笔外汇收支活动都是商品供应量变动和货币投放与回笼运动的反映。外汇收入一方面反映着国内商品总量的相对减少，另一方面又反映了货币的投放。外汇支出则相反，它一方面反映了国内商品总量的增加，另一方面又反映了货币的回笼。此外，国际收支还会由于盈亏而间接作用于货币流通。

（三）货币资本流动引起的国际收支对货币流通的影响

货币资本流动是国际收支的另一重要组成部分，它对一国国内货币流通的影响分为两种方式：（1）当资本以借款的方式流入时，对国内货币流通的影响与一国出口收汇对货币流通的影响相同。当资本以贷款的方式流出时，对国内货币流通的影响与一国进口付汇对货币流通的影响相同。（2）当资本以实物方式，即原材料、机器设备流入时，不会对国内货币流通产生直接的影响，但在为这些进口的机器设备提供配套资金时，会对货币流通造成间接的影响。在中国，国际收支中的资本流动具体表现主要是引进外资，包括引进国外直接投资、国际借贷、证券资本流入等。这一活动对货币流通的重要影响也是不能忽视的。中国利用外资引进先进技术设备的目的在于促进产业升级和管理升华、改善国内经济结构，以此加速经济发展速度。因此，就利用外资本身来说，这是一种稳定国内市场、改善货币流通的积极措施。但是，如果不顾客观条件，缺乏周密计划和统一布局，则会对货币流通的稳定起破坏作用。引进外资失策对货币流通产生不利影响的原因大致有以下几个方面：

第一，国家财力和物力计划安排不周。一般来说，中国利用外资进口的设备大都是主要部件和关键主机，其他一些辅助性设备均由国内配套生产。这种情况要求国家在制订引进计划时，安排出一部分资金和物资用于配套。如果实际做法不是这样，没有作出资金和物资上的安排，一旦设备进口安装，势必迫使财政额外支出，银行多发贷款，其结果必然影响物资供求，影响币值的稳定。

第二，对原材料、能源和产品销售市场等问题考虑不周。即使资金和物资能够满足外资项目的需要，外资工程组装就绪，也会由于这方面的原因而影响正常的生产或销售。由于引进项目不能取得预期的经济效益，资金周转不能正常进行，财政收支和信贷收支都会受到影响，货币流通的正常状况必然受到干扰。

第三，外资项目由于经营管理不善，或者举借外债方式欠妥，也会影响货币流通。这一影响主要是通过增加财政偿还外债本息负担、影响财政收支计划表现出来的。

第四节　汇率变动对国际收支的影响

上一节着重讨论了国际收支对货币流通的影响。但是，这些分析没有考虑两国货币兑换比率的变化对国际收支的影响。实际上，由于目前各国货币制度的差异，国际间的经济交易都需经过货币的兑换或货币的买卖才能完成。汇率作为两国货币交换的比率，必然对国际收支有着重要的影响。本节的目的就是探讨汇率对国际收支的影响方式和途径。鉴于汇率对经济的作用，各国也都利用汇率作为经济杠杆，试图调节本国的经济。

汇率的变动大致有两个方面，即上升或下跌，二者的作用过程相反。下面着重介绍汇率下跌（或贬值）的经济影响，因为这是各国汇率变动时最普遍的做法。贬值的经济影响极其复杂。

一、对国际收支经常项目的影响

贬值以后，贬值国出口商品的外币价格下跌，外国对其出口商品的需求上升，所以出口增加。同时，其进口商品的本国货币价格上升，这会抑制贬值国对这些进口商品的需求，所以进口减少。或者，贬值以后，其出口商品的外币价格虽不下跌，但出口所获得的同样数量的外汇收入，现在可换得较多的本国货币，这样就使出口商和出口产品制造业的利润增加，从而对出口起到促进作用。同时，即使由于种种原因，贬值后贬值国对进口商品的需求没有减少，但由于进口商品价格上升，这会刺激其国内进口替代工业或同进口商品相竞争的工业发展起来，从而对进口起到抑制作用。所以总而言之，贬值有利于一国扩大出口，抑制进口，改善其贸易收支地位。这是贬值最重要的经济影响，也是一国货币当局降低货币对外兑换比率时所考虑的最主要因素。

但是，这里必须注意两个问题。第一是“时滞问题”。也就是说，在出口商品的外币价格下跌以后，外国对其出口商品的需求不会马上增加，从而一国的出口量不会马上扩大。这样，在贬值的初期，一国的出口收入反而会减少，同时进口量也不会马上减少，但是，所支付的外汇数量都要立即增加。所以在贬值的初期，一国的贸易收支情况不会立即改善，反而会趋于恶化。只有经过一段时间以后，进出口数量才会逐步发生变动，贸易收支才会好转。这就是所谓的贬值“J 曲线效应”。第二是“弹性问题”。在贬值以后，经过一段时间，一国商品出口的数量是有所增加，但同时由于这些出口商品的外币价格下跌了，因此，随着出口数量的增加，其出口所得到的外汇收入却不一定增加。这样，在贬值以后，出口增加一定要达到相当程度，才有可能抵消和超过外币价格下跌的损失。这在很大程度上取决于其他国家对贬值国出口商品的需求状况：贬值国的出口能否大量增加，取决于外国对其出口商品的需求弹性，即由其价格涨跌而导致的需求增加的程度。另一方面，在贬值以后，进口商品的价格上升，其需求会减少。但是减少的程度，也要取决于其需求弹性。因此，把这两方面的情况结合起来，一般认为，贬值能否改善一国的贸易收支，决定于出口商品和进口商品的需求弹性，如果两者之和大于 1，则贬值可以改善一国的贸易收支状况。这就是所谓的“马歇尔—勒纳条件”。

二、对资本项目的影响

一般来说，贬值对长期资本流动的影响较小，因为长期资本的流动主要取决于利润和风险情况。不过，贬值后外国货币的购买力相对上升，因此这有利于外国到贬值国家进行直接投资。但对短期资本流动来说，其影响则是不利的。贬值以后，以贬值国货币为面额的金融资产的相对价值也就下跌。本国银行的非居民存款或非居民对该国国库券及其他金融资产的投资也会缩减或撤出，以防损失。并且，由于贬值，对该国货币在远期外汇市场上的预期会发生变化，就会打破所谓“利息平价关系”，激起大量套汇、套利资金流向国外。同时，由于贬值，会造成一种通货膨胀预期，即人们预计该国货币的对外汇率会进一步下跌，从而造成投机性资本的外流。

三、对国内物价和收入水平的影响

贬值对一国国内的影响主要集中在对其国内物价和收入的影响上。通过这种影响，贬值不可避免地会影响到其国内生产结构，从而对整个国内经济状况产生深远的影响。

（1）贬值以后，进口商品的物价用贬值国的本币标价会上升。这会引起用进口原料加工的商品价格上升，进而推动与进口商品相类似的国内商品价格上涨。如果该国对进口商品的需求弹性很小，也就是说这些进口商品是贬值国所必须进口的，本国无法依靠国内的力量来满足对这类商品的需求，或没有其他的替代品，那么在进口物价及相关产品的物价上升而需求又不下降的情况下，会推动贬值国国内消费物价水平上升。

（2）由于物价普遍上升，人们手中所持有的现金余额的实际价值下跌，因此就须增加现金持有额，才能维持原先的实际需要水平。这导致社会各界的实际支出将减少。随着人们手中持有的现金增加，一方面对金融投资的供应减少；另一方面为了增加手中持有的现金，人们须把原先拥有的金融资产换成现金，这都会导致金融资产的价格下跌。由于这两方面的原因，就会导致国内利率上升，而国内利率的上升，又会限制贬值国国内的货币量的增加。

（3）在贬值过程中，用进口原料加工的产品和同进口产品相类似的商品价格会首先上升。生产这些产品的企业的利润会迅速增加，但工人的工资却不可能跟着增加，这就导致一种收入再分配过程。

（4）在收入再分配过程中，企业主的收入增加，而他们的储蓄倾向较高，所以从整体上说，国内支出水平将降低。在经过一段时间以后，随着物价的上升，工资水平也会上升，这时会产生一种“货币幻觉”现象。也就是说，有一部分人认为自己的收入增加了，因而把他们认为是增加了的收入的一部分进行储蓄，这会减少实际支出，从而也会影响到国内商品的需求及物价。

（5）贬值以后，由于出口产品在国外的竞争力提高，出口扩大，出口产品生产行业的利润增加，将促使其他行业改为从事出口产品制造，资金亦会由其他行业流向出口产品制造业。利润的上升也会逐渐使工资水平上升。由于出口产品生产企业的工资较高，引起劳动力的移动，出口方面的行业趋于繁荣；另一方面，贬值后，进口商品成本增加，其销售价格上升，对原来进口的一部分需求将转向贬值国的国内产品，同时国内产品对进口商品的竞争能力也提高了，内销产品行业也将会繁荣。因此，货币的贬值会深刻影响一国的生产结构。

综上所述，汇率的变动可以对一国的进出口、生产结构、收入再分配、利率和货币供应等状况，以及消费水平，都产生重要影响。汇率变动的这种独特性质，对一些发展中国家来说，具有特殊的意义。因为这些国家的国内金融体系很不发达，要用货币政策来影响国内经济，往往要受到很大阻碍。所以，这些国家经常利用汇率政策来达到国内经济的目标。这种做法除了可以达到同货币政策大体相同的效果以外，还有其他一些好处，这就是汇率变动对物价的影响。这种影响往往是直接的，短期内就可收到效果。这种短期“冲击”可以抵消其他力量的作用，从而使政策更加有效。而汇率变动对国内货币收入状况的影响，往往是间接的、悄悄发生作用的，不易引起社会动荡。因此，汇率变动作用虽大，却又不致造成经济体系的不良后果，所以作为一种政策工具，汇率手段有其独特的吸引力。

第五节 国际资本流动的影响因素

一、资本边际收益率差异

从理论上讲，各国之间资本边际收益率的差异是导致资本在国际间流动的一种基本的、长期的因素。这种差异由多种原因所致，诸如各国的储蓄和资本货物的存量与其自然资源和劳动力供应量相比，丰裕程度上有差异、技术上有差异、管理能力上有差异、储蓄偏好上有差异等。在一个完全竞争、没有风险、资金可以自由移动的环境里，资本将从边际收益率低的地区流向边际收益率高的地区；在资本边际收益率在所有地区都拉平之前，这个过程会继续下去。当然，金融债券的国际买卖有许多障碍，包括政府的限制、对购买对象不尽了解、担心产权得不到保障等。在其他条件不变时，以外国的债券这种形式持有的资产所占的比重，将与国外利率对国内利率的相对高低程度成正比。在不考虑汇率风险溢价情况下，资金会从利率较低的地区流向利率较高的地区。如果某些地区提高利率，将吸引资金流入。在利率较高的国家，居民会在国内多贷出，而在国外较少贷出；而在利率较低的国家，居民则会在国内较少贷出，而在国外较多贷出。

金融当局认识到资本的流动对利息率的差异较敏感，有时就对后者施加影响，从而影响其国际收支的状况。例如，假定一个国家希望在其国际收支上减少赤字或增加盈余，就可能会采用限制性的金融政策并提高利率，以减少资本外流甚至增加资本流入。另一方面，一个国家在国际收支上有盈余，但并非所愿，就会降低其国内利息率以减少资金流入，甚至促使资金流出。在许多情况下，国际资本流动对利息率差异的反应会使中央银行在实施其国内政策等目标时感到困难。例如，假定一国或一组国家正紧缩信贷并提高利息率以抑制国内通货膨胀的压力，可是，另一国家或另一组国家则正在实行扩张性的金融政策，并降低利息率以求提高国内的生产和就业水平。这时，大量资金会流入到试图限制信贷的国家，增加它们的可投放资金的供应量并减轻信贷紧缩的程度。而想要增加国内信贷供应量的国家，其国际收支状况则会进一步恶化，而国内信贷的放松也未能达到想要达到的规模。

二、安全性

影响投资者在国内和国外单位的各种债券中进行选择的第二个因素是本金的相对安全程度。凡是债券都有到期违约的风险，以及因利率的可能上升引致债券价格下跌的市场风险。除此之外，国际金融市场还存在另外两种风险。一是政治风险，包括诸如全部没收或没收性课税、不许对外国人付款、新成立的政府实施财产权国有化等。当人们预期一个国家会发生这类事件时，常常引起巨额资本的外流。二是外汇风险，即各国货币间汇率变动的可能性。对汇率动态的心理预期如果发生变化，有时会引起大量资金的提前或投机性运动。

三、相对流动性

相对流动性是影响投资者在国内和国外金融债券中进行选择的第三个因素。如果某国货币的短期债券有很高流动性，它就会成为外国人很喜欢的投资对象。如果预期相对流动性发生变化，就会导致资金大规模流动。

第六节　国际储备与国际收支

一、国际储备与国际收支的联系与区别

从国际储备对国际收支的作用看，国际储备是进行国际结算的准备金；从国际收支对国际储备的影响看，国际收支不仅是增加国际储备存量的“源”，而且是国际储备支出的“流”。一国国际收支顺差会增加国际储备，国际储备大多是以这种盈余积聚而成的，而国际收支逆差会引起国际储备的减少。因此，撇开国际收支谈国际储备或是撇开国际储备谈国际收支，都是不全面的。

国际收支的概念有广义、狭义之分。狭义的国际收支是指一国在一定时期内外汇收支的总和；广义的国际收支则是在狭义的基础上加上无须以外汇进行收支的债权债务往来。国际上现在通行的是广义的定义，但就国际收支的最终结果而言，广义和狭义的国际收支并无本质差别，都表现为一定量的外汇流动。

国际储备也有广义、狭义之分。狭义的国际储备是指一国官方持有的备用于国际支付和维持汇率的那部分流动资产，表现在国际收支平衡表上为官方结算项目中政府部门持有的储备资产金额；广义的国际储备不仅包括了狭义所界定的范围，还包括一国在国际交易中所能利用的其他外汇资源的总和，如非官方外汇银行持有的外汇资产、一国政府与国际金融机构或政府间达成的临时性筹款协议等，表现在国际收支平衡表上为官方结算项目的全部内容。广义国际储备综合地反映了一国对外清偿能力，本节所谈国际储备是指广义的国际储备。

二、决定国际储备的因素与政策选择

决定一个国家储备水平的因素包括政治因素与经济因素。其中，经济因素往往对储备水平具有根本性的影响。经济增长较快的国家，它们的黄金外汇储备不仅随着进口增长，而且往往还因储备占进口比重的增长而增长。黄金外汇储备是世界所公认的国家经

济实力的一个标志，国家经济实力增强，储备相应增长；反之则相应下降。一国考虑储备政策时，不能离开该国经济实力这一前提条件。

一般有两种储备政策：稳健的储备政策与充分利用的储备政策。

稳健的储备政策与充分利用储备的政策两者目标不同，政策效果也不同。前者使一个国家在资金力量上有备无患，在国外也可产生较高的信誉；后者可以避免资金积压的损失，充分将资金用于经济建设。为了进一步评价这两种储备政策，有必要更全面地估计储备的作用和储备的机会成本，从而衡量两种政策的经济效益。

保持储备是需要代价的。从社会角度看，保持外汇储备是从国内生产中转移一部分资源为外国所利用，保持黄金储备等于保持物资储备。在黄金外汇储备中每投入 1 美元的资金，也就是使社会舍弃了 1 美元的资本形成。这个道理与保持物资储备是完全一样的。

为什么说储备减少了国内资本的形成呢？因为储备分割了投资的分配份额，而且，一般说来储备不但不产生收益，还经常产生损耗。黄金储备损耗不大，但也需一定的保管费用。外汇储备虽不需保管费用，却存在着贬值的风险。外汇储备对社会的机会成本就是国内投资的收益率。我们应当对正常经营管理下的外汇储备与国内投资收益率进行比较，国内投资收益率越高，也就是外汇储备的机会成本越高，中央银行就应该更多地利用外汇储备为国内投资服务。从资金收益角度看，增加储备与利用外资的经济意义恰恰相反。

外汇储备较多，就提供了利用外汇资金的机会。利用外汇储备必须进行收益比较，要使投资的权益收益超过外汇储备资金可以获取的利息收益。外汇储备的利息收入应被看做国内投资的机会成本。因此，不论是稳健的储备政策，还是充分利用储备的政策，其政策目标的实现都是有条件的，即符合前述分析要求的就算成功，否则就算失败。

第七节 经济波动在国际间的传递

一、要重视经济波动的国际传递问题

经济波动在国际间的传递是目前经济理论界讨论比较多的课题。经济波动表现为经济的衰退或经济的过分扩张。当一国经济发生波动时，这种波动并不仅仅局限在一国国界之内，而是通过各种途径传播到其他国家，使其他国家也承受经济动荡之苦。在当今世界各国之间的经济交往日益密切，依存关系日益加深的情况下，若想绝对地防止其他国家经济上的影响似乎不可能，但将其影响程度降低在最小的限度之内却有政策上的可行性。

二、经济波动在国际间传递的五种方式

一国发生的经济衰退或通货膨胀，也有可能通过资本流出和流入而直接对另一国发

生影响，或者对世界经济发生影响，从而迂回地对另一国发生影响。

这种影响可能采取以下五种方式进行：

（1）常见的是一国在经济衰退时出现资金周转不足、银行难以应付的情况下，从国外抽回短期信贷，或停止向国外供给信贷，从而引起其他国家发生企业支付困难，货币市场紧张；或者在一国经济衰退而造成的企业产品滞销、利润率下跌、股价下跌，特别是企业破产、倒闭的情况下，无力到期偿还国外债务，使国外的债权人和股票持有人受到损失，从而导致其他国家发生金融市场混乱、债权人破产等状况。

（2）通过国内利率与国际金融市场利率差异的协调过程进行传递。比如说，一国由于国民收入均衡的破坏而引起资本过剩或严重短缺，国内利率将有较大幅度波动，于是引起国际资本流动，并使国际金融市场的利率相应地有较大幅度的波动，后者的波动又进一步引起国际资本流动，并对其他国家的利率发生影响。其他国家的利率有一个适应国际金融市场利率的过程，其国内的通货膨胀率也将随着世界通货膨胀率一起波动，并最终与其相适应。简言之，这一传递过程可以分解为如下几个步骤：甲国经济严重失衡；由此引起甲国国内利率波动，引起资本的国际流动；接着引起国际金融市场利率的波动，再次引起资本的国际流动；于是乙国国内利率也发生波动；乙国经济均衡状态被破坏。

（3）通过国际收支差额的调整进行传递。比如说，在世界通货膨胀率高于一国国内通货膨胀率的情况下，世界市场货币充裕，信用松动，而国内货币供给不足，信用紧缩，这样就会导致资本流入，从而使国际收支产生盈余。一国为了避免国际资本流入过多而可能造成的不利后果，将会扩大货币供给量，扩大信用，使国内通货膨胀率提高，并使之与世界通货膨胀率相适应。反之，在一国通货膨胀率高于世界通货膨胀率的情况下，一国国内货币供给过多，信用松动，就会导致资本外流，从而使国际收支产生赤字。一国为了避免资本流出过多而可能造成的不利后果，将会紧缩货币供给量，紧缩信用，抑制国内通货膨胀率，并使之与世界通货膨胀率相适应。

（4）通过汇率的调整进行传递。这里要区分两种不同的情况：第一种情况出现在一国通货正式贬值之前。在固定汇率条件下，各国中央银行总是努力维持本国通货与外币之间的固定汇率。但在实际生活中，由于国际市场上对一国通货的需求情况不断发生变动，市场上的汇率经常与官方所要维持的固定汇率不一致。如果一国通货事实上已经供给过度，那么它的正式贬值就会被人们普遍地预料到。在即将贬值之前，国际金融界由于贬值预期，便竞相抛出手头的该国货币，使该国货币发生危机，使它实际上进一步贬值，并使它的正式贬值提前来到。因此，可以看到，被其他国家持有人持有的一国货币（国际资本流动的结果）对其他国家经济冲击最厉害的时机，往往就是在它被预期将贬值但还未正式贬值的时候。它可能造成很大的金融市场混乱，从而对各个国家的国内金融发生影响。第二种情况是一国通货的正式贬值，即官方的汇率向下调整。这是一国“输出失业”的一种惯用办法，因为货币正式贬值将扩大出口，减少进口，这种传递方式同国际贸易的传递结合起来，影响其他国家的国内经济。

（5）通过国际游资的冲击进行传递。国际金融市场上近年来充斥的大量国际游资，是特定条件下国际资本流动的结果。它的冲击可以引起世界经济的动荡，可以使一国国内经济受到不利影响。这些国际游资通常以证券资本或借贷资本的方式进出他国金融体系。当国际游资大规模进入一国，在满足该国经济发展的资本需求、促进经济发展与就业的同时，也给该国带来通货膨胀压力、资本市场泡沫、本币升值等一系列潜在金融风险；而当这些国际游资退却，由于其短期性和高流动性特征，将使该国的资本市场流动性瞬间停滞，同时本币贬值使得国际借贷的还本压力剧升，导致金融危机的产生，对该国经济造成巨大打击。

总之，经济衰退、通货膨胀或通货紧缩、货币金融危机之所以呈现全球性，国际资本流动及其对各国国内经济的影响可以部分地说明这一点。而在某些情况下，国际资本流动及其影响则是主要的原因。

由于各国金融资本结构不同，包括各国吸收外国资本和投放于国外的资本数量各不相同，各国银行存款中来自国外的存款所占的比重、存款人国别构成不同，各国的持有人手头持有的外国有价证券和外币数额不同，有价证券和外币的国别构成不同等，各国受到资本流入和流出变动的影响程度也就不一样。加之各国政府对待国际收支差额的态度与措施不同、对待资本流动采取的政策不同，也使得经济衰退、通货膨胀、货币金融危机由发源地向其他国家传递。

本章小结

国与国之间的货币流动是国际经济关系中的关键环节，各国的国际收支平衡表就是这种经济关系的货币记录。国际收支状况对国内货币流通的影响要视各项目的具体情况而定。汇率变动对一国的进出口、产业产品结构、收入再分配、利率及货币供给等状况都有十分重要的影响。国际资本流动的影响因素主要有三个，即资本边际收益率差异、安全性及相对流动性。一个国家的国际储备保有水平，既是其经济实力的标志，也是某种政策选择的结果。当某一开放经济体系出现剧烈经济波动时，会通过种种途径波及其他国家。

思考题

1. 国际收支状况对国内货币流通有怎样的影响？
2. 汇率变动对经常项目和资本项目会产生哪些影响？
3. 国际资本流动的主要影响因素有哪些？
4. 中国应选择什么样的国际储备政策？
5. 国际经济波动有哪些传导途径？

下　篇

金融调节

第二十章 货币需求

第一节 西方学者的货币需求理论

货币需求理论是货币理论的重要构成部分。从重商主义开始，西方许多经济学者就探讨了货币需求问题。最明晰地阐述这个问题的是英国资产阶级经济学家、重商主义的后期代表人物之一的詹姆斯·斯图亚特（1712～1780年）。他首先指出，一国的流通只能吸收一定的货币量，这个货币需要量由用来支付债务和购买东西的两部分构成。两者合在一起，构成对现金的需要，商业和工业的状况，居民的生活方式和日常开支，这一切加在一起，调节并决定所需现金的数量。他的这些观点是后来被称为古典货币需求理论的先声。

一、古典学派的货币需求理论

古典学派的货币需求理论是指在基本观点上仅以货币为交易媒介或认为保存货币仅为便利交易的一些货币需求分析。费雪和庇古等人的理论都属于这种理论。

在古典货币需求论者看来，货币并没有任何实质的效用，任何经济主体被迫保有货币，其主要原因在于货币吸入与支出的时间无法统一。销售商品和劳务取得的货币收入与为买进商品和劳务而作的货币支出，两者之间有一个时间差，在这个时间差上，就必须保有一定的货币量。这种交易性货币保有量的数量是什么因素决定的呢？经济主体实际应保有多少货币呢？

个别经济主体或全社会保有的交易性货币数量主要取决于许多制度性因素。假定全部收入都用于交易性支出，每个经济主体完成的交易额也完全相同，那么，影响货币余额的基本因素是个别经济主体货币收入的高低。下面以坐标图来说明。

图20－1中的实线表示某一经济主体每30天获得收入30元，每天平均支用1/30，到最后一天全部收入用完，又得到下一期的收入，然后按同样的方法支用，这样，平均货币余额为15元。

假如，经济主体的收入不是每期30元而是60元，每天支用的比例不变，还是1/30，期末保有的货币余额为零，如图20－1中的虚线所示。这样，经济主体的平均货币余额也就由原来的15元升至30元。

对货币保有额的第二个重要影响因素是经济主体获得收入的次数。下面以图20－2说明。

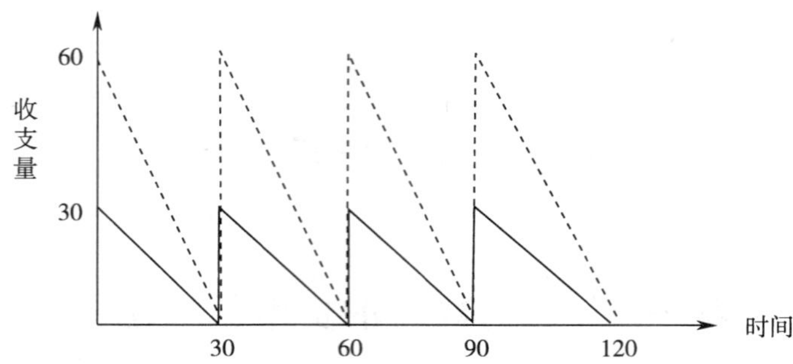

图 20－1 收入数量决定交易性货币余额保有量

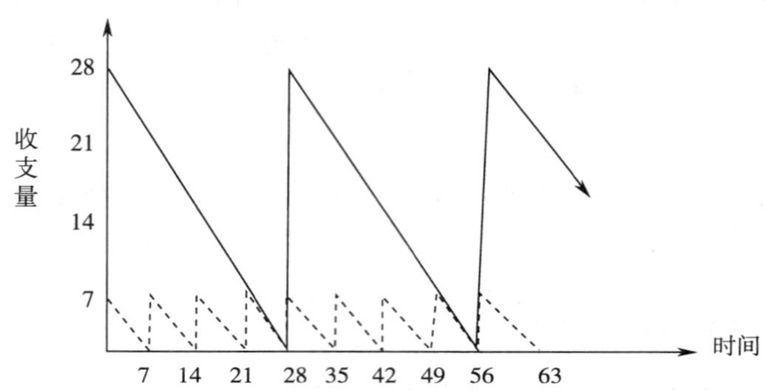

图 20－2 收入获得次数决定交易性货币余额保有量

图 20－2 中，实线表示个别经济主体每 28 天收入 28 元，每天支用 1/28，期末保有额为零。在此期间，平均保有的货币余额为 14 元。但如果 28 天之内的收入取得次数发生了变化，不是一次取得而分四次取得，即每 7 天获得 7 元，每天支用 1/7，期末保有额也为零，那么，就如同图 20－2 中的虚线所示。在此期间的交易性货币平均保有额降到 3.5 元。

个别经济主体的支出形态不同也对交易性货币余额有重要影响。如图 20－3 所示。

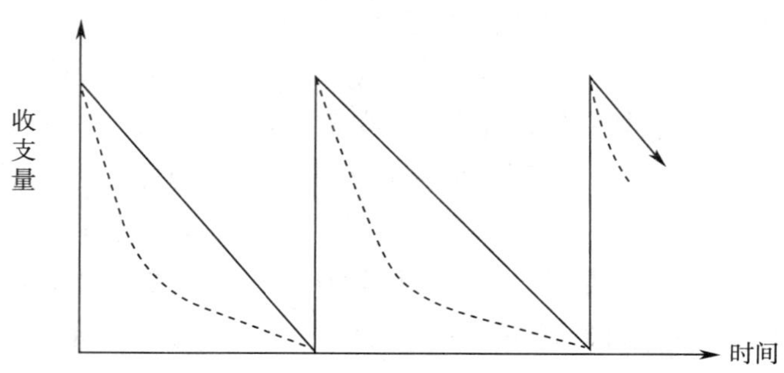

图 20－3 支出形态不同对交易性货币余额的影响

显然，图中支出形态如实线部分的支出主体的货币保有额比支出形态如虚线部分的经济主体的货币保有额要多。

以上是从个别经济主体作为分析对象，考察制度因素对其交易性货币保有额的影响，如果从全社会角度看，个别经济主体的收入获得时间、重复程度、社会对信用的利用水平等都会对货币保有额发生影响。

若假定某一社会的制度性因素不变，那么，交易性货币保有额将决定于交易总额；如果交易总额为一定，交易性货币余额就取决于制度性因素。如果制度性因素发生变动，完成一定数量的交易总额的货币存量也要随之发生变动。这里，货币完成的交易总额对货币存量的比率就是通常所说的货币流通速度。古典学派的货币理论家通常假定制度性因素在短期内是没有什么变化的。因此，货币流通速度在一定时期内为一常数，只是在较长时间内才发生缓慢的变化。将这种理论用数学公式表示，以 M 代表流通中的必要货币数量；T 表示某一时期进行交易的总额；P 为此类交易的平均价格水准；V 表示货币流通速度，则有

$$MV = PT \tag{1}$$

$$V = PT/M \tag{2}$$

$$P = MV/T \tag{3}$$

这就是著名的费雪交易式。上述三式是恒等变换关系，根据古典学派理论，V 由于制度性因素在短期内不变，因而是一常数；T 也由于短期产出量的稳定亦可视为常数；M 为货币数量，由其他三个因素以外的因素决定。只有 P 即物价决定于 M、V 和 T 三个因素的相互作用。这样式（3）可变成

$$P = \frac{M\overline{V}}{T} \tag{4}$$

式中的“ - ”号表示常数。

式（4）说明，P 与 M 将作同方向、同比例的变动。这就是古典学派描述物价与货币量之间关系的货币数量论。对于货币需求函数，古典货币数量论并没有继续推演，但其含义已十分明显。由 $M\overline{V} = PT$，则 $M = \frac{PT}{\overline{V}}$；或 $M = \frac{1}{\overline{V}}PT$，设 $\frac{1}{\overline{V}} = R$，则有

$$M = RPT$$

这就是由古典学派货币数量论推导出的货币需求函数。这一函数式说明，货币需要量决定于整个社会完成的商品交易总额。古典学派的这种货币需求分析注重制度性因素对货币需要量的影响。但是，它忽略了个别经济主体保有货币的动机。以马歇尔和庇古为代表的剑桥学派，在讨论货币需要量问题时，侧重于探究决定个别经济主体希望保有货币数量的各种因素，提出了现金余额货币数量论。

马歇尔认为，一国通货的数量与其流通速度的乘积，当然等于利用货币付款直接完成的交易总额，但这种关系并没有说明决定货币流通速度的因素，为了了解这些决定货币流通速度的因素，还必须注意该国居民以通货方式保有购买力的数额。因此，剑桥学派的货币需求分析已放弃制度性因素决定社会货币需求量的观点，转而探讨个别经济主

体的持币行为。

剑桥学派认为，个别经济主体之所以要保有货币，就在于货币具有立即购买物品、为保有者提供便利服务的作用。此外，保有货币还可以使持有者在有利的条件下进行交易，同时也可以用来应付偶然性事件。保有货币的多少取决于个别经济主体对保有货币产生的便利与安全、将来的预期、保有货币的机会成本等因素之间进行利弊得失的权衡，从而决定出它的货币形式保有比例的高低。庇古把这种理论首先拟为价格决定基本方程式

$$\pi = \frac{KY}{M}$$

式中，Y 为社会总资源量；K 为总资源中以货币形式保有的比例；KY 为真实货币需要量；π 代表货币价格（价格水准的倒数）；M 表示名义货币量，在公示中可以理解为名义货币供给量。从这一公式可以看出，由于货币供给量是由货币当局决定的外生变量，因此，货币价值的高低乃由实际货币需求与名义货币供给的比率决定。而上式也可以演化成货币需求公式，即

$$M_d = \frac{KY}{\pi}$$

或

$$M_d = PKY$$

式中，M_d 表示货币需求量；$P = \frac{1}{\pi}$ 表示价格水准。

按照剑桥学派的观点，有三项重要因素能影响 K：第一，便利与安全，即保有货币所能避免的风险；第二，商品生产，把以货币形式保有的真实资源转用于未来的商品生产所能获得的真实所得水平；第三，直接消费，即把保有的货币用于消费所能获得的满足程度。这三个因素代表了商品价值资源的三个去向：货币、投资与消费。保有货币量的多少及消费量的大小都受边际效用递减规律的影响，投资效益亦受报酬递减规律的影响，故 K 处于“保有货币之边际效用等于保有非货币资产之边际效用”条件下撇开消费不谈，投资决定于对生产技术变动的预期 U 及对价格变动的预期 P 等因素；而便利与安全（即保有货币）则决定于收入时距及金融机构发达与否等制度因素 W 及对价格变动预期等因素。因此，K 与几项影响因素的函数关系式如下：

$$K = f(P, W, U)$$

虽然预期价格变动率 P 能够影响 K 值的大小，但是当期的价格水准却是名义货币需求量的直接决定因素。例如，在其他情形不变时，价格水准由 P 上升为 $2P$，名义货币需求量自然要由 M_d 上升至 $2M_d$。

将费雪的交易方程式与庇古的现金余额方程比较，我们可以看出，货币的保有比例 K 与货币流通速度之间具有互换性，即 $K = 1/V$，据此，许多学者认为这两种货币数量说的基本点是相同的。实际则不然，这两个方程式之间存在显著的差异。

第一，交易方程式重视货币的购买手段职能，而剑桥方程式则强调货币的资产功

能。交易方程式把货币需求与支出流量联系在一起，重视货币支出的数量和速度；剑桥方程式则把货币需求当做以货币形式保有资产来处理，把货币看成是资产存量的一种，这样，保有货币自然成了资产选择理论的一部分。

第二，交易方程式重视影响交易的金融制度支付过程，忽视人的作用；剑桥方程式则重视保有货币的成本与保有货币的满足程度的比较，重视人的意识及其对经济形势的判断力。

第三，交易方程式没有区分真实货币需求与名义货币需求。因此，交易次数、交易数量及价格水准的变动都能影响货币需求量；剑桥方程式的货币需求是真实货币需求，不受价格水平变动的影响，价格水准的变动只影响名义货币需求量。

第四，交易方程式没有对货币供给与货币需求所起的作用作明显的区分；剑桥方程式则对货币供给和货币需求同样重视，并以之作为决定价格水平的分析基础，使货币价值的决定与商品供求决定规律相吻合。

二、凯恩斯的货币需求理论

凯恩斯认为，货币不仅具有交换媒介的职能，而且还具有资产功能，它可以作为价值贮藏的工具，将其购买力用于未来的消费，是现在与未来的联系物。他特别重视对人们货币持有动机的分析，他的货币需求理论也是建立在人们保有货币的三项动机（即交易动机、预防动机和投机动机）基础之上的。

凯恩斯对交易动机和预防动机的分析与剑桥学派的分析相比较，并没有什么新奇之处，只不过略为深入而已。凯恩斯将交易动机细分为所得动机与营业动机。所得动机是指适于个人的交易动机，因为其货币收入和货币支出存在时差而产生。所得动机的高低取决于所得的水平和货币收入与支付两者之间间隔的长短。营业动机是指企业为沟通生产过程中支付生产成本与销售收入时间上的差异而保有的货币。营业动机的高低取决于当期产出的大小，以及产出转手的次数。所得动机、营业动机与预防动机三者强度的大小，受下列两个因素的影响：一是实际支用时获得货币的能力与成本，如果有人能确定在其需要进行货币支出时能以低廉的代价取得货币，经济主体在此期间就不愿意保有货币；二是保有货币的机会成本，凯恩斯称之为相对成本，若放弃买进有利可图的资产而保有货币，则说明保有货币的机会成本增加，可能就要削弱经济主体保有货币的动机。

凯恩斯对保有货币的投机动机的分析有独到之处。他认为，人们之所以希望保有货币，并非仅为进行经常性交易，同时也是为了贮藏价值和财富。假定利率水平为正，为什么人们要以不生利的货币方式代替生利资产而保有财富呢？这种现象的出现必须具备一定的条件，其中一条就是人们对未来利率变动存在的不确定性心理。当对利率变动不确定，而对未来市场变化有较清楚的了解时，各经济主体就有了保有货币的流动性偏好，以保有货币寻求投机机会以获得利益。凯恩斯认为，除了货币之外，只有债券可作为价值的储蓄，债券是一种每年可给保有者提供一定货币所得的金融资产。当有人保有债券而市场利率发生变动时，债券的市场价值也随着利率的变动发生变化，它随利率的上升而下跌，随利率的下跌而上升。因此，保有债券资产既有产生资本收益的可能性，也有发生资本损失的可能性。于是经济主体保有债券将产生两种收入：一为利息所得，二为资本所得或资本损失（资本损失为负所得）。如果债券保有者预料利率将上升，保有债券即将发生资本损失，他就会以债券利息收入去补偿损失，当资本损失大于利息收入时，债券保有者取得负收入；当资本损失小于利息收入时，债券保有者取得正收入；如果两者相抵，则债券保有者的收益为零。因此，经济主体就要在货币与债券之间进行资产保有方式的选择。例如，当利率下降时，倘若经济主体认为利率水准已低于其安全水准，预期利率将出现上升，因此就愿意保有货币，以等待债券价格的下降，再行买进。反之，如果利率水平已经下降，但经济主体认为这一水平仍然高于安全水准，则仍然不会放弃债券的保有，由此可见，利率变化是投机性货币需求动机的决定性因素。在凯恩斯看来，总体货币需求可分为两部分：一是由所得决定的交易性货币需求；二是由利率高低决定的资产性货币需求。设 L 为货币需求总量；Y 为国民所得；i 为市场利率；L_1 为交易性货币需求函数；L_2 为资产性货币需求函数；L_y' 为 L 对 Y 的导数；L_i' 为 L 对 i 的导数；货币需求与所得按同一方向变动，与利率按相反方向变动。因此，有下列函数关系式：

$$L = L_1(Y) + L_2(i) = L(Y,i)$$

$$L_y' > 0, L_i' < 0$$

凯恩斯货币需求理论的另一个独到之处是，他认为，当利率已降到某一无可再降的低点之后，货币需求则会变为无限大。即没有人再愿意持有债券，只愿意持有货币。用图 20－4 来表示。

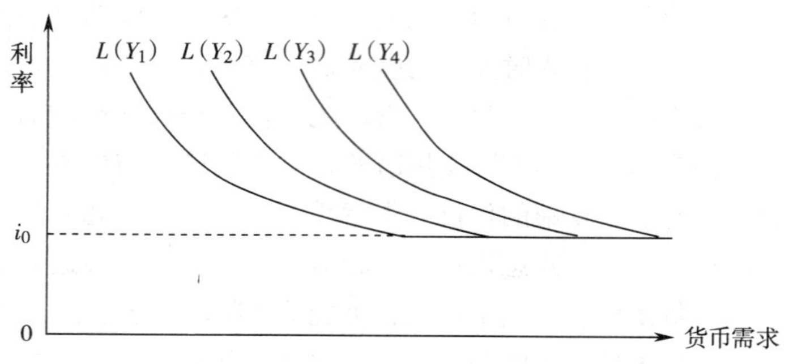

图 20－4　凯恩斯的“流动性陷阱”

利率降至 i_0 后，货币需求曲线就变为与横轴平行的直线。该直线部分即为著名的“流动性陷阱”。凯恩斯认为，在该直线部分货币需求的利率弹性为无限大，这只是一种可能性，在实际经验中并不常见。1997 年亚洲金融危机以来，美国麻省理工学院的保罗·克鲁格曼一直认定凯恩斯的“流动性陷阱”在日本已经出现，原因在于日本的利率水平已接近零利率，但还未起到扩张内需、增加支出的作用。

三、凯恩斯学派对凯恩斯货币需求理论的发展

根据凯恩斯的货币需求理论，影响交易性货币需求的是收入水平与若干制度性因素，而利率对交易性货币需求则没有什么影响。凯恩斯的后继者们认为这是个缺陷，于是着手做了许多补充和发展性的工作。汉森最早在1949年就认为交易性货币需求有一定的利率弹性，在他的《货币理论与财政政策》中，他把收入和利率作为共同的影响因素对交易性货币需求进行了分析。20世纪50年代以后，鲍莫和托宾又进一步说明了交易性货币需求亦有显著的利率弹性的原因。

鲍莫和托宾认为，以货币形式保有交易余额的主要原因在于便利交易的进行。然而保有交易余额也将花费一定的成本，这个成本就是放弃其他生利资产形式可能获得的收益。货币保有者只有把交易性现金余额降至最低程度，才能使货币保有成本为最小。假定某经济主体每四周获得一次收入，然后在所得期间平均支用，其所得到的货币以图20－5说明。

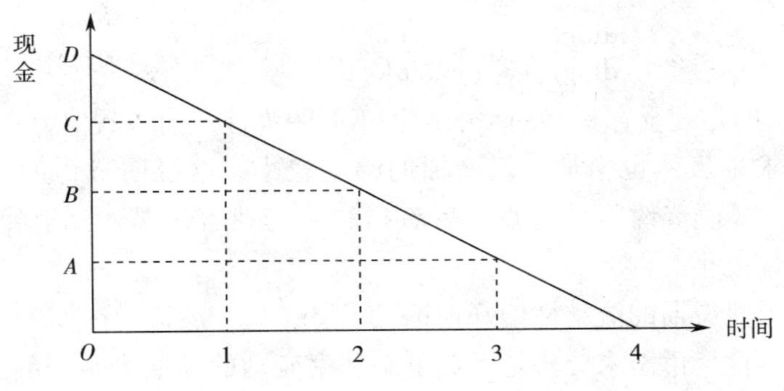

图20－5　不同时期的交易余额

图20－5中，纵轴表示经济主体现金保有额，在每一收入期间期初收到相当于OD的货币数量，在第一周内支用CD而保有OC的货币数量，第二周支用BC，如此循环进行。从第一周情况说，在总货币收入中OC为暂时闲置余额，第二周OB为暂时闲置余额。若将这些暂时闲置的货币投资于生利资产，同时又保证在下一个支出时间来临时能够将投资购买的债券形式金融资产兑换成现金，这样就可以将交易性货币余额的保有成本降至最低。

设未来时间内所预见的交易支出为T，每次数量为C，每次买卖证券的手续费为b，利率成本为i，则买卖证券的成本总额为$\frac{bT}{C}$；每次获得的货币量C平均使用，在支用期间的平均余额为$\frac{C}{2}$，故保有货币的利息成本为$\frac{iC}{2}$。因此，个人为应付交易需求而保有货币的总成本为

$$\frac{bT}{C}+\frac{iC}{2} \tag{1}$$

为使保有货币的成本降至最低，选择 C 值，将上式加以微分，使成本符合最低要求的 C 值为

$$-\frac{bT}{C^2}+\frac{i}{2}=0 \tag{2}$$

或

$$C=\sqrt{\frac{2bT}{i}} \tag{3}$$

C 是成本总额降至最低水平的现金存量，它与交易总量 T 的平方根以同一方向变化，但不以同一比例变化，用常数 $a=\sqrt{2b}$，式（3）可改成

$$C=aT^{0.5}i^{-0.5} \tag{4}$$

对式（4）两边取对数，有

$$\log C=\log a+0.5\log T-0.5\log i \tag{5}$$

$$\frac{\mathrm{d}\log C}{\mathrm{d}\log T}=0.5 \qquad \frac{\mathrm{d}\log C}{\mathrm{d}\log i}=-0.5 \tag{6}$$

式（6）表示的是现金存量对利率的两种不同的弹性，前者数值为0.5，表示交易量增加后，现金需求量虽然也增加，但增加的幅度较小，这说明货币的交易性需求具有“规模经济”或“规模节约”的特点；后者指利率变动后，现金存量朝相反方向变化，但幅度较利率的幅度小。

托宾还发展了凯恩斯的流动性偏好理论。

凯恩斯的投机性货币需求分析是以对未来利率变动的预期为基础的。他认为，投资者对正常的预期利率已有了一个确定的看法，因此，投资者只有在货币和政府公债中任选其一，而不能两者兼有。这种理论显然与现实世界的不确定状态和投资者的分散风险行为不相符合。

托宾认为，可以保留凯恩斯货币需求理论的基本内容，但“安全水准”这个概念不能使用，而应该从不同的角度来解释为什么货币需求与利率呈反方向的变化。假定社会财富只有货币和长期债券两种形式。持有货币没有利息收益，持债券可以得到利息。市场利率用 i 来表示。未来利率如何变化，对经济主体来说，是难以确定的，是个未知数。用 A_1 表示财富总量中货币所占的比重，A_2 表示债券所占的比重，则 $A_1+A_2=1$，$0\leqslant A_1\leqslant 1$，$0\leqslant A_2\leqslant 1$。以 E 表示预期未来一年内财富总值的增值比率。

$$E=A_2\cdot i \tag{7}$$

未来的利率是必然要发生变化的，因此持有债券就要冒债券跌价的风险，这种预期的风险，以 R 表示，设 S 为风险系数，则

$$R=A_2S \quad 0\leqslant S\leqslant 1 \tag{8}$$

S 越大，债券持有者遭受损失的可能性及损失程度就越大；S 越小，越接近 0，则 E

全部实现的可能性就越大。

由于 S 和 i 的存在，财富保有者便要权衡利弊，决定如何分配 A_1 和 A_2，但问题是，虽然持有债券的比重增加，预期的财富增值会增加，但同时遭受风险造成的损失也可能增加。假设现有全部财富给保有者带来的总效用是 u，财富保有者必然要关心如何组合 E 和 R，才能使总效用 u 达到最大值的问题。这可以通过效用函数来制定：

$$u = u(E,R) \qquad \frac{\partial u}{\partial E} > 0, \frac{\partial u}{\partial R} < 0$$

当下面的条件得到满足时，u 达到最大值：

$$\mathrm{d}u = \left(\frac{\partial u}{\partial E}\right)\mathrm{d}E + \left(\frac{\partial u}{\partial R}\right)dR = 0$$

$$\frac{\mathrm{d}E}{\mathrm{d}R} = -\frac{\partial u}{\partial R}\Big/\frac{\partial u}{\partial E} \tag{9}$$

由式（7）和式（8）有

$$E = iR/S, \mathrm{d}E/\mathrm{d}R = i/S$$

代入式（9）得

$$\frac{i}{S} = -\frac{\frac{\partial u}{\partial R}}{\frac{\partial u}{\partial E}} \tag{10}$$

托宾认为，式（10）是财富保有者可以得到预期最大效用的必要条件（他认为充分条件一般可以得到满足）。这个公式表示：如果 $\frac{i}{S}$ 不变，则财富保有者增加一个单位债券所失去的效用即增加一个单位债券所带来风险的负效用（上面已经指出，$\frac{\partial u}{\partial R} < 0$），等于增加一个单位债券所增加的效用（$\frac{\partial u}{\partial E} > 0$）乘以常数 $\frac{i}{S}$，这时从现有全部财富中所得到的预期效用是最大的，这时 A_1 和 A_2 的比例关系是最佳的。也就是说，通过效用函数可以引申出对货币需求量的决定。假设利率提高了，这表示预期的财富增量将增加，就会鼓励财富保有者冒更大的风险——少持货币和多持债券，这就是利率提高产生的“替代作用”，即以债券替代货币；如果利率下降，替代作用就会向反方向发展——多持货币和少持债券。但是，利率的变化还会产生另外一种作用，即“收入作用”。利率提高意味着财富保有者收入的增加，这将使他少持货币和多持债券。这样，收入作用使货币需求量与利率朝相同的方向变化。而替代作用则使两者朝相反的方向变化。在一般情况下，对货币需求量的变化来说，替代作用是大于收入作用的，因此，货币需求量同市场利率呈反方向变化。利率涨则货币需求量降，利率跌则货币需求量增。

从表面上看，托宾的这一货币需求量与利率之间关系的分析结论与凯恩斯的分析结论是相同的，实际上却有较大的区别，主要表现为两点：一是凯恩斯使用了一个“安全水准”的概念，他认为，人们对未来的利率水平有一种确定的看法；而托宾则弃置“安全水准”的概念，强调人们对持有财富的风险有一定的估计。二是凯恩斯的现金偏好，即投机性货币需求要根据现行利率和“安全水准”对比，才能引申出来，而托宾的现金偏好则不依靠现行的利率，而从未来的风险与未来的财富增值的比较来决定。

四、现代数量论的货币需求理论

现代数量论的货币需求理论是指以米尔顿·弗里德曼为代表的芝加哥学派的货币需求理论。货币数量是弗里德曼全部理论体系的支柱，而货币需求理论又是他的货币数量的核心。

弗里德曼一方面采纳了剑桥学派和凯恩斯把货币看做是一种资产的核心思想，另一方面又基本上承袭了传统货币数量说的长期结论，即货币量的变动反映于物价的变动上。他认为，影响货币需求的因素是多种多样的，他用一个多元函数来表示货币需求：

$$M_d = f(P, r_b, r_e, \frac{1}{P}\frac{\mathrm{d}P}{\mathrm{d}t}; Y、W、U)$$

式中，M_d 为名义货币需求量，f 代表函数关系，P 是物价水平，r_b 是固定收益的债券利率，r_e 是非固定收益的证券利率，$\frac{1}{P}\frac{\mathrm{d}P}{\mathrm{d}t}$ 是物价变动率，Y 是永恒所得，W 是非人力资本对人力资本之比率，U 是反映主观偏好及客观技术与制度等因素的综合变数。

在影响货币需求的多种因素中，作为各种形式资产总和的总财富是最重要的变量。总财富的衡量实际上是很难做到的，但可以用收入来代替。弗里德曼使用的收入概念是恒久性收入，不是统计学家所使用的现期收入，因为现期收入的波动性很大。

弗里德曼进一步把财富分为人力财富和非人力财富，对于大多数财富持有者来说，他们的主要资产是个人的能力。

对于货币需求来说，货币和其他资产的预期收益率也是一个很重要的因素，这个因素与通常的消费者需求理论中的商品价格及其替代品与互补品相类似。弗里德曼认为，货币的名义收益率可以为零，也可以是正的或负的。其他资产的名义收益率由两部分构成，一部分是现期支付的收益或成本，如债券的利息，股票的股息和红利、物质资产的会计储存费用等；另一部分是在通货膨胀或紧缩条件下，这些资产名义价格的变化。

影响货币需求的还有其他一些因素，如货币提供的效用、对未来经济波动程度的预测、现有资本品的交易量等。

弗里德曼提出的上列函数关系式是指单个财富持有者的货币需求。但是，只要略去分配对 Y 和 W 这些变量的影响，把 M 和 Y 分别看做按人口平均的货币持有量和实际收入，W 为以非人力财富持有的总财富中的一部分，这个函数就能适用于整个社会。

弗里德曼货币需求函数的最主要特点就是强调恒久性收入对货币需求的主导作用。他认为，货币需求也像消费需求一样，主要由恒久性收入决定。从长期看，货币需求必定要随恒久性收入的稳定增加而增加。这一结论是他用统计方法进行实证研究的结果。

在对一个较长时期的收入数量进行统计时，一个统计周期收入的平均值就可以看做是恒久性收入的近似值。当然，恒久性收入在周期内也发生波动，在扩张时期里增加，在收缩时期里下降，但恒久性收入波动的幅度比现期收入的波动要小得多，既然实际货币需求取决于恒久性收入，那么实际余额就完全等于预期的余额，货币流通速度（恒久性收入除以货币存量）在扩张时期下降，在收缩时期上升或以较小的比率下降，由于恒久性收入在周期里不会发生较大幅度的变化，故货币流通速度也比较稳定，从而货币需求也是稳定的。

弗里德曼货币需求理论的另一个特点是，他的货币对总支出和产量实际发生影响的传递机制假说与凯恩斯学派的理论存在显著不同。凯恩斯学派认为，货币数量的变化首先影响利息率，利息率的变化能使盈利能力和投资力量发生变化，间接地影响投资支出，投资支出再通过乘数作用影响总收入水平。因此，凯恩斯非常重视货币需求和投资支出的利率弹性。弗里德曼则强调现金余额的作用。他认为能够对总支出（即总需求水平）直接和广泛发挥影响的是货币数量。在所考虑的资产范围上，凯恩斯学派注重的是较小范围的金融资产和市场利息率，弗里德曼考虑的则是广义的资产和利息率，如耐用消费品和半耐用消费品、建筑和其他一类资产等。既然货币需求是由恒久性财产决定的稳定的函数，既然能对总需求发生最直接、最广泛影响的是货币数量，那么弗里德曼自然就主张采取稳定货币供应增长率的货币政策。他认为，货币政策的首要任务是防止货币本身成为经济波动的主要源泉，货币当局应避免剧烈地和反复无常地改变货币政策的宏观调节方向，只有这样，才能给经济提供一个稳定成长的条件。

通过以上的概要介绍可以看出，现代西方的货币需求理论具有以下几个特点：第一，无论是古典学派、凯恩斯学派还是弗里德曼，他们分析的货币需求实际上指的是对现金的需求。至于个人的储蓄存款和企业在银行的存款是不包括在内的。第二，从剑桥学派开始到凯恩斯学派和弗里德曼，当他们注重分析货币保有者的动机和行为时，分析对象总是个人和微观经济单位。第三，西方学者的货币需求分析，不仅注意了再生产对货币流通量的决定性影响，而且还注意了追求物质利益极大化的人们的行为对货币需求量的重要影响作用。第四，西方学者的货币需求分析不仅运用了一般理论方法，而且还注意运用精巧的数学分析工具。第五，西方学者的货币需求分析大都是为制定和选择货币政策奠定理论基础。

第二节 货币需求问题的思考方法

认真研究现代西方的货币需求理论，目的在于借鉴这些理论，探索我国货币需求量的决定问题。西方货币需求理论虽然都是在资本主义条件下产生的，但是，它也具有一般性，这种一般性就是它勾画出了在发达的市场经济条件下，货币需求量主要决定因素的一般理论。也就是说，西方货币需求理论从其基本方面说，反映了在商品货币经济条件下，实物经济运动对货币数量的需求，以及在物质利益规律作用下，作为经济主体的个人和企业如何为争取最大收益而影响货币需求量。长期以来，我国经济学界受传统计划经济观念的影响，把注意考察人、人的动机及行为对经济生活影响的理论统统斥之为主观唯心主义的庸俗经济学说，因而，在我们的经济学著作中不注意对人的心理因素及个人行为对总体经济活动的影响进行分析。西方货币需求理论乃至于全部经济理论中对人的心理及行为的分析是值得我们借鉴的。另外，西方各派货币需求理论中的核心观点，特别是近三十年来弗里德曼对货币需求量与恒久性收入的关系以及货币影响经济的传导机制的分析，也值得我们注意。下面我们从思考方法方面谈谈货币需求问题。

一、货币需求是否只是对现金的需求

在传统计划体制下，中国学者研究货币需求，只是研究对现金的需求。在经济体制改革之前，谈商品流通，其范围只包括被视为商品的消费资料和一部分农业生产资料，而为这个领域服务的主要是现金。在这种情况下，重点考虑对现金的需求有其合理的一面。在当时条件下，不被视做商品的绝大部分生产资料，其分配是根据物资调拨计划进行的。在这个计划中，包括重要生产资料的供给和取得，具体到直接向企业下达计划任务。尽管如此，调拨却并非是无偿的。这些生产资料有价格，供货单位按价格收款，进货单位按价格付款。如果没有准备用于结算的货币，调拨计划就实现不了；准备得不及时，调拨计划的实现也会受到阻碍。所以，就是强烈主张生产资料不是商品的人，也不得不承认它们具有商品的“外壳”。不论是否是“外壳”，总之，需要货币为其“流通”服务。这就是说，在这个领域也实际存在货币需求的问题。只不过不是对现金的需求，而是对存款货币的需求。由于那时不承认存款货币是货币，当然对存款货币的需求也就不成为对货币的需求。

需求是客观存在的，实际上不能不予以满足。那么是如何满足的呢？在当时的确没有从货币需求的角度来思考，但却是存在着从“资金需求”角度进行的计划，而且计划得很具体，直至计划对每一个企业的货币资金供给进行安排，其实质似乎是供给创造需求。改革开放以来，情况已经发生根本性的变化——生产资料是商品，生产资料也需要流通，已经没有人怀疑。货币需求是所有商品、劳务、金融商品交易对货币支付所提出的需求。对它的理解如果仍然局限在现金，显然更不适宜。根据这种观念实际无法进行正确的货币供给安排，从而也难以进行正确的宏观调控。

二、名义需求与实际需求

在我们的货币需求研究中，长期不注意名义需求与实际需求的区分，主要原因恐怕是我国传统计划价格体制下价格水平变动不大这样的现象对理论思维所造成的惯性效应。显而易见，若价格是稳定不变的，当然也没有必要再去区分名义货币需求和实际货币需求。但在中国目前阶段，通货膨胀的威胁经常存在，在货币需求分析中若仍然不区

分名义货币需求和实际货币需求，就会给宏观形势判断和政策选择带来不利影响。

实际货币需求通常记做 M_d/P，名义货币需求记做 M_d，它们之间的区别则在于是否剔除物价变动的影响。假设，生产、流通规模和实际财富水平不变而物价上涨了1倍，亦即全社会的商品、劳务的名义价值增加了1倍。如果货币流通速度不变，货币存量必须增加1倍，否则经济将无法运转。但这种增加只是适应物价上涨幅度在名义上的增加，就经济成长过程本身所提出的实际货币需求并没有变。如果我们承认公式：货币供给增长率 = 实际经济增长率 + 物价变动率（即 $\dot{M} = \dot{Y} + \dot{P}$），那么，假如物价水平的提高完全是由货币供给过多所引起，而缩小货币供给又可使物价水平回落，在这种情况下，只承认实际货币需求而不承认名义货币需求，就货币政策的决定来说可能是正确的选择。但是经济运行实际可能比理论推导复杂得多，假若物价水平的变动并非或并非全部由货币因素所引起，或者已经上涨了的价格在回落方面存在刚性限制，那就不能不承认名义货币需求的存在。事实上，就是我们在概念上不区分名义需求与实际需求的计划经济时期，也并非完全不考虑这两者的差异。比如，在计划农产品收购所需的现金投放时，总是要考虑实物量变动和收购价格变动这两方面的因素，并明确计算出价格因素对要求增发现金的影响。

同样，在物价总水平存在明显波动的条件下，也不能只注意名义需求而不研究实际需求。就如同在研究经济发展速度必须采用类如不变价格等方法以便进行比较一样，对于货币需求的变动也必须消除物价因素才有可能进行年度之间的比较，才可以研究实际经济进程对货币的需求是否发生以及发生了怎样的变化。

三、货币需求分析的微观角度与宏观角度

所谓货币需求分析的微观角度，就是从微观主体的持币动机、持币行为考察货币需求变动的规律性。在前面介绍过的货币需求方程和货币需求函数中，剑桥方程式、凯恩斯货币需求模型、弗里德曼货币需求函数，都是从微观角度分析货币需求的典型。

货币需求的研究任务首先是识别货币需求的决定因素并辨明各因素对货币需求量的影响。对于货币需求的决定因素，通常划分为三类：第一类为规模变量，如收入和财富；第二类为机会成本变量，如利率、物价变动率；第三类为其他变量，如制度因素等。

将机会成本变量引入货币需求模型或函数，是从微观角度考察货币需求问题的典型表现。其目的在于说明利率和价格变动这类因素对货币保有主体可能造成的潜在收益或损失，以及这种潜在收益或损失对微观主体货币需求行为的影响。早期货币需求模型都未考虑机会成本因素。剑桥方程式在对实际现金余额与收入的比率 k 作注解时强调了利率因素的作用，可以说是引入机会成本因素的开端。但在模型上并未直接表示出来。直到凯恩斯的货币需求三动机分析，才建立起内容和形式一致的微观货币需求研究方法。而后则不断发展。

从微观角度考察货币需求的方法有四点长处：（1）在规模变量为一定时解释货币流

通速度的变动；(2) 提请人们注意，货币不仅有交易媒介功能，而且还有资产和价值贮藏功能；(3) 强调利率、价格等市场信号对货币需求也能产生相当程度的影响；(4) 有可能使短期货币需求分析更精确化。

货币需求的宏观分析是货币当局决策者为实现一定时期的经济发展目标，确定合理的货币供给增长率，从总体上考察货币需求的方法。准确地判断总体货币需求的水准是决定货币供给率的关键。

从宏观角度估算货币需求，需要利用货币需求的宏观模型。马克思的货币必要量公式，费雪的交易方程式，上面介绍的我国近年提出的 $\dot{M}=\dot{Y}+\dot{P}$ 公式都是宏观模型。这些模型的共同特点是都没有顾及微观主体的心理、预期及行为等因素，不考察各种机会成本变量对货币需求的影响，而主要是从市场供给、收入这类指标的变化来考察（$\dot{M}=\dot{Y}+\dot{P}$ 中有个 $\dot{P}$，但如果考察实际货币需求，公式中的这个因素就不存在了）。也可这样理解：机会成本因素及微观主体行为对货币需求的影响都已纳入货币流通速度这一吸纳性极强的变量之中。但货币流通速度由于综合的内容太多，很难据以对货币需求进行具体分析。特别是它不像利率那样以一个独立的、毫不含糊的数值存在，而只是已发生的货币流量与货币存量的比值，不同的观点、不同的计算方法可以使这个比值有很大的出入。因而宏观货币需求分析必须发展。

在西方经济学中，实际的途径是在建立起微观货币需求模型之后，进一步研究这个模型能否直接用于或经过修订用于宏观分析。比如，弗里德曼的微观货币需求模型，对其中个别变量加以解释，就变成了宏观模型。

四、货币需求是否是一个确定的量

无论从微观角度还是从宏观角度考察货币需求问题，最终都面临一个任务，即使之数量化，以便从中引出有操作意义的政策方案。要把一定时期内经济体系的货币需求数量化，就会碰到这样一个问题：货币需求是否是一个确定的量。

如果进行事后分析，即对前期经济运行结果进行统计检验，那么，无论微观主体的持币行为和动机怎样，也无论经济政策的目标实现到何等程度，都可以认定，以往的货币需求是一个确定的量值。例如，假定我们将微观主体的货币需求定义为对现金的需求，只要该期现金流转没有什么梗阻，与现金流转对应的价格和消费水平无波动，那么，前期市场现金流通量就可以看成是微观主体货币需求总和的具体量值。假定我们将现金加全部存款看成是对应经济体系运行的总体货币需求，如果可以判断前期经济中的货币供给与货币需求大体相符，那么，前期的广义货币余额也就成了前期总体货币需求的具体量值。这就是说，事后分析中的货币需求可以认定是一个确定量。

但是，假若我们所要考察的货币需求不是前期的，而是本期或下期的，那么问题就不那么简单了。

从微观角度来考察，微观主体在其收入给定的条件下要受消费倾向和多种机会成本变量的影响。(1) 设收入为1，那么消费的比例就整个社会的平均是否只能是 $x\%$ ，而不可能是 $(x+\varepsilon)\%$ 或 $(x-\varepsilon)\%$ (ε 指与x、y…对比来说的相当小的正值)？当经济生活中存在着很多不确定、不稳定和难以预期的因素时，把消费比例理解为一个值域 $(x\pm\varepsilon)\%$ ，可能是更接近于实际生活中微观主体抉择的特点。(2) 剩余的收入对各种利率、对通货膨胀率的反应将使它按照某种比例进行分配，其中只有一部分以货币形态保持在手中，那么这部分货币需求在其剩余收入中是否也只能是一个确定的比例，比如 $y\%$ 呢？如果认为消费比例的值域是 $(x\pm\varepsilon)\%$ ，那么，同样理由应该说，货币需求比例不是 $y\%$ ，而是 $(y\pm\varepsilon)\%$ 更符合生活实际。所以，微观货币需求作为一个值域的特点是明显的。

按照同样的思路从宏观角度来考察，也会取得同样的认识。那就是经济生活中的不确定、不稳定和难以预期的因素也会使那些相关关系极强的因素之间并非只能形成一个准确的数量比例。比如，在社会商品劳务总额与宏观货币需求之间，纵然剔除其他因素，也不见得只能是一条无宽度的函数曲线。如果曲线有宽度，那就会有如下两种情况：产出或收入变了，从 Y_1 增到 Y_2 ，但货币需求 M_d 可以不变；或同样的产出或收入，货币需求却是一个值域 $M_1^d-M_2^d$ ，见图20-6。

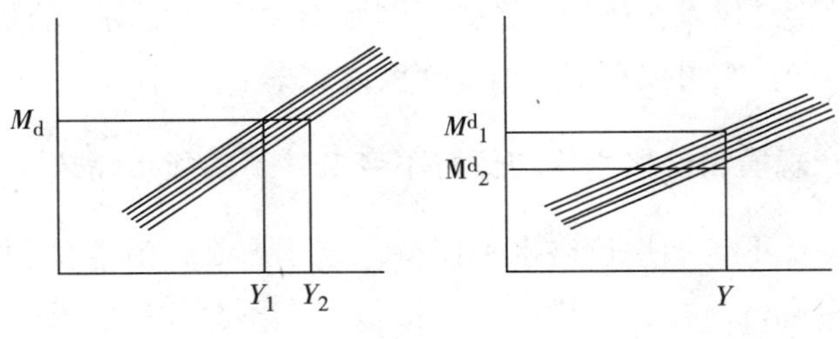

图20-6

总之，现实生活种种迹象都使我们很难把货币需求看成是一个极其确定的量值。较为贴近现实的思路是把它看做一个具有一定弹性的值域。这样考虑问题，可能不至于在货币政策选择上陷入过分简单化的境地。

第三节　社会再生产与货币需求

一、货币需求与社会总需求

在商品货币经济条件下，经济运行的关键问题就是社会总供给与总需求的平衡问题。在不考虑有对外经济关系和政府部门存在的条件下，总供给由国民收入使用价值分化成的储蓄品供给和消费品供给构成，总需求由国民收入价值分成的投资性需求和消费性需求构成。实物形态的储蓄品和消费品都是通过在市场上同投资性需求和消费性需求的对立和被购买，才能化为现实的、能够发挥效用的产品。在市场上，任何商品都标有价格，储蓄品和消费品自然有价格，唯有它有价格，才能同投资需求相对立、相比较。储蓄品用于满足投资需求，储蓄品实际上也就是可用于投资的产品。但是，在粗略地分析社会总供给与总需求的均衡关系时，人们只要注意单位价值形态的平衡就可以了。设国民收入为Y，储蓄为S，投资为I，消费为C，则

$$Y = C + S \tag{1}$$

$$Y = C + I \tag{2}$$

$$C + S = C + I \tag{3}$$

式（3）是社会总供给与总需求的平衡公式。这个平衡公式表示的是实物市场上的供求均衡关系。当带有一定价格的实物形式的社会总供给C和S要求自己的价格能得到实现的时候，它们对消费性需求C和投资性需求I的要求，实际上也是市场上的实物产品对交易性货币需求的呼唤。一般地，社会总需求是由货币供应形成的。货币供应是一个由货币当局决定的外生变量，它能够扩张或紧缩社会总需求的规模，但究竟按怎样的增长速度供应货币，这取决于货币当局对合理货币需求量的认识。那么，究竟货币需求量处于何种水平才是合理的货币需求量呢？显然，在供给产品的价格大体稳定的条件下，合理的货币需求量只能是社会总供给与总需求大体均衡能够实现所要求的那些货币量。或者，直截了当地说，它是保证在社会总供求大体均衡条件下与社会总需求相吻合的货币量。当然，吻合不一定是数额绝对相等，它可以理解为增长速度或比率上的同步。

二、假定再生产规模和价格水平均保持不变条件下的货币需求

在简单再生产条件下，如果价格水平保持稳定，那么，流通中原有的货币媒介简单再生产按不变的规模进行，社会总货币需求量似乎也不会发生什么变化。实则不然，在这种条件下，无论是从实物经济看，还是单纯从货币因素分析，都存在着使货币需求量发生变化的可能性。

首先，从实物经济的角度看，如果一定时期内生产企业和商业企业资金周转速度放慢，生产周期延长，这样，媒介同样的生产规模，就需要比原来更多的货币。比方说，观察期间内全国工业企业流动资金周转速度从原来的85天上升为90天，假定每延长一天周转时间就要多占压货币20亿元，那么显然，即使这一观察期间内经济处于零增长水平，但仍多需用货币100亿元。反过来，如企业生产周期缩短，资金周转加快，货币需求也会减少。

其次，单纯从货币运动方面分析，也有造成货币需求量变化的因素。在货币形成的社会总需求与总供给的周转运动中，由于金融发达程度不够，居民金融资产意识较差，常常会出现由手持货币呆滞造成的需求泄漏现象。例如，由银行贷款渠道出笼的货币供应量中有相当部分要转化为现金，现金中又有相当一部分要作为城乡居民的货币收入，这些货币收入要向三个方向分化：一是用于购买商品和劳务；二是转化为银行储蓄存款；三是成为现金。前两个部分货币能够通过商品和信用渠道回笼，这就没有脱离现实

的再生产周转而始终作为社会总需求的一个有机部分存在，而后一个部分（即现金）就从现实再生产的周转中泄漏了出去。对于每个持有它的个人来说，它还是货币。但是，就它在相当一段时期（即它始终作为呆滞货币的时期）来说，它已经不是现实购买力的一部分了。因此，在其他条件不变的情况下，要想维持再生产继续按原来的规模和速度运转，就要补充同呆滞货币量相适应的货币量，只有这样，才能启动这些呆滞货币代表的闲置物资或生产资源，也就是说，当呆滞货币的比重加大时，货币需求也就要随着增加。如果因为种种原因，一定时期内呆滞货币在货币总量中所占的比重下降，那么，这些重新加入再生产周转的货币等于是为扩张总需求增加了货币供应来源。在其他条件不变时，维持原有的生产和流通的规模，就要减少同由呆滞货币转化为活跃货币的数量相应的一部分货币需求。

再次，货币保有主体数量的变化也影响货币需求量，用于支付的货币停留在其保有主体的手中时，不管这些货币的支出是规则的平均支出，还是不规则的随机性支出，如果经济主体的数量较少，个别商品的交易规模较大时，相对较少的货币存量就可以应付一定规模的再生产和流通的货币需要。然而，即使社会商品的总交易数量和再生产规模以及其他条件不变，由于保有货币的经济主体的数量增加，社会的总货币存量被分割得更细，货币需求量也要增加。举一个简单的例子，原来有 10 个单位，每单位每天留存现金 500 元，这 10 个单位每天总共留存现金5 000元。现在单位增加到 20 个，每单位每天留存现金不变，20 个单位每天留存现金就达 10 000 元，即使每单位每天留存现金减少 300 元，20 个单位每天还要留存现金 6 000 元。

最后，假定上述的一切条件均不变，金融中介机构的普及程度和工作效率也同原来一样，货币需求量还要随国民经济的商品化程度的提高或下降而增加或减少。一个国家的经济，如果产品经济和自然经济的比重比较大，那它与那些发达的市场经济国家比较起来，为维持经济运转所需要的货币就要少得多。拿我国的情况说，以前在我们把征收公粮作为农业课税的形式时，货币需求量就要少些。现在，随着农村商品经济进一步发展，我国正通过税制改革逐步缩小实物税的范围和比重，加大货币税的范围和比重。与这种商品经济发展的趋势相适应，货币需求量也要增长。特别是随着金融改革的逐步深化，证券市场的蓬勃发展使得金融资产品种日益增多，这些金融商品的交易本身需要大量的货币。据估计，目前我国货币流通中，那些游动出没于股市、期货等各市场的所谓游资就有 4 000 多亿元。

三、假定价格水平不变，扩大再生产条件下的货币需求

探讨扩大再生产条件下的货币需求问题，首先应该弄清扩大再生产这一概念的含义。按照马克思的分析，生产资本循环的总公式是

$$P\cdots W'—G' \quad (1)$$

$$G—W <^{A}_{P_m} \cdots P(P') \quad (2)$$

这个公式既可以作为简单再生产公式，也可以作为扩大再生产的公式。在简单再生产条件下，$P\cdots P$ 生产资本在循环之后，仍保持原来的规模。而简单再生产实现的充分必要条件是：式（2）的 $G = G' - g$ ，也就是说，在生产过程中增值了的价值 W' ，在出卖后获得的价值为 G' ，$G' = G + g$ ，如果把 g 这些增值的货币全部用于消费，即实现了式（2）的条件 $G = G' - g$ ，这样，事实上进行的就是简单再生产。如果情况不是这样，式（1）的 G' 中的增量 g 没有被消费掉，而是全部或部分地转化为货币资本，用来购买生产资料 P_m 和劳动力 A，然后重新开始一个扩大的生产资本循环过程，那么，最终结果是，这就是不同于简单再生产过程的扩大再生产过程。马克思认为，只有在 G' 中的 g 部分或全部地转化为积累性的追加货币资金时，扩大再生产才能够实现。在两大部类再生产分析中，马克思再度表述了这种思想，只不过在符号使用上有些差异，以 m 代表剩余价值，扩大再生产的充分必要条件是 m 中的一部分转化为新的积累性货币资本。为了保持自己体系的完整性和逻辑统一性，马克思在谈到货币资本集中时，在用语上也比较谨慎，只是说“集中被补充了积累的作用”。可见，在马克思的经济理论中，再生产的扩大由积累产生，积累则由剩余价值的资本化而来，这是他的基本思路。在这种理论分析中，有这样一种暗含的假定：不追加新要素，再生产就不能扩大；新要素的价值形态一定是来源于社会总产品中已经形成的价值的一部分。

我们认为，扩大再生产的概念也可以这样理解，即在资金使用效益为一定的情况下，不管这些货币资金是否来自剩余价值，只要在它们的推动下，生产规模扩大了，产出量增加了，就算是实现了扩大再生产。这种扩大再生产——毫无疑问——只有在客观上已经具备了实现可能，即存在着可以被利用的生产要素（即经济增长未达于生产可能性边界）的情况下，并由一定的货币引导，才能推动经济增长。也就是说，在可利用的物质生产资源存在的条件下，能起到扩大再生产第一推动作用的货币是关键。扩大再生产对第一推动力的需求，也就是扩大再生产条件下的货币需求。

扩大再生产一般可以在三种状态下实现：一是要素的重新组合；二是旧要素转化为新要素；三是从外部追加新要素。

要素的重新组合是指在整体优化律的作用下，某些生产要素通过集中和合理配合，迅速成为扩大再生产的推动力量。这种形式实现的扩大再生产，对货币不提出数量增加的要求，而只提出结构重新组合的要求。例如，通过股份资本的形式集中资金，社会现有的货币资金量并没有发生变化，只是通过重新组合，使总货币量的结构发生了变化。但是，这种形式的货币重新组合，就可以大大起到扩大再生产的作用。

旧要素转化为新要素，实际是指要素通过职能的变换，使再生产规模得到扩大的那种情况。例如，银行通过吸收储蓄存款，把大笔的消费基金转化为用于生产性贷放的货币资金，这是货币执行职能的一种重要转变。它本身加大了货币资金积累总量，自然就能起到扩大再生产的作用。以这种形式出现的扩大再生产对货币也没有提出数量增加的要求，只要求货币的投向发生变化。

追加新要素，这是扩大再生产对货币需求量增加的典型表现。以上两种情况，即要素的重新组合和职能的转化，实际上都是在既存货币量的基础上通过结构、投向的变动实现了扩大再生产。当社会现有的货币量已经充分被动员，但就再生产本身的能力说，还存在着可供挖掘利用、用以扩大生产规模的资源。假定人们要把生产提高到一个新的、更高的增长水平，就必须由某种外部因素提供扩张需求的引致力量，也就是增加货币供应，这样，才能使再生产一切可以利用的资源得到充分的利用。这种再生产实现方式对货币的需求是一种数量增加的需求。显然，这种需求要求中央银行放松银根或财政用扩大赤字的办法增加支出。

四、价格水平变动条件下的货币需求量

无论是简单再生产，还是扩大再生产，只要价格出现较大幅度的变化，就会强烈地影响货币需求量。一般地，价格水平上涨，货币需求量会随之增大；价格水平下降，货币需求量会随之降低，这种随价格变动而不断发生变化的货币需求，我们可称之为名义货币需求，可记做 M_d ，剔除物价 P 变动影响的货币需求为 $\frac{M_d}{P}$ ，可称之为实际货币需求。除此以外，我们还可以引进一个合理货币需求的新概念，合理货币需求记做 $\overline{M}_d$ ，它是对再生产中各种情况、各种因素综合考虑之后，与国家正确的宏观经济政策吻合度最大、摩擦度最小的货币需求。名义货币需求是一种被动地适应经济发展情况的货币需求。因为就物价变动来说，有时是合理的变动，有时是不合理的变动，并且货币供应量决定的社会总需求水平与带有价格的供给之间，还有一种交互影响的作用。这种交互影响可能造成价格水平的螺旋式上升，如果人们以名义货币需求量度界限决定货币政策，经济的稳定性控制就会成为一个难以解决的问题。同样，实际货币需求也不是理想的货币需求，它只是剔除了物价影响，假定物价不变条件下的货币需求量。而在实际经济运行中，物价是不可能不发生变动的，物价僵化不变并不是一种最佳的经济运行状态。而且，在客观上不具备通过调整货币供应量来防止价格上涨或促使价格回落的经济条件时，计算实际货币需求对制定宏观经济政策也没有什么直接帮助。关键是对合理货币需求 $\overline{M}_d$ 的探索，这是一项崭新而又困难的工作。

五、经济结构、技术进步、公众预期与货币需求

以上我们从再生产角度考察货币需求问题似乎给人留下一种印象，即只重视实体经济部门而忽视了其他可能对货币需求有重要影响的种种因素。的确，在现实生活中，除了实体经济增长因素以外，还有不少值得经济学家们关注的方方面面，如经济结构、技术进步以及众所周知的公众预期等足以对货币需求产生巨大影响的因素。

经济结构包含的内容相当丰富，其中最重要的是产业结构和市场结构。在许多发达国家，一个最引人注目的现象就是服务业在经济发展中的地位越来越重要。按照定义，

国际上所说的服务业就是我们中国统计口径中的第三产业加建筑业。至2010年，许多发达国家服务业的产值占其GDP的比重已超过70%。这种产业结构的新特征对货币需求的实证检验也提出了新的课题。此外，市场结构日益细化和复杂化也是现代经济的一个重要特征。过去，我们习惯用高度概括的方式把经济粗分为实体经济部门和货币金融部门，现在，由于各类衍生工具的迅速出现，传统货币金融领域实际上也出现了分化，这种分化的关键特征就是原来意义上的“虚拟资本”又分离出更加虚拟化的“衍生工具”，这些衍生商品距离实体经济已越来越遥远，并形成了近乎完全独立的运动领域。显然，这些虚拟工具也有其自身的货币需求，这是传统货币需求理论囿于条件无法加以说明和论证的问题。20世纪后50年，世界经济最主要的推动力就是技术进步。进入21世纪，随着因特网的迅猛发展，银行业务、货币形式、交易手段都出现了革命性趋势，人类社会也许会在21世纪内最终消灭实物货币，而在这个货币消亡的过渡期内，货币需求和技术进步是否会呈现一种负相关关系呢？

公众预期对货币需求的影响是每个宏观经济政策决策者必须顾及的微观性因素。我们之所以将之称为“微观性因素”，是因为公众预期问题实质上是每个市场参与者的个人行为问题，但一种普遍的预期一旦形成，就注定会对宏观经济产生不可估量的影响。例如，自1996年4月1日起停办保值储蓄以来，我国中央银行从1996年5月1日到2002年2月21日连续8次下调利率，但投资需求和消费需求依然扩张乏力，一个重要原因就是微观经济主体缺少未来收入稳定增长的预期，因而导致了高储蓄和高持币现象。如这种推论是正确的，决策者似乎也应该从预期和货币需求的关系入手寻求解决通货紧缩、内需不振的政策思路。

本章小结

货币需求分析是制定货币政策的理论基础。西方学者十分重视货币需求问题的研究，并形成了多种理论假说。研究货币需求问题关键在于思考方法，从中国情况来看，将货币需求与社会再生产过程相联系，从宏观上多方面地思考货币需求问题，更有助于货币政策选择的基础性研究。

思考题

1. 费雪方程式与剑桥方程式的区别是什么？
2. 凯恩斯货币需求分析的独到之处在哪里？
3. 弗里德曼的货币需求函数将引申出什么样的政策结论？
4. 货币需求是否是指对现金的需求？
5. 货币需求的宏观、微观分析角度差异在哪里？
6. 对货币需求能否施加影响？

第二十一章　通货膨胀与通货紧缩

第一节　通货膨胀的定义

一、西方经济学家的几个定义

通货膨胀是一个被广泛使用的经济学范畴。但是，迄今为止，无论在西方或中国经济学界，对于通货膨胀的定义并没有取得一致的看法。颇具权威的《大英百科全书》也只能这样决断："不存在一个唯一的、普遍接受的关于通货膨胀的定义。"

在完全市场经济中，只要货币发行量过大，总会引起物价某种程度的上涨，或者说，物价上涨率成为衡量通货膨胀最明晰的指标，人们通过它可以直接地感受到通货膨胀的存在。正因为如此，经济学家通常将通货膨胀与物价上涨等同起来。新古典综合派代表人物保罗·萨缪尔森曾断言："通货膨胀的意思是：物品和生产要素的价格普遍上升的时期——面包、汽车、理发价格上升；工资、租金等也都上升。"新剑桥学派代表人物琼·罗宾逊也指出："通货膨胀就是物价上涨，其上涨归咎于货币而非货物，这是通常习惯说法……更广义说来，通货膨胀常意指物价总水平的持续上升。"美国出版的一本《现代经济辞典》对通货膨胀下的定义是："一般物价水平的持续上升。其结果是购买力下降。"其实，上述通货膨胀定义并非完全正确。可以说"太多的货币追逐太少的货物"这一古典的解释更接近通货膨胀的本质。因为通货膨胀首先是一种货币现象，而物价上涨只是通货膨胀的表现形式，且并不是完全的表现形式。当货币发行量过多并超过某种临界点时，也会由于政府的价格管制或其他因素，使过量的货币并不通过物价表现出来。货币学派的代表人物弗里德曼一方面认为通货膨胀就是物价的普遍上涨；同时又指出："当然，一般人所说的通货膨胀定义（货币数量过多而货物太少），也是正确的。货币的概念如果仅指流通的钞票，以及某几类的存款，那么货币太多了，而货物太少了，那也就是通货膨胀。"新自由主义者哈耶克更明确地指出："通货膨胀一词的原意和真意是指货币数量的过度增长，这种增长会合乎规律导致物价上涨。"在哈耶克看来，通货膨胀必然导致物价普遍上涨，但由于其他原因（如收成不好，石油或其他能源短缺等）而引起的物价上涨则不能称为通货膨胀。这些定义的核心就不再是物价上涨，而是货币的过量供应。

此外，也有从工资成本、需求、汇价、收支等方面来定义通货膨胀的。如琼·罗宾逊夫人就注重于工资的膨胀，她指出："我不认为应当就这样简单地用物价上涨来定义通货膨胀……可以这样说，通货膨胀是由于对同样经济活动的工资报酬率的日益增长而引起的物价直升变动。”

在凯恩斯之前，西方经济学家通常把通货膨胀定义为货币的过度发行，从而使单位货币购买力下跌。这一时期流行的经典性的定义就是，“太多的货币追逐太少的货物。”凯恩斯不同意这种定义。他认为，早期货币数量论关于货币数量直接决定物价的理论是片面的，这只是在充分就业已经实现以后的一种特殊情况。当社会上有多余的生产设备、失业人员和未被充分利用的其他生产资源存在时，就没有达到充分就业状况。在此情况下，供给具有完全的弹性，中央银行货币供应量的增加，会通过降低利率而刺激投资，投资增加又会通过乘数作用，引起一连串的消费增加，即有效需求增加，从而使国民收入或社会总产量与就业量成倍增长而不会引起物价上涨。即在非充分就业情况下，增加的货币会全部为产量的扩大所吸收，于是物价可保持不变；当就业量逐渐增加时，投资的增加就会引起劳动边际生产力的下降，于是物价会随着有效需求的增加从而产量的增加而上涨。在后一种情况下，增加的货币只是部分地被产量的扩大所吸收。但是，此时物价上涨的速度将小于货币数量的增长率，凯恩斯称之为半通货膨胀。当达到充分就业后，供给已毫无弹性，货币供给的增加从而有效需求的增加已无增加产量和就业的作用，物价便随货币供给的增加作同比例的上涨，凯恩斯称为真正的通货膨胀。

凯恩斯之后，大多数西方经济学家把通货膨胀一般定义为物价的全面上涨。随着20世纪70年代资本主义经济陷入“滞胀”危机，货币主义得到了长足的发展。经过长期的理论探索和实证分析，货币数量的增减与物价上涨之间的同比例关系也进一步得以证实。因此，一般来说，在通货膨胀的定义中包括三个方面的内容，即货币过量发行、物价上涨和货币购买力下降。

二、中国经济学家的理解

中国传统的经济学教科书对通货膨胀是这样定义的，纸币发行量超过商品流通中的实际需要量所引起的物价上涨和货币贬值现象。这一定义直接来源于马克思的经济理论。马克思认为，通货膨胀是纸币流通条件下特有的经济范畴。他指出，在金属货币流通的条件下，由于货币本身具有价值，所以除了能充当流通手段外，还能作为社会财富贮藏。当流通中的金属货币量多于商品流通所需要的货币量时，其持有者就将它作为财富贮藏起来，这样就使一部分货币自发地退出了流通，使之与商品流通所需的货币量相适应，不会出现货币量过多或过少的现象。但在纸币流通的条件下，情况就不同了。纸币本身没有价值，不能充当贮藏手段，当国家强制发行纸币后，它就会全部进入流通领域，而不会自动退出。当纸币发行量超过流通中所需的货币量时，就会出现纸币贬值和物价上涨情况。

一般对通货膨胀的解释大都以上述理论为基础。有一种意见认为，通货膨胀的三个内容是相互联系的。货币发行量过多，是它的原因；通货贬值，是它的实质；物价上涨，是它的标志。不能把通货膨胀理解为三个方面的任何一个方面。

另一种意见认为，目前我国的通货膨胀是供求双方对比的结果，即在一定的时期内，供给增量与需求增量不相等，而需求增量又大于供给增量，并且成为持续趋势，出现供求缺口。所以说，短缺也是通货膨胀的一种形式。这种认识与传统的定义不同之处是，(1) 采取供给增量和需求增量进行对比，较之用总量对比更确切。因为总供给与总需求不仅包括所研究的单位时间内所发生的物价变动，而且还包括以前发生的、积累性的通货膨胀。(2) 在传统的通货膨胀研究中，认为需求变动具有主动性，供给的增减是因为需求的增减。它排除了在特定条件下，供给也可以主动减少，并不随需求变动而变动。(3) 在没有达到充分就业条件时，供给也会遇到阻碍，出现通货膨胀。

也有人考察了价格管制下的通货膨胀，认为通货膨胀的实质就是货币的过量发行。当货币的供给量超过货币的需求量时就已经形成了通货膨胀。至于它是否表现为物价上涨，还主要取决于价格管理制度。在市场经济中，货币流通量的多少可以直接影响市场供求力量，并使价格随着市场力量的变动而自由波动。因此，通货膨胀可以表现为物价上涨。相反，如果政府实行人为控制，如对物价实行冻结或计划管制，压抑各种经济力量正常地起作用，那么货币的超发就不会表现为物价上涨。过量的货币供应会对市场形成巨大的压力，扩大市场供求差额，在价格管制条件下，造成市场供应的短缺，这同样是通货膨胀的一种公开表现形式。因此，商品短缺、凭票供应、持币待购、强制储蓄等是通货膨胀的非价格表现形式。

三、定义的重要性

通货膨胀的定义，是正确理解和治理通货膨胀的理论前提和基础。因此，我们有必要严格限定通货膨胀的定义及其与其相关概念的区别。

(1) 货币的发行量超过了商品流通中的实际需要量。这一般存在于纸币制度中。(2) 货币的超发必然会导致货币的贬值（纸币贬值），或货币购买力下降。(3) 货币的超发在自由市场经济中表现为物价上涨；在非市场经济中，同时还表现为市场供求差额扩大，即短缺。(4) 这里的“物价上涨”是指一般物价水平普遍持续地上升。物价上涨形式可以是公开的，也可以是隐蔽的，如降低产品质量、搭配销售等。

我们要注意区分通货膨胀与下列几个概念：

(1) 通货膨胀与一般的通货供求关系。通货膨胀是一种货币现象。货币供给量过多，超过了客观经济过程中的实际需要量，这是通货膨胀的重要特征。但是，流通中的货币量增加并不一定就是通货膨胀。如由于生产的发展、流通的扩大而引起的货币需要量的增加等。不过，一般而论，物价水平的持续上涨，必然伴随着通货量的增加，因为没有通货量的增加，物价水平无论如何不会也不可能持续地上涨。因此，从这个意义上说，任何形式的物价调整或价格改革，如果导致了物价总水平持续地上升，那么这种调整或改革就一定是通货膨胀产生的原因，尽管不一定是全部原因或主要原因。

(2) 通货膨胀与纸币膨胀的关系。纸币无疑是一种通货，但并不是通货的全部。通货包括硬币、纸币、支票、期票等，是指现实市面上流通的货币（一般主要指国家法定的货币）。因此，纸币发行过多并不一定会导致通货膨胀，关键看能引致商品供求关系失衡的货币供应总量是否过多。

(3) 通货膨胀与短缺的关系。通货膨胀在管制经济中的主要表现是短缺，但并非短缺都是由于通货膨胀。比例失衡、结构失衡、软预算约束、物价上涨等都是短缺产生的非通货膨胀因素。

四、通货膨胀的度量

测定通货膨胀率高低的主要指标有下列几种：

1. 物价指数。物价指数是目前各国衡量通货膨胀程度的最直接的指标。通货膨胀率表现为一般物价水平的高低。一般物价水平就是指各类商品和劳务的价格加总在一起的加权平均数。一般物价水平的上升可以反映通货膨胀的上涨态势。为了计算各类商品和劳务价格加总在一起的平均价格变动幅度，就必须通过统计资料来编制物价指数。反映物价变动的指数有多种，大体上可分为一般物价指数、消费者物价指数和国民生产总值折算价格指数三种。

一般物价指数包括：(1) 批发物价指数，即反映不同时期商品批发价格变动情况的指数，又叫生产者价格指数，它通过对比基期计算出价格变动的百分比。(2) 零售物价指数，即反映不同时期商品零售价格变动的指数。可以按全部商品编制综合零售物价总指数，也可以分别编制城市和农村或地区的零售物价指数，还可以按商品种类分别编制零售物价类指数。(3) 全社会零售物价总指数，即全面反映市场零售物价总水平变动情况的指数。(4) 分类商品零售价格指数与批发价格指数之差。此外，还有综合物价指数、定基物价指数、环比物价指数等。

消费者物价指数亦称消费物价指数，是反映一定社会阶层居民所购买的商品和劳务的价格动态的相对数，其权数根据居民若干户的家庭消费支出构成而确定。它既是通货膨胀的经济“晴雨表”，又可作为工资、津贴调整的依据。

国民生产总值折算价格指数是按当年价格计算的国民生产总额对按固定价格或不变价格计算的国民生产总额的比率。

2. 生活费用指数。物价指数尽管是目前各国大多采用的测定通货膨胀率的指标，但是由于物价指数在计算时撇开了消费结构和产品结构的变化，从而也就不能准确地反映实际的通货膨胀情况。于是，20 世纪 70 年代以后，部分国家开始重视对家庭生活费用指数的统计，并以此来表示通货膨胀率。

生活费用指数是反映一定阶层居民在吃穿住用行等方面所购买的消费品价格和服务项目价格变动趋势和程度的相对数。它和消费品价格指数的差别就在于，前者是城乡居民购买的全部商品价格，而后者则只限于消费品价格；同时，前者不仅包括商品支出而且还包括劳务支出，而后者只包括商品部分。生活费用指数一般区分为职工生活费用指数和农民生活费用指数两大类。通过对生活费用指数的计算，可以反映出消费品价格和劳务价格的变动对居民生活水平的影响。

3. 货币购买力指数。通货膨胀的直接结果就是货币购买力下降，货币贬值。因此，我们可以用货币购买力指数和货币贬值率来测定通货膨胀率。

货币购买力是指单位货币购买消费品或换取服务劳动的能力。货币购买力指数是反映货币购买力变动情况的相对数。它综合反映各个时期币值的变动情况。一般来说，物价和货币购买力（或称币值）是两个密切相关的范畴，互相成反比例关系。如果价格上涨，单位货币所能买到的消费品和服务数量就会减少，这就意味着货币贬值，货币购买力下降；反之，则意味着货币升值，货币购买力上升。

货币贬值率是用百分比表示的货币贬值的程度。货币贬值是指单位货币（一般指纸币）实际所代表的金属货币量低于其名义上所代表的金属货币量的现象。纸币贬值的原因一般就是纸币的超发。由于货币贬值有对外贬值和对内贬值两种基本形式，货币贬值率的计算方法也不尽相同。衡量一国的通货膨胀程度，一般是看货币对内的贬值程度，它表现为货币含金量或货币的购买力下降的幅度。

4. 实际工资指数。通货膨胀的另一个直接后果就是实际工资降低。因此，我们也可以用实际工资指数测定通货膨胀率。实际工资指数是反映职工在不同时期用同样数量的货币工资所换得的商品和服务数量变动情况的指数。工资可分为名义工资和实际工资两种。考察职工实际工资率的变化，能较好地反映职工实际生活水平变化趋势，分析通货膨胀的程度。

5. 利率。通货膨胀是由货币的超发引起的，而利率的高低又与货币供求相联系。因此，通货膨胀和利率之间有着紧密的关系：降低利率必然会鼓励增加货币和信贷供应量，从而导致通货膨胀；通货膨胀即货币贬值从而又使实际利率下降。利率可分为这样三种：名义利率，即单用货币的利息所得与本金之比来表示的比率，它是不剔除通货膨胀等因素的影响的利率；实际利率，即在扣除币值变动影响后的利率，它是在利息的名义下按获得或付出的实际财富量来比较收益率的高低；市场利率，即某一时刻金融市场上实际通行的各种利率。用利率来衡量通货膨胀率，通常的计算方法是

$$通货膨胀率=名义利率-实际利率$$

当通货膨胀率等于或大于名义利率时，就出现了零利率或负利率。

第二节　通货膨胀的成因与类型

一、通货膨胀类型的划分方法

通货膨胀在各个时期、各个国家或地区都有着不同的表现形式、生成机制和作用后

果。因此，对于通货膨胀也有着各种不同的划分方法。

按通货膨胀的表现形式划分，可以分为公开的通货膨胀和隐蔽的通货膨胀。前者是指在正常的市场经济条件下，过量的货币发行会通过物价较大幅度地持续上涨表现出来；后者是指由于政府或计划体制人为地管制物价，压抑各种经济力量正常地起作用，从而使过量的货币供应对市场形成巨大的压力，扩大市场供求差额，造成市场供应发生持续普遍的短缺现象。

最常见的是按通货膨胀的发生原因来划分。大致有这样几种：需求拉上型通货膨胀、成本推进型通货膨胀、混合型通货膨胀、结构型通货膨胀、预期型通货膨胀、政策型通货膨胀、体制型通货膨胀、输入型通货膨胀等。本节介绍四种最主要的通货膨胀理论类型，即需求拉上说、成本推进说、预期说、结构说等。

二、需求拉上说

1. 需求拉上型通货膨胀。这是指在社会消费支出和投资支出激增的情况下，由于各种原因，如生产资源和要素已接近充分就业，或达到充分就业，商品供给和劳务供给的增加受到了限制，或没有能随有效需求的增长而相应地增长所引起的一般物价水平上涨的现象，即由于总需求的增长速度超过了按现行价格供给的增长速度，使太多的货币去追求太少的商品和劳务而引起的一般物价水平持续上涨的现象。

这种由于需求增大而引起的物价上涨可分为三种类型：第一种类型是自发需求拉上型通货膨胀，即总支出的增加或需求的增加与原先的或预期的成本增加没有联系而引起的通货膨胀。第二种类型是诱发需求拉上型通货膨胀，即由于成本的增加而诱发了总需求增加所导致的物价持续上涨。第三种类型是支持或被动性需求拉上型通货膨胀，即一国政府为了阻止失业上升而增加支出，或采用扩张性货币政策而增加总需求所导致的通货膨胀。

2. “通货膨胀缺口”：凯恩斯的解释。凯恩斯最早在 1940 年出版的《如何偿付战费》一书中首次提出了需求拉上型通货膨胀。如图 21－1 所示。

凯恩斯的需求膨胀分析往往是用“通货膨胀缺口”的概念叙述的。在这里，我们像通常一样把消费当做实际收入 Y 的函数。假定一个“高”水平的 $i+g$（投资加政府支出），并假定这一实际支出水平不依存于物价水平，实线表示在每一可能收入水平下的实际支出总额 $c+i+g$ 。如果实际产量没有限制的话，则收入将会升到 Y_X 。在这里，正如它和 45°构造线的交点（D 点）所表明的，实际支出会和实际产量相等。假设实际产量有一充分就业限制 Y_{FN} ，所以实际收入不会达到 Y_X 。在 Y_{FN} 水平上的总需求（$c+i+g$）超过了总产量，产生一个和图中 AB 相等的“通货膨胀缺口”。这个通货膨胀缺口会促使物价上涨，然而，根据我们的假定，这并不能消除缺口。通货膨胀要无止境地进行下去，除非或直到上涨中的物价对 c 、i 或 g 发生的间接影响足以消除这一缺口为止。

凯恩斯强调收入与支出的流量，而不是货币存量。他断定通货膨胀只能在充分就业

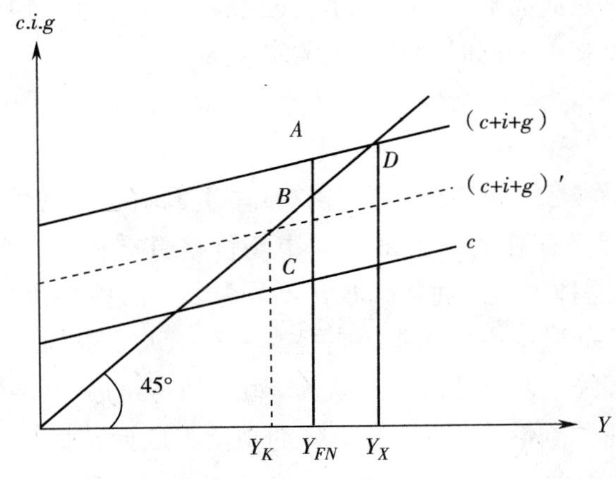

图 21－1

水平达到后才可能发生，从而无法解释通货膨胀与失业并存以及通货膨胀与实际产量增长的关系。它是一个静态模式。美国经济学家劳伦斯·克莱因认为，与第一次世界大战时期的通货膨胀理论相比，凯恩斯的分析是“一场革命”，因为凯恩斯“能真正根据预期支出与在已定价格水平上可能供应的货物这两个数量来掌握这一问题”，而“第一次世界大战时期的经济学家把他们的通货膨胀分析集中在现金余额数量的增长上面”。

3. “双缺口通货膨胀”：汉森的解释。丹麦经济学家本特·汉森在凯恩斯的基础上进了一步，他同时考察了商品市场和劳动力市场，认为“通货膨胀缺口”可以区分为“商品缺口”和“要素缺口”。汉森的通货膨胀内容包括五个方程：

$$X = \overline{X} \tag{1}$$

$$X = g(\frac{P}{W}) \quad g' > 0 \tag{2}$$

$$D = h(\frac{P}{W}) \quad h' < 0 \tag{3}$$

$$\frac{\mathrm{d}W}{\mathrm{d}t} = F(X - \overline{X}) \quad F(0) = 0; \quad F' > 0 \tag{4}$$

$$\frac{\mathrm{d}P}{\mathrm{d}t} = f(D - \overline{X}) \quad F(0) = 0; \quad F' > 0 \tag{5}$$

式中，X 是产量，$\overline{X}$ 是充分就业产量，P 是价格，W 是货币工资，P/W 是实际工资的倒数。式（2）可看做是总供给函数，P/W 值上升时，企业增加计划供给的产量。相反，这时个人对商品的需求下降（因为实际工资降低）。这是因为，在 P/W 值上升时，会导致充分就业下实际收入中的利润部分增加，而工资部分下降。他与凯恩斯一样，假设企业主的边际消费倾向低于工人的边际消费倾向，因此，P/W 上升时计划需求下降。汉森认为，要素缺口是劳动力市场上需求过大的指数，从而会导致货币工资上升。由此，式（4）表明，在劳动力市场上，工资率与劳动的过大需求（要素缺口）正相关。式（5）

说明，商品价格变动率是商品缺口（$D - \bar{X}$）的函数。汉森的理论说明存在一种通货膨胀均衡，即商品市场和要素市场同时存在过大需求。

三、成本推进说

1. 成本推进型通货膨胀。这是指由于生产成本上升引起的物价持续上涨的现象。成本提高的主要原因是因为存在着强大的、对市场价格具有操纵力量的压力团体（如工会、垄断大公司等）。这种类型的通货膨胀又可分为如下四种类型：

第一种类型是工资推进型通货膨胀。它是指由于工人工资的增加超过了劳动生产率的提高而引起的通货膨胀。西方经济理论认为，由于工会的强大垄断力量操纵了劳动力市场的价格，工资出现“刚性”，即只升不降的现象，因此，即使没有出现对劳动力的过度需求，甚至存在失业的条件下，也迫使厂商让工资增长速度超过劳动生产率的增长速度，从而使商品成本增加，物价上涨，而且在物价上涨之后，工人又要求提高工资，再度引起物价上涨，如此循环往复，形成一种工资—物价的“螺旋上升”。

第二种类型是利润推进型通货膨胀。它是指垄断组织和垄断企业为了保证一定利润而抬高价格引起的一般物价水平的持续上涨。

第三种类型是操纵价格的通货膨胀。它是指垄断企业和寡头对部分产品卖价进行操纵，人为提高价格而引起的通货膨胀。

第四种类型是汇率成本推进型通货膨胀。它是指由于本国货币对他国货币汇率升值而引起的出口产品成本上升，或者外国货币贬值造成的外汇倾销所引起的物价持续上涨。另外，如果本国货币对外贬值，导致进口原材料及其他商品价格上涨，从而使利用这些原材料进行生产的企业成本增加，使商品价格提高，并带动国内其他商品价格的连续上涨。

2. 成本推进型通货膨胀的简单模型。设社会货币国民收入 Y 仅分为两部分：工资收入者的货币工资 W_B 和货币利润 Z_B，则 $Y = W_B + Z_B$。在无通货膨胀情况下，有以下关系式：

$$Y_t = (a_1 + a_2) Y_t \qquad (1)$$

这里 a_1 和 a_2 分别为国民收入中的工资份额和利润份额，有 $a_1 + a_2 = 1$。如果两个利益集团中有一个不满意自己所占比例，则有可能（$a_1 + a_2$）> 1。

现假设工资收入者在开始时不满意自己在国民收入中的比例，他们希望能提高货币工资的比例，即希望有以下关系式：

$$W_{B1} = a_1 Y_0$$

这里的 a_1 是新的工资所占比例。然而，利润所得者必然要使价格提高一定幅度，以保持利润在国民收入中所占比例，即有以下关系式：

$$Z_{B1} = a_2 Y_1$$

如果在以后时期持续同样的反应模式，则国民收入的等式就是

$$Y_t = a_1 Y_{t-1} + a_2 Y_t = (\frac{a_1}{1 - a_2}) Y_{t-1} \tag{2}$$

解式（2），可得

$$Y_t = Y_0 (\frac{a_1}{1 - a_2})^t \tag{3}$$

因为假设在整个过程中实际国民收入不变，所以式（3）也就含有价格水平 P_t 。经过适当处理，可得以下通货膨胀率的表达式：

$$P = \frac{a_1}{1 - a_2} - 1 \tag{4}$$

只有当 $a_1 = 1 - a_2$ 时，$P = 0$ ，没有通货膨胀。这样，两个集团为了各自在国民收入中的比例会进行斗争。$a_1 > (1 - a_2)$ 就不会使双方同时满意，并且，a_1 和 $(1 - a_2)$ 之间的差距越大，通货膨胀率就越高。

3. 工资推进型通货膨胀理论模型。从图 21－2 中 D 部分开始的时候，AS_1 线和 AD_1 线的交叉建立起始均衡，产量是 Y_f ，价格是 P_1 。通过 A 部分的生产函数曲线，就业量

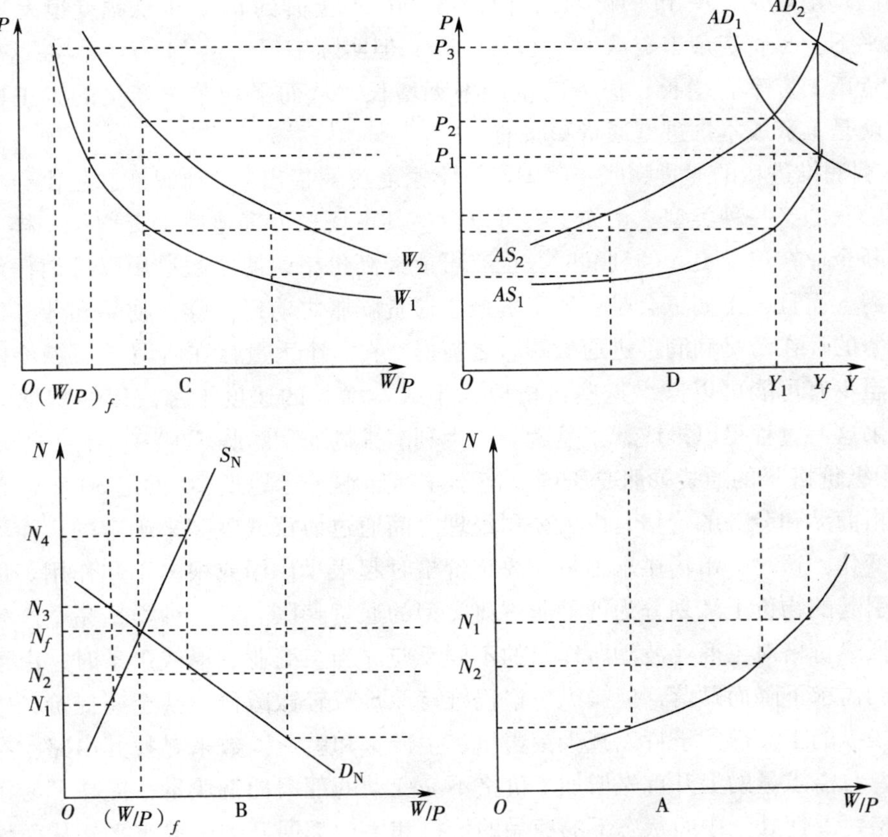

图 21－2

是 N_f，再通过 B 部分（劳动力市场），劳动力供求也均衡，确定了劳动力数量 N_f 和实际工资 $(W/P)_f$。C 部分是工资曲线图，在 W_1 的工资曲线上，劳动力市场的均衡确定了工资水平 $(W/P)_f$ 和价格 P_1。

现在，在 C 部分，曲线从 W_1 移到 W_2。在 A、B 部分既定的情况下，要保持 $(W/P)_f$ 的工资水平和 N_f 的劳动力均衡量，那么 D 部分 AS 曲线现在是 AS_2（总供给曲线）。W_1 到 W_2 的增长把 AS_1 上推进到 AS_2。假定在 D 部分（商品市场）的总需求仍为 AD_1，AS_1 向 AS_2 的移动会使物价从 P_1 上升到 P_2，但产量会从 Y_f 降到 Y_1。产量下降会引起 B 部分（劳动力市场）的 Y_f（充分就业）下降到 N_2 上，失业相等于 N_4-N_2（N_4 是 W_2 工资水平时可以提供的劳动力）。这样，通货膨胀伴随着失业。这样继续下去，每次货币工资率的增长就会导致物价上涨、产量减少和失业增加。这个过程不可能无限继续下去，因为失业的增加会对提高货币工资的意图加以抑制。

由此，为了保持充分就业产量 Y_f，在总供给已从 AS_1 上升到 AS_2 的情况下，就有必要把总需求从 AD_1 提高到 AD_2，这样一来，虽然达到在 W_2 水平的宏观均衡，即恢复了各变量的均衡点 Y_f、N_f 和 $(W/P)_f$，但价格已由 P_1 上升到 P_3，上涨幅度很大，在 P_3 的价格水平下，尽管货币工资从 W_1 上升到 W_2，但实际工资仍是 $(W/P)_f$。在这样一个过程中，货币工资率有增长，但劳动生产率无增长，从而平均单位产量的人工成本就增大。这就是工资成本推进型通货膨胀的实质。

4. 利润推进型的通货膨胀。美国经济学家夏皮罗指出："利润推进是供给方面引起的通货膨胀的又一种类型。正如工会可以行使其市场权力来迫使工资增长一样，寡头企业和垄断企业在追求更大的利润时，也有可能提高价格，使之超过用以抵消任何成本增加的所需。而且，正如工会是一般工资推进通货膨胀之前提一样，物品和劳务销售的不完全竞争的存在乃是利润推进通货膨胀之前提。在一个大量存在所谓'操纵价格'的经济中，至少有可能可以操纵这些价格以大于成本增长的速度上涨，以便赚取较多的利润。如果这一过程得以推广，于是就会产生利润推进通货膨胀。"

"操纵价格"的通货膨胀是美国经济学家加迪纳·米恩斯 20 世纪 30 年代首先提出的，意指商品和劳务的价格是由大公司经理之间通过协议或默契来确定的，而不管市场情况的变化。这时，市场供求力量在决定价格时起很小作用或根本不起作用。他把因操纵价格引起的物价上涨划分为两种非古典类型的通货膨胀。第一种类型完全产生于市场价格与操纵价格对工商业波动所作出的不同反应。当工商业衰退或萧条时，市场价格会因普遍的需求下降而跌落，但操纵价格仍维持原价或轻微减价，甚至还提价，因为对价格进行操纵的工业部门宁肯以减少销售量、生产量和就业人数来寻找其出路。在经济复苏期间，总需求量的上升首先增加了价格不易变动的部门的就业量，提高了易于变动的市场价格，并使处于中间状态下的商品的价格和生产都回升到中等水平，从而恢复了萧条前的价格平衡和充分就业。米恩斯将这种为恢复价格平衡而出现的物价上涨称为"通货复胀"。第二种类型的通货膨胀在任何时期都会发生，即使可能没有对任何商品的需求的增加，当价格由卖方任意提高时，通货膨胀也就发生了。米恩斯认为，这种类型的通货膨胀是“现代工业条件下的特殊产物”。

5. 林德贝克的成本推进型通货膨胀。瑞典经济学家林德贝克在其1980年出版的通货膨胀研究著作中，把成本推进的通货膨胀划分为三种类型：

第一种类型是外生成本通货膨胀。其原因在于中间产品的进口价格上升，引起外生成本增加。同时企业要保持较高利润率，工人也要保持较高工资率，由此导致价格上升。这种类型的通货膨胀可看做一段时期的价格水平上涨。

第二种类型是相对价格要求或收入要求的通货膨胀。这起因于各种经济单位或集团运用市场力量提高相对价格或工资率，从而改变了相对价格与相对收入的比例关系。任何一个单位（或集团）的产品与其他单位的产品都有联系，并且每个单位都企图保持固定价格（或工资）的关系，即 $P_i/P_j = \lambda$（λ 是一固定系数）。在宏观经济水平的变化下，如果每一单位都要求保证自己的固定收入比重，那么这种收入要求就必然大于现行价格水平下的实际收入总量，结果是导致总价格水平的上涨。

第三种类型是“惯性”通货膨胀。各经济单位都预期未来价格水平会上涨，这样，企业和家庭为了保护他们期望的实际收入，都要调整各自的工资率和价格，由此会产生成本型通货膨胀。这时经济单位（或集团）不是为了提高相对地位，而仅仅是为了防止自己的实际价格（或工资）在未来会下降，所以说它是一种“惯性”作用下引起的通货膨胀。

四、通货膨胀预期说

理性预期学派是20世纪60年代末出现于美国的一个反凯恩斯主义的经济学流派。在对失业和通货膨胀问题的看法上，该派继承萨伊定律，并吸收货币主义的自然失业率理论，强调通货膨胀预期的作用，否定短期中菲利普斯曲线的有效性，从而否定了凯恩斯主义经济理论和经济政策的有效性。在当代通货膨胀理论中，合理预期学说具有重要地位，有些经济学家认为，20世纪70年代后的通货膨胀理论与传统通货膨胀理论的最大区别就在于引进了通货膨胀预期的作用。

1. 适应性预期。在讨论菲利普斯曲线和货币主义通货膨胀理论中，运用适应性预期原则来说明预期的形成。

这一原则强调两个问题：一是在预期变量水平与实际水平背离时，私人企业在预测中是以什么方式纠正它们的误差？二是对未来通货膨胀的预期与对过去的观察有何种联系？

由此建立了两种适应性预期模式：

$$P_t^* - P_{t-1}^* = \theta(P_{t-1} - P_{t-1}^*) \quad 0 < \theta < 1 \tag{1}$$

这一等式说明，预期通货膨胀率的变动（$P_t^* - P_{t-1}^*$）是与预测误差相对应的，可以定义为是前一时期实现的和预期的通货膨胀率之间的差额。如果现期的通货膨胀率大于或小于原先的预期通货膨胀率，则对下一时期的预期的通货膨胀率也会有向上或向下的修正，修正值等于预期误差（$P_{t-1} - P_{t-1}^{*}$）的百分比。

把式（1）加以简单对换，可得适应性预期模式另一形式：

$$P_t^{*} = \theta P_{t-1} + (1-\theta)P_{t-1}^{*} \tag{2}$$

式（2）试图说明预期是怎样形成的。通货膨胀并不是直接可观察到的，而是与过去可观察的通货膨胀率相联系。适应性预期模式意味着，（心理上的）预期变量可视为是过去通货膨胀的加权平均值。即 t 期的预期通货膨胀率是（$t-1$）期的实际通货膨胀率和预期通货膨胀率的加权平均数，其调整系数 θ 和（$1-\theta$）就是权数。

2. 合理预期（或称理性预期）。合理预期理论比适应性预期进了一步，合理预期假说认为，人们在作出经济决策之前，由于有以前的经验和经济学知识作参照，并能充分掌握信息，因此，经过他们周密的思考和判断，可以形成符合实际的合理预期。

在一个有内生变量、外生变量和先前决定变量（来自外界）的经济模型中，可以更为精确地概括合理预期原理。合理预期是对（来自模型的）内生变量恰如其分的估计，在这个模型中，所有外生变量值和先前决定变量值的信息是已知的，并用来作预期。以 P_t^{*} 为预期通货膨胀率，以 P_t 为实际通货膨胀率，以 I_{t-1} 代表（$t-1$）期末的可用信息状况，则合理预期的存在意味着以下两点假设：

$$E(P_t/I_{t-1}) = P_t^{*} \tag{1}$$

$$P_t - P_t^{*} = P_t - E(P_t/I_{t-1}) = \varepsilon_t \tag{2}$$

式中，ε_t 是随机变量，且 $E(\varepsilon_t) = 0$。E 是预期者，而不是数量概念。

式（1）表明，对 t 期通货膨胀率作出合理的预期，取决于在（$t-1$）期的预测之前所得到的有关信息量（I_{t-1}）。用计量经济学语言来说，合理预期是一个简化形式预测，要预测的内生变量是前置变量的基础，随机变量 ε_t 也是如此。预测值是数学的预期，它来自等式的简化形式。

式（2）表明，合理预期并不完全精确，而允许有一个随机误差 ε_t，不过误差 $[P_t - E(P_t/I_{t-1})]$ 不相当于一个系统的组成部分，在统计学上，合理预期对内生变量的未来值会有一个正确的估计。因为合理预期形成的最基本假说是，客观概率分布的期望值与主观概率分布的期望值一致。

3. 合理预期的政策含义。

（1）政府的宏观经济政策效应被合理预期所抵消，即人们逐渐能用使预期和实际相一致的办法来否定宏观经济政策的有效性。具体来说，合理预期说表明，制定能够有效地把整个社会的产量和就业量稳定在自然率以上或以下的货币和财政政策未必是可能的。

（2）通货膨胀与失业的交替关系不存在了。因为在失业时，人们预计政府会采取通货膨胀政策来扩大就业，而这将导致实际工资下降，于是工人在物价上涨之前就要求增加工资；雇主发现通货膨胀并没有使实际工资下降，也就不再增雇工人。由此可见，政府的通货膨胀政策只能影响名义变量（物价），而不能影响实际变量（产量和就业）。

（3）预期本身也会使通货膨胀加剧。当企业主和工人对未来通货膨胀率有一合理预期后，为了保持各自的实际收入不减少，都会要求提高价格或工资，由此，会在没有过大需求的情况下，促进通货膨胀。

此外，设初始期通货膨胀率为4%，每一个经营者开始时误解为只有自己商品的价格上涨了，把价格上涨作为对自己的商品的需求量增加的信息，从而增加生产。但过一段时期后，经营者发现每一种商品都涨价了，自己商品的实际相对价格并没涨，产量又回到原来水平，就业量也没有增加。但这时通货膨胀率还保持着4%，预期通货膨胀率也必然是4%。接下去，政府如果要使就业量增加，必须设法使实际通货膨胀率达到8%（扩大需求）。在实际通货膨胀率达到8%以后，人们会调整自己的预期，使对再下一时期的预期通货膨胀率为8%。这样递增下去，会使通货膨胀加剧。

五、结构说

1. 结构型通货膨胀。在总需求和总供给处于平衡状态时，由于经济结构方面的因素的变化，也会使物价水平上涨，导致通货膨胀。结构性通货膨胀又可以分为四种：

（1）需求转移型通货膨胀，即在总需求不变情况下，一部分需求转移向其他生产部门，而劳动力和生产要素却不能及时转移。这样，需求增加的部门的工资和产品价格上涨，而需求减少的部门的产品价格却未相应下降，由此物价总水平上涨。

（2）部门差异型通货膨胀，即产业部门和服务部门的劳动生产率、价格弹性、收入弹性是不同的，但两部门的货币工资增长却趋向统一，加之价格和工资的向上刚性，就引起了物价方面上涨。

（3）斯堪的纳维亚小国型通货膨胀。对于北欧一些开放经济的小国来说，经济结构可分为开放经济部门（生产国际贸易产品）和不开放经济部门。因小国在世界市场上一般是价格接受者，世界通货膨胀会通过一系列机制传递到小国的开放经济部门，使后者的通货膨胀率向世界通货膨胀率看齐。而小国的开放经济部门的价格和工资上涨后，又会带动不开放经济部门的价格和工资上涨，导致小国全面通货膨胀。这种通货膨胀也是一种输入型通货膨胀。

（4）二元经济结构型通货膨胀。对于一些发展中国家来说，传统农业部门和现代工业部门并存，在农业生产结构僵化、农产品供给弹性不足、资本短缺、需求结构变化迅速、劳动力自由流动程度低和货币化程度低等结构因素的制约下，要促进经济发展，往往要通过赤字预算、多发货币来积累资金，从而会带动物价全面上涨。

2. 鲍莫尔模式。鲍莫尔模式的前提：封闭的经济体系中存在服务（守旧的）部门即部门1和产业（先进的）部门即部门2，两个部门劳动生产率不同；两个部门的工资增长率相同；两个部门产出的价格弹性和收入弹性不同；工资和价格具有易升难降的刚性。

假设：只有一种生产要素——劳动；两个部门都是线性的生产函数；两个部门货币工资增长率相同（ g ）。其工资增长方程式如下：

$$W_t = W_0 \cdot e^{gt} \quad (1)$$

这里 W_t 是 t 时的货币工资。两个部门的生产函数如下，部门 1

$$X_{1t} = aN_{1t} \quad (2)$$

部门 2

$$X_{2t} = bN_{2t} \cdot e^{gt} \quad (3)$$

式中，X_{1t} 、X_{2t} 为实际产出，a 和 be^{gt} 是两个部门的劳动生产率。产业部门的劳动生产率的增长率恒定为 g 。设劳动总供给 $\overline{N}$ 给定，则有

$$\overline{N} = N_{1t} + N_{2t} \quad (4)$$

由式（2）、式（3）、式（4）得

$$X_{1t} = a\overline{N} - \frac{a}{be^{gt}}X_{2t} \quad (5)$$

鲍莫尔概括了这一经济体系的四个特点：一是相对于部门 2 来说，部门 1 的生产成本将无止境增加。二是两类商品的名义消费比例不变，劳动在两部门间的配置不变；但是，服务部门在实际总产值中所占比重持续下降。三是如果两个部门各自在实际总产出中的比重不变，那么长期下去全部劳动力将会从部门 2 转移到部门 1。四是尽管劳动生产率的不同增长最终会导致人均产出增长率为零，但仍然保持平衡增长（实际产出的部门比例不变）。

在鲍莫尔模式中，价格等于单位劳动成本。在部门 2，价格恒定，因为货币工资的增长与劳动生产率增长同步。在部门 1，价格随货币工资的增长而上涨。因为价格等于劳动成本，有下式：

$$P_1 = W_t \cdot N_{1t}/X_{1t} = W_0 \cdot e^{gt}/a \quad (6)$$

在式（6）中，单位劳动成本也可以由货币工资率 W 对劳动生产率 A_1（ $= X_1/N_1$ ）的比率表示，在部门 1，后者恒等于 a（式（2）），且 $W_t = W_0e^{gt}$（式（1））。对式（6）微分，可得部门 1 产出的价格上涨率是 g 。从而有

$$dp_1/p_1 = g \quad (7)$$

与以上相反，部门 2（产业部门）产出的价格不变，因为单位劳动成本不变。部门 2 的价格是

$$p_2 = W_tN_{2t}/X_{2t} = W_2/A_2 = W_0/b \quad (8)$$

且 $dp_2/p_2 = 0$（部门 2 价格不变）

鲍莫尔模式的重要含义在于，国民经济各部门的劳动生产率变化是不同的，但由于价格和工资刚性，就可能引起全面通货膨胀。后来其他结构型通货膨胀理论的发展，多是以鲍莫尔的方法为基础的。

3. 希克斯—托宾的劳动力供给不均衡模式。重在劳动供给——希克斯、托宾模型的

分析方法与鲍莫尔略有不同，对通货膨胀和高失业的结构性矛盾提出了新见解。

（1）不能用同样的经济学原理来分析商品市场和劳动力市场。在商品市场上，买卖双方的联系在交易完成后就结束了；而在劳动力市场上，供求双方的联系却要延续一段时间。希克斯认为，持续性是劳动力市场不同于商品市场的重要区别。这样，货币工资在劳动力市场的反应有一个时滞。

（2）同时，由于劳动力市场的分散性和市场结构的不断变化，会出现职位空缺和失业并存，这种劳动力市场的宏观失衡会对工资总水平产生影响，即工资变动与过度需求（有空缺）或过度供给（存在失业）相联系的函数是非线性的，明确地说，就是失业对货币工资速度的减缓不及空位对货币工资的加速。这样一来，失业并不会使工资下降或仅使工资下降很慢；而空缺却使工资迅速上升。失业与职位空缺（劳动力市场失衡）会使工资总水平上升。同时也就是失业与工资上升并存，进而转化为失业与通货膨胀并存。

（3）希克斯认为，在生产率不同的部门货币工资增长趋向相同，是由于“公平原则”造成的。经济部门可以分为扩展部门和非扩展部门。在扩展部门，生产率增长快，劳动力相对缺乏，工资上升。在公平原则下，非扩展部门的工人会向资方要求增加工资。这样，工资的普遍上升会从成本和需求两方面引起通货膨胀。

六、关于中国通货膨胀的成因及类型

如果把通货膨胀简明地定义为价格总水平的持续上涨过程。那么，要想透彻地了解通货膨胀的形成原因，就必须进行多方面的考察。新货币数量论有一个值得商榷的理论命题：通货膨胀无论何时何地都是一种货币现象。但各国经济发展历史已经证明，物价总水平持续上涨作为一种特定的经济现象，从不同角度分析：经济的、自然的、政治的、财政的、金融的、价格制度的、生产的、流通的、分配的等诸方面因素都可能成为它的产生原因。在制度、自然以及政治等因素稳定不变的条件下，我们似乎有理由从财政、金融等政策失当方面寻找通货膨胀的原因。但如果制度条件也发生了改变，并处于一种不稳定的过度或变化状态，那么，我们也必须将制度变革的影响作为一个不容忽视的因素加以分析，对通货膨胀进行多维的考察。实际上，各个国家的价格总水平变动都不只是一般经济成长因素相互作用的结果，制度的或体制的因素总要对价格总水平波动发生或大或小的影响，特别是曾经实行过严格价格管制制度、市场机制作用受到极大限制的社会主义国家，制度因素对物价总水平的变动有着十分重要的影响。

从历史发展的角度看，所有社会主义国家在计划经济体制下曾度过了一段或长或短的物价平稳时期。但在这段时期中，多数国家又都存在着某些商品的牌价与农贸市场价及所谓“黑市价”之间的悬殊差别，这实际上是抑制型通货膨胀的具体表现。

我国的零售物价总水平在1979年之后进入持续上升阶段。生产资料统一分配、统一定价的制度部分破除后，生产资料出现了双轨价格，其价格总水平上涨幅度远远超过了

消费物价上涨幅度，这使得企业进货成本显著增大，形成企业产出的再提价压力。生产资料的双轨制价格是双重经济体制在市场活动中的典型表现，在这种条件下，价格总水平变动的性质及规律性特点都应当从新的角度进行分析。

任何国家都不可能长久地与世界经济体系发展相隔绝。我国价格体制、价格总水平的变动只有与世界经济的总体影响及社会主义国家普遍出现的改革潮流联系起来，才能研究得更透彻些。

社会主义体系的国家长期与世界价格体系脱钩，特别是初级产品价格方面，价差过大。20 世纪 70 年代以来，世界性的原材料涨价风、发达工业国家劳动力价格的相对高昂。与实行社会主义制度和集中计划体制经济国家生产资料价格低廉、工资水平相对低下、产品生产及实现脱离市场需求、生产效率不理想的实际状况形成了较大的反差。实际上，一些社会主义制度国家中生产资料的低价也不是供求关系即动态市场运行中价值规律作用的结果，而是人为干预造成的。这种低价在各国经济逐步走向开放的条件下，必然要出现向国际一般价格水平靠拢的趋势。原因在于，在进出口总额逐步扩大时，进口原材料的使用如果增多，会使该类产品的价格自然提高。即使是纯粹用国内原材料生产的出口商品，在质量和效用同国外同类产品大体差不多的情况下，如果其售价相对过低，只要不影响市场份额，其价格肯定会上浮。由于盈利可观，为扩张生产，厂家也会在资源为一定时用提价抢购原材料的办法进行生产，对某些国产原材料的价格波动发生影响。特别需要指出的是，在我国沿海开放城市，外资、合资企业雇用工人的工资明显高于本国企业，实际上，在外资利用不断扩大的情况下，劳动力价格也会缓慢向国际劳动力价格靠拢，从而对产成品价格发生影响。由此可见，开放程度越高，价格的国际差异就会越小。

那么，怎样对我国这些年来的通货膨胀成因和类型进行概括才比较准确些呢?

如果仅仅以消费物价总水平变动作为通货膨胀的代表性指标，从集市贸易商品价格总指数的统计计算权数有逐渐加大趋向、集市贸易价格又是供求关系的真实反应这一点来说，那么，我国的通货膨胀主要是需求拉上型的。但问题在于，当把物价总水平的变动作为通货膨胀率的内涵时，无论是进行通货膨胀成因、类型分析，还是进行物价形势判断，我们都会遇到一些技术性的障碍。本来，僵化价格制度的改变、价格管制基本放开造成的生产资料价格总水平上升是制度进步的一种产物，但这种价格总不能脱离一定时期的供求关系背景及生产、流通环境而独立地发生变化，它与投资支出增长很快时的过高需求、短缺资源价格先行上涨的牵引力及企业成本因原材料价格上涨等种种因素的影响纠结在一起，使人很难对各种因素的影响程度作出准确的判断。

把一个最广义的各种物价总指数作为通货膨胀的代表性指标，可以用下列函数关系式表示这些年来我国通货膨胀的成因及类型：

$$P = f(D, B, C, F, U, R, O)$$

式中，P 为通货膨胀率，D 为总需求水平，B 为“瓶颈”产品制约度，C 为成本推进率，F

为微观经济主体的不合理提价行为，U 为随机变量，R 为价格制度变革因素，O 为国外因素影响。

在这一函数式中，我们没有将货币供应量因素列为解释变量。这是基于如下一些考虑：

（1）决定价格水平的关键因素（在市场机制充分发挥作用的条件下）是供给与需求间的对比关系，而供求间的对比关系总是在现实的交易活动中形成的。货币供给创造的是有支付能力的需求，但货币供给增量未必等于需求即现实支出总和的增量，从货币供给至最终支出形成，中间还有一个迂回曲折的过程，一般情况下都会出现所谓需求泄漏的现象。只是从需求水平最终是由货币供给决定的这一点来说，我们可以把货币供给增长率看做是物价变化率的间接决定因素。当然，这只是从一定的时点上进行分析，如果以一定时期内货币存量与总支出量作比较，还有一个货币流通速度的因素必须考虑，这更给直接分析货币存量与通货膨胀率之间的关系增加了困难，所以，为简明起见，我们在表达通货膨胀率决定的函数关系式中，只列入总需求变量而未列入货币供给变量。

（2）货币供给增长率是货币当局在一定的理论指导下根据一定时期的货币需求状况决定的，货币需求在很大程度上要受价格变动的影响，这种内在联系反映在模型上会出现一种循环推理、互相决定的关系。例如，将 $MV = PT$ 写成 $PT = MV$，其结果相同，因为公式两端是一种恒等关系和相互决定关系，这样，对于我们力图对物价变动率的原因进行探讨来说，似乎并无补益，因为我们力图找出的是因果逻辑链条，以便在将来的通货膨胀医治分析中提出明确的处方。

（3）货币供给变动既能产生物价变动效果，也能产生产量变动效果。并且，这两种效果的发生过程有时又发生较紧密的联系，例如，银行将货币提供给企业，企业用于购买生产要素，这首先会产生价格效应，但当一个生产周期结束，产出品增加使供给量和结构都发生某种改变之后，新的供求关系可能又产生了新的价格水平。这就提出了一个问题，究竟以哪一个价格水平作为货币扩张效果的实在反应呢？如果是前一个，那就等于排除了货币扩张的产量效应，如果是后一个，我们在进行通货膨胀分析时就必须考虑滞后因素的作用，就不能简单地把货币供给变动作为通货膨胀水平的解释变量，因为这样常常会产生一个庸医式处方：只要物价水平上升，不考察实际经济运行的内在规律，就提出全面紧缩货币的方针。

B（短缺制约度）与 C（成本推进率）都是供给方面的因素，但二者对物价总水平各有不同的作用传导方式，B 是在供求对比中表现出来的，如果价格能够灵活地反映供求关系变化，B 强度增加会直接推动价格上涨，C 是生产企业由实物成本和工资成本增加相应进行产品提价后形成的。所以 $C = g(cm, cw)$（式中，cm 为实物成本变量，cw 为工资成本变量），在价格在相当程度上还受到国家管制的情况下，成本提高未必与价格水平提高保持相同幅度，在时间上也不一定同步，因为这里面还有一个政策背景和审批的程序等问题。

F（微观经济主体的不合理提价行为）变量作为一般函数中的解释变量，其影响程度是难以具体确定的。从它所包括的内容说，既有生产领域微观主体的不合理提价行为，也有流通领域微观主体（销售者）的不合理提价行为。

U（随机变量）则指国内政治形势、人们的消费习惯和物价预期等偶然因素。

R 作为制度变革因素，它在价格总水平变化中也起着十分重要的作用，作为解释变量，在一般情况下很难用一个确定的数值来表示它。

O 为国际影响因素，如国际市场物价、汇率、利率的变动等。在开放程度迅速扩大的情况下，这一因素的影响强度正不断地提高。

从以上分析可以看出，我国近年来的通货膨胀是一种混合型通货膨胀，制度变革与一定时期的需求偏大、“瓶颈”制约、成本推进、微观主体不合理提价行为等因素纠结在一起，形成了促使近年物价上升的一股合力——一股难以遏止的合力。

第三节 通货膨胀的经济效应

一、“强制储蓄”效应

如果政府财政出现赤字，向中央银行透支，以增发货币弥补，由此引起通货膨胀。在这种情况下，通货膨胀实质上把家庭、企业持有的一部分货币收入转移到发行货币的政府部门，然后政府把这部分收入用于投资。这部分收入就是“通货膨胀税”，即政府通过增发货币引起通货膨胀而获得的超额收入，它以隐蔽的手段增加了政府的投资。这也是所谓的通货膨胀“积累效应说”。认为通货膨胀可以促进经济增长的理论以此作为主要根据。“积累效应”一般也表现为“强制储蓄效应”。关于政府能从通货膨胀中获得多少收入用于投资，一般的推导过程如下：

前提是全部货币由政府创造，并假定事先存在着货币需求和货币供应之间的均衡状态，并且存在一个稳定的通货膨胀率。于是，人均实际货币需求余额为

$$MD = F(Y,\pi) \tag{1}$$

式中，MD 为人均实际货币需求余额，Y 为人均实际收入，π 为通货膨胀率。或者，假设货币需求是对物价和人口的一阶齐次式。该等式可以写成

$$M = N \cdot P \cdot F(Y,\pi) \tag{1a}$$

式中，N 为人口规模，M 为名义货币量。可将式（1a）两边取对数，再微分，把公式变成用变化率表示的线性关系，即可得到

$$g_M = g_N + \pi + E_{my} \cdot g_y \tag{2}$$

式中，g_M 是名义货币供应量增长率，g_N 是人口增长率，E_{my} 是对货币需求的人均收入弹性，g_y 是人均实际收入增长率。

这样，政府从货币发行获得的收入为

$$R = M/P \cdot (g_N + \pi + E_{my} \cdot g_y) \tag{3}$$

也就是说，括号内所有项均为正数时，会提高货币需求增长率，从而增加政府的货币发行收入。

假如实际产量不变，则 $g_N = g_y = 0$ 就有

$$R = M/P \cdot \pi \tag{4}$$

式（4）就是通货膨胀税的一般公式，说明政府得到的收入等于实际货币需求余额乘以通货膨胀率。

“促进论”者认为，在以上这种情况下，政府采取通货膨胀政策，使流通中的货币量大量增加，从而降低了单位货币的实际价值，一般货币持有者因通货膨胀而失去的货币价值正好等于政府所获得的通货膨胀税。如果政府的储蓄倾向高于各货币持有者的储蓄倾向，整个国家的平均储蓄水平就会提高，从而就有更多的投资资金。

显然，通货膨胀这种“强制储蓄效应”是通过对社会总流通中的货币量的再分配而实现的。对于每个国家来说，这种“通货膨胀税”的数量以及其中有多少能转化为投资，是受到一系列条件限制的。在大部分发展中国家，国家投资在社会总投资中的比重较大，通过“通货膨胀税”而起到的强制储蓄效应较大。但是，在发达资本主义国家，投资以私人投资为主，政府投资所占比重不大。

通货膨胀对私人投资也是有影响的。按照凯恩斯主义的理论，通货膨胀刺激投资增加主要通过两种机制：一种机制是通货膨胀可使资本家获得的利润增加，因为资本家边际消费倾向低于工人的边际消费倾向，所以在利润增加时会以较多部分的利润用于投资；另一种机制是通货膨胀时名义利率会上升，但利率上升一般慢于通货膨胀率的提高，所以筹资成本相对下降，这可刺激投资增加。凯恩斯主义的投资理论把投资作为收入和利润的函数，仅注重于投资总量变动的研究，而不注重决定单个厂商最优投资行为的微观经济基础。实际上，资本主义国家在20世纪70年代以后的高通货膨胀下，决定微观投资行为的因素发生了变化，通货膨胀对投资的促进作用也发生了逆转。通货膨胀使投资品价格上升，从而使投资成本上升；使利率上升的时滞缩短；资本市场紊乱，不利于投资优化组合。

二、收入再分配效应

假设以国家开支（或投资、购买支出增加，或转移支付增加）渠道而使货币供应总量增加，由此而引起的收入增加效应是明显的，对于企业家和家庭来说，就是名义货币收入的增加；从整个社会来看，就是总名义货币收入增加。弗里德曼根据美国1870～1963年的资料推算，名义货币量（M_2）的年变化率和名义收入（国民生产值）年变化率的相关系数是0.7。

具体看，货币供应增加，可通过四条途径促使货币收入增加：一是就业增加，使社会总货币收入增加；二是需求增加而导致企业订货增加，由此带动产量增加和价格上

升，收入相应增加；三是政府的失业保险、福利补贴等转移支付增加；四是政府工作人员、军队等有关人员的收入增加。但是，货币供应的增加，如果不带动相应的实际产量增加，则社会总实际收入不会增加，而只能是总名义收入增加及其再分配过程发生变化。通货膨胀必然引起国民收入再分配，这样在通货膨胀中会有着不同消费支出的变化。有些西方学者认为，假定国民收入简单地区分为工资和利润，于是，总开支便取决于这两个组成部分的影响。通常认为，工资收入的支出倾向大于利润收入的支出倾向，那么，利润收入者得到的国民收入的比例上升就意味着整个经济中的储蓄对收入比率提高，假定需求拉上的通货膨胀的结果可能提高国民收入中的利润份额，由于物价上升一般是快于货币工资，这样就引起储蓄比率的提高，从而使整个经济受到通货紧缩压力的影响。因此，如果发生利润变动，就起着对物价上涨率有限制性的稳定作用。

还有些西方经济学家根据凯恩斯“消费倾向递减规律”推断出，在通货膨胀过程中，那些领取租金、退职收入、养老金等的固定收入集团的消费倾向是不会变的。但领取工资收入和利润收入阶层的消费倾向则是要改变的，而且随他们的收入增加存在递减趋势，这样，如果他们的消费倾向低于固定收入集团时，那么在既定的总收入水平的条件下，就可预见到某些消费会下降，由此可能引起的消费总量的降低，就有助于减轻因过度需求而产生的通货膨胀压力。

三、资产结构调整效应

货币收入的结余可分为两部分：实物资产储蓄和金融资产储蓄。通货膨胀会通过储蓄率和部分有形资产价格的变化而影响资产结构的调整。这表现为：(1) 在货币供应增加时，个人可支配收入增加，但储蓄率无明显增加，这必然削弱资产结构调整的效应。(2) 在总资产结构中，金融资产比重上升，有形资产比重下降，这种资产结构金融化趋势对通货膨胀不会起促进作用，因为它可以缓冲货币供应对实物消费造成的需求压力。但是，金融资产的剧增同时也导致债务增加，这会使需求增加，对通货膨胀有正向推动作用。(3) 在金融资产结构中，无息或低息的现金、存款的比重下降，而高息、期限较长的债券、股票、保险金等证券的比重上升，这种现象可概括为金融资产结构的证券化趋势。这说明越来越多的收入性货币转化为政府和企业的实物资产购买，从而引起总需求结构的变化，对于部分投资品（实物资产）的价格上涨有推动作用。

四、通货膨胀与经济增长：三种观点

在西方及我国经济学界，对通货膨胀与经济增长关系一直争论不休。上述通货膨胀的三种经济效应只是部分地反映了其中的一些观点。综合各种意见，大致可分为三种：“促进论”、“促退论”和“中性论”。

（一）“促进论”

这种观点认为通货膨胀可以促进经济的增长。这是以弗兰克斯、西尔斯、巴伊尔和

泰勒等人为代表的结构主义者的看法。他们认为，在资本主义经济长期处于有效需求不足、生产要素尚未充分有效地使用、劳动者没有充分就业的情况下，实际经济增长率低于潜在的经济增长率。因此政府可以选择通货膨胀政策，实行财政赤字预算，扩大货币发行，增加政府的投资性支出，以扩大总需求，劳动总供给增加，从而刺激经济增长。这样，由于投资乘数（增加投资可以引起几倍于投资量的国民收入增长）的作用，在通货膨胀的同时，实际产量也增加了。

对发展中国家来说，“促进论”以通货膨胀可以作为一种起强制储蓄作用的机制为前提。在他们看来：(1) 一个缺乏充分税收来源的发展中国家政府，可以把从中央银行借款作为财政融资的一种途径，如果政府将这种借款（通货膨胀性税收）用于增加实际投资，同时采取措施保证私人部门的投资不会相应减少，那么这种通货膨胀性融资就会由于增加了实际投资而促进经济增长；(2) 在货币经济中，通货膨胀是一种有利于社会高收入阶层的收入再分配，高收入阶层的边际储蓄倾向较高，因此通货膨胀通过提高社会储蓄率而促进经济增长；(3) 公众对通货膨胀的预期调整较慢，工资上涨率会低于物价上涨率，工资低了，利润就会相应提高，因此通货膨胀又可以提高私人部门投资进而促进经济增长。

（二）“促退论”

这种意见认为，通货膨胀与经济增长负相关，不仅不会促进经济增长，而且还会损害经济的发展。认为通货膨胀必然会阻碍经济增长和导致低效率，这是因为：(1) 较长时期的通货膨胀会增加生产性投资的风险经营成本，使生产性投资下降；(2) 它会造成对资金的过度需求，迫使金融机构加强信贷配额，降低金融体系的效率；(3) 它会打乱正常的资金分配流向，使资金流向非生产部门，不利于经济的长期增长；(4) 在社会公众对通货膨胀产生预期之后，政府可能会加强全国的价格管制，从而使经济运行更加缺乏竞争性和活力。

（三）“中性论”

这种观点认为人们对通货膨胀的预期最终会中和它对经济的各种效应，因此，通货膨胀对经济增长既无正效应，也没负效应，它是“中性”的。

第四节 通货膨胀的治理

一、西方国家对通货膨胀的治理

通货膨胀严重影响了资本主义国家经济的正常发展，为此，各主要资本主义国家都十分重视平抑通货膨胀，将其视为经济工作的主要任务之一，制定并采取了一系列措施来抑制通货膨胀。概括而言，主要治理措施有下列几种：

（一）紧缩性货币政策

由于通货膨胀是纸币流通条件下出现的经济现象，引起物价总水平持续上涨的主要原因是流通中的货币量过多。因此，各国在治理通货膨胀时，所采取的重要措施之一就是紧缩货币政策，即中央银行实行抽紧银根政策，即通货紧缩或紧缩货币，通过减少流通中货币量的办法以提高货币购买力，减轻通货膨胀压力。掌握货币政策工具的中央银行一般采取下列措施：

（1）出售政府债券，这是公开市场业务的一种方法，中央银行在公开市场上出售各种政府债券，就可以缩减货币供应和货币供应潜在的膨胀，这是最重要且经常被利用的一种抑制政策工具。

（2）提高贴现率和再贴现率，以影响商业银行的利息率，这势必带来信贷紧缩和利率上升，有利于控制信贷的膨胀。

（3）提高商业银行的法定准备金，以减少商业银行放款，从而减少货币供应。

（4）直接提高利率，紧缩信贷。利率的提高会增加使用信贷资金的成本，借贷就将减少，同时利率提高，还可以吸收储蓄存款，减轻通货膨胀压力。

（二）紧缩性财政政策

用紧缩性财政政策治理通货膨胀就是紧缩财政支出、增加税收、谋求预算平衡、减少财政赤字。

（三）收入政策

收入政策就是政府为了降低一般物价水平上涨的幅度而采取的强制性或非强制性的限制货币工资和价格的政策。其目的在于力图控制通货膨胀而不致陷入“滞胀”。

收入政策一般包括下列几方面内容：

（1）确定工资—物价指导线，以限制工资—物价的上升。这种指导线是由政府当局在一定年份内允许总货币收入增加的一个目标数值线，即根据统计的平均生产力的增长，政府当局估算出货币收入的最大限度增长，而每个部门的工资增长率应等于全社会劳动生产率增长趋势，不允许超过。只有这样，才能维持整个经济中每单位产量的劳动成本的稳定，因而预定的货币收入增长就会使物价总水平保持不变。

（2）工资管制（或冻结工资），即强制推行的控制全社会职工货币工资增长总额和幅度，或政府强制性规定职工工资在若干时期内再增加必须固定在一定水平上的措施。管制或冻结工资被认为能降低商品成本，从而减轻成本推动通货膨胀的压力。这是通货膨胀相当严重时采取的非常措施，但正是因为通货膨胀严重，使人民收入生活水平持续下降，从而使冻结或管制工资措施实施起来更为困难。

（3）以纳税为基础的收入政策。是指通过一种对过多地增加工资的企业按工资增长超额比率征以特别税款的办法，来抑制通货膨胀。一般认为，实行这种税收罚款办法，可以使企业公司有所依靠，拒绝工资超额提高，并同工会达成工资协定，从而降低工资增长率，减缓通货膨胀率。

（四）价格政策

通过反托拉斯法限制价格垄断，这是价格政策的基本内容。价格垄断有可能出现定价过高和哄抬物价的现象，为了治理通货膨胀，就必须限制价格垄断。

（五）提高劳动生产率，降低商品成本，增加有效供给——供应政策

供应政策的主要内容包括：减税，即降低边际税率；削减社会福利开支；稳定币值；精简规章制度，给企业松绑，刺激企业创新积极性，提高生产率等。

二、发展中国家治理通货膨胀的对策

为了更好地抑制越来越高的通货膨胀，20 世纪 60 年代以来，发展中国家从各自不同的社会经济条件下出发，先后采取过许多不同的反通货膨胀对策。概括起来，这些对策有两种类型：

一是“传统疗法”，即采取紧缩的财政和金融政策，包括：（1）紧缩财政，增收节支。即精简行政机构和行政人员，压缩行政费用，减少福利费用和物价补贴，控制基建规模，整顿国营企业，改革税制，提高税率。这一政策旨在改善财政收支状况，减少财政赤字，减少财政货币发行。（2）紧缩金融，提高利率，控制信贷规模和货币供应量。（3）控制工资增长，减轻市场的消费需求压力。

二是“冲击疗法”，即反传统疗法。主要内容是冻结物价，限定工资和公用事业收费标准，改革货币体制，废除旧币，发行新币等。

这些措施对不同的发展中国家来说，效果极不相同。有些国家和地区的通货膨胀得到了有效的控制，保证了经济的稳定增长，而有些国家则不仅未能将通货膨胀控制住，反而愈演愈烈。

三、中国治理通货膨胀的对策

多年来，中国经济学界较集中地讨论了中国的通货膨胀问题，并提出了许多治理对策。这些对策大都是建立在对其发生原因和类型的分析基础上的。由于对其原因的不同认识，从而也导致了种种不同的反通货膨胀的主张。

那种将我国通货膨胀产生原因主要归结为货币超经济发行的观点的人，主张用降低经济发展速度，控制货币发行量，使中央银行保持独立决策的方法来治理我国的通货膨胀，在他们看来，诸如约束及稳定货币的增长率；将银行利率提升至自由市场利率的水平；允许私营和地方性的金融机构参与竞争等，都是治理通货膨胀的有效对策。

认为我国通货膨胀是由总需求膨胀引起的学者，则主张通过控制需求，改善供给来减少总供给和总需求的差距，逐步消除通货膨胀。其中控制总需求又是近期治理通货膨胀的关键。控制总需求的主要手段是紧缩财政政策和货币政策，具体包括压缩投资规模，调整投资结构，严格控制消费基金的增长，尤其是集团消费的增长，严格控制信贷总额和货币发行量等内容。考虑到以往紧缩政策的经验，主张加强需求管理的学者还提出了改进需求管理的一些具体方法，如分类控制、分层控制和分点控制等。

通过完善要素市场和市场机制，实行正确的产业政策来消除通货膨胀问题，这是认

为我国通货膨胀是结构性通货膨胀为主的学者所主张的。而那种将通货膨胀产生的原因归结为以成本推进为主或归结为企业和微观基础的学者，则主张进行企业制度改革，完善企业的运行机制，重新构造经济运行的微观基础，即从增加有效供给来消除膨胀。并认为需求控制只是治标之策，而只有增加供给才是治本之策。也有人强调实行综合治理，要将消除通货膨胀与治理经济环境、整顿经济秩序结合起来。

面对中国经济有可能出现的“滞胀”危机，理论界也提出了相应的治理对策。

有人主张，不应采取那种“只看需求、不看供给”的单纯紧缩的经济政策，应当把宏观经济调节的着眼点，从社会总需求一方扩大到社会总供求两个方面，重视产业结构与产品结构的调整及资源的重新配置。因此，要针对目前中国经济中存在的流动性差这一症结，重新选择实现经济政策的支点，即加强国民经济的流动性。其着眼点有三个方面：（1）从内容上看，要加强供求双方的流动性，其中着重应解决需求结构的刚性、供给结构的错位和供求间的转移问题。（2）从基础上看，要增强国民经济的流动性，必须依靠制度上的创新，全面地推行股份制。（3）从政策上看，要改为以税收—利率政策为主体。税收政策不能仅仅体现在某些行业、产品的豁免、减免期上，在彻底的利改税之前，可以考虑增加新的税种，调整利率，对流通领域及一些非基础行业的高利企业课以重税。利率手段不应只简单地抑制总需求，应注意将总需求的一部分引导到生产方面或推迟它的实现。

也有人认为，我们不应该致力于在短时期内消除通货膨胀，而应该确定长期治理通货膨胀的方针和紧缩政策的强度，以不致造成供给减少的经济停滞为宜。在这个过程中应努力结合调整产业结构，限制增长过快的那些（不是一切）加工工业部门，加快“瓶颈”部门（能源、电力、交通、原材料工业、农业等）的发展，以增强市场的有效供给，同时，在这个过程中淘汰或改造经济效益差的、发展过度的企业等，逐渐使总需求与总供给趋于平衡。

有人提出了消除“滞胀”的两种方法，即治标和治本办法。前者主要是通过紧缩政策回笼货币，具体可供选择的措施有：（1）紧缩信贷；（2）压缩基建规模和集团购买力；（3）发行债券；（4）出售国有资产。后者主要是全面深化改革，达到形成硬预算约束、消除行政性垄断、弱化就业刚性和收入刚性的目标，根除“滞胀”现象赖以存在的体制基础。要实现这个目标，就必须通过企业制度改革建立新的财产制度，通过市场发育建立竞争性的市场制度，通过宏观经济管理体制改革建立间接的宏观调控制度。

有人指出，为避免出现“滞胀”的局面，要改“截流堵洪”为“截流泄洪”。一方面，控制货币投放量，但不要过紧，注意保持一定的经济增长；另一方面，花大力气治理流通中的货币，重点放在货币的吸纳上，并尽量采用生产性吸纳方式。具体措施是：（1）制定较为松动的紧缩政策；（2）开拓债券市场；（3）开拓股票市场；（4）开拓房地产市场；（5）开拓货币市场；（6）开拓企业资产市场。

第五节　通货紧缩

一、通货紧缩的定义与主要特征

通货紧缩的渊源可以追溯到 19 世纪下半叶。在金属本位的货币体系年代，通货紧缩是金银等货币采掘与供给跟不上经济发展需求的产物。1873 ~1974 年，由于白银贬值，法国、美国、比利时、意大利等国家相继停止白银铸造，转向金本位制，引发全球黄金需求急剧上升，造成黄金持续近 20 年的升值，导致了金本位制国家的通货紧缩。20 世纪 30 年代，通货紧缩引发了著名的美国大萧条。布雷顿森林体系之后，金属本位制遭到抛弃。由于纸币发行不受自然条件约束，通货紧缩一度淡出经济学研究视野。直至 20 世纪 80 年代之后，随着国际货币体系的混乱与经济全球化，货币与经济的关系机制越来越复杂，通货膨胀与通货紧缩在各个国家相继发生，而且愈演愈烈，对全球经济造成了巨大破坏。通货紧缩再次受到关注。

关于通货紧缩的定义，主要有三种不同观点。一种观点认为，通货紧缩是物价的普遍持续下降。这种观点与经济学界关于通货紧缩的主流观点比较接近。加拿大货币经济学家戴维 · E. W. 莱德勒就认为，通货紧缩是物价下跌与币值上升的一个过程，其反义词是通货膨胀（莱德勒，1992）；另一种观点认为，通货紧缩是物价持续下跌，货币供应量持续下降，与此相伴随的是经济衰退；再一种观点认为，通货紧缩是经济衰退的货币表现，因而必须具有三个特征：物价持续下跌，货币供应量持续下降；有效需求不足，失业率高；经济全面衰退。这种观点认为通货紧缩不只是价格下降，还包括货币数量减少和货币流通速度下降，以及经济萧条（莱斯根，1992）。

顾名思义，通货紧缩是与通货膨胀反向对应的概念。通货紧缩指的是货币供应量相对减少，引起货币升值，货物和服务价格的普遍持续下跌。价格是货物和服务价值的货币表现，价格普遍持续下降，表明单位货币所反映的商品价值在增加，即通货在收缩，因而通货紧缩与通货膨胀一样，也是一种货币现象。正如货币学派代表人物弗里德曼认为，“从理论上讲，通货紧缩在任何情况下都是一种货币现象。它是货币供给的持续增长率与产出实际增长率相对关系的价格水平反映。”从定义角度出发，通货紧缩一般需要具备三个基本特征。第一，物价下跌的普遍性。说明通货紧缩引起社会整体物价水平的下跌，而不是局部地域价格低迷或某个产业链的价格回落。现在认为，广义的物价水平不仅包括传统意义上的消费物价水平，还包括资产价格、劳动力等价格水平，这些价格因素相互作用，形成螺旋式下跌过程。第二，物价下跌的货币因素。就是说，社会物价的全面下跌是因为货币供给的相对不足导致，反映在基础货币紧缩或社会信用萎缩，经济发展减速与金融活动低迷相伴生。自然资源的开发程度提高导致供给增加，或者是技术进步导致成本降低，从而引发的物价水平下跌不能算是严格意义上的通货紧缩。通货紧缩本质上具有货币性，其他经济现象是通货紧缩的结果。第三，物价下跌的持续性。一般认为，通货紧缩下的物价水平下跌必须持续相对长的一段时间。按照巴塞尔国家清算银行的标准，*CPI* 连续两年下降就可被视做通货紧缩。但从经济因素的传导效率来看，3~4 个季度的物价持续下跌就能使价格机制在经济活动中的产生负反馈作用，引发螺旋式下跌格局，从而使经济活动水平整体降低。

从定义角度来看，通货紧缩本身是中性的。在物价全面下跌阶段，也可能是经济强劲增长期，如 1999~2000 年的德国经济，存在通货紧缩和实际 *GDP* 增长并存现象。另外，经济经历了高通货膨胀之后的正常回调属于过热经济的理性回归，应当属于一种良性的通货紧缩过程，这期间不可避免地出现物价下跌与经济衰退，破坏力巨大，但罪过根源不在于通货紧缩，而在于先期的恶性通货膨胀。所以，通货紧缩本身没有好坏之分，是经济周期中的正常现象，对经济作用如何取决于货币有效供给和有效需求的协调程度。但是，一般认为，从政策选择角度考虑，如何治理通货紧缩期间带来的恶性循环式衰退是必要的，不管是高通货膨胀之后的经济“软着陆”还是摆脱“流动性陷阱”的经济复苏，有效治理通货紧缩，都是金融学的重要课题。

二、经济史上通货紧缩现象分析

从 20 世纪初开始，由于金融的飞速发展，货币关系在经济中扮演的角色越来越重要，金融“传染”机制也表现得更加明显。全球经济发展的动荡程度明显加强。20 世纪以来，发达国家和发展中国家在各自的经济发展阶段，由于政策适当，出现了通货紧缩现象，给经济造成了巨大麻烦。下面简要介绍 20 世纪以来具有代表性的通货紧缩现象以及中国最近两次的通货紧缩演变过程，来说明通货紧缩产生的历史背景及其经济效应。

（一）1929~1933 年美国通货紧缩：大萧条

美国在 1929~1933 年，发生了一次强烈的通货紧缩，伴生的大萧条使美国经济遭受重创。大萧条期间，曾经繁荣一时的美国商品市场、劳动力市场、金融市场的交易功能几乎完全丧失，经济基本崩溃。1929 年至 1934 年，美国 GNP 从 3 147 亿美元降至 2 394 亿美元，累计降幅达 23.93%；以 1929 年为基期，1929~1933 年美国的 CPI 指数分别为 100、97.4、88.7、79.7、75.4，呈现急剧下跌态势；从 1929 年 9 月至 1932 年 6 月，美国股票指数跌幅达 85%；美国失业率也从 1929 年的 3.2% 飙升至 1933 年的 24.9%；期间美国破产企业达 14 万家，近 9 000 余家银行倒闭，实体经济与金融体系遭受沉重打击。

从金融角度看，此次经济危机已经呈现出明显的金融先导特征。此次金融危机的起源在于前期美国的经济大幅扩张与金融市场的投机盛行。通货紧缩的金融特性表现为：(1) 资产价格从股市崩盘开始。当实体投资达到饱和，机会逐渐萎缩，充裕的市场资金必然追逐于投机市场。当股票市场从疯狂状态回落时，逆向崩溃的多米诺骨牌也随之推倒了；（2）金融市场功能陷入停滞。金融市场失灵使其融资功能丧失，随之财富效应逆转，继而金融机构出现违约风险，使实体经济、家庭消费、金融信用都呈现萎缩态势。

从金融债务的通缩效应看，大萧条期间，美国企业名义债务减少20%，实际债务反而增加40%（费雪，1933），债务负担加重使企业资产净值降低。迫于压力，企业削减支出、出售资产，客观上又压低社会价格总水平。这样，通货紧缩就发展成为螺旋状机制，形成恶性循环。

（二）日本的通货紧缩：迷失的十年

20世纪90年代日本的通货紧缩也源于日本经济泡沫的破裂。由于“广场协议”的签署，日元走上升值周期。日元的大幅升值导致大量日本国外债权与国际投资的缩水，直接影响了日本企业与金融机构的资产负债表。流动性压力与资产缩水压力使得日本资产价格迅速下降，土地价格和股票市场价格迅速下跌。1995年前后，一般物价也开始下跌，并且一直延续至21世纪初期。日本CPI指数由1990年的2.5下降至2001年的-1.2。由于地价的下跌，金融机构增加了大量泡沫时期的不动产融资等不良债券。由于日本金融机构持有许多企业的股权，大量股票价格的下跌造成金融机构资本金缩水，自有资本金比率下降。因此金融机构的实力明显减弱，导致信用急剧萎缩，金融体系呈现不稳定特性。1990年后，商品和服务价格也持续下降，日本经济出现螺旋形下滑，呈现典型的通货紧缩。之后日本虽然采取了宽松货币政策，同时采取财政政策刺激，但是，由于“流动性陷阱”的存在和国家财政赤字的硬约束，日本始终没有走出通货紧缩阴影，经济增长一直处于停滞状态，呈现较为明显的通货紧缩特征。

（三）中国的通货紧缩：经济结构调整与外部依赖

20世纪90年代以来，中国经历了两次较为严重的通货紧缩。总体看来，由于中国一直处于经济结构调整的关键期，同时中国外向型经济决定了很大的外部依赖性，所以，两次通货紧缩都呈现出明显的内部经济结构特征与外部传导特征。

东南亚金融危机发生后，中国经历了一次较为严重的通货紧缩。由于1993年夏季开始，中国开始了一轮严厉的抑制通货膨胀的紧缩政策，1996年基本上实现了经济软着陆。紧缩政策一直延续到东南亚金融危机爆发期间，呈现明显的滞后效应。东南亚金融危机使中国周边国家遭受重创，中国出口受到抑制，直接资本大幅下降。两个因素的叠加使中国陷入通货紧缩的泥淖。从1997年下半年起，中国消费品价格指数、生产资料价格指数、GDP等主要经济指标持续负增长，一直持续到2002年底出现企稳迹象。价格的螺旋式下跌使中国的农业、工业体系陷入亏损低迷状态，失业率也大幅增长。同时，由于真实债务的提高与信用萎缩，主要金融机构的不良资产率急剧上升，金融体系面临巨大威胁。此次通货紧缩是中国经济特征下的内外因素共同结果，对经济的影响深远。短期内通货紧缩对中国经济造成巨大冲击，但长期来看，之后的反紧缩政策为中国经济结构调整、国有企业重组、金融体制改革提供了契机。

美国次贷危机爆发之后，中国经历了第二次较大的通货紧缩。2008年2月至2009

年7月，全国居民消费价格总指数总体呈现连续17个月下跌趋势，从108.7大幅降至98.2的阶段低点。欧美金融危机使中国出口遭受打击，长期订单锐减，短期出口大幅下滑，沿海出口企业纷纷倒闭，“民工荒”急剧转变为“返乡潮”，劳动力价格、资产价格明显回落。由于2005年汇率改革之后，人民币保持了6%～8%的年升值幅度，在抑制出口的同时压低了进口商品价格，促进了整体价格水平的下行。中国宏观经济形势由对通货膨胀的担忧转变为通货紧缩治理。由于大宗商品市场的国际金融定价机制，美元贬值造成的国际通胀输入中国，逼迫中国同时实行宽松货币政策，满足交易性货币需求。但是，中国当时实行货币紧缩政策，使货币供给相对萎缩，不能满足输入性通货膨胀导致的交易性货币需求，使当时的通货紧缩雪上加霜。

三、通货紧缩的理论与机理

通货紧缩的成因与发展在不同的经济发展阶段表现不尽相同，不同的经济学流派对之解说角度也颇有差异，从而形成各种通货紧缩理论，带有鲜明的时代特征。总体来看，真正意义上的通货紧缩理论源自对1929～1933年美国经济大萧条的思考。凯恩斯从需求角度提出了通货紧缩的原因，费雪则从供给角度阐释了过度负债与信用危机使通货紧缩的主因。由于罗斯福新政的财政刺激，美国经济复苏，使得凯恩斯的理论占据主导。而20世纪70年代的“滞胀”让货币主义理论广为传播，费雪的“债务—通货紧缩”机制成为通货紧缩理论研究主流，H. 明斯基与伯南克等人陆续发展了以货币与金融市场为分析基础的通货紧缩理论。

（一）凯恩斯的通货紧缩理论

作为大萧条时代的产物，凯恩斯经济学的出发点是分析大萧条的成因，并为世界经济走出低谷提供政策理论依据。凯恩斯认为，大萧条的主要原因在于总需求不足，包括投资需求不足与消费需求不足。投资需求不足的原因在于资本边际效率递减与流动性偏好，而消费需求不足则因为边际消费倾向递减。在总需求与总供给模型中，总需求曲线与总供给曲线的交点决定了社会均衡的物价水平，以及均衡的总产出水平。在经济遭受冲击产生需求不足的情况下，总需求曲线向左移动，导致物价总水平的下降，均衡产出也相应降低。凯恩斯的通货紧缩理论是一种静态的均衡分析过程，从社会总需求尤其是投资需求角度简单地说明了通货紧缩的发生机制。

（二）费雪的通货紧缩理论

费雪也对20世纪30年代世界经济危机进行了分析。与凯恩斯从需求角度分析不同的是，费雪从供给产生角度对大萧条进行解读。通过分析货币与信用机制对供给产生的影响，提出了著名的“债务—通货紧缩”理论。该理论认为，经济危机爆发前的繁荣使得许多企业过度扩张，债务率普遍较高，一些企业出现破产重组。这种重组破坏了社会商业信用，导致产出与社会商品交易的同步萎缩，表现为存款增长速度与货币流通速度的必然导致物价总水平的下跌。物价下跌降低了企业利润率与企业净值，使实体经济获得信用能力降低，经济活动中货币供给随之下降。通货紧缩提高了债务的真实利率水平，企业负担进一步加剧。这种恶性循环使得经济陷入通货紧缩的衰退螺旋之中。费雪的“债务—通货紧缩”理论认为，通货紧缩的实质是过度负债导致商业信用的萎缩和银行业系统性危机。

（三）本·伯南克的通货紧缩理论

随着经济全球化的推进，通货紧缩的金融性特征与国际传导特征表现得越来越明显。许多经济学家在凯恩斯与费雪的理论框架上添加了金融因素与国际因素，以更好地解释通货紧缩的机制与效应。其中具有代表性的是“债务—通货紧缩学派”的通货紧缩理论，代表人物是本·伯南克。

“债务—通货紧缩学派”从金融市场的传导机制入手，解释“金融加速器”的自我加强机理，强调金融市场在通货紧缩过程中的作用。H. 明斯基阐释了费雪通货紧缩理论的自我循环与自我加速机制。他认为，资本主义的发展已经使金融资产的总量急剧扩大，并影响实体经济的运行，金融工具的运动使货币与经济的关系更加复杂，这些创新的金融工具对通货紧缩的影响至关重要。20 世纪 80 年代以来，由于金融创新发展与金融市场的日益发达，通货紧缩的金融性表现得越来越突出。本·伯南克和布林德（1988）将贷款函数引入了 IS - LM 模型，建立含有货币与利率两个传导渠道的 CC - LM 模型。其中，CC 为信贷（*credit*）和商品（*commodity*）。该模型分析了信贷市场与商品市场的同时均衡条件，阐释信贷渠道在通货紧缩中的作用。伯南克与盖特勒（1989）进一步研究了资产负债表状况变动对金融市场的影响，认为货币政策的紧缩引起借款人资产负债表恶化，担保品贬值，同时逆向选择与道德风险加剧，从而影响实体企业的融资能力。“债务—通货紧缩学派”继承了费雪的基础逻辑，增加了对“金融加速器”的时代特征机理的分析。

（四）克鲁格曼的通货紧缩理论

20 世纪 90 年代之后，全球许多国家通货膨胀率下降。1997 年，日本、新加坡、中国、瑞典等国出现通货紧缩现象。克鲁格曼通过对“流动性陷阱”的分析，重新提出通货膨胀的起因源自社会总需求的不足，发展了凯恩斯的通货紧缩理论。克鲁格曼用跨期分析方法描述了消费需求与物价水平之间的关系，认为经济人收入在消费与储蓄之间的选择取决于当期消费与未来消费的权衡，即当期物价水平 P 与按市场利率 i 进行贴现的预期未来物价 $P[e]/(1+i)$ 之间的对比。在通货紧缩过程中，经济人必然减少当前消费支出，为未来进行储蓄，实现效用最大化。这样，名义利率过高导致预期未来价格过低，消费需求受遏制。克鲁格曼认为，在信用货币条件下，由于“流动性陷阱”的存在，货币政策对通货紧缩已经无能为力。因为利率下调对经济活动的刺激作用丧失，名义利率在底线零利率情况下，市场机制强制性地寻找新的均衡点，无可避免地选择物价下调，刺激当期消费，形成低水平均衡。克鲁格曼的通货紧缩理论是建立在凯恩斯经济学逻辑和“流动性陷阱”分析之上的，对由于消费需求不足形成的通货紧缩有较好的解释作用。

四、通货紧缩的危害与治理

由于世界经济全球化与金融一体化水平的提高，通货紧缩对经济的破坏性影响了越来越大，国际传导也更加迅速。

（一）通货紧缩的危害与国际传导效应

持续的通货紧缩必然会导致经济衰退。其作用机理是：（1）由于产品销售价格下降，但公司或工厂员工的工资存在着下限刚性。在发达国家，工会的力量使企业裁员措施很难轻易出台。因此，企业利润就会下降甚至出现亏损；（2）在竞争市场上企业的产品降价会产生连锁反应，一旦出现降价大战，所谓“宁让利润，不让市场”的行为会使整个行业处于逆向选择的洪流中；（3）由企业利润的损失到全行业的不景气会进一步影响投资者的意愿，在持续一段时间后，消费者也会由于缺少收入增长的预期而调整支出计划，这样，投资需求和消费需求双双出现萎缩，经济就步入了通货紧缩→利润减少→生产水平下降→总需求收缩→经济衰退→进一步通货紧缩的恶性循环。

在经济全球化的时代，通货紧缩同通货膨胀一样，也会发生国际传递，其传导机制包括两条主要渠道：

首先是货物贸易渠道。在通货紧缩条件下，如果某一外向经济比重较高的贸易关系国商品价格普遍下跌，在汇率结构大体不变的情况下，其产品的出口竞争力自然会下降，国外市场萎缩势必要影响外贸企业特别是出口产品生产企业的市场规模，而外贸产品积压和涌入内销渠道，会进一步加剧产品过剩，从而促使国内市场上的商品价格下跌。这种现象持续一定时间和发展到一定程度，自然会使该国出现通货紧缩传染。

其次是资本渠道。通货紧缩持续一段时期后，企业利润水平的下降会降低国外投资者的投资意愿。同时，在通货紧缩出现国一般都要采取降低名义利率的措施，在其他条件不变时，由于追逐利差的套利行为无利可图，短期资本的流入量也会锐减。按照一般规律，当外部资本流入时，一国用本币购买外汇若不进行对冲操作就会相应增加货币供给量，正由于这一点，当一国通货紧缩反作用于资本国际流动时，由外部因素近乎强制形成的货币供给增长因素的作用会自动减弱甚至消失。

（二）通货紧缩的治理

1. 通货紧缩治理的主要理论研究。货币学派通货紧缩治理。按照货币学派的观点，通货膨胀无论何时何地都是一种货币现象，通货紧缩是逆通货膨胀，自然也不例外。用最抽象的方法去思维，我们可以把市场上的流转物分为两堆，一堆是商品和劳务，另一堆是货币。这两堆流转物在对流或交换过程中，相对数量只要出现大起大落的变化，就会出现物价的涨跌现象，这种涨跌达到一定幅度或持续超过一定时期，就发生了经济学家所说的通货膨胀或通货紧缩。这种最为简单的解释中似乎也包含了解决问题的答案，这就是要解决通货紧缩问题，一定要解决上面所说的“另一堆”的问题，即如何想方设法增加与商品和劳务对流或交易的货币数量。在对通货形势作判断时，常常容易陷入误区。例如，简单地用货币供给增长率指标与经济增长指标作对比，如果经济增长只有8%，但货币供给增长指标已达18%，从表面上看，货币供给已超速增长10个百分点了，不可能存在通货紧缩。但是，这种看法忽略了只有作为购买支出的货币才是有效实现与商品和劳务对流或交易的货币。当经济中出现凯恩斯说过的“流动性陷阱”或准“流动性陷阱”时，货币供给增长再快、利率降得再低也不会有效提升社会总支出水平。因此，只有使构成有效社会需求载体的货币量大幅增加，才能立竿见影地解决通货紧缩问题。货币政策是一个能够对总支出水平施加重要影响的宏观政策。从理论上说，货币政策一篮子工具中的信贷政策、利率工具、贴现手段、准备率调整、公开市场业务等，都可以在增加或减少货币供应量方面发挥重要作用，其作用机制在本书“货币政策”一章中有专门介绍。在讨论治理通货紧缩问题时，结合1997年亚洲金融危机受害国家以及中国出现的情况，应关注的是有关货币政策扩张无力的看法。货币政策具有强烈的紧缩功能，这一点目前已无争议。但是，亚洲金融危机以来，日本和中国都存在明显的货币政策扩张乏力问题。例如，日本的利率水平几近为零，但需求不足的现象却依然如旧。所以，货币政策对通货紧缩治理的有效性还值得深入研究。

凯恩斯学派通货紧缩治理。以刺激支出为目的的宏观经济政策通常被定义为需求管理政策，主要政策措施体现为总需求刺激，包括扩张性财政政策和消费需求预期。财政政策历来被视为扩张支出的法宝。因为同货币政策相比，财政政策具有以下优点：（1）动员迅速。财政政策是政府手中的武器，它可以经过相对简单的决策程序，通过国债等手段迅速筹集资金。（2）作用直接。政府掌握的资金可以根据宏观经济调节需要指定投向，在短时间内转化为购买支出，直接消化某行业过量库存或形成新的生产能力及设施建设。（3）以公益目的为主。以扩张为目的的财政性投资或财政支出转化的投资，并不需要进行长时间的市场论证或风险考虑——如同民间资本那样奉行私利至上的原则。这种公共最终投资人的本性也使财政政策在扩张社会总支出水平时显得作用难以替代。在通货紧缩的治理方面，克鲁格曼反复强调以通货膨胀预期来增加有效需求，抵消通货紧缩的下行螺旋机制，推行“激进的”或“反传统”货币政策，要求中央银行实行“有管理的通货膨胀”以治理通货紧缩。克鲁格曼认为，通货紧缩需求不足导致$P>P[e]/(1+i)$，市场机制的作用会使得P下跌以重建新的均衡。中央银行要抑制通货紧缩，就必须要提高$P[e]/(1+i)$，来刺激消费和支出，使经济摆脱衰退的压力。当名义利率处于高位，中央银行可以通过降低名义利率来实现这一目标。但是当经济处于“流动性陷阱”状态时，货币政策就难以继续降低名义利率。此时的通货紧缩仍然表现为物价下降和需求不足，则中央银行唯一的选择就是提高社会公众对未来物价水平的预期$P[e]$。因此，在流动性陷阱条件下，中央银行只能必须选择有管理的通货膨胀政策，增加通货膨胀预期，以提振投资借贷需求与当期消费需求，以保持经济的增长。

2. 1997～2002年中国通货紧缩治理的实证分析。中国金融政策的调节功能的基本特点是财政政策扩张功能强而紧缩功能弱，货币政策的扩张能力弱但紧缩功能却相当强。货币政策扩张无力在本次通货紧缩的调节实践中表现得尤为突出。针对中国1997年以来的通货紧缩，尽管中央银行连续采取降息措施，并辅之以降低存款准备金率和鼓励贷款政策，但商业银行“惜贷”倾向仍难以矫正，企业和家庭部门的投资和消费支出仍缺少积极性。从表面看，似乎是经济周期原因在起作用，但实质上许多久拖未决的制度性改革不够深入和到位，而且现行环境条件也在左右着微观主体的扩张性支出。《商业银行法》生效后，中央银行以及地方政府都无权对商业银行的经营行为进行直接干预，其贷款自主决定的局面已经形成。中国新修改的《刑法》中也增添了对金融犯罪和渎职进行惩罚的条款，这使得商业银行现行“大锅饭”式管理体制背景下生成了信贷工作风险与收益不对称的现象。每年核销400亿元呆账的制度针对全国111个试点城市中的大中型国有企业的不良债务，而将非国有企业排除在外，这进一步降低了商业银行对非国有企业的放款积极性。二十多年来，中国的国有企业效益不良状况日甚一日，而对经济增长贡献很大的非国有企业在贷款的可得性上遭受歧视，这是信贷扩张遭受抑制的微观基础；责任强化又缺少配套的激励手段，这是信贷缺少扩张冲动的机构内部原因；商业银行不再接受外部的贷款命令信号，这是《商业银行法》生效后出现的环境条件。这几个因素加上大国际背景下的回落性经济周期，就使得货币政策出现了人们所诟病的“扩张乏力”现象。中国政府在1998年第四季度开始动用财政政策刺激内需，并选择了“积极的财政政策”的官方口径，实际上，所谓“积极的财政政策”就是扩张性财政政策的同义语。只不过在开始运用扩张性财政政策时只是偏重于增加支出方面，而没有决定采取减税措施。1999年年中，中国政府开始陆续出台一些税收措施，如减免商品房交易税、开征利息税等。从国外经验看，税收工具的恰当运用能够在影响社会总支出水平和支出结构方面发挥相当重要的作用。一般情况下，供给学派的“拉弗曲线”就是对最佳税负经济效应的图解。减免税意味着征税对象收益的相对增加，因此，这种措施无论是针对投资还是消费，都能对这种支出产生刺激作用。但是，仅仅靠这些常规刺激措施还不足以让中国经济走出通货紧缩。

鉴于此，国务院于1998～2002年出台了一系列组合措施，兼顾财政政策与货币政策。第一，财政部在1998～2001年累计发行5 100亿元长期建设国债，用于基础设施建设；第二，实行稳健的货币政策，连续7次降低存贷款利率，增加货币供应；第三，成立四大资产管理公司，剥离主要商业银行的不良资产，恢复金融机构的信用提供能力；第四，银行提供信贷支持，对基础设施建设进行相应配套融资。在中国特色的治理措施下，中国经济逐步走出通缩，重回增长路径，恢复增长速度。

3. 2007～2008年中国通货紧缩治理的实证研究。2007年，中国进入了新一轮通货紧缩。此次通货紧缩的特征：第一，经济增长悲观预期。次贷危机使西方主要国家经济衰退，由于经济全球化程度提高，中国不可避免受到波及，出口不乐观，外向型经济于短期内急剧萎缩，东部出口企业产能收缩，破产事件频发；第二，输入性通货膨胀给中国货币政策造成压力，采取相应的紧缩政策使金融机构的信用功能受到很大约束，实体经济在承受原材料成本上升的同时，受信贷财务成本提高与流动性下降的双重制约。这些因素决定了此轮通货紧缩的螺旋机制形成。迫于国内经济增长下行压力与次贷危机中的国际责任担当，中国采取了积极的财政刺激政策，以提振需求，为西方国家需求的大幅萎缩提供世界经济发展的新动力。中国适时推出了“四万亿”财政刺激计划，积极进行基础设施建设，同时，在信贷市场机制失灵的情况下，采取信贷管制政策，推行财政刺激政策的货币信用配套，保障总需求的全面有效提振。在财政政策刺激下，中国保持了GDP高速发展速度，CPI水平也逐步回升，中国经济迅速走出了通货紧缩。但是，此次通货紧缩治理留下几大争议：一是由于财政政策主导下的基础设施建设膨胀，地方财政平台负债率高企，提出了地方债务偿还能力问题；二是中国金融资产留下隐患，几年内银行信贷资产不良率将快速上升，提出了金融风险防范课题；三是由于刺激政策力度大，滞后效应引发的通货膨胀将给经济发展带来隐忧，提出处理保增长与通货膨胀治理如何协调的课题。这些问题，有待于金融理论界与金融实务界进行进一步的分析与研究。

本章小结

通货膨胀就是一般物价水平的持续上涨过程，西方经济学家在通货膨胀成因分析上提出了多种假说，而中国经济转型时期的通货膨胀似乎只能用“混合型”来概括。通货膨胀对一国的经济发展具有相当大的影响，经济学家们提出的治理对策也是见仁见智。

思考题

1. 什么是需求拉上型通货膨胀？
2. 成本推进型通货膨胀的促进因素有哪些？
3. 对“通货膨胀无论何时何地都是一种货币现象”的观点有何看法？
4. 什么是隐蔽型通货膨胀？
5. 通货膨胀的主要经济效应有哪些？
6. 中国治理通货膨胀的成功经验是什么？
7. 什么是通货紧缩？
8. 通货紧缩的危害是什么？
9. 结合近现代经济史上的通货紧缩现象，简述通货紧缩的主要理论观点。
10. 以中国通货紧缩治理实证为例，叙述中国通货紧缩政策治理理论逻辑，并评价其治理实效。

第二十二章 货币政策

第一节 货币政策的重要性

一、什么是货币政策

我们在介绍中央银行时就已经指出，货币政策并不等同于金融政策，它只是金融政策的一部分，它是一国金融当局制定和执行的通过货币量和利率等中介指标影响宏观经济运行的手段。从大多数市场经济国家的实践经验看，货币政策有两个显著的特性：一是总量目标调节；二是适时微调。

在一般情况下，货币政策不考虑结构问题，特别是在以市场经济为背景的间接宏观调控体制下，情况更是如此。一国经济的产业结构、产权结构等所有的结构性问题，都不应该是金融当局的调节目标，只能是政府的义务，政府可以依据自己的判断和政策信念用产业政策、财政政策及其他倾斜性政策去调整本国的经济结构。金融当局通过货币、信用、利率等手段创造一个有利于稳定发展和公平竞争的宏观经济环境，能够使一定制度背景下的经济运行效率最高，货币政策的选择就算是成功的了。

货币政策的微调特性与同为宏观调节手段的财政政策比较就更为明显。例如，财政政策的具体体现是税收政策、国债手段及预算收入，这些手段在一定时期一经确定就有相当的刚性，不能轻易变动；而货币政策恰好相反，在一个比较发达和高度开放的金融市场背景下，经济运行和金融运行常会出现意料不到的变化，而金融当局的基本职责之一就是要适时作出恰当的货币决策，以适应变化了的市场情况。正是基于货币政策的这一特性，中央银行的独立地位问题才成为经济理论的一个重要议题。讨论这一问题，主张中央银行有独立地位，其目的不外有两点：一是政策制定时不受政府及政治周期的干扰；二是在执行货币政策时可根据实际情况独立地作出调节决断。

二、为什么货币政策至关重要

谈论货币政策是否重要的问题，它的隐含意义其实是货币政策与财政政策哪个更重要？

货币政策能否成为决策当局最重要的宏观调节手段，关键取决于一国的经济体制条件及与经济发展相适应的货币影响力度。在中国传统计划体制时期，宏观经济调控体系中起决定性作用的是国家计划委员会，当时的经济增长机制是供给管理型的增长机制。

列入指令性计划就有了物资，就有了货币资金。如果按照规范意义上的货币政策概念来理解，那个时期可以说不存在独立的对社会总需求扩张或收缩起决定性作用的货币政策。假若按一个较为一般的观念去理解，即任何主体的行为方针都可视为一种政策，只有在这种意义上，我们才能说中国传统计划体制下也存在货币政策，才能进行那一时期的货币政策特点和作用的分析。

传统计划体制下的货币政策有如下几个特点：（1）无独立性；（2）作用范围小；（3）经验性操作；（4）以数量计划为唯一手段。无独立性在前面已经说过。作用范围小，其主要原因是当时实行统收统支的资金管理制度，微观经济主体几乎没有或很少有自由支配的货币。在相当长一段时期里，银行对工业企业只负责超定额流动资金的供应，定额流动资金和固定资产投资则完全由财政分配。在操作方面，银行只是被动地听命于上级的指令性计划，而决策者的政策设计，缺乏在一定理论依据基础之上的专家论证。银行在实施货币政策时，当时靠的也是两个计划：现金计划和信贷计划，在当时的条件下，没有启用也不可能启用利率、存款准备金等手段。

传统计划体制下的经济波动都是由基建规模过大引起的。基建规模过大，财政、经济建设支出项目必然超概算，一般还要出现赤字。在当时的体制下，预算赤字只能通过向银行透支来弥补，引起货币过度发行。在价格受到严格管制的条件下，经济过热、总需求水平过高等失衡现象不是通过物价水平的上涨来表现，而是通过过度短缺及黑市价与国家牌价之间的巨大差别来表现。在失衡调节时，主要手段也不是货币政策，而是调整计划、削减预算；在建项目停建、缓建或下马；甚至进城当工人的农民重返农村。如果说货币政策还有些作用的话，那就是配合计划规模的调整而削减贷款计划及加强现金管理等。显然，在这种体制下的货币政策的重要性是无从谈起的。

改革开放以来，中国经济增长的根本变化就是已从财政主导型变为金融主导型。经济货币化程度的提高必然导致货币和财政两大政策在宏观调节体系中发生变化。其实，西方国家几十年来的宏观调节实践也印证了“货币政策至关重要”这一命题。

第二次世界大战后，西方国家纷纷采纳凯恩斯主义的政策建议，重视运用财政政策刺激有效需求，在战后生产能力大量闲置的条件下，这种改革选择给西方带来了二十余年的经济繁荣。到了20世纪70年代初期，由于石油输出国组织的垄断提价及西方各国经济体系内部过度需求的累积，出现了普遍的高通货膨胀和经济增长相对停滞的并发症。在这种条件下，一些国家的政府相继采纳货币学派的政策主张，开始重视货币政策，把货币政策作为宏观经济调节的主要工具，从货币供给增长率控制入手来抑制有效需求的扩张水平。

为了强调货币政策的重要性，现代货币主义的领袖米尔顿·弗里德曼曾把“唯有货币重要”的命题一分为三：（1）长期名义收入水平变动取决于货币供给增长率的变动；（2）通货膨胀无论何时何地都是一种货币现象；（3）经济周期充其量不过是货币的舞蹈。从而将“货币政策至关重要”的观点推到了极致。

三、中国经济转型时期的货币政策

中国经济正处于转型时期，所谓“转型”，含义有二：一是经济体制转型，即从传统的计划经济体制转变为市场经济体制；二是发展的转型，也就是原来的粗放、低效成长方式转变为集约和高效成长方式。在这一转变过程中，宏观经济运行会面临各种各样复杂的问题，因此，要求货币政策发挥举足轻重的调节作用。

首先，经济转型要有一个稳定的宏观环境，特别是在抑制通货膨胀和适当压低失业率方面，有不少亟待解决的难题。20 世纪 90 年代初期实施紧缩性货币政策，降低了通货膨胀率，但随之而来的问题是大量国企工人的失业或下岗，有人认为这只是一种体制因素造成的结构性现象，但全社会生产能力大量闲置及企业产成品库存猛升的事实，似乎又使人们对货币政策的调节方向和力度是否适当心存疑惑。不论人们的看法如何，在宏观调控体系中货币政策对经济成长的影响力确实存在。

其次，中国目前已有 3 万多亿美元的外汇储备，世界排名已晋升至第一位，这一事实就说明作为货币政策在开放经济中的延伸——外汇管理和汇率政策方面应当扮演一定的角色。我国不断增加的外汇储备和经常项目盈余，要求货币政策应该在宏观经济运行中发挥更大的调节作用。

最后，中国的证券市场正在蓬勃发展，面临良好的历史机遇，从世界各国的发展实践看，直接融资和间接融资从来都是共生共荣、相辅相成的关系，而不是像有些人认为的那样，发展直接融资就会对间接融资特别对国有银行的运营造成危害。在加速证券市场培育过程中，中央银行始终有一个恰当运用货币政策对股票、债券市场进行支持的问题。如果货币政策能够与证券市场加速发展的大背景相配合、相协调，则我国对宏观调控的微观基础进行重新构造，促进经济发展的目标就能顺利实现。

第二节 货币政策目标和中间指标

一、货币政策的实施顺序

货币政策实现宏观经济调节的方式是，首先确定一定的最终调节目标，然后根据经济条件的实际发展选取一定的中间指标，最后运用一定的政策工具去具体实施。其环节实施顺序如下：

货币政策→工具变量→中间变量→最终目标变量→货币政策之外因素

货币政策的制定者是中央银行，政策工具是中央银行的法定存款准备率、再贴现政策和公开市场业务等。中间变量即货币政策的中间指标，它既与工具变量有密切的联系，又能通过对社会总支出的影响，来实现最终政策目标。从各国经济学界已经提出的中间指标来看，目前有利率、货币供应量、股权收益率和国内信用增加额四种。每一个工具变量都有可能影响多个中间指标，同一个中间指标也可能受多个工具变量的影响，但只要中间变量受货币政策影响较小，并能比较稳定地促进最终政策目标的实现，货币政策的有效性就是不容置疑的了。货币政策的最终目标是国家宏观经济政策的最终目标。在西方，最终目标由四个目标构成，即充分就业、物价稳定、经济增长、国际收支平衡。

二、目标间的统一与冲突

在上面的四项目标中，经济增长一般都以实际GDP增长速度为代表，因而，在不损害其他三项目标的情况下，各国的实际GDP增长率越高，政策选择的总量效果就越佳。物价稳定，显而易见就是较低的通货膨胀率。从各国情况看，物价绝对稳定甚至某年出现下降的情况不是没有，但十分少见，一般都呈现程度不同的通货膨胀。按照西方现在流行的通货膨胀属性标准，年率在3%以下，就可视为低度通货膨胀。这因而也可作为物价稳定的数量界限。充分就业，按照凯恩斯的原意，是没有“非自愿失业”的状态，但现在西方经济学家较为流行的看法是，工厂开工率不低于96%，也就是说，包括机器、设备、工人在内的广义失业率不超过4%，就可大体认做是充分就业状态了。国际收支平衡，其意义是明显的，我们在国际金融部分业已提到，这里就不再讨论了。

在上述四个目标的实施过程中，常常会产生一定的摩擦。在通常情况下，经济增长与充分就业目标的调节方向是一致的。但这两项目标与物价稳定之间，却常出现矛盾。从各国经济发展的历史经验看，当经济增长水平较高并且失业率较低时，物价水平却常常出现上涨现象。在一定时期内，如果以物价稳定为目标，却往往要以经济增长损失或某种程度的失业率为代价，著名的菲利普斯曲线就描述了这种失业与物价稳定间的替代关系。

1958年，菲利普斯发表了有关失业与货币工资变动率间关系的英国实例研究，指出货币工资变动率与失业水平间有逆向变动关系。后来，经济学家们以通货膨胀率取代了早期的货币工资上涨率指标。

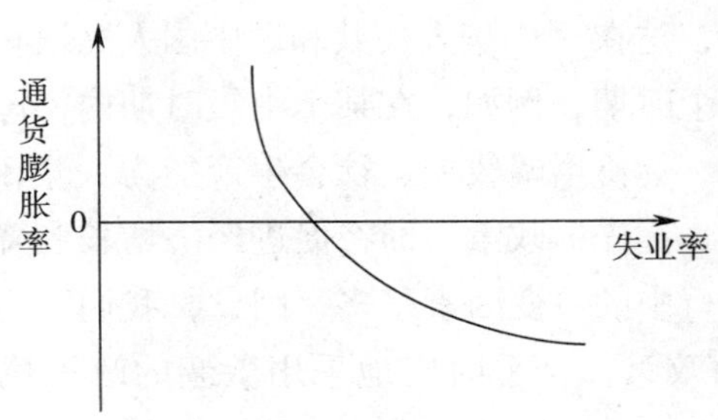

图22-1　在不存在通货膨胀预期时通货膨胀率与失业率之间的关系

20世纪70年代西方国家陷入“滞胀”境地后，通货膨胀率与失业率或经济增长率之间的交替关系据说发生了改变，出现了曲线向右上方推移的现象。应当说，这种现象背后的原因是十分复杂的，讨论这个问题也不是本书的任务。只是有一点，即菲利普斯曲线描述或揭示的物价稳定与经济增长及充分就业之间存在矛盾在一定条件下是不容置疑的。

既然四项最终调节目标的实施存在着摩擦，那么怎样解决呢？第二次世界大战后，西方几个主要国家走出了两条各不相同的路子：一是采取以物价稳定、通货稳定为首要目标的路子；二是根据经济波动状况，时而以经济增长和充分就业为首要调节目标，时而以物价稳定为首要目标的路子。

三、中国货币政策的目标顺序

研究中国货币政策的最终目标顺序，首先会遇到这样两个问题：（1）我们讨论的是中长期目标还是短期目标？（2）如果说两者都要兼顾，那么作为宏观政策主要工具的货币政策，它的调节侧重点或对象是中长期问题还是短期问题？显然，这是两个比较难以取得统一意见的问题。

要解决答案问题——无论解决得是否圆满——都应当先弄清短中长期的具体含义。在分析经济波动周期时，经济学家们曾提出了基钦波、尤格拉波和康德拉捷夫波三种经济周期假说，人们把这三者分别称为短波理论、中波理论、长波理论。大家知道，这三种波长的时间界限分别为3 ~5 年、20 年左右和50 年左右。宏观经济政策调节要解决的时间对象显然不同于这种经济波动分析中的时间长度。我们在这里可以这样划定：1 ~2 年为短期；3 ~5 年为中期；6 年以上为长期；并且，还假定，货币政策不只是解决经济运行中的短期问题，而且对解决中长期问题也有责任。这样，我们就可以分别讨论货币政策的短期目标和中长期目标问题。

货币政策中长期目标排列顺序的确定，似乎应与一个国家的经济发展阶段分析联系起来。我国所处的经济发展阶段是体制转换和经济起飞并重的阶段。这一阶段到底会经历多长时间，现在还很难确定。在整个转型阶段，中央银行运用货币政策稳定货币、保持较低的通货膨胀率，这自然是第一位的任务。从这一点可以认定，中国货币政策的长期目标是以稳定物价为主，这在《中华人民共和国中国人民银行法》中也以法律的形式作了规定。但是，如果某个时期，例如，在某个中短时期内，国内出现供大于求的情况非常明显以及失业率偏高、物价增幅较低、社会生产能力大量闲置，等等，在这种情况下似乎也不应排除采取增长优先的政策，即将促进经济增长和降低失业率作为货币政策的首要目标。中国经济运行中的可变因素很多，因此，我们不可能实行类似弗里德曼提出的“单一规划”式货币政策，合乎时宜地采用微调的政策执行方式也不失为明智之举。

四、中间指标选择：争论与经验

自20 世纪30 年代开始，英美等西方国家在运用货币政策时，都采取钉住利率的办法。即把利率作为货币政策的中间指标，当市场利率上升时，增加银行放贷，在利率下跌时，则紧缩信用供应。赞成以利率作为中间指标的经济学家认为，利率不仅能够反映货币与银行信用供给量，同时也能反映货币资金供给与需求的相对数量，也就是说，它可用以反映货币资金的相对稀缺性。同时，利率也是货币当局能迅速施加影响、控制的金融变数之一。货币当局如果采取促使短期利率上升，使借款需求和信用可供量减少，这就能作为紧缩性政策而控制了社会总需求。反之，如果用一定的措施促使短期利率下降，即松动货币政策，就可以出现相反的情况而达到扩张社会总需求的效果。但是，利率指标的有效性也存在一些值得怀疑之处：（1）以利率作为货币政策的中间指标，由于在货币政策以外，资本收益率、企业对经营前景的预期等因素都可以成为市场利率变动的引发性因素，因此，往往使人们难以在货币政策变动时准确地区分货币政策效果和偶发性的外生效果。比方说，在总需求随经济的上升而扩张时，货币需求增加，市场利率会出现上涨，如果货币当局以利率作为中间指标就会产生信号接收失误。这时如果它看到市场利率上升就采取降低利率的办法，结果会助长需求进一步扩张，实际上，这种时期要求的不是降低利率，恰恰是提高利率以抑制需求。（2）在存在通货膨胀的条件下，货币需求者（借款者）受影响的根本因素是实际资本损益，而不是市场名义利率变动带给他们的那些表面的影响。也就是说，无论对货币当局还是对一般商业银行和借款者说来，重要的、有实际制约意义的是实际利率而不是名义利率。货币当局能够观察和控制名义利率，但无法观察到实际利率，因为实际利率的变动取决于预期物价变动。当货币当局采取政策性措施促使名义利率上升时，如果同时发生物价下跌的预期，并且物价下跌的幅度超过利率上升幅度，则实际利率在名义利率提高时却下跌了。因此，以利率作为货币政策的中间指标有其难以克服的弊病。

有些经济学家不同意以利率作为货币政策的中间指标，而主张代之以股权收益率。他们认为，货币供应增加，提高对固定资本投资的需求水平是货币政策影响经济的主要途径。进行固定资本投资的主要诱因是资本设备现值和重置价值的比较，如果现有资本品的市场价值提高，提高的幅度高于重新生产资本品的成本，将诱使厂商扩张资本品的生产；如果现有资本品市场价值下跌而低于生产新资本品的成本，就会削弱厂商的生产意愿。现有投资品的价值与股权资产在证券市场中的价格以及股权收益率的变动密切相关。假定证券市场行市下落，降低了现有资本设备的价值，股权资本的实际收益率将上升。相反，资本设备价值如果上升，股权资本的实际收益率将下跌。因此，以股权真实收益率的变动作为指标有一个明显的优点，即它的变动可以随时捕捉和观察，方法就是将股权资本的市场价值指数与新投资品的价格指数相比较。如果货币政策能使前者的增长幅度大于后者，则说明货币当局采取了鼓励固定资本投资的扩张性货币政策。以股权收益率作为货币政策中间指标的问题在于：（1）各种耐久性产品的适当价格指数并不多见，因此，在特殊场合往往只能以耐久消费品物价指数来代替，这种价格指数的代表性有一定问题。（2）在证券市场，股权收益率虽然可用以反映金融投资者的看法，但却不能完全代表实际投资者的看法。在某些条件下，如在景气循环的高峰与低谷期间，证券价格受投机行为影响的程度往往高于对某项投资活动未来盈利率的合理评估。

货币供给量是以弗里德曼为代表的货币主义极力主张采用的货币政策中间指标。弗里德曼认为，通货膨胀纯粹是一种货币现象，在通货膨胀和失业之间不存在什么交替关系。因为在没有货币因素干扰的情况下，劳工市场和商品市场自发进行调节时，会由于市场摩擦、实际收入、税率、失业津贴等社会制度性因素产生“自然失业率”，这种自然失业率无论如何是单纯靠货币因素所纠正不了的。从短时期说，通货膨胀可能会减少一些失业。但是，在通货膨胀条件下，货币工资很可能不会同物价增长一样快。雇主较快地感到工资在下跌，于是将提高对劳动力的需求量。而被雇用的工人则不会马上调整自己对价格的预期，他们很可能相信货币工资提高了等于是实际工资也提高了，于是就增加劳动力供给，自愿就业。这是短时期内通货膨胀能减少失业的原因。但从长时期看，一旦工人了解到通货膨胀已使他们的实际工资下降以后，就会调整预期，减少劳动力供给，要求提高工资才愿意增加劳动力供给。所以，从长时期看，通货膨胀既不能消灭失业，也不能成为实际收入增长的决定性因素，凯恩斯主义的需求管理政策是无效的。货币需求增长率从长时期看是稳定的，因而只有采取稳定货币供给增长率的办法，才能有力地消除通货膨胀。为了保证经济的繁荣和稳定，中央银行货币政策的基本任务应是按照大约等于经济的实际增长率来稳定地控制货币供给的增长率。

弗里德曼提出了“单一规则”的货币调节政策，即在经济增长率为3%～4%的情况下，每年的货币供给增长率控制在4%～5%的增长速度上，保持1%～2%的超速增长，这样就可以使经济增长和物价稳定的两个宏观经济目标同时实现。当然，以货币供给量作为货币政策中间指标的主张也遭到一些批评，这些批评大都集中于货币主义关于货币需求的重要假设上。因为如果货币需求和货币流通速度不稳定，以货币供给作为货币政策的观察指标就不可靠。如拉德克利夫委员会认为，银行以外的金融机构在创造信用与信用扩张传导过程中也能起到相当重要作用，因此，中央银行用货币政策调整供给量的变动率，有时因为银行以外金融中介机构的影响，可能促使货币流通速度发生相反方向的变动，这就会抵消货币供给作为中间指标实施货币政策的效果。尽管如此，美国等一些西方国家目前还是以货币供给作为货币政策的中间指标。

20世纪60年代末期，美国一些经济学家指出，货币供给量的中间指标应该修正，而改用国内信用增加额指标。所谓国内信用增加额，就是经过对调整国际收支的盈余和赤字以后反映货币供给量变动的指标。其数额相当于国内货币供给量加上国际收支赤字或扣除其盈余。他们认为，货币供给量的变动在很大程度上要受国际收支状况的影响。如果按照货币主义的主张，把货币供给量作为货币政策的中间指标，这实际上是假定货币供给与总支出和国民收入之间有密切联系。但是，在开放经济体制下，总需求增加了也会促使商品的国外输入随之增加，这就可能导致或扩大国际收支赤字，这种赤字表示实际货币供给将减少，或可能减缓货币供给的增长速度。因为商品输入增加，最初进口商将以存放国内银行的存款兑换外汇，国内银行接着就要向货币当局或外汇管理当局以本币买入外汇。在政府部门对银行借款需求不变的情况下，可能就要收回其对银行体系的部分负债，国债发行额将减少，银行持有的国家债券数额将减少，货币供给就会出现收缩或增长速率下降的现象。因此，在开放经济体系条件下，那些对国际贸易依赖甚深的国家如果单纯以国内货币供给量视为观察货币政策对整个经济影响的指标，就不容易反映国际收支状况对经济的重大影响。因为在这些国家中，通货膨胀将由国外传导到国内从而促使国内货币关系发生变化，这就会使得货币收入、物价水平与国内货币供给之间关系的密切程度降低。上述观点对货币主义以货币供给量作为货币政策中间指标的非难虽然有一些道理，但实际上，国内信用增加额指标也就是一个未对国际收支状况影响进行调整的货币供给指标，它们本质上没有什么差异。因此，只要货币供给与社会总支出之间关系紧密，国内信用增加额就完全可以作为货币供给量的一个辅助观察指标。

从上述分析可见，目前西方各国最适宜作为主要货币政策中间指标的还是货币供给量，因为它不仅具有能直接影响总需求水平的特点，而且便于中央银行控制操作，与利率和股权收益率两指标比较来说，其受外界非货币政策因素的干扰要相对少些。那么，在目前情况下，我国选取哪一个指标作为货币政策的中间指标比较合适呢？

五、关于我国货币政策中间指标的选择问题

从我国实践情况来看，从货币政策到社会总支出的变动控制，长期以来选择的中间指标有两个：一是货币供给量，二是利率。对于这两个指标在货币资金供求中各自扮演的角色，货币供给直接在供给数量方面起调控作用，利率则主要在货币资金需求的控制方面起作用。

就货币供给量说，它既可以用间接的手段，如法定准备率、再贴现率等手段进行控制，也可以用直接手段如买卖政府债券及综合信贷计划手段进行控制。而利率手段，它是一个通过利益调节机制主要起间接制约货币需求水平的指标。利率是否可以选作货币政策的中间指标，关键还要看它与社会总支出关系的密切程度。从我国的情况说，构成社会总支出的基本内容有两项：一是投资支出，二是消费支出。消费支出是城乡居民货币收入中用于消费的部分。城乡居民的货币收入一般都分为消费支出、银行储蓄和现金保有余额三部分。在总收入量不变的条件下，这三者之间是此消彼长的替代性数量关系。因此，如果储蓄和现金余额有较高的利率弹性，那么就说明利率能够对消费性支出产生重要影响，或者换句话说，消费支出有较高的利率弹性。从实证研究看，我国利率变动对消费支出有不可忽视的影响，但很难证明对其有决定性影响。那么，我国的投资利率弹性如何呢？必须承认，直到目前为止，我国投资的利率弹性还是相当低的。这不仅是因为我国资金长期处于紧缺状态和利率水平较低，而且还在于旧的经济体制下脱胎出来的国有企业软预算约束习气，至今还没有得到根治。国有企业还在很大程度上依赖国家的支持，即使经营不善出现了亏损，企业也总是指望能够通过讨价还价，从减免税

收、财政补贴和银行贷款停息挂账等方面得到补偿，资金使用效益的好坏，并不直接影响企业经营者的切身利益。因此，企业对投资的需求没有一个自我抑制调控的机制，利率水平即使不低也很难对其起到制约性的作用。投资的利率弹性过低，而利率对消费支出也不能产生决定性的影响，也就是说，它与社会总支出之间关系不够密切。因此，把利率作为我国货币政策的中间指标就显得不太合适。

在相当一段时期内，货币供给量都是我国货币政策最常用的中间指标。因为只有货币供给量才是既方便中央银行控制，又能有效地影响总支出水平的指标。在实践工作中，我国货币政策重点监测、分析的指标和调控中间目标是广义货币 M_2 和新增人民币贷款，进行货币政策的操作。在某些年份，新增人民币贷款甚至比 M_2 受到更多关注。通常来说，衡量一个指标能否作为调控的中间目标，有两个重要标准：一是它与最终目标的关联性，二是它的可调控性。由于近年来我国金融总量快速扩张，金融结构多元发展，金融产品和融资工具不断创新，新增人民币贷款已不能准确反映实体经济的融资总量。商业银行通过银行承兑汇票、委托贷款、信托贷款等表外业务绕开贷款规模，并对贷款表现出明显的替代效应。同时，证券、保险类机构对实体经济资金支持加大，直接融资快速发展，非银行金融机构提供的资金和直接融资已经成为社会融资的重要来源。在这种局面下，新增人民币贷款已不能完整反映金融与经济关系，也不能全面反映实体经济的融资总量，已经成为货币政策中间目标选择需要关注的现象。

2011 年，中国人民银行推出社会融资总量的指标，用于充当货币政策中间目标。具体来说，社会融资总量 = 人民币各项贷款 + 外币各项贷款 + 委托贷款 + 信托贷款 + 银行承兑汇票 + 企业债券 + 非金融企业股票 + 保险公司赔偿 + 保险公司投资性房地产 + 其他，这一指标为一定时期（每月、每季或每年）的新增量。这一指标从机构看，涵括了银行、证券、保险等金融机构；从市场看，包括信贷市场、债券市场、股票市场、保险市场以及中间业务市场等。计算公式中的“其他”融资项目主要包括小额贷款公司贷款、贷款公司贷款、产业基金投资等。未来条件成熟，如私募股权基金、对冲基金等也将计入社会融资总量。

目前，中国人民银行已经开始定期统计并发布社会融资总量指标。但也有观点认为，社会融资总量实际上很难取代社会货币总量作为货币政策调控的中介目标。虽然社会融资总量作为中间目标优于新增贷款，但是仍需紧密关注银行信贷的扩张速度，因为信贷可通过货币乘数创造货币，从而影响总体流动性，而包括股票和债券在内的直接融资不创造货币。此外，社会融资总量获取存在一定的难度。由于各种融资渠道多且分散在不同市场，监管部门也不同，要确定和保持合理的社会融资规模和节奏非常困难，这一目标在具体操作上面临很多技术难题。而中国人民银行认为，社会融资总量作为货币政策中间目标，与货币政策最终目标关联性更显著，适合我国融资结构的变化，符合宏观调控市场化方向。可以预期，未来这一指标在我国货币政策的操作中必将承担重要的角色和功能作用。

第三节　货币调节的传导机制

一、内部传导机制与外部传导机制

中央银行制定货币政策后，在这一政策的正式贯彻和达到调节目标之间有一个内在机制在起作用。这个机制实际上可一分为二：一是内部传导机制，即从货币政策工具选定、操作，直至金融体系货币供给收缩或扩张的内部作用过程；二是由中间指标发挥外部影响，亦即对总支出起作用的过程。只有全面了解这两个传导过程，才能对货币调节传导机制有一个完整的认识。

二、内部传导机制

我们知道，经济体系中的货币扩张是通过基础货币的乘数作用实现的，因此，货币调节内部传导机制问题实质就是货币扩张决定因子的特性问题。从对货币供给决定机制的推导中，我们大致可以得出如下一些结论：

首先，从最抽象的意义上说，货币供给量为基础货币的倍数，即 $M_s = mB$ 。式中，M_s 为货币供应量，B 为基础货币，m 为乘数因子。

其次，货币乘数值的高低，由中央银行规定的法定活期存款准备率、商业银行决定的定期存款比率、超额准备率及社会大众自愿保有的通货比率共同决定，即 $m = \frac{(1+s)}{(r+bn+w+s)}$ 。式中，s 为公众持有的现金占活期存款比率；r 为法定活期存款准备率；bn 为公众保有的定期存款与活期存款比率；w 为商业银行保有的超额准备金与其负债总额的比率。

再次，社会大众希望保有的通货比率由其实际收入水平、银行存款利率等因素决定，即 $c = f(Y, id, o)$ 。式中，Y 为实际收入；id 为银行存款利率；o 为上述两因素以外的其他影响因素。

最后，银行希望保有的现金比率，主要受放款与投资利率的影响，即$K=f(i)$。式中，K 为银行保有的现金比率。

由上述几点，货币供给函数可表示为

$$M_s = f(B, i, id, Y, o)$$

货币供给的扩张是由货币扩张乘数决定的，而扩张乘数向何方向变动，则取决于影响扩张乘数各因素的特性。下面我们分别介绍这些影响因素。

1. 通货比率（S）。通货比率是大众保有的现金对活期存款的比率。通货比率发生变动，即社会大众保有通货的比重发生了变化，这将影响银行创造存款货币的数量。第一，作为一种交易手段和支付手段，通货是所有金融资产形式中流动性最高、最便利的一种。因此，人们都有保有现金的偏好，通货比率在很大程度也取决于这种偏好，偏好程度如果提高，现金（通货比率）也要提高。第二，货币作为一种贮藏手段，它与其他金融资产有很强的替代关系，其他金融资产收益率的变动，将影响保存现金的机会成本。若银行存款的利率提高，通货比率由于人们保有现金成本的提高就会降低。第三，通货比率既然是现金与活期存款的相对比例关系，显然，活期存款如发生变化，也会影响现金比率。第四，物价的预期变动率也对现金比率有影响。当人们预期物价上涨时，一般都要采取购物保值的办法。人们手持现金增多，通货比率在短期内也会提高。第五，政局不稳或战争等偶发因素也会提高通货比率。

2. 定期存款比率（n）。所谓定期存款比率是指大众保有的定期存款余额对活期存款余额的比率。影响定期存款比率的因素主要有：（1）定期存款利率。该项利率提高，将促使银行客户调整其金融资产结构，使定期存款额相对增加；反之，如果降低利率，定期存款比率将下降。（2）其他金融资产收益的变化。假如其他金融资产收益率相对提高，人们保有定期存款的诱因就会减弱，银行客户将调整其金融资产结构，减少定期存款数额，定期存款的比率就要下降。（3）公众收入水平的变动也影响定期存款比率。一般地，收入提高，定期存款比率也提高。反之则相反。

3. 法定存款准备比率（r）。法定存款准备比率是银行金融机构依中央银行的法令规定缴存的准备金对其存款负债总额的比率。这一比率为活期存款与定期存款法定存款准备率以存款余额为权数的加权准备率，即

$$r = \frac{rd + rt}{1 + t}$$

式中，rd 为活期存款的法定准备率，rt 为定期存款的法定准备率，t 为定期存款比率。定期存款比率上升，法定存款准备率将降低；反之，定期存款比率降低，法定存款比率将提高。因为定期存款比率与定期存款利率是正相关关系，所以，在一般情况下，当定期存款利率提高或其他金融资产收益率相对降低时，法定存款准备比率将随之降低。在银行金融机构吸收准备率各异的存款，而且对业务不同的银行实施差别准备率的金融制度下，存款种类的不同、各类存款余额比率的变化以及各类金融机构吸收存款余额的变化，都将导致法定存款准备比率的变动。

4. 超额准备比率。所谓超额准备比率是指银行保有的超额准备金占其负债总额的比率。超额准备就是各银行实际保有的现金资产（或为库存现金，或为存放中央银行的存款）超过法定准备金的部分。影响超额准备的主要因素有：（1）市场利率。超额准备是银行的不生利资产，市场利率即是超额准备金的机会成本。因此，市场利率上升，银行贷款或投资的利率也要相应提高。保有超额准备的相对损失就要加大，银行就要降低超额准备。所以，超额准备比率与市场利率是负相关关系。（2）再贴现率。在银行贷款和投资收益水平不变的情况下，如果中央银行降低再贴现率，商业银行向中央银行融通资金的成本降低，其生利资产的收益相对提高，这促使银行降低超额准备水平去扩张信

用，反之，如果中央银行提高贴现率，商业银行由于向中央银行融通资金的成本提高，在一般情况下，就会保留较多的超额准备，超额准备率就有相对提高的倾向。（3）社会大众对现金和定期存款的偏好程度。当大众纷纷提取现金时，通货比率提高，银行的库存现金或存放中央银行的存款将减少。银行为防止进一步地提取现金，就要保有较多的超额储备，超额储备比率就要相对提高。如果大众偏好定期存款，将保有的现金货币和活期存款转存定期存款，定期存款比重上升，由于定期存款法定准备率相对活期存款要低些，定期存款的大量提存风险也远远小于活期存款，银行保有的超额准备自然会减少，超额准备率将随之降低。此外，中央银行的货币政策和商业银行的经营态度等因素，均能通过影响银行的超额准备而使超额准备率降低和升高。

三、外部传导机制

货币供给的根本作用在于为再生产过程注入货币，从调节经济运行的角度看，货币供给作为货币政策发挥作用的基本途径之一，通过向再生产过程中注入货币，其决定性的作用在于影响社会总支出水平进而调节社会总供给与总需求的矛盾关系。在市场机制充分发挥作用的条件下，社会总供给与总需求的矛盾关系不仅影响着经济成长的稳定程度，而且还直接影响着经济成长的速度与质量。正因为这一点，货币供给也是国家对宏观经济进行调节的一个重要手段。

无论是紧缩性的货币政策还是扩张性的财政政策，最终都要达到通过货币供给量的减少和增加来影响社会总支出（总需求）的变动。因此，在货币供给量与社会总支出之间的必然性因果联系中，存在着具体的、使货币政策得以实现其预期目的的传递机制。货币政策的实现效果，首先要看货币供应量的变动能否有效地通过这些中间传递机制，与最终支出发生必然的因果联系。如果货币供给量与中间传递机制之间有因果联系但最终支出无变化，说明货币政策无法发挥其作用；如果货币供给量与中间传递机制之间因果关系不存在但最终支出也会发生变化，则说明最终支出的变化并不是由货币政策发挥作用的结果。在金融体制、金融深化程度不同的国家中，由货币供给量到社会总支出的传递机制是有差异的。并且，由于货币供给的传递过程也是一个颇为复杂的经济现象，即使在同一金融体制的国家，许多经济学家的分析也有一定分歧。

对发达市场经济条件下货币供给影响最终支出的传递机制问题，到目前为止，西方经济学家们大体有三种看法：（1）认为货币供给量通过财富效果影响最终支出；（2）认为货币供给量通过资产结构选择效果影响最终支出；（3）认为货币供给量是通过提供信用供给可能量影响最终支出。

（一）货币供给量→财富→最终支出的传递过程分析

所谓财富一般是指实物财产、人力财产和金融资产，假定货币供给与财富之间存在因果关系，货币数量增加，社会的净财富亦随之增加。但财富增加能否最终影响总支出水平，则必须考察财富与总支出之间的关系，由此才能看出财富效果能否实际发挥影响总支出的作用。据分析，财富存量的变动通过下列途径影响实物经济部门的行为：

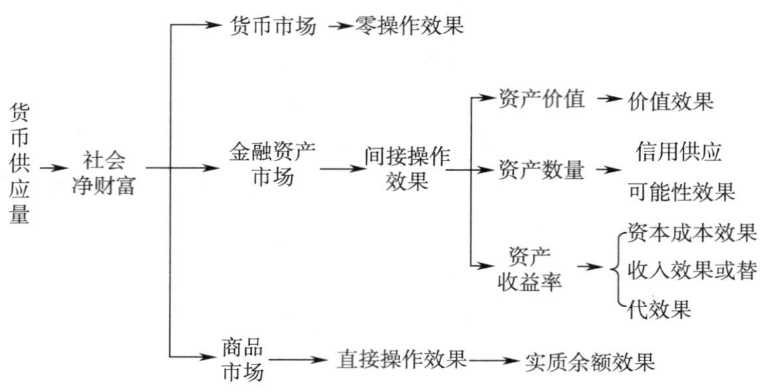

图 22－2

（1）货币市场：当货币供给量增加时，如果大众把增加的货币用于窖藏，新增货币就会成为闲置资金而对总支出水平不发生影响，这时，尽管货币政策能增加净财富，但其操作效果为零。

（2）资产市场：货币供给增加使各家庭的财富增加，各家把增加的货币用于金融资产投资，资产市场上的金融资产需求会随之增加。企业在货币供给增加后，由于自有货币资产比以前充裕了，就会相应减少以债券或股票形式筹措资金的数额。金融机构因为准备金情况改善，会增加其生利资产，这也会提高对金融资产的需求水平。由货币供给量增加产生财富效果，将透过资产市场的供给与需求两方面，改变经济主体保有金融性资产的数额，各项金融资产保有结构、价格、市场利率的相对变化，将决定资产市场影响最终支出的效果。通过金融资产数量发生的操作效果，称为信用供应可能性效果；通过资产价格产生的效果，称之为价值效果；通过资产收益率或市场利率产生的效果分别称之为资本成本效果和收入效果或替代效果。

一般而言，如果金融资产的价格发生变动，保有金融资产的主体在短时间内把处理金融资产所得用于消费支出，发生资本损失或收益的绝对金额越大，或在无法预期资产价值将再度恢复到原先水准的情况下，资产价值变动与最终支出之间的关系越为密切，这是价值效果发挥作用。在资产收益率或市场利率变动情况下，通常长期投资对利率的变动较为敏感。并且市场利率上升时，将使定额资产的收益率会随之提高，金融资产的保有者收益提高，其消费支出会增加，但支付利息者收入会减少，消费支出将减少，于是净收入效果为零。如果各项金融资产的收益率发生变化，经济主体保有金融资产的数量会随之变化，可能会减少金融性资产的保有而购进实物资产，这将增加消费支出。

（3）商品市场：家庭部门保有的货币增加了，其消费支出会随之增加，此种行为影响商品市场而产生的诱发性财富效果，帕廷金称之为实质余额效果。

（二）货币供给量→资产结构调整→最终支出的传递过程分析

詹姆斯·托宾描述分析的这种传递过程如下：假定中央银行采取扩充性货币政策，

减少各银行在该行的特别存款金额，遂使商业银行的法定准备减少而形成超额准备。如果银行用这些超额准备扩充其生利资产以增加收益，那么，运用超额准备的方式有两种：一种方式是用做商业放款。如果原来银行的放款市场处于均衡状况，现在需求水平不变，银行增加放款，该市场就会出现超额供给。银行如果根据实际情况调低贷款利率用以刺激需求水平，银行放款市场就会在较低的利率水准下再度恢复均衡，银行的存款将随着银行贷款的增加而增加。另一种方式是向社会大众买进政府债券。如果政府债券供给水平为一定，因为银行的购买而产生超额需求，导致债券价格上升与债券收益率下降以消除超额需求。债券价格提高可能使需求减少，也可能造成债券供给增加。于是政府债券市场再度恢复均衡，银行买入政府债券将使大众保有的银行存款增加。

总之，商业银行无论采用两种超额准备运用方式的哪一种，都将破坏原来货币市场的均衡，产生超额货币供给。当然，在政府债券上涨和债券收益率下降时，也可能产生新的货币需求，缓和超额货币供给的压力，但由于超额货币供给仍然存在，资产结构失衡的调整过程仍会继续进行。债券保有者将以价格较低的股权资产代替政府债券，于是股权需求将增加，这造成股权市场的失衡，股票价格会上涨，收益水平会降低。厂商以股份资本形式筹集资金的成本亦会随之下降，这将诱使厂商发行股票，购进生产要素。这样，股票市场恢复了平衡。但是，资本品市场由于超额需求出现供求失衡，这促使边际投资改善，使其产生正的收益，结果，资本品的产量、生产资料部门的就业量和收入水平乃至于整个社会的收入水平都因此得到提高。整个社会收入水平提高，交易性货币需求将随之增加，原来的货币市场中的超额供给也将被吸收，这样，整个社会的资产结构再度恢复平衡。

可见，货币供给通过资产结构失衡和不断调整、选择机制实现了社会总支出的扩张。

（三）货币供给量→信用供应量→最终支出的传递过程分析

假定中央银行用公开市场业务的手段向居民部门买进政府债券，流通中的货币数量会随之增加。那么，货币供给量增加对银行信用供应可能量究竟有何影响呢？首先，中央银行的公开市场操作将使商业银行的实际存款准备增加而产生超额准备，银行可以以之作为扩张信用放款来源。其次，公开市场操作将影响政府债券的价格，政府债券价格提高即收益率降低，在一般情况下，这使得政府债券的利率与银行放款利率之间的差距缩小，银行放款利息收益相对提高诱使其以银行放款替代政府债券的保有。但是，即使货币供给量的增加可能导致银行信用活动的扩张，全社会的信用总量能否随之增加，这中间并没有肯定的因果关系存在。因为银行信用只是全社会信用总量的一个构成部分，只有全社会信用总量增加了，社会总支出水平才能提高。因此，银行信用对总支出水平的影响，关键看银行信用与全社会信用总量之间的因果联系是否密切。

银行信用对全社会信用量之间的关系，实质上就是银行信用之间的关系。这两种信用与非银行信用之间的关系一般情况下有三种情况：（1）非银行信用的变动与银行信用无关，在这种条件下，银行信用增加，亦即全社会信用总量的增加；（2）银行信用与非银行信用之间具有相辅相成的特性，银行信用扩充，非银行信用也随之扩张；（3）银行信用与非银行信用之间具有明显的此消彼长的替代关系。在这种情况下，银行信用量扩张就不能引起全社会信用量的扩张。如果第三种情况不出现，无论在第一种和第二种情况下，由货币供给量增加造成的信用可能量增加都会提高社会总支出水平。

在上述三种传递机制中，多数经济学家认为货币供给通过资产结构失衡影响总支出水平的效果比较显著，能够经得起实证检验。

四、货币政策传导机制理论的新进展

货币政策传导机制理论是货币政策理论中最重要的内容之一。对货币政策工具如何发挥调节作用的外部传导机制，多年来占主流地位的是利率传导机制分析。20 世纪 80 年代中期以来，一种新的货币政策传导机制假说开始抬头，90 年代以后引起了许多经济学家的注意，这就是信用传导机制假说。

信用传导机制假说的核心观点是：（1）货币政策在实施调节时除通过利率机制发挥作用外，还能通过信用机制独立地发挥作用；（2）即使有了发达的金融市场，但资金需求者也不能不在融通资金上依赖银行；（3）中央银行扩张或紧缩性货币决策，一般都通过银行借贷渠道和借款者的资产负债表渠道产生调节效应；（4）由于金融市场本身的缺陷及制度性条件的限制，货币政策可以通过影响全社会信用总额和银行贷款总额的方式对投资及经济景气状况施加影响。

（一）信用传导机制中的银行借贷渠道

运用银行借贷渠道是一种典型的信用传导机制理论。这种观点认为，在信息不对称环境下，商业银行的资产业务与负债业务一样，具有独特的政策传导功能。换言之，银行贷款与其他金融资产（如债券）不可完全替代，特定类型的借款人的融资需求只能通过银行贷款得以满足，从而使得货币政策除经由一般的利率机制传导以外，还可通过银行贷款的增减变化进一步强化其对经济运行的影响。伯南克与布林德以一个类似于 IS－LM 模型的理论框架（见图 22－3）率先对货币政策如何经由银行借贷传导进行了正式探讨，其传导机制可作如下表述：$R\downarrow \Rightarrow M\downarrow \Rightarrow D\downarrow \Rightarrow L\downarrow \Rightarrow I\downarrow \Rightarrow Y\downarrow$。

随着紧缩性货币政策的实施，商业银行可用准备金 R 减少，货币供应量 M 随之下降，银行活期存款亦相应萎缩，当银行资产结构基本不变时，银行贷款 L 的供给也被迫削减，结果在因利率普遍升高而抑制投资 I 的基础上，致使那些依赖银行贷款融资的特定借款人进一步削减投资，国民收入 Y 随之滑落。图 22－3 形象地描述了这一过程：当货币紧缩时，一方面 LM 曲线左移，致使利率升高，产出减少；另一方面由于银行贷款供给随之减少，CC 曲线（代表商品与信用市场同时出清）也相应左移，导致产出进一步减少。模型中 i_2（表示银行贷款利率）低于 i_1（表示一般利率），反映了信用配额行为的存在；但必须指出，信用配额并非这一传导机制的必要条件。

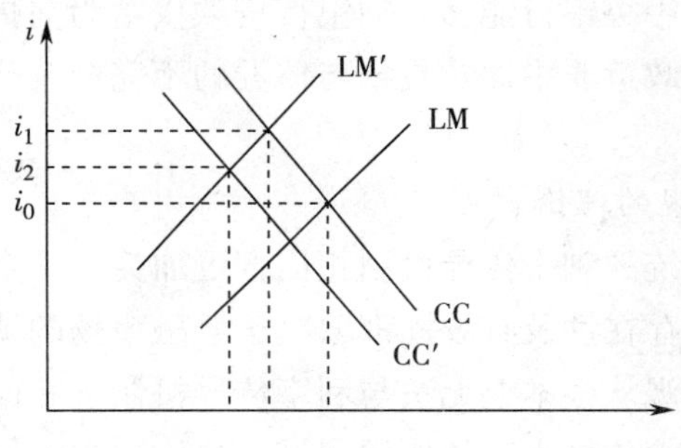

图 22－3　CC－LM 模型

银行借贷渠道观点表明，即便存在如凯恩斯所述的流动性陷阱，以致于利率传导机制根本无效，货币政策也可通过信用供给的变动造成 CC 曲线移动，从而继续发挥作用。由此可见，银行借贷为货币传导提供了另外一条重要渠道。

显而易见，上述传导机制的存在必须满足一定的条件。一般认为，银行借贷传导模型成立的前提有三个：（1）货币政策非中性，即货币能够对真实经济产生影响。（2）银行贷款与债券至少对于部分借款人而言是不可完全替代的。换言之，当货币紧缩时，特定借款人无法通过直接融资抵消银行贷款的减少。（3）中央银行能够通过准备金操作影响贷款的供给。换言之，商业银行作为一个整体无法通过资产负债结构变动（如发行大额可转让存单、减少债券持有额等）来抵消准备金减少对贷款量的影响。

第一个前提是任何货币政策传导机制理论都必须暗含的假定，否则探讨本身就缺乏现实意义。第二、第三两个前提也不可或缺，否则银行贷款与债券将成为完全替代品，信用机制观事实上与利率机制观一般无异。由此可见，银行借贷机制的存在必须以同时具备上述三大前提为基础，缺一不可。

（二）资产负债表渠道

资产负债表渠道又被称为财富净额渠道，在表现形式上非常接近银行借贷渠道，即同样认为货币政策对经济运行的影响，可以经由特定借款人受信能力的制约而得以强化。然而实质上二者存在显著差异：前者从银行贷款供给角度解释信用对经济的独特影响；后者从不同货币政策态势对特定借款人资产负债状况的影响角度，解释信用在传导过程中的独特作用。资产负债表渠道的具体传导机制如下：

$$R\downarrow \Rightarrow M\downarrow \Rightarrow i\uparrow \Rightarrow NCF,\quad Pe\downarrow \Rightarrow \text{资产状况恶化} \Rightarrow L\downarrow \Rightarrow I\downarrow \Rightarrow Y\downarrow$$

随着货币供给减少与利率的普遍上扬，借款人的资产状况将从两方面遭到削弱：（1）从净现金流量看，利率的上升导致利息等费用开支增加，从而直接少净现金流；销售收入下降则从间接渠道进一步减少净现金流。（2）从资本价值看，利率的上升意味着股价的下跌，从而现有资本品的价值随之减少，资产状况相应恶化。由于上述原因，借款人担保品价值下降，贷款的逆向选择与道德风险问题趋向严重，结果部分资信状况不佳的借款人既无法从市场直接融资，又无法获得银行贷款，导致投资与产出额外紧缩。

资产负债表渠道不以中央银行能够影响银行贷款供给为前提，因而适用范围更加广泛，但同样需要满足货币政策非中性及贷款与债券的不完全替代性两个基本前提，否则无从发挥作用。

（三）信用传导机制观的理论意义

信用传导机制观与传统的利率传导机制相比，更加突出了金融市场缺陷对货币政策传导机制的影响，因而其存在性及有效性都取决于金融市场的缺陷程度究竟有多深。这一方面使得信用传导机制观从根本上无法与利率传导机制观相匹敌，而只能在后者基础上发挥补充与强化货币政策传导力度的作用；另一方面也成为信用传导机制观受到怀疑与抨击的根源。尤其在金融管制日益放松，直接融资日益普遍的发达国家，即便从历史角度看信用传导机制曾发挥过独特作用，也令人很难相信信用传导机制依然行之有效。由此可见，信用传导机制观要想真正在货币政策理论中据有一席之地，除继续完善现有理论框架，对金融市场缺陷提供进一步的微观经济解释外，更为紧迫的任务是尽可能找到令人信服的实证证据。

然而信用传导机制观的提出毕竟对于理解货币政策传导过程意义重大。实际上，如果的确存在一条独立于利率传导机制的信用传导渠道，那么至少将在以下方面对经济运行与经济理论产生重要影响：（1）由于无须依赖利率的变动，货币政策操作即可影响投资及经济景气状况。这将意味着至少中央银行的政策操作必须相应调整，如将社会信用总额、银行贷款总额等经济变量列入经常性观测的中间变量范围等。（2）现代投资与存货理论模型通常以公开市场利率作为融资成本指标，因此可能对投资与存货直接受货币政策影响的力度估计不足。例如，经验研究往往发现存货与利率的相关性不强，但如果信用机制观成立，则据此推断紧缩货币政策不能有力影响存货行为显然是错误的。（3）由信用传导机制观可知，信用传导渠道的效果受金融市场的许多制度性因素影响，如非银行金融机构的发展、银行业在融资过程中受到的约束等。因此，理解信用传导渠道是理解金融制度创新如何影响货币政策效力的先决条件。（4）如果信用传导机制观成立，货币政策将发挥单一利率传导机制下不存在的分配性影响，即对不同类型经济主体的影响力度不一。如当货币紧缩时，中小型企业的生产状况恶化程度将远远高于平均水平。

第四节 货币政策效果

一、货币政策的时滞

在货币政策操作中，一般都经历了下面的过程：（1）针对一定时期宏观经济运行的主要矛盾确定调节目标；（2）选择政策工具；（3）筛选中间指标；（4）在操作中检查调节效果并在必要情况下进行适当的调整。可以看出，上述四个环节中，前两个环节的实施含有一个内部时滞，即货币当局从根据经济形势下定调节决心，到具体政策方案出笼的过程。后两个环节的实现则含有一个外部时滞，即运用货币当局选定的政策工具对货币存量进行调节进而影响总需求水平及目标变量的过程。

在正常情况下，外部时滞总要长于内部时滞。因为，宏观经济政策的重点大都是短期总量调节，它相应要求决策过程尽可能的短，或者换句话说，要求决策者的灵敏度应尽可能高。如果一项侧重于短期调节的宏观经济政策也要历经冗长的讨论、烦琐的制定程序，那么，就容易错过良好的调节时机。而外部时滞之所以相对长些，是由于在工具变量和目标变量之间还有一个迂回曲折的传导过程。而且，货币政策的目标变量不是单一、固定不变的。各国经济学家大都赞同货币政策目标有四项，即充分就业、经济增长、物价稳定和国际收支平衡。在不同时期，一国的货币政策也有不同的调节目标。这样，不同的经济制度条件、不同的工具变量以及不同的目标变量之间，自然会形成不同的堪称复杂的传导机制。例如，在多种货币政策工具中，有的工具调节效力较强，但效果常常难以预测。有的工具虽然效力不够强，但效果却很容易预知。在不同的经济条件下，选择不同的最终目标变量，即使采用相同的政策工具和调节力度，也会产生极不相同的调节效果。所有这些差别，如果从时间的角度去分析，都可以直接或间接地表现为时滞问题。

对于货币政策时滞，许多经济学家都做过分析，粗略地概括一下，可用图 22-4 表示。

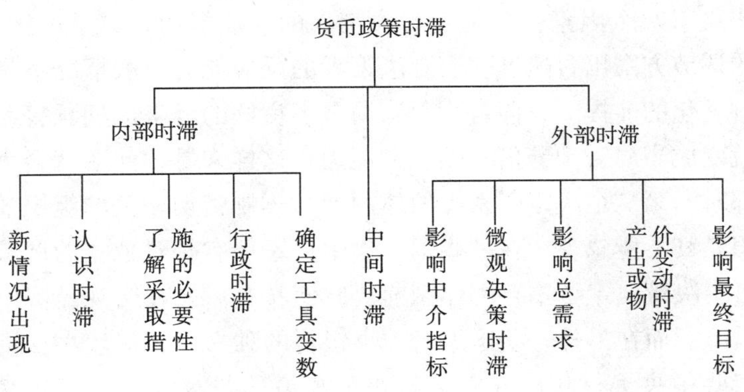

图 22-4 货币政策时滞的内容

对于货币政策时滞的一般内容，图 22-4 已勾勒得比较清楚了。不过，有一点应当注意，这就是在经济金融体制不同的国家里，货币政策的内部时滞、中间时滞和外部时滞的长度及内涵都可能出现较大的差异。

（1）内部时滞。内部时滞由认识时滞和行政时滞构成，它们的作用需要一段时间。而且，在某些特殊情况下也不排除产生逆向效应的可能性。在中国目前情况下，由于国有银行在信贷资金供给中处于垄断地位，金融市场发育速度迟缓，因此，由货币政策工具变动到中间指标变动之间的中间时滞，主要体现在各商业银行存贷款业务对货币政策调节的反应方面。在行政性计划管理影响仍然存在的情况下，银行每年的新增贷款规模是制约其行为的一个重要因素。在资金借贷活动中，处于生产和流通领域中企业的行为不能说对货币政策的实施效果毫无影响。但从近年来的实际经验看，短时期内，中央银行的货币政策变动仍是货币存量变动的一个决定性因素。因此，国家在一定程度上垄断银行业，国内金融市场欠发达，虽然从长时期看会降低资源配置效率，但从短期宏观调节来说，这种体制条件却常常能收到扩缩随意的效果。也就是说，这种条件下的货币政策中间时滞要相对短些。

（2）外部时滞。外部时滞是货币政策时滞的主要部分。它既包罗微观主体在新货币政策出台后的决策过程，也包罗了微观主体的行为对储蓄、投资、消费、货币需求、产出和物价等重要经济变量的影响过程。

在一个典型的、发达的市场经济体系中，宏观经济政策的变动特别是货币政策的变动，即使是以数量调节为初始形式，也会经过一定的传导机制转换成价格信号，而价格信号又是风险和收益水平的综合反映。价格信号的变动与微观主体的经济利益相联系，从而会产生各式各样的决策行为，这些行为在市场环境中又集中表现为支出行为的变化——投资支出和消费支出的变动。从货币政策工具变量的运用到总需求的变动，中间有一个曲折的作用过程。这个过程即使实现了，事情也还没有完结。因为从总需求或总支出到最终目标变量之间还有一个作用过程，这个过程表现出的时滞与货币政策一定时期选定的重要调节目标有关。具体说就是经选定的经济增长、物价稳定等最终调节目标的长度，主要取决于两个因素：一是宏观决策者的反应能力；二是由体制、组织效率、决策水平决定的调节方案出台速度。宏观决策者的反应能力一般情况下是指人的素质问题，但在决策科学化的前提下，假若货币当局有了良好的经济周期预警系统，则这个反应能力实际上就变成当局对预警信号的识别能力。这样来看，问题就会大大简化。值得注意的倒是内部时滞第二个决定因素中的体制及与体制密切相关的组织效率问题，目前这个问题在中国尤其不能忽视。在一些国家，中央银行有相对独立的调节地位，这为其在宏观调控中自主决策奠定了重要的体制前提，使其有可能在宏观经济出现特殊情况时采取紧急应变措施。而在另外一些国家，中央银行的独立性相对较小，货币政策的行政时滞可能要比某些中央银行相对独立国家货币政策的行政时滞长。当然，另外一些因素，如某些政治因素，也会成为货币政策实施过程中的干扰因素等。

（3）中间时滞。在市场体系完善的国家，中间时滞实际就是货币当局选定的工具变量在货币金融市场上起作用的过程，这个过程的结果表现在中间指标在不同时点的变动上。当我们考察外部时滞时，这一时滞的长短是由实体部门（生产单位、流通部门或家庭部门等）的政策反应行为决定的。但在考察中间时滞时，这个时滞的长短却主要取决于金融中介机构及其他微观金融主体的政策反应行为。如果金融资产丰富、市场条件发达，宏观经济政策的扩张或收缩无论是体现在货币供给增长速度的调整上，还是体现在短期市场利率的变动上，都将引起一连串的微观主体金融资产结构的重组行为。这种行为对中间指标预期值的实现发生作用，由当时的经济条件所决定，其各自时滞也会有所不同。

二、货币政策效益

在假定其他宏观政策中立的条件下，货币政策调节方向和力度的选择是否适当，要靠经济运行的结果来检验，并对运行结果进行恰当的评价。只有这样，才有可能在宏观形势准确估量的基础上确定适宜的宏观经济政策。因此，货币政策效益的评价问题，是一个关系当前与未来一定时期能否正确进行政策选择的重要问题。

货币政策效益的评价，实际上就是对由货币当局决定的政策目标变量的“理想水平”进行估价的问题。这种估价是对现实经济运行状态的估价。鉴于现实经济运行状态是以往和本期政策调节的结果，货币政策效益评价都是以实际经济资料为基础对已实行政策效果的评价。

宏观调节的最终目的是通过政策变量的操作，使目标变量尽可能地接近预期的理想水平。从中央银行货币调节的实施顺序来看，就是用工具变量影响中介指标，再通过中介指标影响最终目标变数。例如，目前我国货币政策的最终目标是稳定物价，并以此促进经济增长。

根据一般规律，经济增长与稳定物价之间总是存在一定矛盾。政策目标之间的冲突，使当局在进行政策调节目标优先次序排列时，必须作花费某种政策代价的思想准备。例如，如果将物价稳定作为首要目标，一定条件下就必须牺牲经济高速增长，甚至还需在一定时期中付出经济衰退的代价。如果将经济增长作为货币政策的第一调节目标，那么，在追求经济高速成长过程中就不能不付出一定的通货膨胀代价。

在存在通货膨胀的背景下评价货币政策效益，应当剔除物价变动因素，而将实质经济增长速度作为基本的效益度量指标。如果用国民收入增长率作为经济增长率的代表性指标，并假定人口增长率不变，那么，货币政策效益评价就是将政策实施后的实际增长率或可能增长率与政策实施前的经济增长率或原政策调节方向及力度不变条件下的一般增长率进行比较。以 $\dot{Y}_t$ 代表名义国民收入在原政策不变条件下的增长速度，$\dot{p}$ 为通货膨胀率，$\dot{Y}_{t+1}$ 为政策变动后的名义国民收入增长速度，显然，货币政策效益评价结果可用 $\{[(\dot{Y}_{t+1}/\dot{p}_{t+1}) \div (\dot{Y}_t/\dot{p}_t)] - 1\}$ 式来衡量，其结果不外乎有三个：

$$[(\dot{Y}_{t+1}/\dot{p}_{t+1}) \div (\dot{Y}_t/\dot{p}_t)] - 1 < 0 \tag{1}$$

$$[(\dot{Y}_{t+1}/\dot{p}_{t+1}) \div (\dot{Y}_t/\dot{p}_t)] - 1 > 0 \tag{2}$$

$$[(\dot{Y}_{t+1}/\dot{p}_{t+1}) \div (\dot{Y}_t/\dot{p}_t)] - 1 = 0 \tag{3}$$

式（1）的结果若出现，说明货币政策效益为负。如果我们的考察期间不是以月、季来度量的，而是以年甚至更长的单位来度量的，那就是说，货币政策的新选择是失败的，因为它已经产生了损害实质经济成长的效果。在这种情况下就应该对货币政策的控制方向和力度进行适当的调整。

式（2）的结果是一种最为理想的状态。在实际经济运行中，也可能出现 $\dot{p}_{t+1} > \dot{p}_t$ 的情况，但它不足以抵消 $\dot{Y}_{t+1} > \dot{Y}_t$ 的积极影响。因此，以高速增长为首要目标的货币政策还是取得了成功，因为它的应用确实带来了更高的实质经济增长速度。如果在相当长一段时期内能够持续获得更大的实质经济增长速度，这一事实就足以证明，它不单单是产量扩张的反映，而是已经将技术进步、效益提高等因素包含于其中。许多人持有一种偏狭隘观念，认为速度加快往往与技术进步和效益提高成反比，但是却忽视了这样一点：只有在既存供给总量不变即供给无弹性但需求仍在不断增长的前提下才会出现上述情况。只要供给不僵硬、停滞，而具有充分的潜力及弹性，则相当程度上供给总量和结构能够随需求总量及结构的变动而调整。并且，这种供求的调整不是通过外在计划手段来实现，而是在市场交易中实现。市场机制的作用将产生销售竞争，而很少会出现所谓高速成长条件下产生劣质产品的状况。而且，从长期的角度考察，企业或部门持续的经济增长力最终要靠技术水平提高来维持，货币资金供给的增加则是企业设备更新或追求技术进步的先决条件。市场需求旺盛、货币资金充裕，还能够在企业扩张生产时产生规模效益。可见，持续的实质经济高速成长是一个多种因素共同起作用的结果，货币因素与实质经济因素、制度性因素等融合在一起，在特定的条件下才产生了式（2）的理想调节效果。

式（3）的结果说明，货币政策变动前后，实质经济增长率并未发生改变。在这种情况下分析货币政策效益，不应简单地根据时点指标比较得出效益不变的结论。这里，关键在于分析货币政策变动之前实质经济增长率反映的是怎样一种经济运行水平。以 $\dot{Y}_{t-1}/\dot{p}_{t-1}$ 代表政策变动前的实质经济增长率，如果 $\dot{Y}_{t-1}/\dot{p}_{t-1}$ 的实际值只在较低的区间内，那么显然式（3)的结果说明货币政策没有产生积极的调节效果。如果 $\dot{Y}_{t-1}/\dot{p}_{t-1}$ 的实际值在中等水平区间，那么，式（3）的结果只说明货币政策的性质近乎中性。只有 $\dot{Y}_{t-1}/\dot{p}_{t-1}$ 的实际值在高速但并非过热增长区间内时，式（3)的结果才说明货币政策具有较高的调节效益，因为它保持了原来的高速实质经济增长率。

三、货币政策实施中的不确定因素

货币时滞的长短、货币政策的调节效果是否理想，除了上面分析的许多因素之外，还有一个需说明的问题，那就是政策实施过程中可能遇到的不确定性问题。货币政策从制定到贯彻实施中的不确定性，实际上就是货币政策调节目标的风险。

我们知道，任何货币政策的基本前提都是对一定时期货币需求的准确分析。由此可以说，货币需求的变动特别是在某一时期的突发性变动，这是以一定调节方向、目标和调节效果为目的的货币政策的首要风险。货币需求的变动往往决定于很多因素，如收入、利率、消费者的货币支出和现金持有行为等。但在制度背景稳定和经济正常发展的情况下，这些货币需求的决定因素一般也是比较稳定的。只有在制度背景不稳定和经济运行状况出现异常波动时，货币需求才能在某种决定因素的作用下出现不稳定状态。从我国实际情况看，金融市场的发育和金融资产形式的日益多样化，这是货币需求结构变动的重要影响因素，其具体表现就是投机性货币需求在总体货币需求中的比重不断上升。在这一背景下，证券市场吸纳了大量的货币：在发行环节，盈余部门的货币流向赤字部门；在交易环节，市场中滞留了大量的用于投机目的的货币资金。对于证券市场尚处于发展初期的中国货币当局来说，大量投机性货币需求的存在对货币政策的调节效果产生怎样的不确定影响，需要在时间和统计数据积累的基础上加以认真研究。

开放进程问题也是货币政策调节效果的一个重要影响因素。我国在经济开放过程中采取的是“走一步，看一步”的方法，某些影响度最大的领域，如资本市场开放和人民币资本项目下的自由兑换制度等，我们至今还采取谨慎的态度。一旦这些领域开放，货币政策将面临新的考验。1997 年出现波及大多数东南亚国家的金融危机，已证明了一国的经济开放进程和开放度对货币政策调节会带来许多不确定性。

影响货币政策调节效果不确定性的因素还有很多，如货币流通速度的改变、微观经济主体的预期和逆向对策适应性等，货币当局在实施货币政策时的重要任务之一，就是要研究这些可能遇到的干扰因素，并在必要的情况下作措施调整，以求得预定政策目标的实现。

四、中国货币供给过程中的“倒逼机制”

如果说中国的经济学家对经济理论作出了一些世界性贡献的话，那么可以肯定，货币供给的“倒逼机制”分析至少是其中之一。这是一种来源于中国经济运行和货币供给实际，具有中国特色的经济实证分析。

我们知道，中国目前的货币供应量控制，是采取直接控制与间接控制相结合的办法，其中，用信贷规模直接控制每年的信用供给量（从 1998 年起废止）曾经是货币政策工具中的主要依赖手段。通常做法是由中央银行将规模“砍成块”发给各国有商业银行，商业银行再在自己的“条条”内向下分配。至于国有商业银行内部按什么标准分配给自己的分支机构，做法上也不完全统一。但有一点是肯定的，如果国有商业银行的分支机构处在经济发展较快的地区，一般都感到规模不够；而在经济增长较慢的地区，国有商业银行即使有规模，其贷款业务也难以大规模扩张。这是 1998 年前所谓规模、资金双向控制下的一般情形。

那么，所谓货币供给的“倒逼机制”又是如何产生的呢？这里所说的“倒逼机制”，其源头在国有企业。由于改革开放后很长一段时间内我国的国有企业存在预算约束软化状况，对于资金的成本考虑较少或基本不考虑，它们总是和地方政府的行政力量相融合，在货币资金获取上向国有商业银行不断施加压力。国有商业银行在对国有企业实行所谓倾斜政策的大背景下，通常总是要在一定程度对国有企业的借款要求让步。当这种现象普遍化时，就会出现这样的结果：国有企业向国有商业银行的基层行施加压力，突破了基层银行的信贷配额，国有商业银行的基层行又层层向自己的上级行乃至总行提出扩张要求，迫使总行增加额度甚至资金，各国有商业银行总行最后又向中央银行申请再贷款，迫使中央银行不得不扩张规模。这种起源于国有企业借款要求的自下而上的货币供给扩张过程，就是所谓的信贷“倒逼机制”。

从本质上说，货币供给的“倒逼机制”传统计划经济体制下的一种特殊现象，同时，它也是对自上而下的指令性规模管理手段的一种变相对抗。但无论如何，从经济效果上说，“倒逼机制”也成了中央银行货币政策实施中的不确定因素之一。随着改革的发展，国有企业逐渐成为自负盈亏、自主经营的主体，预算软约束情况相对得到改观，对国有商业银行实行全额资产负债比例管理逐步取代了严格的信贷配额控制，货币供给中的“倒逼”现象也有所弱化，但在实践工作中，仍有一些基础性问题亟待得到真正的解决，如国有企业的产权制度、行为方式的彻底改善、国有商业银行真正意义上的独立经营等。这些问题解决了，货币政策的运用和实施才能回到理性的轨道。

第五节　货币政策与财政政策的配合

一、配合的必要性

货币政策和财政政策是国家调节宏观经济运行的两个最重要的手段，这两项政策手段只有在一定条件下很好地配合运用，才能避免摩擦，缩短政策时滞，有效实现总体经济目标。

我们可以从货币政策与财政政策之间三种不同关系状态对经济运行的影响，考察两项政策手段之间恰当配合的重要性。两项政策之间三种不同的关系状态是：(1) 不恰当配合状态；(2) 一方通过变动发挥作用，另一方保持不变的关系状态；(3) 二者恰当配合的关系状态。

在第一种关系状态下，两种政策对经济都作出了变动性反应，这种变动性反应也可能是货币政策由紧变松或由松变紧，财政政策也可能是由松变紧或由紧变松，或者是两者之间的变动方向一致，均由紧变松或由松变紧。就货币政策和财政政策的制定者来说，他们想通过两种政策之间的一定配合，实现理想的经济调节效果。但实际调节结果说明，两种政策之间的配合是不成功的，而且这种不成功并非是由于政策执行方面出现的某些技术原因，而纯粹是配合调节方向确定不当造成的。在这种情况下，宏观经济运行就会出现远离最终调节目标的发展倾向。举例来说，假如一国某一时期的社会总需求水平过高，国家为了迅速控制总需求的增长速度，采取了双紧的货币政策和财政政策，也就是说，同时采取了提高利率和紧缩货币供应量及提高税率和减少财政支出的双紧手段。在这种情况下，表面上看来，货币政策和财政政策在调节方向的变动上做了一致性配合，但这种紧急刹车式的双紧方法也可能是一种很糟糕的配合。因为，如果时间较长，在总需求受到严格控制之后，双紧的货币政策和财政政策不仅降低了需求增长速度，而且由于需求的急剧萎缩造成了社会总供给水平急剧下降。再比如说，假定某一时期总需求水平过低，消费支出增长相对缓慢，企业投资也不很高，为改变这种状况，货币政策出现了松动，即利率水平下降了，货币供应量也增加了，信贷资金比以前容易获得，但是财政政策却采取了紧缩的办法，即税负很重，支出水平也下降。这样，企业会由于税负过重，盈利水平太低而缺乏投资热情。即使银行贷款较容易取得，企业在借款上也处于消极和压抑状态，加之财政支出水平下降，政府的购买力降低，即使货币政策松动，社会总需求还是很难改变疲软的状态。这实际上就是货币政策和财政政策搭配不当造成的必然结果。一般地，货币政策和财政政策搭配关系是否适当，并不取决于两者之间的搭配对经济运行实际调节效果是否理想。只要两者之间的配合效果不理想甚至同理想的状态完全相反，我们据此就可以认为两者之间的配合是不恰当的配合。

在第二种关系状态下，货币政策变动而财政政策保持不变，或财政政策变动而货币政策保持不变，那么，即使经济运行不会出现不理想或同理想背离的状态，但单一政策由于得不到另一方的配合，传导时滞也可能相对较长。换句话说，由于应该得到的合理配合得不到，应当缩短的时滞没有缩短，宏观经济政策执行本身就要付出调节时滞效果方面的机会成本。由于货币政策和财政政策有各自的特点，即使它们的时滞种类和层次顺序可能是完全相同的，但差距的长短却有很大的差别。比方说，在决定使用财政政策时，政府提出的税收变动和支出的重大调整，在西方国家中经国会通过才能执行，在我国是要通过人大常委会才能执行，这样，从预算收支的变动和调整到决定采取措施之间的行政时滞就比较长。而货币政策的行政时滞就相对要短得多。例如，某些西方国家的货币当局都有一整套的应变调节计划，当经济情况发生变化时，货币政策也可以随之变动，而不需要像税收和大宗财政支出变动那样需经过国会冗长的讨论和批准过程。从我国情况来看，当经济条件改变需要货币政策改变调节方向时，人民银行请示国务院就可以进行较快的变动调节。在政策操作过程中，货币政策和财政政策在时滞上也存在着一些差别。例如，如果货币政策把利率作为自己的中介指标，可以通过利率的变动影响总支出水平，即用提高利率的办法抑制货币资金需求，以达到控制社会总需求增长的目的；或者借助于降低利率的办法刺激企业投资的积极性，以扩张投资支出来推动社会总需求增长，这本身就有一个相对较长的传导时滞，即微观经济单位对利率变动的反应过程。这种反应过程的长短及利率政策效果到底能否奏效，取决于企业素质的状况及经济体制、盈利前景等许多因素。而采取财政支出调节政策时，只要扩大政府支出，总需求水平就会上升，减少政府支出，总需求水平就会下降，影响就比选取利率为中间指标的货币政策更直接、更迅速，即时滞更短。因此，货币政策与财政政策在传导时滞上各有短长，只有很好的搭配运用，才能尽量缩短单一政策措施的时滞，迅速对最终经济调节目标发生影响。

第三种状态，即货币政策和财政政策恰当配合的状态是一种最理想的状态，这是无须论证的。问题在于在一定的经济体制和经济环境下，究竟采取什么形式的配合，才是货币政策和财政政策的最恰当配合，需要货币当局和财政部门认真斟酌。

二、主辅关系

研究货币政策与财政政策的配合问题，首先要解决的是两种政策的主辅关系如何确定的问题。究竟以何者作为主要的宏观经济调节手段，这取决于一定时期的国民收入分配格局。

改革开放以来，我国国民收入分配格局的最明显变化就是国家财政在财力支配规模上的日益相对缩小与银行支配资金范围和规模的日益扩大。这一背景条件决定了货币政策在宏观调控体系中不能不成为最主要的手段。

三、特定经济运行状况的要求

货币政策和财政政策在一定时期如何配合，还取决于一定时期的经济形势。经济形势不外乎是社会总供给与总需求的关系状况，以及产业和产品结构的平衡情况。这两种关系状况——总量和结构关系状况——一般情况下并不特殊要求一定以哪项政策为主来对其失衡进行调节和矫正。这里，问题的关键是失衡产生的具体原因，以及货币政策和财政政策可能被运用的程度。这是决定两种政策主辅调节关系的一个基本因素。在总量失衡的条件下，如果是总需求过度膨胀，那么，首先要了解的问题是：这种膨胀是怎么造成的？谁在总需求膨胀中扮演主要的角色？原因及推动因素分析准确了，问题的症结就找到了，进而以哪项政策为主来矫正失衡，抑制总需求过度膨胀，自不待言。例如，我国1984年第四季度银行信贷失控，随即出现了社会总需求的过度扩张。既然银行信贷是总量失衡的根源，那么，只要抽紧银根就可以使这种总需求膨胀导致总量失衡的状况得到解决。但假如情况不是这样，总量失衡并不明显，而是产业产品结构上存在着严重的不平衡状况，具体举例来说，假定一时期内的基本建设投资增长过快，而这种投资又主要是由预算内投资构成的，那么仅靠货币政策来控制这种局势的发展就力不从心。只有削减预算中的基建投资支出，调整预算支出结构，才能有效地解决这种投资结构失衡的问题。也就是说，应以财政政策作为主要的调节手段。

四、配合手段

货币政策和财政政策之间的配合应解决的另一问题是配合手段问题。从财政政策来说，它发挥作用的形式主要是税率变动和支出的扩张或削减，这两种办法实际都是以强制为基础的。但税率的升降或税种的增减手段对经济的影响，有时比财政支出结构或总量的变动手段对经济的影响要间接一些。货币政策发挥作用的形式则比较多，它既可以通过行政的、计划的直接强制手段发挥作用，也可以通过经济的、间接的利益调节手段发挥作用。比如说，信贷规模管理及存款准备金的变动等手段就是较为直接的、强制性的控制手段，而再贷款利率和买卖政府债券的办法就是一种间接的控制手段。

在一般情况下，采用直接的、强制的、行政的手段对经济控制容易收到立竿见影的效果。如果在较为紧急和严重的经济形势下，采取这类措施是十分必要的。只是用过于强烈的行政和强制办法搞“急刹车”或急剧扩张，容易产生一些副作用。即由于经济运行的惯性效应决定，“急刹车”时，容易在总需求增长受到控制的同时引起再生产的萎缩。而经济地、间接地通过对微观经济主体的经济利益进行宏观经济调节的办法，其对最终目标变量的影响时滞固然比直接的、行政的手段要长些，但同时其负效应也较小。因此，采取间接的、经济的办法对经济总量和结构的失衡进行调节，常常可以避免减少经济政策可能对经济运行带来的震荡性影响，达到所谓“软着陆”的目的。对这些手段发挥作用的特性进行分析，货币政策和财政政策配合时，应该尽量做到一方直接的、行政的手段与另一方间接的、经济的手段交错运用。这样才能收到既缩短单一政策时滞，又能减少同向同性手段调节可能对经济造成的震荡性影响。

五、配合形式

货币政策和财政政策的配合还有一个需考察的问题就是两种政策的配合形式问题。所谓配合形式问题也就是松紧的相互搭配问题。这种松紧搭配共有四种组合方式：一是货币政策与财政政策双紧；二是货币政策与财政政策双松；三是松的货币政策、紧的财政政策；四是紧的货币政策、松的财政政策。两种政策的双紧或双松的配合形式一般只是在社会总需求过度膨胀或极度疲软的情况下采用。而在并未出现社会总需求过度膨胀或极度疲软时，虽然能够起到迅速提高总支出水平、扩张生产规模的作用，但往往要引发通货膨胀；采取双紧政策搭配，虽然可以有效地制止通货膨胀，但很容易引起生产停滞或经济衰退。“双紧”政策或“双松”政策搭配对经济产生副作用，无论在西方国家还是在我国都有过经验教训。

国内外的实例都说明，“双紧”政策或“双松”政策搭配一般情况下应避免采用。否则在运用中也应注意：这种政策搭配实施的时间不能太长。在货币政策和财政政策一松一紧的搭配形式下，如果一定时期内的社会总需求水平偏高，就可根据货币政策或财政政策工具变量与调节目标的密切联系程度，选择政策手段，并以这一手段为主采取紧缩的调节措施，同时，另一辅助政策手段采取适度放松的调节方法，以使主要政策措施“软着陆”，避免造成较大的经济震荡。在总需求稍显疲软的情况下，我们也可采取相同的搭配模式，只是政策工具和调节方向要进行一下变换而已。

无论是货币政策措施还是财政政策措施，它们对于总支出、产量和物价发挥影响总要有一定的传导时滞。在相同的经济条件下，两种政策工具变量的时滞长短如果有区别，时滞较短的就可以称为快变量，时滞较长的则可称为慢变量。快慢变量之间只有恰当地进行配合，才能收到理想的经济调节效果。如果快慢变量之间配合不当，就可能影响货币政策和财政政策的配合效果，有时还可能带来相反的经济调节作用。

本章小结

货币政策是以宏观经济为调节对象的总量政策，货币政策一般有四项最终目标。在实施调节时，通常是通过工具变量影响中间指标，进而达到影响最终目标的目的。货币政策发挥效力要通过一系列的传导机制，并经历一定的时滞才能显现调节效果，并且，还要注意与其他政策特别是财政政策的配合。

思考题

1. 货币政策最终目标间的统一与冲突是什么？
2. 选择中间指标的理论依据是什么？
3. 简述货币政策传导机制的含义。
4. 什么叫货币政策时滞？
5. 货币政策在宏观调控体系中处于怎样的地位？
6. 货币政策如何与财政政策相配合？

第二十三章　国际收支调节

第一节　国际收支平衡与社会总供求均衡

一、国内均衡与国外均衡

全面考察经济政策的目标，我们可以将其分为两大类：国内均衡和国外均衡。国内均衡表示社会经济中的总需求（A）等于总供给（Y_f），即整个社会经济资源得以充分利用时的产量。这时，国内经济出现充分就业、稳定的经济增长和稳定的价格水平。

如果 $A = Y_f$，国内均衡

$A > Y_f$　有通货膨胀的压力

$A < Y_f$　有经济收缩的压力

国外均衡表示国际收支平衡，即经常项目的差额（B_0）同资本项目的差额（B_k）应相抵消。

$B_0 + B_k = 0$　国际收支平衡

$B_0 + B_k > 0$　国际收支顺差

$B_0 + B_k < 0$　国际收支逆差

如果一国经济基本上同时达到国内均衡与国外均衡，那么经济处于全面均衡，即最适宜的发展状态。

但是国内与国外同时达到均衡是十分困难的，可以说这仅有理论上的分析意义而已。当然，这并不是说一国政府对此将无能为力，政府所实际能做到的或者说政府目标是致力于在不一致的形式中求得相对一致，具体地说就是力图达到国内与国外的相对稳定的均衡。货币政策对国内经济均衡的作用以及货币政策传导的途径、方式已在前面有关章节论述过，本章则侧重于国外均衡的分析，这一分析是在这样的前提条件下展开的，即在国内经济已经达到均衡的情况下，如何通过各种方式或手段使国外经济也达到相对的均衡。在运用政策手段使国内外达到均衡时，由于它们之间存在着一致性和冲突性，要了解它们之间的最一般的关系（见表 23－1）。

表 23－1　保持国内外均衡的政策调节表

国内情况	国内相应政策	国际收支	国际相应政策	国内外目标和政策的关系
衰　退	扩张	盈余	扩张	一致
通货膨胀	收缩	赤字	收缩	一致
衰　退	扩张	赤字	收缩	冲突
通货膨胀	收缩	盈余	扩张	冲突

在第二次世界大战之前，尤其是20世纪30年代之前，西方国家一般处于第一种、第二种状况下。当国内经济呈衰退时，减少对国外购买，造成国际收支的盈余有助于实行这一政策。当经济膨胀到一定程度时，就业增加，工资率提高，对国外商品与劳务的需求增加，会出现国内物价上升和国际收支赤字的局面，这两者要求实行收缩性政策。第二次世界大战以后，西方的经济周期复杂化，国内经济与国外经济关系经常出现第三种、第四种状况，这种状况可以追溯到20世纪30年代。自从经济大危机以后，金本位制度不复存在，各国也不遵守在金本位制下的决策规则，即一国应先保证国外经济均衡。从20世纪30年代起各国已把国内经济目标放在首位，国际收支服从国内充分就业、物价稳定、经济增长的需要。因而，即使经济衰退，为了刺激需求，对国内的购买不收缩，甚至还扩大，结果衰退与赤字同时发生。衰退要求实行扩张性政策，出现政策手段的冲突。20世纪70年代初期以及以前的美国、英国常常遇到这种情形。另一种情况，国家经济扩展，国内物价上涨，对国外需求扩大，但对国外出口扩张更快，国际经济地位加强。20世纪70年代初期以前的西德和日本经常处于这种状况。当外部盈余时，国内需求扩大，这又助长了国内物价上涨，这便是表中的第四种情况。

国内经济与国外经济不论出现哪种情况，政策的决策者都面临如何协调国内外经济目标的问题。

二、国际收支失衡的原因

一国国际收支状况是反映在国际收支平衡表中的。但按国际收支平衡表的总额对比并不能判断出一国国际收支的失衡状况。因为国际收支平衡表是按照复式簿记原理编制的，所以，在一定时期内，一国的国际收支平衡表上的借方和贷方应该是相等的。这样一来，国际收支是否平衡，不能仅根据平衡表上的借贷总额，还必须有其他标准来判断。判断国际收支平衡的标准，一般是把一国的多种国际经济交易活动就其性质分为自主性交易和调节性交易两种。

自主性交易又称事前交易，是指根据经济上某种目的而自动进行的。如商品和劳动的输出入、赠与、侨民汇款、长期资本移动等。调节性交易又称事后交易，是指为弥补自主性交易差额或缺口而进行的多种交易活动，如短期资本移动，黄金、外汇储备的变动等。简而言之，自主性交易是指商品、劳务、单方转移和长期资本移动；而调节性交易是对上述差额所采取的平衡措施。

根据上述交易活动，就可以判断国际收支是平衡还是失衡。平衡是指自主性交易的借贷双方相等，不需要用调节性交易来弥补。失衡是指自主性交易发生不平衡时，需用调节性交易来加以弥补。

国际收支不平衡的现象是经常的、绝对的，而平衡是偶然的、相对的。国际收支失衡的原因是多种多样的，从影响一国国际收支长期失衡的角度看，有由于一国经济结构性的原因而造成的失衡；一国经济处于不同发展阶段而造成的失衡；经济周期对一国的影响。从影响一国国际收支短期失衡的角度看，有国民收入变化的影响；货币价值变化的影响。下面逐一分析。

（1）一国由于地理环境、自然资源、劳动数量和质量、技术水平等经济条件的不同，形成自己的经济结构。在正常情况下，一国经常项目中的商品、劳务的进出口总值应趋于平衡。当商品、劳务的国际需求及其国际供给的关系发生变动时，这种平衡关系就会受到干扰。如果一国的经济结构不能很好地适应这种变化而作应有的调整，其国际收支就可能发生不平衡。

（2）一国经济处于发展阶段时，需要进口大量的技术设备等资源，而在这一阶段其出口能力却很有限，所以，国际收支处于失衡状态。这种失衡状态具有过渡的性质。若一国能制定合理的经济发展战略，广泛的吸收先进技术，并依据本国的资源情况发挥其相对优势就可缩短国际收支失衡的时间。

（3）如果一国经济在市场法则的支配下就会产生经济发展的周期性波动，一般称之为商业循环，每个商业循环都经历四个阶段：繁荣、衰退、萧条、复苏。在循环的不同阶段上会产生国际收支的失衡，如在繁荣时期可能产生顺差，在萧条时期又会出现逆差。随着循环的演变，这种失衡会交替出现。

（4）一国国民收入的变化受两方面因素的影响：一是商业循环的不同阶段国民收入会呈现不同的变化，如在繁荣时期国民收入增加，萧条时期国民收入减少；二是经济增长率的高低，一般来讲，当一国国民收入增加时，进口增加，从而造成国际收支的逆差。反之，国民收入减少，使进口减少，会逐步减少逆差，使国际收支恢复平衡。

（5）一国商品的货币成本、物价和利率水平，与其他国家相比较，发生了变动，会引起国际收支的失衡。如一国在一定的汇率水平下，由于通货膨胀的原因，物价普遍高涨，使其商品成本和物价水平相对地高于其他国家，则该国的商品输出必受限制，而输入受到鼓励，致使国际收支发生逆差。相反，由于通货紧缩的原因，商品成本和物价水平比其他国家相对降低，则有利于出口，抑制进口，因而国际收支发生顺差。

此外，如果一国货币发行量过多，本国利息率也会下降，造成资本流出增加，流入减少，从而使国际收支出现赤字，这涉及了资本项目的收支。

三、国际收支失衡的分析

国际收支失衡对于一个开放的经济体系有着很多方面的影响。分析失衡的影响，要分析国际收支基本差额形成的具体情况。

（1）基本差额是由经常项目差额和长期资本差额两部分组成的。如果基本差额为顺差，这种情况的形成可能有三种形式。

第一种形式：经常项目和长期资本项目均为顺差。这是一种比较好的情况。不过，需要注意的是，在这种情况下，由于长期资本的流入大于流出，而目前的资本流入会随着时间的推移，逐渐以利润、股息、利息的汇回以及资本抽回的形式，部分地转化为日后导致资本流出的因素。所以，当前的资本项目顺差中往往隐藏着日后资本项目转为逆差的潜在可能。

第二种形式：经常项目顺差，长期资本项目逆差，顺差额大于逆差额。这通常被认为是最好的情况，不但贸易收支保持顺差，而且资本过剩，大量输出。这是一国经济扩张性很强的表现，现在的资本外流很容易随着利息、股息、利润的汇回，成为日后重要的顺差因素。

第三种形式：经常项目逆差，长期资本项目顺差，顺差额大于逆差额。这种情况在发展中国家里较为常见。在这一国际收支顺差中包含了日后的经济危机可能性。这种经济危机是否成为现实，关键在于大量引进资本的投资效益如何。如果引进的资本能迅速增加生产力，所带来的利润足以支付日后的利息、利润汇出而有余，经济会最终引入良性循环。那么，这种国际收支结构的顺差从长远看就是好的；如果不能立即增加生产力，却加重了日后的债务负担，那么它对一国经济的发展显然是不利的。

（2）如果基本差额为逆差，这种情况的形成也可能有三种形式。

第一种形式：经常项目和长期资本项目均为逆差。如20世纪70年代美国的国际收支状况。经常项目逆差和资本大量外流，造成国际经济发展的基本条件不足，资本不能在国内得到充分利用，美元汇率频繁波动，这显然不利于一国的经济实力的提高。

第二种形式：经常项目逆差，长期资本项目顺差，逆差额大于顺差额。典型的例子是20世纪80年代美国的国际收支状况。此时，美国资本项目的顺差只能表明美国经济对外资的依赖，而其自身资本形成不足。当然，20世纪80年代外国资本的流入在客观上有利于美国的经济发展，有利于扩大投资规模和增加就业，但这反映了美国经济地位相对于第二次世界大战后初期的削弱。

第三种形式：经常项目顺差，长期资本项目逆差，顺差额小于逆差额。如1984年日本的国际收支状况。虽然，当时日本国际收支基本差额在总体上是逆差，但并不可怕，它反映的是一国资金的大量过剩。这时，该国表现为一种强有力的扩张型经济。

分析国际收支基本差额形成的以上六种形式，应该说是相当粗略的。对于一国的特定时期，国际收支基本差额的形成必然有它的特殊性，即使在基本差额形成相同的国家之间也是如此。为此，人们得出了国际经济交易中的一般性结论：第一，经常项目的顺差比逆差对一国经济更为有利；第二，资本项目的顺差与逆差各有利弊，不可一概而论，须作具体分析；第三，一国国际收支顺差是导致一国货币坚挺、汇率上升的重要因素。

四、国际收支影响社会总供求的传导机制

在国内外经济相互影响的情况下，一国的国际收支不稳定，势必影响到国内经济。在西方国家，国际收支均衡作为对外经济目标，与充分就业、物价稳定和经济增长等国内经济目标并驾齐驱。不论国际收支赤字还是盈余，它们的持续存在都会通过各种传递机制对国内经济产生或大或小的不利影响，妨碍内部均衡目标的实现。就综合差额赤字来说，首先会引起本币对外价格向下浮动的压力，如果一国不愿其发生，就必须要耗费国际储备，引起货币供应的缩减，影响本国生产和就业。国际储备的下降还影响到一国的对外金融实力，使其国家信用下降。如果一国国际收支因出口收入不足以弥补进口支出出现长期性赤字，那就意味着出现对国外产品的净需求，本国的国民收入就会下降，失业就会增加。如果一国资本流出大于资本流入，那就会造成本国资金的紧张，引起利息率上升，也势必影响到商品市场的需求。

当一国国际收支出现长期或巨额盈余时，也会给国内经济带来某些不良的影响，这是因为累积的国际储备增加所造成的货币供应增长会带来物价水平的上升，加剧通货膨胀。同时，一国盈余意味着他国赤字。

第二节 国际收支调节政策

一国的国际收支状况不论从一段时期来看还是从某一时刻来看，总是处于不平衡状态。如果一个国家的国际收支出现长期顺差或逆差，而且数额较大，必须及时加以调节，否则会对该国经济政策产生严重影响。因此无论是处于顺差还是逆差的国家，都对国际收支调节十分重视，采取多种措施使之趋于平衡。

一、外汇储备调节

当一国发生国际收支困难时，通过运用官方储备的变动或临时向外筹借资金来弥补国际收支赤字造成的外汇供求缺口。对于一次性或短期性的国际收支赤字来说，这是最为方便而有效的方法。它可以使本币汇率免受暂时性失衡造成的冲击，有利于对外贸易和投资的顺利进行，有助于国内经济目标的实现。但是，对于那些巨额的、长期的国际收支赤字，仅用外汇储备来调节是不行的。因为一国官方储备规模毕竟有限，长期运用将导致外汇储备的枯竭或大量外债的累积。因此，对于长期性的国际收支赤字，调整政策的实施不可避免。但调整的实施要有合理的时间分布，为避免过快调整对国内经济带来的震荡，可以动用国际储备作辅助措施，为调整创造宽松的环境。

二、汇率调节

调整汇率是利用本币汇率变动以调节国际收支失衡的一项措施。如果一国货币对外

汇率偏低，则该国输出商品和劳务的价格会比其他国家低廉，而输入商品和劳务的价格会较昂贵，因而将会增加出口，减少进口；与此相反，如果一国货币对外汇率偏高，则会使出口减少，进口增加。因此，如果一国的国际收支发生逆差，则可使本国货币对外货币进行贬值，或使本国货币对外汇率下浮，以鼓励出口，抑制进口，从而减少国际收支逆差。如一国国际收支发生顺差，即可通过货币的升值或促使本国货币对外汇率上浮的办法来消除顺差。

三、财政政策与货币政策

国家可以运用紧缩性的财政货币政策，调整国际收支赤字。在财政政策方面，主要通过减少支出，提高税率等方法；在货币政策方面，国家可以运用提高再贴现率或法定存款准备金比率，或在公开市场上出售政府债券等方法影响国际收支。一般来说，紧缩政策可以通过乘数效应减少国民收入，由此减少本国进口需求，达到改善国际收支的目的；另外，还可以通过诱发国内生产的出口品和进口替代品价格的下降，刺激出口增加和进口减少，改善国际收支；同时，紧缩性的货币政策通常还会引起本国利率的上升，从而使资本流入增加，流出减少，有助于改善资本项目的收支。紧缩性政策通常比较适用于纠正国际收支的周期性赤字。

四、直接管制

直接管制是指一国的政府机构以行政命令或采取差别汇率的办法，直接干预外汇的自由买卖和对外贸易的输出入或借以达到管制外汇的目的。尤其在国际收支出现结构性赤字的情况下，许多发展中国家都采取直接管制的方法。

直接干预外汇的自由买卖称为外汇管制，是对一国外汇买卖和国际结算采取限制性措施。例如，对出口所得外汇一律在一定时间内按外汇行市结算给国家银行或指定的经营外汇的银行，以便及时将外汇集中在国家手中。对进口所需外汇，则需申请进口许可证。另外对资本的输出入也进行管制。

外贸管制一般采用的方式大致有对商品输入管制，如采用进口许可证制或进口配额制；对商品输出管制，如采用许可证或某些奖励出口的办法。

直接管制对平衡一国的国际收支效果较为迅速和显著，不像运用财政金融政策那样，必须先通过汇率的变化和对经济活动影响后方能生效。同时，如果不平衡的出现是局部性的问题，则直接管制较有针对性，不会导致整个国家国际贸易水平下降。但是，直接管制也有许多副作用，如易引起“贸易战”，使生产率降低等，故许多国家采用这一措施时均取慎重态度。

第三节 国际收支调节理论

国外均衡即国际收支的平衡是一个受到普遍重视的宏观经济问题。第二次世界大战后五十多年来的经验，特别是20世纪70年代以来世界经济格局的变化，充分展示了一国国际收支状况如何影响着一国经济内部结构并与其经济的稳定与发展有着密切的联系。在全球经济一体化步伐大大加快的条件下，国与国在经济上的传递机制日益强化，一些主要的经济大国的国际收支的失衡必然会影响到其他国家特别是发展中国家的经济成长，这已成为当前世界经济中的一个特别突出的问题。因此，第二次世界大战以后，各国经济学家对国际收支的调节理论进行了大量的研究。

实际上，早在第二次世界大战以前，经济学家对国际收支的调节理论就有了一定的研究。较早而又较系统地论述国际收支调节问题的要首推18世纪中叶的古典经济学家休谟，他提出了“物价—现金流动机制”，指出黄金在国际间的流动，将使国际收支自动调节达到均衡。新古典学派马歇尔，把局部均衡的物价需求与供给的弹性分析用于国际收支调节理论，开创了国际收支的弹性分析理论。第二次世界大战后，后凯恩斯学派在凯恩斯投资乘数论的基础上，提出了对外贸易乘数论，强调了出口与国内投资等同，把国际收支调节纳入宏观经济的分析。而货币主义的分析，则强调国际收支可以通过货币调节。

上述各种理论，从不同经济发展时期和不同的分析角度来阐述国际收支的调节理论。

一、国际收支的弹性调节分析

弹性调节分析直接采用了马歇尔的局部均衡分析方法去分别研究进口和出口，换言之，它把问题的研究集中到对外贸易差额上，即不考虑国际资本移动和国民收入变化对国际收支的影响。并事先假定有了一个充分就业的经济状态，在这种情况下，研究汇率变动对一国国际收支由失衡状态调整到均衡状态的过程。

假设外汇市场稳定不变，并且进出口供给弹性无限大，货币的贬值，使本国产品在外国市场变得相对便宜，从而使外国居民对本国产品需求增加；而贬值又使外国产品在本国市场变得相对昂贵，从而减少了本国居民进口需求。由于出口供给和进口供给弹性无限大，出口本币价格（P_x）和进口外币价格（P_m）不变。货币贬值后，本国出口数量随出口需求增加而增加，因此出口的本币收入会上升；而本国进口数量随进口需求减少而降低，由于进口的本币价格因贬值而上升，所以进口的本币支出既可能下降，也可能上升；贬值对综合进出口收支而得的国际收支是否改善要取决于进出口需求弹性的大小。

设 n_m 为一国进口需求弹性，n_x 为一国出口需求弹性。X 表示出口数量，M 表示进口数量，B 表示国际收支差额。则 $B = P_xX - rP_mM$，其中，r 表示汇率，即一单位外币兑换成的本币的数额。

当货币贬值1%时，出口数量增加 $n_x\%$，收入增加 $P_x Xn_x\%$；进口数量减少 $n_m\%$，进口支出减少 $rP_mM \cdot n_m\%$，同时货币贬值又使进口品本币价格提高，增加进口支出 $rP_mM \cdot 1\%$，所以进口支出变动为 $(1 - n_m)rP_m \cdot M\%$。又：

$$\Delta B\% = n_x \cdot P_x \cdot X\% - (1 - n_m) r P_m \cdot M\%$$

当 $n_x \cdot P_x \cdot X = (1 - n_m) r P_m \cdot M$ 时，贬值对收支改善没有作用，是临界点；当 $n_x \cdot P_x \cdot X < (1 - n_m) r P_m \cdot M$ 时，缺乏弹性，此条件下贬值对本国有损无益；当 $n_x \cdot P_x \cdot X > (1 - n_m) r P_m \cdot M$ 时，弹性较大，只有在此条件下贬值才有意义。通常假定贬值前国际收支是均衡的，即 $P_x X = r P_m M$，那么当 $n_x > (1 - n_m), n_x + n_m > 1$ 时，贬值能够带来国际收支的改善。这称为马歇尔—勒纳条件。

这种结果，在一个实行浮动汇率的国家是不会出现的，因为有逆差国家的货币在外汇市场上的价格会自动下跌，不管其下落是否得当。

弹性调节分析曾一度使西方经济学界对下述三个问题产生极大兴趣并进行过激烈的争论：(1) 货币对外贬值是否能真正改善国际收支，抑或只能在短期内改善国际收支？(2) 贬值的措施是否会增加国内的就业人数？(3) 对外贬值措施是否会使贸易条件恶化？因为对外贬值以后，以货币表示的出口金额自然会增加，但以实物表示的贸易条件有可能恶化。

反对弹性调节分析的西方经济学者大有人在，他们抨击的要点是，(1) 研究商品的供求关系不能仅限于进出口商品，还有马歇尔所说的其他未计入进出口的“其他一切商品”也应包括在内，只有这样方能充分和全面地分析商品供求和彼此间的交叉影响。(2) 在研究商品的供求函数时，不能忽略国民收入的作用，因为国民收入的大小有损于国内外对国内产品（出口和非出口）的总支出。弹性论假定国民收入不变，恰好忽略了凯恩斯学派的收入—支出—收入循环论的主要论点。(3) 此说在货币理论上存在着一个重大的错误，就是把货币的需求看做是流量。但事实正好相反，在货币理论中，对货币的需求是个存量，货币的流入和流出是不均衡的表现形式。(4) 弹性调节分析模式实际上暗中假定了国内货币的供需的流量和国际储备上的增减是一致的。但事实上，国内货币的供求数量是可以由国内金融当局通过公开市场政策来改变的。

二、国际收支的乘数调节分析

乘数调节分析出现在20世纪50年代。20世纪50年代正是凯恩斯主义在西方经济思潮中占统治地位的时期，而凯恩斯的乘数调节分析又是凯恩斯学说的重要支柱之一。这样，自然会有人把乘数调节分析用来解释对外贸易差额。

乘数调节分析认为，根据凯恩斯主义的宏观收入流量循环理论，出口（X）等于新增加的货币支出，进口（M）等于新减少的货币支出。这样，出口和进口就会发生类似投资和储蓄对一国国民收入（Y）的同样影响。在 $X > M$ 时，Y 将增加，$X < M$ 时，Y 将会减少。又由于对外贸易差额上的盈亏将会引起资本在国际间的流动，因此，可以把对外贸易差额上盈余和亏损看做净国外投资。净国外投资（$X - M$）和国内投资（I）对收入的影响是一样的，因此，它把我们熟悉的 $Y = C + I$ 扩大为 $Y = C + I +$（$X - M$），又因为 $Y = C + S$，所以

$$C + S = C + I + (X - M)$$
$$S = I + (X - M)$$
$$S + M = I + X$$

在上述公式中，X 是 Y 的函数。进口和储蓄一样，仍随着 Y 的增加而增加。在这里 M 是内生变数，而 X 则是外生变数，它不随 Y 的变化而变化，相反，X 的增减会影响到 Y 的变化。

但是 X 的变化对 Y 的影响有多大，决定于进出口的边际倾向（$\Delta X/\Delta Y$）和对外贸易的乘数。设 K 代表对外贸易乘数，则 $\Delta Y = K \cdot \Delta X$ 或者 $K = \Delta Y/\Delta X = 1/\Delta M/\Delta Y$。至此，我们已看到了 X 的增减对 Y 的影响和通过 Y 对贸易差额所产生的影响。

以上仅就一个国家而言，如果考虑到其他贸易伙伴国家，那么一个国家因国民收入增长而增加进口，势必增加其他国家的出口并使其他国家出现贸易上的顺差，并因此而引起国民收入的增长。可是反过来，其他国家国民收入的增加，也会增加来自本国的进口。也就是说，一个国家国民收入变化将引起本国和外国在国民经济上的一系列连锁反应。它也简单地说明了经济危机是如何在国与国之间传播的，国民收入的增减和进出口的最终影响会涉及全世界。这个变化的第一轮影响是最大的，其后各轮的影响是逐渐递减的。按照后凯恩斯学派乘数调节分析的看法，由于对外贸易乘数调节分析的作用，在通常情况下，贸易差额会趋于均衡或近于均衡，使 $X = M$。

显然乘数调节分析弥补了新古典学派的弹性调节分析的主要缺陷，从局部均衡发展到一般均衡，但乘数调节分析无疑仍存在许多缺点：（1）乘数调节分析只限于贸易差额，而不是全面的国际收支。在现代的国际经济关系中，劳务的输出入、资本在国际间移动、一国储备资产增减在国际收支中的地位日益重要，没有这些部分的分析，将会使理论失之偏颇。（2）乘数调节分析的假设前提与实际状况相距甚远，超出了合理的理论抽象范围。其推论是基于这样一些假定条件：物价水平不变、货币与信用对经济的影响被忽略、利率变化被舍弃，并且假定国民经济水平是位于没达到充分就业状态，这样由于存在劳动力过剩和设备利用不足，进出口对国民收入的影响才不会波及物价水平。（3）乘数调节分析没有认真研究与考虑到国内货币政策的变动对国际收支可能产生的影响。

三、国际收支的吸收调节分析

国际收支调节理论中的吸收调节分析，也大体上反映了凯恩斯学派的观点。该理论与弹性调节分析和乘数调节分析不同的地方是把对外贸易差额形成的原因从进出口价值的差额移动到国内总收入与国内总支出的增减上。其政策建议是采用改变或“吸收”国民收入的方法解决一国国际收支的失衡。

该理论的推演过程是，设总收入为 Y，总支出为 A。其中 A 包括消费（C）、投资（I）、政府支出（G），这样 $A = C + I + G$。国际收支差额为 B，主要是贸易收支差额。其基本方程式是

$$B = Y - A$$

$$\Delta B = \Delta Y - \Delta A$$

式中，ΔB 为国际收支差额的变量，ΔY 为收入效应，ΔA 为支出效应。

当总收入大于总支出时，即 $Y > A$，则为国际收支顺差；

当总收入小于总支出时，即 $Y < A$，则为国际收支逆差。

当一国国际收支出现逆差时，调节的方式只有两个途径可循，或是扩大总收入（Y），或是缩小总支出（A）。当一国经济已达充分就业时，总收入的扩大已达到极限，收入效应（ΔY）难以扩大。只有采取紧缩性的财政政策和货币政策。财政政策指减少政府支出（G），货币政策指采用货币贬值的方式使国内消费支出（C）和投资支出（I）收缩，从而在充分就业情况下，挤出一部分资源来扩大出口，以达到改善国际收支的目的。

对支出效应 ΔA 施加影响（ΔA 又称吸收效应），其影响效果又可分为两部分，一个是由于收入 ΔY 所诱发的部分，表示为 $a\Delta Y$（a 为边际支出倾向）；另一个是贬值时支出直接产生的效果，表示为 aA。因此有

$$\Delta A = a\Delta Y + aA \tag{1}$$

把式（1）代入 $\Delta B = \Delta Y - \Delta A$ 中得到

$$\Delta B = Y(1 - a) - aA$$

式中，$(1 - a)\Delta Y$ 是收入的间接效应，aA 是直接吸收效应。后者是主要的，前者是辅助的。

（一）收入的间接效应

该效应又分解为

（1）闲置资源效应。如果存在闲置资源，贬值后用外币表示的出口价格下降，由外资乘数作用能诱发消费和投资，则实际国民收入能增加（$\Delta Y > 0$）。但对国际收支差额 ΔB 的影响如何，就要看（$1 - a$）的符号。在经济繁荣时期符号为正，贬值起不到改善国际收支的效果。经济萧条，符号为负，贬值则能改善国际收支。

（2）贸易条件效应。贬值使贸易收支改善还是恶化取决于进出口商品供给弹性的乘积是小于还是大于进出口商品的需求弹性的乘积。如贸易收支改善，则国民收入增加，增加的程度和对国际收支的影响，取决于（$1 - a$）。与式（1）同理，（$1 - a$）为正号时国际收支恶化，为负号时国际收支改善。

（3）资源再分配效应。若一国汇率在以前定值偏高，在贬值时相应放松贸易管制，则贬值之后会产生一个有利于收入的资源再分配效应。因为汇率定值偏高，实际上等于对非贸易商品给予“暗贴”。如果非贸易部门劳动生产率较低，货币贬值后将使资源从劳动生产率较低的部门转移到较高的部门。

（二）直接吸收效应

直接吸收效应是由于本币的贬值，使外币表示的进口价格上升，并使国内物价上

涨，这种全面性的物价上涨被“吸收”到消费、投资等支出中所产生的对国际收支的影响。吸收效应只与支出变量 ΔA 有关，故假设没有收入效应。贬值国由于已达到充分就业，国外的进口价格弹性和出口供给弹性都足够大，在这个前提下，吸收效应分解为：

（1）现金余额效应。由于贬值会导致一国的物价上涨，使货币购买力下降，从而使实际的现金余额量减少。根据现金余额效应，人们希望以实际现金余额形式持有的收入占其实际总收入的比率保持不变，那么就会通过减少支出来积累现金余额，以恢复原来的收入与现金的比例关系，人们支出的减少有利于改善国际收支。

（2）利率效应与现金余额效应密切相关又会产生利率效应，即当人们减少支出而增加所持有的货币余额时，这固然会减轻通货膨胀的压力，但如果人们货币收入保持不变，现金由于变得不足而促使利率上升。这时，如果货币供给保持不变，较高的利率将减少投资。如果考虑到资本在国际间的流动，则较高的利率一方面阻止资本的外流，另一方面又可吸引外资的内流，从而改善国际收支。

（3）贬值的收入再分配效应。贬值会引致收入在不同阶层中重新分配，但由于不同的社会阶层进口的边际支出倾向不同，即人们对进口商品或劳务的支出占其总收入的比率不同，从而会影响贸易收支。

根据国际贸易理论，扩张部门中密集使用的生产要素可以在扩张中获得更多的利益，而其余的生产要素则相应有所损失，这种变化引起了收入的再分配。例如，贬值引起出口增加，从而使出口扩张，这时，如果出口部门是资本密集型的企业，则资本所有者将获得更多收入，而其他生产要素所有者将受到损失。如果是劳动密集型的企业，则劳动所有者获利。这种贬值的收入再分配效应对国际收支的影响取决于有关的边际进口倾向，即人们进口商品或劳务的支出增加额对其收入增加额的比率。

一国货币贬值后，工资的上涨可能落在出口商品价格上涨之后，故利润可能领先增加。如果资本的边际进口倾向大于工资收入增长率，则利润的增加会增加进口；另外，利润增加又会引致新的投资，这就意味着“吸收”增加，这两方面都会促使国际收支趋于恶化。

对于国际收支调节的吸收论，人们仍有不同意见，集中起来有如下几点：一是这一理论把改善国际收支的方法寄托于货币贬值、增加税收和减少国民收入上。这种政策措施实际上是等于在国内实行紧缩的政策，它会遭到政府决策者的反对，因为与充分就业目标不相容。二是通过对外贬值货币而导致的国内紧缩效应会被国内的通货膨胀所抵消，究竟能否改善国际收支还要取决于许多前提条件，其间的道理没有说清。三是只论述了贸易差额，完全忽视了资本移动在国际收支中所占的重要地位。

四、国际收支的货币分析理论

国际收支的货币分析理论是货币主义理论与分析方法应用于国际收支领域研究而得出的结果，其主要代表人物为琼森、孟德尔等。货币分析理论立足于一般均衡的分析方法，其理论内容的核心是：国际收支从根本上说是一种货币现象，一国的货币供求变动会引起一国的国际收支失衡，同时，这种国际收支的失衡反过来又影响国内的货币供求变化，最终在没有人为干扰的条件下，国际收支会自动在长期内趋于均衡。

这种理论的渊源可以追溯到1782年大卫·休谟创立的“物价—现金流动机制”理论。休谟的理论是建立在古典货币数量论基础之上的一种国际收支的自动调节理论。但新的货币分析法采用了现代的分析方法，改进了休谟的国际收支自动平衡的运行原理，使该理论以新的面目出现，在国际收支调节理论中独树一帜。大致来说，货币分析法从两个方面克服了休谟学说的历史局限：第一，休谟的理论由于当时资本国际化水平低，所以它不重视国际收支中的资本项目，而只考察经常收支项目。货币分析方法鉴于当前国际资本在国际收支中的重要地位将资本项目与经常项目一并考察，称之为“线上项目”。第二，休谟的理论产生于金本位时期，所以考察的对象仅为黄金货币。鉴于现代货币信用制度的发展与演化，货币分析法考察了信用货币，并将信用货币分为两个部分：一是国内信用货币；二是国外信用货币，称为外汇储备资产。

（1）假设前提条件。货币分析包括如下几个前提条件：第一，从长期看，市场机制的自行调节会使一国经济达到充分就业的均衡状态。第二，货币需求与收入水平和利息率等几个经济变量之间存在着较稳定的函数关系。第三，货币供给量的变化在充分就业的条件下不会影响实物产量而只能影响名义产量的变化。第四，外汇储备的变化会引起一国货币供给的变化，这是国际收支均衡与失衡自动调节的枢纽。第五，假定存在一个高效率的国际商品与资本市场，其转移完全能够自由进行。第六，假定购买力平价说在长期成立。第七，国际贸易商品的价格基本是外生的（至少对小国来说是如此），在长期，一国价格水平趋近世界水平。第八，货币分析法的理论基础是瓦尔拉斯定律，即在一个经济社会中对商品、证券和货币的超额需求的总和为零，因为在整个市场经济中，货币市场的超额需求必然被其他市场上超额需求所抵消。

（2）国际收支不平衡的基本原因与传导过程。国际收支不平衡的原因是产生于一国货币存量供给与需求之间的失衡，这种理论可以说是国际收支的长期均衡理论。一国货币作为经济变量中的存量，在长期的经济运行过程中有一个稳定的需求函数（M_d）。这种函数关系表现为需求的名义货币余额的数量是名义收入的正函数。随着国民收入的提高，名义收入也必然提高，从而对名义货币余额的需求数量也会增加。

在现代货币信用制度下，一国有创造货币或缩减流通中货币的能力，可不依赖以往金本位制的以黄金为货币发行准备那种较僵硬的货币制度。货币供给在中央银行体制下是货币基础的较为稳定的倍数（m）。一国货币的供给可以分为两部分，一是国内信用所创造的部分（D）；二是来自国外的部分（R），由国际收支顺差而形成的国际储备存量的增加（其过程是，当出口商将获得的外汇收入到银行兑换成本币时就会增加国内的货币供给量）。

用公式表示为

$$M_s = D + R \tag{1}$$

这样，国内货币供给量的变化 M_s 可由两个因素促成：一是 D 的变化，即当一国通过银行的信贷的变化，改变国内的货币供应；二是 R 的变化，即一国国际储备存量的增减。当国内的货币供给量 M_s 与名义收入所要求的货币需求量 M_d 不一致时，在收入和其他因素不变的情况下，必然会反映到一国的国际收支上来，通过国际收支的盈余或赤字，增加或减少一国的货币供给量 M_s，使之在长期的调节过程中与 M_d（货币的需求）相一致。之所以如此，是因为每个人所持有的各种形式的资产彼此之间存在着一种相对稳定的比例关系。每个人的口袋里都有现金余额、定期存款、股票、债券和耐久消费品，而在这些不同的资产之间存在着相对稳定的搭配比例。如果因为某种原因，个人所持有的货币余额增加，人们持有的货币存量就会超过人们持有的资产结构的预期水平，其资产结构也会随之进行调整，从而形成一系列新的支出，包括购买国外的商品、证券等，由此导致国际收支的失衡。

为了清楚地表达这一传导过程，可将式（1）移项而转变为

$$R = M_s - D \tag{2}$$

又因为前面假定在长期中货币需求等于货币供给，即

$$M_s = M_d$$

由此导出基本的方程式（关系式）：

$$R = M_d - D \tag{3}$$

国际收支差额（官方储备的增减）= 本国货币需求 - 本国供应的货币

可见，国际收支是与货币的供给与需求相联系的一种货币现象。国际收支逆差和国际储备的流失意味着国内货币供给过度；国内收支顺差和国际储备的增加意味着国内货币需求过度。货币供给与需求之间的差额反映在国际收支平衡表中“储备项目”的变化上。这样，国际收支被看做是一个“安全阀”，这个阀门既能以逆差的方式放出过剩的货币供给，又能以顺差的方式注入不足的货币需求。

在固定汇率制下，如果国际收支均衡，那么储备项目不发生变化，保持稳定的存量，也就是国际收支均衡。

从上述的介绍可以看出，货币分析法把国际收支的不均衡归于货币需求与供给的不协调以及由此而引起的两者调整过程中所伴随的现象。当 $M_d > D$ 时，如果一国保持货币供给的不变，由于 M_d 不能从国内得到满足，就要从国外吸收资金，由此产生官方储备交易基础上的顺差。这种资金内流的形式无关紧要，它既可以通过经常项目的顺差来实现，也可以通过资本项目的逆差来实现。若货币当局并不以补偿方式进行干预，或者不使吸收内流资金中性化，那么这种顺差必定是暂时的，而且能够自行纠正。资金内流导致的顺差要一直到能够消除对货币的过量需求，而达到新的均衡为止。国际收支不平衡的自行矫正是因为稳定的货币需求函数是与货币存量而不是货币流量相联系的。当达到了理想货币存量时，作为国际收支顺差原因的资金内流就会终止，国际收支顺差不再

扩大。相反，国际收支逆差反映了国内货币存量的过多供应。当货币存量大于货币总量的需求时，人们试图重新摆平所持有过多的货币余额与其他资产的比例，以尽量减轻国内通货膨胀的压力。其途径是通过对外国商品和劳务的购买，或向国外进行投资以获得国外的实物或证券资产。如果货币当局不能通过创造新的国内信用以代替外流资金，即不实施中性的政策或补偿政策，逆差将会持续到过多的货币供给在国外消化，使国内货币存量恢复均衡为止。

由此可见，任何扩大或减少货币供应的过程都是由其国内信用和国际储备两方面的抵消运动而自行完成的，变化的只是两部分的构成比例。在浮动汇率下，货币主义者认为，国际收支的顺差或逆差往往被汇率的相反变动所抵消，因而国际储备变动通常为零，所以通过国际储备的变动来调节国际收支是不必要的。货币主义国际收支理论所得出的政策结论十分明显：既然国际收支不平衡是一种暂时的现象，而且能自我纠正，那么任何对国际收支进行调节的政策都是不必要的。

货币分析法的主要贡献在于强调了国际收支的顺差或逆差至少在短期内将引起货币存量的变化，从而影响一国经济动态，并且告诫货币当局不应通过过度的货币扩张加剧逆差或使逆差持久化，这有其合理之处。但国际收支是各国宏观经济的综合反映，影响它变化的因素是众多的，单一的货币因素绝不能全面地解释国际收支的变动及调节问题。

在国际收支调节理论中，弹性调节分析理论、吸收调节分析理论和货币调节分析理论这三种理论，从各自经济理论为出发点，对国际收支这同一现象进行了不同的解释，并由此提出了不同的对策。货币调节分析理论注重协调货币市场的供求均衡，因此在政策措施上侧重于控制国内货币增长率。吸收调节分析理论强调国内产品市场的均衡，在对策上重视对各支出项目的调节。弹性调节分析理论强调相对价格变化，所以突出了汇率的变动。这三种方法并不完全相互排斥，吸收调节分析理论包含了弹性调节分析理论，货币调节分析理论又类似于吸收调节分析理论，实际上是吸收调节分析理论的延伸。因此尽管货币政策和财政政策无疑可用来影响国际收支，但汇率这一工具作用也是不能忽视的。

第四节 我国国际收支的管理

一、我国国际收支的基本情况

中华人民共和国成立以来的相当长时期内，我国没有编制国际收支平衡表，只编制外汇收支平衡表。外汇收支平衡表只反映对外贸易和非贸易的收支状况，而没有反映与国外资金往来的情况。这是因为，过去我国与西方国家间的资金借贷关系很少。虽然我国也有一些对外经济援助，但这些援外开支都被作为财政开支处理，没有单独编制对国外资金收支的报表。

改革开放以来，我国对外经济交往的范围越来越广，内容也越来越复杂，为了加强宏观管理，全面、综合地反映我国对外经济交往的情况，需要编制适合我国实际需要的国际收支平衡表。从我国于1980年恢复在国际货币基金组织和世界银行中的合法席位以后，按照会员国的义务，也需要向一些国际组织报送包括国际收支平衡表在内的有关资料。

为此，1980年，我国开始试编国际收支平衡表，1981年，制定了国际收支统计制度。1984年10月，我国对原有的国际收支统计制度进行了补充和修改。通过这次修改，完善了国际收支统计制度，使得我国的国际收支平衡表在项目的设置、分类等方面更为合理，并具有国际可比性。同时，由每半年编制一次国际收支平衡表过渡到每季度编制一次国际收支平衡表。

1985年9月，国家外汇管理局正式公布了我国1982 ~1984年的国际收支平衡表，以后也相继作了公布。我国的国际收支平衡表基本上是参照国际货币基金组织的标准格式来编制的，但也有自己的特点。

二、我国国际收支平衡表的特点

我国编制国际收支平衡表的方法是根据我国的具体情况，结合国际上编制国际收支平衡表的通用模式编制的。

我国国际收支平衡表大体由经常往来项目、资本往来项目与平衡项目组成。各项目组成的具体内容分述如下：

（一）经常往来项目

（1）对外贸易外汇收支。它按对外贸易实际进出口业务进行统计。对于在国外收汇而在国内提供物品的联运收入等，则列入“对外贸易补充”项目中。“对外贸易补充”项下为无偿援助与捐赠的输出入总值。

（2）非贸易外汇收支。它包括旅游、运输、邮电、保险、银行、政府机关团体等部门的收支。

（3）资金转让收支。它包括侨汇、无偿援助与捐赠，国际组织的收支，居民收支等。

以上三项的综合差额，反映了国际收支平衡表经常项目的顺差或逆差。

（二）资本往来项目

该项目反映我国与国外的资金往来情况。资金往来项目的收入反映了我国利用外资的增加；资金往来项目的支出反映了我国所欠外债减少。在该项目下，又按利用外资期限的长短，分为长期资本往来和短期资本往来。

（1）长期资本往来。它包括直接投资、股票与债券、银行贷款、延期付款、加工装配与补偿贸易设备应付款，以及其他非银行借用资金，一般指一年以上。

（2）短期资本往来。它包括贸易信用延期付款、非银行借款与贷款，一般指一年以下。

资本往来项目账户的差额反映国外资金净流入或我国资金的净流出。

（三）平衡项目

该项目主要反映我国外汇储备的增减情况。如果经常项目和资本项目相抵后出现顺差，即表现为外汇储备的增加；反之，若出现逆差，即表现外汇储备的减少。

三、我国国际收支运行现状

概括来说，目前我国国际收支运行状况有如下特点。

（1）整体运行状况良好，规模不断扩大。从整体上讲，由于近年来中国经济增长速度一直保持在10%左右，而通货膨胀也一直控制在没有危害社会稳定和妨害经济持续增长的幅度内，因此，可以肯定地讲，中国经济的成长状况是健康的。特别是1996年，我国经济增长为10%，而通货膨胀率仅为7%左右，出现了低通货膨胀和高增长的局面，为中国经济在未来几年保持稳定的高速增长提供了保障。由于我国宏观经济状况是健康的，因此，我们可以判定我国的国际收支状况也是健康的。事实上，我国国际收支的各种差额也说明我国国际收支状况是好的，我国国际收支对我国实现充分就业、经济增长和货币稳定的贡献也是明显的。

（2）对外贸易结构优化。对外贸易不但实现了量的增长，而且结构也趋于优化，这表现在工业制成品的出口总额中的比重上升，工业制成品中的机电类产品出口增幅较大。

（3）国际收支持续顺差。从总差额上，我国国际收支连续几年保持较大数额的顺差。总差额顺差的形成，包括两个方面，一是资本项目的顺差；二是经常项目顺差。经常项目的顺差在这些年占主导地位。

四、我国国际收支的管理

在计划经济体制下，计划是我国宏观管理的主要手段，也是调节国际收支的唯一机制。由国家制订与整个国民经济发展相适合的外汇收支计划，一切对外经济活动都按计划进行。外汇收支计划的原则是“以收定支，收支平衡，略有结余”，因此，1980年以前，我国国际收支基本保持平衡。

随着经济体制改革的进行，计划范围缩小，市场调节的作用日益为人重视。原有外汇收支管理已不适应新的形势，国际收支平衡将依靠市场调节手段。直接控制的程度将不断放松，影响日益减弱，而汇率政策影响将会不断增强。财政、货币政策在实现内部均衡的目标下将成为主要手段，与汇率政策等相配合。

另外，我国最主要的宏观经济目标是在保证不发生严重通货膨胀的前提下，实现经济增长。这一目标需要多种宏观经济政策的配合。从国际收支的角度来看，因为我国国内技术和管理落后，资本不足，成为制约经济发展的“瓶颈”，所以要保证总差额和基本差额有顺差，让资本项目有更大的顺差，让经常项目和商品贸易差额有适度的逆差。

在具体策略上，有以下几方面：

（1）关于外商直接投资的策略。外商直接投资在我国改革开放初期的经济增长中，起了不可低估的作用。同时，外商直接投资中存在着这样或那样的问题，诸如产业结构问题、地区分布问题、对劳工不合理待遇问题以及环境污染等，所有这些问题都应该由相应法律和制度来解决，也就是说，我国利用外商直接投资的策略应该是在规范中鼓励。

（2）关于举借外债的策略。外债在我国经济增长中扮演着重要的角色。外债一般通过三个渠道对宏观经济产生影响，即投资渠道、财政收支渠道和国际收支渠道。根据国家外汇管理局统计：截至2010年末，我国外债偿债率为1.63%，债务率为29.25%；负债率为9.34%；短期外债与外汇储备的比例为13.19%，均在国际标准安全线之内。

尽管外债对我国经济增长有明显的促进作用，但由于外债对贸易收支的负面影响也很突出，截至2010年末，我国外债余额为5 489.38亿美元（不包括中国香港特区、澳门特区和台湾地区对外负债）。其中，登记外债余额为3 377.38亿美元，贸易信贷余额为2 112亿美元，每年的还本付息的压力变得越来越大，因此，外债规模不可过快增加。

在使用外债时，还应分析外债对投资的替代作用与追加作用。所谓外债的追加作用是指外债的举借并不影响国内投资，即当举借外债后，国内投资并没有因为举借外债而减少，外债对全社会投资的作用是净追加的。外债的替代作用是指在外债举借后，原来准备用于投资的资金转而变成消费资金，因此全社会的总投资并没有因为外债的举借而增加，外债只是替代了国内的投资来源。在20世纪80年代巴西出现的较为严重的外债危机中，由于大量外债没有形成投资资金，而是变成消费资金，即使外债自身没有变成消费资金，但国内的投资资金因为外债的举借而转化为了消费资金，这样外债发挥作用的潜力远远没有得到发挥，对形成巴西的债务危机起了推波助澜的作用。

本章小结

国际收支的调节目标是以国外均衡促进国内均衡。国际收支失衡有多种原因和若干种表现形式，对失衡的调节一般通过外汇储备、汇率变动、财政政策与货币政策及直接管制等几种手段。国际收支调节理论是经济理论中发育时间较长且众说纷纭的一块领域。随着中国经济开放进程的加速，国际收支管理日益成为宏观经济调节中的一项重要内容。

思考题

1. 国外均衡的含义是什么？
2. 哪些因素会导致国际收支失衡？

3. 国际收支失衡的矫正手段有哪些，如何操作？
4. 弹性调节分析、吸收调节分析和货币调节分析几种理论的要点是什么？
5. 乘数调节分析有哪些缺陷？
6. 中国国际收支管理有哪些特色？

第二十四章　金融发展与金融改革

第一节　金融发展问题的重要性

一、资本短缺：欠发达经济的基本特征

在欠发达国家的经济发展中，资本或投资对经济增长所起的决定性作用更为突出。通常，发展中国家面临的共同问题是资本短缺，而劳动力则相对充足。正由于这一点，人们往往把资金称为欠发达国家经济发展的“瓶颈”。

资金或资本不足，实质就是储蓄不足。这里所说的储蓄是西方经济学的储蓄概念，指货币资金的积累。在一般情况下，储蓄的主体有三个：一是企业，二是居民户或个人，三是政府。企业提供的储蓄由两部分构成：一是利润收入中用于扩大再生产的部分，二是暂时不需动用的折旧基金。居民户或个人的储蓄则由银行存款和持有的其他金融资产构成。政府储蓄则是政府通过税收等手段集中的货币注定要用于生产性投资的部分。

一般而言，人均收入水平高的国家，国民储蓄率相应高些，经济发展相对落后的国家，其国民储蓄率相对低些。不过，也存在这样的情况，经济发展水平大致相同的一些国家，国民储蓄率却存在明显的差异。

发展中国家存在着一个不易摆脱的恶性循环，即低收入→低储蓄率→低投资率→低成长率→低收入水准。从这个循环链条可以看出，收入是储蓄的解释变量。一般情况下这是不错的，因为无论如何，储蓄量都要受收入水平的制约。从统计资料看，发展中国家的储蓄率低于发达工业国家；同一个国家在低收入阶段的储蓄率也明显低于其高收入阶段的储蓄率。这说明，随着收入的增长，确实存在着边际消费递减的倾向。一个国家的居民，在其人均收入水准还较低时，用于基本生存需要的必要消费支出占其收入的比重越大，储蓄动员的弹性就会越小；随着收入水平的提高，用于基本生存需要的必要消费支出占其收入的比重越小，储蓄动员的可能性也就越大。

问题在于，收入水平大致相同的国家，其国民储蓄率为什么会出现明显差异？

储蓄与消费，此消彼长，是一种逆向经济行为。在一定收入水平下，微观主体将多少货币用于储蓄，多少货币用于消费，这取决于它们对眼前消费和未来消费的处理态度。如果客观存在着多种多样的可供选择的金融资产，那么只要节制眼前消费，就可获取更多的未来消费，在这种情况下，当前消费就会受到抑制，储蓄率就会相应提高。发

展中国家储蓄率之所以低，除了受收入水平限制外，还有一个重要原因，就是这些国家存在金融体系和金融结构上的缺陷，金融资产单调、金融市场发育缓慢，存在着普遍的金融压抑。

二、发展中国家的货币金融压抑

西方的一些发展经济学家认为，欠发达国家和地区有着某些共同的特点，如生活水平低，劳动生产率低，人口增长率高和抚养负担重，高度的失业和不充分就业水平，对农产品和初级产品出口的依赖，在国际关系中所处的劣势地位、依附性和脆弱性，等等。此外还有一条，即较普遍的金融压抑。

所谓金融压抑，是指市场机制的作用没有得到充分发挥的发展中国家中存在的过多金融管制、利率限制、信贷配额、金融资产单调等现象。

过多的金融管制主要表现为政府对金融行业的过多干预。利率限制主要是指政府规定银行存贷款利率，这种利率并不反映货币资金供求关系的变化；信贷配额是指运用行政的数量管理方法分配信贷；金融资产单调是指由于金融市场不发达，金融工具种类极少，如只有存款和国债等，居民缺少金融资产选择机会。

在许多经济落后的发展中国家，金融体系不健全，银行不发达，为直接融资服务的证券市场，有的处于刚刚发育阶段，有的国家干脆就没有出现。这些状况的存在，有经济发展水平方面的原因。一般地，一国的经济发展水平决定了它的金融业发展水平，但同时，也还有政策或经济体制方面的原因。

在中央计划体制下，金融不发达，主要是由体制的因素决定的。金融资产丰富、金融体系完善、金融市场发达，这是与一个国家运用市场机制作为资源配置的重要手段相联系的，假若不存在各种相互配合的生产要素市场，以引导实际资源为目的，货币资金流动既无必要，也不会发生。所以金融业发达也是经济体系主要利用市场机制配置资源的一个标志。

在中央集中计划体制的国家，普遍存在的情况是金融资产单调，银行业完全由国家垄断，同时基本上不存在规范意义上的金融市场。之所以出现这种情况，并不是这类国家的经济发展水平低，低到几乎不需要金融调节的程度，而是由于体制的选择决定的。这种选择的实质就是依靠市场还是依靠计划机制来配置资源。两种体制必然会产生两种不同的发展结果。

三、金融压制论

关于金融与经济发展之间关系的理论，具有广泛影响的研究成果是 E. S. 肖和 R. I. 麦金农所提出并由其他一些学者加以补充的金融压制论和金融深化论。

金融压制论是分析发展中国家抑制市场机制和不恰当的金融管理政策对经济增长和经济发展如何产生阻滞作用的理论。

他们认为，金融变量与金融制度对经济成长和经济发展来说，并不是中性因素：它既能起到促进的作用，也能起到阻滞的作用。关键取决于政府的政策和制度选择。在许多发展中国家，普遍地存在着错误地选择金融政策和金融制度的现象，其表现主要是政府当局对金融活动的强制干预，人为地压低利率和汇率。这就是所谓的“金融压制”。

当金融当局硬性地规定存款和放款利率的最高限时，利率就无法准确反映发展中国家的资金供求关系和资金短缺的特性。由于多数发展中国家都存在较高的通货膨胀率，因而，硬性规定名义利率上限，则实际利率常常变为负数。在实际利率为负的条件下，储蓄者不愿意将其剩余的货币存入金融体系之中；而借款者则被刺激起高亢的借款需求。这导致资金的需求严重大于供给，自然会产生金融机构以“配给”方式授信和资金投机等现象。在这种情况下，能够获取信贷者大多是享有特权的国有企业或者是与官方金融机构有特殊关系的私营企业单位。这给腐败现象的产生提供了便利条件。大量的民营企业单位只得向传统的非组织市场和高利贷者求贷。由于发展中国家的金融机构集中于城市，并主要为特权阶层服务，至多为一些大工商业提供资金方便，因此，广大农民和小工商业者在资金获取上极为困难。

对外汇市场进行管制，通过官定汇率高估本国币值和低估外国币值，是金融压制的另一个重要方面。在这种情况下，能以较低的官定汇率获得外汇的只是一些享受特权的机构和阶层。外汇的供不应求助长了黑市交易活动。由于本币币值高估，出口受到极大损害。与此同时，一些持有官方执照的进口商就能利用所享受的特权赚取超额利润。在许多发展中国家实行“进口替代”政策的情况下，更容易引起重视重工业和轻视农业轻工业的后果。

金融压制战略对经济发展和经济成长有四个负效应：

第一，负收入效应。由于许多奉行金融压制战略的发展中国家存在着严重的通货膨胀，公众和企业作为实际货币余额 M/P 的持有者和使用者，为了避免交纳物价上涨的通货膨胀税，就会减少以货币形式保有储蓄。人们持有的实际货币余额 M/P 多，储蓄和投资就多；储蓄和投资较多，国民收入的增长速度也就较快。但是，在许多实行金融压制战略的发展中国家，存在的却是与此相反的恶性循环，结果导致了缓慢的收入增长。

第二，负储蓄效应。在许多发展中国家，市场分割和经济货币化程度很低是一种普遍现象。金融工具的品种单调，数量很少，在许多地区甚至还保留着物物交换这种传统的交易方式。由于通货膨胀率既不稳定也无法预测，官定的低利率又不能考虑用变动名义利率的方式来抵补价格上涨给储蓄者造成的损失，因此，人们就常常用购买物质财富、增加消费支出和向国外转移资金的方式来规避风险。这样，自然要使储蓄率的提高大受影响。

第三，负投资效应。在金融压制战略下，许多发展中国家传统部门的投资受到了限制，这首先阻碍了农业的正常发展，增加了对粮食和原材料进口的需求。这种需求在一定程度上不得不靠外援来满足。本国币值的高估和对小规模生产的本土行业的限制，又严重影响了出口的增长，这使得经济对外援的依赖进一步增强。在国民经济的领头部门中，某些投资带来了较高的资本——劳动比率。不熟练的生产技术和经常性的过剩生产能力，降低了投资的边际生产力。同时，由于工业大都集中于城市地区，从而对城市基础设施建设增加了极大的压力，需要耗费大量的资金。

第四，负就业效应。金融压制战略下对传统部门的抑制，迫使劳动力向城市迁移。在城市，资本密集型产业的增长，只能把这些劳动力中的一小部分吸纳到具有相对较高工资水平的行业和企业中去。而未被吸纳的劳动力，或是滞留于相对较低工资水平的行业、企业之中，或是干脆处于失业状态。在他们的集中地区建起了贫民窟，形成处于不充分就业状态的城市无产者阶层。

四、如何加快金融发展：深化论者的处方

欠发达国家实际上存在着一种“金融压制→资本短缺→经济落后”三者之间的恶性循环。怎样改变这种状况？麦金农从发展中国家货币与资本间的关系入手提出了如下货币需求函数：

$$(M/P)^D = L(Y, I/Y, d - P\ )$$

式中，$(M/P)^D$ 为实际货币需求；Y 代表收入，I 指投资，I/Y 为投资占收入的比；d 为各类存款利率的加权平均数，P^* 为预期的未来通货膨胀率，$(d - P^*)$ 为货币的实际收益率。

在解释变量中，具有特点的首先是 I/Y。麦金农之所以强调这个变量并认为它与实际货币需求是正相关关系，是基于这样的分析：在经济相对落后的发展中国家，大都是“分割”经济，即企业、政府机构和居民户等经济单位相互隔绝。在这种情况下，土地、劳动力和资本品等方面，不存在统一的共同价格，各部门也难以获得同等水平的生产技术。由于资本市场极为落后，间接金融的机能也比较软弱。因此，众多的小企业要进行投资和技术改革，只有通过内源融资，即依靠自身积累货币的办法来解决。在投资不可细分的情况下，投资者在投资前必须积累很大一部分货币。计划投资规模越大，所需积累的实际货币余额就越多。正由于此，I/Y 对货币需求不仅影响很大，而且是正相关关系。

另一个具有特点的解释变量是 $(d - P^*)$，即以货币存款形态保存收入的实际收益。显然这是以发展中国家大多存在通货膨胀为背景的。它与对货币的需求自然是正相关关系。如果 $(d - P^*)$ 是正，那就会导致实际现金积累不断增长，企业自源融资条件下的资本形成机会也会增多，这是一种良性循环。但是，假如货币的实质收益率超过某一限度，许多人就会以现金的形式保有货币，而不愿将其转化为投资或实际资本，因此投资率反而会下降。

凝聚在货币需求函数中的一些观点，最后形成的是这样的判断：实际货币余额 M/P 大量地、迅速地增长，会有助于投资和总产出的迅速增长。但是，发展中国家，由于金融压制，M/P 的增长相当有限。解决的途径则是金融的自由化。

对于金融自由化政策，他们也称为金融深化政策，其具体内容是：政府放弃对金融市场和金融体系的过度干预，放松对利率和汇率的严格管制，使利率和汇率成为反映资金供求和外汇供求对比变化的信号，从而有利于增加储蓄和投资，促进经济增长。

他们认为，发展中国家的经济成长，国外资金的流入固然重要，但动员国内储蓄是一个更应引起重视的因素。在西方经济学的经济成长模型中，通常是把储蓄倾向假定为一个常数。金融深化论则认为，如果考虑到收入增长率和实际利率水准等金融因素的影响，则应将储蓄倾向看成是变量。那就是，一旦放松了金融抑制，人们持有货币资产的意愿会增大，自愿持有的实际货币余额会增加。这不仅直接刺激了储蓄，而且在收入开始增长后，还会经过金融活动过程导致更多的储蓄。

第二节　金融自由化：经验与教训

一、金融自由化的实践

20 世纪 70 年代末和 80 年代初期，有相当一些发展中国家进行了金融自由化实践，如亚洲的马来西亚、韩国、斯里兰卡、菲律宾及印度尼西亚等国，拉丁美洲的阿根廷、智利、乌拉圭等国。

这些国家在实行金融自由化改革政策之前，在宏观经济背景、政府对经济的干预政策及金融结构等方面，都不同程度地存在一些差异，但当实行金融自由化后，这些国家采取了如下一些政策，即政府放松对金融的管制和干预、利率限制的取消或部分取消、放宽信贷政策、允许汇率浮动等，有的国家还推行了银行私有化计划。

近年来，一些发达国家也纷纷宣布实行具有金融自由化色彩的金融改革，如日本、美国、澳大利亚、加拿大及欧洲一些国家。从日本和美国宣布的改革内容看，主要是放松金融管制，对银行、保险和证券业从分业管理走向混业经营，即商业银行在传统的存贷款业务、中间业务基础上还可以从事保险及投资银行等业务，其他类非银行金融机构也可以从事原来禁止它们涉足的银行业务。这种管制的放松实质上也属于金融自由化改革。其成效究竟如何，还有待时间的检验，只有前面提到的一些发展中国家的金融自由化实践，业已为经济学家们的研究提供了现实资料。

二、发展中国家金融自由化的经验与教训

发展中国家的金融自由化改革都是在有针对性地解决金融压制问题，但实践的结果却证明，为纠正金融压制而实行金融自由化是一个国家改善金融结构、加速经济发展的必要条件而不是充分必要条件，有的国家取得了成功，有些国家则不尽如人意。

实行金融自由化国家的经验教训大体有以下几点：

（1）控制通货膨胀，保持价格稳定和社会总供求的大体平衡。发展中国家的金融市

场一般都不够发达，资本长期短缺，在这种条件下如果实行金融自由化，放松利率管制，一般都会出现利率迅速提高的后果，高利率使借款者的负担增加，而信贷配额的松动又容易使信贷规模以很快的速度扩张，整个社会的借贷活动中的违约道德风险会急剧提高，社会总供求关系的严重失衡就会进一步加剧宏观经济波动。

（2）对资本项目的开放和国内利率管制的放松应稳步进行。在金融市场发育程度较低的条件下，一个国家如果突然实行资本自由流动和放弃利率管制，利率的频繁变动和居高不下会对本币汇率的稳定性造成伤害。国内利率水平较高固然可以吸引国外资本的流入，但长期高利率也会因利率背离均衡水准，对本国的经济发展带来不良影响。特别是，一旦利率下跌，就可能随时出现资本外逃现象，对本币汇率和国际收支平衡带来巨大冲击。

（3）在非银行金融机构和金融市场还不够发达时，以银行体系为中心实施金融自由化必须做到鼓励竞争和加强监管相结合。在放宽限制的条件下，银行在自由化过程中容易产生短钱长用的倾向，这会使银行面临挤兑和破产的威胁。因为在宏观经济政策松动时，银行的资产容易流向中长期投资领域，一旦出现货币政策紧缩的情况，银行的流动性就会短缺，资产负债表会出现非常难看的情况。银行的流动性不足还会对经济发展带来损害，因为在这种情况下银行可用于短期贷款的资金来源减少，使经济体系中非银行部门的业务受阻，支付体系的正常运行也可能受到影响。

（4）金融自由化实际上是一种金融制度安排方面的改变，这种改变能否成功，仅靠制度因素不行，还必须有相应的组织保证。在一个长期受到金融压制的经济体系中，市场参与者的知识结构、工作才能以及行为方式等也都会打上旧制度安排的烙印，一旦实行金融自由化政策，制度发生突然的改变，这些市场参与者如银行管理人员、信贷人员、借款者及政府工作人员等，他们的自身素质还难以适应这种新的自由化竞争体制，因此，即使是一个考虑周密的自由化计划，也会由于缺少高素质市场参与者或者说组织保障的配合而产生不理想的结果。

（5）在实施金融自由化的进程中，不能只用 M_2/GDP 或 M_3/GDP 这样简单的金融统计指标来度量阶段工作成果，应当对这些指标进行具体分析，应当将金融部门的发展和实体经济部门的发展状况结合起来分析，应当在金融结构变动中注重将货币资金向实体经济引导的金融市场发展政策。粗略的、教条的金融深化指标并不代表全社会福利水准的提高。

（6）实施金融自由化政策必须营造良好的金融运行基础，如完善的法规法制、会计制度、信息提供及严谨的监管框架等。营造良好金融运行基础的目的在于防范金融风险，保证竞争的充分性和公平性，只有这样，才能达到提高金融效率的目的。

（7）发展中国家的金融自由化不能照抄照搬发达国家金融自由化的做法，因为发展中国家在经济运行的微观基础、市场条件、国家财力、法制环境等许多方面都同发达国家存在巨大差距，这就要求它们的金融自由化进程应当是审慎的、渐进式的，而不应是鲁莽和突变式的。政府在金融自由化过程中对这种改革政策能否取得预期成果作用极大，它应当立足于本国实际，采取放松管制与逐步减少干预程度相结合的方针。

第三节　中国的金融改革

一、金融改革的含义和基本内容

金融改革是20世纪出现的带有世界意义的经济话题之一。发展中国家搞金融改革，发达国家也搞金融改革；选择资本主义制度的国家搞金融改革，坚持社会主义制度的国家也在搞金融改革。同时，所有的金融改革的指导思想和目的都大致相同，那就是最大限度地提高金融运作效率，为宏观经济稳定和快速发展服务。

金融改革是针对现有或传统的金融体系、运作方式、管理办法及业务活动等方面存在的问题而展开的创新性运动，从各国的实践情况看，金融改革的基本内容大体有如下几个方面：

（1）机构体系的改革。金融机构是金融活动中最重要的市场参与者。因此，机构体系的改革是所有发展中国家金融改革的基本内容之一。

（2）市场条件的改革。金融改革中的市场条件改革，实际上就是为金融活动营造一个较为完善的基础设施，在这一基础设施中，不仅有完备的市场运作体系，还要有信息提供、会计准则、中介服务监督等多方面的内容。

（3）调控机制的改革。金融调控机制应当有两方面的含义：一是作为金融调控主体的货币当局（中央银行）在一国宏观调控体制中的地位；二是货币当局采取什么样的方式、用哪些手段去执行调控职能。

（4）业务、工具及技术的创新与改革。实行金融改革必然出现放松管制和强化激励机制的局面，这会促进金融机构在业务程序、金融工具及应用先进技术方面进行金融创新的积极性，这些创新反过来又丰富了金融改革的内容。

（5）法规政策和行为规则的改革。在市场经济中，政府的直接行政干预总是要最大限度地让位给法律法规和市场博弈规则的制约和调节，在欠发达经济中，金融压制的一个突出表现就是政府对金融活动的干预过多，而不发达的金融服务又与各种金融法律法规的残缺不全状态相伴随。一场持续而深入的金融改革，自然包含了在法律法规方面除旧布新的内容。

二、非对称信息论与中国金融改革的理论基础

中国总体经济改革的理论基础是邓小平提出的建设有中国特色的社会主义理论，这个理论基本要点：一是在以经济建设为中心的前提下对传统计划集权体制实行根本改造，建立社会主义市场经济；二是在社会主义初级阶段，鼓励发展多种经济形式，不排

斥任何经济成分，调动一切积极因素为经济发展服务；三是确立“三个有利于”的是非评判标准，以此统一思想；四是在改革步骤上采取渐进式方案；五是为减少政治内耗奉行实验优先和“不争论”的方针。

改革开放以来，中国经济面貌发生的巨大变化已经验证了邓小平建设有中国特色社会主义理论是科学的、正确的、符合中国实际的。那么，中国金融改革是否应该有自己的理论基础呢？毫无疑问，中国金融改革的理论基础对中国各个领域的改革都具有普遍指导意义，但金融部门本身的特殊性又要求我们对金融改革的理论基础进行认真的探索。

我们知道，在现代经济条件下，金融部门在资源配置上起着决定性作用。商品生产和商品交换产生了货币，而盈余部门和赤字部门的对立统一发展出信用和金融，货币、信用、金融活动一旦普遍化，它就会形成一些独特的、不同于实体经济部门的运动规律。如果不考虑国与国之间的经济发达程度和制度安排等方面的差异，那么，可以说，所有的金融改革都是建立在货币金融非中性假定之上的。由麦金农和肖提出的金融自由化其理论基础则是欠发达国家中货币与资本的互补性假说。

应用金融深化论进行金融自由化改革的一些发展中国家，其改革结果差异很大，这本身已证明金融自由化似乎不是包医金融压制弊病的灵丹妙药。中国在金融改革时还应该在合理吸收金融深化论的同时，注意引进和探索其他可对改革提供指导的理论。

非对称信息论是20世纪80年代出现流行趋势的新理论，该理论的基本命题十分简单——任何市场参与者都具有自己的私人信息，在任何一项市场交易或经济活动中，买卖的双方所拥有的信息是不对等的，因此，经济运行实际是一个“黑匣子”，市场参与者的活动过程总表现为各利益主体的博弈过程。非对称信息论本身并不复杂，但它的提出和应用却具有重大的理论革命意义。以往的经济理论都以充分信息假定为基础，但这种假定与我们生活的现实是不相吻合的，而非对称信息论却更贴近实际。正是这一点，吸引大批经济学家在各自的研究领域中对非对称信息论进行应用探索。

从我们掌握的资料看，经济学家在金融领域应用非对称信息论目前还局限在微观金融活动方面，如对MM定理的修正、信贷活动中的逆向选择和道德风险假说等。怎样将非对称性信息论应用在金融改革方面，这还是一个有待开发的领域。

金融改革是一个牵涉宏微观经济学、货币经济学、发展经济学、制度经济学、系统论、信息论等多学科知识的实践领域，当非对称信息假定引入并将金融改革当成一种制度安排和资源配置模式选择的博弈过程时，我们发现，邓小平改革理论中的实验优先和渐进式改革等主张实际上已在某种程度上反映了非对称信息论的应用精髓。一种制度安排的市场反应对于决策者来说也是一个“黑匣子”，其中含有许多的不确定性，而实验的过程其实就是改革设计者与市场规律的博弈过程。大胆实验、适时调整，这是一种可将由改革方案选择失当造成的损失减至最小的办法。将非对称信息论应用到金融改革方面，这是一件崭新的、需要众多经济学家和改革设计者们参与的工作，一种或几种比较成熟的应用假说的提出直至被认可，也许要花费很长时间，这里我们只想提出与之有关的几个问题：

(1) 如果将政府与公众看做两个独立的利益主体，在一种金融改革方案将被推出的时候，它们所掌握的信息是否对称？它们的心态和行为是怎样的？

(2) 当将加速资本市场培育和国有企业股份制改造作为金融改革的一项重要内容时，有些地方政府在推荐国有企业作为上市对象时，是否有逆向选择行为？即它们并不是将一流的、赚钱的企业拿出来上市，而是出于甩包袱心理将一些就业人员多、规模大、业绩不佳的企业推出来到股市上筹资。

(3) 筹资人和投资者是资本市场上两个基本的参与主体，从中国目前的信息基础设施和法律环境看，筹资人在信息的掌握程度上与投资者处于明显的不对称状态。近年来，一些国有企业为取得上市资格，炮制虚假财务报表已成了司空见惯的现象，这是证券市场投资经常面临的一种筹资人道德风险，采取怎样的措施来消除这种信息不对称现象从而减少投资者的交易成本？

(4) 在全社会的金融信息基础条件还不很完善的情况下，为了发展直接融资同时又提高投资者的选择能力，中央银行是否应当放松准入限制，适当增加金融信息、投资中介机构的数量，通过增多市场参与者数量达到充分竞争、提高服务质量的目的？

(5) 中央政府和货币当局作为金融改革的设计者是否应当从提高全社会福利水准和经济运行效率的目的出发对全世界的金融改革信息进行及时处理，并将一切可以吸收的经验立即制订方案、付诸实践？

从非对称信息论的角度考虑金融改革，可能还会提出许许多多的问题，因为这是个崭新的研究方向。

三、世界金融改革的基本趋势

世界上已实施过金融改革和正在从事金融改革的国家，其经济体制大体可分为三类：一是实行市场经济的发展中国家；二是发达市场经济国家；三是原来实行计划经济后来转向市场经济的所谓“转型经济”国家。尽管存在着经济体制和发展基础条件的差异，但从这些国家金融改革政策的内涵看，其基本趋向都是一个“放”字。

所谓“放”是针对实施改革国家以往通过政府对金融业的干预或者“管”字而言的。同时，大多数国家都把金融改革直呼为“金融自由化过程”。只不过由于存在经济发展水平和体制环境、宏观经济状况等方面差异，有些国家在金融自由化过程中，对自身的改革设计赋予了不同的内容罢了。

最早实施金融自由改革的发展中国家，如亚洲的韩国、马来西亚、菲律宾、印度尼西亚和斯里兰卡，拉丁美洲的智利、阿根廷和乌拉圭，它们都将金融自由化的内涵确定为减少政府对利率和信贷分配的干预。在这些国家中，只有智利是1974年开始金融自由化改革的，其他国家则是20世纪70年代末或80年代初才开始着手金融自由化过程。20

世纪80年代末和90年代初，世界出现了一批由计划经济向市场经济转型的国家，这些国家的金融改革与它们的总体改革步调大体一致，其政策内涵都充分体现了放松国家干预的趋向。20世纪90年代中后期，世界性金融改革中最引人注目的是一些发达国家相继宣布实施以金融自由化为口号的改革，如加拿大、澳大利亚、美国、日本等。这其中又以美国、日本的金融改革方案主题最鲜明，主要是从提高资本运动效率入手，废止过去一直执行的对金融领域中银行存贷款业务、保险业务和投资银行业务的分业管理制度，让混业经营取而代之。

从上述国家金融改革实践和已提出的改革方案看，其基本倾向都不外乎是一个"放"字。

中国经济改革的起步点具有双重特色：一方面，它是一个经济比较落后的发展中国家；另一方面，它又曾是一个计划经济国家。在这样的基础上实施金融改革，不仅要完成经济货币化和金融基础设施建设任务，而且还要对旧体制形成的金融体系进行彻底改造并形成与国际金融市场的对接。

在一国的经济运行体系中，金融部门是执行分配和调控职能的部门，因此，彻底的金融改革实质上也是对社会资源分配方式和经济调控方式的改革。在传统计划体制中，中国的金融体系一直处于被压制状态。计划统配社会物资资源和货币资金的财政主导型分配方式，把作用小得可怜的银行系统置于完全从属或附庸的地位，金融压制是市场压制的一个侧面，这种经济体制选择的结果就是低下的生产效率和粗放型的经济成长，我们是花了三十年的代价才开始走上以发挥市场机制作用为改革内容的正确道路上来的。中国的农村改革、城市流通体制改革、财政体制及国有企业的改革都具有"放"的特色。金融改革虽然没有提出"金融自由化"的口号，但从步履蹒跚的实践看，我们所做的已远不止早期实施金融自由化改革国家所操作的那些内容。从中央银行与专业银行分立的组织体系改革到金融机构多样化，资本市场、货币市场的培育；从吸引外商直接投资到逐步开放中国的信贷市场、保险市场和资本市场，中国正经历着一个稳健的金融改革过程。在复杂的金融体系改革中，我们可能走过弯路，也许正在采取的措施中在将来反思时会被定义为某种失误，但是，我们把握住了"放"的基本趋向，并为稳妥起见，将"放"与"管"恰当地结合起来，仅此就足以证明我们正确地把握了改革的方向。

四、中国金融改革的理想目标

经济发展和总体改革具有明显的阶段性特点，在每个阶段中，应当有不同的主攻目标，因此，从操作角度说，只有明确订立每个阶段的政策目标，才能将改革不断向前推进。在整个经济转型和制度转型的过程中，还有一个比阶段性目标更高一级的目标，那就是按我们现在的理论眼界确立的终极目标或理想目标。一般地，实现理想目标要有更多的约束条件，因而，阶段性目标总是在理想约束条件不完全具备时在改革过程中要逐步达到的目的。在发展阶段上，阶段性目标要为最终目标服务，不这样做，改革就会南辕北辙，但最终目标并不能代替阶段性目标，不然，就会犯轻率冒进的错误。

在经济全球化、资本流动国际化的潮流中，中国金融体制改革的理想目标应当是建成一个“自由、开放、安全、高效”的金融服务体系。

那么，“自由、开放、安全、高效”的具体含义是什么呢？

所谓“自由”，其含义大体有三个：（1）降低金融行业的市场进入壁垒，改革目前内资金融机构的国家垄断状况。有一个问题使人百思不得其解：为什么我们对外资金融机构进入中国市场持积极欢迎态度，却为非国有经济成分提出的申办金融机构要求如此严加限制呢？在严重垄断和严厉管制的措施下，缺少多元主体参与的金融业，能够形成充分竞争吗？答案只能是否定的。自由或相对自由进入是充分竞争的必要前提，只有在充分竞争的基础上才可能提高金融市场效率。在二十年的改革中，中国绝大多数金融机构同其他行业的国有企业一样，无论采取什么措施，无论“把银行办成真正的银行”的口号喊得多响，实际上，仍然没有能解决人们业已看到的所谓“资产所有者虚置”的问题。中国金融机构的运营效率低下，除了其他种种原因外，国有国营的普遍垄断倾向是一个不容忽视的因素。（2）走世界上金融业发达国家的共同发展道路，在业务管制上充分放开，由现在实行的分业管理走向混业管理经营，让货币资金和其他金融产品在与金融实物资源的对流或独立运动中最大限度地发挥其效能，让微观金融主体在金融创新方面最大限度地发挥主观能动性。（3）货币当局按国际惯例与政府保持最大限度的独立性，成为自主决策、灵活运用政策工具、不对政府承担非经济融资义务的宏观调控主体。

所谓“开放”，就是要在资本国际化、全球化的大背景中使中国的金融市场与国际金融市场全方位对接或融合。发展中国家的金融市场开放，既是解决外源融资的过程，也是市场份额的让渡过程。在一个经济发展水平还不很高的转型经济中，对开放主体至关重要的是控制开放的节奏，以避免外部资本市场冲击及特殊情况下资本外逃产生的金融风险。

但是，在我们讨论金融改革的理想目标时，良好的宏观经济环境及金融基础等条件都已被作为暗含前提，即这些条件均符合充分开放的理论要求。实际上，作为已经实现加入世界贸易组织的国家，在考虑金融开放目标时，也不能不考虑国际组织的成员义务条款，金融市场充分开放是成员国互惠待遇的基本内容之一，从这一点似乎可以说，金融改革理想目标中的“开放”目标是无须过多讨论的。所谓“安全”，核心意思就是规避金融风险。这是金融改革理想目标中操作难度最大的一个目标。从全世界的经验教训看，一国金融体系维持安全运行有赖于四个基本条件：（1）货币当局要有制定和操作金融政策的自主权，它不得承担为政府提供膨胀性融资的义务；（2）金融基础设施必须健全，这里所说的基础设施包括先进的支付清算技术、法律法规、信息提供、会计审计、市场体系等条件，在这些条件下，金融运作要保持极高的透明度；（3）强有力的金融监管机构及现代化的监管手段；（4）金融与实体经济的良好配合，具体就是说，金融运行要为提高资本形成率服务，为内涵经济扩张提供资本支持，在这种情况下，实体经济部门的良性循环才能为金融流转奠定物质基础。

所谓“高效”，就是指金融体系的运作效率能达到这样的程度：（1）金融产品的价格信号能够准确反映市场的供求信息；（2）盈余部门和赤字部门在市场参与中不存在非经济因素的障碍；（3）金融市场中不存在垄断性主体；（4）政府、企业、家庭及金融部门间的竞争制约关系能够产生更高层次的公众利益导向型经济发展趋势；（5）市场通过金融变量能最大限度地矫正或弥补实体经济的结构性缺陷。

本章小结

欠发达国家经济的一个共同特征是金融体系落后、金融服务效率低下、金融压制现象较为普遍。提出金融深化论的经济学家提出的对策是实行金融自由化，但一些发展中国家和地区的实验结果却存在相当大差异。

中国金融改革的最终任务就是建成一个“自由、开放、安全、高效”的现代化金融体系。

思考题

1. 什么是金融压制？
2. 金融压制对经济发展有哪些不利影响？
3. 麦金农货币需求函数的基本内容和政策含义是什么？
4. 实行过金融自由化的一些国家和地区取得了哪些经验教训？
5. 中国金融改革的理想目标是什么？
6. 世界金融改革的基本趋向是什么？

第二十五章　金融风险与国际金融危机

第一节　金融风险的定义及特征

一、金融风险问题的重要性

金融是一个经营风险的行业，纵观金融业发展历史，风险的防范和爆发贯穿始终，金融风险现象更是不一而足。自美国次贷危机发生以来，世界性金融危机还在传染，我们也必须提高警觉性，要具有相当的忧患意识和危机意识。只有这样，才能头脑清醒地认识我国经济运行和金融发展的现实矛盾，并采取恰当的对策。

中国是一个经济处于转型期的国家。经过多年的改革开放实践，社会资源的配置方式已发生了根本转变，计划让位于市场，数量管理让位于价格信号，财政为主让位于金融为主，这就是资源配置方式转变的主要内容。金融成为国民收入的主要分配手段，既符合市场经济规律，同时也出现了一个伴生现象，这就是国民经济的各种矛盾总要集中地反映在金融领域。虽然在产业划分上，金融属于第三产业，是为实体经济服务的部门，但实物资源的流动总是以货币资金的流动为牵引因素的，因此，金融服务部门并不是一个被动的、仅仅满足实体经济中微观主体需求的部门，而是一个既提供服务又具有巨大调节作用的部门。如果将国民经济看做一个人的身体，那么，金融部门就是这个人体中的血液系统和神经系统。

在市场经济中，竞争领域中的一切活动都附带一定的风险，金融风险则表现得更为突出。按照最抽象的分析，经济运行体系可以简单地分成两个部门：实体经济部门和金融部门。在现代经济条件下，不仅实体经济部门中的矛盾要反映到金融部门来形成一定的金融风险，而且金融本身也会由于运行过程中的种种问题而自动生成风险。特别是在各类资产证券化、原生性金融产品衍生化趋势日益加强的情况下，这种虚拟商品的独立运动产生的金融风险会越来越多。从这个意义上说，在一个市场经济体系中，存在着金融风险是十分正常的、合乎逻辑的现象。

谈到这里，人们不仅会问：既然存在金融风险是十分正常、合乎逻辑的现象，我们为什么又要把金融风险问题提到如此重要的地位，并将之作为关系到经济发展和社会稳定的一个关键问题呢？这其中至少有如下几个原因：

第一，中国在经济转型过程中，金融机构的公司治理正在持续推进，全面的自主经营行为尚在逐步落实。商业银行的经营模式和商业行为处于转型期内的调整阶段，不良资产滋生的土壤仍然不同程度的存在，银行不良资产可能成为影响经济发展全局的“定时炸弹”。

第二，全球化时代，中国经济和金融融入世界的程度正在不断加深，在这样的背景下，处理金融风险问题的影响会表现在两个方面：一是抵御外部金融冲击的能力；二是国际金融市场的信任程度。我们只有主动进行结构调整，有效地化解和降低金融风险，才能避免金融危机的发生，促进国民经济的发展。

第三，从亚洲金融危机、全球金融危机、欧洲主权债务危机的教训看，金融危机和金融动荡无一不是金融风险长期积聚的结果，而金融风险一旦演化成金融危机，就不仅会导致经济衰退，而且还会引发社会危机甚至政治危机。

二、金融风险的一般定义

西方的金融风险分析是金融市场理论和证券投资理论的一部分。在对全社会的资产进行划分中，实际资产和金融资产是两个最基本的构成部分。在一般情况下，实际资产为其所有者或支配者提供服务流量，金融资产则为其所有者或支配者提供货币收入流量。货币收入流量最直接的表现形式就是利息、股息、红利等。

当人们用自己的货币以一定的价格购买金融资产时，这种金融资产提供的收入流量并不是现时的收入流量，而是在未来一定时期内陆续实现的货币收入流量，因此，在这种待实现的货币收入流量转化为实际货币收入流量时必须考虑时间因素。现实世界是个充满竞争和意外因素的世界，一定量的金融资产在未来的时期内到底能产生多大的货币收入流量，还有相当的不确定性。这种预期收入遭受损失的可能性，就是通常所说的金融风险。

在许多文献中，人们都把风险等同于不确定性。事实上，风险和不确定性是有严格区别的两个概念。对于一个微观经济主体来说，风险是它的预期收入遭受损失的可能性。从统计学角度看，不确定性表现为随机事件，它的出现一般具有偶发、突然等特点。而风险通常与收益相伴而生。例如，金融资产的投资者关于不同资本收益预期的信心可以用概率来表示，可以用概率来说明这种预期的任何一个既定状态。假定投资行为有 n 个可能结果，那么，这个概率分布必定有两个特点：一是具有平均值所代表的中心倾向；二是肯定会出现一定的偏差即离中趋势。概率分布的中心倾向就代表着投资者的预期收入值，而离中趋势所代表的就是投资者的收益风险。用概率论的语言说，投资者的风险就是概率分布中特定的货币收益值与代表投资者预期的中值的背离程度，它可以用标准偏差公式来进行衡量，公式如下：

$$\sqrt{\sum_{i=1}^{n} (R^i - \mu)^2 P(R^i)}$$

式中，R 代表投资收益；μ 代表中值；$P(R^i)$ 代表任意决定的投资。

以上是资产选择理论和金融市场理论中的风险定义。在这一定义下的金融风险具有如下特点和含义：（1）作为研究对象的风险特指微观风险或个别风险；（2）个别风险的分析主要服务于面临资产选择的微观投资主体；（3）在一个充分竞争的金融市场中，理性投资者可以在不同的资产选择中对风险和收益作出估计或替代性决断。

显然，上述有关金融风险的传统分析同我们这里将着力加以讨论的金融风险是有严格区别的。

三、系统性金融风险或全局性金融风险

所谓系统性金融风险或全局性金融风险，是相对个别金融风险或局部性金融风险而言，现在我们所谈论的并将之作为经济工作重点之一的问题，其所指就是这类金融风险。

从世界上一些国家的教训看，金融危机不管由什么原因引起，最终都表现为支付危机，即或是无法清偿到期的国外债务，或是银行系统已不能满足国内存款者的普遍提存要求继而导致挤提甚至是银行破产。正是从这种基于对流动性重要程度的重视，国外不少货币金融理论著作都将最初的系统风险定义为支付链条遭到破坏或因故中断导致的危险现象。

现在，我们在谈论和使用系统性金融风险概念时，已经自觉或者不自觉地将之与“全局性金融风险”等量齐观了。系统性金融风险之所以可以等同于全局性金融风险，一个重要的原因就是金融体系的发展和进步已使得金融领域内各个行业间的联动和交互影响成为不争的事实。例如，证券市场和信贷市场本来是金融领域中职能不同的两个市场，但股市的大涨大跌有可能造成大量的银行破产；反过来，一些有影响的大银行间的并购或破产事件也可能引致股票市场的急剧变动。

在现代市场经济中，金融领域是竞争最激烈从而风险程度也最高的领域，没有风险就没有金融活动，因此，想要避免金融风险是不可能的。对于决策当局来说，有决策参考意义的是关注系统性金融风险或全局性金融风险。报刊上常用的所谓“化解金融风险”，但是系统性金融风险或全局性金融风险一直存在，个别金融风险或局部性金融风险每天都在出现，生生不息，实际上难以真正化解。如果说“化解”，只应该是化解危机，但在危机尚未出现时，我们要做的工作，应该也只能是降低系统性金融风险或全局性金融风险。

那么，系统性金融风险或全局性金融风险的度量标准是什么呢？

应当说，人们之所以关心系统性金融风险问题，原因就在于系统性金融风险发展到一定程度就会转化为金融危机，金融危机如果引发社会政治危机，就不仅会对社会稳定构成威胁，还会导致经济发展的停滞或严重倒退。从这个意义说，讨论金融风险的度量标准问题实质上是在解决金融危机的预报问题。

在1997年7月以来出现金融危机的国家中，泰国、马来西亚、印度尼西亚、菲律宾四个东南亚国家大体属于同一类型，韩国、日本、俄罗斯各属于一个类型，1999年1月

出现金融动荡的巴西属于一个类型，2008 年的美国次贷金融危机又属于另一个类型。泰国等国的金融危机的爆发带有突然性，不仅这些国家的政府没有准备，连国际货币基金组织等国际性金融机构事先也没有料到。在世界经济学界，克鲁格曼曾作出这些国家将出现金融危机的预言。克鲁格曼判断的依据是泰国等东南亚国家虽然大量吸收国外资本，但国外资本的短期资本比重过高，而且，这些国外资本并没有在提高这些国家的资本形成率和技术成果转化方面发挥作用，却大量地流入了股票市场和房地产领域，因而经济体系中蕴涵了危机因素。

1999 年，巴西金融动荡与泰国等国家发生的金融危机的最大差别，在于巴西政府早在 1998 年下半年就有了思想准备和应急安排，并且巴西的金融动荡早在东南亚金融危机出现时间不长以后就已在许多经济学家的预料之中。这些经济学家的判断依据就是巴西的一些重要经济指标与某些国家在危机突发之前的同类指标已极为相像。在 2008 年美国次贷危机引发的全球金融危机中，更是表现出与此前金融危机迥然不同的特点。首先是美国抵押贷款出现风险问题。根据美国银行业协会的统计，消费者信贷违约现象加剧，逾期还款率升至新高。其次，金融危机前夕美国国内信用违约互换（CDS）利差不断扩大，金融机构的杠杆率也长期处于高位运行，显示美国金融体系已经出现不健康状况。这些因素未得到充分关注和控制，导致了此后席卷全球的金融危机爆发。由此可见，金融危机绝不是有如羚羊挂角般无迹可寻。它在爆发前表现在经济体系中潜藏的金融风险总要体现在一定的指标或金融经济运行间的结构性矛盾上。

四、风险、信心及预期

从各金融危机国家的一些重要经济指标上，我们可以大体回答系统性金融风险的度量问题。这些值得注意的重要指标有国际收支经常项目赤字占 GDP 的比重、财政赤字占 GDP 的比例、当年外债还本付息额与国家外汇储备之比、金融机构不良资产比率、是否存在严重的经济金融泡沫现象、经济增长速度及国民税收增长率等，它们能够综合反映一国的经济实力及实体经济与货币金融部门循环中出现的问题。但有一点必须指出，鉴于现代市场经济的运行过程是非常复杂的，一组指标难以简单地显示风险及预告危机，这些指标可以标识金融风险的程度，却不足预测金融危机在何时可能爆发。

金融在市场经济运行中是最复杂、精巧的一部分。金融的基础是信用，信用的背后是信任，而信任要靠信心来支撑。这里所说的信心就是市场参与者对一国经济前景的预期。

在前面的分析中，我们只假定经济体系中存在着实体经济和金融经济这样两个部门。在我们谈到信心和预期问题时，还应该对市场参与者进行细分，例如，可以分为金融部门、企业部门、家庭部门、政府部门。这四个部门代表了不同的利益群体。在这四个部门之上，实际上还有一个更具有代表性并超脱于各利益群体之上的公众部门。在政府存在着自己政治利益和经济利益追求的情况下，公众部门实际上抽象地代表着全社会的利益。其关系如图 25－1。

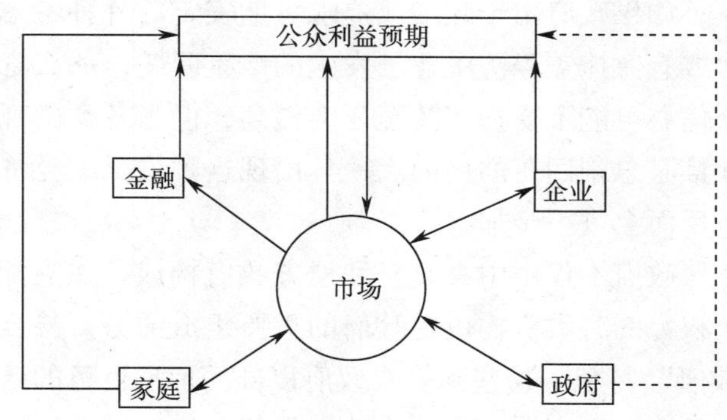

图 25－1　市场参与部门及其基本利益关系

图 25－1 中的利益关系需要说明的有三点：（1）政府部门与公众利益之间的关系之所以用虚线，原因在于政府政策效果存在着不确定性，也就是说，政府在一定时期出台的政策，也有可能产生相反的效果。（2）公众利益是市场所有参与者利益的综合反映，它不能只代表一个部门的利益，例如政府或其他哪个部门。（3）政府既是市场参与者（如以发行国债的方式筹集资金，以采购者、投资者的身份介入市场等），也是市场的调节者（以间接政策或直接行政干预方式），是图 25－1 中四个部门中最重要的一个。

政府政策效果存在着不确定性，同样，市场的运行结果也存在不确定性，这两个不确定性都会对公众利益预期或公众信心产生影响。在政府经常采取措施干预或调节市场的前提下，政府决策对公众预期或信心具有举足轻重的影响作用。这样，就会形成如下的传递过程：

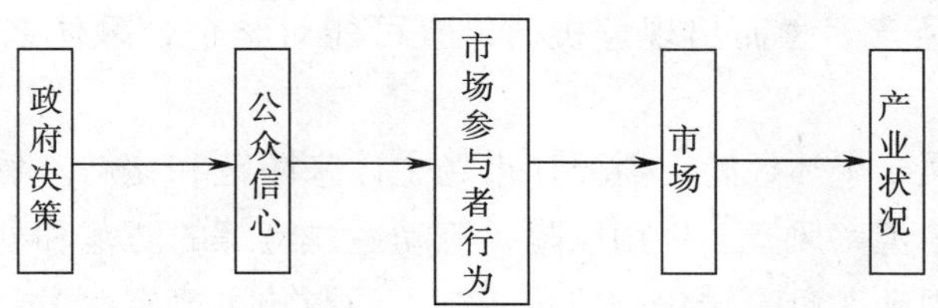

图 25－2　信心的形成和作用传递过程

图 25－2 所标示的公众信心形成过程似乎有过分强调政府决策作用之嫌。但在现代经济运行中，市场变量总是以某种事后结果对公众信心产生影响的，只有政府决策——无论中央政府、有一定示范效应的地方政府或是货币金融当局——才能以预先的信息传递方式对公众信心的形成起决定性的影响。

公众信心的形成过程，也就是重要经济信息的采集和判断理念的建立过程，在这一过程中，信息是否具有真实性、充分性是一个非常重要的问题。按照非对称信息论的观点，各类市场参与者都有自己的私人信息，因此，它们之间的博弈是在信息不对称的情况下进行的。企业、家庭、金融部门在采集政府的决策信息时，政府明显处于拥有大量私人信息的一方，特别在一个市场深度不够，经济运行透明度不高的国度里，情况更是如此。在这种条件下，如果政府出于政绩或追求短期安定等种种考虑，常常会利用媒体或进行误导性宣传，或有意掩盖经济中业已发生的严重问题，那么肯定会产生如下的结果，即在短期内公众信心可能不受损害甚至还会提高，但当各类微观主体发现自己被误导后，就会出现公众信心急剧回落的局面。一旦出现这种情况，经济体系中蕴涵的金融风险不但不会降低，反而会进一步加大。

在经济转型国家，政府不仅由中央政府和地方政府构成，在支配资源、担负行政管理职能方面具有很大权力的各类机构也是政府的重要组成部分，甚至一些全国性的商业银行总行也有"准政府"特色。这些除中央政府以外的形形色色的政府或"准政府"机构，它们的博弈对象是中央政府。即使中央政府强调经济运行的透明度，但这类机构的首脑出于政绩的考虑，一般都倾向于在自己的任期内掩盖问题。当这种现象普遍化并缺少制度约束时，全社会的金融风险就会越来越严重。

第二节　微观金融风险

一、微观金融风险的内涵

金融风险分为微观金融风险和系统性金融风险。微观金融风险属于个体（私人）风险，其责任主体是金融机构，指金融交易过程中因各种不确定性因素而导致自身财务损失的风险。金融机构在具体的金融交易活动中出现的风险，有可能对该金融机构的生存构成威胁，一家金融机构发生的风险所带来的后果，往往超过对其自身的影响。例如，当一家金融机构因经营不善而出现危机时，有可能对整个金融体系的稳健运行构成威胁。

微观金融风险属于个体风险，需要让市场主体来防范和化解。例如，对于微观金融风险中的利率风险、汇率风险、信用风险、流动性风险等的防范和处置，通常是金融机构的工作任务。微观金融风险转化成现实所产生的影响主要有两类：一是损失。如资产缩水、投资损失、收益减少、严重亏损等。二是破产。损失类风险是经常发生的，如出现呆账等；而破产类风险出现的频率则相对要低得多。

一般而言，微观金融风险带来的后果是孤立性的、个体性的，不产生连带性影响。如利率风险、汇率风险、信用风险、流动性风险等在一般情况下不会产生关联性。当然，在现代金融市场的各个市场之间逐渐融合的背景下，微观金融风险的各个子风险之间的关联性有所增强，这提示有关监管部门需要加强风险的监控和应对。

二、微观金融风险的种类

为了有效识别和管理金融风险，必须对微观金融风险进行明确的分类。结合金融业的主要特征，微观金融风险主要分为信用风险、市场风险、操作风险、流动性风险、声誉风险和法律合规风险等。

信用风险。信用风险是指债务人或交易对手未能履行合同所规定的义务或信用质量发生变化，影响金融产品价值，从而给债权人或金融产品持有人造成经济损失的风险。信用风险是微观金融风险中最主要的风险，通常包括违约风险、结算风险等主要形式。信用风险有狭义和广义之分。狭义的信用风险是指因交易对手无力履行合同而造成经济损失的风险，也即违约风险。广义的信用风险则指由于各种不确定因素的影响，使银行等金融机构经营的实际收益结果与预期目标发生背离，从而导致金融机构在经营活动中遭受损失或影响额外收益的一种不确定性。信用风险会受到宏观经济环境的影响，但更大程度上还是由个体因素决定。从这个角度来看，信用风险具有较为明显的微观金融特征。

市场风险。市场风险是指由于市场因素的不利变动，微观个体或机构在金融市场持有的交易头寸遭受损失的可能性。市场风险通常分为利率风险、汇率风险、股票价格风险和商品价格风险，分别特指由于利率、汇率、股票价格和商品价格的不利变动所带来的风险。20 世纪 80 年代以来，由于利率和汇率等因素的剧烈变动，尤其是现代金融市场中金融衍生品的交易风险，使市场风险在银行等金融机构的风险防范中越来越突出。金融机构从事期货、期权等金融衍生工具交易时，容易对市场行情错误预计而发生损失，这种风险如果不能很好地控制，对于金融机构而言往往是致命的。从某种意义上说，市场风险相对于信用风险容易计量，可以采用多种手段对其加以控制。但与此同时，由于市场风险主要来源于所属经济体系，具有一定的系统性风险特征，金融机构难以通过分散化投资彻底消除。

操作风险。操作风险是指由于内部控制系统失灵、IT 系统出现错误、人员失误、外部事件等不利变动，引起金融机构遭受损失的可能性。一般而言，操作风险主要由内外部欺诈、人员舞弊、内部流程不当、计算机系统出现问题、工作场所安全性下降、监督体系失灵等导致。操作风险存在于金融业运营的各个具体环节，具有普遍性，容易导致严重的后果。因此，现代金融机构已经比较注重对于操作风险的管理。

流动性风险。流动性风险是指微观主体由于金融资产流动性受限而遭受经济损失的可能性。在商业银行系统内，流动性风险指银行虽然具备清偿能力，但无法获得充足资金，或无法以合理成本获得充足资金应对到期债务支付的风险。换句话说，该风险指商业银行面临清偿等问题时，无法以合适的市场价格变现资产或者增加负债来获得足够的资金，从而影响其清偿力和对外支付。流动性风险会导致银行发生挤兑，削弱银行的盈利水平，严重的流动性危机可能导致银行破产。与前面三种风险相比，流动性风险的形成原因更为复杂和广泛。除了金融机构的流动性计划不完善之外，信用、市场、操作等风险领域的管理缺陷同样会导致流动性风险的爆发。2008 年全球金融危机后，国际银行业对于流动性风险的关注达到了新的高峰。

声誉风险。声誉是指金融机构的利益相关者通过持续努力、长期守信经营建立起来的无形资产，声誉风险是指由于意外事件、机构政策调整、市场表现等产生的负面结果，可能对金融机构的无形资产造成损失的风险。声誉风险往往因为市场客户、交易对手、监管部门、投资者和媒体等对金融机构持有负面评价或不友好态度，从而引起金融机构声誉受损，业务经营受阻，利润下降。

法律合规风险。法律风险是一种特殊的操作风险，从狭义上来说，它是指在日常经营过程中，金融机构由于忽略、无法满足或违反法律、法规的要求，无法正确履行合同和监管要求，引发争议、法律纠纷和行政处罚，从而给金融机构带来经济损失的风险。

三、微观金融风险的传染和扩散

微观金融风险常常引发金融体系的不稳定，如金融机构进行金融投机活动容易发生巨额亏损；市场汇率波动造成巨额损失，导致破产倒闭；从事洗钱等非法活动被揭露查处造成停业倒闭；银行经营不善、风险控制不力、资产质量低下，导致存款人挤兑和破产等。在现代金融格局下，居民、企业、银行和政府各主体之间，特别是企业与企业、银行与银行之间，存在着纵横交错的债权、债务链条，如我国 20 世纪八九十年代的“三角债”问题。从另外一个角度看，这些债权、债务链条就是金融风险传递或扩散的通道，在特定情况下，往往一个债务人的支付危机就会诱发连锁反应。因此，微观金融风险控制不力，波及范围没有得到及时控制，就可能演进成为全局性或系统性金融风险。

微观金融风险扩散为系统性金融风险，前提条件两个：一是损失类风险在行业内普遍累积，并已达到破产的临界点；二是破产类风险引发连锁反应。如某一个金融机构破产可能会引发社会预期改变，产生存款挤兑风潮、资产价格急剧波动、外资大规模流出、货币大幅度贬值等。上述两个条件，只要具备任何一个就意味着微观金融风险已经扩散为系统性金融风险。微观金融风险传染到其他经济主体，并可能进一步扩散后，为了防范金融危机的发生，政府将被迫采取救援行动。但这同时可能产生负的激励效应，使金融机构对防范微观金融风险的动机和动力不足，甚至不顾风险而盲目交易，“太大而不能倒”，出现“道德风险”问题。这就需要政府对微观金融主体的行为实行严格的监控，通过多方面的改革来强化金融机构的避险动机，提高其避险能力，并从体制和机制设计上消除产生道德风险的土壤。

第三节 系统性金融风险

一、系统性金融风险生成的一般原因与个别原因

系统性金融风险是从微观金融风险转化而来的，微观金融风险一旦转化为系统性金

融风险，就表明金融风险的性质发生了变化。即从个体（私人）风险变异为公共风险，风险承担主体相应地也就从微观机构个体转变为政府。系统性金融风险带来的后果是关联性的、整体性的，对政府和公众而言，金融危机直接来自于系统性金融风险。政府防范和化解系统性金融风险，就是为了避免金融危机的爆发。

人们重视系统性金融风险的主要目的是为了防止金融危机，从这一命题出发，探讨金融危机的产生原因，既含有防止系统性金融风险的发展或扩大达到一定的临界值，也有附带研究系统性金融风险形成原因的意图。如果能准确分析系统性金融风险的产生原因并找到恰当的解决办法，事实上也就达到了有效防止金融危机发生的目的。20 世纪 90 年代以来，世界上金融危机频繁，特别是亚洲金融危机和美国次贷危机引发的全球金融危机，给了我们一次很好的接受教训的机会，使我们能够从中总结出许多东西。

众所周知的是，在国际性金融组织对危机发生国家提供援助时，针对不同的对象，提出的一些受援条件也有所不同，但有一个条件却无一例外，那就是敦促受援国家抓紧进行结构调整或结构性改革。这说明，国民经济运行中的结构性矛盾就是系统性金融风险的一般形成原因。在国际经济学界也有一些经济学家对国际货币基金组织等国际性金融组织的诊断和做法有不同看法，如美国经济学家克鲁格曼。但一般认为，至少在结构性问题的判断这一点上，国际货币基金组织等国际性金融组织的意见是正确的。

在东亚国家及巴西金融危机的形成原因分析中有一种倾向，即把金融危机的发生原因归咎于金融自由化，这是很值得商榷的。

金融自由化是 20 世纪 70 年代末期才兴起的世界性金融改革活动，进入 90 年代中期以来，它已成为金融改革的全球性趋势。无论发生于发展中国家的金融自由化，还是出现在发达国家的金融自由化，其根本目的都是要提高金融运行效率，并且这一改革目的的实现一般都要通过扩大金融行业的对内对外开放、放松利率汇率管制、减少信贷配额管理、提高透明度和鼓励竞争等多种手段。金融自由化作为一种改革理论，它的政策主张是十分确定的，不能因个别国家政府制定的金融自由化政策出现偏差就否定金融自由化。认真研究一下发生金融危机国家的反危机措施就可以发现，由于各国国情的差异，它们所采取的反危机对策也存在相当大的差异，有些国家在放弃或放松汇率管制的同时开始注重对国际短期资本流入的管制，还有些国家则以更彻底的金融自由化政策来应对金融危机。

在通常的经济分析中，结构问题一般是与总量问题相对应的概念。总量问题可以简单地运用总量政策即宏观政策去解决，但结构性问题的解决就要比总量问题的解决复杂得多。其道理在于结构性问题产生的原因通常较多。例如，结构性问题既可能来源于体制或制度性原因，也可能肇端于政策性甚至政治、文化传统等原因。正是由于这一点，金融危机的成因分析就不能止于结构性矛盾这种一般结论上，而应通过归纳和分类，对危机发生国家进行个别讨论。

到目前为止，泰国、马来西亚、印度尼西亚、菲律宾、日本、韩国、俄罗斯、巴西和美国等国均发生过金融危机。从金融危机的原因上大体可将其归纳为以下五类：

第一类：泰国、马来西亚、印度尼西亚、菲律宾和巴西。这五国的共同特点是没能很好地控制外债的期限结构和流入资本的恰当运用问题，引入外资时短期资本比重过高，外源融资没有重点为提高本国的资本形成率和科技成果的转化服务。

第二类：日本。日本在世界上曾经享有第二经济强国之誉，然而1997年后一直遭受金融机构接连倒闭、经济疲软衰退的困扰。从表面看，日本金融机构的不良资产比重过高与20世纪90年代初期的泡沫经济、虚假繁荣有关，因为后来的股价和房价急剧跌落使银行金融机构出现了大量的坏账。但其实日本的金融体制和企业制度实际已埋下了危机的种子，它们才是危机爆发的真正原因。

第三类：韩国。作为亚洲新兴市场经济的典范国家之一，韩国长期面临金融危机和经济衰退的困扰。韩国曾以政府扶持大企业、大企业集团的赶超战略创造了经济奇迹，但韩国的赶超战略是以政府、银行的政策和信贷倾斜为支撑点的揠苗助长式经济发展模式。由于东方文化特有的政治与经济紧密融合关系和市场运行透明度不够，使许多韩国的大企业集团以极高的负债比率形成对银行的金融拖累，并出现对外支付危机。从这些情况看，韩国的金融危机有其自身的特殊性。

第四类：俄罗斯。俄罗斯的金融危机似乎很难与发生金融危机国家的情况放在同一层次上比较，原因在于俄罗斯以“休克疗法”进行的突变式改革，在财富分配、市场条件准备、抑制腐败、中央与地方和企业之间关系以及金融政策等方面出现诸多的失误，这种改革是以生产力破坏、政治混乱和经济关系紊乱为代价实现的。因此，俄罗斯的金融危机始终是其经济危机和政治危机潜伏并发生作用的结果。从这一推论可以认定，不应该将俄罗斯的金融危机简单地当做金融问题或经济危机来讨论。

第五类：美国。美国作为发达市场经济体的主要代表，长期以来是各国经济和金融发展的学习模范。2008 年发生在美国的次贷危机与历次金融危机相比，有其特殊的地方。即这轮金融危机发生在世界上最为发达的市场经济国家，危机发生在私人部门而不是公共部门，政府对于危机的处置采取了许多超常规的措施。美国金融危机发生的本质根源：一是全球化造成的全球经济失衡，这种消费与投资的失衡局面在美国更为严重，经济层面的问题传递到金融层面，引发了金融危机；二是美国等发达国家长期存在虚拟经济与实体经济的过度背离现象，金融领域衍生品过度繁荣，金融发展长期脱离实体经济无序运行，为金融危机的发生和蔓延埋下了定时炸弹。2008 年美国金融危机在对世界各国经济增长造成巨大冲击的同时，也促使许多国家开始反思经济金融发展的理念及模式。

二、外部金融冲击

所谓外部金融冲击是指国际游资自由进出某一国家，并对该国的国际收支及国内经济均产生较大影响的状况。

在东南亚金融危机中，一些资本项目管理较松的国家出现了下述现象：当国内经济状况较好时，大量外资涌入，特别是那些以投机为目的的短期资本流入的比重更大。由于这些资本以短期获利为目的，因此常常投向房地产、证券市场领域，形成经济泡沫。一旦投资对象因经济情况变坏或出现动摇投资、投机信心的国际事件，这些短期资本就会迅速抽逃。结果必然是投资对象国国际收支出现危机、货币贬值、银行支付困难并导致经济衰退。

发展中国家要取得较高的经济增长速度，需要大力采用外援融资手段，而外援融资手段一定要有资本项目开放作为前提。单纯吸收国外直接投资虽然能降低外部金融冲击可能带来的风险，但受投资国产业发展等条件限制，仅仅吸收直接投资而排斥短期资本会大大降低其经济发展速度。在赶超战略指导思想下，新兴市场经济国家通常都把经济发展速度放在首位，相应地，对其资本项目也实行放松管制的政策，这一政策被视为金融自由化政策的有机构成部分。无论是金融机构还是各类产业、证券投资者，在对一国进行投资时，都非常看重资本项目的开放程度。许多发展中国家和地区存在的对境外投资复杂而冗长的审批程序、红利及利润的汇出管制及证券市场的进入壁垒，常常令人望而却步。同时，在经济全球化、资本流动国际化和机构投资者跨国化的背景下，即使许多发展中国家和地区实行了较为严格的资本项目管制，投资者与当局的博弈也会使管制变得十分困难。例如，境外投资者可以利用制作假进出口单据、利用跨国公司或跨国银行的内部运行网络运作、运用“迟收早付”或“迟付早收”等种种手段来逃避管制。这些问题的存在使得一些新兴市场经济国家干脆采取了放开资本项目的政策——尽管这样做会给这些国家带来一定的风险。

发展中国家是否应该大胆实行资本账户开放的政策？从实践上看，一些新兴市场经济国家已摒弃了种种顾虑而毅然实行。从理论上说，一些经济学家一直持有不同的见解和主张。东南亚金融危机发生后，这些见解和主张也值得我们进行重温和回味。一个典型的事例就是曾积极倡导金融自由化的美国经济学家罗纳德·I. 麦金农在其《经济自由化的顺序》一书中设计了资本项目开放的逻辑链条。他认为，发展中国家的资本项目开放应有三个前提条件：(1) 通过降低财政赤字使国家保持较为雄厚的财政实力，以便在最终支付发生时不致捉襟见肘。(2) 贸易体制的改革和利率的自由化。管制型的僵化利率体制容易使国际资本的流出流入与国内的产业领域需求脱节。政府如果将官定利率定得过高，会导致不正常的外资特别是短期套利资本的涌入；如果官定利率偏低，又会出现资本外逃现象。因而有必要建立一个市场资金供求决定的利率机制。(3) 汇率制度的改革。汇率自由浮动是资本项目开放的必要条件之一。如果在固定利率或联系汇率制下开放资本项目，国际资本的大量流出流入就会形成巨大的金融冲击力，在本币和外币供求关系严重失衡的情况下，一国政府勉强维持汇率的稳定性会酿成国家支付风险或国际支付危机。金融危机后的泰国和巴西等国不得不放弃汇率管制的事实，验证了汇率制度改革对资本项目放开后的必要性，这些国家的汇率管制放开不过是一种被迫性的适应性调整行为。

东南亚金融危机发生后，各种有关危机原因的解释中，有一种分析把危机发生的原因归咎于国际投资资本造成了金融冲击。马来西亚前总理马哈蒂尔是此种观点最强烈的一个代表性人物。美国著名经济学家克鲁格曼在讨论东南亚国家金融危机的治理措施时，曾将国际货币基金组织提出的以紧缩财政开支、提高利率等内容的一揽子治理措施名曰——“A”方案，而他自己提出的治理措施名曰——“B”方案。该方案内容十分简明，就是加强资本项目的管制。克鲁格曼的论据就是中国。他在1999年初发表的一篇讨论亚洲金融危机的文章中画出了一个三角形，他称其为“The eternal triangle”（永恒的三角形），如图25－3所示。

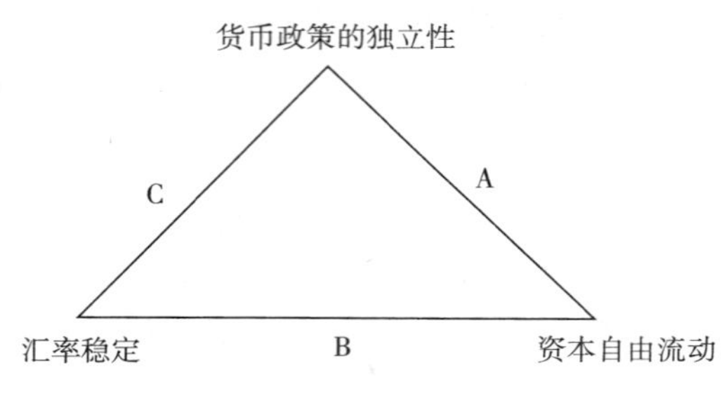

图25－3

他认为，自布雷顿森林体系解体以后，世界各国的金融发展模式都可以被概括进这个三角形框架。A模式是选择货币政策独立性和资本自由流动，目前美国及若干亚洲金融危机发生国家选择了这一模式；B模式是选择汇率稳定和资本自由流动，实行货币局制度的中国香港、南美洲若干国家及欧元区国家选择了这一模式；C模式是选择货币政策的独立性和汇率稳定，这方面最有代表性的国家是中国。他认为，美国选择A模式却不发生金融危机，原因是美国的金融体系十分健全和完善，而亚洲一些国家之所以发生金融危机，主要教训是没有像中国那样实行资本管制。克鲁格曼的观点具有一定的代表性。这一观点的弦外之音就是中国金融体系内部也累积了相当大的金融风险和结构性问题，在某些方面可能不亚于某些发生金融危机的亚洲国家，只是由于限制了资本的自由流动才使得中国免遭金融危机之害。

承认《服务贸易总协定》（GATS）条款，在包括金融部门在内的服务领域内实现全面开放，是中国加入世界贸易组织（WTO）的题中应有之义。中国是一个在亚洲和世界范围内具有经济个性的大国，在经济发展和宏观调控上有许多不同于其他国家的特点，不可能为保持汇率稳定而采取货币局制度，既要实现资本的自由流动，又不能放弃货币政策的独立性。因此，金融发展模式不可能选择克鲁格曼“永恒三角形”中的B模式，而只能是A模式。对于中国来说，加入世界贸易组织，在经济和金融领域全面融入全球化的过程，也就是金融发展模式由C模式到A模式的转变过程。这种转变到底对中国现有的金融体系乃至整体经济产生哪些影响，这是一个需要从多方面加以思考的问题。

第四节　国际金融危机的理论分析

自20世纪70年代以来，国际金融危机的频繁爆发极大地推动了相关的理论研究，使其成为经济学领域最受关注的热点之一。这方面的理论模型大致可以归为三类：一是强调扩张性财政、货币政策与固定汇率之间内在矛盾的国际收支危机模型；二是强调货币危机预期的自我实现（self - fulfilling）性质的预期模型；三是强调金融机构的道德风险问题与资产泡沫之间关系的道德风险模型。

《新帕尔格雷夫经济学大辞典》将金融危机定义为“全部或部分金融指标——短期利率、资产（证券、房地产、土地）价格、商业破产数和金融机构倒闭数——的急剧、短暂的和超周期的恶化”。根据国际货币基金组织在《世界经济展望1998》中的分类，金融危机大致可以分为货币危机、银行危机、外债危机和系统性金融危机四大类。货币危机指当某种货币的汇率受到投机性袭击时，该货币出现持续性贬值，或迫使当局扩大外汇储备，大幅度地提高利率。银行业危机指银行不能如期偿付债务，或迫使政府出面提供大规模援助，以避免违约现象的发生，一家银行的危机发展到一定程度，可能波及其他银行，从而引起整个银行系统的危机。外债危机指一国内的支付系统严重混乱，不能按期偿付所欠外债，不管是主权债还是私人债等。系统性金融危机也可以被称为“全面金融危机”，是指主要的金融领域都出现严重混乱，或造成货币危机、银行危机和外债危机同时发生。在金融危机中，货币危机较为常见。但近年来，随着经济和金融活动的日趋复杂化，银行危机和系统性金融危机也开始呈现多发势头。

一、国际收支危机模型

克鲁格曼于1979年提出的国际收支危机模型通常被称做第一代货币危机模型，是研究现代国际金融危机的开端。其主要结论是，与固定汇率制度相矛盾的宏观经济政策，主要是扩张性的财政政策，最终将不可避免地导致外汇储备的耗尽，从而导致固定汇率制度的崩溃。不过，外汇储备的耗尽并不是一个平稳的、渐进的过程，而是有一个临界点，在这个临界点上，投机者会突然将政府手中的所有外汇储备全部买光，从而使固定汇率提前崩溃。换言之，固定汇率会遭到突然的投机攻击（speculative attack）。

克鲁格曼的观点受到了吉尔顿和亨德森研究黄金市场价格走势的一篇重要论文（Girton and Henderson，1978）的启发。在该论文中，吉尔顿和亨德森提出了一个修正的霍泰林可耗竭资源定价模型，以解释黄金价格为什么没有像标准的霍泰林模型（Hotelling，1931）所预言的那样，以和利率相等的增长率增长。文中得出的一个重要结论是，政府通过自己手中所掌握的资源存量来将可耗竭资源价格固定在某一特定水平上的任何努力，最终都将失败，投机者会在某一特定时点上突然将政府手中的可耗竭资源全部买光，从而使政府稳定价格的计划崩溃。奥布斯特菲尔德（Obstfeld）提供了对这一观点的一个详尽证明。克鲁格曼将这一思想应用到对汇率制度的分析上，认为在实行扩张性财政政策的条件下，政府试图通过自己手中所掌握的外汇储备来稳定汇率的企图也会导致完全相同的结果。弗拉德和加尔伯（Flood and Garber）则将这一思想进一步应用到对金本位的分析，对当时颇具影响的恢复金本位的设想提出了质疑（由于70年代的高通货膨胀以及纸币本位制所固有的动态政策不一致性，美国国会曾于1980年10月建立了专门的黄金委员会来探讨重新实行黄金货币化的可能性）。

在克鲁格曼的模型中，政府试图用增发货币的方式为财政赤字融资，但是在固定汇率制度下，政府所能够增发的货币受公众资产选择的制约，超出公众实际货币需求的那部分货币会转化为对政府外汇储备的购买。因此，只要政府持续地为赤字融资，那么外汇储备（不管它的初始存量有多大）终有一天要消耗殆尽（从这个意义上说，它是一种可耗竭资源），固定汇率迟早要崩溃。这一点并不难理解，它告诉我们，和吉尔顿和亨德森的模型一样，在外汇储备自然减少到零之前，固定汇率制度将会因遭遇一个突然的投机攻击而提前崩溃。

下面我们通过一个高度简化的例子来说明克鲁格曼的这一基本思想。这个例子取自弗拉德和加尔伯。

与弗拉德和加尔伯所构造的简化例子略有不同的是，在他们的模型中，实际货币需求取决于国内利率，国内利率由利率平价公式决定。本文所采用的是克鲁格曼的假定，即货币需求取决于预期通货膨胀率，预期通货膨胀率则通过引入完全预见性假设加以确定。

它的基本出发点是下面五个方程：

$$M(t)/\dot{P}(t) = a - b\pi(t), b > 0 \tag{1}$$

$$\pi(t) = \dot{P}(t)/P(t) \tag{2}$$

$$P(t) = E(t) \tag{3}$$

$$M(t) = R(t) + D(t) \tag{4}$$

$$\dot{D}(t) = \mu, \mu > 0 \tag{5}$$

式中，$M(t)$、$P(t)$、$\pi(t)$ 分别代表国内货币存量、物价水平和预期通货膨胀率，$E(t)$代表以直接标价法表示的即期汇率，$D(t)$ 和 $R(t)$ 代表国内信贷量和换算成本币后的外汇储备，$\dot{D}(t)$ 和 $\dot{P}(t)$ 分别代表国内信贷和物价水平对时间 t 的导数，也就是这些变量随时间的变化率。

式（1）是一个高度简化的货币需求函数，它表明，实际货币需求和预期通货膨胀率成反向关系。式（2）包含了一个完全预见性（Perfect Foresight）假定：预期通货膨胀率与实际发生的通货膨胀率完全相等。这一假定对于模型的结果至关重要。式（3）是一个特殊的购买力平价公式，它假定外国的物价水平保持不变，从而可以标准化为1，这样汇率就等于国内物价水平。式（4）表明，名义货币存量等于国内信贷加上换算成本币后的外汇储备，这一等式在汇率模型中广为采用，它可以通过合并简化的中央银行和商业银行的资产负债表得到。式（5）是一个特殊的行为方程，它表明为弥补财政赤字，国内信贷量以一个固定的速度增长。

将式（2）、式（3）代入式（1），可得

$$M(t) = aE(t) + b\dot{E}(t) \tag{6}$$

如果固定汇率为 $\dot{E}$，则式（6）右边的第二项等于零，因此我们有

$$M(t) = a\dot{E}(t) \tag{7}$$

把它代入式（4）就有

$$R(t) = a\dot{E}(t) - D(t) \tag{8}$$

据此我们有

$$\dot{R}(t) = -\dot{D}(t) = -\mu \tag{9}$$

μ 的最低限可以是零，也可以是一个正数或负数，负数表示政府在国际资本市场上借入外汇来支持固定汇率。那么无论开始时的外汇储备有多大，固定汇率制度终归要崩溃。假定这个下限为零，那么在没有投机冲击的条件下，固定汇率可以支撑的时间为 $R(0)/\mu$，其中 $R(0)$ 代表初始的外汇储备量。过了这段时间之后，汇率和物价将自由浮动。但是投机者却不会等待这么久，它们会在此前的某一时点上发动突然攻击，从而使固定汇率提前结束。这是因为，假定没有投机攻击，那么从外汇储备降到零那一刻起，货币供应量就会随着国内信贷的上升而上升，从而带动物价和汇率上升。这种上升会反映到人们的预期通货膨胀率中来，从而使人们的实际货币需求下降。由于在任一时点上，名义货币存量都是固定的，所以实际货币需求的突然下降意味着物价水平（从而汇率）将发生一个突然的向上跳跃。而这种不连续的跳跃意味着在此之前先买下政府的外汇储备是有利可图的。

为了研究攻击发生的具体时间，可以定义一个外汇的影子价格（影子汇率）。任一时点 t 上的影子汇率定义为，如果外汇储备在该点或该点之前被投机者全部买走，外汇市场上将出现的均衡浮动汇率。它代表了投机者买下外汇储备后，在市场上转手出售可获得的价格。

假定在 $t=R(0)/\mu$ 之前的任一时点之上，投机者买下所有外汇储备，从而结束固定汇率，那么它将对价格水平（从而汇率）产生两个方面的不同影响：一方面，它会使名义货币存量因外汇储备突然减少到零而发生等额的减少，这会给物价带来一个向下的压力，从而促使本币升值；另一方面，它又会因导致固定汇率制度的崩溃而使公众产生通货膨胀预期，从而使公众的实际货币需求减少，这又会给物价带来一个向上的压力，从而促使本币贬值。显然，投机攻击发生的时间越晚，第一方面的影响就越弱，当 z 接近于 $R(0)/\mu$ 时，第一方面的影响接近于零。因此，在时点 $R(0)/\mu$ 上，影子汇率

必然大于先前的固定汇率。更一般地，我们不难解出如下的影子汇率表达式。它表明，影子汇率按固定的速度随时间增长。

$$E(t) = [b\mu/a^2 + D(0)/a] + \frac{\mu}{a}t \tag{10}$$

我们将固定汇率和影子汇率描绘在图 25－4（A）中，显然，投机者不会在影子汇率上升到与固定汇率相等之前，即 $t < z^*$ 时发动攻击，因为在 z^* 之前，投机者以固定汇率 E 买下所有外汇后，在市场上只能得到一个比固定汇率更低的汇率；投机攻击也不可能在 z^* 之后发生，因为在这点之后，虽然投机意味着利润，但是每个投机者都想赶在其他投机者之前捷足先登。投机者之间的竞争使得投机攻击只能发生在 z^* 点。因此固定汇率必然在 z^* 点崩溃。因为在这一点上，影子汇率等于固定汇率，所以固定汇率的崩溃不会伴随着汇率的向上跳跃。但是自该点开始，汇率将从 $\overline{E}$ 出发，随着国内信贷的增加而上升。

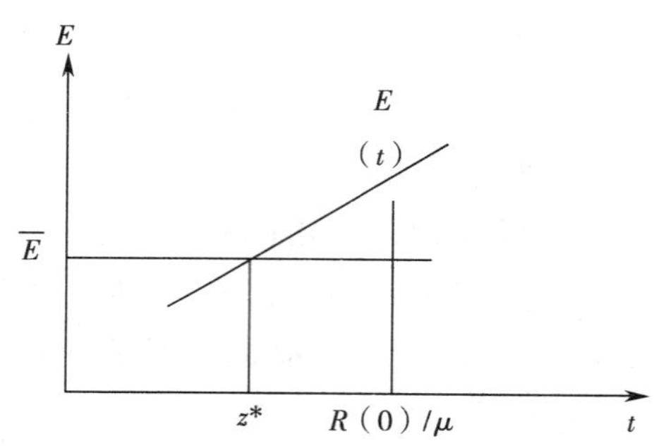

图 25－4（A） 影子汇率

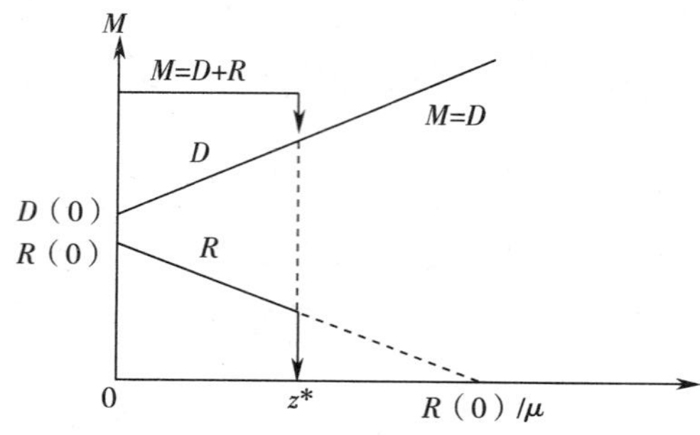

图 25－4（B） 投机攻击与货币、信贷及储备的变化轨迹

通过令 $E(t) = \overline{E}$，我们可以确切地解出投机发生的时间：$z^* = R(0)/\mu - b/a$，该式表明固定汇率延续的时间与初始的外汇储备呈正向关系，与国内信贷增长速度呈反向关系；我们还可以求出危机发生前一刻的外汇储备：$R(z^*) = \mu b/a$。

相应地，可以将货币量、国内信贷量和外汇储备的变化轨迹描绘在图 25－5 中。从中可以看到，在没有投机攻击的情况下，外汇储备本来可以维持到 $R(0)/\mu$，但是由于投机攻击，它会在 z^* 这一点上突然下降为 0。在该时点上，名义货币量和外汇储备一起发生等额减少。在 z^* 之后，名义货币量随国内信贷量的增加而增加。

正是由于这一货币存量的一次性减少抵消了预期通货膨胀率的一次性上升所带来的贬值压力，才使得价格水平和汇率没有发生跳跃性上升。

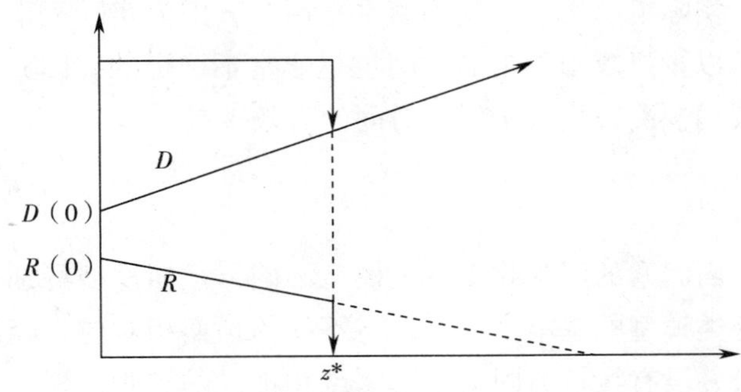

图 25－5　投机攻击与货币、信贷及储备的变化轨迹

国际收支危机模型突出地强调了与固定汇率相抵触的赤字财政政策，导致货币危机以致金融危机的必然性。这一点和大量的经验事实是相吻合的。爱德华兹（Edwards，1995）研究了 1954 年至 1975 年的 87 次货币危机。这些危机的一个共同特征是，都伴随着巨额的财政赤字，而这些赤字往往通过中央银行对政府的扩张性信贷政策来加以弥补。因此财政赤字与货币危机之间的相互关系应该引起政策制定者们的高度重视。但是 20 世纪 80 年代以来的有些货币危机却是在财政状况良好的情况下爆发的。如 1982 年的智利、1994 年的墨西哥以及 1997 年的泰国，财政赤字并不突出，甚至略有盈余。这表明，货币危机还可能因为某些国际收支模型未曾考虑到的原因而爆发。比如，外债、经常项目等因素。

国际收支危机模型还强调，固定汇率可能在一定时点上遭受投机者的突然攻击，表面看起来足以应付正常的国际收支赤字的外汇储备有可能在一夜之间被投机者全部买走。这一点也可以找到不少的经验事实作为佐证。在投机者于 1992 年 9 月发动的对英镑的投机攻击中，仅 9 月 16 日一天，英国政府 400 多亿美元的外汇储备就损失近半。1997 年，泰国政府的 300 多亿美元“充足”外汇储备也在投机者的冲击下迅速告罄。但是从固定汇率崩溃之后的汇率走势看，危机发生国的货币并没有像国际收支危机模型所预言的那样，由于投机者对攻击时机的合理选择而不出现汇率的不连续跳跃，而往往是随着固定汇率的崩溃而出现剧烈的贬值。这可能说明两件事情：第一，固定汇率崩溃本身可能引发某种恐慌性的抛售；第二，攻击发生的时间比国际收支危机模型预言的晚，它只有在危机发生国货币的贬值压力积累到一定程度后才出现。事实上，投机攻击和外汇储备的耗尽通常发生在危机发生国的实际汇率发生了一定程度的上升之后，例如，从 1988 年至 1994 年，墨西哥比索对美元的实际汇率大约上升了 40%。

Dornbush、Goldfajn 和 Valdes（1995）给出了很多这样的例子。

这表明，固定汇率有可能在本国通货膨胀率高于外国的情况下延续相当一段时间。国际收支危机模型所假定的购买力平价随时都成立是一种过于简化的假定。实际情况很可能是，存在着一个实际汇率升值的一个最大幅度，在这个范围之内，固定汇率是可以延续的，投机者发动攻击只会白白地浪费交易成本。超出这个幅度之后，固定汇率就会因投机攻击而崩溃，实际汇率迅速向其均衡水平回归。因为实际汇率升值的最大幅度是非常难以把握的，所以投机攻击发生的时间也是非常不确定的。因此，国际收支危机模型还远远难以成为我们预测投机攻击发生时间的有效工具。

二、预期模型

与强调经济基本面因素的国际收支危机模型不同，预期模型特别强调预期在危机中所起的关键作用。这类模型的基本结论是，与不同的预期相对应，经济中存在着不同的均衡结果；即使政府并没有执行与固定汇率制度相抵触的扩张性财政、货币政策，一种本来可以永远延续下去的固定汇率制度，也有可能因为大家都预期它将崩溃而崩溃。也就是说，货币危机预期具有自我实现的性质。

（一）奥布斯特菲尔德的模型

奥布斯特菲尔德的模型是克鲁格曼（1979）模型的进一步发展，它通常被称为第二代货币危机模型。奥布斯特菲尔德认为，克鲁格曼的模型不能很好地解释1992年英国、意大利、西班牙以及芬兰和瑞典的货币危机。芬兰和瑞典都于1991年采取了钉住欧洲货币单位的货币制度，以争取加入欧盟。

这些国家的政府可以用多种手段来维护其固定汇率制度，例如，在即期外汇市场或远期外汇市场上抛出外汇、提高利率、紧缩财政开支和货币供应量等。况且外汇储备本身也并不构成一个约束，因为它们都是发达国家，可以很容易地从国际资本市场上借到支撑其汇率所需要的外汇。他认为，这些国家之所以选择贬值，是因为坚持固定汇率的预期收益小于为其支付的代价。换句话说，政府并不会一味机械地坚持固定汇率，而是会根据坚持固定汇率的成本收益进行相机抉择。

坚持固定汇率的成本是与公众的预期密切相关的。公众的贬值预期越强，维持固定汇率的成本就越高，因为根据利率平价公式，一国货币的预期贬值率越高，国内利率水平就越高，从而可能给国内的就业、政府预算和银行部门带来巨大的压力。这些方面的压力达到一定水平，就会迫使政府决定贬值。因此，贬值预期具有自我实现的特征：当人们普遍预期货币将贬值时，政府会发现坚持固定汇率的成本大于收益，从而会决定放弃固定汇率；当人们预期固定汇率将延续时，政府则会发现坚持固定汇率的成本小于收益，因而也就不会实行贬值。这样会产生两种不同的均衡结果：一种是公众预期贬值，政府也选择贬值；一种则是公众预期固定汇率延续，政府也选择坚持固定汇率。

奥布斯特菲尔德提出了两个模型来说明其观点。这里介绍其中的一个。该模型考虑了贬值预期对政府预算约束所带来的影响。一方面，政府有一个损失函数，该损失函数表明，政府既不喜欢高税率，也不喜欢高贬值率。另一方面，政府还面临着一个跨期的预算约束。该预算约束受利率影响，利率越高，政府在本期借款后下一期的还债负担就越重。而利率又是由预期贬值率决定的。通过在跨期预算约束下最小化政府的损失函数，可以求解出政府的反应函数：

$$\varepsilon = f(i) \tag{1}$$

该反应函数刻画了在任一既定利率水平上，对政府而言的最优贬值率。在一定的参数条件下，该反应函数是一条以递减速度上升的曲线（见图 25 - 6）。

市场的反应函数由利率平价条件给出，它是一条向上倾斜的直线。

$$\varepsilon = (i - i_f)/(1 + i_f) \tag{2}$$

式中，i_f 代表国际市场利率。

从图 25 - 6 中我们可以看出，存在着两个可能的均衡点：A 和 B。当较低的贬值预期导致较低的市场利率时，政府有动力选择较低的贬值率；当较高的贬值预期导致较高的市场利率时，政府则有动力选择较高的贬值率。因此预期是自我实现的。显然均衡点 A 对政府较为有利，因为此时的贬值率低，但是政府却无法保证使经济在该均衡点上运行，因为它无法阻止公众产生较高的贬值预期。通过引入贬值的声誉成本，图 25 - 6 中低贬值率的均衡点 A 将为零贬值率的均衡（坚持固定汇率）所代替。

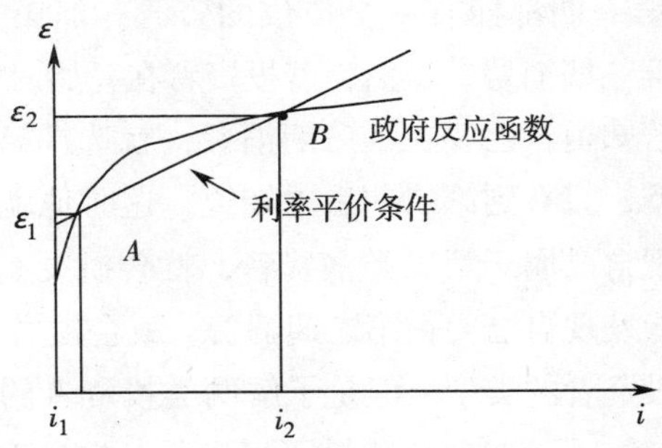

图 25 - 6　奥布斯特菲尔德模型

奥布斯特菲尔德的模型能够较好地解释 1992 年 3 个欧共体成员国和两个北欧国家的货币危机。以英镑危机为例。为了抵消两德统一后扩张的财政政策的影响，德国中央银行采取了高度紧缩的货币政策。这种紧缩的货币政策不可避免地给欧洲货币体系其他成员国的货币带来了巨大的贬值压力。要想维持本国货币同德国马克的比价，其他成员国必须跟随德国实行紧缩的货币政策。但是英镑经济此时仍处在衰退之中，失业问题严重，跟随德国实行紧缩政策必将使经济状况进一步恶化。因此市场普遍预期英镑将贬值。强烈的贬值预期推动着英国利率水平不断上升，从而使维持原先汇率的代价进一步加大。这种情形在 1992 年 9 月 16 日达到高潮。英格兰银行为维持固定汇率，不得不在这一天两次大幅度提高利率，第一次由 10% 提高至 12%，第二次由 12% 提高到 15%。如此之高的利率显然是衰退中的英国经济无法承受的，没有人相信它能够维持下去，因此，投机者继续冲击英镑。英国政府不得不于当晚宣布暂时脱离欧洲货币体系，任凭英镑自由浮动，同时宣布当天的第二次调息无效。与英国一起宣布退出的还有意大利。英国和意大利退出欧洲货币体系降低了瑞典放弃盯住汇率的声誉成本，因此，在9月初竭尽全力抵御投机冲击的瑞典，在11月中旬面临再一次冲击时，几乎未作什么抵抗就宣布脱离与欧洲货币单位的钉住汇率（芬兰马克与欧洲货币单位之间的钉住汇率已于9月初失守）。

（二）金融恐慌模型

除了奥布斯特菲尔德的模型之外，另一类预期模型也越来越为人们所关注，那就是金融恐慌模型。在这方面，最为著名的是戴蒙德和戴维格（Diamond and Dybvig，1983）的银行挤兑（bank run）模型。该模型的基本思想是，银行作为一种金融中介机构，其基本的功能是将不具流动性的资产转化为流动性的资产，正是这种功能本身使得银行容易遭受挤兑。

戴蒙德和戴维格的模型较为抽象，这里用一个简化例子来说明其基本思想。考虑一个三期模型。假定在第一期存在两类投资项目。第一类在第二期获得回报为 $1+r$，第二类在第三期获得回报为 $(1+h)^2$，其中 $r<h$，这表明期限长的投资收益率也高。但是，第二类投资不具有流动性，如果它被迫在第二期变现，则只能得到价格 v，它小于 $1+r$。

投资者也有两类，在第一期都拥有一个单位的资源，但第一类投资者要在第二期消费，第二类投资者则要在第三期消费。显然，若投资者在开始时知道自己要在第二期消费，他就会选择第一类投资；若知道自己要在第三期消费，就选择第二类投资。假定投资者在第一期并不知道自己的类型，只有到第二期后才知道，这时他就面临着一种不确定性：选择了第一类投资而结果发现自己属于第二类消费者，就会损失 $(1+h)^2-(1+r)^2$；如果选择了第二类投资，结果却发现自己要在第二期消费，就会损失 $(1+r)-v$。如果有一家银行，它虽然不知道每个投资者的类型，但是了解两类投资者的总体比例：第一类投资者的比例为 P，第二类为 $1-P$，那么这种损失就可以避免。它只需将所有投资者的资源合在一起，按照 P 与 $1-P$ 的比例投资于第一类项目和第二类项目，就可以保证所有第一类投资者得到 $1+r$ 的回报，第二类投资者得到 $(1+h)^2$ 的回报。因此金融中介机构可以提高社会福利。

不过，银行在消除投资者的流动性风险的同时，它本身却有可能遭到挤兑。假定在第二期时，所有第二类投资者也纷纷要求提款，银行就会破产。因为银行从第一类项目获得的回报加上其第二类项目的变现值小于它的总负债：$P(1+r)+(1-P)v<1+r$。自然，所有第二类投资者都会认识到这一点。因此，当他预期别的第二类投资者都会去提款时，其最佳的选择是尽可能赶在其他人之前捷足先登。这样就会有两个纳什均衡：第一类投资者总是在第二期提款，第二类投资者是否在第二期取款取决于他对其他第二类投资者行为的预期，当他预期他们均会在第三期取款时，就选择在第三期取款；当他预期他们均在第二期取款时，他也选择在第二期取款。后一种均衡就是银行挤兑。

戴蒙德—戴维格模型为金融市场上的“羊群行为”（herd behavior）提供了一种解释。所谓羊群行为，是指决策者不是根据自己所掌握的基本面信息进行决策，而是根据其他决策者的行为行事。凯恩斯在其《就业、利息和货币通论》中对羊群行为进行了非常精彩的描述。20世纪90年代以来，由于金融市场的剧烈波动，讨论羊群行为的文献急剧增加。

虽然模型的本身主要是针对国内金融市场设计的，但是它很容易推广到国际金融市场上。事实上，国际金融市场比国内金融市场更容易遭受“羊群行为”的冲击。这是因为在国内金融市场上，存款保险制度、中央银行的最后贷款人角色以及相对透明的破产清算程序可以有效地减少银行挤兑的发生。戴蒙德和戴维格（1983）证明，暂停银行的支付义务和存款保险有助于防止银行挤兑的发生。

然而，在国际金融市场上，存款保险和最后贷款人制度却很难起作用，因为政府的外汇储备是有限的，国际货币基金组织的援助也是远水难解近渴；破产程序的不透明更使得国外债权人觉得及早抽身为妙。拉德利特和萨克斯（Radelet and Sachs，1998）正是从这一角度出发解释近期发生的亚洲金融危机的。他们认为，这场危机本来是可以避免的，但是由于政府采取的一些武断措施（如泰国政府关闭一些有问题的财务公司）引起了投资者的恐慌，导致严重的资本外流，而国际货币基金组织的强硬态度（如要求危机发生国紧缩财政、关闭有问题的银行、增加银行资本金等）则进一步动摇了投资者的信心，导致了危机的进一步加剧。

三、道德风险模型

19世纪80年代，美国储蓄贷款协会的倒闭使得越来越多的经济学家认识到，在一个管制越来越松的环境中，存款保险制度可能带来严重的道德风险问题。由于有联邦储蓄贷款保险公司的提供的存款担保，储蓄贷款协会不必担心因自己的过度冒险而失去存款人的信任；而且由于保险费率对所有储蓄贷款协会都是一样的，储蓄贷款协会也不必担心因为过度冒险而支付更多的保险费。在这种“赚了归自己，赔了由纳税人兜着”的机制下，储蓄贷款协会当然会有很强的动力去追求风险收益，而19世纪80年代的放松管制浪潮又为它们的冒险活动提供了广阔的天地。其结果可想而知，美国政府不得不在90年代初斥巨资来处理储蓄贷款协会危机。

这一事实也为经济学家考察发展中国家的金融危机提供了一个新的思路。较早采取这一视角的著名发展经济学家麦金农，他和哈佛大学的经济学家皮尔合作撰写了数篇论文，探讨发展中国家的存款担保（显性的或隐性的）与过度借债（overborrowing）之间的关系。亚洲金融危机的爆发使这一问题更加凸显出来。1997年下半年爆发的亚洲金融危机呈现出许多新的特征，这次危机发生之前，亚洲许多国家都创造了经济发展的神话，而且大多实行了金融自由化。第一代、第二代模型已经无法较好地解释这场金融危机，更难理解的是，这些国家和地区经济（尤以韩国为例）在危机过后很短时期内就实现了经济复苏，某些方面甚至还好于危机之前。基于金融危机新的发展特点，理论界提出了第三代货币危机模型。第三代货币危机模型强调了第一代、第二代模型所忽视的一个重要现象：在发展中国家，普遍存在着道德风险问题。普遍的道德风险归因于政府对企业和金融机构的隐性担保，以及政府同这些企业和机构的裙带关系。这导致了在经济发展过程中的投资膨胀和不谨慎，大量资金流向股票和房地产市场，形成了金融过度（financial excess），导致了经济泡沫。当泡沫破裂或行将破裂所致的资金外逃，将引发货币危机。第三代货币危机理论出现较晚，但研究者们普遍认为脆弱的内部经济结构和亲缘政治是导致这场危机的关键所在。在众多将这次危机归因于金融机构的道德风险问题的经济学家中，最具有代表性的仍属克鲁格曼。

克鲁格曼认为，东南亚国家的货币危机，充其量只是这些国家国内金融危机的一个表现，而不是其原因。因为早在这些国家的货币贬值之前，这些国家就经历了一个资产价格急剧攀升和跌落的过程。例如，泰国的股票市场在经历了90年代初的急剧上升后，在1995年出现了下降，在1996年更是急剧下跌。他认为，之所以会出现这一“高涨—跌落”的过程，主要是因为这些国家的金融机构及大企业集团与政府有着千丝万缕的联系，享受着事实上的政府担保，这种隐性的政府担保使得它们可以很容易以较低的利率从国际市场上借入资金，同时又使它们有很强的动机过度放款给投资于高风险的领域，如股票、房地产，以获取高额利差，这导致了巨大的资产泡沫。当这些泡沫崩溃所导致的巨额呆账使得政府担保难以为继时，资金包括外资开始退出，从而使资产价格下跌，最终导致汇率制度的崩溃。

为了分析方便，克鲁格曼将金融机构放款给高度负债的企业从事风险投资这一过程简化为金融机构自己从事风险投资，同时他使用了两个极端的假设来使得道德风险问题发挥到极致。第一，金融机构没有任何自有资本（虽然亚洲国家银行资本充足率普遍低下这一事实使这一假设有一定的现实意义，但更主要的是为了分析方便），这使得金融机构本身不会因放款失误而承担任何损失；第二，有众多的由政府担保的金融机构，它们之间的相互竞争使得资产价格大幅度上升，以至即使它们自己也不可能从中获得任何预期的经济利润，也就是说，资产价格将上升到它可能实现的价值中的最大值。克鲁格曼将这个最大值称为盘损值（pang loss value）。

考虑一个简单的两期情形。假定有一块土地，它在第一期出售，在第二期实现一个确定的租金。显然，第一期的土地价格取决于第二期可能产生的租金（因为模型在第二期结束，所以不存在土地在第二期再次出售的问题）。假定租金为100元的概率为2/3，为25元的概率为1/3。假定不考虑资金的时间价值，即利率为零，则一个风险中性的投资者愿在第一期支付的土地价格为50元。但是对于“赚了归自己，亏了亏别人”的金融机构来说，显然，只要土地价格低于约83.33（$100-100\times 1/3+25\times 2/3$）元，它都有利可图。现在假定有众多这样的金融机构，土地的价格就必然被抬到它的盘损值100元，也就是这块土地在最好情况下的价值。这多出来的50元就是一种资产泡沫。

现在把模型扩展到第三期。假定前两期的结构与前面相同。第三期的租金也是有1/3的概率为100，有2/3的概率为25，而且第三期租金分布与第二期是独立的。我们仍不考虑资金的时间价值。假定没有政府担保，则一个风险中性的投资者愿意在第一期支付的价格为100元，它等于第二期的预期租金50元加上土地在第二期的预期转手价，后者又是由第三期的预期租金决定的，同样为50元。注意，这里土地价格从第一期的100元下降至50元是由模型的结构决定的，并不构成金融危机。

如果有政府担保，那么根据前面的推理，土地在第二期的转手价就会被抬到100元，相应地，它在第一期的价格就会被抬到200元。仍然会出现100%的泡沫。如果第二期实现的租金只有25元，政府就要拿出75元来偿还债权人；如果第三期的租金也是25元，则政府总共要损失150元。

如果政府的财力是有限的，只能帮助金融机构清偿一次债务，那么就可能出现资产价格暴跌的情况，即金融危机。此时金融机构在第一期面临着两种可能的结果：第一种是第二期实现的租金为100元，政府无须出面为金融机构清偿债务，从而可以继续为第二期至第三期的债务担保，这样第三期的土地价格就仍能维持在100元，因此第二期租金收入加上转手价格就是200元。第二种是第二期实现的租金仅为25元时，政府就得出面清偿债务，并且无力再为金融机构第二期至第三期的债务提供担保，这样金融机构就无法再以安全利率从国际市场获得资金，因而第二期的土地价格就会从它的盘损值100元回落到预期值50元，第二期租金加上转手价格就只有75元。在这种情况下，风险无疑加大。但是因为第一期至第二期的债务是有担保的，金融机构在第一期仍会按盘损值行事，所以第一期的土地价格仍会被抬到200元。由此我们看到，当第二期租金为25元时，就会出现土地价格的暴跌，从200元下跌至50元。

虽然克鲁格曼给出的这个例子极其简单，但它确实说明了一些问题。在1997年的亚洲金融危机中，金融机构确实扮演了非常重要的角色。它们凭借与政府的密切关系，从国际资本市场上借入廉价资金，再转手以很高的利率贷出，推动了这些国家股市和房地产市场的膨胀。但是任何泡沫终究都是要崩溃的，当金融机构的巨额呆账使得挽救它们的成本显得过于高昂时，政府不得不宣布将它们关闭。当外国的存款人和贷款者发现它们对这些金融机构的债权并不像以前所想像的那么安全时，巨额的资本流入就转化为恐慌性的资本流出，使这些国家的货币不得不贬值，从而引发金融危机以致经济危机。

四、发展完善中的第四代货币危机模型

回顾20世纪90年代的几次金融危机，无论是1992～1993年英国英镑、意大利里拉贬值所引致的欧洲货币体系危机，或是1994～1995年墨西哥比索危机所引发的拉美危机，还是1997～1998年泰国货币危机所演变成的东南亚金融危机，其共同特征是：金融危机都带有明显的传染效应，而且随着传染现象的频频发生，传染后果的破坏性也越来越大，经济出现负增长，甚至影响了政局的稳定。随着金融危机理论模型对现实重大金

融危机的解释力越来越强，也就日益接近金融危机发生的本质原因。

2008 年由美国次贷危机引发的全球金融危机，震动了世界，也引发了人们对金融危机的思考，这为金融危机模型的研究又提出了新的课题。与此前不同的是，全球金融危机同 1997 年发生的亚洲金融危机形式不同。亚洲金融危机主要是国际收支的危机，当时亚洲出现了大量到期的外债需要偿还，同时国际金融炒家纷纷挤兑，造成了这些国家外汇储备不足，以至于不得不让本币大幅度贬值。而新一轮金融危机的形式并不必然是以国际收支的短缺为标志，因为目前许多新兴市场国家的外汇储备较高。2008 年全球金融危机发生在发达国家的私有部门，并迅速传染和扩散到全球的危机。这次金融危机在生成机理和传播方式上与以往的危机大不相同，理论上以前的三代金融危机模型也难以对此进行解释。

最近的理论分析指出，若一国宏观经济已经出现某种程度的内外不均衡，则国际短期资本流动所形成的巨大冲击很容易成为最终引起货币危机、金融危机全面爆发的导火索。许多经济学家指出，2008 年全球金融危机重演了金融危机“信用膨胀—泡沫破灭—债务拖欠—危机爆发”的经典模式，此次危机是全球失衡和全球流动性过剩局面下的产物。克鲁格曼进一步提出了第四代货币危机模型，该模型类似于第三代模型，只是把聚焦点更多地集中在资产价格而非汇率上。第四代货币危机模型是在已有的三代成熟的货币危机模型上建立起来的。该理论认为，如果本国企业部门的外债水平越高，“资产负债表效应”越大，经济出现危机的可能性就越大。其理论逻辑是，企业持有大量外债导致国外的债权人会悲观地看待这个国家的经济，减少对该国企业的贷款，使其本币贬值，企业的财富下降，从而能申请到的贷款下降，全社会投资规模下降，经济陷入萧条，从而导致危机发生。

奥布斯特菲尔德和罗格夫（Obstfeld 和 Rogoff）较早指出了美国经常账户赤字的不可持续性和相应调整将带来的影响。在随后的系列研究中，他们进一步完善了理论框架，并且强化了以前的观点。他们认为，美国经常账户赤字发生突然逆转的可能性越来越大，这种调整将会使美元实际汇率急剧大幅贬值，从而给世界经济带来巨大风险。布兰查德（Blanchard）将美国的经常账户赤字归咎于两大因素：美国对国外产品的需求上升；国外对美国资产的需求上升。这两个因素的变动可以解释美国经常账户和美元汇率的变动。该理论探讨了美元汇率急剧贬值的影响，认为这对美国经济造成的损害不大，相反会对欧洲和日本经济造成很大的负面冲击。这些研究从传统观点入手，主要关注美国经常账户赤字和外债积累对美元汇率的潜在影响，而没有关注流动性过剩对资产价格的影响。

卡巴莱诺（Caballero）模型是将全球失衡和全球流动性过剩的关联模型化的研究之一。该模型的最关键假设是“硬资产”短缺，即只有美国、欧洲和日本才能提供具有安全性和流动性的储蓄工具，大量的新兴市场经济体则缺乏这种能力。模型显示，欧洲和日本的经济增长越慢，其他国家的金融资产提供能力越弱，美国的经常账户赤字就越大，其资产在全球资产组合中所占比例也就越大，全球的利率水平也就越低。这一研究建立了失衡和流动性过剩之间的关联，即二者是全球经济结构变化的共同产物。随着2008年国际金融危机的爆发和蔓延，卡巴莱诺对上述模型进行了扩展，重点探讨流动性过剩如何导致了资产价格泡沫和大宗商品价格的剧烈波动。该模型对现实经济作出了有参考价值的解释。麦金农（McKinnon）的研究则将全球失衡归咎于国际美元本位。由于历史原因，国际间的产品贸易和资本流动主要以美元计价，这使得美国成为“唯一可以有本国货币巨额负债的国家，它不易遭受债务以外币定值的其他国家一般会遭到的风险”。在这种情形下，美国国际借款面临的是软约束，这最终造成了美国的低储蓄率。因此，与其说美国可以提供“硬资产”，不如说由于美元的特殊地位，美国面临的是国际借款的软约束。

总之，从历史上看，每一代货币危机模型的出台都是具体金融危机之后的产物。如第一代货币危机模型的产生源于墨西哥（1973 ~1982）和阿根廷（1978 ~1981）等国家所发生的货币危机。第二代货币危机模型的产生则是为了更好地解释1992年欧洲汇率体系危机和1994年墨西哥金融危机。第三代货币危机模型则是在第一代、第二代货币危机模型不能很好地解释1997 ~1998年亚洲金融危机的背景下产生。2008年的美国次贷危机为第四代货币危机模型的产生提供了时代背景，也为货币危机理论的发展提供了现实的基础。

第五节　国际金融危机的形成与传染机制

迄今为止，国际金融危机理论还属于一种发展中的理论，远未走上成熟，例如，国际收支危机模型所预言的投机攻击时间只是在一种高度简化的环境中得出的，它还远远无法预言现实中的投机攻击发生时间；预期模型虽然向我们揭示了国际金融体系的某些内在不稳定性，但是它没有解释经济是如何从一个均衡跳到另一个均衡的；道德风险模型仍只是一种理论上的假说，有待用确实的经验证据来证明其重要性；更为重要的是，从某种程度上讲，所有这些模型都是在个案分析基础上得出的事后解释，往往侧重单一因素的分析。实际上，国际金融危机是由包括上述因素在内的多种因素共同引起的。因而，有必要以全方位的视角，考察国际金融危机的形成机制，以期能够更全面地、动态地把握其中的规律，更好地预防危机的发生。从总体上讲，近年的国际金融危机大致与以下因素密切相关。

一、市场因素

市场因素主要包括汇率制度、国际资本流动及国际收支等。从这方面讲，僵硬的固定汇率制度和庞大的国际游资是引发国际金融危机的主要原因，而资本项目开放所形成的资本自由流动是危机的出入渠道。

（1）固定汇率往往导致本币高估。出现危机的国家和地区多实行较为严格的固定汇率制度，仅允许小幅度的波动，超过幅度限制，中央银行有义务干预。欧洲货币联盟内部，包括英国、意大利、芬兰等国都实行可调整的固定汇率制度，墨西哥和东南亚国家则实行本币与美元挂钩的“钉住汇率制度”。固定汇率制度有不少优点，有利于国际贸易和国内生产的发展，但也有致命的缺点——脆弱性，即各国经济发展的不平衡、货币政策的不一致，极容易造成各国本币的高估，从而导致国际游资的冲击。在许多发生金融危机的国家和地区中，其本币都被严重的“高估”了，这是金融危机爆发的前提。

（2）强大国际游资冲击高估的货币。当今国际游资已经成为不可小视的力量，主要表现在：第一，规模大，其日均交易额在数万亿美元以上；第二，独立化，99%以上的国际游资及其交易是纯粹的投机行为，与实际经济无关；第三，形式复杂，国际游资的流动和交易突出的表现为采取衍生工具和杠杆交易方式。这样，庞大的国际游资一旦冲击一国高估的货币，则该国的中央银行往往难以抵挡。

（3）资本项目开放：危机的出入渠道。上述两个条件使得国际金融危机具备了可能性，但如果一国的资本项目不开放，资本不能自由流动，国际游资不能冲击其货币，金融危机也难以发生。反之，国际游资则可以畅通无阻地进入，冲击该国的货币。发生金融危机的国家和地区，其资本项目大多是开放的，国际资本可以自由流动。这就使得国际游资有了冲击的渠道。

综上所述，国际金融危机形成机制可以这样归纳：僵硬的固定汇率制度往往导致一些国家和地区的本币高估，在资本自由流动的条件下（资本项目开放），巨额国际游资以各种复杂的形式冲击这些高估的货币，以致中央银行难以抵挡，最终放弃固定汇率，导致本币迅速贬值，从而金融危机爆发。这种市场因素分析，比较完美地解释了货币贬值的过程，但忽视了货币贬值的内在因素，而着眼于基本经济因素的分析正好弥补这一不足。

二、基本经济因素

基本经济因素包括一国的宏观经济、产业结构、发展模式等多方面，当一国或地区的基本经济状况恶化、脆弱时，金融危机在所难免。

（一）宏观经济恶化是货币贬值或高估的直接原因

我们重点考察20世纪90年代三次国际金融危机时的宏观经济状况，就可以证实该结论的正确性。例如，1990～1992年，欧共体的经济增长率放缓至1%～2%，私人消费下降，国际收支逆差加大，贸易逆差占GDP的0.25%，经常项目逆差平均为1%，尤为严重的是各国财政状况恶化，各国政府净债务占GDP的比重达到5.4%。又如，1992～1994年，墨西哥的经常项目逆差增长较快，平均占到GDP的7.4%，同时外债迅速增加，到1994年底总额达1 656亿美元，比1988年增加62.8%，其中短期债务约占一半，为拉美之最。亚洲金融危机前的1996年，东南亚各国的经济增长明显趋缓，外债占

GDP的比重大多超过40%，经常项目逆差较为严重，占GDP的比重在5%～8%。宏观经济的分析表明：在金融危机发生之前，各国和地区的经济状况已经出现不良，甚至恶化的倾向。这使得各国和地区货币的高估已成为事实，贬值成为必然，从而在国际游资的冲击下崩溃。

（二）产业结构、发展模式等的缺陷是金融危机的深层次原因

东亚（包括东南亚）国家的经济是出口导向型的，其产业结构的特点是以劳动密集型的轻工业为主，资本密集型的重工业有所发展，有的国家发展还较快（如韩国），而高科技产业的发展相对不足。在发展模式上形成了所谓的“东亚模式”，即在发展战略上强调外向经济、出口导向，以贸易推动；在制度上重视政府的作用，强调集体合作精神；在生产投入上主要运用资本和劳力投入，重视技术转移。“东亚模式”曾有力地促进了亚洲经济的发展，曾经被广为推崇。但是，时过境迁，随着世界经济的变化，“东亚模式”及其形成的产业结构出现了诸多不适应症。一方面，世界经济正在向以高科技为主导的产业发展、升级，传统的经济日趋饱和，并处于经济周期的低谷阶段。另一方面，新兴的亚洲国家（如中国和越南）经济迅速发展，而且在劳动力成本等方面还占据了一定的优势，与东亚国家形成了竞争的局面。在这种情况下，东亚国家的经济增长速度放慢，宏观经济不良，甚至恶化在所难免。而在资本项目开放的条件下，国际游资的冲击是必然的，只是个时间问题。

欧盟的发展模式是经济联合与经济一体化。但是由于各国经济发展不平衡以及财政货币政策不一致，这种联合与一体化有一定的风险，不够稳定。例如，1979～1993年，欧洲货币中心汇率的调整共计17次之多。可以说，这种不稳定和风险是带有制度性的。20世纪90年代初，不少国家如英国、意大利，正处在经济衰退期，经济增长乏力，缺少新的经济增长点，宏观经济状况恶化。因而，采取了低利率的货币政策，以期刺激经济增长。与此同时，德国刚刚统一，经济增长较为强劲，经常项目常年保持顺差，同时东部急需建设和发展，国内需求趋于扩大，有通货膨胀之忧，因而采取高利率的货币政策经济。这样，英国、意大利等国的货币明显高估，孕育着危机。墨西哥是外向型经济的国家，经济发展带有消费主导型的特征，国内储蓄不足，储蓄率较低且不断下降。这些状况造成对外资的严重依赖，国际收支失衡，如1992～1994年，经常项目逆差平均已占GDP的7.4%。同时，墨西哥加入北美自由贸易区，开放过度，整个经济体系短期内难以适应，进一步加剧了经济状况的恶化。

（三）经济繁荣过程中产生的资产价格泡沫是金融危机的重要根源

从金融危机的发生原因来看，很多金融危机本质上是由于房地产和股票市场的资产价格泡沫破灭而引发。一般来说，在经济经历较长时期的持续繁荣时，往往容易滋生资产泡沫，包括股市和房市的泡沫。过度宽松的宏观经济政策，尤其是货币政策，最有可能刺激严重泡沫的形成。日本20世纪90年代所经历的金融危机、1997～1998年的亚洲金融危机、2008年全球金融危机，尽管这几次金融危机在传播机制、波及范围与影响程

度有较大差异，但在危机机理上其实都非常类似：资产价格泡沫的形成酝酿了危机，而泡沫的最终破灭触发了危机。

尽管金融危机前各国宏观经济都呈现出良好的发展势头，如高增长、低通胀，但实际上由于过于乐观的预期导致实际资本过度积聚，特别是大量资金转向投机性强的证券市场和房地产市场，形成金融资产泡沫。如日本，经济衰退前日经股价指数从1983年的8 000多点起步，1989年底达到38 900点的顶点。相应地，股票市值从1981年的81万亿日元剧增到1989年的527万亿日元，而同时期日本的GDP增长不到一倍，股票的市盈率已达到250倍的异常水平。土地总市值则由1981年不到GDP的一半上升至1990年相当于GDP的5倍，以至于当时有“卖掉东京的土地就可以买下整个美国”之说。再看金融危机前的泰国，大量外资流入投资于房地产行业，房地产贷款比重高达25%，空置率偏高，泰国股市和楼市乃至整个经济都出现过度繁荣。1993年底，危机前墨西哥的股市同样出现了极度的繁荣，以美元表示的股票价格达到1985～1989年平均水平的10倍。2008年由美国次贷危机扩散的全球金融危机，就是一场由于美国长期低利率环境触发的信贷膨胀、美国（和世界范围）的巨大房地产泡沫破灭所导致的危机，这是全球金融危机最根本性和系统性的原因。

经济理论和历史经验证明，普遍性的房地产泡沫是在广义信用膨胀的基础上而产生的。伴随着金融危机的种种现象和行为表现，与信用膨胀这一根本因素密不可分。如果资产价格泡沫出现了，它注定会破灭，只是不知何时或以何种形式破灭。泡沫持续时间越长，程度越严重，波及面越广，泡沫最终破灭对金融系统和宏观经济的危害影响也将越大，金融危机的爆发就是早晚的事情。

（四）虚拟经济和实体经济的不协调发展是金融危机的潜在推手

实体经济是指物质产品、精神产品的生产和销售及提供相关服务的经济活动，虚拟经济则是指相对独立于实体经济之外的虚拟资本的经济活动。虚拟资本一般指以有价证券形式（如股票和债券等）存在的未来预期收益的资本化。20世纪80年代后，虚拟资本的形式越来越多样化，资本的虚拟化程度也越来越高，各种金融创新导致的金融衍生品层出不穷，并对实体经济产生影响。虚拟经济作为市场经济高度发达的产物，与实体经济共同成为现代市场经济不可或缺的重要组成部分。但与此同时，虚拟经济具有的高度流动性、不稳定性、高风险和高投机性等特征，决定了它既可促进实体经济的发展，也有可能背离实体经济发展形成泡沫反过来危害实体经济。虽然实体经济与虚拟经济的分离有利于金融功能的发挥，但对于一个健康的经济体来说，两者之间应该有一个合理的比例范围。20世纪90年代以来，在发达国家金融业衍生品过度膨胀这种虚拟经济的推动下，全球金融体系迅速发展，逐渐出现脱离实体经济盲目发展的倾向。正是在这种虚拟经济过度发展的模式下，发达国家金融机构的一些高风险表外业务以前所未有的速度扩展，失去控制，最终酿成了2008年全球性的金融危机。

2008年发源于美国的全球金融危机表明，虚拟经济发展必须立足于为实体经济服务，两者保持协调发展，而不能脱离这个根本。虚拟经济脱离实体经济非理性扩张，如果相应的管制措施又没有跟上，虚拟经济就会逐渐演变成投机经济，并必然导致泡沫化并最终损害实体经济。具体到金融业的发展模式，必须强调其回归本源、以实体经济为本的原则。以虚拟经济为支撑的金融发展如果偏离了实体经济发展的主流，将很难避免出现系统性风险，并最终引发金融危机。

综上所述，国际金融危机的发生可以作如下解释：产业结构和发展模式等的缺陷必然导致宏观经济总体状况（不仅局限于财政状况）的不良，甚至恶化。在资本项目开放与固定汇率条件下，金融危机的爆发只是时间问题，而固定汇率和国际游资仅仅是外在的因素。此外，经济繁荣过程中产生的资产价格泡沫如果不能得到有效抑制，虚拟经济的非理性扩展不适应实体经济发展，金融危机爆发也是必然的。

三、金融因素

应当承认，产业结构、发展模式、经济状况、固定汇率等方面的因素确实是近年来国际金融危机的重要推手，发生危机国家和地区的产业结构、发展模式、经济状况确实有不适应性。但在过去经济发展的过程中，这种不适应性时常出现，也都会引起经济状况的不良甚至恶化，然而，过去并没有发生如此频繁的金融危机。由此可以推断，20世纪70年代以来的国际金融危机另有缘由，其中需要考虑的是金融因素。现代金融体系的信誉和稳定性是建立在货币资产可以转换为商品劳务的信念基础之上的。一旦这种信念动摇了，整个金融体系也就崩溃了，金融危机随之爆发。2008年的全球金融危机更是为此作了很好的注脚。现实中，由于金融体系的内在脆弱性以及金融制度的内在缺陷等原因，这种信念时常被动摇。因而，金融危机的发生有其必然性。

（一）金融体系具有内在的脆弱性

金融体系的内在脆弱性包括两个方面的内容：一是金融机构的内在脆弱性。典型的金融机构是建立在债务债权及股权等信用关系基础上的，即它通过负债和股权取得资金，通过信贷和投资使用资金，并从中获利。这样，金融机构顺利运作的条件在于资金提供者不挤兑，同时金融机构对资金的使用是有效的。但是，由于信息的不对称性和不完全性，逆向选择和道德风险必然存在，上述两个条件的成立不是绝对的，而且极易遭到破坏。例如，挤兑行为和呆账坏账问题时常发生，这样金融机构就表现出相当的脆弱性。二是金融资产价格的内在波动性。由于信息的不完全性，决定金融资产价格的贴现率、资产未来收入流量等因素难以确定，金融资产的价格经常处于波动状态，加上金融机构间密切的债权债务网络、复杂的金融交易形式以及迅捷的通信手段，使得金融资产价格的波动具有传染性，从而进一步较大了波动的范围。简而言之，金融机构的脆弱性极易破坏信用关系，金融资产价格的波动极易造成交易者的损失。这样，货币信念极易动摇，金融危机的爆发具有内在的原因。克鲁格曼分析的泰国金融危机就是一个典型的例子，此外，日本和韩国的金融体系也有类似情况。

（二）金融制度存在固有的内在缺陷

从理论上说，有效的金融制度可以最大限度地减少金融体系的脆弱性，即减少金融机构的倒闭和金融资产价格的波动。但是，当今金融制度存在着内在缺陷，无法阻止金融危机的发生。现行的金融制度难以识别金融风险，难以控制过度的投机行为，尚未建立起与实物经济相协调的金融运行体系。这些因素导致金融的交易和经济发展日益脱离，并且有加重的倾向。同时金融交易的规模迅速增加，金融衍生工具层出不穷，投机逐利十分盛行，国际游资充斥在世界各个角落。这样，整个金融体系成为一个充满了气泡的“倒金字塔”，它建立在小小的实物经济基础之上。一旦庞大的虚拟资本对实际经济侵蚀过度时，整个金融体系再也无法维持，按照杠杆原理，以连锁反应形式崩溃。至于国际游资冲击导致一些国家爆发金融危机，应该看到，游资只起到加速危机的导火索作用，即使没有国际游资金融危机也可能会爆发，如韩国即是如此。

（三）金融高杠杆率特质的“双刃剑”作用

金融机构的高杠杆率是2008年全球金融危机中有关机构损失惨重的重要原因之一。以美林证券为例，自2003年到2007年其杠杆率增至28倍，每1美元的资本支撑着28美元的资产规模，也即支撑着27美元的负债规模。据估计，如果加上特殊投资实体（SIV）表外业务的杠杆效应，华尔街投行的杠杆倍数可高达50～60倍，这种高杠杆率有着明显的双向放大作用。当金融危机到来泡沫破灭之际，信用扩张机制转变成信用收缩机制，金融体系的去杠杆化就成了危机中将损失限制在最低程度的最好选择。实际上，从技术和市场角度看，2008年的全球金融危机之所以对金融体系和实体经济的影响如此强烈，与金融的高杠杆率密不可分。

杠杆化是金融与生俱来的特质，随着金融机构和金融产品的不断创新，金融杠杆化的趋势越来越明显。例如，商业银行等金融机构均采用了高杠杆经营模式，其资产规模远高于自有资本规模。商业银行10～12倍的杠杆率通常被认为是金融的基准杠杆率，它是现代金融杠杠率的起点。在2008年全球金融危机爆发之前的相当长时期里，金融机构对金融杠杆使用过大，金融杠杆率有不断提高的趋势。尤其是相对于商业银行10～12倍的杠杆率，发达国家投资银行的杠杆率通常在30倍左右，最高时的杠杆率超过40倍。对冲基金从它诞生之日起，就大量采用杠杠方式交易。杠杆交易是对冲基金的“天性”，最早的对冲基金利用市场中的无风险套利机会，通过拆借巨额资金建立对冲头寸进行操作。只要资产价格有小幅波动，这种对冲方式就会带来巨额利润。当然，一旦资产价格变动方向与此前预计的相反，对冲基金的损失也成倍放大，甚至将其拖入破产的境地。不同类型的对冲基金杠杆倍数有很大差异，近几十年来，各国发展起来的对冲基金已逐渐偏离了无风险套利操作的基准，转而投资高风险的金融衍生品，例如，信用违约掉期（CDS）、期权、期货等。因而，对冲基金的高风险投资策略不仅没有使其降低杠杆倍数，反而呈现逐渐提高的趋势，已经在很大程度上违背了其对冲操作的本源，而越来越具有对赌性质。

此外，如果在金融危机中考察金融产品的杠杆可以发现，衍生品的杠杆率一般在20~30倍（保证金在3%~5%），个别衍生品的杠杆率曾达到过100倍（其保证金为1%），普遍存在杠杆率过高的现象。

金融杠杆简单地说来就是一个乘号，使用这个工具，可以成倍数地放大投资的结果，无论最终的结果是收益还是损失，都会以一个固定的比例增加。一般而言，通常用杠杆率这个指标反映金融机构或产品的杠杆化程度。从机构层面来看，杠杆率是指金融机构的总资产/净资产得到的放大倍数。有的文献也把杠杆率定义为总负债/净资产，但由于“资产=负债+净资产”，所以这两种定义方法本质上是同一个含义。杠杆率高，表示金融机构少量的资本支撑着过多的负债，一般意味着潜在的收益就高，但是风险也同样放大。在实际经济活动中，金融的杠杆率是一把双刃剑，它在创造了金融的活力和流动性的同时，也加大了金融体系的波动和不稳定性。

2008年全球金融危机爆发后，为了阻止金融危机的进一步恶化，防范更大规模金融危机的到来，在世界各国特别在美国，金融的去杠杆化成为应对危机的重要防御性措施。

金融去杠杆化的实质是降低杠杆率，其特点主要表现在金融机构要么减持风险资产的规模，要么增加资本金，或者双管齐下，降低风险资产与资本金的比例，增强其对金融风险的对冲能力。从某种程度上来说，金融去杠杆化是一个痛苦的过程，这一过程往往伴随着对金融活动和实体经济的巨大冲击。一般而言，单个公司或机构的去杠杆化行动难以对市场和经济产生较大影响。但是，如果整个市场都进入这一进程，大部分机构和投资者都被迫或主动将以前通过杠杆方式募集到的资金回吐，则金融杠杆率的调整和资产价格变化将会相互加强，放大金融周期，对各方造成难以估量的影响。例如，从金融市场的角度来看，在金融去杠杆化的过程中，原先支持金融市场的大量复杂的资产组合、杠杆放大的投资工具将被解散，包括风险利差、流动性利差、市场波动水平甚至期限溢价等将会上升，资产价格将因此受到冲击，最终引起大多数金融资产的价格下降。这容易导致金融衍生品市场萎缩、相关行业受到重创，金融市场出现严重的流动性问题。尤其是在金融去杠杆化集中释放的阶段，金融市场的停滞效应将会向实体经济扩散，并使宏观经济出现通货紧缩的后果，经济出现较大起伏，甚至导致长期衰退。

目前，我国金融领域不存在美国式的金融高杠杆，因而也不存在去杠杆化的问题。由于中国金融体系的市场化程度仍然很低，改革开放和创新仍然是我们面临的主要任务。不过，立足于我国金融市场和金融创新的实际，吸取全球金融危机的教训，合理监管金融机构并及时揭示金融产品杠杆率的风险，在维持现代金融系统正常运行的同时，防范过度杠杆化带来的风险，将是我国金融业在发展中需要认真面对的问题。

（四）金融系统对于金融创新的风险管理薄弱

金融创新本身也是金融危机的真正根源之一，尤其是过度的金融创新将使金融风险更为集中和隐蔽，增强了金融风险对金融体系的破坏力。事实上，金融创新只是转移风险，而没有化解风险。金融创新工具在增加金融体系的活力，为单个经济主体提供市场风险保护的同时，却将风险转移到了另一经济主体身上。换言之，对整个经济体系而言，潜伏的风险只发生了转移而并没有被消除，风险仍然存在于经济体中。同时，承接转移风险的金融市场参与者中的绝大多数也是风险规避者，当市场主体都想转移同一方向的风险时，风险出售者就无法找到风险承担者，金融创新工具提供的保险功能将不复存在，风险在此时会集中暴露，给金融体系和经济体系造成严重打击。因此，金融创新可能在便利经营活动的同时也便利了投机，金融创新可能增加风险总量，而这种风险的增加除了控制金融创新本身，是很难通过加强监管来消除的。

2008 年全球金融危机与此前几次金融危机最显著的区别，即在于美国为首的发达国家大规模的金融创新。西方发达国家几十年来经济中的各种产业迅速发展，是与华尔街、伦敦、法兰克福这些高端金融市场的支持分不开的。特别是这些国家不断推动资本市场、资产证券化、金融衍生品等金融创新，极大地提高了金融效率，对于经济和金融的发展功不可没。20 世纪末美国金融机构的全球性扩张和次贷危机的爆发伴随着大量的金融创新，由于对于创新带来的巨额利润的追逐，各大金融机构具有强烈的金融创新欲望，导致了金融发展中过度的金融创新现象，最终引发了全球金融危机。

在 2008 年美国全球金融危机中，过度的金融创新导致金融衍生产品层次过多，信用链条过长，衍生产品投资者与基础资产持有人之间信息高度不对称，从而掩盖了金融衍生产品的真实风险。由于金融系统风险管理的薄弱，金融创新业务的风险通过在不同参与主体间分散和转移，将众多参与主体捆绑在一起，导致整个金融系统混乱，最终造成宏观系统性风险的累积，最终造成整个金融系统混乱。金融创新带来了新产品、新机构和新的金融业务模式，也带来了新的系统性风险。因此，必须强调金融系统适应对于金融创新的风险管理能力的建设。面对日益发展创新的金融产品和市场，建立对应的风险管理手段和监管手段的创新，已成为有效识别风险、提高金融管控效率的必然选择。如果金融系统缺乏辨别市场风险的系统性视野，忽视各类金融机构在市场中风险的传染性，不能有效控制金融创新所依托的基础产品风险，不能并规范各类机构对市场内系统性风险的影响，就容易导致在金融创新过度活跃的同时，管理失控，造成导致金融危机的爆发。

（五）金融监管的缺失和缺位

金融监管缺失和不到位也是金融危机发生的一个重要原因，尤其是 2008 年全球金融危机暴露出各国在金融监管方面的一些深层次问题。20 世纪 90 年代以来，全球金融市场发生了影响深远的结构性变化，复杂的创新型金融工具作用越来越大，表外交易模式占比日益增大，金融衍生品由于缺乏透明性，包括对手风险在内的一系列风险都未被监管机关和市场参与者认识。在美国，高风险抵押担保债券、信贷资产证券化、市场流通债券的再证券化和信用违约互换等场外金融衍生品市场基本不受监管。此外，一些金融机构，如资产支持商业票据渠道公司（ABCP Conduits）、结构性投资工具公司（Structured Investment Vehicles, SIVs)、对冲基金等新的市场参与者，几乎不受监管或仅受较少监管，造成金融体系透明度降低，隐藏着巨大的风险。传统的金融监管存在空白、监管缺失和不到位是2008年全球金融危机的重要原因。

传统的金融监管明显不足，主要表现在以下几个方面。一是对金融创新产品的监管缺失。如美国对金融创新鼓励多，相应的监管措施少，很多金融创新缘于规避监管，处于监管盲区。这导致了金融创新产品泛滥、金融创新产品信息不透明、真实风险状况难以准确评估等一系列问题。二是对“影子银行”机构监管的缺失。影子银行主要指金融行业内行使着银行功能，却不受监管或监管较少的非银行金融机构。21世纪以来，包括投资银行、对冲基金、货币市场基金、私人按揭保险公司、债券保险公司、结构性投资工具等影子银行迅速膨胀。这些机构通常从事放款，也接受抵押，通过杠杆操作持有大量证券、债券和复杂金融工具。影子银行的快速发展在带来金融市场繁荣的同时，其运作缺乏透明度的特征和高杠杆操作给整个金融体系带来了巨大的脆弱性。影子银行游离于现行监管体系之外，对影子银行监管存在空白地带和盲区，金融监管缺位，是2008年全球金融危机爆发前的一个现象。三是对场外金融衍生品市场监管缺失，金融中介机构监管不到位。此外，金融危机爆发前，美国国内一些金融中介机构的不法行为已开始暴露，如安然丑闻。其他一些中介机构，如信用评级机构和审计机构的作假行为愈演愈烈，而美国金融监管当局对此却无所作为，这无疑为金融危机的爆发推波助澜。

随着金融集团经营综合化和金融全球化的发展，全球金融体系的系统性风险大大增强。同时，金融市场、金融产品、金融决策越来越同质化，这也放大了市场层面的系统性风险，难以通过金融机构自身加强管理来矫治系统性风险，因而加大了金融危机爆发的风险。目前，金融机构全球混业经营和金融创新如火如荼，全球化金融机构的离岸操作大大增加，由于关系导向性金融交易模式的出现，基于资产负债表和VaR的风险监管模型已经不能很好地监管SIV等金融实体。鉴于金融机构风险的外部性和广泛的传染性特点，金融危机一旦在发达国家的主要金融市场发生，向全球的传导扩散就非常迅速。因而，一国政府单纯监管本国金融机构的模式已经不能适应，需要从监管层面和全球层面进行协调，从各个层面同时采取措施，以避免可能的金融危机发生。

综上所述，国际金融危机是多种因素综合作用的结果，具有复杂的形成机制。首先，国际经济一体化是国际金融危机的宏观背景。国际经济一体化的含义是，在全球范围内，资源有效配置，资本充分流动。这就要求建立与之适应的国际贸易体系和国际金融体系。时下，以世界贸易组织为主的国际贸易体系已经建立起来，并有效地发挥其协调功能，但有效的国际金融体系尚未完全建立起来。各国货币以优胜劣汰的方式，角逐国际货币的地位，这固有其必然性和优点，但也不可避免地造成风险加大，投机盛行，从而导致国际金融市场上的资金呈现出规模大（远远超过世界生产和贸易总量）、独立化（与实际经济无关）、复杂化（采用衍生工具进行交易）等特征，容易造成对一个国家金融体系的冲击。其次，各国产业定位及金融制度的不适应是国际金融危机的重要原因。国际经济一体化要求各国有自己合理的产业定位以及相应的金融制度，而且面对经济周期波动、产业升级、社会变迁等，作出适时的调整，否则极有可能造成经济状况恶化，导致金融危机爆发。20 世纪 90 年代发生金融危机的国家和地区就是例证。由此，处于经济或制度转型的国家和地区是国际金融危机的高发区。例如，1992 年向一体化迈进的欧洲，1994 年转向外向经济的墨西哥，1997 年经历产业升级和发展模式变革的东（南）亚国家，都发生了金融危机。因为此时各国的发展需要大量的资金，金融体系的风险性和脆弱性大增，加上金融制度难以有效约束，一旦经济状况都出现了不良信号，则金融危机在所难免。最后，固定汇率制度的僵硬、资本项目的开放以及国际游资的冲击是金融危机的直接原因。在一国经济状况恶化时，僵硬的固定汇率制度必然导致本币的高估，如果资本项目开放，则国际游资必来冲击。一旦中央银行坚守不住，必然是本币大幅度贬值，从而金融危机爆发。应当指出的是，经济状况恶化就足以引发金融危机，即使没有国际游资的冲击也一样。

第六节 国际金融危机的应对

国际金融危机往往给人类社会带来巨大的损失，其冲击面之广、程度之深引起了全世界的关注。有人甚至宣称，金融危机是 20 世纪末人类社会的幽灵和顽症。因此，对于国际金融危机，仅限于对其进行理论分析和形成机制的研究是远远不够的，更重要的是寻找阻止其发生的良策。这一点对于中国尤为必要。因为虽然中国在 20 世纪 90 年代的金融危机中未受冲击，在 2008 年的全球金融危机中受到的冲击也较小，但这并不足以高枕无忧。

一、合理的汇率制度与中央银行的有效管理

鉴于汇率制度对金融危机的发生有重要影响，不少学者开始对合理的汇率制度进行深入的研究，得出了不少有益的结论。首先，对于一个国家来说，选择什么样的汇率制度，主要取决于该国是否因此而更好地保持经济运行的内部平衡和外部平衡。一般而言，小型的开放经济国家及出口产品结构较为单一的国家，实行固定汇率为好；如果一国与某发达国家的贸易较多，则采取盯住该发达国家货币的汇率制度为上；如果一国经济综合实力较强，那么实行浮动汇率较好。其次，在当今国际金融体系下，浮动汇率已成为趋势。随着布雷顿森林体系的崩溃，国际金融体系日趋动荡，越来越多的发展中国家放弃盯住单一货币或盯住一篮子货币的固定汇率，转而采用较为灵活的、相对浮动汇率制度。因此，专家建议使用较为灵活的浮动汇率制度，即使实行固定汇率的国家，无论是发达国家还是发展中国家，其汇率也必须是富于弹性的，并及时、适时地调整，否则，必将积累风险，孕育国际金融危机。

在固定汇率和有管理的浮动汇率下，中央银行有义务维护汇率及外汇市场的稳定。

可是，在20世纪90年代的三次国际金融危机中，危机国的中央银行无一例外的力不从心，干预失效，最终引发本币贬值，危机爆发。因而，专家提出了中央银行的适当干预、有效管理理论。他们认为，中央银行干预、管理外汇市场是有条件的，干预和管理必须适度，不能牺牲其他经济目标，一味地维护本该变动的汇率。一方面，一国的汇率水平是由其基本经济状况决定的，而且要随着其变化而变化。僵硬的固定汇率制度有害无益，中央银行没有义务维护。另一方面，中央银行的干预管理是有条件的，要与其他经济目标相协调。这些条件包括一国或地区的外汇储备情况、国内利率、货币供应量、周围国家的经济状况、国际游资状况。在中央银行干预过程中，它常常面临汇率和利率难以协调的两难处境，同时国际游资的强大和货币供应的复杂也是十分棘手的问题，这些要求中央银行的干预管理必须谨慎、适度。20世纪90年代金融危机的实践证明，过度的干预不仅难以有效，而且会损坏整个经济。

二、慎重开放资本项目

自20世纪90年代金融危机爆发以来，尤其是亚洲金融危机爆发以来，资本项目的开放问题已经成为理论界和实际部门讨论的热点，甚至不少人认为开放资本项目是发展中国家金融危机的重要致因。这些探讨主要内容如下：

（一）资本项目的开放是大势所趋，既有益处又有风险

资本项目的开放是国际经济一体化的内在要求。生产的国际化要求在全球范围内配置生产要素，各国经济的增长和世界经济结构的调整，要求生产要素自由流动并优化配置。这必然导致全球性的储蓄投资转化机制，以便使全球储蓄有效配置到生产效率最高的领域中去。国际经济一体化、国际资本的流动，要求金融服务的效率更高、范围更广、风险更加分散，从而要求金融服务的专业化更强，而且必须在国际化基础上实现。

资本项目的开放意味着一国金融体系的全面开放，因而，对国家的增长和经济福利的增加具有重要意义：第一，可以以比国内更低的成本利用国外储蓄；第二，有利于国内经济单位自由地选择借贷、投资的地点和方式；第三，增加金融的竞争，改进资源的配置；第四，增加资源的可用性，支持投资、贸易及其他经济活动的开展；第五，使居民能在全球范围内实现资产配置和多样化，降低风险，提高效用。但是，资本项目的开放是一把“双刃剑”，既有益处又有风险，如果没有相应的经济结构变化和经济政策与之配合，资本项目的开放就可能孕育极大的风险，甚至是危机。

（二）资本项目开放需遵循一定的程序

一种观点认为，资本项目开放应以经常项目和国内金融自由化为前提，即国内金融自由化是前提。另一种观点认为，资本项目和经常项目的开放可以齐头并进，即国内外金融自由化可以同时进行，互相促进。从实际情况看，各国资本项目的开放或自由化是一个极其复杂的过程，并不存在一个统一的模式。不过，有一些东西是共同的，这主要包括资本项目的开放应与国内经济结构变化和经济政策配合，其目的是促进国内生产，

增加国家福利，而不是为开放而开放。

首先，资本项目的开放应与国内经济结构的变化相配合。这包括：第一，健全金融的法律法规体系，实行有效的金融监管；第二，实现利率市场化，完善货币市场，建立资本市场；第三，进行财政体制改革，削减财政赤字，禁止财政向中央银行透支，控制政府债务（内债和外债）；第四，建立外汇市场及市场化的汇率制度；第五，鼓励外部的直接投资和证券投资，并加强管理；第六，改革外贸体制，实现经常项目的开放。

其次，资本项目的开放应与经济政策相配合。资本项目的开放和自由化，要求一国的经济政策也应作出相应的调整。因为此时，中央银行无法同时控制利率和汇率两种变量。否则，还很可能导致市场投机者对货币和汇率的不同预期，从而引发国际游资的过度投机，不利于国际收支的平衡和经济的稳定。因此，只有实现有弹性的利率和汇率政策，更多地让市场力量去决定利率和汇率的变化，才能化解失衡因素，防止风险的积累，减少不良预期可能产生的剧烈震荡。

最后，谨慎地、渐进地推进资本项目的开放。依据国际经验，资本项目的开放和自由化一般需要一个漫长的甚至是反复的过程，即使日本、法国、意大利等发达国家花费的时间也在二十年以上。发展中国家经济基础薄弱，金融体系不健全，市场发育不完善，在条件或准备不充分的情况下，更不能过早、过急地放松对资本项目的管制，而应该依据国内实际情况和后果调控能力，逐步、渐进地开放资本项目，从局部到整体，从重点到全面。

三、应考虑资产价格纳入货币政策关注范畴

国际上众多的理论和实践都已证明，中央银行货币政策考虑的稳定币值、经济增长、充分就业、国际收支平衡等各个政策目标，实际上在实践中难以同时实现。试图用实现每个目标的思想去指导政策行为，兼顾多头往往结果是一头都顾不了。从历次金融危机的实践看，正是由于政策的徘徊，使得形势不断恶化，并最终极大限制了政策的操作空间。如日本的国内政策最终在日元大幅升值的压力和国内资产价格的高涨面前陷入两难困境。第二次危机前的墨西哥既要防止比索升值，又要消除资本流入的影响，政策左右受困。因此，从中央银行的角度说，应明确政策操作的首要目标，避免政策的反复与徘徊，在首要目标实现的前提下才能兼顾其他目标。目前，许多国家中央银行货币政策的目标主要是稳定币值，政策操作实行盯住所谓的通货膨胀目标，而对资产价格这一现代经济和金融危机的导火索却视而不见。

2008 年全球金融危机给予我们不少警示。美联储前主席格林斯潘在其主政时期，强调货币政策不应关注资产价格，而应采取“事后救助”的方式进行应对，没有对房地产领域的资产价格泡沫进行适当干预。这一政策操作理念被认为是 2008 年全球金融危机爆发的重要原因。对于货币政策是否应该关注资产价格，一些国家的中央银行通常的选择是，以宽松政策刺激经济增长，坐视资产价格走高。然而历史的教训一再表明，这种政

策选择面临着严重的道德风险。因为“事后救助”意味着资产价格上涨时中央银行对其放任自流，泡沫破裂后再施以援手。此举容易让投资者有恃无恐，助长资产价格泡沫，累积更大的风险。实际上，中央银行通常重视币值的稳定，并往往以普通的消费物价指数 CPI 为调控对象。但从近年来全球经济周期变化的特点看，CPI 和剔除了能源及食品价格因素的核心 CPI 已经不能及时反映经济的周期变化。因为等到 CPI 明显全面上涨时，往往已处在经济金融泡沫最后破裂的前夜。且从外部环境来看，当前全球通货膨胀机理已经发生了变化，资产价格往往成为通货膨胀背后的主要推手。中央银行的政策目标如果不关注这一现实就容易脱离实际。另外，即便以中央银行稳定币值的货币政策目标来看，资产价格（特别是房地产价格）的变动很大程度上也意味着货币价值已经发生变化。在这种情况下，如果货币政策只是针对传统的消费物价变化作出反应，存在明显问题。因而，在经历过历次危机，特别是2008 年的国际金融危机的洗礼之后，中央银行需要将其资产价格因素纳入其政策目标范畴，并对之给予及时的关注。

当然，如果中央银行将调控资产价格纳入其货币政策目标，可能会面临格林斯潘所提出的一些难题。首先是资产价格泡沫的识别问题。美国经济学家金德尔伯格曾嘲讽地说，“资产价格泡沫就像美女一样，事前你不知道如何界定它，然而一旦你遇见过，你就肯定能认出来。”资产价格上涨并非必然意味着价格偏离其内在价值，即泡沫的出现。要想估计资产的内在价值，就必须对预期收益和未来利率水平作出假定，而这种假定往往是不可靠的。其次是如何抑制资产价格泡沫。美联储前理事迈耶曾说过，“即使那些说我们应该直接应对、遏制泡沫的人也不知道该怎么做；采取哲学家式的立场很容易，但操作起来、实施起来却很难。”但总的来说，中央银行的政策操作是一门艺术。尤其是考虑到2008 年全球金融危机带来的教训，各国中央银行需要探索完善消费物价水平的衡量方式和方法，适度关注资产价格和初级产品价格变动的影响，并将其纳入货币决策考虑范畴，以促进经济的长期平稳发展，防范金融危机的发生。

四、建立金融风险和金融危机的防范体系

金融危机如同世界上的其他事物一样，有一个酝酿、产生、发展、恶化，最后爆发的过程。金融危机源于金融风险，这些风险与恶化的环境因素相结合，在一定的条件下，便形成了金融危机。如果能够建立一套防范系统，对金融危机的整个过程进行一定的事前、事中和事后控制，形成一个安全网络，那么就可以最大限度地避免金融危机，减少其危害。亚洲金融危机后，这个问题已经引起各方面的高度重视，形成了较为完整的理论，其内容主要是建立如下有效机制：

（一）金融风险监测预警机制

金融风险监测预警机制是对潜在的金融风险或潜伏的金融危机的一种事前控制系统，它通过对有关经济指标，尤其是财政金融指标进行监测来预测金融危机，一旦指标超出警戒线，监测系统便发出金融危机预警。这些经济指标有三类：一是国内宏观经济

指标，主要有20个，包括GDP增长率、年均通货膨胀率、货币供给增长率、实际国内信用创造、财政盈余/GDP、贸易差额、进口额、出口额、经常项目差额、出口/GDP、出口的集中性、外债总额、外债偿还额、外债总额/出口额、外债偿还总额/出口额、国际储备、国际储备/进口额、登记失业率、汇率、吸收国际直接投资额等。二是国内金融风险指标，约10个，包括国内银行不良资产率、金融机构海外借款/总存款、金融机构海外短期借款规模、金融机构房地产放款/总放款、银行间同业市场拆借率、外汇市场本币与美元的日均交易量、外汇市场货币掉期交易量、股票市场股价指数、股票市场日均交易量、国内证券市场吸收的外资额。三是金融风险外部环境指标，大致有国际资本流出（流入）量、国际资本地区分布的变动、主要相关国家的短期利率（汇率）变动、主要相关国家与本地有关的财金和贸易政策变动、主要相关国家对本地直接投资和证券投资的变动等几个。

（二）金融风险的化解机制

金融风险的化解机制是金融危机的事中控制机制，包括对系统性金融风险和非系统性金融风险的化解。系统性金融风险有通货膨胀风险、资本项目风险、外债风险及国际游资风险等几类，主要通过建立完备的监管体系，实施有效的货币政策、外汇管理、债务控制、投资引导、税收政策等措施来化解风险。非系统性金融风险是指银行等金融机构的风险，主要包括信贷风险、流动风险、市场风险等，其化解的方法有实行有效的内部控制、采用科学的风险管理方法，如内部模型法、资产组合法等。

（三）监管部门的审慎监管机制

监管部门的审慎监管机制也是金融危机的事中控制机制，它针对的是系统性金融风险，这些风险是由于社会信用环境不佳、法制不健全、宏观经济政策失误、经济周期剧烈波动等原因造成的，仅凭单个金融机构无法控制和化解，需要监管部门通过审慎监管来介入。其主要举措包括：建立完善的监管体系和法律框架，健全银行等金融机构的内部控制制度，加强信息披露，保持中央银行的独立性，维护监管程序的规范性、持续性，强调监管的有效性等。

（四）金融危机的治理和救援机制

金融危机的治理和救援机制是对金融危机的事后控制机制，其作用在于弥补损失，减轻危害，限制波及范围。金融危机的一个突出表现是流动性丧失，因而，治理和救援机制的核心问题是资金安排，即资金由谁出、何时出、怎么出、出多少等。从目前的理论和实践情况看，大致有以下几种：第一，中央银行救助。中央银行作为最终的贷款者，一般有义务和权利提供资金救援，主要通过抵押贷款、票据贴现、短期透支等方式解决暂时流动性困难。不过，中央银行的救助是有限的，仅起临时性作用。第二，政府“输血”。政府筹集资金通过银行支付基金和临时筹款计划向支付困难的金融机构输血，以解燃眉之急。第三，股东负责。金融机构的问题由其股东自行负责，承担损失。第四，同业援助。有些国家的银行间建立了救助基金，负责对危机银行的救助。第五，存款保护体系支持。有些国家建立了存款保护体系，这样保险公司可以对金融机构的流动性负责。第六，国际救援机制。这主要用于国与国之间的金融救援，通常由国际货币基金组织提供资金，此外也可以由其他国际组织，如世界银行、亚洲开发银行，以及多国集团提供帮助。

（五）国际及地区间协调与合作机制

国际及地区间协调与合作机制是加强国际合作，尤其是地区合作的新机制，其作用在于促进各国互相了解各自的经济状况，以便及早发现问题，防止金融危机的发生和扩散。以亚洲为例，该机制大致应包括四个方面的内容：一是建立地区预警机制，作为国际货币基金组织全球预警机制的补充；二是请国际金融机构协助区内改善财务结构，发展成熟的债券市场并加强各金融监管机构间的沟通与合作；三是请国际货币基金组织提供短期财务安排作为特殊储备，并支持其必要的检查；四是通过特殊融资安排，弥补国际货币基金组织的不足。

五、重视国际经济一体化中的经济安全

提出这种观点的人承认国际经济一体化或经济全球化已成为必然的趋势，但是认为它背后隐藏着不平衡。他们指出，由于世界各地的经济发展很不平衡，有些处在超越工业经济的阶段，有些则连基本的制造业都没有发展起来。在这种情况下，国际经济一体化的进程将许多阶层和国家排斥在外，其中的大部分好处落入少数工业化国家的头上，而广大发展中国家的经济则受到损害。另外，国际经济一体化还使得金融业远远超过了实际的生产和贸易。这些导致了世界经济两极分化：发达国家与发展中国家以及发展中国家内部之间的贫富差距在不断扩大，资本积累的收入份额超过了劳动力，金融收息者的收益胜于实际经济的投资者。一般只有发达国家才可能拥有巨额的资本和金融资产，因而后两者的分化实质也反映了发达国家与发展中国家间的差距。

鉴于上述情况，经济安全论者极力主张发展中国家要根据自己的经济实力和国家现有体制，分阶段地实施自由化，来融入国际经济体系。同时，各国政府应当认真设计开放经济、融入国际经济的政策，以减少国际经济一体化的消极影响。其中，经济安全就是一项重要举措。他们认为经济安全是指保障国家经济发展的内外诸要素的安全，使经济疆域内的经济安全不受侵犯，维护境外资源、交通和市场的安全，保护国家在国际竞争及合作中的经济利益。实际上，发达国家十分重视经济安全，如美国把经济安全放在国家安全的第一位，经济安全的重点体现在国际竞争中，力求保持自己的科技和产品优势，从而立于不败之地。而发展中国家的经济安全更偏重于在实施开放时，如何有效地维护自己的经济独立和经济权益，防止在经济上成为发达国家的附庸。

经济安全论者还进一步提出了国际经济一体化和全球化背景下经济安全的保证措施。第一，稳步开放金融市场，加强短期流动资本的管理；第二，在经济高速发展时期，要注意避免经济结构失衡，如果出现要及时纠正；第三，促进利率和汇率的市场

化；第四，建立市场化的、高效率的、健康稳定的金融体系；第五，建立适应开放经济的金融风险监管体系；第六，协调内外经济的运行，保持国内改革与对外开放的一致性；第七，加强国际间经济合作。

本章小结

国际收支危机模型论证了固定汇率机制下的赤字财政政策将必然导致货币危机和金融危机；预期危机模型则强调公众预期和恐慌等信心因素在货币金融危机中的自我实现作用；道德风险模型则提出了一种金融机构营利行为与危机之间关系的假说。国际金融危机的引发因素是十分复杂的，是市场、金融及经济基本面等多种因素交互作用的结果，因此，金融危机的防范和治理也应当从多方面着眼，采取综合对策。

思考题

1. 简述国际收支危机模型的观点及论证方式。
2. 预期危机模型的理论前提是什么？
3. 道德风险模型是否有普遍意义？
4. 能否说国际金融危机的引发因素决定着危机的类型？
5. 国际金融危机的经验及教训是什么？